高校校园文化建设成果文库

云冈文化研究选粹

——《山西大同大学学报》2007—2016

冯　锋◎主　编

翟大彤　石云龙　郝临山　刘永文◎副主编

光明日报出版社

图书在版编目（CIP）数据

云冈文化研究选粹：《山西大同大学学报》2007—
2016 / 冯锋主编. -- 北京：光明日报出版社，2019.5
（高校校园文化建设成果文库）
ISBN 978 - 7 - 5194 - 5300 - 8

Ⅰ. ①云… Ⅱ. ①冯… Ⅲ. ①文化史—大同—文集
Ⅳ. ①K292. 53 - 53

中国版本图书馆 CIP 数据核字（2019）第 081518 号

云冈文化研究选粹——《山西大同大学学报》2007—2016
YUNGANG WENHUA YANJIU XUANCUI——《SHANXI DATONG DAXUE XUEBAO》
2007—2016

主　　编：冯　锋

责任编辑：郭思齐　　　　　　　　　责任校对：赵鸣鸣
封面设计：中联学林　　　　　　　　责任印制：曹　净

出版发行：光明日报出版社
地　　址：北京市西城区永安路 106 号，100050
电　　话：010 - 63131930（邮购）
传　　真：010 - 67078227，67078255
网　　址：http：//book. gmw. cn
E - mail：guosiqi@ gmw. cn
法律顾问：北京德恒律师事务所龚柳方律师
印　　刷：三河市华东印刷有限公司
装　　订：三河市华东印刷有限公司
本书如有破损、缺页、装订错误，请与本社联系调换，电话：010 - 67019571
开　　本：170mm ×240mm
字　　数：646 千字　　　　　　　　印　　张：36
版　　次：2019 年 9 月第 1 版　　　　印　　次：2019 年 9 月第 1 次印刷
书　　号：ISBN 978 - 7 - 5194 - 5300 - 8
定　　价：95. 00 元

前　言

荀子说："不积跬步无以至千里，不积小流无以成江海。"《云冈文化研究选粹》(《山西大同大学学报》2007—2016)终于要和读者见面了。这本论文集是《山西大同大学学报》(社科版)2007年至2016年"云冈文化研究"专栏文章之选粹，聚沙成塔，积流成河，从播种到收获，历时十载，精选75篇。

对云冈文化及其衍生问题的思考，是我们出版本论文集的出发点。文化，是一种流动的历史现象。对于区域文化而言，"时间形式是事件之间最原始而基本的关系"。即使侧重于空间的地域文化，也必须经过不断的发展才能成为地域文化。云冈文化就是在大同地区孕育形成的文化。从狭义上讲，云冈文化是云冈石窟文化，包括石窟建筑、石窟文化和石窟保护三个部分。从广义上讲，云冈文化是以云冈文化为代表的大同地方文化的总称，是大同及其周边地区在长时期的历史发展和演变过程中形成的，代表了这一地区的文化发展面貌，是大同区域文化特征的集中体现。与之相呼应，本论文集要展示的是云冈文化的独特性和丰富性。本论文集分为云冈石窟研究、北魏历史文化研究、大同及周边地区古建筑研究、大同地区民俗及民间文艺研究、大同地区墓铭碑刻研究等五部分，最后以大同市原市长耿彦波先生的《名城古都保护复兴之路的探索与实践》一文代跋，借以表达云冈文化研究者们对大同历史的热爱与对大同未来的祝福。

促进云冈文化研究，打造学术品牌栏目，是"云冈文化专栏"的宗旨和奋斗目标。2007年第一期学报开设了"塞北人文、大同今古"专栏，发表山西北部区域社会历史文化研究的成果。同年，山西大同大学云冈文化研究中心成立，成为山西省高校人文社科重点研究基地。2009年，为了深入研究大同历史和地域文化，积极推进研究中心科研工作的展开，《山西大同大学学报》(社会科学版)将"塞北人文、大同今古"专栏改为"云冈文化研究"专栏。从2009年至2016年，《山西大同大学学报》(社会科学版)"云冈文化研究"专栏共刊发近200篇文章，这些文章内容涉及文物考古、区域历史、信仰风俗、地方文艺等多个领域。在学校党政领导的关怀和支持下,学报编辑部努力将此专栏打造成为具有学术品牌效应的学术名栏。

本论文集的作者,既有来自北京大学、清华大学、首都师范大学、吉林大学、兰州大学、西北师范大学、中山大学、华南师范大学、暨南大学等名校的专家学者,也有云冈石窟研究院、大同市博物馆、大同市古建筑文化研究所等研究单位的研究人员,当然更多的是山西大同大学的教师和科研人员。作者和编者都秉持严谨治学、精益求精的态度,以对云冈文化的热忱,将"云冈文化研究"栏目十年的精华呈现于读者面前。文章观点见仁见智,力避主观上的拔高偏爱,请读者自加甄别。

本论文集涉及大量人名、地名、文物名称等,若有漏误及不妥之处,敬请读者见谅并不吝指正。

《山西大同大学学报》编辑部

目　录
CONTENTS

01

云冈石窟研究

云冈文化的概念及其相关问题

凌建英　张月琴

（山西大同大学云冈文化研究中心，山西 大同 037009）

摘　要：云冈文化是大同地方文化的总称，代表了大同地区的文化发展面貌。云冈文化有广义和狭义之别。其形成和发展分为五个阶段。云冈文化是大同最具地域性、代表性和标志性的文化，也是大同文化品质的最高体现。"新云冈计划"启动后，云冈文化应当被重新审视和认识，各文化单位应当倾力合作，将云冈文化打造成大同市的文化名片。

关键词：云冈文化；云冈石窟文化；地域文化；城市文化

印第安人有一句箴言，说上帝给了每个民族一只陶杯，从这杯中，人们饮入了他们的生活。这句箴言说明每一个民族都有自己的生存环境，这种环境又影响和创造着生活于其中的人们的文化。同样的道理，区域文化也产生立足于他们"饮入生活的陶杯"的状况。当我们对大同地区文化进行考察时，就会发现大同独特的历史地理环境塑造着独特的地方文化，其中北魏平城时代云冈石窟的开凿对大同地方文化的形成与发展的影响最为直接、最为深刻。可以说，云冈文化是在大同的历史长河中一点一滴地积累起来的，是大同历史和文化的延续，是大同人属于自己的精神内涵，是大同区别于其他区域文化的意蕴。但是，学界对云冈文化的认识大多仍停留在云冈石窟文化的阶段，对其作为大同地方文化的总称，或者是把云冈文化视为一种地域文化的挖掘、整理和研究才刚刚开始。2007 年 11 月，山西省教育厅依托山西大同大学成立了"山西大同大学云冈文化研究中心"，这无疑是云冈文化研究的一个重大的里程碑。那么，在对大同地方文化的研究中，明确云冈文化的概念、形成、地位及其传承是一个重要步骤，也是将云冈文化打造成大同文化名片的关键举措。

一、云冈文化的概念及其形成

文化，是一种流动的历史现象。对于区域文化而言，"时间形式是事件之间最原始而基本的关系"[1](P7),即使侧重于空间的地域文化也必须经过不断地发展才能成为地域文化。云冈文化就是在大同地区中的文化过程。从狭义上讲,云冈文化是云冈石窟文化,包括石窟历史、石窟文化和石窟保护三个部分。从广义上讲,云冈文化是以云冈为代表的大同地方文化的总称,是大同及其周边地区在长时期的历史发展和演变过程中形成的,代表了这一地区的文化发展面貌。按照云冈文化在不同的历史时期的演变,可以划分为如下五个阶段:

第一个阶段指公元4世纪以前,是云冈文化的萌芽阶段。这个时期的大同地区文化水准还不高,只是初现了大同地区文化的端倪。我们只能依据考古学为我们提供的大同地区物质文化的原形,依靠少量的文献记载为我们提供文化生活和民俗、宗教等方面发轫的诸种特征。由于该阶段历史久远而持续时间长,它们所展现的文化具有较强的自然属性而较少人为因素。

第二个阶段指公元4世纪至5世纪,是云冈文化的形成时期。在这一时期,特别是398年拓跋珪正式建都平城后,大同成为当时我国北方政治、经济、军事、文化以及佛教的中心,出现了历史上的第一次繁荣。鲜卑族统治者以外交、经济、政治、军事诸方面显示着文化实体的功效,同时也顺应着地区环境和民族习性,把主观的文化发展意识同客观的地域文化特点结合起来,从而出现大同地区的文化风貌。云冈石窟可以称得上是此时的文化发展的最高成就和典范。

第三个阶段从6世纪开始,云冈文化进入初步发展阶段。区域文化的主要内容和特色,往往通过人文心理、风俗民情、生活方式等文化来展现。在北魏以后的大同地区仍然是多民族聚居的区域,辽金两代在大同设西京大同府,为陪都,元代改为大同路,明朝时大同为九边重镇之一。"区域文化又称地域文化,只有当某一区域的文化达到成就上的一致性,在此地域上出现整体性的文化系统和文化结构时,真正的区域文化才算形成。"[2]文化汇集使大同地方文化的内涵和外延日渐丰富,同时大同地区文化也有了众多的称谓,如云冈文化、帝都文化、平城文化、石窟文化、西京文化等。

第四个阶段是近代以来,是云冈文化的缓慢发展时期。列强的入侵阻碍了中国文化的发展,西方文化观念的传入使云冈文化的地域特色逐渐流失。在强势文化冲击下,云冈文化发展的步伐几近停止。此后,日本在20世纪30年代对云冈石窟的测绘资料,成为狭义上的云冈文化研究的重要资料。在20世纪80年代,大同市十大文艺集成办公室陆续编辑出版了大同民间歌谣和谚语等相关集成。但是,从总体上看,对大同文化的研究并没有形成一种规模,对大同地方文化的整体形象尚缺乏高度的凝练。

第五个阶段是进入新世纪后,现代大同进入转型创业期,云冈文化被日益重视且进入飞速发展阶段。从 2004 年至今,大同市三晋文化研究会编辑出版了《大同历史文化丛书》一共 8 辑,第九辑亦正在整理出版中。2009 年,大同市政府提出了"新云冈计划",实际上就是以政府行为开始对云冈文化这一大同地区的文化形象的挖掘和打造。正如耿彦波市长在"中国雕塑之都大同新云冈计划启动仪式"上所讲,新云冈计划要达到唯一性与多元性的统一,独特性与丰富性的统一,地域性与国际性的统一,传统性与现代性的统一,终极目标是实现中国雕塑之都的宏伟构想。

二、云冈文化是大同地方文化的最高体现

公元 4—5 世纪,中国的文明选择了大同,云冈文化必然是大同文化的最高象征,同样也只有云冈文化才能真正成为大同地方代表性的文化。那么,为什么要选择云冈文化作为最终的大同地方文化的称谓呢?

首先,云冈文化是大同盛世文化的代表。398 年拓跋珪正式建都平城,开始创建鲜卑族趋向文明的第一个城市文化。平城是公元 4—5 世纪中国的象征,也是当时中华文明发展的缩影,以鲜卑文化为主体的北方游牧民族文化和中原汉民族农耕文化的神韵以及平城的魅力在此充分体现。在城市建设的同时,更是开凿了展现北魏时期中国形象的奇迹——云冈石窟。云冈石窟是北魏的实物史卷和形象史碑,是北魏鲜卑族统治者创造的佛国样式——以印度佛教文化的传统图像为主,兼有鲜卑民族特点和其他民族特色。北魏这个神秘的鲜卑政权,究竟在政治、经济和文化上有何建树,社会发展到怎样状况,云冈石窟对其政治风云、经济实力和文化风格都有形象的记录而且保存至今。上可溯拓跋远祖,下可至北魏末期,内蕴思想意识,外显风土人情。从文化史角度透过佛教形式剖析云冈石窟的文化内涵,可以毫不夸张地说,云冈文化是北魏时期中国文化最强有力的代表,是大同发展史上的盛世文化。

其次,云冈文化是大同历史与现实的融会。云冈文化不仅是石窟文化,而且它穿越时空走向现实,见证了整个大同文化的发展。据《魏书》记载,公元 453 年,佛教高僧昙曜开始在武周山麓开窟造像,弘扬佛教,历时 40 余年,有多达 40000 人参加了这一庞大的工程。云冈石窟在雕刻技艺上,继承和发展了我国秦汉时代雕刻艺术的优秀传统,又吸取和融合了印度犍陀罗艺术的精华。云冈石窟不但是了解和研究我国古代历史、雕刻、建筑、音乐以及宗教信仰等方面的重要形象资料,也是追溯古代中西文化交流和人民友好往来的实物佐证。在经历辽、金、元、明、清几代的发展,大同地方的文化也围绕皇城、帝都、军旅和民族融合不断创新。从云冈石窟到华严寺,从北魏明堂到大同民居,从耍孩儿到罗罗腔,从大同铜器到庙会旺火等众多物质的与非物质的文化遗产,都展现了大同形象。大同文化也可以称作皇权文化、游牧文化、宗教文化、边塞文化和民俗文化,但是云冈文化则是大同地区最具标志性的文化,也是大同文化品质的最高体现。唯有云冈文化才能更简练、更形象、更具代表性地描述大同的地域文化。

第三,云冈文化是大同地方文化发展的未来指向。一个地域应该有一种文化精神和核心。进入新世纪以后,特别是在非物质文化遗产保护呼声日益高涨的今天,地域文化,特别是有特色的地域文化的发展遇到了前所未有的机会,云冈文化也将面临一个广阔的前景。2001年12月14日,联合国教科文组织将云冈石窟列入世界文化遗产名录,云冈与大同的经济文化发展之间的关系日趋紧密,戏剧、秧歌、剪纸、雕塑等方面的传承人以其独到的艺术表现云冈。2008年奥运圣火在云冈石窟的传递和2009年大同市政府"新云冈计划"的启动,证实了云冈不仅是北魏文明的象征,也将是大同地方文化发展的未来指向。

三、如何推动云冈文化的传承和发展

研究文化的要义不仅在于探索文化的历史,更重要的是研究文化的传承和发展。既然大同地方文化的未来指向应该是云冈文化,那么,结合"新云冈计划——中国雕塑之都"和大同古城修复和保护工作,大同各界应该联合起来,将云冈文化打造成大同的地域文化。我们应该将云冈文化进行深入挖掘,着力培育在大同已形成的文化习惯与文化传统,并进行有效的扬弃,形成具有活力的云冈文化传统。那么,通过怎样的手段将云冈文化建设成真正属于大同的文化呢?

首先,要以文物古迹为核心,做好区域风貌的展示。大同的文物古迹是大同历史丰厚的体现,也是云冈文化的活化石。保护好这些文物遗存,实际上是保护了大同的文脉。莫斯科的克里姆林宫、北京的天安门和英国的大本钟等这些文物遗存,实际上也成了这些城市的象征,成为特定城市的代名词,也是城市有形的物质代表。云冈石窟、平城遗址、明堂遗址、善化寺、华严寺、九龙壁等,是人们对大同云冈文化体验的首选目标。这些古迹均可以作为大同的文化符号,也可以成为大同的亮点。

其次,要以标志性建筑为突破口,铸造当代大同的建筑个性。以现有的资源为基础,围绕云冈文化,深入挖掘,形成以云冈文化为核心的大同建筑风格。特别是在进行城市建设的过程中,要积极吸纳和采用云冈元素,如将云冈石窟丰富的纹饰用在广场、街道、楼宇的标志性建筑物的装饰上。

第三,要以云冈文化为着力点,形成大同的人文风骨。文化是有灵魂的,云冈文化的灵魂主要体现在大同的人文气质上。大同的人文积淀体现在特定的文化活动为载体的文化传承上,这些文化活动可以包含特别的文艺活动、民俗风情、饮食习惯,如云冈大锣鼓、秧歌、耍孩儿、铜火锅、广灵剪纸、旺火等,都构成了大同特有的文化活动和文化称号。借助云冈文化旅游节和恒山庙会，有意识地挖掘与传承云冈文化，是塑造大同个性的关键所在。通过合理的开发与利用，形成以云冈文化为基础的文化精神，并以此凝聚力量，展示魅力，塑造大同风骨。

第四，要以宣传教育为主要手段和途径，以高校科研为推动力，推动区域文化品牌的打造。在大同的下一代中开展"爱我大同、爱我云冈"的活动，通过编写中小学乡土教材，在青少年中展开云冈文化的学习与亲身体验。以学校教育为核心，加强对云冈文化的宣传。加强大同各文化单位间的联系，形成以云冈文化为平台的科研交流组织，并以此加大对云冈文化的科研力度。

第五，要以转型创业为核心，进行文化产业创意，利用大同资源，形成大同手工制品业、大同文娱演出业、大同古代雕塑学习修炼业、大同精品景点旅游业、餐饮销售业以及大同传统精品制造业等。通过举办云冈文化旅游节、云冈文化论坛、云冈文化雕塑艺术研讨会、云冈文化非物质文化遗产研讨会以及云冈文化学校教育研讨会等活动，叫响云冈文化，并以此带动大同地区文化水准的全面提升。

四、结语

公元4—5世纪鲜卑族的文明造就了平城，也造就了大同曾经的辉煌和骄傲。它不仅仅只是一个人为创造的"人工环境"，更是北方游牧民族和中原农耕民族历史和文化交融的表征，是一种文化的体现，一种文明的延续和勃兴。"城市本身就是一部浓缩和凝固的文明史，它融会贯通了各民族不同历史时期的优秀文化历史遗产和文化精品。但每个历史时期又有其局限性和该时代的痕迹，后人的任务在于取其精华去其糟粕，从而保证我们由古及今传承下来的精神家园中人文景观的历史连续性。"[3](P198)把云冈文化打造成为大同地域文化，不仅是深层次地反映大同历史文化，也是再造以云冈石窟为代表的大同区域文化，是培育大同文化精神的关键所在。我们应该以云冈文化展示大同的魅力，并以此扩展与影响周边区域，构建以云冈文化为特色的大同区域文化圈。

参考文献：

[1][美]怀特著,曹锦清译.文化科学——人和文明的研究[M].杭州:浙江人民出版社,1988.

[2]李勤德.中国区域文化简论[J].宁波大学学报.1995,(1):40-46.

[3]纪晓岚.论城市本质[M].中国社会科学出版社,2002.

九五至尊思想在云冈巨佛雕刻中的体现

力高才

（大同市三晋文化研究会，山西 大同 037008）

摘 要：云冈石窟早、中期的开凿贯穿着"龙飞九五""九五至尊"的思想。早期的昙曜五窟，就是从"九五至尊"的"五"得阳位之中正，即最理想的地区而来。昙曜五窟的五尊大佛，分别象征着拓跋珪（20 窟）、拓跋嗣（19 窟）、拓跋焘（18 窟）、拓跋晃（17 窟）、拓跋濬（16 窟）。而孝文帝时继续开凿的四大窟，继承了昙曜五窟开凿时确立的指导思想，与昙曜五窟共同构成了"九五"之"九"，中期的四大佛窟分别象征着拓跋弘（13 窟）、元宏（10 窟）、文明太后冯氏（3 窟）和元恂（5 窟），都体现了佛教必须为皇权服务的原则。

关键词：九五至尊；云冈巨佛；雕刻；体现

云冈石窟坐落于大同城西武周塞中，距大同城约 15 公里。大约从明代开始，武周山、武周塞改称云冈、云冈峪，武周山石窟寺也改称云冈石窟。云冈石窟开凿于北魏平城，是由北魏皇朝直接主持实施的国家工程，这样说主要指的是它的工程的前期和中期，至于工程的后期，进行于北魏皇朝迁都洛阳之后，系由当时恒州地方官绅所主持安排，已经没有了皇家的尊严和气魄。石窟依山开凿，按现在文物部门所做的顺序编号，从东到西，编了 53 个大窟，附编了一些小龛小窟。53 个大窟及其附属小窟又分为东、中、西三部分，即东部 4 窟（1—4）、中部 9 窟（5—13）、西部 40 窟（14—53）。整体上共 1100 多个龛窟，造像 51000 余尊。虽有这么多的龛窟和造像，但真正 10 米以上的大佛，只有 9 尊。按从西至东的顺序，这 9 尊大佛分别是第 20、19、18、17、16 等 5 个窟即昙曜五窟和第 13、10、5、3 等 4 个窟的主尊大佛，加起来共是 9 尊。这 9 尊大佛的高度，分别是 13.7 米、16.8 米、15.5米、15.6 米、13.5 米、13 米、10.2 米、17 米、10 米。按《魏书·释老志》说："昙曜白帝（文成帝），于京城西武州塞，凿山石壁，开窟五所，镌建佛像各一。高者七十尺，次六十尺，雕饰奇伟，冠于一世。"[1](P3037)这里的"高者七十尺，次六十尺"，笔者认为有两点值得注意。第一，此乃昙曜五窟的窟内高度，即从窟底到窟顶的高度，而不是大佛的高度,因为窟高是大于佛高的。第二,这里"尺"的实际长度,用的是北魏前尺即晋后尺的标准,一尺约等于现代的 0.245 米。只有注意到这两点,魏书所说的"高者七十尺次六十尺"才能与今云冈昙曜五窟的实测大致符合。至于 9 尊大佛后 4 尊的高度,也和前 5 尊一样,要看它所在窟的窟内高度。这 4 个窟只有第 5 窟的窟内高度略同于昙曜五窟,其余 3 个窟的窟内高度都比昙曜五窟的窟内高度低,这明显是受了山岭体势的影响,因而其大佛的高度不得不有所降低。但是总体来看,这 9 个窟的窟形不同,结构布局不同,雕像之间的人物关系不同,主尊大像的姿态表情也不同,但其高度都超 10 米,符合郦道元《水经注》所说的"真容巨壮,世法所稀"[2](P1155),也符合魏收《魏书·释老志》所说的"雕饰奇伟,冠于一世"。

于是我们需要探讨的问题,就自然而然地浮出了水面:早期的昙曜五窟为何是五?中期为何又续凿四个大窟,合起来是九?答案只有一个:云冈石窟早、中期的开凿贯穿的是"龙飞九五""飞龙在天"的思想,体现的是佛教必须为皇权服务的原则。所谓佛像主尊,体现的就是帝王威仪;所谓的佛国净土,体现的是大魏天朝。为什么是这样呢?原因在于北魏统治者认为佛与帝不过是一枚金币的两面,正面是佛,背面是帝,佛为世尊,帝为至尊,佛即是帝,帝即是佛,甚至北魏统治者可以穿戴佛菩萨的服饰衣冠出现于正面。至于九五至尊的思想,九五本是《易经》中的卦爻位,九是阳爻,五是第五爻,《易·乾》载:"九五,飞龙在天,利见大人。"[3]九是阳数的最高位,五是阳数的最中位,"九五"含有至尊中正的意义。龙得到天时地利,飞腾在天,占据无限的活动空间,犹如白日当空,居高临下,普照大地,潜力无穷。以人事比拟,就是刚健中正的伟大人物,已居统治地位,这就是龙飞九五、九五至尊。因而这一爻,以飞龙在天普降甘霖,象征伟大人物的德泽普及万物。早期的昙曜五窟,就是从"九五至尊"的"五"得阳位之中正,即最理想的地位而来的。昙曜五窟的主尊大佛,分别象征 5 位北魏皇帝,第 20 窟象征道武帝拓跋珪,第 19 窟象征明元帝拓跋嗣,第 18 窟象征太武帝拓跋焘,第 17 窟象征景穆帝拓跋晃,第 16 窟象征文成帝拓跋濬。文成帝之后,还有献文帝拓跋弘、孝文帝拓跋宏,应当指出,孝文帝拓跋宏正是云冈工程中期直到迁都洛阳时的国家元首,曾多次亲临云冈指导中期工程的进行,《魏书·高祖纪》对此多有记载,例如延兴五年(475 年)五月丁未"幸武州山"[1](P141);太和元年(477 年)五月乙酉"车驾祈雨于武州山"[1](P144);太和四年(480 年)八月戊申"幸武州山石窟寺"[1](P149);太和六年(482 年)三月辛巳"幸武州山石窟寺"[1](P151);太和七年(483 年)五月戊寅朔"幸武州山石窟寺"[1](P152);太和八年(484 年)秋七月乙未,"行幸方山、石窟寺"[1](P154)。这还不包括负责云冈石窟设计和施工的有关部门与其负责人,以及常住云冈参与工程建设并提出意见和建议的高僧大德,给他的请示汇报,从他那里得到指示后加以贯彻执行。孝文帝关于云冈石窟的一系列作为,主要是继续昙曜五窟开凿时确立的指导思想,在继续开凿的大窟中,雕造好文成帝之后的天子与佛合一的形象。但是文成帝之后只产生了两位皇帝,即献文帝和孝文帝自己,如果只雕刻他们二位,显然和"九五至尊"的"九"不符。但这个问题不难解决。当年景穆太子其实只是太子,并未登基为帝,但因为是文成帝之父,文成帝毕恭毕敬地把他的像雕刻进第 17 窟中。这就是"故事",孝文帝完全可以照着葫芦画瓢,把自己的太子拓跋恂的像也雕在一尊佛像上,占据一个窟。还有祖母太皇太后冯氏,是她把孝文帝抚养长大的。为培养孝文帝,冯太后费了许多心血,教育孝文帝兢兢业业治国理政。冯太后两度临朝称制,第一次是挽救朝廷危机,第二次动机不纯,利私的目的大于利公,但她是太和改制的真正发动者和决策者,这次改革是中国历史上最完美的改革,不但推动了拓跋鲜卑和一大批少数民族的封建化,使他们的经济生活从游牧转徙走向农耕文明,而且增强了北魏皇朝的综合国力,从经济基础到上层建筑都整合了胡汉两大文明系统的优点,为中国社会走向盛唐制造了条件。因而文明冯太后对北魏皇朝、对中国隋唐统一大业功不可没。即便对孝文帝父子,即孝文帝与其太子拓跋恂,冯太后的劬劳之勤也都可圈可点。这里特别说说太子恂。太子恂字元道,刚生下来,其母就按拓跋珪所立"子贵母死"制度被赐死,文明太后又主动承担了抚育他的责任,把他带在身边。4 岁时,太后为他取了名和字。作为长子,又是冯太后抚育大的,所以他作为太子的身份,本来是笃定的了的。太后卒于太和十四年(490 年),太和十七年(493 年)七月恂被立为皇太子。太和十九年(495 年)孝文帝迁洛。迁洛时太子恂 13 岁。但这孩子"体貌肥大",10 余岁就类似成人。他后来的被废,这里不多谈了。如果冯太后在世,孝文帝不可能迁都洛阳,不迁都洛阳,孝文帝和太子恂也不会发生矛盾导致太子被废,迁洛以后的事是谁也想不到的。因而平城时期,云冈石窟中期开窟造像为太子恂和冯太后各造一尊主像,各占一个窟,不但是圆满实现"九五至尊"观念的需要,也是当时政坛现实状况的反映。孝文帝当时肯定向冯太后表述了在云冈石窟为太子恂和冯太后开窟造像的意图,最终得到太后许可,他才能做好这项工程的全面安排。于是我们看到了中期 4 尊帝王所占各窟的情形:第 13 窟的主尊象征献文帝拓跋弘,第 10 窟后室的巨尊象征孝文帝,第 5 窟的主尊大像为太子恂,第 3 窟的主像为冯太后。冯太后作为一位杰出的政治家、卓越的改革家,又一次显示出了她那政治女强人的风格:和她不与丈夫文成帝合葬金陵,而要在方山为自己单独建永固陵一样,在云冈开窟造像她也不和文成帝合占第 16 窟,而要自己独占一窟即第 3 窟;也和她不与众多的拓跋鲜卑男人共处一个陵园一样,她在云冈石窟为自己开窟造像远在他们之东,类似方山永固陵的宁愿独处一地;也和那些拓跋鲜卑的男皇帝都雕成佛的装饰不同,她把自己雕成了三贤十圣菩萨的最后一阶——妙觉菩萨,她明白妙觉菩萨就是佛,就如同自己不是皇帝其实就是皇帝一般。更有一层,她要求把第 3 窟的菩萨像刻造成女性模样,保持她的女性本色,于是我们就看到了面部丰满圆润,肉质感很强,头戴宝冠,发髻梳拢向上而后下披双肩编成辫子的模样,衣着贴体袒露胸部,肩披络腋,双耳垂鬟的女菩萨宛然入目。其胁侍两个女菩萨,不过是冯太后侍女的化身。说这第 3 窟是北魏开窟唐人造像,不过是臆说而已。说 3 尊人物是西方三圣,全然不顾人物本身给出的昭示,更是痴人说梦。

有人可能会说,拓跋鲜卑原来是文化落后的草原游牧民族,他们怎么能懂得《易经》的高深学问,而把它运用到云冈石窟的开凿上呢?这是对拓跋鲜卑平城时期汉文化水平的低估。其实早在拓跋鲜卑的始祖拓跋力微时,就开始学习汉文化。力微元年正是曹魏文帝黄初元年(220 年),力微开始与汉族政权和亲。魏元帝景元二年(261 年),力微派长子沙漠汗到曹魏国都洛阳参观学习,建立友好关系。沙漠汗以拓跋鲜卑部太子身份留居洛阳,"为魏宾之冠,聘问交市,往来不绝,魏人奉遗金帛缯絮,岁以万计。……魏晋禅代,和好仍密。"[1](P4)晋武帝泰始二年(266 年)沙漠汗归国,可见他第一次使魏,在洛阳住了 6 年。晋武帝泰始十年(274 年),沙漠汗第二次出使,在西晋洛阳又住了大半年,被西晋并州刺史卫瓘留阻于太原两年,方才返国,途中拓跋鲜卑内讧,沙漠汗被诸部大人害死于平城。沙漠汗是拓跋鲜卑的先进人物,汉化程度很深。他的三个儿子桓帝、穆帝、思帝都很了不起,桓帝与穆帝系一奶同胞,在拓跋鲜卑分国为三部时,两人各统一部,以平城和盛乐两地为政治中心,但更多地偏重于南部的平城,穆帝服从其兄桓帝。桓穆二帝重用汉人卫操、卫雄、姬淡、段繁、卫崇、卫清、王发、范班、贾庆、贾循、李壹、郭乳等帮助自己治国治兵,支援西晋并州刺史(先为司马腾后为刘琨)与匈奴刘渊的政权汉(前赵)和石勒的后赵作战,屡次获得胜利,大破渊众于西河、上党、蒲子,又破匈奴白部、铁弗部、刘聪部等,晋朝曾封桓帝为鲜卑大单于。桓帝卒,穆帝代统国家,晋封穆帝为代公,鲜卑大单于,割陉北五县于代。又进封代王,食代、常山二郡,可以自署官职等。帮助桓穆二帝治国理政的卫操、卫雄等 20 余人,经桓穆二帝向晋朝表奏,都受封官职爵位。沙漠汗小儿子拓跋弗,为其妃兰氏所生,曾为拓跋鲜卑首领,但在位仅一年,后谥为思帝,其子平文帝郁律,生烈帝翳槐、昭成帝什翼犍,二人先后为代王,正是昭成帝什翼犍这一支系,后来成为北魏皇朝的创业垂统者。什翼犍重用汉人燕凤、许谦,此二人皆为通儒,"博综经史,明习阴阳、谶纬之学",为什翼犍治理国家的左辅右弼,并向什翼犍太子拓跋寔传授儒家经典。由此看来，拓跋鲜卑早就懂得了《易经》这门学问，对"龙飞九五"之说了然于胸了。况且从北魏皇帝拓跋珪开始，大量重用汉族士人建章立制，体国经野，至文成帝拓跋濬，已历五帝四世，汉化程度更深，懂得九五至尊之说，不足为奇。补充说一句，拓跋帝王之崇佛甚至佞佛，很大程度上，是认为此教在汉族士庶中流传甚广，已成汉族文化的组成部分，要进入汉地统治汉人，不想学习尊崇也得学习尊崇，所谓形势比人强，决不因为它是胡教自己也是胡人才习学。

北魏皇朝开基立国时，开国皇帝拓跋珪，追尊拓跋毛至拓跋寔（珪父）28代先祖为帝，皆给以谥号，但只给力微、郁律、什翼犍三人，帝号之外加庙号，即神元皇帝拓跋力微为始祖，平文皇帝拓跋郁律为太祖，昭成皇帝什翼犍为高祖。拓跋珪崩，上谥宣武皇帝，庙号烈祖。他儿子拓跋嗣于泰常五年，改谥拓跋珪为道武。以后，拓跋嗣谥为明元，庙号太宗；拓跋焘谥为太武，庙号世祖；拓跋晃谥为景穆，庙号恭宗；拓跋濬谥为文成，庙号高宗；拓跋弘谥为献文，庙号显祖；拓跋宏谥为孝文，庙号高祖。孝文帝太和十五年，废去平文帝拓跋郁律太祖庙号，改尊烈祖道武皇帝拓跋珪为太祖。因此，当文成帝居尊据极，立即复兴佛法时，那时的始祖是力微，太祖是郁律，高祖是什翼犍，拓跋珪是烈祖道武帝。如果我们坚信昙曜五窟所雕的五尊大佛是从道武帝开始，下及明元、太武、景穆、文成，一共5帝，那么我们就不得不佩服文成帝小小年纪，竟有如此睿智的认识和截断众流的勇气。因为放着始祖、太祖、高祖三位不雕，而直接就从烈祖开始雕刻，这不是大不敬、大不孝吗？但文成帝敢冒拓跋贵族之大不韪，是以他对拓跋帝业的正确认识为依据的。实际上，力微、郁律、什翼犍这几个历史人物的活动，只能算是拓跋帝业的序幕，《魏书》把他们都放在《序纪》中，就是这个意思。真正在蒙古高原、并冀云朔金戈铁马纵横驰骋，打出一片江山的，是道武帝拓跋珪。道武帝创下帝业，其他几个皇帝不但守住了帝业，而且继续发扬光大，因而应该进入昙曜所雕大佛的行列。然而其中还有一个原因很重要，那就是按照九五至尊说，当时必须雕5尊巨佛以表示北魏皇朝刚健中正符合天命，既不能多，也不能少，于是只能从烈祖开始了，始祖、太祖、高祖三位只好割爱舍弃。文成帝在雕谁不雕谁的设计盘算上是有私心的，不能认为他纯粹是以拓跋帝业为标准决策此事的，他父亲拓跋晃生前一天皇帝未当，被他雕入昙曜五窟，他自己是现任皇帝，尚无谥号庙号，但必须雕入。也许按照九五至尊之说，他想到的是首先他父亲拓跋晃和他自己就须占2位，然后往前推，那就是太武、明元、道武，到了道武，恰满5位，就此打住。说文成英明睿智有道理，说他存有私心也有道理。他敢把始祖、太祖、高祖3位都舍去不雕，明摆着是认为这3位不过是代王，算不得皇帝，这不是实事求是吗？至于其他贵族群臣的认识如何，他并不征求他们的意见。事实上，直到太和十四年（490年），也就是兴安二年(453 年)之后 38 年,孝文帝让群臣讨论北魏按"五德终始"说究属何德时,群臣发表意见,仍认为"然此帝业,神元为首","平文、烈祖,抗衡苻石,终平燕氏,大造中区"[1](P2746)。不但王业、帝业不分,而且评价历史人物很不公允。直到太和十五年(491 年)孝文帝评论祖先说:"远祖平文功未多于昭成,然庙号为太祖;道武建业之勋,高于平文,庙号为烈祖。比功校德,以为未允。朕今奉尊道武为太祖,与显祖为二祧,余者以次而迁。"[1](P2747-2748)这才又恢复到文成帝的认识上。

昙曜五窟始凿的年代,一直众说纷纭,笔者采用的是兴安二年(453 年)说,不采用和平元年说。事实是,兴安元年(452 年)文成帝下诏复法,此年他就命有司造了一尊石像,要求模样高低和他一样,造成之后,额上腿下各有黑石,竟然暗中和文成帝身上黑痣的部位相符合。前些年有人发现云冈石窟第 13 窟的主尊大佛,腿上所敷的泥皮脱落后现出了黑石,于是就认为这尊佛像象征文成帝。笔者不这样认为,其一,仅仅脚部有黑石,额上的泥皮仍在,看不到有无黑石,因此仍不能证明"颜上足下各有黑石"。其二,即使将来这尊佛像脸部的雕刻参照了文成帝为自己单独雕的那尊石像,那尊石像"如帝身",模样个头和文成帝一样,而 13 窟这尊高 13 米的大佛像,你能说他"如帝身"吗? 而且那尊石像,是不是佛像,《释老志》并没有说。昙曜在兴安二年(453 年)返回平城,受到文成帝礼遇,昙曜于该年建议文成帝在平城西郊武周山山崖凿山开窟,镌建佛像五大尊,文成帝欣然同意。兴安作为年号,只有两年,次年即为兴光元年。兴光元年(454 年)秋,文成帝命有司在道武帝所建五级大寺中,"为太祖以下五帝,铸释迦立像五,各长一丈六尺,都用赤金二十五万斤。"[1](P3036)正是在云冈石窟的始凿之年上,表现出了兴安二年说与和平元年说两种说法的巨大差异。兴安二年说认为在云冈开窟造像是昙曜的创意,昙曜在太武灭佛的四、五年间,鉴于普通的佛教经像悉数被毁,想到若要佛像万古长存,就得雕成与山崖等高的大石佛,那就是崖壁上开窟造像。在黄色炸药尚未发明的年代,再没有这样的佛像更保险更耐久了。这样的点子,只有亲历了太武之厄的沙门才能想得出。兴安二年文成帝批准了昙曜开窟造像的计划,昙曜和朝廷有关部门正在实施中,但昙曜五窟工程浩大,必然耗时费力,文成帝急不可耐,于是想到以铜铸 5 尊大佛像的办法,象征从道武到他本人 5 位皇帝,置于道武当年建造的五级寺中,各高一丈六,也很壮观。《释老志》叙述这件事时的"为太祖以下五帝"这句话中的太祖,为史官追述之语,这里的太祖当然是拓跋珪而不是文成帝那时的太祖拓跋郁律。而坚持云冈开窟造像和平元年(460 年)说者,却认为昙曜是在文成帝铸就 5 尊大铜佛之后的和平元年才向文成帝建议在云冈开窟造像,不但时间上推后 8 年,而且把造 5 尊大佛象征 5 个皇帝的创意说成文成帝的了,是文成帝的以铜铸佛启发昙曜想到了以山凿佛。如果是这样,昙曜从兴安二年返回平城直至和平元年,8 年之中只是诵经坐禅而已,因为佛教界的大事都有道人统师贤顶着,他不用操心。这样的和尚只是个庸僧而已,哪里配称高僧。文成帝铸成 5 尊大佛象征 5 个皇帝 7 年之后,他才建议在云冈开窟造像 5 尊也象征5 个皇帝,不过是愚人千虑必有一得而已,这样的人绝不是佛教界精英,也不能领袖沙门。和平说误人实在太深,而衮衮诸公至今津津乐道,令人不解。

以儒家经典《易经》中"九五飞龙在天"的思想指导云冈石窟的开窟造像,始于文成帝,终于孝文帝,至今这 9 尊大佛赫然在目。这两位皇帝都是儒学、佛学两门学问综博精思之人,故能以儒典之极则,筑佛祖之形神。神言秘策,范儒门藉之以治国;梵经圣论,佛家用之以范世。合二教精华用之于云冈石窟,文成、孝文有大功。文成初创,凿 5 佛而较易,孝文续后,开 4 窟则更难。笔者因此谨草此文,求正于方家。

写到这里,文章本来已经结束了,但实际上还有些问题需要解决,所以还得缕述一番。问题主要是两个,一个是云冈中期的双窟。双窟无非是洞窟的一种组合形式,正如王恒所说,通常是指同一形制、同样规模、内容相连并紧靠在一起的两个洞窟,两个洞窟紧靠在一起并共用一个前庭,并在前庭紧靠两窟崖壁左右各竖立突出的塔柱。他认为,云冈第1、第 2 两个窟属于同一形制、同样规模、内容相连的双窟,第 3 窟是后室相通的双窟,第 5、第 6 窟属于规模一致而形制不同的双窟,第 7、第 8 两个窟和第 9、第 10 两个窟属于前室相通的双窟等。[4](P175) 本来双窟的开凿雕刻是为了改变昙曜五窟在形制上平面呈椭圆形、草庐穹隆顶、中间一尊大佛的单调形式,将窟龛形制多样化,便于造成繁缛富丽、多变凸出、夸张夺目的艺术效果,也便于更多更好地利用窟室空间。除此而外,并无其他特殊寓意。但是我们的研究者,却认为双窟的出现,与太和年间冯太后临朝称制,北魏官僚多把冯太后和孝文帝拓跋宏并称为"二圣"有关,多组双窟是当时特定政治形势的产物。其实双窟和二圣,风马牛不相及也。那种认为双窟与二圣有必然联系的说法,创自宿白,虽不能说是影射史学,至少也是一种比附史学。试问,别人称冯太后和孝文帝为二圣,冯太后和孝文帝可以不表态地默认,但云冈石窟是皇家工程,是由孝文帝亲自主持安排的,孝文帝岂敢把自己和冯太后并列称为"二圣"?从家庭人伦角度说,冯太后是孝文帝的嫡祖母,孝文帝是冯太后的庶孙,这里的嫡、庶是区分身份的。冯太后是文成帝正妻,而孝文帝的亲祖母即献文帝的生母却是文成帝的妾。按这种情况,孝文帝绝不敢把自己和祖母并列,何况他又是冯太后一手抚养大的,冯太后对他有养育之恩。孝文帝是个孝子顺孙,《魏书·皇后列传》说:"自太后临朝专政,高祖雅兴孝谨,不欲参决,事无巨细,一禀于太后。"[1](P329) "初,高祖孝于太后,乃于永固陵东北里余,预营寿宫,有终焉瞻望之志。"[1](P330)他营造的这个"万年堂",规模才是永固陵的一半。从这些表现看,他绝不可能在云冈开窟造像工程中把自己和冯太后并列看待,造些双窟暗寓此意。从冯太后来说,她如果知道孝文帝开双窟暗寓此意,必定发雷霆之威,她是不会允许孝文帝在政治威望上、政治影响力上和自己平等的。太后专政时,孝文帝单独处理的只有一些朝廷小事,无关宏旨;他所办的大事,则是冯太后决策之后他去执行。

需要解决的另一个问题,则是用所谓"两佛并坐"象征冯太后和孝文帝共同掌权执政。两佛并坐是一种造像组合,在云冈石窟中大量存在,据统计有380余处,而且石窟早、中、晚的三期造像中都有。大体上都是以两个圆拱龛容纳二佛并坐于一个平台上对面谈话,二佛皆结跏趺坐,左手肘自然置于左腿上,右手臂屈臂上伸而施无畏印。二佛并坐之典出于《法华经》,该经《见宝塔品》记叙了释迦与多宝两佛并坐对话的故事,内容大致是:释迦牟尼正为四众弟子宣讲《法华经》,忽然空中发出巨大响声,有七宝塔自地涌出,升向空中,从上传出多宝佛的说话声,赞叹释迦说法的高妙。此时释迦讲经坛的周遭,已是众佛众菩萨围绕,以大乐说菩萨带头,大家纷纷请佛祖运用神通,开启宝塔。释迦牟尼即离座起于空中,一切四众起立合掌,注目佛祖,只见佛祖以右手打开七宝塔户,里面传来轰隆轰隆的巨大声响,如同以钥匙打开关门一般,众人都看见多宝佛在塔内,坐在狮子座上,全身完好,如入禅定,众人又听到虚空中传出他的声音:"善哉善哉! 释迦牟尼佛,快说是(此)法华经,我为听是经故而来至此。"这里释迦牟尼的弟子们,看到这位过去无量数千万亿劫前灭度(涅槃)的多宝佛,说出这样的话,无不欣喜赞叹,纷纷把芬芳的天华抛向二佛。这时多宝佛在宝塔中分出自己的半个座位,请释迦牟尼进塔来坐,释迦牟尼进入塔中坐在多宝塔给他空出来的半个座位上,也和多宝一样结跏趺坐。此时大众看见二人并坐,都想让释迦牟尼运用神通把他们与他们的座位一齐起到空中,让他们倾听释迦为多宝讲法华。果然释迦把他们都起到空中坐稳,这才给多宝佛开讲法华。综合上述几点,可以看出,所谓"二佛并坐"象征冯太后和孝文帝共同掌权,同样不靠谱。为什么? 首先,试问孝文帝在政治运作层面,是和冯太后并坐共同处理朝政吗? 当然不是。事实是冯太后坐着他站着;冯太后让他坐,冯太后坐在正面,他则坐于冯太后的左下侧(胡人以左为上),他是有些太过胆大了。当然,他也面对群臣,否则皇帝太无威仪。实际情况是如此,负责领导安排云冈石窟帝王象征的孝文帝,敢塞些私货进去,把象征他自己和冯太后的佛像搞成二佛并坐,他是吃了狮子心豹子胆了吧? 其实二佛并坐的形制只是为了改变一下昙曜五窟即早期一佛独尊的单调形式的手段而已,这种单调早期的造像者就觉察到了,所以他们就开始雕刻了一些两佛并坐像。正因为两佛并坐像出现很早,而且只有美学上的对称意义,别无其他政治寓意,中期孝文帝才在无意中允许工匠们继续使用。太和十四年冯太后逝世,太和十九年迁都洛阳,此后已不存在"二圣掌权"了,但晚期工程中仍存在大量的"二佛并坐"浮雕,这也表示"二佛并坐"毫无政治寓意,前后是一贯的。如果冯太后当年得知孝文帝用"二佛并坐"图案象征她和孝文帝共同执政,而孝文帝又单独为自己凿刻一尊大佛作为象征,整个石窟给她留下的地位,就只是在一些龛中和孝文帝并坐,恐怕冯太后不会善罢甘休。事实上我们的许多研究者,认为孝文帝就是这样安排的。只有我第一次认为云冈大佛中有一尊象征冯太后。其次,冯太后精通汉文化和佛学,对"两佛并坐"的宗教内涵她是明白的,如果真的用涅槃于千百亿劫前的多宝佛来象征她,用释迦牟尼佛来象征孝文帝,则她就是一尊"死佛",而孝文帝则是"生佛",这样的事她会答应吗? 真是那样,孝文帝就完蛋了,工匠们个个也得死。总之是以"两佛并坐"象征"二圣掌权"之说,无异于痴人说梦,这就是差之毫厘谬以千里了。

参考文献:

[1](北齐)魏收.魏书[M].北京:中华书局,1974.

[2](北魏)郦道元注,杨守敬等疏.水经注疏[M].南京:江苏古籍出版社,1989.

[3]王文采.周易经象义证[M].北京:九州出版社,2012.

[4]王恒.云冈石窟辞典[Z].南京:江苏美术出版社,2012.

论云冈石窟反映出的儒家"忠恕"思想

——以第9、10窟为例

解 华 郭静娜

（云冈石窟研究院,山西 大同 037000）

摘 要:佛学自传入中国以来,出于自身发展的需要就与儒学这样或那样地妥协、融和,云冈石窟的第9、10窟虽然表现的是佛教内容,但仍闪现出儒家"忠恕"思想的火花。

关键词:云冈石窟;忠恕

由拓跋鲜卑族建立的北魏,建国初期并不信奉佛教,《魏书·释老志》记载:"魏先建国于玄朔,风格淳一,无为以自守,与西域殊绝,莫能往来。故浮图之教,未之得闻,或闻而未信也。""浮图之教"乃指佛教。但北魏在了解佛教后,基于巩固政权的需要,北魏统治者非常重视佛教。从道武帝起始倡佛教起,虽历经太武灭佛事件,但丝毫没有影响佛教在北魏时期的发展与兴盛:道武帝攻略黄河北岸时,所过僧寺,见沙门道士均加敬礼。且染中国之风,好黄、老,览佛经,并于天兴元年(398年)始敕建寺塔于都城。后明元帝(409—422年)于京内外建图像,令沙门敷导民俗,以沙门法果为道人统,管摄僧徒。太武帝在太延五年(439年)灭凉,掳掠沙门与之俱还,其舅阳平王杜超,请玄高(当时名僧)同还平城,大流法化。至文成帝即位,佛法又兴,北朝上下奉信。文成帝即位元年诏有司为石像。兴光元年(459年)秋敕有司于五级大寺为太祖以下五帝铸释迦立像五,各长丈六,用赤金二万五千金。和平初昙曜为沙门统,白帝于西京武州塞辟凿石窟五所,镌建佛像各一。高者七十尺,次六十尺,雕饰奇伟,冠于一世。献文帝在位六年而禅位于太子宏,览习玄籍,建鹿野佛图于苑中之西。对于佛义研求提倡者,北魏首推孝文帝,孝文之后,佛教依然为北魏统治者所倡导。

云冈石窟建于公元五世纪的北魏时代。北魏时期虽为佛教盛世,但从深刻意义来讲,北魏王朝倾其国力,大肆建寺立像并非只为兴佛崇教,其目的仍是为维护其封建统治而服务。所以,云冈石窟的开凿乃是大势所趋,是维护王权的产物,也是昙曜借鉴法果等高僧将儒学的王权思想融于佛教发展之中的一次升华，为建寺礼佛的积德行为打上了深深的政治印痕。

据《金碑》记载："今寺中遗刻所存者二：一载在护国，大而全，无年月可考；一在崇教，小儿完，其略曰：安西大将军、散骑常侍、吏部内行尚书、宕昌钳耳庆时镌也岩开寺，其铭曰：'承藉□福，遮邀冥庆，仰钟皇家，卜世惟永。'末云：大代太和八年建，十三年毕。"宿白先生在其论文《〈大金西京武州重修大石窟寺碑〉校注》中推测《金碑》中所说的崇教寺即指云冈石窟的第9、10窟，那么我们可以认为第9、10窟乃钳耳庆时所建，目的是为国祈福。

钳耳庆时名王遇，字庆时，为文明太后之宠臣，据《魏书·释老志》记载王遇官至爵侯，富甲一方，北魏时很多工程都为他所建造，且风格皆穷极巧思。其开窟造像的原因，据《金碑》载乃是为国祈福，但追根究底应是借佛教之名义教化百姓，以树立皇权至上的观念，加强北魏的统治，也就是说王遇将儒学中的"忠君"思想融于佛教的教化之中。此种思想表现在以下几个方面：

一、9、10窟的窟形设计

9、10窟为一组佛殿窟。云冈早期的洞窟多为穹庐顶的大像窟，在中期时出现了一系列仿照汉民族传统木结构建筑建造的洞窟，如9窟、10窟、12窟。此类洞窟变早期的穹庐顶为平顶，并出现了廊柱及一科三升人字拱等具有汉民族传统木结构建筑特征的建筑构件。

此种窟形的出现可以看作是拓跋鲜卑汉化的一种表现，但同时我们是否可以认为这是钳耳庆时利用当时盛行的佛教来宣扬孝文帝汉化的政策，以配合汉化政策顺利推行的一种表现，此举反映了北魏统治者当时所主张的核心政策，维护了北魏的统治，也就是说钳耳庆时巧妙地将当时孝文帝的政治主张融于佛教之中，利用佛教在当时的盛行向皇室亲贵及民间百姓大肆宣扬其汉化政策，以促进它的顺利推行，当然也是儒学忠君思想的反映。

二、9、10窟中的龙饰

在9、10窟的壁面上多次出现龙的雕刻，在第9窟中龙的形象出现了3次，共5条，分别位于：(1)前室西壁两层龛的第二层佛龛的龛楣上(2条)；(2)前室明窗两侧(2条)；(3)前室明窗东侧龛楣(左侧的已风化)。在第10窟中龙的形象出现了4次，共8条，分别位于：(1)前室明窗两侧(2条)；(2)前室北壁东侧龛楣(2条)；(3)明窗下须弥山处(2条)；(4)后室南壁明窗东侧龛楣(2条)。

龙在佛教中属"八部护法"之一，同时龙在中华传统文化中也具有极显赫的地位。在距今8000年的新石器文化中，就出现了神奇怪异的龙的艺术形象；自此以后，龙文化一直贯穿于中华民族漫长而复杂的发展历程中，在宗教、政治、文学、艺术、民俗等各个领域充当着十分重要的角色。在中国原始神化中,民族首领多与龙蛇相关,至秦汉时,帝王多以龙神自居,后来皇帝更自命为"真龙天子",龙纹与封建君主结下了不解之缘,龙的形象成为皇帝及皇权的代表,历代皇帝的宫殿装饰乃至礼乐旗仗、生活器具,无不绘饰龙纹。而在位于9、10窟的显要位置大量出现龙的形象,这不能片面地认为龙饰在这里仅具有佛教的意义,也应是钳耳庆时借此显示皇家威仪的表现。

三、9、10窟中的因缘和本生故事

在9、10双窟中,主要根据《杂宝藏经》雕刻了大量因缘和本生故事画面。这说明在盛行大乘佛教的北魏时期,并没有放弃以因缘、本生故事传布佛教思想的方式,而且是由社会宗教活动中的最高领袖人物予以实践的。

在9、10窟中以雕刻手法共表现了11个因缘、本生故事,从佛教的教化角度来看,可将它们分为以下几类:

1. 宣扬佛的慈悲与至高无上的教化力。(1)对外教的降化如:骷髅仙因缘(第9窟明窗两侧)①、尼乾子投火聚为佛所度缘(第9窟南壁西侧)②;(2)佛法威力无边如:大光明王始发道心缘(第10窟后室南壁西侧门楣上层)③、魔王波旬欲来恼佛缘(第10窟后室南壁上层)④、鬼子母失子缘(第9窟后室南壁西侧)⑤、吉利鸟缘(第10窟后室南壁东侧中层)⑥;(3)佛教对人性的教化如:兄弟二人俱出家缘

---

① 骷髅仙因缘:这是一个教导人们敬仰佛教、"听受妙法",并"勤心习近供佛"佛法的因缘故事。无论是谁(一切众生)生性并无"定相",而是"随所染习起善恶业",如若"习近外道邪见其教诫"则"永即流转无有边际"。反之,只要对佛教"起信敬心,亲近贤圣听受妙法",就可以积"功德因缘"而"出欲淤泥受最胜乐","离三恶苦"。此经出自《付法藏因缘传·卷第六》

② 尼乾子投火聚为佛所度缘:"尼乾子"乃印度耆那教之创始人,佛教兴盛后,佛经中统将耆那教徒称为尼乾子。《杂宝藏经》所录"尼乾子投火聚为佛所度缘"佛教故事,宣扬了佛陀在降化外道(佛教以外诸宗教)中所表现的神力行为和慈悲之心。

③ 大光明王始发道心缘:其情节主体呈显了佛法的至上无边。

④ 魔王波旬欲来恼佛缘:佛教说,波旬是欲界第六天的魔王,经常带领众魔到人间破坏佛法。释迦牟尼成道之夜,他曾经大肆搅扰而被释迦以"白毫"(佛法的力量)击败。但其不甘失败,佛在菩提树下时,又来害佛。

⑤ 鬼子母失子缘:鬼子母,也称"诃梨帝",为佛教中的夜叉之一,因"以为五百鬼子之母,故云鬼子母"。阿含经曰:"降鬼诸神王,及降鬼子母",如彼!人鬼。"鬼子母"初为恶神,专吃小孩,"后归于佛法为护法神"。"鬼子母失子缘"讲的就是佛以其人之道还其人之身的手法,制服鬼子母并使其"改恶从善"皈依佛法的故事。

⑥ 吉利鸟缘:这个故事出自《杂宝藏经》,以讲故事的形式歌颂了佛祖释迦牟尼不仅在现时,即使在过去前世也是一个智慧无限,能够识破一切伪善面目的佛,并且具有向邪恶势力挑战而不惧非难的勇气。

(第9窟后室南壁东侧中间层)①。

2. 宣扬佛教中的因果报应说。如：八天次第问法缘(第9窟后室南壁西侧)②、天女供养因缘(第9窟后室南壁东侧上层)③、须达长者妇供养佛获报缘(第9窟后室西壁南侧)④、睒道士本生(第9窟前室下层)⑤。

这些故事侧面反映出儒家的思想"忠恕"：

(1)借佛法的无边，影射皇权的无上。如：骷髅仙因缘；

(2)借佛教教义的因果报应说，宣扬儒家的道德——"仁者爱人"说。如：八天次第问法缘；

(3)借佛教故事，宣扬儒家的"忠""孝"伦理思想。如：睒道士本生。

由此可见，由于儒家思想符合封建统治阶级的根本利益和要求，所以它在中国古代一直处于正统地位，儒家的人文本位思想和道德理论即"忠恕"之道，成为中国传统文化思想中最具特色的主要部分，各种宗教信仰为了求得自身的传播，总得这样或那样地和儒家思想妥协、调和。因此佛教由印度传入中国以来，为求得自身的发展并扎根于华夏这片沃土，就自觉或不自觉地大量吸收了儒家某些思想，特别是为了赢得封建统治者的支持，还巧妙地将儒学中"仁""孝""忠"等思想融于佛教教义之中，于是在佛教的教义中不时地闪现出与儒学相统一的火花。北魏虽为鲜卑族建立，但却也注意吸取历代帝王治国经验，将儒学置于各种思潮流

---

① 兄弟二人俱出家缘：这是叙述品性优良的二兄弟在出家期间因"嫉妒"之心，发生弟弟陷害哥哥的故事，弟弟就是释迦牟尼之前生。它告诉人们，佛在前生并非一贯正确，可贵的是佛能及时发现自己的错误，并勇敢地改正，表现出精神上的进步和提升。

② 八天次第问法缘：在佛教中，色界四禅天与无色界的四空出，合成为"八天"。在《杂宝藏经》中，"八天次第问法缘"采用铺陈的层层递进方式叙事说理，宣传佛教因缘果报之教义。

③ 天女供养因缘：《杂宝藏经》连续以六个段落叙述了六位天女因精心供养佛法、坚持信仰而得以尚好果报的故事。

④ 须达长者妇供养佛获报缘：《杂宝藏经》就讲了一个这样的故事，贫穷的须达夫妇只得三升米，而很多人，包括佛都来乞食，夫人一一施与，将食物全部施舍，最后丈夫回家没有饭吃，当得知妻子的施舍行为后表示"我们的罪过已尽，福德就要来了"，于是家中米谷、衣帛应有尽有，用之不完。

⑤ 睒道士本生：这一本生故事出自《六度集经·卷第五》，此经由三国时(公元220年-265年)康僧会译出。1998年花城出版社单行出版《六度集经》时载吴海勇先生对"睒道士本生"的评解："睒隐居修行，奉佛孝亲，却不幸误中了国王的毒箭。当时，父母年迈失明，生活全靠睒来维系，而自己又生命垂危，正所谓一箭杀三道人，但睒并不恶毒相报，而是坚持道行，忍受住命运的不公。睒的父母呼天抢地，似乎更符合常人心态，终于感动上天，使睒恢复如初。国王因此推行佛法，天下大治。故事中，父母亲对儿子的深爱痛惜，给人留下深刻的印象。初闻死讯时，询问死因又惊又怕的神情、口吻毕现"。

派之上,就连此时盛行的佛教也不得不借助儒学中的忠君思想以求得自身的快速发展。同时,由于佛教与儒学的相互渗透、影响的关系,儒学有时也会借助佛教的普及性达到对民众的教化目的。因此9、10窟的建造者就将宣扬北魏王权的至高无上,劝导统治者广施仁政,教化百姓忠君爱国,多尽孝道等儒学的"忠恕"之道通过佛教丰富的内容和题材巧妙地表现出来。

参考文献:

[1]宿白.中国石窟寺研究[M].北京:文物出版社,1996.

[2]赖永海.中国佛教文化论[M].北京:中国青年出版社,1999.

[3]汤用彤.汉魏两晋南北朝佛教史.[M].北京:北京大学出版社,1998.

[4]王恒.云冈佛经故事[M].太原:山西人民出版社,2002.

云冈石窟东部窟区摩崖题记考

员小中

（云冈石窟研究院，山西 大同 037006）

摘 要:云冈石窟东部窟区崖壁上有 16 处大小不一的题记铭刻位,7 处可见字迹,多为明清时期遗留。这些题记年代跨度大,数量较多,作用不同,这在缺少文字资料的云冈石窟显得尤为珍贵。它们虽占据了整个石窟的一角,但却赋予了云冈石窟 定的文化内涵。这些时代的印记和文化的交汇,或许给今天的云冈石窟和大同市的文化繁荣带来启示。

关键词:云冈石窟;摩崖;题记;明清

云冈石窟坐北朝南,两条自然冲沟将石窟分为东、中、西三部分。东部有编号第 1～第 4 四个窟。在第 1 和第 2 窟明窗上方、窟门两侧及向西至碧霞洞(第 3-1窟)约 180 米的崖壁上,共有 16 处摩崖题记,其中 7 处可见字迹,6 处前人有记录,另有 2 处漫漶剥落只有个别笔画,无法辨认。其余的只见开出的长方形额面,不见字迹,这些题记与石窟不是同一时间所作,为后世补刻。《乾隆大同府志》卷 15《祠祀》在记载云冈石窟时,曾经提到这些题刻铭记,曰:"石窟寺,在府城西三十里左云界……内有元载所修石佛二十龛,壁立千仞,面面如来,今大半废圮,壁上多前代石刻,字漫灭不可读。"[1](卷15,P318) 最后一句"壁上多前代石刻,字漫灭不可读",指的就是这些题刻铭记。记述中所讲"前代石刻",应是始于辽宋至明清的遗迹。这些摩崖石刻,反映了云冈石窟的一段历史与文化。现对"左云交□""朱廷翰《游云冈石佛寺□成□》""山水有清□""云深处""丁亥年游人(高景)题记""为善最乐""碧霞洞"等 7 处残存题铭,作简要考证说明。

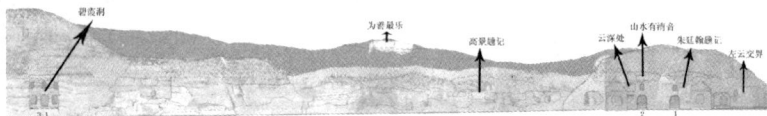

图1 第 1 窟～第 3-1 窟外壁题记位置示意图

一、"左云交□"题铭

位于第1窟以东约7.50米,距地面约2.30米的崖壁上,残存阴刻楷书"左云交□"的题刻,从幅面看,纵向可容三字,而著名作家冰心在1934年参观云冈后记下的日记中称,"交"之下方还有一字应为"界"字,从而组成"左云交界"四字。然此处确实曾经作为大同府与左云县的交界,题铭位置似为两地的交界之处。据清道光年间所撰《大同县志》卷十九朱彝尊《云冈石佛记》附黎中辅记:"自乾隆二十六年(1761年),云冈割归左云"。[2](卷19,P528)但清雍正九年(1731年)完成的《朔平府志》卷三《方舆》载:"左云县石佛寺,在县东九十里云冈堡,又名佛窟山。传自后魏拓拔氏时,始于神瑞,终于正光,凡七帝,历百十余年,规制甚宏。原寺十所……"[3](卷3,P121)其文明确提出"左云县石佛寺",说明当时云冈石窟已属左云县所辖,时间比黎中辅所记早30年。

对左云县成立的时间,张焯《云冈石窟编年史》中引《清世宗实录》卷三二"1725年乙巳7月7日(清雍正三年五月二十七日),设山西朔平、宁武二府,改右玉卫为右玉县,左云卫为左云县,平鲁卫为平鲁县,并割大同府属之朔州、马邑县,俱隶朔平府管辖……"[4](P344)此段文字说明,左云县设置于清雍正三年(1725年)。也就是说,1725年云冈石窟可能已划归左云县,此后一直沿袭。有记载为证:《乾隆大同府志》卷五《形胜》曰:"石佛寺口,城西三十里左云县界"。[1](卷5,P104)卷十五《祠祀》:"石窟寺,在府城西三十里左云界。北魏时建,始神瑞,终正光,历百年而工竣……"[1](卷15,P318)《光绪左云县志》卷二:"寒泉灵境,在县东云冈,九十里,即石窟寒泉,有窦喷泉,清洌可饮"。[5]从以上方志可以看出大概。

对于云冈石窟在18世纪至20世纪初近两个世纪的时间内,不归距其30里近的大同府,却归距其90里远的左云县管辖的问题,其原因主要是,明代云冈石窟处在九边重镇之一的大同西部防御体系中的重要位置,明嘉靖三十七年(1558年)改旧石佛寺堡为云冈堡,万历二年(1574年)又在冈上筑堡,形成上下二堡,增强了军事防御功能。清顺治初撤堡,归大同府。《顺治云中郡志》卷七《关塞》载:"石佛寺口,府城西三十里,左卫东一百十里,有堡墙。"卷七《乡堡》载:"大同前卫堡寨五十五座:……石佛寺堡。"卷七《烽燧》载:"冲边各堡墩台共九百一座:……云冈堡八座。"[6](卷7,P321-350)书中还有云冈石窟的景致记载,卷一《山川》载:"石窟寒泉,府西三十五里石佛寺,"[6](卷1,P41)卷二《方舆》载:"石窟摩云,在府西三十五里,奇山妙水,庄严极丛林之盛。"[6](卷2,P45)史中众多章节对云冈石窟的记载表明其地位重要。也就是说,在清顺治九年(1652年)时,云冈石窟属大同府,之后不知何时划归左卫,直到清雍正三年(1725年)改卫为县之前,云冈石窟属大同左卫的时间已经约70年了,一直到民国三年(1914年)始划归大同。可见,自1725年起至民国三年长达 190 余年的时间中,云冈石窟一直归左云县管辖,而残留于第 1 窟东侧的"左云交"题铭,亦应刻于该时间段之内。

二、"游云冈石佛寺□成□"题铭

此题铭位于第 1 窟明窗左侧,是云冈石窟现存时间较早的清代文学类题记。以行书雕刻于方形铭刻位置中,如图 2 所示:

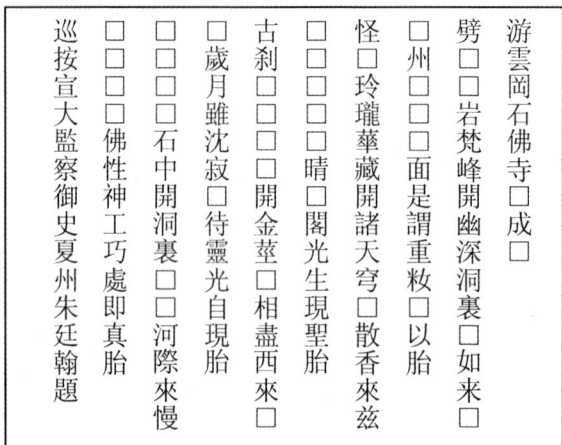

游雲岡石佛寺□成□
劈□□岩梵峰開幽深洞裏□如來□
□州□□□□面是謂重粆以胎□
怪□玲瓏華藏開諸天穹□散香來茲
□□□□晴□閣光生現聖胎
古刹□□□開金莖相盡西來□
□□□□歲月雖沈寂□待靈光自現胎
□□□□□石中開洞裏□河際來慢
□□□□佛性神工巧處即真胎
巡按宣大監察御史夏州朱廷翰題

图 2　第 1 窟明窗左侧题铭示意图

题铭内容明确了作者为巡按宣大监察御史朱廷翰。清代大同知府吴辅宏纂辑《大同府志》卷之十一载:"……张鸣骏,福建龙溪人,进士,顺治元年任;朱廷翰,陕西人,举人,顺治二年任。高景,北直人,进士,顺治三年任……"[1](卷11,P219) 由此得知,朱廷翰于顺治二年(1645 年)接福建人张鸣骏任职,任职一年后,由北直人高景接任其职,朱即卸任。此题铭应是朱廷翰在任巡按宣大监察御史其间(1645~1646 年)所作。

20 世纪 40 年代,日本学者对"游云冈石佛寺□成□"题铭进行过辨认记录,发表于 1955 年出版的京都大学人文科学研究所研究报告《云冈石窟·第二卷·云冈金石录》中。2006 年出版的《云冈石窟编年史》再次将其录入,作七言诗断句,且作注释二条,曰:"□成□",应作"和成韵",为唱和《石佛寺》而作。顺治《云中郡志》卷十四收有《石佛寺》七言诗四首:

> 峻嶒崀峇倚云开,昙影缤纷天际来,
> 三十二观随处见,石莲浮动现金胎。
> 茎草原从帝释开,妙同宝月印川来。
> 推开慧海留生面,亿万恒沙结髻胎。

宝宫杰构五丁开,金粟飞花匝地来。

何处是空何处色? 须弥芥子一班胎。

心眼关头不易开,维摩悟后谒(偈)飞来。

饱参玉版三乘偈,笑指摩尼五色胎。[6](卷14,P596)

此"石佛寺"署名作者为"石碣韵"。碣,石碑也,韵,悦耳之诗歌也,因之,此"石碣韵"者,"殆非人名,盖指刻在石碑或石壁上的诗"。由此推测,载于《云中郡志》中的石碣韵"石佛寺"作品,虽然现在不见其踪影,但它曾经或是镌刻在云冈石窟的石壁上,或是雕刻在石碑上而立于石窟之中,当朱廷翰在巡察之余游览云冈石窟,看到诗作后,触景生情而作了和成韵《游云冈石佛寺》,并刻于现今第1窟的明窗东侧。

三、山水有清□

第2窟明窗上方开辟横额刻字位置,刻有"山水有清□"楷书大字。前四字清晰可见,最后一字位置上字体不清。根据窟前地理位置和环境,结合历史上有文人雅士对自然幽静和谐的追求,推测最后一字为"音",即为"山水有清音"。西晋文学家左思有《招隐》诗曰:"非必丝与竹,山水有清音",很受后人赞赏。这首诗表达了左思仕途难通之后入山寻访隐士,愿与隐士同居山林的一种愿望。这句诗的意思是:身处一个美好的环境中,根本不用弹琴作乐,因为山水流动的声音本身就是一首动听的乐曲。过去武州川河道宽阔,由第1和第2窟前经过的古道,是进入云冈腹地的通道,也是大同、左云乃至山西与陕西、内蒙古来往的必经之路。第2窟内有泉水从后山流出,终年不断,清冽可饮,至今洞窟内仍旧闻得潺潺流水声,泉水出口处更是叮咚作响,"山水有清音"艺术地概括了此处的优美环境。古往今来,第2窟的这股泉水,因在夏季感觉水温较低而俗称"寒泉",洞窟就是"寒泉洞"了。由于泉水不断,曾经使窟内盛满积水,中心塔柱倒映水中,另有一番观赏情趣,故有"石鼓寒泉倒栽塔"之说。《大金西京武州山重修大石窟寺碑》亦提到云冈洞窟泉水,曰:"……发响,闻者摄心,琢石则醴泉流出,饮之愈疾,珍禽时聚,毒虫屏迹……"明代《大同府志》称"石窟寒泉",并将其列入"云中八景"之一,逐渐成为大同地区的一个重要景观。

由此看来,"石窟寒泉"首先是"清冽可饮",即清洁凉爽,可以直接饮用而无害处。其次,"饮之愈疾",即饮用此水可以治愈疾病。俗传此水可以医目疾,过去云冈石窟附近的老中医多以此水为人煎药治病。此泉水含有多种人体所需微量元素,其中含量较多的是锶。经常饮此泉水,对冠心病、动脉硬化、心血管疾病具有良好的调理和保健作用。第三,"寒泉灵境"是一个良好的游览项目。明人邢哲在歌颂云中八景之一的"石窟寒泉"时写道："乾坤灵异信非常,石窦泉流水自香。尽日澄天涵素影,终宵漾月吐寒光。味甘不羡姜诗井,意适应同德裕庄。地脉一源应有自,尘缨何必濯沧浪"。[7](卷18,P452) 为了减少渗水对洞窟的危害,同时使这一景致让游人不进洞窟即可看到,20 世纪 60 年代时将"石窟寒泉"由洞窟内引出,以砂岩石雕回旋图案流杯渠为泉水出口,增加了艺术效果。2008 年安置了造型优美的龙头,泉水从龙口流出,美化了景观,减少了泉水菌落数。

四、云深处

第 2 窟明窗右侧壁面开辟方形铭刻位置,横长 2 米,纵高 1.25 米,中央位置刻"云深处"三个颜体大字。2009 年春夏之际,云冈石窟研究院组织专业人员作洞窟调查时,笔者在"云深处"周围,发现有似为文字的斑驳痕迹,遂用望远镜观察,果然在三个大字上方刻有一印章,周围残留着一些文字,有的甚至可以辨认出来。如图 3 所示:

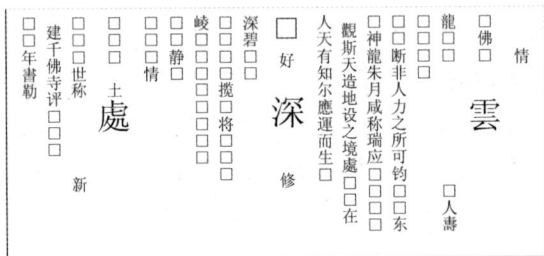

图3 第 2 窟明窗左侧壁面题铭示意图

"云深处"三个大字双沟较深,上方中央印章、四周边框及花纹较浅。仔细观察,大字和印章所在面较其他地方平坦细腻,属专门刮擦錾平。大字的某些笔画还破坏了小字,边框花纹下也似有字迹。种种迹象显示,大字、印章和边框花纹一起,是在剔平了部分小字后刻就的,因此判定,小字雕刻的时间可能更早些。"云""深"两字间四列小字可辨的多些,后两字间的小字损毁严重。就可辨识出的文字理解,内容大概是讲这个地方环境优美,有瑞应之象,并修建佛寺的事情。碑中央上方的印章,约 7.5 厘米见方,有 0.6 厘米宽边,内刻有六个篆字:"贝州静(得?)一存章"。据史载,今河北省清河县在历史上有过"贝州"之名,北周武帝宣正元年(578 年)在清河郡置贝州,宋仁宗庆历八年(1048 年)平定王则叛乱后改贝州为恩州。因此,印章中的地名为我们判定题刻年代提供了重要的依据。从印章内字迹完整程度看,没有受到专门破坏,与大字的完整程度一致,而且边框花纹也有辽金之风。若是如此,大字铭刻时间应在宋庆历八年(辽重熙十七年,1048 年)前的辽宋时期,留此文字的人,应是名为"静(得?)一"的贝州人士。大字之后的行书小字接近王羲之行书结构章法,但是内容缺失严重,时代不可测定。令人矛盾的是,"云深处"三个字笔画完整,风化程度很小,从时间上看不像近千年前的遗留,从含义上讲,它与"碧霞洞"均属道家遗迹,应是金元之际全真道入主云冈石窟时的产物,因此认定是辽宋作品可能有点武断。现作如下三种推测,待有识之士分辨:

1. 印章和三个大字一体,为元明清时代,印章中的"贝州"之名属古名今用,不代表辽宋时期。

2. 印章和小字一体,置于题跋和诗赋之间的章就是辽宋时期的人写诗赋韵而留名,作为辽宋建佛寺纪念的书法作品展示。

3. 印章和小字一体,印中地名也是古名今用,时间在大字前不久,之后道家入主用大字将佛家的小字覆盖。

剔除部分小字后刻就的"云深处"三个大字,应与洞窟所在的环境有关。唐代张旭《山中留客》曰:"山光物态弄春晖,莫为轻阴便拟归。纵使晴明无雨色,入云深处亦沾衣。"诗中的"云深处"一词,与云冈石窟第1和第2窟的"云深处"意义相近。"云"非指真正的云,实指雾气、烟霭。历史上的第1和第2窟泉水充沛,地势较高,又下临河水,地面植被丰富,水雾汇聚,极易在此聚集。这里远离喧嚣,云雾缭绕,山水有音,俨然隐逸理想之地。

五、丁亥年游人(高景)题记

在第2窟和第5窟以西约13米、地面以上约2.50米的崖壁上,可见一幅横向长方形状的铭记位置,一些斑斑驳驳的秀丽文字残存其上,鳞片状的风化字迹,似有一触即掉之险,但这却是第2窟以西至第3-1窟(碧霞洞)以东崖壁上,众多题记位置中文字可辨较多、面积最大的一块题铭。这块长方形题铭,以行书阴刻文字,为清代丁亥年之"游人(高景)题记"。由于岩体风化剥蚀严重,文字多已缺损。20世纪40年代,日本学者对云冈石窟进行调查时,对此题铭进行了纪录,这一"游人题记"虽然当时有风化剥蚀,但较现在略轻。张焯《云冈石窟编年史》亦再次转录,如图4所示:

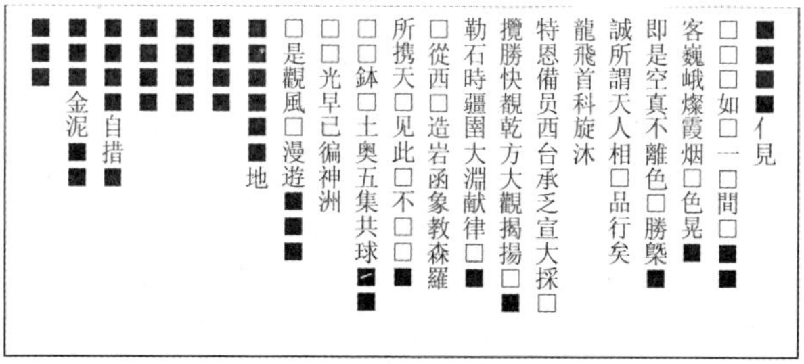

图4 丁亥年游人题记示意图

张焯并对此作了如下按语：

> 西台，是负责巡察西部省区御史的别称；"备员西台，承乏宣大"，所指唯总督或巡按宣大的都御史或监察御史；"龙飞首科"，指大清开国后的第一批进士，即顺治二年考试、三年发榜的进士。查有关史志，知是顺治三年进士（丙戌科），十一月由湖广道监察御史巡按宣大，四年离任的北直隶人高景。景，后任至刑部、工部尚书。[4](P335)

由此可见，铭文主人为北直隶人高景。如前述"游云冈石佛寺"题铭引《大同府志·卷之十一·巡按宣大监察御史》所载，高景是朱廷翰的继任者。其前任作和成韵《游云冈石佛寺》，盛赞石窟佛国世界的神奇，而他则作此题记，美誉云冈景观秀色。文中"疆圉大渊献"是采用干支的异名，即丁亥年，就是顺治四年（1647年）。

六、为善最乐

第2窟至第3-1窟之间的山体最高处，有一处远远望去较为显眼的平整长方形岩石立面，左起镌刻繁体楷书"为善最乐"四个大字，年月款识不详。从风化程度看，与雕刻于其下方崖壁上的明清题记时间相近。这四字是劝人多行善事的格言，与石窟历史艺术无直接关系。《后汉书·东平宪王苍传》载："日者问东平王，处家何等最乐？王言为善最乐。"这大概就是"为善最乐"的较早出处了。《清实录·顺治朝实录》中，亦有皇帝劝人为善的记载："顺治十二年……庚戌，御制劝善要言成，亲为序曰：朕惟天道至善。即以其善赋之下民……"[8]去过山西乔家和王家等大院的人都会看到，大院内都悬挂有醒目的"为善最乐"牌匾。据说，晋商从发迹到走向辉煌，一直将"为善"作为立家之本，并将其贯穿于日常生活与商业活动之中。这个高高在上的题记应该是商人或养身之人用来警示路人的。

七、碧霞洞

第3窟往东20米是现编号为3-1洞窟，因窟门正中雕刻有"碧霞洞"三个楷书大字而称之为"碧霞洞"。张焯在《全真道与云冈石窟》一文中指出，"碧霞洞"与第2窟外壁上方"山水有清□"及其旁边的"云深处"等字迹"不似佛僧所为，而属于道教之物"。[4](P439)洞，意为"洞天福地"，是道人居住之所。碧霞指"碧霞元君"，即道教诸神中的"天仙玉女碧霞元君"。这里，"寒泉窟（第2窟）与碧霞洞，下临深溪，上揽白云，俨然一处道家崇尚的青山云水窟"景致。但云冈石窟被道人辟为仙境，碑碣无存，方志未载，不知始于何年。若就三处石刻的风化程度，比较清代摩崖题记分析，大致可以推测为明代以前。

综上所述，云冈东部窟区的摩崖题记年代跨度大，数量较多，作用不同，较为珍贵。其中有辽代修建的佛寺纪念碑,有元明时代道家的活动遗迹,有清早期地方高官的石窟游记,有具战略地位的划界标志,有对环境优美赞誉的名人题字,有启悟路人的格言警句,还有十余款残留个别字迹笔画甚至风化得早已无字的方形题额。这些遗留题记尽管和石窟内的雕塑在历史价值和艺术价值上无法比较,但它却是历代人们在云冈石窟的活动见证。它们虽占据了整个石窟的一角,但却赋予了云冈石窟一定的文化内涵。

参考文献:

[1](清)吴辅宏. 乾隆大同府志[M]. 大同市地方志办公室标点本,2007.

[2](清)黎中辅. 大同县志[M]. 太原:山西人民出版社,1992.

[3](清)刘士铭纂修. 李裕民点校. 朔平府志[M]. 北京:东方出版社,1994.

[4]张焯. 云冈石窟编年史[M]. 北京:文物出版社,2006.

[5](清)余卜颐. 左云县志[M]. 民国石印本.

[6](清)胡文烨. 云中郡志[M]. 大同市地方志办公室标点本,1988.

[7](明)张钦. 大同府志[M]. 大同市地方志办公室标点本,1986.

[8](清)巴泰等. 清世祖实录[M]. 北京:中华书局,1985.

云冈石窟盝形龛的演变

王 恒

（大同市政研会，山西 大同 037044）

摘 要:源于印度早期佛教艺术和犍陀罗艺术时代的盝形龛形式是佛教石窟的基本龛式之一,云冈石窟亦雕刻了大量盝形龛以装饰佛像、菩萨像以及其他佛经故事内容。这些盝形龛形式不仅体现了艺术的继承性,更表现了艺术的创新性。通过不同时期出现的不同表现,我们看到了盝形龛在云冈石窟的多种式样。这不仅使云冈石窟的盝形龛式样更加丰富,加强了盝形龛式在装饰意味上的重要作用,而且使盝形龛装饰佛像的功能得到了进一步的扩展,使其成为石窟壁面运用最灵活的造像龛形式之一。

关键词:云冈石窟;盝形龛;演变

盝形龛与圆拱龛一起构成云冈石窟最常用的基本龛式,它们同时由西方(泛指印度、中亚及我国新疆等地)传到云冈而扎根并且不断发扬光大。这种龛式结构样式无疑来自某种建筑物,将其运用于佛教造像龛中,也是要表现建筑物的内容,但构成盝形龛建筑物样式的画面不像构成圆拱龛式的建筑物那样具有至高无上的庄严性质,似乎更加民间化或社会化。因此,其装饰的对象除了佛像外,表现最多的是菩萨像,一些佛经故事的画面也多以这种龛式装饰。

日本佛教石窟寺学者水野清一和长广敏雄在《云冈石窟装饰的意义》中以线描图列举了部分出现在犍陀罗时代以来的盝形龛形式(见图 1)。这些样式很容易就辨别出是某种建筑物的演化形式。云冈石窟从早期到晚期均运用了大量盝形龛形式来装饰交脚菩萨像或其他佛教造像。

一、以塑造单一造像的竖向形态盝形龛

1. 早期形式 早期的这种盝形龛形式以第 17 窟东西两壁的大型佛像龛最为突出。东壁大型盝形龛高约 6 米,龛内置坐佛像;西壁大型盝形龛高约 8 米,龛内置立佛像。这两个盝形龛均在原来弧形壁面上以高浮雕形式留出龛形,使整个龛式呈立体状形态,并且占据了较多的龛内空间(见图2)。此二龛是云冈石窟竖向形态最大的盝形龛形式,龛楣设计雕刻较为简单粗糙,东壁龛为六个盝形格,西壁龛为七个盝形格(应为六格设计,但雕刻者将南侧下垂格一分为二),格内均雕刻飞天形象,楣面下侧雕刻帷幕。这两个龛具有三个特点:一是没有龛柱,盝形楣面雕刻也较为单薄;二是楣面两侧的八字斜格雕刻为向外弯曲状;三是龛内置佛像,与云冈石窟多数盝形龛内置交脚菩萨不同。

图1

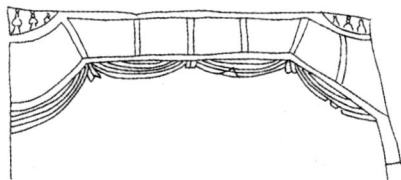

图2

2. 中晚期形式　这个时期的这种形式盝形龛突出地表现在支撑龛楣的立柱上。这种龛式有5种表现形式:

第一种是装饰艾奥尼亚式柱头的立柱形式。在属于中期洞窟的第9、10双窟就出现了以装饰艾奥尼亚式柱头的立柱支撑的这种形式盝形龛。它们位于两窟前室北壁窟门的两侧,两窟各开两龛,第9窟龛内为交脚菩萨,第10窟龛内为倚坐佛像。此交脚菩萨和倚坐佛像正是第7、8双窟后室北壁上层盝形大龛所塑造的形象(第7、8双窟将此两种造像轮换安置)。将这两种造像装饰于盝形龛内似乎是两对双窟(7、8窟和9、10窟)必然联系的内容之一,又成为云冈石窟之造像龛装饰定式。这4个盝形龛之龛楣均由柱面雕刻环形忍冬纹和绳纹的棱形柱支撑,并且柱头雕刻为对称向两侧翻卷的源自欧洲的艾奥尼亚式(图3)。这种对外来建筑艺术式样的直接采用,是云冈石窟开凿旺盛时期继续追求多元化的突出例证。与此同时,我们还可以看到,基本定型化的竖向长方形的盝形龛楣,在这个时候的变化首先是八字斜格的直线化和增加了平行楣尾格,其次是中间格雕刻为奇数(3个),而不是对称的偶数。格内的雕刻内容仍然是飞天形象,楣面下方的装饰帷幕较为厚重,龛楣左右两上角的供养者依然沿袭了早期的做法。

第二种是方形层塔立柱形式。在第10窟前室东西两壁的中层南侧,对称雕刻了盝形坐佛龛,该龛式的龛柱是以力士承托方形层塔(各层均塑造圆拱坐佛像小龛)。同样形式的龛式结构也表现在第12窟前室北壁的窟门两侧,此二龛装饰的也是坐佛像(图4)。

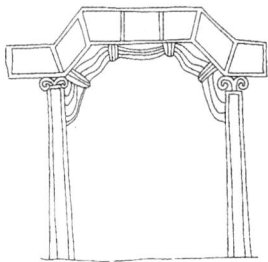

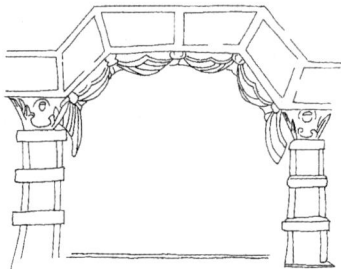

图3   图4

第三种是中国式瓦顶出檐层塔立柱形式。在第11窟东壁第三层中部就雕刻了这样一个装饰了交脚菩萨的盝形龛(图5)。该龛为八格龛楣,中央两格,两侧八字斜格各两格,两侧楣尾平行格各一格,格中均雕刻飞天形象。楣面上方雕刻了11身供养者,楣面下侧的帷幕雕刻微小单薄。龛式两侧塑造立柱为中国式瓦顶出檐层塔。该层塔雕刻有方形塔基,塔身为三层,出檐瓦垅清晰,第一、三层为圆拱坐佛像龛,第二层为二佛并坐圆拱龛。塔顶部分为须弥座上蕉叶出覆钵(较小),塔刹高耸直至盝形楣并雕七层相轮。

图5

第四种是双龛共用柱形式。第7、8双窟后室的东、西两壁均以壁宽为限,整齐布局四层佛像龛,每层成双布局一对圆拱龛或者盝形龛。这些成对龛式组合均以三个立柱支撑,即除两龛左右边各由立柱支撑外,在两龛间只雕刻一个立柱,即为双龛三柱式布局(图6)。这种布局的盝形龛的特点,一是按照设计,各壁面的第一和第三层为盝形龛,第二和第四层为圆拱龛,但各壁均在第一层的其中一个龛中雕刻了佛传故事中的大场面情节,因此第一层不能构成完全形式的双盝形龛形式,能够形成盝形双龛的只表现在两窟的第三层;二是雕刻在双龛两侧和中间的三柱,没有像其他立柱形式那样雕在盝形楣面下方起支撑作用,而是超过楣尾,达到与楣面中央平行格同样的高度;三是由于立柱从楣尾旁边经过,打破了楣尾平行格的完整性,使楣尾格成为近乎"残缺"的状态;四是尽管双龛均雕刻了佛像,但他们均以狮子座,并且其中的一尊佛像为交脚坐势。

第五种是连续龛形式。这种龛式结构是双龛结构形式的发展和继续。盝形龛的连续形式突出地表现在第5窟南壁窟门和明窗间二层佛像龛的下层。此处共雕刻8个连续式盝形龛(图7)。其特点一是支撑龛楣的立柱均为素面形式,虽然龛与龛之间的立柱以一条阴线分开,但其一体化的视觉效果非常明显;二是各龛间楣尾格衔接自然,有的表现为两格相连,有的表现为一格兼顾两龛之楣尾,使整个连续龛楣成就一体。三是楣面格内均雕刻不同形态的莲花;四是所有佛像均塑造为结跏趺坐势和说法手印。

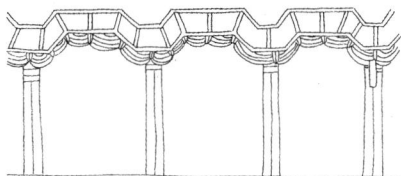

图6

图7

盝形龛中出现的多种立柱形式,从一个侧面体现了云冈石窟艺术多样化的特点,展示了公元5世纪世界佛教石雕艺术形式在中国北方的聚集和发展过程,也体现出云冈石窟艺术家卓越的创作才能。

二、以装饰交脚和思维菩萨三像为内容的盝形龛

顾名思义,这种形式的盝形龛主要用来装饰交脚菩萨(主像)和思维菩萨(胁侍)。在犍陀罗时代,许多佛教内容的雕刻均以两侧科林斯浮雕柱的形式加以装饰。产生于犍陀罗艺术的发育期的一件被称为"脱胎图"的浮雕作品所雕刻的三个主要人物虽然并不是菩萨,但其坐姿形态与我们在云冈石窟看到的交脚菩萨和思维菩萨组合画面非常一致,中间主像头戴宝冠,右手掌伸展于右侧膝盖,左手放左膝盖,两腿交脚坐在宝座上,两侧的胁侍较矮,均以舒相坐势面对主像。显然,犍陀罗的这种人物的形象组合被直接移植到了云冈石窟,只是人物性质发生了变化,即主像为交脚弥勒菩萨,胁侍为思维菩萨。这种组合当然有着特定的佛教意义,这里我们不去讨论。我们要讨论的是装饰这种人物形象组合的正是盝形龛形式。

1. 早期形式 在昙曜五窟中,我们不难发现装饰着交脚弥勒菩萨和思维菩萨的盝形龛式。雕刻在第18窟南壁下层西侧的一个盝形龛保存较为完整(图8),我们且以此龛进行分析讨论。

首先与装饰单体造像的竖长方形状的盝形龛不同,这种龛式的整体结构为横向长方形状,两侧与其他雕刻有明显的分界,使得龛形更加完整化。其次,楣面方形格较为规范,10个盝形格基本平均分配,两侧的八字斜格雕刻为3个,并且呈弯曲状;第三,楣面下侧的帷幕雕刻为下垂的方形凸出纹饰,虽然整齐划一,但显粗糙笨拙;第四,楣面盝形格内间隔雕刻飞天和莲花图案;第五,盝形龛内的形象,中间主像为坐狮子座交脚弥勒菩萨,在同一空间内两侧为舒相坐于束帛座上的思维菩萨。

以上五项内容,构成了云冈石窟盝形龛的基本风格特征,成为此后同样龛式结构的主要艺术创作基础。

2. 中期形式 中期洞窟展示了云冈石窟最成熟和辉煌的部分,与此相适应的以装饰交脚菩萨和思维菩萨为主的盝形龛,也表现出了格式内容相对稳定和形式变化多样的特点。这一时期盝形龛亦有两种形式:

第一种是立体式的盝形大龛。第7、8双窟后室北壁上层即是这种龛式,其中较有代表性的是第7窟(图9)。这种龛式结构的设计是以横向占满整个壁面为基础的。尽管其上下高度因壁面分为两层而变小,但依然达到了约6~7米的高度,而横向距离则更是达到了8米以上。这个尺寸的龛式显然是云冈石窟独立龛式之最大规模者。不仅如此,它的装饰性也大大地超过了早期盝形大龛。

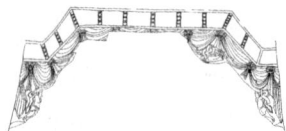

图8 图9

首先是盝形格的布局形式的严格规范化,即以中心线为界,两侧对称平均布置大小相同和数量相等的盝形格。

其次是楣面两侧八字斜格的直线化。这种直线化的结果是在末尾又增加了一个平行的格,使整个楣面完整化。这种格式为在楣面两侧的斜格与平行格间增加龛柱提供了可能的条件。

再次是装饰性雕刻的强化。这一点突出地表现在楣面上方布局的天宫乐伎龛,同时在楣面下侧的帷幕结挽处雕刻了兽面装饰和下垂的飘带,附着弧形帷幕装饰了4个飞天形象。

最后是龛中内容的特殊化布局。第7窟的盝形龛中心为交脚弥勒菩萨,两侧各雕刻了一尊倚坐佛像。第8窟盝形龛的中心为倚坐佛像,两侧各雕刻交脚菩萨。两龛均将舒相坐思维菩萨向外移至龛边的两壁上,造像格局是以交脚菩萨和倚坐佛像为主要塑造对象的。这种将两种对象塑造在盝形龛内的做法,被直接推广到了第9、10双窟前室的北壁上,只是第9、10双龛是以单独形式体现的,即第9窟装饰了交脚菩萨,第10窟装饰了倚坐佛像。这是第7、8双龛和第9、10双龛在雕刻内容上联系的一个例证。

此外,由于楣面和帷幕均雕刻于前方,使龛内空间加大而龛内造像大型化。如果从正面看,盝形楣面和帷幕已将主像的头顶和胁侍的半个脸及思维菩萨的上半身遮掩,但这种遮掩丝毫不影响人们进入洞窟后的抬头瞻仰。

第二种是与其他佛像龛同时出现在壁面上的装饰三菩萨的盝形龛。观察这种盝形龛式,似乎又回到了早期的造像形态:无龛柱盝形楣面装饰的横向大空间画面中,主像弥勒菩萨交脚坐于中央,两侧思维菩萨侧身舒相坐于束帛座上。雕刻在第5窟南壁西侧的一个盝形龛较有代表性(图10)。这种龛式在整个画面的结构布局上与早期的相同,但由于雕刻时间上的差异,发生了四点变化:一是楣面形状的变化。两侧的八字斜格为直线菱形,并增加了平行的楣尾格,楣面下侧的帷幕雕刻为分段打结弧形,与盝形格数量相等,雕刻形状较有写实性。二是盝形龛格内雕刻内容的变化。各盝形格中均雕刻莲花。三是人物形象的变化。人物形体结构较早期更加匀称协调,面部表情呈现成熟期云冈风格,菩萨身披帔帛,下着羊肠大裙。四是菩萨座的变化。主像坐方形座,两侧没有狮子头,两侧思维菩萨不仅舒相坐于束帛座,同时着地的一只脚也踏一小型束帛座。

图 10

图 11

这种以无龛柱大空间专门装饰三菩萨的盝形龛形式,一方面被随机地雕刻在大面积壁面的某个位置,与其他造像龛式组成变化多样繁缛华丽的壁面形象,另一方面也被运用于装饰三菩萨以外的其他形象,如雕刻在第11窟西壁的众多造像龛中，就有一个以这种横向式大空间盝形龛装饰的禅定坐佛像及其两供养者的龛像形式(图11)。我们看到，此盝形龛除了所装饰的对象发生了变化外，楣面八字盝形格又雕刻为弯曲的形式，仿佛又回到早期的形式中去了。这种不仅使装饰内容发生变化，还使龛楣形式回复的表现，在云冈只出现了一例，这显然是一种雕刻者或设计者的艺术变换手法。

三、三间式盝形帷幕龛

这种盝形帷幕龛较典型的是第6窟东壁中层南侧的佛陀鹿野苑初次说法坐佛像龛和西壁中层南侧的交脚菩萨龛(图12)。该龛式的主要特点是将龛楣下的空间以龛柱分为三间，龛柱的支撑点位于八字格与楣尾平行格之间，使明间较宽，两梢间较窄。因此，龛式结构既不同于装饰三尊造像的横向长方形状，也不同于只装饰一尊造像的竖向长方形，而是接近方形的龛式结构。

三间式盝形帷幕龛式的出现，不仅使云冈石窟的盝形龛多了一种变化形式，同时还扩大了盝形龛的运用范围，使盝形龛在云冈石窟的使用更加频繁。

图12

1. 正壁大型三间式盝形龛　这一形式出现在第1、2双窟和第6窟北壁，其特点是龛式宽度占用了壁面的全部宽度。此三龛均以盝形龛装饰的佛像或菩萨像为洞窟中的主要塑造对象，由于位于洞窟的正壁位置，所以称为洞窟主像。但由于云冈洞窟中的北壁普遍受到山体渗水侵蚀，这些地方的雕刻大多数风化严重，有的甚至完全不存在了，第1、2窟和第6窟也不例外。由于壁面的风化，我们只能辨别这些地方雕刻的形象轮廓。其中第6窟北壁下层的盝形大龛宽度约14米，高度约7.5米，是云冈石窟最大型化的盝形龛。这个三间式龛将两立柱雕刻为立体八面菱形，使龛内三间联为一体，形成空间较大的洞窟式佛像龛。由于明间和两梢间的造像均风化严重，但我们从高浮雕轮廓观察，中间主像似为坐在高座上的人物形象，两梢间造像为立姿人物形象，三个人物形象的性质均难以确定。与多数盝形龛楣不同，此盝形大龛之大型龛楣没有雕刻格状组合，而是由10组二龙组成的椭圆环形构成，环环相扣，以莲花结缠束替代方形格。二龙椭圆环形内各雕一飞天，龛楣下沿雕缀饰锯齿纹带和半圆下垂帷幕，帷幕边沿雕刻璎珞(图13)。这种复杂华丽的设计雕刻，只有在如此大型的龛楣上才会见到，也只有在第6窟这个云冈最豪华成熟的洞窟中才可能产生。

第1、2窟是一组双窟，其雕刻和第6窟同样经过了周密的计划与设计，无论是佛教意义的表现,还是艺术形式的组合,均体现了完整性和计划性的特点。双窟北壁雕刻的盝形大龛,均占据了整个壁面,这也是云冈石窟中少有的一个造像龛占据整个壁面的情形。大龛以浮雕柱分为三间,第1窟明间为狮子座交脚菩萨,两梢间为舒相坐思维菩萨。我们看到,这里的三菩萨形象组合虽然依旧位于同一盝形龛楣下,但却不在同一个空间内。这是设立立柱的结果,旧的内容被新的形式所装饰了(图14)。

图 13

图 14

第2窟的整体画面与第1窟完全相同,但其装饰的内容则发生了变化,虽然龛内的人物造像风化坍塌非常严重,但我们还是从部分残留中找到了其雕刻内容之主题:明间人物的波浪螺式肉髻说明塑造的是佛像,两梢间的造像和明间造像同样风化严重,但在东侧梢间人物造像的头光中我们清晰地看到了菩萨翻飞的宝缯,因而这两尊造像是菩萨则毫无疑问。由于整个壁面下层全部坍塌不存,似乎不能够确定该一佛二菩萨的姿式。对此,我们只得从云冈石窟的其他洞窟的造像组合去类比了。一方面,我们以这些造像的身体大小比例观察,他们的下半身已经坍塌的部分占较大的尺寸空间,可以排除其坐佛像的可能。另一方面以相同龛式和相同位置的第7、8双窟后室北壁的造像组合类比,第7窟主像为交脚菩萨像,第8窟主像为倚坐佛像,两侧为交脚菩萨。以此看来,第1、2双窟也应该是相同的造像组合。那么,第2窟的主像就应该是倚坐佛像,两侧梢间布置的应该就是交脚菩萨像了。

2. 雕刻在洞窟壁面上的三间式盝形龛及其不同的造像组合 雕刻在洞窟壁面上与其他龛式同时出现的三间式盝形龛,在龛楣形象上与其他形式的盝形龛一样,即中间为横向的不同数量组成平行格,两侧以一格或者两格雕刻为向下倾斜的八字,楣尾为平行一格。三间式盝形龛只是在八字斜格角下支撑了圆雕或浮雕棱柱,使整个龛式变化为三间结构。这种三间式龛不同于没有分间的横向大空间盝形龛,不仅龛式形象的变化有圆雕龛柱使龛内三间相通和浮雕龛柱使龛式结构中三间隔离等表现,同时这种产生于云冈中晚期的龛式形象,还表现了造像组合上的多种变化形式。

第一种是交脚菩萨或佛像与供养者的组合。在装饰豪华的第6窟西壁南侧中层的三间式盝形龛中,明间为盝形龛常见的交脚菩萨,两梢间则雕刻了手捧供养物的立姿供养菩萨形象,在两棱柱下端,还雕刻了较小型的胡跪供养弟子形象。显然,这种造像组合在体现佛教思想上已经发生了变化,供养思想成为突出的表现内容。同时,这种体现供养思想的三间式盝形龛又被用来装饰最著名的佛陀鹿野苑初次说法图。此龛位于第6窟东壁中层的南侧,龛中释迦牟尼佛作说法手印端坐明间,其前面塑造了表示佛、法、僧的三宝标和表示说法地点鹿野苑的两只对卧的鹿,卧鹿两边和两侧梢间均雕刻了作供养状的僧人和其他供养人物。(图12)这时的盝形龛以三间式形式隆重地塑造和装饰了佛传故事中最重要和最引人入胜的场面。显然,盝形龛已非同以往,它的作用被进一步强化了。由此而在洞窟壁面中大量地出现这种明间交脚菩萨或佛像,两梢间供养者形象的盝形龛,就是非常自然的事情了。

第二种是传统三菩萨像的组合及其盝形龛楣面雕刻的变化。在三间式的盝形龛中安排三菩萨造像组合的做法,在云冈晚期洞窟中较为多见,其形式为明间内为交脚菩萨,两梢间各为舒相坐式思维菩萨。将横向大空间盝形龛以两个支柱分为三间并将三菩萨像安置其中的做法,始于云冈石窟的中期雕刻,上述第1、2窟正壁的雕刻就是例子。这种画面造像与传统横向大空间盝形龛装饰三菩萨有所不同。一是由于龛楣中的八字斜格加长并使角度变小,从而将中间的横向楣面高高举起,使得中央明间的高度增大,两梢间则相对变矮(图15)。因此,在人物形象的塑造上,交脚菩萨的身材较大,而两梢间的思维菩萨的身材就显得小了许多。二是楣面雕刻的变化。第一个变化是将楣面各段原来经常雕刻的若干方格取消,各段只雕刻出与相邻段间隔的边,并在各段中雕刻不同数量的小型坐佛像龛。第二个变化是楣面完全取消分界,整个楣面成为无分界的整体,然后依照楣面正斜走向雕刻为颇具透视效果的折叠式竖格,并在其上雕刻小型坐佛像(图16)。这两个变化,是云冈晚期盝形龛最具特色的变化形式。之所以出现这种变化,首先是雕刻内容的要求所致。我们知道,早期和中期盝形龛楣面格多为较扁形状的方形格,在这种形状的格内雕刻形象自由的飞天和莲花是较合适的选择,但到了晚期,人们已经不满足于楣面上继续塑造这些形象了,他们把宗教形象直接定位于佛像。如果在原来的方形格内安置坐佛像,不仅扁形的方格形状需要调整,而且以装饰飞天与莲花的形式装饰佛像,也是人们所不甘心的事情。与此同时,艺术家对艺术变化的追求也是出现不同雕刻形式的重要动力。

图 15

图 16

四、自由形式的盝形龛

所谓自由形式,即是指这种龛式往往不受两侧空间的限制,楣面结构可对称,也可不对称,呈现出开放自由的式样。在云冈石窟,这种龛式主要出现在第9、10窟的后室壁面雕刻中。第9、10两窟后室是以整齐排列佛教因缘故事为突出特点的地方,雕刻在壁面上的这些自由形式的盝形龛与其他龛式一起,以不同的画面构成表现了这些引人入胜的佛教故事。根据不同形式表现,可总结为四种:

1. 两侧楣尾格不对称形式的盝形龛 这种形式的盝形龛在第9、10窟后室南壁相同的地方,即两窟窟门东侧各有一个。第9窟龛内中央塑造了禅定印坐佛像,坐佛像两侧均雕刻众多胡跪状供养天人的形象。由于佛像左侧(西侧)塑造的人物较多,因此其上方的龛楣尾就雕刻了两个平行格,而右侧塑造的人物较少,其上方的龛楣尾则只雕刻了一个平行格(图17)。在第10窟与第9窟的同一位置中,也雕刻了一个不对称的盝形龛,其表现形式正好与第9窟相反,即龛楣尾左侧(西侧)雕刻为一个平行格,而右侧则雕刻为两个平行格。两个楣面雕刻装饰内容基本一致,即龛楣格内雕刻莲花(第10窟)或者莲花化生童子(第9窟),楣面下方均雕刻了下垂的双重三角锯齿纹。二者所不同的除了不对称形式的左右差别外,在龛楣格数量上的配置也有所不同,其中第9窟的龛楣中央平行格雕刻数量为5个,而第10窟的龛楣中央平行格雕刻数量为3个。

2. 同龛位于相邻的两个壁面上呈内转角式的盝形龛 这种盝形龛形式在第9窟后室南壁西侧第二层和西壁南侧第二层出现(图18)。此龛的高度大约为1.6米,而宽度则达到了约5.6米,是云冈石窟长宽比例最悬殊的龛式之一。此龛的雕刻内容是八天次第问法会,佛像端坐中央,两侧均雕刻了八身作胡跪状的天人形象,其中佛像左侧的八身天人形象全部雕刻在西壁。在龛楣的设置上,南壁雕刻了6个,而中央平行格中的4个,西壁只雕刻了2个。

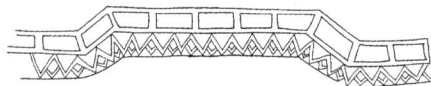

图 17

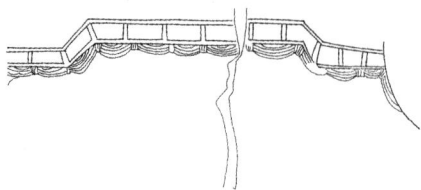

图 18

为什么将一个画面配置在相邻的不同壁面上？这是一个非常有趣的问题。当然，因为画面的巨大而在某个壁面上无法施展是一个原因，但这又不是最主要的原因。笔者以为，最主要原因应该在于洞窟壁面设计上对画面布局的美的追求。在第9、10双窟后室中，虽然洞窟平面呈方形，但我们看到古代艺术家在设计壁面上有意地通过画面的设置将各壁面联系起来，形成一个完整的体系，从而使洞窟在佛教思想表现和美术视觉效果两个方面均达到最佳的融合状态。

3. 楣面下一侧立柱形式盝形龛　这种形式的盝形龛出现在第10窟南壁西侧的中层（图19）。龛内中央塑造坐佛像，两侧各雕刻四身双手合十胡跪状的供养者形象。从主体形象看，此龛似乎已经是一个完整的盝形龛了，但非常有趣的是，画面左侧四供养者身后雕刻着一个上下塑造为艾奥尼亚柱头式样

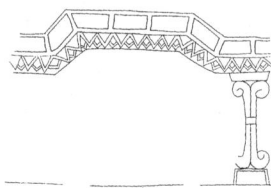

图 19

对称翻卷纹和中段细腰并束带的立柱。此立柱下有方座，上有"皿板"（横向长方形状）支撑着盝形龛左端的龛楣尾部，同时，楣尾盝形格继续向西侧延续，但因为壁面风化已经无法看到其终点了。龛楣仍在扩展的事实可以有以下推测：一是立柱西侧乃至达到西壁上，可能是一个与此龛同用龛楣的又一个盝形龛，而立柱就是两龛的左右分界线；二是只在盝形龛楣的一侧雕刻立柱，是为体现龛式设计的自由变化特点，其集中点是显示不对称的美感；三是由于雕刻设计在实施过程中的失误，造成了龛式两侧的不对称，以此立柱来弥补这种操作上出现的过错。

以上三种推测最可能的是第一种，因为第9、10窟作为云冈石窟中期洞窟中的精华之一，不仅表现了壁面龛式面貌上的多样性特点，同时也应该具有双窟设计雕刻中的规范性特征。在第9窟后室和第10窟后室同样的壁面位置上，我们就明白无误地看到了一个由南壁向西壁扩展延续的盝形龛。这种双窟壁面既在主体布局上具有同一性，又在具体雕刻中具有变化性的特点，在云冈石窟的双窟中比比皆是，这又一次体现了云冈石窟艺术家熟练地雕刻设计部关系的能力。

4. 楣面不完整式盝形龛　这种楣面不完整式盝形龛出现在第7窟南壁窟门

的东侧,(图20)此龛的装饰内容是手执麈尾的维摩居
士形象。我们看到,装饰维摩居士形象的是一个不完
整的盝形龛,龛楣只有中央平行格 3 个和右侧八字斜
格和楣尾格各 1 个,左侧的八字斜格和楣尾格没有
雕出。

图20

依据《维摩诘经》,维摩诘原来是东方无垢世界的
金粟如来,于释迦佛在世之时,自妙喜国化生于毗耶
离城为居士,以"委身在俗",时机"辅释迦之教化"。
当时,佛应五百长者之请,于毗耶离城中的庵罗树园说法,维摩示病不往,佛欲派
遣其弟子和诸菩萨们前去看望,但大家都畏于维摩的善辩而纷纷推辞,最后只有
文殊菩萨受命前去看望问疾。维摩诘随机说法,辩才无碍,乃成一经妙义。

按照以上思想来塑造维摩居士的形象,他应和文殊菩萨处于共同的位置之
中,但在这里我们似乎看到的是一个单独的维摩居士。我们再来仔细观察:不仅
维摩居士的面向正对着没有雕刻八字斜格和楣尾格的一侧,而且盝形格内和右上
角雕刻的飞天形象均朝向没有八字斜格和楣尾格一侧,这些均是要告诉人们,这
是一个继续向左侧延续的龛式,但这个延续马上就被窟门所阻挡。那么,我们只
好越过窟门到另一侧去寻找它的延续了。窟门西侧与东侧相对应的地方果真雕
刻了宝盖下的菩萨形象,并且坐在与维摩居士同样的方形座上,上身向着窟门一
侧。显然,这个画面是与东侧画面共同构成了一幅完整的文殊问疾图。虽然装饰
菩萨的是宝盖而不是另一半盝形龛楣,但雕刻设计者的创作意图已经表现得非常
明显了。

以一个不完整的盝形龛楣来表示这个龛中内容没有完结的形式,是云冈石窟
壁面造像龛的创新之举。虽然这只是非常个别的情况,但毫无疑问的是,只有盝
形龛楣最能够满足灵活多变的画面装饰要求。

参考文献:

[1](日)水野清一,长广敏雄著,王雁卿译. 云冈石窟装饰的意义[J].文物
季刊,1997,(2).

[2]国家文物局教育处. 佛教石窟考古概要[M].北京:文物出版社,1993.

[3](英)约翰·马歇尔著,王冀青译. 犍陀罗佛教艺术[M].兰州:甘肃教育
出版社,1989.

[4]云冈石窟文物保管所. 中国石窟·云冈石窟[M].演. 北京:文物出版
社,1991.

云冈石窟中的龙形图像

员小中

（云冈石窟研究院，山西 大同 037007）

摘 要：作为中华民族的象征，龙形图像应用广泛。魏晋南北朝时随着佛教东渐，龙在佛教石窟艺术中同样表现非凡，充当八部护法之一的角色。云冈石窟中出现大量龙形图像与其皇家工程有关。它是中西文化交流以及北魏民族汉化过程的产物，上承秦汉之风，下开隋唐之气，有其鲜明的时代特征。

关键词：龙形图像；佛教；云冈石窟

　　龙是综合多种动物形态优点而创造出来的一种观念性动物，是中国古老的文化图腾。在历史发展过程中，龙文化渗透到政治、宗教、文学、美术、民俗等众多领域，而且突破地域限制，影响范围扩大。我们今天见到的龙形图像是经过漫长的历史演变过程而形成的。在魏晋南北朝民族大融合期间，各民族文化的碰撞使龙的艺术形象有了长足的发展。而佛教作为外来宗教，在传播过程中受中华龙文化的影响，自觉不自觉地把佛和龙结合起来，从而使龙有了新的表现领域。龙在佛教场景中的出现使人感到亲切，佛教也因龙的加入而更显得法力无边。在这一文化交融期，龙起到了媒介作用。

　　在佛教艺术里，龙的表现以石窟为最。石窟艺术中的龙形图像融合了西方雕塑技法和东方绘画神韵，独树一帜。在北魏王朝最伟大的佛教工程云冈石窟中，龙的数量为众多动物形象之首，是研究北魏时期龙的形象演化的重要实物史料。本文就云冈石窟中龙的形象作一探讨，以补有关龙文化记述中之不足，不妥之处，请专家指正。

　　龙的雕刻在云冈石窟早期窟（约453年~470年）少见，只有第17窟菩萨胸饰上有类似龙形的动物形象。云冈石窟的"昙曜五窟"（第16窟~第20窟）南壁或背光中出现的龙多为二佛对坐龛楣，为后来补刻，与主像的雕刻时间有别，不能列入早期形象。龙形大量出现在中期（约471年~494年）。在距"昙曜五窟"不远的第7窟和第8窟以及晚期（约494年~525年）洞窟中的龙的数量也不少，不过晚期洞窟中龙的形态与中期略有区别。云冈石窟中龙形图像大致可分以下几类：

一、反顾龙

反顾龙的形态特征是龙作尖楣圆拱装饰，一体两首，身作楣拱（龛梁），两首对称，扭颈回头，张嘴露齿，共视主像。这是云冈石窟中为数最多的龙的形象。在印度，这种龛形两边楣角上卷，并无龙形装饰。在中亚、新疆和河西诸石窟中，也无龙形作龛楣装饰。昙曜来自凉州，当时在凉州的北魏石窟中，以龙作龛楣的也少见。这说明，以反顾龙形作龛楣装饰是云冈石窟的创新，也是中外文化交流的结果。

龙用作龛楣这种创作灵感来自何处？翻阅中华龙图，距今五、六千年前的红山文化中就有双龙首的璜形玉饰。到春秋战国时期，双龙首玉璜广为流行。璜是一种弧形的玉器，主要用来作配饰。璜的纹饰一般是在两端各雕成兽头形，以龙头、虎头为多，是高级贵族玉佩中的重要组成部分。它的两端有两个系穿用的孔，多是水平佩戴，拱部朝下。春秋以后，多数在璜体中部拱顶处只钻一个孔，佩戴时璜的拱部朝上，与早期正好相反。有人收藏的东汉双螭首玉璜，拱部朝上，两边螭首呈反顾状。石窟尖楣圆拱形状类似于璜，工匠们便创造性地把璜两端的首形移到龛上，这样既增加了龛形的美观，又体现出了中华文化传统。况且北魏延用周礼，对商、周、秦、汉以来的龙形装饰应有所吸取。

属于云冈石窟中期洞窟的第 7 窟和第 8 窟的洞窟形制为佛殿窟，雕刻内容丰富，装饰华丽。这两窟的反顾龙不仅同时出现了腾龙和兽龙两种形态，而且雕刻位置除了佛龛之外，明窗和门拱也成为表现龙的地方。腾龙呈飞跃状态，爪不着地；兽龙前爪蹬地，身作拱。下面分别加以论述。

（一）腾飞形态反顾龙

在第 7 窟和第 8 窟明窗内边镶嵌着两条顺势而下的腾龙，龙身取代明窗棱角，龙首下沉，一爪上撑，一爪抚身，扭身回顾，后爪跨步贴身，尾巴上扬，其长是身长的一倍。此龙有头有尾，形体完整，形象逼真，高高在上，似从天而降，这是云冈石窟中最具有写实风格和最有动感的龙形图像（见图 1）。稍后开凿的第 5 窟中的腾龙则出现在门拱的外门楣，龙身作拱，两首相连，足爪上扬，有飞动之感，是腾龙从明窗向龛楣发展的过渡期。第 6 窟南壁的大龛楣的腾龙

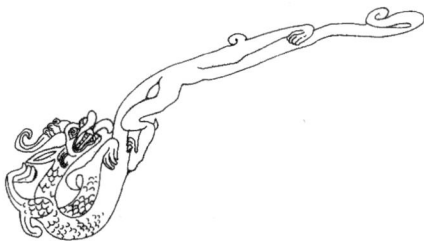

图 1　第 7 窟明窗龙

展示了最优美的姿态：返身回顾，长颈探伸，角耳直竖，口吐长舌，双爪挥动，临空飞舞，龙首在佛龛两侧划出优美的圆弧，动感十足（见图 2）。

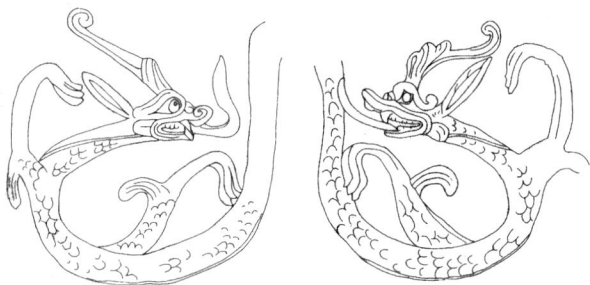

图 2　第 6 窟南壁西龛龛楣龙

在大同沙岭北魏墓壁画中,甬道顶部绘有伏羲女娲神话题材,人物旁边的腾龙与云冈石窟中的腾龙极为相似。此墓主人是侍中尚书主客平西大将军破多罗氏的母亲,为鲜卑人,死于太延元年,即公元 435 年。这个时间比"昙曜五窟"的开凿时间还早,更早于第 6 窟的开凿时间。可见,这种龙形在绘画中早已存在。从画中的伏羲女娲题材让人联想到西汉马王堆汉墓出土的帛画,其上面的龙形图像亦与此接近,由此可见中原汉文化对鲜卑文化的影响,也说明鲜卑族汉化的主动性。

(二)走兽形态的反顾龙

走兽形态的龙同样最先出现在第 7 窟和第 8 窟中,龙站立于束莲柱上,受空间限制,工匠们因地制宜地把相邻的两条反顾龙做成交首形式,既节省地方,又有创新形式。这种反顾龙可能是云冈石窟中的交首龙之雏形,是门拱顶乃至窟顶交首龙的发端。

稍晚开凿的第 9 窟明窗两侧,出现了头长独角,脚踏莲花,比第 7 窟和第 8 窟坐佛龛两侧的龙更壮实的兽形龙(见图 5a)。此窟西壁下层,佛龛两边的龙变化为头上独角直立,胸甲鬣毛突出,像专门塑造的独角兽(见图 3),而第 6 窟中心塔柱东西大龛走兽龙则最为精美(见图 4)。

图 3　第 9 窟西壁龙　　　　　图 4　第 6 窟塔柱西龛龙

　　第 10 窟与第 9 窟为一组双窟。这两窟的雕刻风格更加绚烂,龙的形态向多
样化发展。除上述的第 9 窟独角兽龙形外,在第 10 窟明窗还出现了尖嘴含珠,头
上有角,肩展双翅,尾似开屏的龙鸟合体像(见图 5b)。就双窟意义上说,第 10 窟
明窗上的这个鸟形应是有意塑造的与龙形对应的凤凰题材,而明窗西侧龛两侧已
是不同于金翅鸟形象的凤鸟形(见图 5c)。在佛教里,金翅鸟是龙的天敌,石窟中
多表现在屋脊上。此窟的设计者在为冯太后设计的方山永固陵中,园拱墓门上刻
有两只活灵活现的凤鸟(见图 5d),与第 10 窟西侧上层龛鸟形以及第 6 窟中心柱
正面龛鸟形一致。鸟这种与男性化龙形相对的女性化的凤形表现,是龛楣装饰走
向民族化的始作俑者。

| 图 5a　第 9 窟明窗龙 | 图 5b　第 10 窟明窗龙鸟合体 |

| 图 5c　第 6 窟塔柱南龛凤鸟 | 图 5d　方山永固陵门拱凤鸟 |

　　云冈石窟晚期洞窟中也有腾飞状的反顾龙和走兽形态反顾龙。腾飞状的反
顾龙在第 37 窟西壁出现,龙形模仿第 6 窟南壁龛梁龙形,但气势已衰,流于形式。
其他晚期洞窟多呈走兽形态站在尖楣圆拱龛楣旁,龙身很明显凸起作楣拱。这
些龙形雕刻秉承了中期兽形龙的特点,但整体臃肿,稍显笨拙。其头部表现有两
种形式:一种是无角的螭首(幼龙)形,另一种是与中期形式相同的长角、咧嘴、吻

部翻卷程度加大的成龙形;身体突出表现其粗壮有力的走兽形前腿,有胸毛、肘毛,吸收了狮、虎形象。

二、交首龙

交首龙的形态特征是两条龙上肢处相交叉,昂头相对,肢体呈横 S 形向两侧铺开,有的前爪共举一物。这种形象是云冈石窟中最奇特最优美的龙形图像。

交首龙在战国铜镜和文锦上常见,汉代以后并不多见。云冈石窟的交首龙是石窟艺术的又一创新,它有可能取自战国时期的龙纹,但形式又有发展和变化。为何要创造这样一种形式,这恐怕与造窟的目的有关。随着开窟与佛经故事的结合,新出现的双窟形式和"二佛对坐"等造像题材,要求与之相配的有创新的装饰纹样,云冈石窟的交首龙形就是在这样的背景下产生的。

云冈石窟早期洞窟中没有交首龙,但由于中期洞窟形制由大像窟转变为佛殿窟,方形平顶,从而给装饰纹样提供了极大的表现空间。云冈石窟的交首龙图形大多位于窟顶和门拱两处,它发端于上文提到的第 7 窟和第 8 窟东西壁龛楣的反顾龙,只不过形态由站立变为腾空,下面分别论述之。

图6　第13窟窟顶龙

(一)窟顶交首龙

这种龙形雕刻主要出现在第 1、第 2、第 11、第 12、第 13、第 15 等几个洞窟,表现各不相同。第 13 窟是大像窟,其开凿时间较第 11、第 12 窟为早。此窟顶不同于早期窟的穹隆顶,而是平面稍小于底面的马蹄形平顶。边际三角纹带环绕,窟顶一半面积被双龙所占,龙首相交回顾,身体细长,舌、肘等处有数个天人被齿形云圈包围(见图6),这是云冈石窟中最大的双龙。此二龙是佛教中八龙王之一的龙王二兄弟,名为难陀和跋难陀。它们能顺应人心,调御风雨,深得百姓欢喜,故有"大喜"等名称。据《龙王兄弟经》载,昔时佛陀至三十三天为母说法时,难陀和优波难陀龙王见彼诸沙门飞行于天上,遂兴起嗔恚心,欲放大火风阻止,后为目犍连降伏,乃随众至佛所听法。此处龙身周围的天人可能就是沙门飞行于天上以及目连降龙时的表现。

第11窟和第15窟顶各有八龙,这两个窟表现的是佛说法时八大龙王及其眷属来听法会的场景。《法华经·序品》曰:"如是我闻:一时,佛住王舍城耆阇崛山中……有八龙王难陀龙王,跋罗陀龙王,娑伽罗龙王和修吉龙王,德叉迦龙王,阿那婆达多龙王,摩那斯龙王,优钵罗龙王等各与若干百千眷属俱。"诸龙王于大乘诸经中被视为护法之神,多列于佛陀说法之会座中。

第11窟窟顶的龙形雕刻分为4组,每组有交首二龙组成,围绕在中心塔柱四周四个近似梯形区域内(南面已毁),头朝塔柱方向。这是云冈石窟最大的八龙,其中塔柱西面的一组较为精致:二龙独角粗壮,吻鼻清晰,肘毛刻画成三叶草纹,身体多处有片状物,整体刻工古朴粗狂(见图7)。第1窟和第2窟四方塔顶作须弥山形象,有八龙交错其上,每面有二龙相对,长角尖耳,口吐云圈,龙身在塔角处与另一面的龙相交缠。与第11窟不同的是,这里的龙表现在窟顶与塔柱弧形交界处。

图7　第11窟窟顶西侧龙

第15窟开凿时间较上述几窟为晚,形制为方形平顶,四壁布满千佛,人称万佛洞。对角线綦格把窟顶分成四个三角,每个里有二交首龙,头向中心,綦格交点刻有一双层复瓣团莲。

(二)门拱交首龙

这种龙形雕刻出现在第12和第1窟门拱顶壁。第12窟俗称音乐窟,门拱交首龙头朝向前室,上肢处相交,西头相对,前爪共举一物,身向两侧伸开,腿、足伸屈自如有力,空档处由三叶草纹填补,构图刚柔相济,完美和谐,注重审美情趣(见图8)。其二龙身上鳞纹呈线状,这是太和时期龙纹的一个特点,说明工匠创作时力求创新而不拘于一式。现存于大同博物馆的司马金龙墓出土的石柱础上的四条腾龙,时间上应与第12窟门拱上所调刻的龙相距不远。

图8　第12窟门拱顶壁龙

三、其他形态龙

(一)图案化龙

第9窟和第10窟造像开始出现复杂华丽的"太和风格",龙形亦向多样性、程式化和图案化方向发展,这种现象在第10窟门楣上和立柱上表现得最为典型。该窟的龙表现出了变形的浅浮雕图案化龙形,与楣边的环状缠枝忍冬纹形象对应。在第6窟,这种纹饰发展到了极致,北壁大龛盝形龛楣上,看似环状缠枝忍冬图案实际上是由立体感较强的高浮雕龙虎合体动物组成,头上独角可辨是龙,身躯匍伏、有力后腿和长尾则似虎,头相对,身互束,盘成的环内有一身飞天(见图9)。

图9　第9窟后室北壁盝形龛楣缠体龙

在第6窟中心塔柱"九龙灌顶"故事雕刻中,龙完全为蛇形,两边分4条对称,实刻8条,代表佛经中的九龙。可见创造者能灵活处置,不死搬硬套佛经。

第16窟附洞平顶綦格内的团龙首尾相接,身盘成圆形,俯身抓地,好像正在做后空翻。吻和角很长,身满鳞纹,整个龙占满方格,构图完美,充满动感,是云冈石窟晚期龙形图像的代表(见图10)。

图 10　第 16 窟附洞窟顶龙

（二）须弥山龙

第 10 窟明窗门拱之间雕有须弥山形象，山腰有二龙盘旋，头分两侧，双爪挥动。此类龙形图像是八大龙王中二龙王的体现。《长阿含经·世纪经·战斗品》云："难陀龙王、跋难陀龙王以身缠绕须弥山七匝，震动山谷…以尾打海水，海水波涌至须弥山顶"，此处刻画的就是这个场景。

（三）诸天仆乘

第 38 窟顶有诸天仆乘龙，四龙首尾连环顺时针围绕莲花奔跑，龙背上各有一人，这是世俗中乘龙升天思想的表现。

（四）龙形饰物

在第 17 窟交脚菩萨胸前的配饰中，有呈 W 形，无角，头相对，张口瞪目，颈后下弯上扬，这与犍陀罗艺术中的菩萨蛇形胸饰一样，在云冈石窟的中期洞窟菩萨身上有大量表现。本来，这种胸前着蛇饰装束是印度贵族的日常装束，而在云冈石窟中则演变为龙形装饰，这是外来艺术中国化的又一表现（见图 11）。

图 11　第 13 窟菩萨胸饰

图 12　第 12 窟拱兽

第7窟和第8窟以及第30窟龛帐上有兽形装饰,形象类似瓦当上的兽头,用来做帐饰,取其威严肃静和辟邪之意,作用同铺首,大同出土的北魏宫门铺首就是正面龙头形像,这种形象后来被称为龙的九子中的饕餮。第12窟屋形龛中的狮子斗拱和第1窟塔柱上的狮子斗拱上的饕餮纹,可算作龙纹装饰的应用(见图12)。

四、云冈石窟中龙形图像的主要特点

反顾龙多做龛梁,一体两首。龙头刻画精细,长独角,根有三突歧,尖长耳,厚眉龟眼,长吻短鼻,长上腭,咧嘴獠牙,长舌,脖有颈毛,颈后菱纹。关节处有肘毛,身有 U 形或线性鳞纹,胸有甲,背有脊,软状兽爪,三趾或四趾,长尾。晚期有一部分无角、小耳大吻、呈狮虎状无舌的螭首(幼龙)。交首龙多做窟顶或门拱顶装饰,特征同上。

石窟中的龙全为独角,这是不同于其他地方龙纹最特殊之处。传说中的麒麟和獬豸都有独角,并且是能带来祥瑞征兆的神兽,本都是龙的一族。云冈石窟中龙的独角前有三突歧,很明显由鹿角演化而来。

五、结语

综上所述,云冈石窟中的龙形图像有以下意义:

第一,它是外来佛教文化与中国文化交融的体现。石窟中龙与佛的结合是自然和巧妙的,如菩萨胸饰由蛇变龙,园拱龛楣两头的反卷变为反顾龙以及幕帐、斗拱上的饕餮等等。

第二,它是"政教合一"的思想的体现。云冈石窟是皇家工程,皇权、佛和龙三位一体,佛即是皇帝,而龙又充当了佛的护法角色,伴佛左右,同时龙又是皇帝的专利品,龙形图像的广泛分布彰显着皇家的威严气势。

第三,它是鲜卑民族汉化的产物。云冈石窟的早期洞窟中外来因素较多,基本不出现龙的形象。云冈石窟绝大多数的龙形图像都出现在中期洞窟,这时正是孝文帝和冯太后共同执政时期,也是汉化最盛期。在这些洞窟中,龙的种类和数量之多、质量之高是空前绝后的,并出现了凤鸟的形象。

第四,它是中华龙文化发展的特殊阶段。云冈石窟的龙的肢体结构越来越完善,既有粗放拙朴的异族元素,也有瘦长而飘逸含有商周遗韵和汉魏风骨的民族元素,有皇家的雄霸气势,又在对称中求变化,均衡中现动感,盘曲中蕴伸张。

第五,它的影响广泛。云冈石窟中的龙形图像吸收了一些狮虎的特征,唐宋时期的龙吸收狮子的形象大概起始于此。从地域上看,"平城模式"形成后,云冈石窟的龙形图像还对龙门等中原石窟,甚至远到辽西义县的万佛堂和辽东的高句丽墓壁画的龙形图像亦产生了深远影响。

参考文献：

［1］（北齐）魏收．魏书［M］．北京：中华书局，1974.

［2］丁福保．佛学大辞典［M］．北京：文物出版社，1984.

［3］郭廉夫．中国纹样词典［M］．天津：天津教育出版社，1988.

［4］黄能馥，陈娟娟．中国历代装饰纹样大全［M］．北京：中国旅游出版社，1995.

［5］刘志雄，杨静荣．龙与中国文化［M］．北京：人民出版社，1992.

［6］阎文儒．云冈石窟研究［M］．桂林：广西师范大学出版社，2003.

云冈石窟中的地神造像

解 华

（云冈石窟研究院，山西 大同 037007）

摘 要：北凉昙无谶翻译的《金光明经》广为流行，所宣扬的地神造像也随着佛教东传，对云冈石窟产生了重大影响。地神造像虽然在云冈石窟雕像的降魔品中并没有出现，但其形象在云冈石窟早、中、晚期洞窟中都有所表现，且雕刻成熟，运用自如随意，为以后地神的雕刻传承提供了参照和依据。

关键词：云冈石窟；地神

近几年，随着对佛教研究的日渐深入，学者们对地神造像及其相关佛教经典的分析和探讨，使得一些与地神相关的造像内容重新被人们认识和理解。云冈石窟的地神造像鲜有提及，笔者在前人研究的基础上，对云冈石窟中的地神造像试作分析，敬请指正。

一

地神，佛教色界十二天之一。后秦佛陀耶舍与竺佛念翻译的《长阿含经·忉利天品》云："佛告比丘，有四大天神。何等为四？一者地神，二者水神，三者风神、四者火神"。[1]（第1册，P136）可见，汉魏时期，佛经中就提到了地神的存在。地神，梵名Prthivi，又作坚牢、坚固地神、坚牢地神、地神天、坚牢地祇、持地神、地天。此神原系印度太古时代崇祀之神，《梨俱吠陀》《阿达婆吠陀》等赞颂彼为具有伟大、坚固、不灭性、群生繁育、土地繁生等诸德之女神。[2]（P445）地神虽早在公元前1500年—公元前1000年形成的《梨俱吠陀》中就已经出现，但在中国，其造像多出现在5—9世纪。学者根据其在石窟中的表现形式，多将地神造像分为托举型和供养型两种。托举型出现的时间较早，流行时间也长，石窟中多有表现。供养型地神出现的时间较晚，于阗、龟兹、敦煌等地石窟中均可见到。云冈石窟中的地神以托举型为主，供养型地神并没有看到。

云冈石窟中出现的托举型地神造像,根据其组合对象的不同分为两类:一是托举交脚弥勒菩萨的地神造像,二是托举立像菩萨(或弟子)的地神造像。

(一)托举交脚弥勒菩萨的地神造像

这种地神造像多在交脚弥勒菩萨足下,现半身像,双手向上托举菩萨双脚。一般认为,这种造像形式是依据释迦牟尼降魔成道、地神为佛证言的佛传故事而来。据佛经记载,释迦牟尼即将成佛,魔军前来扰乱其修行,魔王反问释迦牟尼谁能为他证明,"菩萨(释迦牟尼)答言:'我之果报,唯此地知。'说此语已,于时大地六种震动,于是地神持七宝瓶,满中莲花,从地涌出",为释迦牟尼证言,之后地神"礼菩萨足,以花供养,忽然不现。"[1](第4册,P640)地神作证的形象虽然在降魔品中所占比例不大,但起到了提纲挈领的作用,降魔的主题思想不言而喻。(P76-88)在云冈石窟的降魔图中,并没有雕刻出地神,有的因石雕下部风化严重,也看不出地神的形象,但地神托举交脚弥勒菩萨造像是符合早期佛传故事原意的(见图1)。

在云冈石窟第38窟南壁,雕有佛本行故事"三道宝阶",讲述释迦牟尼成道后前往忉利天为母说法的情景。在云冈石窟的雕刻中,表现释迦牟尼佛时,是以地神托交脚弥勒菩萨的形象出现的。以地神证言释迦牟尼成正觉的瞬间来诠释佛陀的身份,更为生动地向母亲说明儿子业已取得的成果,极具说服力(见图2)。在云冈石窟中,地神托交脚弥勒菩萨的造像约有27尊,早、中、晚期洞窟中均有出现。其形象多为从地涌出,现正面半身像,双手向上托举交脚弥勒菩萨足,头戴高冠,头后有时出现头光,著短袖上衣,帔帛缠绕自臂下翻飞,似菩萨装束。有的地神腰腹下雕刻出圈状莲花瓣或素面圈状物,整体造像丰满,线条流畅。交脚弥勒菩萨足下的女性化地神形象在云冈石窟中较为普遍,虽然有些造像面部和服饰已经有所风化,但从其轮廓还是可以看出,从早期到晚期形象变化不大。

图1 第5窟东壁托举型地神造像

图2 第38窟南壁三道宝阶造像

(二)托举立像菩萨(或弟子)的地神造像

在云冈石窟第5、第9、第10、第11、第12、第20、

第 38 窟中均有出现。托举立像菩萨(或弟子)的地神形象
与托举力士像相似。地神双手向上托举菩萨(或弟子)足,
体型粗犷,胸肌发达,裸体,帔帛翻飞自臂下垂,头后有的
有头光,头部略微上扬,现四分之三面相。有时也现正面
像,面部表情呆板,年代越晚,体态越笨拙,雕刻手法越简
练。与早期力士像的体态轻盈表情欢快形成鲜明的对比。
这种男性化的地神与托举交脚弥勒菩萨的女性化地神不
同,虽然在《金光明最胜王经·王法正论品》中记载:"尔时
此大地神女,名曰'坚牢'……",[第16册,P442] 指出了地神的女
性形象,但早期的地神造像并没有摹本可以借鉴,因此地
神和力士这两种造像互相影响,互相借鉴。在云冈石窟
中,交脚弥勒菩萨足下的女性化地神和托举立像菩萨(或
弟子)的男性化地神,表现较为稳定。同时,这两种形象的
地神也出现在佛座下,或手举香炉,或在佛龛两端托举龛

图3　第11窟东壁胁
侍之地神形像

楣。这时的地神形象没有大的变化,并无固定格式,这两种形态的地神雕刻随意
自如,没有局限性(见图3)。

二

　　这种托举立像菩萨(或弟子)的地神,一般研究者认为它是依据北凉昙无谶译
的《金光明经》雕刻的。该经《坚牢地神品》中记载:"尔时地神坚牢白佛言,……
世尊,随是经典所流布处,是地分中敷狮子座。令说法者坐其座上,广演宣说是妙
经典。我当在中常作宿卫,隐蔽其身于法座下,顶戴其足。我闻法已,得服甘露无
上法味,增益气力,而此大地深十六万八千由旬。从金刚际至海地上,悉得众味增
长具足,丰肥壤浓过于今日。以是之故,阎浮提内药草树木,根茎枝叶华果滋茂,
美色香味皆悉俱足,众生食已增长寿命,色力辩安……"[1](P345) 可以看出,地神为
"说法者""常作宿卫""顶戴其足",经中对地神的描绘非常具体,应该不难雕刻出
其形态。有学者认为,这大概就是地神呈托举姿势的文献依据。当然,该经同时
也提到地神使土地"丰肥壤浓过于今日","根茎枝叶华果滋茂",这也是地神地位
被极力提高的主要原因。

　　地神的信仰源自古印度,源远流长。昙无谶是北凉著名译经高僧,数十年间
共译经 82 部 311 卷,使河西走廊地区成为当时中国的译经中心之一,对中原和南
朝也产生了影响。再者,昙无谶翻译的《金光明经》在凉州等地广为流行,地神地

位被极力提高,更为重要的一点便是授记思想。有学者指出,《金光明经·授记品》中指出了君王授记的方便法门,应是受到封建帝王们青睐并大力推崇的重要原因。[4]在《授记品》中,佛为十千天子授记,在解答菩提树神疑问时说:"何以故?以是天子于所住处舍五欲乐,故来听是《金光明经》。既闻法已,于是经中净心殷重,如说修行。复得闻此三大菩萨受于记莂,亦以过去本昔发心誓愿因缘。是故我今皆与受记,于未来世,当成阿耨多罗三藐三菩提。"[1](第16册,P351)由此可知,天子授记不需要像佛那样经历无量无边劫数,只需舍五欲乐,听《金光明经》,就可获得授记。这样的方便法门,也应是能够实现君王们梦寐以求的愿望。

公元439年,北魏灭北凉,曾将凉州的僧侣、工匠及宗室吏民等迁至平城(今大同)。《魏书·释老志》载:"太延中,凉州平,徙其国人于京邑,沙门佛事皆俱东,象教弥增矣。"[5](卷114,P3032)发达的凉州佛教得以东传,北魏与西域的交通往返不绝,也开通了以龟兹为代表的西域佛教艺术东传的通道。

北魏由鲜卑族拓跋部所建,君王们更需要得到认可,授记的愿望应更为强烈。北魏道人统法果曾带头礼拜皇帝,提出"我非拜天子,乃是礼佛耳。"魏文成帝"诏有司为石像,令如帝身",以其帝王形象为蓝本雕造佛像,体现了君王强烈的授记愿望。云冈石窟中期洞窟降魔品中没有地神图像,张善庆认为是降魔粉本没有沿着佛教东传的路线到达内地,汉地工匠无现成的摹本可以参考。[6]但北魏的佛教首领师贤和昙曜曾去过凉州,昙曜又主持开凿云冈石窟,不可能不受到凉州造像的影响。《金光明经》即便没有在云冈石窟的造像中广为流行,但它所宣扬的地神思想受佛教东传的影响,在云冈石窟雕刻中还是有所表现的。不论女性化的地神形象,还是男性化的地神形象,雕刻手法都已相当成熟,运用自如随意。虽然早期地神形象并没有统一定格,但这也为以后的雕刻传承提供了参照和依据。

参考文献:

[1]大藏经刊行会.大藏经[M].台北:新文丰出版有限股份公司,1983.

[2]慈怡.佛光大辞典[M].高雄:佛光山出版社,1989.

[3]宿白.云冈石窟分期试论[A].宿白.中国石窟寺研究[C].北京:文物出版社,1996.

[4]梁涛等.于阗地神图像流变相关问题再探[J].敦煌研究,2009(5):68-73.

[5](北齐)魏收.魏书[M].北京:中华书局,1974.

[6]张善庆.论龙门石窟路洞降魔变地神图像[J].中原文物,2009(1):73-76.

云冈石窟中的交脚造像

邓星亮[1] 华海燕[2]

(1. 山西大同大学云冈文化研究中心,山西 大同 037009;

2. 重庆师范大学图书馆,重庆 401331)

摘　要:云冈石窟中的交脚造像具有数量众多、形制齐全和内涵丰富的鲜明特色。通过分析交脚造像的渊源、云冈交脚造像类型和交脚造像的文化内涵,辨明学界中有关交脚造像身份的观点和看法,进而丰富中国石窟造像中"云冈模式"的文化内涵。

关键词:云冈石窟;交脚造像;渊源;类型;内涵

　　云冈石窟中分布的交脚造像约200余尊。从造像型制来看,既不乏真容巨壮之制(如第17窟北壁本尊造像),也广有精巧细致之型(如各石窟中分布的壁龛型交脚造像);按造像时期考察,这些交脚造像在云冈三个开凿时期所形成的石窟中都有体现;就造像数量而言,云冈石窟中的交脚造像远远多于其他地区各石窟中的数量。上述诸种事实,无疑极大地丰富了中国石窟造像中"云冈模式"的文化内涵。因而,对云冈石窟中的交脚造像进行探讨,必然会在一定程度上丰富云冈石窟的研究。

一、交脚造像的渊源

(一)交脚坐式的起源

　　佛教造像中佛和菩萨的姿势,概括来讲有立式、坐式和卧式三种。据戴蕃豫研究,佛像的坐式可划为7种,分别是结跏坐、半跏趺坐、勇猛坐、轮王坐、游戏坐、倚坐和贤坐。[1](P52-53)其中,倚坐又称善跏趺坐,即身体端坐于座上,两脚自然下垂。交脚坐式应该为倚坐的一种变式,即两腿下垂相交于座前。

　　关于交脚坐式造像的起源问题,顾森先生认为交脚坐式造像起源于西域,且往西影响犍陀罗地区、往东影响敦煌地区乃至更东地区。[2](P116)本文不同意顾森先生的观点,认为交脚坐式造像起源于印度,并随佛教东传沿丝绸之路依次影响到西域、敦煌乃至云冈等地。交脚坐式造像起源于印度的事实,可以从文物和文献记载两方面的证据得到印证。

文献方面，东晋时代佛陀跋陀罗和法显合译的《摩诃僧祇律》卷22载：

佛住舍卫城，广说如上。尔时六群比丘交脚白衣家坐，为世人所讥："云何沙门释子如王子、大臣交脚坐家内？此坏败人，有何道法？"诸比丘以是因缘往白世尊。佛言："呼六群比丘来。"来已，佛问比丘："汝实尔不？"答言："实尔。"佛言："从今日后不得交脚家内坐。"佛告诸比丘："依止舍卫城住者皆悉令集，以十利故与诸比丘制戒，乃至已闻者当重闻：不得交脚坐家内，应当学。"

交脚者，髀著髀上、膝著膝上、膊膓着脚胫上、脚着脚跌上。不得交脚坐家内，应正两足。若精舍中食上、和上、阿阇梨、长老比丘前，不得交脚坐。若病得交脚坐，见上座来当正坐。若涂足、挑刺交脚坐无罪。若放恣诸根交脚坐家内，越学法。狂、痴、心乱无罪。是故说，不得交脚坐家内，应当学。[3](22册, P403)

记载显示，交脚式是人们日常生活中一种常见身体姿势，具体体现为两类四种：第一类为站姿，只有一种，即两大腿交叠而立；第二类为坐姿，共有三种，分别为双膝交叠、一腿小肚交叠在另一小腿胫骨上、两脚背交叠。其中，三种交脚坐姿是大众部戒律明确规定的一种越法行为。这说明，早在印度佛教的部派佛教时代或之前，至少在僧人中，交脚坐是一种常见的坐姿，否则不会有专门的戒律来约束这种行为。

文物方面，始建于公元前3世纪的印度桑奇佛塔建筑中，有不少交脚坐姿的雕像出现。如桑奇大塔周围的四座塔门中，在东门、西门和北门上分别雕刻有姿势不一的交脚坐式造像，见图1、图2和图3。

图1　桑奇大塔西门左柱外侧第二格"龙王礼佛"
图中交脚蛇王妃像①

图2　桑奇大塔东门正面左柱内侧第二格
"降伏毒龙"图中交脚苦行者像[2]

图3　桑奇大塔北门第二道横梁背面图中的交脚坐像[3]

由上述分析可知,在还没有佛陀形象出现的早期佛教造像中就已经有了交脚坐式的图像,且印度部派佛教中的大众部戒律也明确提到交脚坐姿的具体种类及其禁限情况,这一切充分说明,交脚坐式造像绝不可能起源于西域,而是的的确确肇始于印度。

(二)交脚坐式的身份演变

在印度部派佛教时期,呈交脚坐式的人物,其身份并没有统一的规定。社会生活中,上至王子贵族如前述《摩诃僧祇律》引文中王子、大臣可在家内交脚坐,下至普通百姓如图3里两组男女组合像中的男性也呈交脚坐姿,甚至连沙门释子也可以交脚坐,只要不是在《摩诃僧祇律》规定的场合下,即不能在精舍中食上、和上、阿阇梨、长老比丘、上座面前和施主家内交脚坐。可以说,社会上各个阶层的人都可以交脚坐,只是地位特殊者如沙门释子有场合的限制(或者社会底层也有某些方面的限制,如不在尊者面前交脚坐),而地位尊贵者呈交脚坐的场合更加宽泛。这隐约地暗示了一个发展趋势,即在以后大乘佛教造像中,交脚坐式越来越集中地被用来表现某些特殊人物。

随着印度部派佛教的发展,印度佛教迎来了大乘运动的兴起。可以说,以贵霜王朝统治者丘就却为代表开始推行的佛教政治,标志着大乘运动的端绪。在大乘运动和佛教政治交相辉映的过程中,造经和造像成了大乘佛教发展的重要标志。[4](P2-21)于众多大乘佛教造像中,其兴盛之地犍陀罗地区的造像开始出现佛陀的形象,也有了交脚坐式的形象。这些交脚造像的身份尽管不能逐一确定,但通过学者的辨析考证,还是对一些交脚造像的身份进行了大致确认。日人肥塚隆通过考察犍陀罗地区60件交脚造像,根据它们在造像中所据的6种位置,认为交脚造像的身份有以下几类:①大多数为弥勒;②观音;③闻法菩萨;④不特定菩萨。同时他还发现在犍陀罗地区造像中,贵霜王朝货币上有阎浮膏王和孚维什伽王的交脚坐像;另外,在一些佛教传说图中,有释迦摩尼、王侯贵族和婆罗门的交脚造像。[5](P16-23,116)同肥塚隆观点有些不同的是古正美先生,她认为犍陀罗地区和其他一些地区的多数交脚坐像身份是转轮王而不是弥勒,即在当时支持大乘佛教采取佛教政治的统治者。[4](P574-662)由此可见,在大乘运动期间,交脚坐式造像的身份已经和部派佛教时期完全不同,它越来越被尊贵化,越来越集中地被用来体现一些特殊身份。

大乘佛教传至西域、敦煌和云冈等地后引发大规模的佛教造像,其中不乏大量的交脚造像。上述地区交脚造像的身份一方面沿袭了犍陀罗地区的惯有身份,另一方面结合当时佛教和政治信仰对交脚造像的身份赋予了新的含义,这些问题将在本文第三部分"云冈石窟交脚造像的文化内涵"中进行讨论。

二、云冈石窟交脚造像的类型

云冈石窟造像总计约51000余尊,其中,据初步统计交脚造像200余尊,占有相当的比例。在中国众多的石窟中,云冈石窟交脚造像具有非常鲜明的特色,可以用数量众多、形制齐全、内涵丰富来概括。按交脚造像的分布情况来看,第1窟到第39窟,几乎每个窟中都有交脚造像;从交脚造像的雕刻时期考察,在云冈石窟的三个雕刻时期内,每个时期石窟中都有交脚造像;就交脚造像的形象来看,交脚造像既有佛又有菩萨的造型;据造像形制来比较,既有造型宏伟的大像窟型造像,又有精美细致的中型壁龛式造像,最多的是各种小型壁龛式交脚造像。

综合云冈石窟中交脚造像的实际情形,为了分析上的便利,总体上以交脚造像的规模将云冈交脚造像划分为两类:大像窟型和壁龛型。

(一)大像窟型

根据宿白先生中对中国石窟的七种分类,[6](P16)结合云冈石窟的窟制,拟定所谓大像窟型交脚造像。此型造像是指在塔庙窟和佛殿窟中雕刻作为洞窟主壁主尊的交脚造像,这种交脚造像在云冈石窟中只有2例,分别为第13窟(见图4)、第

17窟(见图5)的主尊造像。它们具有以下特点：

图4 云冈石窟13窟北壁主尊[④]   图5 云冈石窟17窟北壁主尊

1. 从洞窟形制来看,其平面为椭圆形(17窟)和方形(13窟),反映了云冈石窟两个时期不同的形制特点。

2. 从造像特征来看,具备下列特点:①这类造像无一例外都是造像窟中的主尊,造像都为菩萨像;②主像着装方式,一期的17窟为袒右肩式,二期的13窟为通肩式,这当和孝文帝提倡汉化的政策有关;③菩萨造像的装饰发生变化,其共同点是都有宝冠、臂钏、项钏和璎珞。但是,其细部情况发生变化,如17窟的宝冠是立挺的,而13窟的宝冠,成为下部内趋的船头型,且13窟的宝冠同早期的三珠日月冠相比已经演化成三瓣莲式冠,说明了不同时期的演化轨迹;17窟的龙头璎,到13窟时已经消失;17窟的串珠型璎珞到13窟时发生改变等。④交脚坐像的倚坐台座发生了改变,从17窟的简陋座,变成了13窟的精美的台式座,说明了雕刻风格的转变;⑤菩萨造像的衣纹发生变化,从17窟的阶梯式的阴刻衣纹变成13窟的凸起式浮雕衣纹,这些说明了雕刻技法的改变。

3. 从造像身份来看,按学界的一般观点,一期17窟称为三世佛组合造像,二期的13窟称为单尊弥勒佛造像。这种观点,无视佛和菩萨造像在形象上的不同(佛教造像中表现佛的形象一般不佩戴宝冠等装饰物),有待改正。

(二)壁龛型

这种壁龛型的交脚造像,在云冈石窟现有造像中数量最多,即在洞窟次壁上特定的部分区域雕刻出来的交脚造像。它们又可以进一步详细分类,根据壁龛上交脚造像的主次地位、交脚造像的形象(佛或菩萨)、壁龛的不同样式来进行下列划分。

1. 按壁龛上交脚造像的主次地位,这种类型的交脚造像可以细分为三种:①主尊壁龛型;②胁侍壁龛型;③并列型。

①主尊壁龛型:即在一个壁龛中或组合壁龛(一般三个为一组)中心壁龛中作为主尊出现的交脚造像。第一种情况,是指在一个完整的壁龛中,中心部位交脚造像为主尊,两边配有左右两位胁侍菩萨,外围配以各种不同形状龛型的情况。这种类型占壁龛型交脚造像的绝大多数(见图6)。它们具有三个特点:首先,必定在左、右配有两尊或多尊胁侍菩萨,交脚像后有光背。其次,交脚造像倚坐的台座有6种不同形式:一种为座前仅有两狮子,数量最多;一种为座前有两狮子,且交脚下有力士支撑;一种为仅两菩萨在座前半跪;一种为两菩萨在座前半跪,交脚下有力士;一种为座前无上述狮子或菩萨,坐须弥座;一种为座前无上述菩萨或狮子,但交脚下有力士。最后,交脚造像的服饰各有不同,从宝冠来看,有莲花三角化佛冠、三珠冠、三珠单仰月冠、三珠日月合抱冠、三瓣莲式冠等;从身上装饰品来看,项钏、臂钏、璎珞大都比较相似,唯一不同的是龙头璎珞比较突出,显示了造像的特定身份。第二种情况,是指在由三个壁龛组成的组合造像中,中央壁龛造像以交脚坐姿出现作为组合造像的主尊,左右壁龛作为胁侍的情况(见图7)。通常,中央壁龛和左、右壁龛单独成龛,但是中央壁龛同上述第一种情况类似,中心部位为交脚造像,两边配有胁侍菩萨,外围配以完整龛型;左、右壁龛主尊为思维菩萨,并分别配有左右胁侍菩萨。

图6 云冈6窟西壁下层南龛

图7 云冈1窟北壁

②胁侍壁龛型:此种交脚造像,不是以主尊的形式出现,而是作为组合造像中主尊的胁侍出现(见图8),在整个云冈石窟交脚造像中出现次数不多,大概只有

3、4例。此类胁侍壁龛型交脚造像作为胁侍菩萨,最明显的特点是没有自己的左右胁侍菩萨,其主尊造像多为结跏趺坐的佛,交脚造像呈左右对称分布在主尊的两侧。这种以胁侍身份成对出现的交脚造像,是否为云冈造像所独有,尚不清楚,需要深入探讨。

图 8　云冈 14 窟前室西壁中层

图 9　云冈 17 窟明窗东侧

　　③并列型:这类交脚造像,同其他造像并列在一块,形成一个组合,且组合中各造像的地位没有(或者不能发现)谁主谁次的分别,称为并列型。从云冈石窟来看,这种并列型交脚造像可以分为两种:一是交脚造像作为独立一龛,同其他非交脚造像龛并列雕刻一起,在云冈石窟中比较多。非常有代表性的是 17 窟明窗东侧的交脚造像,从造像题记看,这是供养人一次性开凿的释迦、多宝和弥勒的组合雕像,其中的交脚造像不能单独看待(见图 9)。二是,在一个完整造像龛中,并列雕凿多个形象,其中一个或多个为交脚造像,如 8 号石窟主室南壁拱门上方的供养六天造像龛、39 窟中心柱(见图 10)等。

　　2. 按交脚造像的形象(佛或菩萨),这种类型的交脚造像可以分为两种:其一,以佛的形式出现的交脚造像,即交脚造像为佛的形象,头顶呈肉髻相,服装为袒右肩式或通肩式,全身无任何装饰品(见图 11)。此类造像集中于云冈造像的第二时期,如 7、8、9、10 等双窟中以及 12 窟中,在其他时期的洞窟中没有发现。这个问题值得进一步思考;其二,以菩萨的形象出现的交脚造像,即造像为菩萨的形象,头戴宝冠,佩带项饰、臂饰和璎珞等饰物(见图 12)。在云冈石窟的交脚造像中,以菩萨形象出现的占绝大多数。

图10　云冈39窟方柱西南隅

图11　云冈7窟主室东第壁三层北龛

3. 按照交脚造像外围壁龛的样式来看,交脚造像可以分为以下三种形式:①尖拱龛(见图13),这种样式主要是在开凿交脚佛的造像时才使用,但有时也用于交脚菩萨。②楣拱龛(见图14),这种样式,即可用于交脚佛,也可以用于交脚菩萨,楣拱龛式的交脚菩萨最多。楣拱龛的式样最初当来自犍陀罗地区建筑风格,带有明显的犍陀罗风格(见图15)。③屋形龛(见图16),这种样式同样即可适用于交脚佛,也可适用交脚菩萨,但是总的数量不多。屋形龛的式样一眼便知是吸收了汉土建筑的样式风格。

三、云冈石窟交脚造像的文化内涵

通过以上对云冈石窟交脚造像的类型分析可以发现,云冈石窟交脚造像的文化内涵十分丰富。想要准确把握这种文化内涵,关键在于理解交脚造像的身份问题。

如前所述,顾森认为交脚造像起源于西域,作为一种生活中的坐式,没有固定的含义。这种坐式传到敦煌地区以及其东部地区后,才有固定的含义,专指弥勒(佛或菩萨)。[2](P115-117)我们在第一部分内容中认为交脚造像起源于印度,交脚造像的身份在部派佛教时期没有固定,大乘佛教发展过程中交脚造像的身份逐渐尊贵化,正如前文所引肥塚隆的观点,有逐渐固定的趋势。

63

图12　云冈7窟主室南壁第四层东龛

图13　云冈12窟主室东壁上层南龛

图14　云冈5窟A洞东壁

图15　吉美博物馆犍陀罗艺术片

　　但是如何正确理解云冈石窟中交脚造像的身份呢？从当前学界的观点来看，对于交脚造像的身份意见不一，有的认为是弥勒（佛或菩萨），有的认为是转轮王。本文认为，云冈石窟交脚造像的身份不能一概而论，应该根据当时佛教和政治信仰进行客观分析，它既有弥勒信仰的体现（交脚像为弥勒佛或弥勒菩萨），也有转轮王信仰的体现，同时，更可能是二者结合的佛王信仰（即转轮王和弥勒佛或弥勒菩萨的二位一体的佛王信仰）。下面，本文尝试从四种佛教或政治信仰出发分析云冈石窟中交脚造像的身份。

　　（一）弥勒信仰

　　北魏开凿云冈石窟以前（460年），流传于世的有关弥勒信仰的经典为如下几部：第一，有关弥勒下生信仰的：鸠摩罗什公元402年－412年期间译的《弥勒下生成佛经》、公元402年译《弥勒大成佛经》、竺法护于公元303年译的《弥勒下生经》;第二,有关弥勒上生信仰的唯有沮渠京声于公元455年译的《观弥勒菩萨上生兜率天经》。

在上述有关弥勒上生、下生信仰的4部经典中,只有沮渠京声的上生经、鸠摩罗什的下生经(大成佛经)提到了造像依据的像容问题。根据经典中用作造像依据的像容记载,可以判断一些交脚造像是弥勒佛还是弥勒菩萨。在弥勒下生经中,鸠摩罗什《弥勒大成佛经》云:摩诃迦叶即从灭尽定觉,齐整衣服,偏袒右肩,右膝着地,长跪合掌,持释迦牟尼佛僧迦梨,授予弥勒而作是言:"大师释迦牟尼多陀阿伽度、阿罗诃、三藐三佛陀,临涅槃时,以此法衣嘱咐于我,令奉世尊。"……尔时,弥勒持释迦牟尼佛僧伽梨,覆右手不遍才掩两指,复覆左手亦掩两指[3](14册,P433)据此经典关于弥勒成佛的授记内容,可以发现弥勒授记成佛后,有一个明显的标识,即左手有掩两指的僧伽梨衣。根据这个标识,可以判断造像是否为弥勒佛。在云冈石窟中,多数交脚佛为弥勒佛,同经典相符,如上图11所示。在弥勒上生经中,沮渠京声译《观弥勒菩萨上生兜率天经》记载:时,兜率陀天七宝台内摩尼殿上,师子床座忽然化生,于莲华上结加趺坐,身如阎浮檀金色,长十六由旬,三十二相、八十种好皆悉具足,顶上肉髻发绀琉璃色,释迦毗楞伽摩尼、百千万亿甄叔迦宝以严天冠。其天宝冠有百万亿色,一一色中有无量百千化佛,诸化菩萨以为侍者[3](14册,P418)本经关于弥勒菩萨宝冠的描述,说明弥勒菩萨宝冠中有化佛。根据这种像容,可以发现云冈石窟中的多数交脚菩萨像为弥勒菩萨,于经典相符合,如上图12所示。

(二)转轮王信仰

转轮王信仰是一种护法信仰和政治信仰的结合体。[4](P2-662)即大乘佛教心目中的理想世间,由传法和护法两种信仰并存。佛(或者法身佛)用"法施"的方式,对统治者及其人民传播佛法,用佛法的五戒十善教化天下,辅助王政;统治者用"财施"的方法支持佛教,帮助佛教广弘天下,推兴佛教。在这种信仰下,大乘佛教发展过程中推兴的佛教造像就不光有佛、菩萨的造像,也有统治者(转轮王)的造像。

在佛典当中,关于转轮王形象的记载非常多。其中,有关于转轮王坐姿和宝物的特别记载。唐代不空《金刚顶经一字顶轮王瑜伽一切时处念诵成佛仪轨》:或作轮王坐,交脚或垂一,乃至独膝竖,轮王三种坐。[3](19册,P326)北凉昙无谶《悲华经》:时转轮王过三月已,以主藏宝臣贡上如来阎浮檀金作龙头璎,八万四千上金轮宝,白象绀马、摩尼珠宝,妙好火珠,主藏臣宝、主四兵宝,诸小王等安周罗城诸小城邑,七宝衣树、妙宝华聚、种种宝盖,转轮圣王所著妙衣,种种华鬘、上妙璎珞,七宝妙车、种种宝床,七宝头目挍络宝网,阎浮金锁、宝真珠贯,上妙履屣、綩綖茵蒨,微妙机隆、七宝器物,钟鼓伎乐,宝铃珂贝、园林幢幡,宝灌灯烛、七宝鸟兽,杂厕妙扇、种种诸药,如是等物各八万四千,以用奉施佛及圣众。[3](3册,P176)根据上述坐姿和饰物等有关转轮王造像特征,古正美《贵霜佛教政治传统与大乘佛教》中认为:呈交脚坐的人物造像,无论其是否佩戴转轮王饰物,都是转轮王造像,同时,凡佩戴有转轮王饰物者,无论其是否呈交脚坐相,也都是转轮王造像;甚至不呈交脚坐相,也不戴转轮王饰物者,也常是转轮王造像。[4](P589)利用佛典中有关转轮王交脚坐姿、龙头璎和阎浮金锁饰物的描述,我们确实可以认为云冈石窟中一些具有如此特征的造像是转轮王像,如图17所示;但是,我们也认为古先生的论断有商榷余地,比如在云冈石窟17号窟明窗东侧上的一个组合雕像(如图9所示)中,位于中心位置的呈菩萨形象的交脚造像身份就不能定为转轮王,而应该定为弥勒菩萨,因为造像下方的造像题记明确记载"大代太和十三年,岁在己巳,九月壬寅朔,十九日庚申,比丘尼惠定身遇重患,发愿造释迦、多宝、弥勒像三区。愿患消除,愿现世安稳,戒行猛利,道心日增,誓不退转。以此造像功德,逮及七世父母、累劫诸师、无边众生,咸同斯庆"。[7](P126)

图16　云冈石窟10窟前室东壁上层龛

(三)佛王信仰

东晋佛驮跋多罗翻译60卷本《华严经》中的"入法界品",记载佛教神祇如卢舍那佛、弥勒菩萨、文殊师利菩萨及普贤菩萨,在过去都以佛教转轮王身统治天下,说明佛教神祇能与转轮王同身,也即佛或菩萨和世间的统治者可以二位一体,这就是所谓的佛王信仰。关于佛王信仰,古正美先生大著《从天王传统到佛王传统》[8](P7-497)作了详尽描述,恕不多述。

图 17　云冈石窟 11 窟南壁下层西部

云冈石窟开凿前,北魏皇帝中不乏好佛之人。道武帝礼敬沙门,法果倡"皇帝即当今如来"论,《魏书·释老志》记载:初,法果每言,太祖明睿好道,即是当今如来,沙门宜应尽礼,遂常致拜。谓人曰:"能鸿道者人主也! 我非拜天子,乃是礼佛耳"。[9](P3031)对此条文献的一般解读不外乎道武帝好佛、法果屈节,但是如果结合当时或之前流行的佛王信仰来看,则对此条文献可以重新解读,即当时道武帝和法果的互动,似乎可以说明道武帝和法果有推行佛教意识形态治国的意图。文成帝践极后推行佛教,《魏书·释老志》载:是年,诏有司为石像,令如帝身。既成,颜上足下,各有黑石,冥同帝体上下黑子。论者以为纯诚所感。[9](P3036)此条文献记载的师贤和文成帝造像的奇异现象,一般解读为"纯诚所致",但是用佛王信仰或佛教意识形态治国的观点来看,则师贤所造石像很有可能就是按照文成帝真身来建造的弥勒佛王像,它是弥勒佛和文成帝二位一体的造像,文成帝身上的黑痣与石像上的黑子绝不是巧合或"纯诚所致"。如此观看,则云冈石窟中的某些交脚造像,可能即是弥勒佛王信仰的体现,如 13 窟、17 窟主像,它们就是某位推行佛王信仰的帝王造像。

(四)多重信仰

云冈石窟 17 窟明窗东侧上雕刻有释迦、多宝、弥勒三组合像。在云冈石窟中屡有发现,可以算是云冈石窟交脚造像的一种独有模式,其他地区石窟中没有此种艺术表现。这种造像所反映的信仰,实际上是传法、护法信仰的综合体现,反映了所谓三世(过去、现在、未来)的传法、护法信仰,说明无论释迦牟尼是否在世,都有各种佛(法身佛)传法、护法,传达了佛教徒对佛法永驻世间的期望。云冈石窟中其他没有造像题记的此种组合造像,其中的交脚造像一定是弥勒菩萨或弥勒佛。

总之,云冈石窟中交脚造像数量众多、形制齐全、内涵丰富的事实,使得云冈交脚造像具有非常鲜明的特色,发现并且进一步深入研究这种特色,必定会不断丰富"云冈模式"的内涵。同时,也期待本文能够发挥抛砖引玉的功用,激发学者研究云冈石窟的兴趣,进而共同壮大和丰硕云冈石窟的相关研究。

注释:

①图片来自扬之水《读图:在桑奇(三)》文中插图13,载《紫禁城》2012年02期,第114页。

②图片来自扬之水《读图:在桑奇(四)》文中插图4-1和4-2,载《紫禁城》2012年03期,第98页。

③图片来自黄庆安《早期佛教美术的杰作——印度桑奇大佛塔北门石刻》文中插图3,载《西北美术》2010年03期,第12页。

④图片来自水野清一、长广敏雄于1938-1945年在云冈考察所得的调查报告《云冈石窟(图版)》,日本京都大学人文科学研究所1952年出版。自此注以下,凡不出注的图片都是来自此图版,另有出处的图片则单独加注。

参考文献:

[1]戴蕃豫.佛教美术史印度篇[M].北平:华北居士林,1943.

[2]顾森.交脚佛及有关问题[J].敦煌研究,1985(03):115-117.

[3](日)高楠顺次郎,渡边海旭,小野玄妙等编.大正新修大藏经[M].东京:大正一切经刊行会,1924-1932.

[4]古正美.贵霜佛教政治传统与大乘佛教[M].台北:允晨文化实业股份有限公司,1993.

[5](日)肥塚隆.莫高窟第275窟交脚菩萨像与犍陀罗的先例[J].敦煌研究,1990(01):16-23.

[6]宿白.中国石窟寺研究[M].北京:文物出版社,1996.

[7]张焯.云冈石窟编年史[M].北京:文物出版社,2006.

[8]古正美.从天王传统到佛王传统——中国中世佛教治国意识形态研究[M].台北:商周出版,2003.

[9](北齐)魏收.魏书[M].北京:中华书局,2011.

云冈石窟供养人造像女子发式及其特征

解 华

（云冈石窟研究院,山西 大同 037000）

摘 要:从云冈石窟女性供养人早、中、晚期造像的发式变化,从中可以看出汉文化对北魏时期审美特征的影响与冲击。这种变化不仅是当时北魏统治者主动汉化的结果,同时也包括对魏晋遗风的崇尚与发展。

关键词:云冈石窟;供养人;发式

鲜卑族的衣冠服饰,就首服而言,是不束发而戴冠的。沈约《宋书·索虏传》记载当时的南北朝服饰特征时指出:"晋氏失驭,五胡云扰,南北分治,南谓北为索虏,北谓南为岛夷。索虏者,以北人辫发,谓之索头也……""索头"者,即谓拓跋氏。可见,鲜卑人不像汉人那样束发戴冠,而表现出披发或辫发。另据史载,由于北方地区天气寒冷,为了便于放牧,北朝还流行一种顶部大体为方形,后侧"垂裙"的帽子,此种帽子有人称为"突骑帽",也有人称之为"突阿"。可见,鲜卑人无论男女,在没有接受汉文化之前,在发式方面梳辫发的同时,又冠以垂裙方帽。

发式是人类仪容的重要组成部分,因此在北魏全面实行汉化的同时,鲜卑族人的发式也逐渐开始发生变化,特别是在女子发式方面表现得尤为突出。她们不仅继续继承汉魏以来的传统发式,同时还对已有发式进行创新,使北魏时期的女子发式更加多样化。所以,我们将对北魏推行汉化政策后女子的发式情况进行详细的说明。

一、南北朝时的女子发式

南北朝时,在女子所梳的发髻中,较为流行的当属高髻。高髻是对各类梳挽在头顶并且高耸的发髻通称。从考古发现的资料来看,早在战国时期,这种髻式已经出现。大约到了东汉以后,逐渐被大多数妇女所采用。由于高髻一般多高耸于头顶,不便于行动,所以起初多见于宫掖,为贵妇所喜爱,后流传于民间。南北朝时期所流行的高髻式样众多,比较著名的有灵蛇髻、飞天髻、撷子髻、惊鹄髻、盘桓髻和云髻等。

灵蛇髻产生于三国,相传为魏文帝皇后甄氏所创,顾恺之《洛神赋图》中的洛神,就梳着这种发髻。从图像上看,妇女在梳这种发髻时,多将头发掠在头顶,然后汇成一股或双股,再盘成各种形状,扭曲多变,灵动十足。

飞天髻,有人认为是在灵蛇髻的基础上演变而成的。也有人认为,由于南北朝时期佛教兴盛,在此风气下,妇女竞相模仿佛教中的飞天形象,作飞天所梳发式。但我个人认为,飞天髻应是对前朝已有发式的一种继承性创新,之后影响到佛教中天神的发式,又因此时笃佛成风,才促使飞天髻更广泛地在妇女中流行,它们之间应是一种相互影响与渗透的关系。其梳法是集发于顶,分成数股,后弯成环状,直耸于顶。这种发髻的形象在河南邓县南北朝墓出土的飞天壁画以及贵妇出游画像砖上还可以找到实例。

撷子髻一作撷子紒,据说这种发髻出现在晋惠帝元康年间,先在宫掖流行,后传至民间。该发髻是集发于顶,盘挽成环状,然后用缯带紧紧系束于髻根。梳挽撷子髻的妇女形象,在出土文物中也有遗存,如新疆吐鲁番阿斯塔那晋墓出土的一幅纸画,画中所绘侍女,头挽环髻,髻上系扎着红色缯带,和文献记载中的撷子髻特点相符。

惊鹄髻之名,分别见于唐宇文氏《妆台记》及段成式的《髻鬟品》中,但他们两人在叙及这种发式时,都没有交代产生的年代,但该髻式却在南北朝及后世盛行。这种发髻的特点是集发于顶,分为双股,将其分别梳成两扇羽翼,置于头顶左右,其貌似鹤鸟受惊展翅欲飞状。甘肃天水麦积山北魏壁画伎乐天中就有此类发髻,河南洛阳北魏墓出土的石棺和石碑上,也刻绘有梳这种发髻的妇女形象。

魏晋南北朝时期,在妇女中还流行着一种叫盘桓髻的发式,晋崔豹《古今注》:"长安妇人好为盘桓髻,到于今其法不绝"即谓此。这种发髻的特点是集发于顶,盘旋堆砌,层层相叠,顶部则作成平形。

云髻因髻式盘旋高耸,似缕缕云朵而得名。此髻早在三国时就已出现,一直沿用到唐代。在美国波士顿博物馆收藏的北齐画家杨子华的《北齐校书图》和唐代画家阎立本所绘的《步辇图》中可以看到云髻。

与此同时,一种状如海螺的发髻也在此时有所发展,因其形状似螺壳,故名曰螺髻。螺髻原是儿童发式,《北齐校书图》中捧几侍女和持杯侍女等皆梳两个螺旋形的发髻,故被称为双螺髻。除此之外,在此时也可见到头梳丫髻的年轻女子形象。丫髻的梳法是将头发于头顶正中分开,然后将发股弯曲,成形的两髻应位于两鬓或略高。根据考古资料分析,梳丫髻者大约为以下5种形象:一为幼年女童;二为舞伎形象,但年龄在十二三岁左右;三为青春妙龄女子;四为侍女形象;五为成年妇女。由此可见,梳丫髻者并不受年龄与身份的限制,但以幼女或年轻女子为主。

我国古代妇女不仅将头发梳作多样的发式,同时又由于自身头发长度或颜色的局限,她们为了追求美的效果,往往在梳挽发髻时借用假发。假发在古代称之为"髢"(音替),出现较早。河南密县打虎亭汉墓出土的画像石中,有一组女性形象,她们的头发上都绾着假髻,髻上各插着六枝发笄。可见,我国妇女使用假髻由来已久。假髻曾于东晋时十分流行。史称:"太元中,公主妇女必先缓鬓倾髻以为盛饰,用髪既多,不可恒戴,乃先于木及笼上装之,名曰假髻,或名假发。至于贫家,不能自办,自号无头,就人借头,遂布天下。"北朝后期假髻的式样又有所变化,"妇人皆剪剔以着假髻,而危邪之状如飞鸟,至于南面,则髻心正西,始自宫内为之,被于四远。"可见,我国古代妇女在梳发髻时,不仅广泛采用假髻,甚至发展为用假髻来代替真发。由此我们推断,魏晋南北朝时,妇女盛行梳高且倾斜的发髻,以发髻的凌云之美凸现女性的婀娜之姿,同时高且陡的发式也成为女子身份与地位的一种象征。

二、云冈石窟供养人造像表现出的女子发式

在佛教石窟造像中最能真实反映现实生活的人物应是供养人,他们是现实社会中存在于各个阶层的虔诚向佛的人。供养人一般出现在佛龛下方或洞窟的底层,形成一定的模式,且较对称。一般在佛的左侧为男性供养人,右侧为女性供养人,有时在男女供养人的最前面还会各雕有一名僧人,在僧人的带领下,恭敬的相向站立或跪在佛龛下部。云冈石窟的供养人造像是对北魏现实社会最真实的反映,也最具代表性。这些雕刻在岩石上的造像,不仅反映出鲜卑民族汉化的进程,也更清楚地让我们看到北魏社会为女子所喜爱的发式,如云髻、飞天髻、单环高髻、丫髻、惊鹄髻、双环髻等多种发髻的样式及其演变。

云冈石窟早期和中期的洞窟中供养人多以鲜卑少数民族的形象出现,头戴突骑帽,大都看不到头发的样式,只在第19窟西耳洞东侧供养人中,发现两例特别的发髻。在第19窟西耳洞东侧佛龛下看到的三身供养人中,前面为穿胡服戴帽的一男一女两身供养人像,后面的一女供养人则清楚可见头梳云髻。从其八分侧面像看,发髻作朵云之状,与在美国波士顿美术博物馆藏北齐画家杨子华的《北齐校书图》(见图1)中出现的云髻相似。第19窟西耳洞北侧佛龛下供养人的髻式则与《比产齐校书图》中所画完全相同,均集发于顶,发髻高耸,且向左前倾,呈60°角。这种样式的发髻在后期雕刻中被表现为简单地勾画出轮廓来表明是高髻,如第21窟东侧佛龛下供养人(见图2),清晰地在头顶左上方雕出似枣核状发髻,与头顶呈直角。这种过分夸张前倾的高髻,在现存四川省博物馆藏的南朝梁普通四年(522年)康胜造释迦牟尼佛石像中也有所反映。可见,南朝汉文化已经开始渗透到北魏社会中。从另一方面讲,云冈早、中期洞窟中供养人均戴突骑帽,很少看到高髻,而在早期第19窟西耳洞中却出现了晚期供养人发式,是否可以认为,此洞部分佛龛为后期补刻,或其开凿工期较长,延续至晚期洞窟开凿时才完工。

图1　第19窟西耳洞北侧
佛龛卜供养人

图2　第21窟东侧佛龛
下供养人

　　随着北魏鲜卑民族的汉化程度的不断深入,鲜卑民族逐渐改变了以往的服饰习惯,汉服逐渐盛行,因此在云冈石窟晚期洞窟中,很难再看到供养人身穿胡服戴帽的形象了。

　　云冈晚期洞窟开凿者主要是没有随皇室迁都洛阳的贵族官僚或随迁到洛阳但夏季仍回平城度假的官僚,一般官职不高,以中下级为主,也包括普通的佛教信徒,所开洞窟较早、中期规模小,但洞窟中供养人像增多。在多数洞窟中,雕于佛龛下的供养人因空间较小,供养人像表现简单。在较大的洞窟中,供养人像多处在洞窟最低层,人物较高大,其中以第33窟和第38窟中的供养人发髻最具代表性。

　　第33窟西壁下部为浅浮雕世俗装供养人像,现存7身,旁均有长条状铭石和题白。为首的是一出家的僧人,带领供养人虔诚地向佛行礼,其后为出资供养的第一供养人。画面虽风化严重,但从其头戴花冠,身后有侍女举伞盖可知,其地位尊贵,但因头戴饰品较多,无法看清所梳发髻,不作说明。在第一供养人身后的侍女可见头梳双丫髻,头顶左右两侧直接雕出两个圆形实心的髻。丫髻以山东高唐房悦墓出土的东魏陶俑(见图3)和湖北武昌唐墓出土的陶俑为代表。此髻在云冈第33窟西壁、第32-10窟外壁面及第38窟北、东、西壁供养行列中均可见。第二供养人所梳发髻似为惊鹄髻。供养人集发于顶,头顶左侧有一似羽翼形的束髻,右侧因岩体有风化裂隙,只隐约可见另一髻。甘肃天水麦积山154窟顶壁北魏壁画中的伎乐天就梳此髻(见图4)。第三供养人应为单环髻(见图5)。此供养人的发髻是集发于顶,挽成一圆环,耸于顶上,后倾。这种发髻在河南洛阳出土的北魏孝昌元年石佛基座画像拓片装饰图上有所表现(见图6),风格与敦煌莫高窟千佛洞北魏壁画相近。第四供养人为双环髻(见图7)。供养人束发于顶部,发分两股挽作环状,两环相连且对称。这种发髻较少见,与第11-8窟北壁西侧的供养天的发式相似(见图8)。我们可以清晰地看到,第11-8窟北壁西侧的供养天留有过耳的鬓发。鬓指的是面颊两旁的头发,这符合当时北魏社会"缓鬓倾髻"的流行样式。所谓缓鬓,就是一种蓬松的鬓发。在魏晋南北朝时期妇女绝大多数都将鬓发留长,下垂不仅过耳,而且大多至颈,有的甚至披搭在两肩。这一时期的缓鬓一般都做得很大,常常将双耳遮住,并与脑后发相连。据说梳这种鬓发的女子多为王公贵妇。第5供养人为飞天髻(见图9)。此发髻集发于顶,顶部有三股,前面两股略低且对称,其后一股较高,整个发髻后倾,活泼轻快,雕刻的立体感极强。第38窟东壁下层礼佛图中的供养天人与第36-2窟北壁下层礼佛图中供养人亦梳此髻。第6供养人头部已风化,无法辨认发式。

图3　梳丫髻的妇女
(山东高唐东魏房悦墓出土陶俑)

图4　麦积山第154窟顶壁
北魏伎乐天

图5　第33窟西壁龛下层
礼佛图中第3供养人

图6　北魏孝昌元年石
佛基座画像拓片

73

图7　第33窟西壁龛下层礼佛
图中第4供养人

图8　第11—8窟北壁西
侧的供养天

图9　第33窟西壁龛下层
礼佛图中第5供养人

图10　第38窟北壁下层
礼佛图中供养人

第38窟北壁和西壁下层礼佛图中供养人梳高髻(见图10)。供养人将头发高高拢在头顶束住,寥寥数笔刻画出整个发髻。一般在规模较小的佛龛中,常常以刻画出高髻的形状来表现供养人的发髻。这种简单的雕刻形式,在第19窟西耳洞北壁佛龛下供养人、第23窟西壁佛龛下供养人和第36–2窟北壁下层礼佛图中都有所表现。这时的雕刻只表现出供养人物存在的重要,已经不再强调繁琐的细节了,当然这也和造像主的财力和地位有关。

综合来看,在云冈石窟中所表现的女子发式,并没有将史料上记载的有关魏晋南北朝时期的发式全部反映出来,这可能与云冈石窟所处的地域以及该时期汉化的进程有关。相比较而言,供养人的发式较为丰富。早、中期洞窟所表现的供养人仍保留着鲜卑族的服饰传统,但在晚期洞窟中,则可明显地感受到汉文化在此时的冲击,不仅发式多样,而且继承保留了汉魏以来的发式,如双丫髻、惊鹄髻、单环髻、双环髻、飞天髻等,同时也新出现出了具有北魏特征的发式。

通过云冈石窟所反映出的女子发式,我们可以看到该时期女子对美的定义的一种变化:

在发型方面,由早期女子头戴突骑帽渐变为具有汉族特征的发式,同时也一改早期的单纯追求方便,崇尚雄壮为美的审美标准,转变为喜爱富于变化高耸的发式,其审美心理已符合汉民族的传统心理。

在高度方面,由早期发式的无高度渐趋高峨,且其发髻高度已具凌云之势,可见此时女子不仅以发髻的高耸为美,同时开始接受汉民族以髻高来显示高贵的传统。

在形状方面,由最初的笨拙之形渐变为灵巧之貌,这更有助于表现女性的柔美之姿。

在角度方面,发髻由早、中期的直耸于顶,表现为后期的多角度化。一般来说,发髻前倾并成60°或90°。此种类型在云冈石窟晚期洞窟中大量出现,可见这种发式在当时为北魏女子所喜爱,同时也反映出该时期妇女的审美心理。

在形式方面,在以传统对称为美的同时,也追求不对称美,如单丸髻。

在风格方面,崇尚简洁、夸张、通脱之美。

总体来说,云冈石窟的女性发式突出地表现出了高峨、灵动、多变、简洁和夸张的特点。从这个角度出发,我们不仅能够看到该时期汉文化对北魏传统文化的影响以及对南朝服饰文化的渗透,更可以感受到魏晋遗风对北魏时期审美文化的冲击。这种转变当然是当时北魏统治者主动汉化的结果,但其中也包含着对魏晋遗风的崇尚与发展。

参考文献:

[1]高春明. 中国服饰名物考[M]. 上海:上海文化出版社,2001.

[2]季崇建. 千年佛雕史[M]. 北京:艺术图书公司,1997.

[3]天水麦积山石窟艺术研究所. 天水麦积山[M]. 北京:文物出版社,1998.

[4]朱大渭等. 魏晋南北朝社会生活史[M]. 北京:中国社会科学出版社,1998.

[5]蔡子谔. 中国服饰美学史[M]. 石家庄:河北美术出版社,2001.

[6]魏收. 魏书[M]. 北京:中华书局,1974.

云冈石窟飞天服饰研究

乔建奇[1]　杨俊芳[2]

(1. 山西大同大学艺术学院美术系;2. 山西大同大学云冈
文化研究中心,山西 大同 037009)

摘　要:飞天是云冈石窟造像中数量颇多的形象之一,本文根据云冈石窟雕
凿的分期分别论述了早期、中期和晚期飞天的基本造型、装饰部位和服饰种类与
特点,通过头饰、上衣、下裳、装饰品及飘带的样式演变,论述了云冈石窟飞天的特
点、演变脉络,认为云冈飞天是印度歌舞形象与中国道教天仙及儒家礼教影响下
的妇女形象相结合的中国式飞天,完成了由印度飞天向中国飞天的演变,佛教飞
天的中国化、本土化、世俗化是在云冈完成的。河南洛阳龙门石窟北魏晚期的飞
天雕刻是这种风格的延续。

关键词:云冈石窟;飞天;服饰

一、云冈石窟飞天的种类和分期

佛教石窟壁画中的飞天主要是指能歌善舞的伎乐天,是乐神乾闼婆和歌舞神
紧那罗的化身,服侍帝释天专管奏乐演唱的天龙八部众之神。乾闼婆和紧那罗原
是古印度神话中的歌舞神和娱乐神,是一对夫妻,乾闼婆又称为香神,是一种不吃
酒肉,只寻香气作为滋养,全身散发香气的神,"乾闼婆"在梵语里意为变幻莫测的
天歌神,"紧那罗"意为天乐神,夫妻俩皆善于歌舞音乐,在佛教造像中往往不分男
女,夫妻一体,兼具男性的阳刚和女性的阴柔之美。在印度早期的壁画中飞天就
已出现,自东汉末年随着佛教的东传,在中国的石窟雕塑和壁画中都有大量的飞
天形象。敦煌石窟的飞天西域风格明显,是佛教传入中国早期飞天形象的代表,
魏晋南北朝时期,中国佛教石窟寺庙中的飞天由印度歌舞形象与道教的羽人、天
仙相结合形成了中国特色的飞天。

我们从云冈石窟的飞天形象嬗变可以看出这种融合演变的过程。

关于云冈石窟造像的分期,上世纪阎文儒先生研究的比较深入,分期较细,将
北魏雕凿的分为三期,将隋唐之际在云冈石窟雕凿的个别石窟和造像称为第四

期。目前学界比较认可的观点是将云冈石窟大致分为三个时期:早期即文成复法之后以昙曜五窟(16—20窟)为代表的大像窟雕凿时期;中期也可以称为盛期,是冯太后与献文帝、孝文帝共同执政时期以中东部窟群(5—13窟)为代表的组窟雕凿时期;晚期是孝文帝元宏迁都洛阳后以西部窟群(21—53窟)为代表的小型窟雕凿期。

早期大像窟中的飞天较少,多雕凿于佛和胁侍菩萨的头光、背光和龛楣上,以装饰花纹的形式出现。体态丰满,面像浑圆,身体结实,呈蹲坐状,"飞翔"的感觉并不明显。

中期组窟中的飞天无处不在,除早期装饰在头光、背光、龛楣上的形式外,还大量的出现在明窗、藻井、佛传故事、门楣、头冠、塔柱等处。飞天形象丰满与轻盈并存,姿态多样,飞翔的感觉越来越明显。

晚期小型窟中的飞天主要雕凿在窟顶和龛楣上,其形象轻盈多姿,飞舞多变,飘飘若仙。

二、云冈飞天的服饰特点及演变脉络

云冈石窟飞天的服饰是体现佛教艺术中国化的重要元素,服饰的演变与云冈石窟整个雕凿分期密切相关。

(一)早期飞天的服饰样式

头戴花冠、圆脸、双耳戴大环,颈饰项圈,裸上身,戴臂钏腕镯,斜披璎珞,裸足,与印度2世纪贵霜时代印度妇女的服饰相同。在今天藏传佛教唐卡中所绘的白度母依然是这种服饰。云冈石窟第20窟佛背光西侧的飞天(见图1)是云冈石窟最大的飞天,是早期飞天的代表。

图1

(二)中期飞天的服饰样式

中期的飞天包括略晚于昙曜五窟雕凿的第7窟至第13窟和盛期雕凿的第5、

6窟,飞天服饰最为多样,是印度飞天与中国文化融合的变形期,具体来说主要表现为五方面,分别是头饰、上衣、下裳、装饰品以及飘带的变化。(如图2—13)

1. 头饰变化

头饰从印度低刘海曲纹卷发逐渐转变为平纹束发、挽低髻、偏高髻、高髻的中国式发型。

2. 上衣变化

上身衣着变化依次是裸上身、V领短袖胸衣、短袖袒右肩、V领短袖短上衣、内着圆领衬衣外着短袖对襟短上衣、内着圆领衬衣外套宽口短袖短上衣、内着圆领衬衣外套对襟交领短上衣。腰部也由鼓腹露脐,逐渐转变为用衣结带遮肚脐和小腹,再到完全遮住腹部的中国儒家文化女性服饰。

3. 下裳变化

下身裙裳变化依次是脐间挽结短裙、低腰莲花瓣纹短裙、V型低腰紧身贴体束口长裤、低腰上宽下窄束口丝质长裤、低腰丝质宽腿裤、低腰丝质长裙裤。

到后来上衣和下裳合为一体,由对襟长裙演变至对襟束腰遮足长裙。足也由裸足发展到长裙及地,将足完全裹在裙裾里,甚至裙裾远远长于足外。

4. 装饰品变化

装饰品主要是由印度风格的臂钏、腕钏和脚钏,逐渐演变到只带腕钏或浅线阴刻三条线纹,再到手腕戴中国风格的宽厚饱满的手镯。

5. 飘带变化

中期几乎所有的飞天都有飘带,但也有变化,由从左肩斜披至右腋下向后飘扬,演变至绕颈经双臂向下或向后飘垂,再到后来的颈后飘带高扬,绕在两臂间的飘带向后和向上高高飞扬,飞天迎风空中飞舞的姿态越来越明显。

图2

图2 第6窟中心塔柱南面飞天:卷发有刘海无髻,短袖右衽紧身短上衣,鼓腹

露脐,V 型低腰紧身丝质束腿长裤,裸足,飘带绕颈自双臂下垂后扬。

图 3 第 6 窟中心塔柱南面飞天:卷发无髻,上身着 V 领紧身胸衣,鼓腹露脐,飘带绕颈经双臂向后飘扬,下身着短裙,脐间向外挽结下垂至裙摆,从脚裸至大腿,手腕、脚腕、大臂间刻三条浅线纹。

图 3   图 4

图 4 第 9 窟窟门顶部:头梳平纹向后,上身着袒右肩短袖紧身短上衣,鼓腹露脐,飘带自左肩斜披至右腋下向后飘起,下身着及膝半短裙,裸小腿和足,大臂、手腕、脚腕浅刻三条线纹。

图 5 第 9 窟前室西壁飞天:头梳高髻,上身着袒右肩短袖上衣,戴臂钏腕钏,露脐,下身着低腰上松下紧束小腿丝质长裤,裸足。飘带绕颈自两臂垂下向后飘飞。

图 5   图 6

图 6 第 6 窟中心塔柱南面飞天:头挽低髻,上身着 V 领长袖短上衣,鼓腹露脐,下身着低腰莲花纹短裙,裸小腿和足。飘带绕颈经两臂向后飘扬。

图7 第9窟明窗西壁飞天:头梳高髻,裸上身,鼓腹露脐,飘带绕颈自两腋下绕臂向后飘飞,戴三条线纹浅刻腕钏,下身着低腰丝质宽腿裤,裸足。

图7   图8

图8 第13窟东壁飞天:头梳高髻,短袖V领对襟结扣短上衣,鼓腹露脐,飘带绕颈自两臂下垂,下身着丝质宽腿长裤,裸足。

图9 第7窟主窟顶部飞天:头挽高髻,内着衬衣,上身着对襟交领短上衣,鼓腹露脐,飘带绕颈经两臂向后或向上飘扬,下身着低腰丝质裙裤,裸足。

图9   图10

图10 第8窟窟顶飞天:头挽高髻,内着圆领衬衣,上身着右衽短袖上衣,手腕带手镯。飘带绕颈经两臂向后或向上飘扬,下身着低腰宽口丝质贴体长裙,裸足。

图11 第8窟主室窟顶飞天:头挽高髻,颈带项圈或着圆领内衣,上身着对襟交领短袖短上衣,手腕带宽手镯,下身着裙裤,脐间打

图11

花结挡住了小腹和肚脐,裸足。

图 12

图 12 第 5 窟窟门顶部飞天:头挽高髻,上身着短袖 V 领对襟长裙,裸足。飘带绕颈经双臂下垂略略飘起。

图 13

图 13 第 6 窟东壁下层出游四门之飞天:头挽高髻,上身内着圆领衬衣,外着 V 领对襟宽口短袖束腰遮足长裙。飘带绕颈经两臂下垂或向后飘飞。

云冈石窟中期雕凿的石窟佛像完成了印度佛教造像的鲜卑化、汉化,开启了世俗化的序幕。中期雕凿的飞天服饰样式尤为变化多样,远不止以上所举,印度梵衣与西域服饰、鲜卑服饰、汉民族服饰相互组合,不拘一格,形成了多种民族风格融为一体的飞天服饰。

(三)晚期飞天服饰特点

云冈石窟晚期的洞窟是孝文帝迁都洛阳(493 年)后在 20 窟西部由留守贵族雕凿的一些小型窟龛,编号的有 21—53 窟,这一时期的飞天大多装饰在窟顶和龛楣上,对于整个云冈石窟的雕凿来说,晚期的窟龛规模由于帝都的迁移大不如前,但雕凿技艺却更甚一筹,是印度佛教艺术完成中国化之后的经典之作。这一时期的飞天是云冈石窟中最美的飞天。

这一时期飞天的形象基本定型,服饰变化不大,多是头束高髻,曲颈回首顾盼,上身着中袖广口外翘、对襟圆角短上衣,束腰,下身着长出双足很多的丝质长裙,飘带更长,周身缠绕,迎风飘扬,加之清秀的面容、轻盈修长的身躯、迎风扭动的舞姿,完全是空中飞舞的形象。晚期窟群里单体飞天很少,大多根据龛楣的样式和藻井的组织结构进行组合,衣纹裙裾飘带随身体的组合相互缠绕,形成一个个或对称、或聚合、或回旋、或扩散、或连环的 4 身、6 身、8 身、20 身多种组织样式在空中群舞的飞天组合,有的手持乐器、法器及宝珠。俨然一派歌舞升平的极乐世界景象(见图 14—16)。

图 14　第 30 窟窟顶藻井飞天组合

图 15　第 34 窟西壁帷幕龛下的飞天

图 16　第 34 窟窟顶围绕莲花聚散组合的飞天群

三、云冈飞天的演变脉络

整体来说,云冈石窟飞天的演变和佛像的中国化基本是同步的,但由于飞天的雕凿数量大,体量小,变化更为自由,其形式也更为多样,尤其是中期的飞天,融汇了多种风格,服饰造型十分丰富。

飞天的服饰由印度装饰华丽丰富的半裸式逐渐向中国高髻广袖长衣式转变。印度式飞天是印度歌舞形象,强调能歌善舞的身体韵律和力量,中国式飞天是中国道家思想与儒家文化影响下的舞姬形象,强调服饰的含蓄和飘逸。高髻束发、面目清秀、衣袂飘飘、迎风舞动,是道家追求自由和儒家追求礼教的完美融合。

飞天的形象除过在服饰上完成了印度向中国化的转变,在体态上也由印度非男非女、夫妻一体、面相浑圆、体格健壮、肌肉结实、裸露较多的飞天形象逐渐演变成越来越女性化的身形清瘦、随风舞动的舞姬形象。飞天手中所持的乐器也有所不同,早期多空手或托摩尼宝珠等法器和西域乐器,中后期和晚期大多手持中国乐器,成为中国的乐神和歌舞神。总之,云冈飞天完成了由印度飞天向中国飞天的演变,佛教飞天的中国化、本土化、世俗化是在云冈完成的。河南洛阳龙门石窟北魏晚期的飞天造像延续了这种风格,并影响了隋唐的飞天造像。

参考文献:

[1]阎文儒.云冈石窟研究[M].桂林:广西师范大学出版社,2003.

[2](美)罗伊.C.克雷文著,王镛,方广羊,陈聿东译.印度艺术简史[M].北京:中国人民大学出版社,2004.

[3]冯骥才.中国大同雕塑全集[M].北京:中华书局,2010.

[4]李恒成.云冈石窟与北魏时代[M].太原:山西科学技术出版社,2005.

[5]赵昆雨.云冈石窟佛教故事雕刻艺术[M].南京:江苏美术出版社,2010.

从本生故事雕刻试析云冈第7、8双窟的营建

高海燕

（中山大学社会学与人类学学院，广东 广州 510000）

摘 要：佛教本生故事题材种类繁多，每类故事都有各自的特点和所要突出的佛教义理。云冈第7、8窟为一组双窟，是云冈第二期最早开凿的洞窟，本生故事是第7窟重要的雕刻题材，今能辨识的本生故事大体以"舍身"和"孝亲"两类题材为主，分别以"舍身饲虎本生"和"睒子本生"为代表。它们的出现并不是随意的拼凑和组合，而是有着深层的历史、宗教原因，且它们与洞窟里的其他佛教内容往往互相印证，形成一个系统的整体。

关键词：云冈双窟；本生；舍身饲虎；睒子

本生故事记述佛及弟子们在过去往生中的事，特别是指释迦牟尼佛于过去无数劫以来修种种菩萨行的事迹。云冈石窟目前尚存佛教故事雕刻画面220余幅，可考名者198幅，其中本生故事有月光王施头、昙摩绀闻偈焚身、慕魄太子本生、舍身饲虎、睒子本生和儒童本生几种，前5种都存于第7窟内，月光王施头、昙摩绀闻偈焚身和舍身饲虎本生（又称萨埵太子本生）强烈地传达着佛教的"布施"精神，其中又以舍身饲虎本生雕刻位置较为特殊，睒子本生是佛教义理和中国传统儒家文化相结合的产物，鲜明反映了"孝亲""忠君"以及"仁爱"的思想。可以说第7窟是以本生故事雕刻为主，而其主旨即是反映"舍身"和"孝亲"两大理念。云冈石窟的开凿是皇家行为，与北魏皇室有着千丝万缕的联系，以往学人在研究第7、8双窟时，对其窟内佛教故事雕刻的用意往往有所忽略。佛教洞窟的研究须以窟内的图像为基础，而任何图像都不能脱离特定的时代和历史。本文拟以第7窟中的本生故事雕刻为切入点，以"舍身饲虎本生"和"睒子本生"为中心，试析第7、8双窟的开凿年代和目的。

一、云冈第7、8窟中的本生故事雕刻及主要内容

云冈第7、8窟为一组双窟，分前、后室，第7窟前室东壁分层分栏浮雕多幅本生

故事,但风化剥落严重,今能辨识者有睒子本生、月光王施头本生、昙摩绀闻偈焚身本生和慕魄太子本生等内容。睒子本生为单幅式画面(见图1),图像右侧上方雕盲父母坐于草庐之中,旁边立一人物,有头光,应表现睒子深山供养双亲,其上部有一人形模糊难辨,推测为国王骑马误射睒子,盲父母下方,睒子中箭倒地,右手捂住胸口。画面左侧风化严重,仅见三人面南胡跪,中间一人似有头光,排除国王向盲父母忏悔谢罪,应为睒子复活情节。月光王施头本生画面可分为上下两部分,上层一大象,象鼻垂地,象背上人物雕刻风化不清,该人物身后有一侍者,仅存头部;下层几乎是与大象四足相接处有一舟形盘状物,内盛五颗人头,舟形托盘下方一角,一人躬腰垂首,长发缠系于一竖直的立杆上,立杆上端内容无存,不知是否为树。[1](P93)昙摩绀闻偈焚身本生雕刻中,一盝顶楼阁式宫殿前,一人左手上举,右手叉腰,身边二立像,迎面有一簇高挑的火焰,其余风化不明。[1](P95)慕魄太子本生雕刻可见一楼阁式建筑前,设门及围栏,门半开,院内一人仰躺于一木板上,下有三人托扛,上方一人张臂。门外阶上一人盘坐,一人做奔跑状,二者之间另有一立像,左腿微曲。[1](P96)

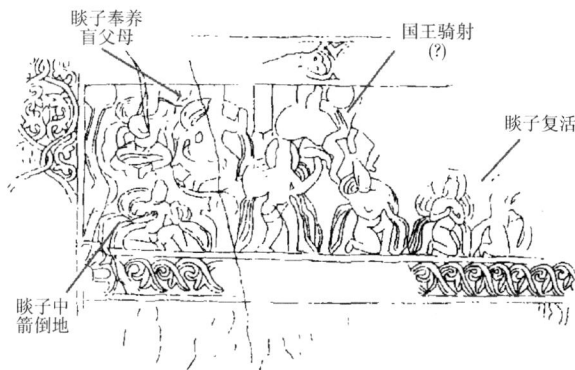

图1

第7窟后室北壁(正壁)下层拱形龛(内塑二佛并坐像)拱楣外两侧雕有一幅舍身饲虎本生,风化较严重,对称布局:西壁有三人面北而立,应是三位太子的形象,第一位右手持莲花,左手渺蚀,第二位手部风化不明,第三位双手合十。三位人物的下方有一人形,仅存双腿,其下方又可见数只虎形动物,推测应为萨埵坠崖的情节。折入北壁的部分隐约可见山峦和大小7只老虎,似有一人物横陈虎群中,应表现虎食萨埵肉身的场面(见图2)。东壁有二人面北而立,仅存膝部,与西壁三太子遥相对应,概表现萨埵舍身后二兄悲号闷绝,转向北壁依稀可见山间有一宫殿形建筑,可能与三王子出游和起塔供养有关。根据浮雕内容结合相关载有舍身饲虎的经典,该本生故事应依据《金光明经·舍身品》完成。

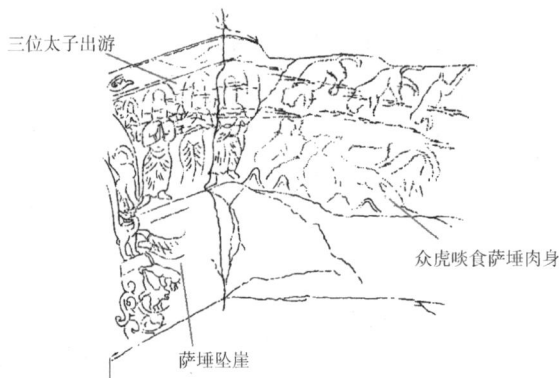

三位太子出游

众虎唼食萨埵肉身

萨埵坠崖

图 2

第 7、8 窟前室均无顶，第 7 窟东壁和第 8 窟西壁对称，两个壁面均雕刻佛经故事，第 8 窟前室西壁残留两处故事浮雕，因风化严重内容不明，根据赵昆雨先生的分析，从整个壁面看上去，这里当初也应具有如同第 7 窟东壁那样的浮雕故事，两相呼应，此亦双窟之常法，唯不知其为本生故事还是本行故事，按第 8 窟主室北壁残存佛本行故事雕刻，该窟当以本行故事表现为意趣。[1](P10) 第 7 窟西壁和第 8 窟东壁共用一墙，满壁雕千佛像。双窟后室为平面长方形，北壁都分上下二层，第 7 窟上龛中央为交脚弥勒菩萨，两侧为倚坐佛，在其侧为思维菩萨，下层为二佛并坐（见图 3、图 4）；第 8 窟上龛正中为倚坐佛像，两侧依次雕交脚弥勒菩萨和思维菩萨，下层为坐佛龛像，上下龛之间的两角空隙处雕有佛教故事。两窟东西两壁均塑两列四层坐佛龛像，多为表现佛传故事，第 7 窟南壁有维摩、文殊龛像及交脚弥勒和供养天人等。两窟运用大量壁面雕刻释迦牟尼生前事迹以及佛传故事，意在突出释迦的修行过程和生平经历。

图 3

图4

二、本生故事雕刻与相关历史背景

云冈双窟是北魏太和时期孝文帝、冯太后共同执政这一格局的反映。根据宿白先生的观点,第7、8窟是云冈第二期石窟中最早的一组,大约完成在孝文帝初期,为孝文帝所开,[2]这一判断已在国内学界基本达成共识。笔者据第7窟内的佛教故事进一步推测,该窟很可能与纪念献文帝有关。

献文帝于和平六年(466年)即皇帝位,皇兴五年(471年)禅位于年仅5岁的孝文帝。关于献文帝禅位的原因史书记载不一,或云:"帝雅薄时务,常有遗世之心",[3](P131)或曰:"上迫于太后,传位太子",[3](P2412)无论是道家无为思想的表现,还是身体健康问题,[4]来自冯太后的压力都应对献文帝禅位造成影响。献文帝即位之初,冯太后临朝听政一年多,虽然孝文帝出生,"是后罢令,不听政事",[3](P328)但一股政治力量的完全消失绝非朝夕之事,从之后孝文时期的政局可以想见,聪颖志高的冯太后并不会在此时完全放弃权柄,至少对朝政多有干涉。皇帝是处在风口浪尖的人物、各种矛盾的焦点,在明争暗斗的宫廷皇室,隐退幕后做"太上皇"应更加有利于保全自身和年幼的孝文,与冯太后分庭抗礼。最初献文欲禅位于叔父拓跋子推,显然有以一位年长之君来钳制冯太后之意,但最后在众臣固谏之下改变主意,让位给儿子。献文帝虽为"太上皇,明不统天下",[3](P132)但仍"国之大事咸以闻",[3](P132)一方面帮助年幼的孝文帝处理朝政,另一方面防止大权旁落以冯太后为代表的外戚手中,帝后之间的矛盾也在这种背景下愈演愈烈。延兴五年(475年)十月,"太上皇帝大阅于(平城)北郊",[3](P142)这显然是对冯太后的一种示威。承明元年(476年),献文帝"崩于永安殿",[3](P132)年23岁。献文帝之死,《魏书》《北史》《资治通鉴》等相关记载皆言与冯太后有关,张金龙先生经分析进一步指出,延兴末年,统治集团内部拥护献文帝的力量在不断削弱,相反冯太后亲信集团的力量却在不断加强,在这种政治背景下,冯太后乘机毒死献文帝,重新控制了北魏王朝的最高统治权。[5](P362)想必这一事件的舆论影响很大,献文帝被害时孝文虽然年幼,但之后定无法隐瞒,孝文对父亲的死因应心知肚明。

据《魏书·高祖纪》载,献文对其子"尤爱异之",而孝文帝"幼年有至性,年四岁,显祖曾患痈,帝亲自吮脓。五岁受禅,悲泣不能自胜。显祖问帝,帝曰:'代亲之感,内切于心。'显祖甚叹异之",[3](P186)父子二人感情非常深厚。"承明元年八月,高祖于永宁寺,设太法供,度良家男女为僧尼者百有余人,帝为剃发,施以僧服,令修道戒,资福于显祖。"[3](P3039)可见献文帝刚去世,孝文就设供追念父亲,后来为其开窟造像也应是情理之中。冯太后猜忍多疑,聪颖过人,权力欲极强。为更加稳妥地行使权力,保全自己和儿子,献文帝策略性禅位,但最后还是在与后党的斗争中落败,与"舍身"理念何其相似。月光王施头本生、昙摩绀闻偈焚身本生与舍身饲虎本生均表达这一思想,和睒子本生同时被雕于第7窟,正是孝文帝对父亲"舍身"行为的缅怀和孝亲之情的体现。

事实上对孝文而言,来自太上皇和冯太后两方面的影响始终都在发生作用。在睒子本生故事中,睒子被国王误射将死,但不怨不恨,只求国王代替照顾父母,似乎孝文帝借此在传达对冯太后所作所为的一种释怀,因为从之后的史料记载来看,冯太后临朝听政时,孝文帝表现得十分谨慎恭顺。为了突出献文帝"舍身"而又不至过于显目,招来非议,舍身饲虎本生浮雕的位置也更为特殊:现存汉传佛教艺术中的舍身饲虎本生图像,只有两处位置在佛龛外侧,分别是云冈第7窟与第35窟,这一安排固然有洞窟整体设计的考量,但仍应就其他方面引起注意。第35窟属云冈第三期洞窟,在此暂不讨论。云冈石窟造像一开始就体现帝王"即是当今如来"[3](P3031)、"令如帝身"[3](P3036)的人神合一观念,第7、8双窟后室正壁上层龛内均为未来将继任佛祖的弥勒菩萨,第7窟后室正壁下层龛内为二佛并坐像,而第8窟后室正壁下层龛内则是释迦佛,这些都是云冈石窟中的常见题材,但此组双窟中的正壁主像分别以"过去多宝佛+现在释迦佛+未来弥勒"和"现在释迦佛+未来弥勒"的对应形式出现,更似暗示献文、孝文二父子和冯太后的对峙。将舍身饲虎本生雕于二佛并坐龛楣外两侧,即有献文"舍身"为保全自己和儿子的寓意。第7、8窟造像既有汉文化传统的影响,又突出体现了鲜卑族固有的文化因素,而紧随其后开凿的洞窟中,鲜卑文化的韵味有所淡化,[6](P196)后者固然与孝文帝推行一系列汉化改革政策是相符的。再观第7、8窟鲜卑因素形成的原因,除了多元文化的渗透、开凿石窟的粉本影响,也有统治者的政治需要。冯太后本籍长乐信都,其地俗尚儒学,她听政时期大力倡导汉化,可算是北魏初期汉文化的代表,从第7、8窟中较为突出的鲜卑因素中亦可感受到,这一特殊历史时期,拓跋鲜卑族皇室和以汉族冯太后为代表的外戚集团之间复杂又微妙的关系。此外还应注意，慕魄太子本生在云冈仅见于第 7 窟，故事中的太子聋哑痴呆，"正欲舍世缘，安身避恼，济神离苦耳，今反当为诳诈所危。"[7](P408) 因为知道自己的宿命因"口业"所造，索性闭口不语，装聋作哑，这或影射孝文帝对于险象环生的宫廷纷争有意保持回避和沉默。该故事还出现了国王禅位情节，不同之处在于故事中太子拒绝了王位，出家修成佛道。笔者认为本生故事中的内容与现实相较，恐不仅仅是巧合。

宿白先生曾指出，"云冈第二期窟室开凿时间，应在公元 471 年至公元 494 年之间或稍后"。按前文所述，献文帝于 471 年禅位，但并没有放弃军国政治大权，且当时孝文帝尚年幼，政局其实处在献文帝和冯太后的明争暗斗之中，直至 476 年献文帝暴崩，在这期间孝文帝主持修造洞窟以表达对其父的感情是不大可能的。《魏书》中明确记载孝文帝初期 5 次行幸武州山（云冈石窟），第 1 次在延兴五年（475 年）五月，"此时孝文不过 8 岁大小，这年也是其父献文太上皇帝生前最后一年，献文尚掌握朝政。因此，孝文帝这次'幸武州山'的活动礼仪性质更大一些，也谈不上冯太后参与石窟建设的可能。"[8] 献文帝去世后，孝文帝于太和元年（477 年）、太和四年（480 年）、太和六年（482 年）和太和七年（483 年）4 次行幸云冈石窟，第一次是为祈雨，后 3 次时间间隔都较短，可见云冈造窟工程正如火如荼。太和五年（481 年），孝文帝行幸方山时立碑"铭太皇太后终制于金册"，[3](P150) 即宣布冯太后结束称制，还政于孝文，虽然这只是表面现象，并不代表她真正退出政治舞台，但其实为孝文开始参与执政提供了条件，这年孝文帝 15 岁，开窟造像并将对父亲的追念融入其中已成为可能，太和四年行幸武州山时，很有可能第 7、8 窟工程已开始进行。第 9、10 双窟在第二期中略晚于第 7、8 窟，大致可以推定是孝文帝初期宠阉钳耳庆时于"太和八年（484 年）建，十三年（489 年）年毕"工的石窟。[2] 综上所述，云冈第 7、8 双窟的始凿年代可进一步推断在公元 480 年前后，同之后的双窟一样，代表孝文帝、冯太后"二圣"，但在第 7 窟中，揉进了对献文帝的追思。

三、本生故事雕刻与洞窟其他佛教内容的关系

云冈双窟与其他单体窟室相比，在表现佛教思想上有着特定的体现方式：洞窟中的内容与洞窟外壁的中心标志联系紧密，据此分析，7、8 双窟意在展现释迦修行的过程，[9] 结合上文所述，这一过程或隐喻献文帝传奇的一生。细考第 7 窟内现存的佛教题材，除表达"施舍"和"忠君孝亲"理念的本生故事雕刻外，主要有三世佛、释迦多宝、千佛和维摩文殊造像，这些内容所体现的思想和本生故事之间有着一定的联系和共通之处。

(一)三世延续、佛境永恒

将交脚弥勒和释迦多宝二佛上下组合在一起，是三世佛的一种表现形式，这一布局清晰地显示了过去、现在、未来的佛陀传承体系。佛教认同生死轮回，主张身生身灭，永无止境，多宝佛、释迦佛、弥勒造像合理排列，象征三世延续，暗示佛境的永恒不灭，前室东壁和佛龛两侧的本生故事再次突出佛于过去无数劫修行菩萨道，慈悲舍命，肉身虽灭，但得成正果，其法身永存不坏。

(二)法华思想的体现

第7窟中的弥勒、二佛并坐和千佛都是《法华经》中的重要内容，李静杰先生曾指出，"北魏至东魏、西魏时期的佛教图像，基本受法华经思想支配。"[10]同时"本生、因缘、佛传图像多被借用，以表述法华经方便说法的意图。"[10]以云冈石窟为代表的北魏皇家石窟寺，鲜明地反映着以《法华经》为主流的信仰。《妙法莲华经》卷四《提婆达多品》云："尔时佛告诸菩萨及天人四众：'吾于过去无量劫中求法华经无有懈倦。……为欲满足六波罗蜜，勤行布施，心无悋惜。象、马、七珍、国、城、妻、子、奴婢、仆从，头目、髓脑、身肉、手足，不惜躯命。……'时有仙人来白王言：'我有大乘，名妙法华经，若不违我，当为宣说。'王闻仙言，欢喜踊跃，即随仙人供给所须。采果汲水，拾薪设食，乃至以身而为床座，身心无倦，于时奉事。经于千岁，为于法故，精勤给侍，令无所乏。"[11](P34)法华经在此强调布施的重要性，其中包括施舍身肉，这与舍身饲虎等本生故事的主旨是一致的。在《妙法莲华经》卷7《妙音菩萨品》中，妙音菩萨问候释迦并求见多宝佛时提出了一系列所关心的问题，其中就有："无不孝父母、不敬沙门、邪见、不善心、不摄五情不？"[11](P55)可见法华经中也包含引导信众孝敬父母的用意。此外，吉藏撰《法华玄论》卷2引北凉高僧道朗话云："多宝塔现，明法身常存。"[12](P376)即多宝塔象征法身，法身是永存不灭的，而"佛本生造像应该属于法身观范畴"，[13](P30)释迦于前世修行中虽屡次奉献肉身(即生身)，但法身常在并因此证得佛果，以多宝塔为象征的法华经在此彰显了与本生的呼应。

(三)禅观思想的体现

北朝佛教重视禅修，云冈石窟造像处处体现禅观思想。从广义来看，修禅主要包括两个方面，一为观佛，二为不净观，与观佛的美妙相反，认为肉身是粗鄙的、污染的，是执障和修禅入定的质碍，应当将其夷灭、舍弃。第7窟中的主要雕刻内容均是禅观对象，以"舍身饲虎"为代表的本生故事中，施舍肉身的各个部分乃至生命，既拯救了苦海众生，又完成了精神上的升华，作为一种转识成智的标志，被雕刻在洞窟内。北朝时期非常流行的禅观经典《佛说观佛三昧海经》卷7《观四威仪品》中提到了诸多本生故事，其中包括"投身饿虎处，以头布施处"等，[14](P681)说明刻画这一类本生故事,目的之一即是作为修禅观像时的对象物。

（四）维摩诘思想的体现

魏晋南北朝以迄隋唐,维摩诘思想广为流行,维摩文殊造像频繁出现在云冈石窟中,包括第7窟南壁。《维摩诘所说经·佛道品》中,文殊师利问维摩诘怎样才能通达佛道,维摩诘道:"行于非道,是为通达佛道。"[15](P594)具体而言,菩萨应克服所处境地的各种污秽险恶、恼瞋愚痴、悭贪恚乱,其中包括"舍内外所有,不惜身命"。[15](P549)在《维摩诘所说经·佛国品》中,宝积菩萨请释迦牟尼说诸菩萨净土之行,佛祖言六波罗蜜之法(布施、持戒、忍辱、精进、禅定和智慧),即菩萨净土,其中布施的内容包括身体,甚至生命。可见,在维摩诘思想中,舍身是行菩萨行的重要一环。文殊与维摩诘之间的互问互答是维摩诘经中最精彩的环节之一,文殊问维摩诘之疾"何所因起? 其生久如? 当云何灭?"维摩诘答曰:"从痴有爱,则我病生;以一切众生病,是故我病;若一切众生病灭,则我病灭。所以者何? 菩萨为众生故入生死,有生死则有病;若众生得离病者,则菩萨无复病。譬如长者,唯有一子,其子得病,父母亦病。若子病愈,父母亦愈。菩萨如是,于诸众生,爱之若子;众生病则菩萨病,众生病愈,菩萨亦愈。又言是疾,何所因起? 菩萨病者,以大悲起。"[15](P544)这里将菩萨的"自觉觉他"行为比作父母对孩子的无私奉献。不少载有舍身饲虎和睒子本生故事的经典在叙述萨埵、睒子死后,都突出描述了父母抱着儿子的尸体哀号闷绝,睒子的盲父母甚至情愿"身代子死"。[16](P443)在维摩诘经与该两种本生故事之间,其实存在着佛菩萨对众生大慈大悲和父母子女孝亲怜爱的潜移默化。

四、余论

现存云冈第7窟中的本生故事雕刻以"施舍"和"孝亲"类为主,除作为常规性的洞窟内容组成部分之外,应有其特殊的用意,结合史实可进一步分析第7、8双窟的开凿年代和目的。同时这些本生故事并不是孤立的存在,其与同窟内相关题材有一定联系,在佛教内涵的表达上具有共通之处。

需要指出的是,笔者将第7、8双窟的开凿年代比定在公元480年前后,按照宿白先生的分期,云冈第一期洞窟也就是昙曜五窟工程的开凿年代为公元460－471年,那么在第二期最早营造的第7、8窟之前,也就是公元472－479年之间,云冈的情况又是如何呢? 现有史料鲜有记载,笔者推测,这段时间应是云冈石窟第一、二期之间的过渡时期,献文帝于此时有造窟行为,但总体来说,"云冈工程稀少"。[17]第7、8双窟无论从窟形构造、窟内题材、风格特征等方面都与昙曜五窟迥异,这种转变应不会在短期之内实现。《大金西京武州山重修大石窟寺碑》引《云中图》云:"献文天安元年革兴造石窟寺,然未知有何所据",[4]说明献文帝在云冈是有造窟工程的,但并不是重点所在,当时"献文帝兴建佛寺地点的选择,似已转移到平城和北苑",[17]后者也就是位于大同市西北小石子村的鹿野苑石窟,文献明确记载献文帝在禅位之后,也就是公元 471 年"建鹿野佛图于苑中之西山"。[3](P3038)另据员小中先生分析,献文帝在云冈的造窟工程"就是 5、6、7、8 窟上方平台和 6 – 11 窟",[4]若此说成立,7、8 双窟开凿在献文帝修造工程的附近,除表征孝文帝和冯太后这"二圣"外,也或与纪念献文帝有关。

参考文献:

[1]赵昆雨. 云冈石窟佛教故事雕刻艺术[M]. 南京:凤凰出版传媒集团,2010.

[2]宿白. 云冈石窟分期试论[J]. 考古学报,1978(01):27 – 28.

[3]魏收. 魏书[M]. 北京:中华书局,1974.

[4]员小中. 献文帝与云冈石窟[J]. 丝绸之路,2009(08):23 – 24.

[5]张金龙. 北魏政治史(5)[M]. 兰州:甘肃教育出版社,2008.

[6]李雪芹. 试论云冈第 7、8 窟雕刻中的鲜卑因素[A]. 2005 年云冈国际学术研讨会论文集(研究卷)[C]. 北京:文物出版社,2006.

[7]安世高译. 佛说太子慕魄经[A]. 大正新修大藏经(第 3 册)[C]. 台北:新文丰出版公司,1983.

[8]员小中. 云冈石窟的皇家特性[J]. 山西大同大学学报(社会科学版),2012(05):40.

[9]王恒. 云冈双窟研究[J]. 敦煌研究,2003(04):14 – 15.

[10]李静杰. 北朝隋代佛教图像反映的经典思想[J]. 艺术考古,2008(02):97.

[11]鸠摩罗什译. 妙法莲华经[A]. 大正新修大藏经(第 9 册)[C]. 台北:新文丰出版公司,1983.

[12]吉藏. 法华玄论[M]. 大正新修大藏经(第 34 册)[C]. 台北:新文丰出版公司,1983.

[13]贺世哲. 敦煌图像研究(十六国北朝卷)[M]. 兰州:甘肃教育出版社,2006.

[14]佛陀跋陀罗译. 佛说观佛三昧海经[A]. 大正新修大藏经(第 15 册)[C]. 台北:新文丰出版公司,1983.

[15]鸠摩罗什译. 维摩诘所说经[A]. 大正新修大藏经(第 14 册)[C]. 台北:新文丰出版公司,1983.

[16]圣坚译.佛说睒子经[A].大正新修大藏经(第3册)[C].台北:新文丰出版公司,1983.

[17]宿白.《大金西京武州山重修大石窟寺碑》的发现与研究——与日本长广敏雄教授讨论有关云冈石窟的某些问题[J].北京大学学报(哲学社会科学版),1982(02):45.

唐代以来云冈石窟修缮保护研究

王志芳

（山西大同大学云冈文化研究中心，山西 大同 037009）

摘　要：云冈石窟是北魏定都平城后修建的大型石窟群，它以其规模宏大、造像精妙、佛韵厚重而闻名于世，是世界文化遗产中无与伦比的瑰宝。但受自然环境与历史环境影响，石窟在北魏之后基本没有得到修缮保护，直至唐代随着社会趋于繁荣稳定才受到应有的重视。本文系统梳理了唐代以来云冈石窟的修缮与保护轨迹，尤以辽代和清代的工程规模最大，这虽对保护历史文化遗产作用明显，但由于方法不够科学亦对石窟造成许多间接破坏。

关键词：云冈石窟；保护；修缮

云冈石窟坐落于"三代京华，两朝重镇"的历史文化名城大同，是北魏一朝集全国人力、财力、物力，由皇室、臣僚和高僧修建的大型石窟群，其创作风格最初源于凉州高僧所带来的西域造像风格，随后又融入了古印度、狮子国（今斯里兰卡）、西域诸国的特色，是鲜卑北魏建筑的最早的"佛帝合一"的石窟群，不仅显示出极强的帝王皇权威严，凸显出极强的民族特色，而且开启了我国"全石化"雕刻石窟的首功，成为北魏王朝政治、经济、文化发展的高度浓缩。但北魏以后由于中原汉族与游牧民族对平城的激烈争夺，石窟始终没有获得很好的修缮与保护，直到唐中后期才开始重新建造与修缮，以后历代基本都有相关修缮建造记录。

一、明清以前

（一）唐代

唐贞观四年（630年）李靖平定突厥，收复雁北地区，移云州以及定襄于恒安，当地守臣在贞观十五年（641年）开始重新建造。在此期间，除政府主导修造工程外，还有一些民间僧人自愿参与石窟修缮。据记载："近咸亨三年（672年）僧禅师于此修立……僧本朔州人也，未详氏族，十七出家……每在恒安修理孝文石窟故像……以咸亨四年（673年）终于石室。"[1]（卷上《古今胜迹三》，P17）唐高宗永淳元年（682

年)云州被突厥攻破,城荒地废,政府修缮中断。唐玄宗开元十八年(730 年),虽重新设置了云州及云中县,但对石窟尚无修缮活动记录。

（二）辽代

辽建国后改称武州山石窟寺为大佛寺。由于统治者的大力支持,民间信众广泛,几乎达到人人崇佛的地步,有所谓"俗礼多依佛,居人亦贵僧",[2]（卷13.《前辽使诗》,P160）佛寺遍布"城邑繁富之地,山林爽垲之所,鲜不建于庙塔,兴于佛像"。[3]（P614）

云冈石窟在辽朝重佛背景下对石窟进行修建完善工作。主要包括两个部分:

第一,石窟建造。"辽（兴宗）重熙十八年(1049 年)母后再修;（道宗）清宁六年(1060 年)又委刘转运监修;咸雍五年(1069 年)禁山樵牧,又差军巡守;（寿）昌五年(1099 年)委转运使提点;（天祚帝）天庆十年(1120 年)（巡幸西京）赐大字额。"[4]从 1049 年到 1099 年,辽代在前后修建石窟寺的时间长达约计半个多世纪,如果考虑材料中"再建"二字,参考辽兴宗"母后"法天太后,即钦哀皇后素有崇奉佛法的嗜好,早在重熙八年（1039 年）十一月戊戌,就曾"召僧论佛法",[5]（卷1,P222）说明辽代石窟建造时间当更早。工程主要包括通乐、灵岩、鲸崇、镇国、护国、天宫、崇福、童子、华严、兜率十寺,但需要注意的是这"十寺"并不是新建窟洞,而是为防止石窟侵蚀在原石窟外面构建的木构的窟檐。同时在窟 13 南壁题有"妻张氏□修像大小 1876 尊。"此造像修建笔者从称谓上分析应不属于政府作为,可能是信教之人为积福行善之举,现尚无史料对比论证,但亦可说明辽代造像并不是政府独力所为,民众也是参与群体的重要组成部分。

第二,造像彩饰。大同云冈石窟自北魏建立,经久累年的风吹雨打,产生许多病害,造像的色彩和褪色就是其中之一,辽代修葺工程中重要的部分就是解决这个问题。有史料记载 14 窟造像中多石绿彩绘,由于这种绘画背光花纹是辽代流行的长型菱文和纲目文,是辽代对佛像进行颜色修补的有力证明。

（三）金代

辽天祚帝保大二年(1122 年),金人"（阿骨打）以劲骑一日一夜行三百里,至其中都攻之,自旦至日中,遂陷焉。"[6]（卷5,P43）天祚帝与诸王并长公主、驸马、诸子弟三百余骑经石窟寺逃至天德军。金兵尾随追逐,官军焚扰,"都城四陷,殿阁楼观俄而灰之"。[7]（P256）城中破坏极大,城外因天祚帝西逃导致云冈石窟也大受破坏。据《金碑》记载"亡辽季世,盗贼群起,寺遭焚劫,灵岩栋宇,扫地无遗",这说明灵岩寺遭受毁坏火灾毁坏尤其严重。

金朝大力倡导佛教,金太宗甚至每年还专门设立斋会,举行饭僧活动,以为示范。"故元帅晋国王"（即俘虏北宋徽、钦两帝的宗翰）自天会二年(1124 年)辽军攻下西京大同至天会五年(1127年)常驻西京,尝"到寺随喜赞叹,晓谕军兵,不令侵扰,并戒纲首,长切守护,又奏特赐提点僧禅紫衣并'通惠大德'号",[4]以示嘉奖保护。

金代除了对石窟的保护修缮政策外,还对石窟实施了具体的保护措施。金以前武周川水(今十里河)紧靠由大同经武州山经石窟寺断崖直至参合口(今右玉杀虎口)的古驿道,距今3窟以东45米处[8](P139)。天会九年(1131年),西京(大同)所隶属的元帅府认为河流离石窟太近,"恐致侵啮,委烟火司差夫三千人,改拔河道",宗翰(粘罕)秉令执行,将石窟寺的武州川河道南移,遂形成今天十里河云冈段现状的雏形。皇统初,在石窟钱十里河水道腾出大片空地的基础上,"缁白命议,以为欲图修复,须仗当仁,乃请慧公法师主持,于皇统三年至六年(1143-1146年)花费二千万重修灵岩大阁九楹,门楼四所,香厨、客次之纲常主寺位,凡三十楹,轮换一新。又创石垣五百余步,屋之以瓦二百余楹。自是,山门气象,翕然复完矣。"[4]

(四)元代

金宣宗贞祐二年(1214年),金朝迁都汴梁(今河南开封),五京旧都相继沦陷。《至元辨伪录》记载,蒙古大举,"兵火已来,精刹名蓝衰例摧坏",各地佛寺"兵火之后,无僧看守。"正是在这种无寺无僧钟鼓自鸣的情况下,全真道士进驻了云冈石窟,当然这也与元代对各种宗教采取宽容政策有关。

石窟"山水□清□""碧霞洞""云深处"等遗迹就是道教文化明显存在于云冈石窟的有力佐证。其中在云冈第2窟外壁上方摩崖上题额"山水□清□"五个大字,下方的明窗西,镌有"云深处"径尺三字;靠近第3窟,上方有一石室,门额题"碧霞洞"三字。具体来说"碧霞洞"位于石窟群东部,坐北朝南,高出窟前路面2.6米,居石窟中开门,两侧各一窗,上部复有三窗,造型与北魏石窟迥然不同。外壁有一对梁孔,证明当年临崖架建过堂宇;洞中四壁也有梁孔遗迹,大约是为了搭建二层,一为供奉道家之神,二为隐士居住之处,靠近第3窟,现被编为第3窟的附属洞窟。"云深处""山水□清□"所在的第2窟,有水出焉,明清号曰"石窟寒泉",最为云中胜景。尤其是寒泉窟与碧霞洞,下临深溪,上揽白云,俨然一处道家崇尚的"青山云水窟"的景致,由于没有留下相关的碑碣、方志等资料,建造时间暂不知何年。若就三处石刻的风化程度,比较清代摩崖题记这些遗迹,显然不是北魏刻石,而系后代增凿;也不似佛僧所为,而属于道教之物,这是自修建石窟以来第一次出现道家文化的遗存。[9](P90,518,526)元太祖二十一年(1227年)全真教发展到鼎盛,在各地大建宫宇,甚至废寺为观,据《至元辨伪录》记载"西京天城毁夫子庙为文成观……太原府丘公弟子宋德芳占净居山,穿石作洞,改为道院,立碑树号"。[10](卷3,P108)云冈石窟受此影响也必然大受破坏。忽必烈即位后,佛教正式被确立为元朝的国教,于至元十八年(1281年)冬十月诏谕天下,规定"惟《道德经》

系老子亲著,余皆为后人伪撰,宜悉焚毁",^{[11](卷11,P234)}"今后道家者流其一遵老子之法,如嗜佛者削发为僧,不愿为僧者听其为民。"^{[10](卷5,P315)}在此基础上,忽必烈至元年间(1264—1294年)西京大华严寺慧明大师僧徒,重新收复了石佛寺,但是已无法挽回云冈石窟的整体颓势。

二、明清时期

(一)明代

明军攻下大都后,元顺帝退至上都开平(今内蒙古正蓝旗境内),但仍保留"北元"政权,不断组织兵力南下侵扰。明朝建立后为防止北疆漠北蒙古势力南下,制定了明确的以守为主的政策,即"纵其北归,天命厌绝,彼自渐尽,不必穷兵追之,但其出塞之后,即固守疆圉,防其侵扰。"^{[12](《太祖实录》卷32,P564)}于是在北部边境大建卫所、城堡、边墙、墩台等防御工事,后又沿长城建立了九个边防军事镇。大同自古就是"北遏三胡,西藩三晋,而南为三关扦蔽,自昔华夷互争,疆场所必首者也",^{[13](卷460《大同镇总图说》,P5046)}明代大同府以其"东连上谷,南达并、恒,西界黄河,北控沙漠,居边隅之要害,为京师之藩屏",^{[14](卷44,P1993)}因此被视为九边重镇之首。为进一步加强对大同的管理,明洪武四年(1371年)正月,明政府设置大同都卫所,洪武八年(1378年)改称都指挥使司,永乐七年(1409年)设立大同总兵官而被称之为镇,设镇守总兵官,这是大同成为军镇的标志。

明代防御体系与云冈石窟直接相关的是堡寨的建立,堡寨一般建立在军民较少的地方,分军(官)堡和民堡,军堡较大者设守备,较小者设操守,而民堡并没有官员。明嘉靖三十七年(1558年)《重修云冈堡记》载"重修石佛寺堡为云冈堡(下堡),内为右卫饷道,改□云冈堡,□□□一员,把总二员,坐堡一员;召募官□□□名。所以保障地方、转送粮饷甚便……累年风雨推坏,操守吴公殚厥心思,随其规模,委把总陈公,用本堡军士河南运土,修造堡门一□、□楼一座;筑堡东面敌台三座,上盖城楼□间,改□□装什物;鲜明要路挑乞赚窖三百余个;□饬火路烽堠、墩台十座。"材料中重修后才改称云冈堡,说明改建前堡已存在,即石窟寺堡,建于何年不得而知。值得注意的是嘉靖三十七年(1558年),比云冈堡建立更早的是在云冈周围添设的"中心、云阳、云西、黄土、红土"五堡,它们并称为"云冈六堡",这是掌握军事制府杨公博被蒙古所围困后,根据地形为防止盟军长驱南下而建立的,我们这里只涉及云冈堡。又据《三云筹俎考·险隘考》记载:"旧城地形卑下,北面受敌于崖,北创一堡,移官军处之,仍存旧堡,以便行旅。近因新堡缺水,复于二堡相联,东西修筑连墙二道,中有敌台、铺房,万一有儆,庶取水者,有所隐避,而成守者恃为重点",这里所谓新堡即是万历二年(1574年)续建的云冈上堡,兴建的原因是北面受敌。上下两堡共同构成云冈堡,其"东至大同,西至高山,各三十里,南北俱村,接火墩台八座。"[15](第10册,P145)与云冈上堡同时兴建的上下两堡间的"夹墙","新者(新堡)尚土筑女墙系砖包,共高三丈五尺",[15](第10册,P145)这与材料《三云筹俎考》中所提的"连墙二道"应为同一指代物,正是有夹墙将云冈分为两段,石窟寺才支离破碎。再加上为适应于军事堡寨的防御功能,石窟上下还修建众多军事房舍,再加上众多军队和马匹的频繁活动都对石窟造成极大破坏。

有明一代对云冈石窟的破坏除建立军堡本身的原因外,还有明政府的"烧荒"政策和农民起义军无知。

其一,"烧荒政策"破坏。

明朝初年,为廓清蒙古残余力量,与北元进行了长达20年之久的军事战争。永乐之后,随着政府在长城沿线修边筑堡,"烧荒"政策由明初临时性的战争措施成为明朝政府的常规性军事防御政策,即"守边将士,每至秋月草枯,出塞纵火"。[16](第7辑"烧荒条",P83)其烧荒范围据《明神宗实录》记载各军事长官"各按地方分布营阵,且哨且行,或二三百里,或四五百里"[17],这不仅可以避免蒙军安营扎寨,而且可以消除障碍,扩大守军的视野。明代大同巡抚方逢时就此政策曾作《烧荒引》,诗中既阐示了明政府实施"烧荒"的无奈之情,也表达对"烧荒"引起胡虏被迫北迁及迁徙不及时而身死的同情之心。大同地区亦因这一政策致使由葱翠之地变为风沙遍吹之地,这对刻于砂岩之上的云冈石窟破坏极大。

其二,农民起义军破坏。

明朝末年崇祯十七年(1644年),李自成率领的农民起义军所向披靡,但在雁门关西侧的宁武县遭遇极大抵抗,再加上惧怕明九边重镇之首大同兵力阻隔,准备退回陕西,适大同总兵姜通敌降于大顺政权。同年大顺军攻克大同,大同总兵姜瓖不战而降,继续保留大同总兵头衔,但由于并不受李自成看重,已经失去掌控大同的实权。大顺军休整继续向北京进发,留派"过天星"张天琳镇守大同,其任意屠杀民众,捣毁房舍,使大同暗无天日,引起军民反抗,被迫逃离,在其逃跑前将云冈十寺及窟檐全部烧毁,[18]对石窟造成无可估量的损失。

(二)清代

崇祯十七年(1644年)吴三桂引清军入关,李自成被迫退出北京,清军将领恭顺侯吴顺华奉命率兵攻打大同,姜瓖杀大顺军守将张天琳,转投清英亲王阿济格,仍保留总兵职务,后随其出兵山西、陕西,被封为统摄大同诸镇兵马的将军。顺治五年(1648年)姜瓖得知多尔衮染病,于大同起义叛降南明政权,附近十一城皆叛变。多尔衮得到消息后,急调阿济格、博洛、硕塞、满达海平定叛乱,其中阿济格围困大同9月之久,大同城内粮食匮乏,"兵民饥饿,死亡殆尽,宇兵无几",姜瓖部将杨振威等人斩杀姜瓖及其兄弟的首级,投降清军。阿济格进城后对大同进行了屠

城,军民死伤无数,并将大同变成不设官城市,将"大同府移至阳和,称阳和府;大同县移至西安堡。"[19](P336)

清代云冈石窟的修缮和保护,我们主要从修缮工程和资金两个方面进行探讨。

第一,修缮工程。大同归入清朝统治之后,有关修缮主要有以下两个工程。

其一,修建窟檐。时参与协征大同的山西巡抚佟养量亲眼目睹了屠城惨状,而"考诸藏教,佛不以形著,而以心灵;固以心灵,而犹以空见。则人相、我相、众生寿者相,且不立三千大千世界,不足以当佛之刹那一瞬。今山形雕刻,不亦亵乎?虽然,以般若而登彼岸者,几人哉!犹赖于象教不浅也。因象教而众生心始肃然",[19](P336)认为只有宗教才能麻痹人民的仇恨之情。因此他决定"此予集材鸠工,重修杰阁,并出山妙相,以祝我道遐昌之意云耳"[19(P336)]。又据《云中郡志》记载"总督佟于顺治八年率众捐资,大为修葺。俾殿阁楼台、香积禅林金碧莹煌"[20](建置志,P149)佐证,我们可推知集资的方式是佟养量动员大同府县官员捐资,而修缮目的是要"护国佑民",而"重修杰阁"主要是指修缮第5、6、7、8窟的木质窟檐,此次修缮窟檐工程完工后,佟养量联名官员共同上疏请求政府归还大同府建制,终于在顺治九年(1652年)大同府县之治获得恢复。

其二,金装彩绘。云冈石窟金装彩绘佛像,我们在上文论及辽代石窟修缮时就已开始,其中又以清代工程最大(以顺治、康熙、乾隆、咸丰、同治、光绪历朝重修碑文印证)。

康熙三十七年(1698年)所立《重修云冈寺记》碑中记,康熙三十六年(1697年),大同府"曾与各官面商,捐俸修饰庙宇,庄严佛像"。

清乾隆三十四年(1769年)《重修云冈石佛寺碑记》,记载"金装佛像、移素诸佛、金身重整、御题匾额、丹青两壁、彩画栋梁,其工程详备,更难以枚举。"

咸丰十一年(1861年)所立《重修大佛寺碑记》,记载重修"观音殿、东禅堂、乐楼……千佛之洞皆大放其光明"。

同治十二年(1873年)所立《重修庙宇碑记》,记载"我云冈堡,旧有大佛寺,前人创之,前人未始不因之。但世远年久,风雨剥落,不无倾圮。僧等不忍坐视,虔心募化整修,奈工程浩大,仅建山门三间、钟鼓楼两座,其余不能灿然可观。"后"同恳请将军、道台,共成胜举。募化该处各署官长及本营营勇,无不乐捐,助银若干。于是遂为鸠工之兴,以壮鹫岭之观。废者修之,坠者举之;金装佛像,丹腰东楼,以迄过殿,无不焕然一新。"

光绪二年(1876年)所立《蒙文碑记》,记载"重修云冈堡大佛寺前殿遗址,更建左右禅室,次第仍修补层楼,土木陶绘……迄今佛像通身披金"。

民国九年(1920年)所立《重修云冈石佛寺碑》,记载"光绪十七年,购买民院地点,装彩五佛洞,并修饰东西两楼,金装大佛全身。"

清代对云冈石窟金装彩绘的修缮本是挽救文化遗产的重要举措,但由于补修佛像时,采用传统的打孔、嵌入木栓、缠麻、涂泥、彩绘的办法,虽在防风化上也起了一定的保护作用,却对石雕形成极大的破坏,使原造像遍体鳞伤,泥皮一掉,满目疮痍,也使石窟原有的精绝雕刻技法和佛像神韵被无形覆盖,对保护石窟艺术起了消极的破坏作用,是违背科学的破坏性保护。

第二,修缮资金。清代建国以来,为保护云冈石窟曾经多次修缮石窟,而资金是这项工程不断推进的重要保障。我们根据有关碑刻资料总结,对修缮资金叙述如下:

其一,寺僧布施化缘。咸丰年间修缮工程资金就是"僧心良始募众善而落成焉",乾隆年间"修路、续建殿宇、□廊、牌坊、乐楼、以及金装佛像、移素诸佛、金身重整、御题匾额、丹青两壁、彩画栋梁都是信佛的王公大人与十方、本堡众善施主"。

其二,政府支持。康熙三十六年修建石窟的资金就是在府库中,除了官员捐俸外,"不拘何项官银,动支伍百两"而成行的。

其三,官员捐俸。康熙巡幸云冈,"曾与各官面商,捐俸修饰庙宇,庄严佛像,前因军需事繁不遑举行。昨,皇上回銮,驻跸口外。本院□奏,正在装修等语。兹值军务告竣,合就饬行"。

清代修缮云冈石窟资金来源广泛,现虽没有完整的资料对整个清代云冈石窟修缮资金作系统研究,但仍可从现存史料中总结如下特点:

第一,从社会阶层看,有亲王、官员、民众、僧侣等。第二,从社会职业看,有农民、手工业者、商人、军人等。第三,从资金来源区域看,呈现出由本区域信众向外部扩展的趋势。咸丰十一年(1861年)《重修石佛寺碑记》记载"贺兰山定远营扎萨克、多罗贝勒多罗额驸、军功记录四次罗布藏多尔济,施银二十七两。御前行走、阿兰善山厄勒特扎萨克、和硕亲王多罗额驸罗布藏多尔济,同福晋和硕庄亲王之女多罗格格,共施银一百两整……"贺兰山远离大同,处于现宁夏与内蒙古交界。又据《重修庙宇碑记》载"除募化来往官长及四方善士、蒙古仁人外,又向归化城募化"。贺兰山与归化都不属于大同行政区划,这都充分说明当时募化地已然远远超出大同地界。第四,从资金筹集发起人看,有僧人、商人、官员等。《云冈大路碑》记载"过客停车,畏险而怀忧。爰有住持僧寂容者,目击伤心,长存不忍之心……奈工程浩大,力微难成,请告众善,欣然乐从"。《蒙文碑记》中谈及"募捐者有"各种宝号募化,重修云冈堡大佛寺前殿遗址……

综上所述,云冈石窟自唐起历朝几乎都有修缮记录,尤以辽代和清代规模最大,这对于保护优秀历史文化古迹具有深远影响,但由于修缮技术不够科学,也无形中造成石窟的间接损害,唯有今后广泛吸收借鉴新理论、新方法、新思路进一步解决,才能使石窟保护工作日臻完善。

参考文献:

[1](唐)沙门慧祥著,(清)阮元辑.五台山清凉传[M].杭州:江苏古籍出版社,1988.

[2](宋)苏颂著,王同策等点校.苏魏公文集[M].北京:中华书局,2004.

[3](乾统十年)云居寺供塔灯邑碑[A].向南.辽代石刻文编[C].石家庄:河北教育出版社,1995.

[4]宿白."大金西京武州山重修大石窟碑记"校注——新发现的大同云冈石窟寺历史资料的初步整理[J].北京大学学报(哲学社会科学版),1956(01):80-82.

[5](元)脱脱等撰.辽史[M].北京:中华书局,1974.

[6](南宋)徐梦莘.三朝北盟会编(甲)[M].台北:大化书局,1977.

[7]大金国西京大华严寺重修薄伽教藏记[A].张焯.云冈石窟编年史[C].北京:文物出版社,2006.

[8]姚斌.明清时期对云冈石窟的保护与破坏[A].2005年云冈国际学术研讨会论文集·保护卷[C].北京:文物出版社,2006.

[9]王恒编纂.云冈石窟词典[D].南京:江苏美术出版社,2012.

[10](元)释祥迈撰.辨伪录[M].扬州藏经院,清光绪三十三年(1907)刻本.

[11](明)宋濂等撰.元史[M].北京:中华书局,1976.

[12]李晋华,王崇武等人辑.明实录[M].台北:中央研究院历史语言研究所,1962.

[13](明)陈子龙等选辑.明经世文编[M].北京:中华书局,1962.

[14](清)顾祖禹.读史方舆纪要[M].北京:中华书局,2005年.

[15](清)李翼圣原本.光绪左云县志[A].中国地方志集成[C].南京:南京凤凰出版社,2005.

[16](清)顾炎武著,赵俪生导读.日知录导读[M].成都:巴蜀书社,1992.

[17]王杰瑜.明朝"烧荒"对长城沿线生态环境的影响[J].环境保护,2009(14):65.

[18]崔晓霞.武州川与云冈石窟[J].文物世界,2004(05):55.

[19]顺治八年(1651)重修云冈大石佛阁碑记[A].张焯.云冈石窟编年史[C].北京:文物出版社,2006.

[20](清)胡文烨撰.云中郡志[M].山西地方志办公室(内部资料),1988.

云冈石窟与大同社会变迁

李珍梅

（山西大同大学历史与旅游文化学院,山西 大同 037009）

摘　要:云冈石窟是中国古代北朝时期象教发展与造像技艺之代表,为世人惊叹。后世学者从造像、壁画、服饰等各个方面予以研究。而云冈石窟与大同城以及大同居民百姓之间的互动关系如何,研究的人较少。本文以时间为线,通过丰富的史料,梳理了北魏迄今云冈石窟与大同社会之间关系的演进脉络,阐释了云冈石窟与大同城、大同居民百姓之间的社会互动。

关键词:云冈石窟;大同;社会变迁

　　云冈石窟以世界文化遗产闻名于世,在历史长河中,她与相隔十多公里的大同城之关系如何? 与大同百姓的关系又如何? 对以上诸问题的探讨可勾勒出云冈石窟、大同社会的历史互动关系。通过自上而下的官方视角可窥探当时的历史背景,而通过自下而上的民间视角却可品味百姓生活的变迁。本文通过对大量史料的解读,管中窥豹,来阐释云冈石窟、大同城与大同百姓之间的互动。

　　一、北魏:凿窟建寺　官民崇佛

　　自张骞出使西域,天竺国闻于中原。至东汉明帝时,派使臣于天竺摹写佛教经典与图像,带回了释迦摩尼立像,之后洛阳建白马寺,由此佛教传入中土。后东汉三分,西晋一统,五胡乱华,大族南渡。中土虽战乱频仍,但释老二教却广传民间,其中也影响到了即将登上中国历史舞台的鲜卑拓跋氏。

　　晋永嘉年间,鲜卑拓跋部实际控制雁北地区。北魏道武帝天兴元年(398年),"秋七月,迁都平城,始建宫室。建宗庙,立社稷。"[1](卷1,P33)北魏定都平城(今大同),极大地改变了平城与平城社会生活,使其人口超百万,成为当时中国北方政治、军事、文化中心,然其文化中心的形成恰与佛教繁盛密切相关。

　　佛教发展与拓跋鲜卑贵族喜恶佛教相关联。《魏书·释老志》中详细记载了每代拓跋鲜卑君主对于佛教发展的推行情况:自代国至北魏,除太武帝拓跋焘兴起佛教法难之外，其余君主或有限度或极力推行佛法。北魏初期，因君民尚佛，佛事大兴。以致佛教经济荫蔽人口，与国家争夺编户齐民，严重影响国家的财政收入，这就使得北魏统治阶级陷入了崇尚佛法但又不得不限制佛教经济的矛盾之中，而百姓并无如此尴尬，他们只想一心闻于佛法甚至荫蔽于寺庙逃脱国家赋税徭役。如此，社会的上下层出现了日益尖锐的矛盾，再加上一些大臣在道武帝跟前的挑唆，促使道武帝大兴灭佛运动。其子文成帝拓跋濬继位后，恢复并大力弘扬佛法，还支持开凿了武周山上的云冈石窟寺。云冈石窟的开凿除了强大王朝的支持，还与西凉象教传入、佛教布道、平民需要这些因素相关。起初僧侣修行在于苦研佛家经典。随着皇族崇尚佛法且用其教化百姓，社会上需要大量寺庙、佛经与造像。于是朝拜与修造佛像成为皇族、百姓修行的快捷方法，这种方式符合皇族希求政权稳固、大多数百姓求现世报的理念。于是，"邑义"成为百姓群体信仰佛教的组织，并参与了后期云冈石窟的民间造像工程。张焯先生《云冈石窟编年史》中约收集平民造像题记 21 则。在这其中，祈福内容部分体现着中国文化的"家国一体"。其造像者上为国家、皇帝祈福，下为家族、父母祈福尽孝。

通过分析北魏平城社会上自皇家下到普通百姓信仰佛教的过程，可知北魏时期总体上形成了一种官民崇尚佛教的社会风气，即国家推行佛学教化百姓，发展象教宣扬佛法；而百姓学习佛法，向佛像祈福求现世报。

二、北朝后期至隋唐五代：战乱频仍　相互守护

大同本属中原文明边地，处于草原和农耕文明对冲区。随着孝文帝迁都，六镇之乱、边地游牧骚扰、藩镇割据、政权更迭，屠杀生灵、毁坏寺宇建筑等现象成为昔日国都的"主题"。在此历史环境下，大同社会与云冈石窟则是命运共同，漂泊于历史的兴衰之中相互守护。

（一）北齐北周

北魏后期，平城因战乱遂遭废弃。后北魏分裂为东、西魏，再后又分别为北齐、北周所取代。因中原大乱突厥崛起，中原对突厥、柔然的战争多发生在山西北部地区。

北齐天保七年（557 年），在大同置恒安镇（今大同市南郊区古城村），徙豪杰三千家以实之，今名东州城，至此大同地区百姓渐渐复苏。但战乱仍然不止，北齐河清三年（564 年）四月，突厥攻晋阳不成，于是对山西晋阳以北广大地区进行掠夺。

北齐一朝限制道教崇尚佛法。进入北周，一场佛、道二教法难再次来临。

北周建德三年，《周书·武帝纪上》载："初断佛、道二教，经像悉毁，罢沙门、道士，并令还民。并禁诸淫祀，礼典所不载者，尽除之。"[2]（卷5，P85）建德六年北齐灭，佛教法难波及原北齐地。张焯先生讲到："周武灭佛,由近年山东青州、诸城等地出土的佛像看,破坏是惨烈的。但云冈遭损,就现在雕刻比较完整情况分析,仿佛不是太严重。这大约系周、齐争夺北朔州,雁北处于突厥铁骑威胁之下,恒安人口稀少等原因使然。"笔者认为颇有道理,在此引述。

(二)隋

战争与法难,使得百姓与僧侣饱受挫折,隋代选择宣扬佛教。隋王朝宗教文化环境宽松,势必助推佛学再度复兴。

因战乱隶属关系与治所多次变更,隋代大同称云内县。隋非常重视戍边屯田,随着军队驻扎与农业人口恢复,塞北百姓生活渐好,但突厥仍然骚扰不断。

大业四年(608年)三月,隋炀帝二次北巡。《隋书·韩洪传》载:"炀帝北巡,至恒安,见白骨被野外,以问侍臣。侍臣曰:'亡者韩洪与虏战处也。'帝悯然伤之,收葬骸骨,命五郡沙门为设佛供,拜洪陇西太守。"[3](卷52,P1342)从中看出,佛教超度亡灵之法事为当时社会所接受,炀帝诏令五郡沙门,其云冈石窟寺与恒安镇的沙门僧侣定参与其中。五郡沙门齐聚,足见法会壮观。但也可能因此地域佛教发展并未繁荣,召集五郡沙门才可举办此盛会。

隋炀帝幸至恒安镇,见云冈石窟,留诗一首名《谒方山灵岩寺诗》,这成为研究此时大同的重要史料,全诗如下:"梵宫既隐隐,灵岫亦沉沉。平郊送晚日,高峰落远阴。回幡飞曙岭,疏钟响昼林。蝉鸣秋气近,泉吐石溪深。抗迹禅枝地,发念菩提心。"[4](P173)

张焯先生写有《隋炀帝与云冈石窟》一文,对隋炀帝北巡路线与诗词作了考订。隋炀帝的诗道出了历经多磨后宁静的云冈、大同城与文献里记载的战乱中的云冈、大同城的鲜明对比,进一步说明当时安定局面来之不易。

然这种宁静很快被打破,刘武周举兵作乱,其最强势力覆盖整个河东,晋北为其"起兵"之地,此时大同又陷入长年战火,生灵涂炭。

隋代弘扬佛法,塞北边地逐步繁盛。但隋王朝崩塌迅速,大同又重新陷入战火,直至唐代初年才得以平叛。云冈石窟虽经历战火,但受破坏较少。逢此自东魏以来之乱世,实属幸运。

(三)唐、五代

唐为古代中国历史全盛时期。而处在中原文明北部边缘的大同,因战争连绵不断甚至一度荒废。从唐对突厥的战争到王朝藩镇割据内乱发生,大同都是主战场。因处于两种文明边界,内附中原的游牧民族常安定于此。由此内附游牧百姓与军事地位重要的双重原因,使得大同一方面成为民族大融合之地,同时也是中央较难有效管控之地。

唐建立但大同还处于刘武周割据之下。贞观元年,苑君璋派其子投降唐朝,结束内乱。贞观年间,随着唐朝对突厥战争的不断胜利,常迁游牧部落于雁北地区。《旧唐书·突厥传上》载:"初,咸亨中,突厥诸部来降附者,多处之丰、胜、灵、夏、朔、代等六州,谓之降户。"[5](卷194上,P5168)但内附百姓常有叛乱发生于山西北部,永淳元年(682年),云州及县随废。

唐开元四年(716年),游牧部落内附,开元十八年,复置云州及云中县。天宝元年(742年),筑大同军城,大同军遂自朔州移驻。之后,将云州府治所由现古城村移入大同军城。此大同军城则是建在北魏平城旧址,现大同老城为唐边城标准,由四坊组成,宿白先生考查大同老城,其古城街巷仍保留唐坊内街巷形制。此时居住大同军城的有内附唐朝的突厥人。

755年,安禄山与史思明反叛,席卷华北关中,唐朝国力随即而下,大同地区时有战乱。安史之乱结束后,大同军镇仍然处于稳定游牧部落军事前沿。唐朝末年,大同军镇又登上内乱前沿舞台。咸通十三年(872年),李克用反叛占据云州。并以此为基础,讨伐黄巢,后割据混战,直至五代十国时期。总体而言,大同百姓成分常有游牧民族内附组成,且因地处唐朝边界,极易割据与起兵,大同所在城址多次重建与毁废。

唐朝佛教发展并非一帆风顺,一方面唐皇室崇道,另一方也经历"唐武宗灭佛"这一佛教法难。在此历史过程中的云冈石窟,恰因地处军事重镇与游牧民族驻牧区,所以并未遭到严重毁坏,但也没有进行大的修缮。

唐建国初期,对儒释道三家做了"名次"的划分。《续高僧传·唐京师胜光寺释慧乘》记载:诏曰:"老教、孔教,此土先宗;释教后兴,宜崇客礼。令老先,次孔,末后释宗。"之后唐朝对佛教僧侣与寺庙有所控制,武德九年(626年),诏曰:"……京城留寺三所,观二所。其余天下诸州,各留一所。余悉罢之。"[4](P178)

景龙年间,辛替否上疏奏言,痛陈佛教经济影响国家财税,其势必威胁编户齐民为基础的皇权经济。于是唐武宗李炎开始灭佛,史称"会昌法难"。会昌五年(845年)到达高潮。幸运的是唐武宗共在位六年,云冈石窟可能处在藩镇与游牧百姓内附之地,法难波及程度较小。

对于云冈石窟得以继续保存,除会昌法难波及程度小之外,也因僧侣守护与百姓供养有关。《古清凉传》记载:"近咸亨三年,俨禅师于此修立,拟登台道俗往来休憩。……每在恒安修理孝文石窟故像,虽人主之尊,未参玄化,千里已来,莫不闻风而敬矣。春秋二序,常送乳酪、毡毛,以供其福务焉。"[4](P189)从此记载可知,大同虽连年战乱,但由于僧侣、大同百姓和内附或控制大同地区的游牧部落的共同守护,石窟寺得以保存。

三、辽金元明清：燹后重修　传承佛法

大同为辽金西京，虽仍处于战争边缘，但因属游牧民族建立的王朝，凭其武力强盛较之以前安定很多，所以人口得以快速发展。元明清为大一统王朝，因毁灭性战乱多发生在王朝交替，并非常年兵火民不聊生。加之此五代或尊重或崇尚佛法，并未发生大的佛教法难，在此一并叙述。

（一）辽金

随着石敬瑭割幽云十六州于契丹，中原北部屏障洞开于草原。云州改辽西京大同府，为辽震慑北宋与西夏之军事重镇。辽统治前期，大同百姓多愿南归至北宋。为防止人口逃亡，辽实行保境安民政策，《辽史·圣宗纪》载："（辽统和七年）……三月……己丑，诏免云州逋赋。"[6]（卷12，P134) 又例："辽统和十年（991 年）……二月……壬午，免云州租赋，给复云州流民。"得此方法人口得以渐渐恢复。《辽史·兵卫志下》载："西京大同府，统县七……有丁三十二万二千七百。"[6]（卷36，P425)

辽契丹贵族崇尚佛法，从在西京大兴佛教寺庙可见：重熙六年，在西京十五里佛字湾建观音堂；重熙七年，在大同府城建薄伽教藏殿；辽清宁八年建华严寺，奉安诸帝石像、铜像；重熙十八年，辽兴宗母萧氏修云冈石窟。

女真人于 1125 年灭辽，金继承辽五京制度，大同仍为西京。在这场王朝更替中，云冈石窟之木构建筑与西京府华严寺大雄宝殿都毁于兵燹，足见云冈石窟与大同城的"共命运"。然金代也崇尚佛教，待天下平定，随即修缮云冈石窟与西京寺宇。据曹衍《大金西京武州山重修大石窟寺碑》载："……富者乐施其财，贫者愿输其力，于是重修灵岩大阁九楹，门楼四所，香橱、客次之纲常住寺位，凡三十楹，轮奂一新……自是，山门气象，翕然复完矣。"[4]（P249) 与此同时也对西京城华严寺、大普恩寺（现善化寺）进行重修，由此金国崇佛可见一斑。

大同，自成为北魏京师以来，几经变迁，到辽金时，地位又重回历史巅峰。因战乱较少崇信佛学，加之辽金两代国力强盛，大同百姓得以安居，云冈石窟得以大规模修缮。大同城、大同百姓与云冈石窟形成共发展的命运。

（二）元明清

元军攻入大同，仍称西京。至元二十五年，改西京为大同路。元代宗教政策开放，多种宗教并重。佛道二教同时快速发展，至元二十二年，史载"集诸路僧四万，于西京普恩寺作资戒会七日夜"，足见法会壮观。元对石窟寺小部分佛像也进行雕刻，云冈 32、33 窟多存有元代题记。

大同是明代九边重镇之一，为北京屏藩，所以大同城池突出防御特点。明大同城由大将军徐达亲自督建，并在古城东北处设置代王就藩处。明代对于佛教僧侣控制严格，甚至采用考试方式对僧侣进行认定。《日知录之余·禁僧》载：洪武

二十八年,礼部言:"今天下僧道数多,皆不务本教,宜令赴京考试,不通经典者黜之。"[4](P311)

大同因地处边塞离北京又近,所以北部瓦剌、蒙古等游牧部族不断骚扰进攻大同城。为有效防患北边,明代建立以大同府城为中心的晋北防御体系,先后建立 72 堡,云冈堡于嘉靖年间筑造。云冈堡因直接筑在云冈石窟顶部,势必对云冈石窟本身造成破坏。隆庆和议之后,大同城才算安定下来。随着互市开通,大同城商贸开始繁荣。

大同城防虽可抵御游牧部落南侵但难挡内乱。崇祯十七年(1644 年),李自成入大同城烧毁代王府。农民军守将张天琳,火烧云冈石窟木构寺宇。其残暴行为使大同军民忍无可忍,遂联合杀之。

由此可知,明代因北患严重,大同军事地位再次突出,军事防御设施修至石窟顶上。明代对石窟并未进行大修,可能与常年累战有关。然明末却遭张天琳焚毁,前代修缮付之一炬。云冈堡的修筑使得云冈石窟在明代多添一份军事色彩。

清初期,大同府城与云冈石窟在此国变之时走向了不同的"命运"。因"戊子之变",多尔衮拿下大同府城之后,清廷对大同城池与百姓进行"斩城"与"屠城",大同府随后东迁阳和卫(今阳高县),更名为阳和府。《乾隆大同府志》收录冯云骧《题云冈》有诗句,山"中习静意如何?寒鸦飞尽水无波。兴亡太息人间事,多少繁华一瞬过。"[4](P340)写出了此时云冈石窟"萧条"之场景。正因大同城如此惨状,任宣、大总督的佟养量见此惨状,决定重修云冈石窟木构寺宇,应与屠城祈福有关。之后清大同府于顺治三年(1646 年)、顺治八年(1651 年)、康熙三十七年(1698 年)、乾隆十七年(1752 年)、乾隆三十四年(1769 年)、咸丰十一年(1861年)等年分别对云冈石窟进行修缮。随着大同城的逐渐恢复,云冈石窟、大同城、大同百姓三者联系互动,百姓是石窟与大同城的纽带,百姓供养膜拜云冈石佛,石窟寺僧侣则看护石窟寺佛并修行、诵经保佑苍生。

四、近代与如今:学术热土　旅游圣地

近代以来,随着西方建筑、艺术、考古等学说传入东亚,云冈石窟之学术价值为人所热衷。民国以来,中日学者对云冈石窟展开一系列研究并写出很多著作:日本学者有大村西崖《元魏的佛像》,松本文三郎《支那佛教遗像》,关野贞《支那的建筑与艺术》,木下太郎、木村庄八《大同石佛记》,水野清一、长广敏雄对云冈石窟做考古发掘与详细绘图调查,著有《云冈石窟》。中国学者有赵邦彦、厉寿田、周一良、梁思成、林徽因、刘敦桢等对云冈石窟做调查与研究,由此足可见云冈石窟为当时新学术研究热土。

云冈石窟既然为学术界重视,其佛像便为文物贩所"热衷"。大同本地不良百

姓便出现参与盗卖佛像之事,于是保护云冈石窟成为紧迫之事。民国二十年,由大同县地方事务协进会发起,成立云冈石佛寺保管委员会,加强管理。新中国建立之后,1952年成立大同市古迹保养所,此后管理结构多次更名,2006年成立云冈石窟研究院至今。国家对云冈石窟进行详细的考古发掘调查并通过现代与传统结合的修缮方法保护云冈石窟。2001年12月云冈石窟被联合国教科文组织列入世界遗产名录。2007年被国家评为5A级旅游景区,成为大同旅游经济发展的龙头。

现如今云冈石窟与大同古城已成为大同市走向历史文化复兴与旅游经济的重要载体。而云冈石窟与大同古城中的华严寺、善化寺等共同成了佛学虔诚者、游览客人、大同市民的圣地。大同百姓生活在文化、经济、旅游等方面与云冈石窟有着千丝万缕的联系。

作为云冈石窟的具体管理单位云冈石窟研究院,凭借其长期对云冈石窟寺保护的丰富实践经验,进一步加强文物保护工作的探索,成立了山西彩塑壁画保护研究中心,文物数字化研究保护中心,拥有可移动文物修复资质。为更好地保护大同古城提供了支持与帮助。

五、结语

云冈石窟因大同为北魏京师而选址开凿,后与大同城共同经历了王朝更替的兵燹、游牧农耕文明激烈的对抗、三代京华九边重镇的荣耀。云冈石窟与大同社会变迁紧密相连,在历史潮流的跌宕起伏中结成命运的共同体:云冈石窟多因大同军事政治地位的升降而兴衰,而大同百姓多凭借云冈石窟而祈福保佑自己与家族。

参考文献:

[1](北齐)魏收撰.魏书[M].北京:中华书局,1974.

[2](唐)令狐德棻.周书[M].北京:中华书局,1971.

[3](唐)魏征.隋书[M].北京:中华书局,1973.

[4]张焯.云冈石窟编年史[M].北京:文物出版社,2006.

[5](后晋)刘煦.旧唐书[M].北京:中华书局,1975.

[6](元)脱脱.辽史[M].北京:中华书局,1974.

清代云冈石窟寺僧募化活动的分期与特征

张月琴

（山西大同大学云冈文化研究中心，山西 大同 037009）

摘　要：根据目前所存碑记，清代云冈石窟寺的重修活动可分为三个阶段。每个阶段中寺僧活动展现出了不同的特征：顺治至雍正朝以官方重修为主；乾隆至嘉庆朝，寺僧积极拓展募化范围；道光朝之后，寺僧的募化和民间捐修并行。寺僧的募化对象上至和硕亲王，下及普通百姓。募化范围由晋北向外部扩展。寺僧的募化活动和大同地方的整体发展环境密切相关，具有鲜明的时代特征。

关键词：清代；云冈石窟；寺僧

　　纵观目前云冈石窟研究成果，主要是就云冈石窟本身来进行讨论，对于云冈石窟相关文献的研究见之甚少。一方面是云冈石窟文字记载寥寥，"一般游客或研究家，每苦于无相当之材料，以供参考；故游后印象模糊，不能得一真确之观念，而研究家又感于引证缺乏，殊难得圆满之结果以去"。[1](P16)另一方面，云冈石窟本身的艺术价值，掩盖了其碑记铭文中文字所蕴含的社会意义，使研究者多瞩目于石窟本身。

　　"峻石所赖如椽，阐微启秘"。[2](P496)碑记铭文，具有记录社会、承载文化的意义。目前所存清代云冈石窟碑记，大多记述官方、民间、僧众石窟寺及相关佛阁、道路重修之事。碑文所见重修缘由，有的秉承朝廷旨意，有的是地方官吏所为，有的为僧众募化，有的则为民间组织。虽然不是每一朝都有重修记录，或每一次都留诸石，但这些碑记，从小而言之，对考察清代云冈石窟庙宇、佛阁、道路等修饰整饬的历史，是弥足珍贵的资料。从大而言，对清代长城沿线地区佛教信仰、民族关系、社会文化的研究和探讨，具有极其重要的历史文献价值。

　　根据清代云冈石窟重修碑记的内容和大同地方发展的历史脉络，可将云冈石窟重修活动分为顺治至雍正朝、乾隆至嘉庆朝、道光朝之后三个阶段。本文试结合大同地方相关文献资料，剖析云冈石窟重修活动中，寺僧募化活动展现出的特征。以此粗浅的尝试，求教于方家。为了叙述方便，文中第二次提到的碑记以年代简称,如:顺治二年《重修云冈昊天庙碑记》,为顺治二年碑。

一、顺治至雍正朝:官方重修为主

清初,大同地方初定,寺僧是否有募化重修寺庙的活动,尚无明确的证据,但是碑刻中几乎不见寺僧名号。可以说,顺治至雍正朝为清代云冈石窟的官方重修阶段,该阶段的重修活动以官员捐俸为主。

顺治二年《重修云冈昊天庙碑记》,碑文所记为,1645年重修云冈堡昊天庙一事。此碑现无存。顺治三年《重修云冈石佛寺碑记》,碑文所记为,1644年6月至1646年5月,重修云冈庙宇之事。此碑现无存。

顺治二、三年,大同地方稍事平定,此两次重修尚不能明确展现该时期云冈石窟募化范围的特征。顺治《云中郡志》中对于大同初定的情形,做了如下描述:"崇祯十七年(1644)甲申春,闯难陡发,伪兵西来。二月二十九日,镇城主将迎降。在城留住六日,杀明宗室殆尽。三月初六日,兵过阳和,留住一宿。东行,镇城所留伪总兵张天琳,号过天星者,杀戮凶暴,居民足重。两阅月,而国威东震,阳和军民约与镇城军民内应,于是杀天琳及伪中军张黑脸,恢复大同。"[3](P486)顺治三年碑记重修前云冈石窟面临的社会状况,与《云中郡志》记载相仿。碑文所述此次重修,"恭承按都暨诸士大夫鼎新之意也"。[4](P334)碑文存于光绪《左云县志》,但是对于碑文的作者,即组织重修之人没有记载。碑文中亦没提及捐资助修情况。尚待发现资料,做进一步考证。碑文中,"况今上以神圣开天,崇儒重释,度越往古;举行天下,皆为清净土、极乐国,岂今区区三云哉"[5](P379-380)一语,可以将此次重修,看作地方初定之时,地方官吏向清廷表示忠心的举动。

顺治八年《重修大石佛寺阁碑记》,碑文所记为,1651年宣大山西总督佟仰量组织重修云冈大石佛寺阁之事。康熙三十七年《重修云冈寺记》,碑文所记为,1698年4月至八月大同府知府叶九思组织重修云冈寺一事。

顺治八年和康熙三十七年的重修,均为官方组织。清代疆域的北扩,使长城由边界线变成了民族融合交汇之地。大同,作为边镇的地位开始丧失。但是,清初,长城以北以西,还有一些蒙古部落没有归入版图,大同一带地处蒙古之南,必然是清廷控制严密的地区。顺治五年,姜瓖叛清,次年八月兵败,大同惨遭屠城,府治移至阳和,县治移至西安堡。此时,为大同地方历史发展的重创时期。战乱、灾荒使大同人口稀少,田地荒芜。顺治六年,佟养量到阳和就任宣大总督时,白骨累累,见于荒野。为了加强对当地人民的控制,祝"我帝道遐昌之意云耳",[6](P336)佟养量组织官员,捐俸重修云冈石窟寺。《云中郡志》载,"总督佟于顺治八年率属捐资,大为修葺。俾殿阁楼台、香积禅林金碧莹煌。岿然雁北一胜境也"。[7](P149)"惟能出世,方能度世",[8](P336)此语一出,可见佟公,一方面希望通过重修寺庙,超度亡魂,安抚百姓伤痛;另一方面,希望百姓能从战火的伤痛中走出,重建家园。大同地当蒙古进入山西、河北之要冲。在此次重修之后,治所又还大同。顺治十三年,大同镇城也得以重修。

从地理位置而言,大同地方,"至盛朝"康熙年间,已经"变为腹里"。[9](P982)康熙三十六年,噶尔丹服毒自杀,西北战事结束。从此,大同一带进入相对稳定的发展阶段。康熙三十七年碑文所记,康熙帝在西征噶尔丹的途中,驻跸云冈,建议重修佛寺并追问情形,山西巡抚倭伦发文,"务要焕然一新,不要草率从事"。[10](P342)于是,出现了一次官方出资,官员捐俸重修云冈石窟的壮举。此次修葺,于"康熙三十七年四月十五日起工,至八月终告竣",[11](P342)行动可谓神速。这次重修中寺僧的活动,在碑记中处于无法考证的状态。反映了清初的大同地方刚刚结束战火,一切均在恢复中。究竟有没有寺僧在云冈石窟寺居住,尚待进一步考证。该时期官方掌握了重修云冈石窟的话语权。

二、乾隆至嘉庆朝:寺僧募化活动积极拓展

乾隆年间,正是大同地方向腹里之地转变的重要时期。此段时间,可下延至嘉庆末年。该时期内,随着社会逐步稳定,寺院和民间的力量逐步增大。官修行为淡出视野,云冈石窟寺僧的募化活动范围,开始主动向民间发展。

乾隆十七年《重修云冈大路碑记》,碑文所记为,1752年重修云冈堡大路之事。乾隆三十四年《重修云冈佛寺碑记》,碑文又名《云冈堡石佛寺历年续修工程,并历年施舍银两、养膳地亩碑记》。碑文所记为,1769年重修云冈佛寺之事,碑阴详细开列历年来施舍养膳,并祖遗、置买地亩数目、四至情况。

碑记所见,乾隆年间修路、修庙、建地亩碑等,均在云冈石窟住持寂容的组织下进行。碑文中提到的驻寺僧人在十人之外,庙产土地祖上遗留加捐赠共一千八百多亩。重修道路庙宇,募化至内蒙古等地,上至阿拉善山扎萨克亲王罗布藏多尔济,下至庶民百姓,均见诸碑刻。

能够展现该时期寺僧募化范围主动拓展的是,两通碑刻中均出现罗布藏多尔济捐赠记录。在乾隆十七年碑中,记录为,"御前行走、阿兰善山扎萨克、多罗郡王、多罗额驸、军功纪录四次罗布藏多尔济,施银二十七两,施马一匹"。[12](P347)乾隆三十四年碑,罗布藏多尔济出现了两次。先是,"贺兰山定远营扎萨克、多罗贝勒、多罗额驸、军功纪录四次罗布藏多尔济,施银二十七两,施马一匹",紧接其后为,"御前行走、阿兰善山厄勒特扎萨克、和硕亲王、多罗额驸罗布藏多尔济,同福晋和硕庄亲王之女多罗格格,共施银一百两整"。[13](P351)乾隆三十四年碑中第一次对罗布藏多尔济的记录,疑为乾隆十七年,寂容主持重修云冈堡大路时,罗布藏多尔济所捐赠钱物的重复记录。乾隆三十四年碑,又名《云冈堡石佛寺历年续修工程,并历年施舍银两、养膳地亩碑记》。既为历年续修、历年施舍记录,重复出现也不无道理。

罗布藏多尔济为阿拉善第二代旗王阿宝之次子。阿宝长子衮布先亡,按照清代世袭罔替制度,罗布藏多尔济在其父之后即位为第三代旗王。"罗布藏多尔济之父原系郡王,彼承袭时,照例降等承袭贝勒,嗣因军前奋勉,晋封郡王。今念其屡次打仗,始终出力,著加恩晋封亲王。"[14]乾隆三十年五月乙亥条多罗贝勒系罗布藏多尔济承袭其父之位时的封号。乾隆十五年(1750)因其娶和硕庄亲王之女多罗格格,而得多罗额驸封号。之后,因其在稳定西套局势和平定新疆内乱中军功卓著,屡次加封。乾隆三十年时,又被封为多罗亲王。此时的罗布藏多尔济享有了清廷对外藩蒙古王公的最高封爵。

如此显赫人物,两次在碑中出现,也许另有因缘。在乾隆时期的碑文中,还列有大同城、左云县、杀虎口、得胜堡、助马堡、后营子等地信心名姓。这些说明,乾隆时期云冈石窟寺僧的募化范围,包括大同、朔平二府所辖的地域,并扩展至阿拉善旗等地。

三、道光之后:寺僧募化活动和民间助修并存

从道光至宣统时期,为云冈石窟寺僧募化活动和民间助修并存时期。云冈石窟寺僧继续在大同府、朔平府、蒙古等地活动之外,出现了外地官员主动捐资助修,寺僧经营农商,将所得田亩、宅院捐献,以作寺庙香火之资的情形。此时期,也可称作云冈石窟寺僧募化活动和民间助修的双向互动时期。

咸丰十一年《重修大佛寺碑记》,碑文所记为,1861年云冈寺住持僧心良募化大同地方重修大佛寺之事。同治五年《万古流芳》,即日本《云冈金石录》所收玉皇阁《修玉皇庙记》。碑文为汉文、蒙文两种,蒙文未收录书中。碑阴所记为1866年正黄旗明张盖大人、云冈大佛寺、云冈堡众和周边村众重修玉皇庙一事。同治九年《善与人同碑》,为1870年重修碑记。碑文多漫漶。同治十二年《重修庙宇碑记》,为1873年直隶营防游击张士林,募化"该处各属官长及本营官勇"[15](P363),重修庙宇一事。碑阴所记为,僧通喜捐其在崞阳庄经营农商所得田亩和,作为云冈佛寺香火之资一事。又记历年来往官长、四方善士、蒙古仁人等捐助钱两之事。光绪二年《万古流芳》,即日本《云冈金石录》第六洞佛阁外西侧《蒙文碑》,为单面镌文大碑。碑文所记为,1876年重修庙宇、钟楼、山门、社房等事项。

咸丰十一年碑,为清代记载云冈石窟重修捐献人次最多的碑,仅碑阴所记捐钱数达"三百壹十七千零八十文"。[16](P360)相对而言,同治十二年碑中所记,比较能够体现该时期的募化特征。该时期,寺僧"除募化来往官长及四方善士、蒙古仁人外,又向归化城募化"。[17](P363)曾于同治九年,歇宿于云冈石窟的直隶营防游击

张士林,"愿为领袖,向刘大人呈明其情,同恳将军、道台,共成胜举"[18](P363)在张士林的组织下,直隶营的官长和官勇,"无不乐捐,助银若干"[19](P363)。碑阴所记,住持通喜,将寄住崞阳庄时,经营农商所得的"肥田四顷四十五亩,又置到铺院四所,其买价大钱贰千五百文",[20](P364)作为云冈石窟的香火之费。同治六年,通喜又修正禅房三间。同治十二年,在庙前安设园灌一所。此两项作为住持永远养膳。如果说此碑阴所述尚不能明证云冈石窟重修,花了寺庙自己经营所得的经费,那么,同治五年碑中所记,"大佛寺通喜,施钱五千文;大佛寺心良,施钱三千文",[21](P360)足可以证实在重修云冈堡玉皇庙时,寺僧也捐钱助修。

四、结语

从清代云冈石窟重修碑记来看,云冈石窟寺僧的募化活动,经历了三个发展阶段,并呈现出较强的时代特征。顺治至康熙时期大同地方初定,百业待兴,云冈石窟重修,以官方为主,寺僧募化活动几不见于碑刻。乾隆至嘉庆时期为拓展期,此时大同地方经济文化发展环境相对稳定,寺僧募化活动从大同、朔平二府扩展至阿拉善旗等地。道光朝之后,出现了寺僧积极募化,外地军官主动组织捐助的情形。

以上仅是对清代云冈石窟重修碑记所见的寺僧的募化活动进行了初步的分期,并简述了其特征。云冈石窟所存碑刻,内涵丰富,对于研究云冈石窟发展史、蒙汉民族关系和长城沿线地方社会文化具有极其珍贵的史料价值,有待于进一步研究与探讨。

参考文献:

[1]白志谦.大同云冈石窟寺记.中华书局,1936.

[2](清)胡文烨编修.许殿玺,马文忠点校.(顺治)云中郡志.大同市地方志办公室,1988.

[3]张焯.云冈石窟编年史.北京:文物出版社,2006.

[4](清)李翼圣.左云县志.左云县志编纂办公室,1992.

[5](清)刘士铭修,王霭纂.李裕民点校.北京:东方出版社,1994.

[6]清实录.北京:中华书局,2008.

20 世纪三四十年代日本对云冈石窟的调查

——以《云冈日记:战争时期的佛教石窟调查》为中心

张月琴

(山西大同大学云冈文化研究中心,山西 大同 037009)

摘 要:20 世纪三四十年代日本在云冈石窟的 7 次调查,得到了日本政府和军队的支持。长广敏雄参与了其中 4 次调查,留下了丰富的一手资料和较为可信的日记。这 7 次调查以实地拍摄和测绘为主。调查形成的报告《云冈石窟》16 卷本,成为了目前研究云冈石窟的主要文本依据。长广敏雄的《云冈日记》是 20 世纪三四十年代云冈石窟调查的真实记录,同时也是日本侵略中国的见证。

关键词:云冈石窟;长广敏雄;《云冈日记》

1938 年至 1944 年,日本人在云冈石窟进行了为期 7 年的大规模调查。作为云冈石窟调查工作和成果出版的主要参与者和见证者,长广敏雄留下了较为客观的文字记述。1992 年,云冈石窟研究院的王雁卿开始将长广敏雄所著《云冈日记:战争时期的佛教石窟调查》(以下简称《云冈日记》)一书翻译为中文。2009 年该书由文物出版社出版。《云冈日记》,"以在被日军占领的中国北部地带,一个贫寒的村子里搞云冈石窟调查的生活记录为主体"。[1](序P3)下面即以《云冈日记》为中心,来看一下 20 世纪三四十年代日本在云冈石窟的调查背景、活动及其特点。

一、云冈石窟调查的背景

1937 年 7 月 7 日卢沟桥事变之后,日军迅速向西推进。9 月初,阳高、天镇等地相继失守。9 月 13 日,日军独立混成第一旅团不废一兵一卒进驻晋北重镇大同。紧接着,丰镇、集宁、兴和、凉城失陷。不到一个月的时间,察南、绥东和晋北全部沦陷于日军手中。1933 年,日本人在蒙古地带就策划成立一个类似于伪满洲国的政府。次年,成立蒙疆政府联合委员会,设立察南自治政府。1939 年,察南自治政府、蒙古自治政府、晋北自治政府,被合并改组为"蒙疆联合自治政府",驻张家口。"日中战争从 1937 年开始,对中国来说是不幸的事情,云冈石窟群所在的山西省大同市,属辽阔的蒙疆地带,是日本军的占领地,变成了日本人自由往来的地带。"[1](P5)在长广敏雄调查期间,1939 年 9 月 1 日,正逢蒙疆联合自治政府成立,大同市的四牌楼装饰成了日式风格,搭起了松枝楼,每户门上插上了新旗子。在黑田部队的占领下,大同处于一片沉寂之中,日本人对云冈石窟的调查就在这样的情形下展开了。

在长广敏雄没有进入大同之前,途径青龙桥时目睹了在日军压迫下劳动的中国人。"大约隔十米一岗,站着脸色严肃仓黑、手拿着闪闪刺刀的军人。两侧的山崖到山谷,一队几百米长像蜈蚣一样排列着的中国人在运石头,他们脸色苍白,穿着泥乎乎的衣服,默默地呆呆地站立着,只有拿石头的两手在动。顿时,我的脊梁打了个寒战。这就是占领军和被占领地的农民。持刀的日本兵可以叫作地狱的狱卒。"[1](P28)这就是 1939 年的华北日占区的情形。

长广敏雄所不知道的是,1937 年日军在这片土地上进行了大规模的屠杀,仅在大同地区,一次杀害千人以上的惨案就有 5 起(朔县、天镇、灵丘、阳高、灵丘东河南)。这些惨案发生的地方多为已经被占领的、人口集中的县城。其他小型的杀戮,有记载的也达到了 40 多次,有很多人家惨遭灭门。长广敏雄在云冈生活的日子,已经是惨案过后了。所以,他看到的是日占区死一样的寂静。云冈周围的村人们,只是在继续着他们的日常生活。劳作、吃饭、收获,日复一日地重复。哪怕是婚礼,也感受不到喜庆,反而是一种悲怆。在长广敏雄的日记中,记述了云冈村何海生妹妹的婚礼。何海生是云冈石窟调查时被日本人雇来一起工作的村民,当时只有十六七岁。他的妹妹最多也是十四五岁的样子。早婚在晋北很普遍,何况在一个战乱的年代。何海生的妹妹出嫁时,"在飘着寒冷小雨的云冈南梁山道上,只有一个人乘着花轿,没有一个亲人陪伴,越来越远。"[1](P83)

调查队员们常到云冈门前的一家日本人开设的照相馆看报纸,了解战争的进程。来云冈参观的日本军官,也会带来关于战争的一些消息。云冈驻有日本的警备队,军人们也会时时讨论战争,他们比较容易因此而激动。但是,长广敏雄从日本士兵看慰问班演出时脸上的凝重中,也读出了他们对家乡的思恋。"从昭和十三年(1938 年)到十九年(1944 年),日本人有着严重的错觉。连太平洋战争打到日本本土,深刻的战败气氛每时每刻渐浓之时,在大同地方还做着梦一般的计划。"[1](P171)

二、长广敏雄的调查生活

1906 年,日本人伊东忠太在《建筑学杂志》上发表了《云冈旅行记》一文,云冈石窟开始"引起了世界学术界的兴趣与注意"。[2](P367)1907 年,法国学者沙畹著成《华北考古学使命记》一书,云冈石窟"开始成为国内外学者及美术家的一大巡礼地"。[2](P368)京绥铁路通车后,"国内之金石家、考古家,始渐渐涉足期间"。[3]但是,日本人研究得很详细,出版的专著较多。20世纪三四十年代日本在云冈石窟的调查主要由水野清一主持完成,他全程参与了7次活动,而且调查的外联也是由其全权负责。

长广敏雄和水野清一共同策划了云冈石窟的调查方案,参与了1939、1941、1942、1944年的调查。这4次调查长达200多天,对于能够在战争期间往来于日中之间的日本考古学者来说,不是一个小数目。1938、1940、1943年的调查,长广敏雄没能成行。其中原因各不相同。1937年,根据当时日本治安维持法,长广敏雄所在的《世界文化》编辑部的二十几位同事被捕,他因此受到了牵连。日本特高科对其高度重视,长广敏雄在日本的公众活动减少,并且一直没法获得日本警方发放的中国出入境许可证。他没有参加1938年的首次调查。1940年,仍然是受到了该事件的影响,长广敏雄所在的研究所给他安排了其他研究任务。1943年,长广敏雄经历一场大病之后,身体没法恢复,也没能继续云冈石窟的调查。

从《云冈日记》中可以看出,在调查中羽馆易的摄影工作最为困难。按照既定的方案,云冈石窟的调查方针是,"彻底地将石窟细部拍摄下来"。[1](P31) 昏暗的石窟内,摄影的照明成了最大的问题。云冈石窟所在的村庄为大同市西郊的一个贫穷的村庄。村民的生活极其贫苦,吃饭穿衣等基本问题都没有解决。战争带来的破坏,使他们的生存更是不易。由于缺乏煤油,也很少见到煤油灯。以麻油作燃料的油灯在当地的居民中已属于奢侈物了。老式相机的闪光灯,在巨大的石像面前,作细小部位的摄影尚可,但是要想宏观地反映石窟的情况很难。于是,日本调查队总结出了用反射光拍照的经验。他们中一人用镜子将太阳光通过石窟明窗反射到石窟内,石窟内合作的另一人也用镜子将光线反射到需要拍照的部位,如此,羽馆易就可以进行摄影工作了。这种三人合作利用太阳光线拍摄的方法,一直持续运用在7年间的调查中。羽馆易的工作给云冈石窟研究带来了极大的便利。"可以说,羽馆的近5000张照片已经完全把云冈照片化了,即使坐在研究室看照片也能了解,而且轻而易举。"[1](P140)

长广敏雄主要进行的是石窟的实测。他先后参加了第7、10、9、20等窟的实测。首先要搭起脚手架,"用长钓鱼竿改造成测量杆来测量,竿子系上一定长度的细绳和卷尺,细绳的末端系上重的垂球",[1](P9) 然后利用几组细绳和垂球之间形成的水平面之间的距离关系,来测量石佛的立体构成情况。实测数据还要反映在肯特纸上。第20窟的实测主要由长广敏雄负责完成。此外,他还参加了日中战争期间的其他考古活动,考察了方山永固陵,参与了万安县、阳高县的汉墓发掘。

考古工作者是长广敏雄的正式身份,同时他也是京都大学乐队的指挥。音乐给枯燥的调查工作带来些许慰藉。在云冈调查的日子里,他常常会沉浸在音乐的思考中。在进行第 20 窟的实测时,"一听见哼勃拉姆斯第二交响乐第二乐章开头的大提琴主题,察觉到有巴赫的大技巧,就好感动",他认为"这是音乐在一时不振时的妙用"。[1](P95)这是 1942 年 8 月的调查刚刚开始时候的事情。可能是枯燥的调查生活,已经使他没有了 1939 年初到云冈时的喜悦和激动。这次调查似乎很不顺利,天公不作美的事情常常发生。从 8 月 1 日到云冈,至 10 月 1 日离开,48 篇日记中,有三分之一的天气情况是阴、雨、阵雨、小雨等。也因为此,调查队员们的情绪很低落。

三、云冈石窟调查的特点

综合上述情况来看,20 世纪三四十年代水野清一和长广敏雄在云冈石窟的调查具有以下三个特点:

第一,日本国家和军队支持的实地调查。这 7 次调查是长广敏雄等人在云冈石窟,未经中国政府及中国人民的允许,而非法展开的。这些调查活动是有目的有计划的,调查行动的背后有日本政府和日本军方的支持。正如长广敏雄日记中记述的一样,调查开始水野清一就和占领日本的部队长官取得了联系,并取得了伪晋北自治政府的支持。

第二,调查数据详细而具体。长广敏雄在中国进行云冈石窟的考察长达 200 多个日日夜夜。他对于云冈石窟可以说是了如指掌,而且还知道站在什么样的位置,能够感受佛像各种各样的美。从日记中可以看出,这 7 次调查形成的数据极其详尽,调查形成的报告《云冈石窟》16 卷本,成为目前研究云冈石窟主要的文本依据。

第三,调查和侵略行动相始终。1936 年,中国学者白志谦认识到"一般游客或研究家,每苦于无相当之材料,以供参考;故游后印象模糊,不能得一真确之观念,而研究家又感于引证缺乏,殊难得圆满之结果以去。"[4](P16) 在书斋中纂写《大同云冈石窟寺记》之时,水野清一和长广敏雄已经开始制定详细的考察计划。首次调查开始于 1938 年,其时大同已经沦陷成为敌占区,这为调查者随意出入云冈石窟提供了极大的便利。云冈石窟调查和日本同时期在中国进行的其他调查,如"满铁"的调查活动一样,贯穿日本侵略中国的始终。

通过对《云冈日记》的分析,可以得知 20 世纪三四十年代,日本对云冈石窟的调查是在日本政府和军队支持之下的有目的有计划的调查。调查活动以实地测量和拍照为主,时间和日本在中国的侵略活动相始终,调查结果内容详尽。长广敏雄的《云冈日记》是战争期间云冈石窟调查的真实记录,也为日本侵略中国留下了不可更改的纪实文字。

参考文献:

[1](日)长广敏雄著,王雁卿译.云冈日记:战争时期的佛教石窟调查[M].北京:文物出版社,2009.

[2]张焯.云冈石窟编年史[M].北京:文物出版社,2006.

[3]厉寿田.云冈石窟寺源流考[A].民国修志档案(第93卷)[C].大同市档案馆藏.

[4]白志谦.大同云冈石窟寺记[M].北京:中华书局,1936.

02

北魏历史文化研究

北魏平城郭城南缘的定位和与此相关的交通问题

李 凭

(华南师范大学二十四史研究中心,广东 广州 510631)

摘 要:本文从近年出土的杨众度墓砖铭文和盖天保墓砖铭文中所载埋葬地点的方位,探知北魏平城郭城城墙的南缘和位于其上的南门、东南门洞的情况,并且了解到以此二门为起点而延伸到中原的并州大道和定州大道的信息。从而说明,墓砖铭文虽然简略,但在北魏历史研究中具有十分重要的意义。

关键词:北魏;平城;南门;东南门洞;并州大道;定州大道

如今的山西省大同市曾经是鲜卑族拓跋部的主要活动区域。拓跋部建立北魏政权,位于今大同市区的平城成为其国都,平城周围的大同盆地成为京畿。因此,在这个地区存留了丰富的北魏平城时代的遗迹与遗存。21 世纪之初,有关北魏国都平城的建设以及京畿的发展状况方面的考古与研究工作取得了十分可喜的成就。最突出的成果是 2002 年在大同市市区北部的明代操场城一处建筑工地发现了北魏宫殿遗址。第二年,山西省考古研究所和大同市考古研究所在该处组织发掘并将其命名为北魏宫殿一号遗址。接着,2007 年在一号遗址东北约 150 米处发掘出北魏宫殿二号遗址,该遗址因其内容主要为粮仓而被称为北魏太官粮储遗址。与此相应,20 世纪后期在大同市南郊的电焊器材厂工地发掘出相连成片的北魏时期墓葬,随后在大同市的东郊和南郊又有数处相连成片的北魏时期墓葬被发掘出来。在这些墓葬中,较为引人注意者有 2000 年在今大同城东大同大学建筑工地发掘的宋绍祖墓和 2005 年在大同城东沙岭村东北发掘的破多罗太夫人墓。由于该墓壁上绘有文物价值与学术价值均极高的彩绘漆画,因而被评为 2005 年中国十大考古新发现之一。

伴随上述宫殿遗址和墓葬群的发掘,出土了数以百计属于北魏平城时代的刻有文字的砖瓦与石件。在这些砖刻与石刻文字中,尤其值得注意的是墓砖与墓石铭文。与书籍文献相比,墓铭文字虽然存在片断性的缺陷,但它们同样含有丰富的文化内容,在学术研究上并不仅仅限于通常认为的印证书籍资料的可靠程度,补充书籍资料的不足,而是具有独特的不可替代的价值。以下举例说明。

———一———

　　2001 年 5 月在大同市南郊七里村南 1 公里处的坡地上,发掘出一批北魏墓葬,其中出土一块刻有铭文的墓砖,墓主名杨众度。2006 年,殷宪先生撰写了题为《太和十八年砖铭及"因旧土城南之半增筑"》一文将此事介绍出来。随后,在《文物》杂志上刊登出大同市考古研究所发表的《山西大同七里村北魏墓群发掘简报》和张志忠先生撰写的《大同七里村北魏杨众度墓砖铭析》,从而向学术界公布了这块杨众度墓砖。

　　杨众度墓砖原为内容相同的 4 块墓砖,其中第一件砖块完整,文字完全,一端饰以忍冬纹,长 31—33 厘米、宽 15 厘米、厚 5 厘米。其砖面阴刻边框和竖线界格,上刻铭文 4 行,每行 17 或 18 字,共 71 字。(见封三图版 1)该墓铭被释为:

　　大代太和八年,岁在甲子,十一月庚午朔,仇池投化客杨众度,代建威将军、灵关子、建兴太守,春秋六十七,卒。追赠冠军将军、秦州刺史、清水靖侯,葬于平城南十里。略阳清水杨君之铭。(此释文采用宪先生的释文和标点——笔者注)

　　铭文中的"大代太和八年"即北魏孝文帝太和八年为公元 484 年。铭文虽短,却提供了许多信息,不过这里只讨论其中的"平城南十里"5 个字。

　　北魏时期的平城,不仅有宫城和外城,而且还有郭城。郭城是平城的最外一道护围,修筑于北魏第二代皇帝明元帝朝,这在《魏书·太宗纪》泰常七年九月辛亥条中有记载:"筑平城外郭,周回三十二里。"[1](卷3,P627) 中国古代的城墙,多数是方形而开建四门的。平城郭城是否有南门,其名称为何,均不见于文献记载,但由杨众度墓砖铭文中的"平城南十里"证明了它的存在。因为所谓的"平城南十里",其方位起算的基点应该是平城最外围的城墙即郭城的南门。换言之,如果郭城不开南门,就无所谓"平城南十里"。平城郭城的南门是平城的南向开口,平城往南的交通都要以此作为起点。杨众度墓砖铭文所言"南十里",表明该墓的方向应该在平城南门的正南方。当然,实际上会因道路的曲折等因素而略有偏差,不过杨众度墓与平城南门之间的距离却绝对不能是约数,这个"十里"应该是相对精确的数字,因为这块墓砖是伴随棺枢入葬之物,其上记录的有关方位的文字当然不应欺骗世人和死者。

　　不仅如此,这个方位还应该是长久以来为群众所共识,因而易于寻求的。这绝不会是杨家亲朋临时度量或估算的,而应该是有所依据的。由此不难推想,杨众度墓应该位于一条与平城相连贯的驿道旁边,甚至可能是当时的通衢大道之侧,而不是处在普通的乡间小路之间。北魏时期,由平城往南确实存在一条著名的大道。日本已故历史地理学家前田正名先生在他的著作中指出:"当时,有一条自平城南下,前往黄河中游地区的重要交通路线。这就是自平城向南进发,到达桑干河干流上游盆地,在雁门关与古来有名的入塞道交会,然后翻越雁门关南下。因这条路线经过雁门关,姑且称之为雁门关路。"[2](P161)他还指出,"如果以平城为基点进行考虑,则无论沿浊漳水路南下至洛阳,还是经由井陉路去河北,或者沿汾河路前往长安,都必须先到雁门关,与自古存在的经由云中、马邑、雁门关、太原而纵贯南北的交通干线交会,然后分赴各个地区。"[2](P137)前田正名先生叙述的是北魏时期由平城南下通往并州首府晋阳城的大道,因其间需要翻越雁门关而被他称为"雁门关路"。由并州继续下行,往东南可以抵达洛阳,往西南可以抵达长安,这无疑是北魏时期重要的交通线之一。不过,前田正名先生所谓的雁门关路的称呼,并不见于北魏时期相关的文献记载,其实将它称为并州大道可能更加符合当时的习惯。

并州大道并不是北魏时期才发展起来的。《太平寰宇记》卷49《河东道》云州云中县条记载:"又《冀州图》云:引入塞三道。自周、秦、汉、魏以来,前后出师北伐惟有三道。其中道,正北发太原,经雁门、马邑、云中,出五原塞,直向龙城,即匈奴单于十月大会祭天之所也。"[3](P1036)可见,从太原(晋阳城)出发经过雁门关而正北行进的大道,早在先秦时期就已经被开辟出来了。自秦汉以降,它一直是入塞三道的中道上的一段区间。不过,《冀州图》又云:"自晋阳以北,地势渐寒,平城、马邑凌原二丈,云中、五原积冰四五十尺。"[3](P1037)在这番话中,"平城、马邑"与"云中、五原"对称。体味上引《冀州图》所云,其中道上的"云中"当指曹魏以前的云中郡,并非《太平寰宇记》所载宋代河东道下的云州云中县。曹魏以前的云中郡治,位于今内蒙古自治区托克托县北古城。如果仅从《冀州图》的记载,我们看不出曹魏以前的平城在入塞中道上处于何等地位。这就有了两种可能:第一,平城在该道上的地位低于雁门、马邑、云中诸城,因而无需提及;第二,平城根本就不位于所谓的中道之上。《太平寰宇记》卷49《河东道》云州云中县条还记载道:"废单于都护府,秦汉时云中郡城也……东南至朔州三百五十七里。"[3](P1037)《太平寰宇记》所云朔州,位于《冀州图》所云马邑,即今山西省朔州市城关。在自然地理上,云中位于朔州的西北,而平城位于朔州的东北。由此方位分析,第二种可能更有理由。也就是说,由太原入塞,只需出雁门,经马邑,直奔云中,没有必要绕道平城。当然,《太平寰宇记》卷49《河东道》云州云中县条还引《入塞图》云:"从晋阳西北行百八十里至新兴,又西行二百五十里至马邑,又东北行二百五十里至平城……又一道,从平城西北行五百里至云中,又西北五十里至五原,又西北行二百五十里至沃野镇,又西北行二百五十里至高阙,又西北行二百五十里至郎君戍,又直北三千里至燕然山,又北行千里至瀚海,自晋阳至瀚海有此路。"[3](P1036)此条说明,经由平城出塞,虽非捷径,但也是可行的。要之,虽然在周、秦、汉与曹魏时期并州首府晋阳与平城之间已经形成商旅大道,但是在中原与北方草原联系的交通网上,平城并不处于重要的地位。不过,北魏建国之后,平城成为北方的政治中心,它在全国交通网上的地位发生了根本性的变化,并州大道的重要性也随而突显出来。需要赘述的是,并州大道既然是向着正南方向延伸的,它的起点必定是北魏平城郭城之南门,而南门也正是杨众度墓的方位起算点。那么,位于杨众度墓侧近的道路不正是这条并州大道吗?当然,我们在承认这样的看法之前,还应该排除掉或许会有与并州大道平行的第二条大道或驿道的存在。不过,由实地勘察知道,杨众度墓位于今大同市南七里村南的平缓坡地上,从其附近往北至现今大同市区之间,均为广袤的平地,并无高峻的山岭或低洼的谷地,实际上无须再铺设第二条南向的大道。

既然杨众度墓的方向与里程的起算基点与北魏时有名的并州大道的起点是一致的,而且由平城南门往杨众度墓的指向,与并州大道延伸的方向也是一致的,二者如此吻合的方位,表明在杨众度墓侧近的道路正是并州大道。杨众度墓砖铭文所言的"十里",正是并州大道上的十里。倘若这一结论无误,就不仅为后人清晰地勾画出当年并州大道北端十里的途径,而且可以准确地找到平城郭城南门的位置。大同市考古研究所张志忠副所长,依据陈梦家先生的理论推算,认为北魏时期的十里约等于如今的4.4公里,实际上,对照相关的地志与图册,杨众度墓的正北4.4公里之处,就应该落在现今善化寺东南残存的城墙附近,此处正是明清时期大同府城的南门的位置。如此一致的结果表明,明清大同府城的南城墙与北魏国都平城的郭城的南缘位于同一条直线上,而明清大同府城之南门则与北魏平城郭城之南门处在同一位置上.(见封三图版2)

二

盖天保墓砖于2005年出土于大同城东南约3.5公里处的沙岭村东约500米左右的高坡之上。该砖与上节所述杨众度墓砖大小相仿,长30厘米、宽15厘米、厚5厘米,铭文凡55字,分为两个部分。前系正文,计3行又1字,为直径约2厘米的小字,后系直径约4—5厘米的4个大字,曰"盖兴国父"。该铭文正文被释为:

太和十六年二月廿九日积弩将军盖天保丧,三月十七日葬在台东南八里坂上。向定州大道东一百六十步。墓中无棺木,西葙壁下作砖牀。(此释文亦采用殷宪先生之标点与释文——笔者注)

盖天保墓砖铭文提供的信息也是很丰富的。在这里,仍然只讨论其中与北魏平城郭城的定位相关的文字,即所谓"台东南八里坂上"和"向定州大道东一百六十步"等词语。

盖天保墓砖铭文之中的"台"字,原意为朝廷所在地,应指北魏的国都平城,此处径指平城郭城的城墙。又,盖天保墓砖出土于沙岭村东的高坡之上,其地形对应于铭文中的"坂上"之语。殷宪先生曾经对盖天保墓砖出土地点做过实地勘测与分析。该地的方向位于大同城的东南略偏南,与明清大同城的南门的直线距离是4.5cm,与明清大同城的东门的直线距离则更远。若按照盖天保墓砖铭文所云的"八里"去探寻,仅仅够得上明清大同城的东南拐角处。也就是说,盖天保墓砖铭文中所谓的"台东南八里",其起算的基点正好落在明清大同城城墙的东南角。这就证明,明清大同城城墙东南拐角也正是北魏国都平城郭城之东南拐角。这绝非偶然的现象,恰恰佐证了上节关于明清大同府城的南城墙与北魏平城郭城的南缘位于同一条直线上的论证。不仅如此,它还进一步表明,明清大同府城的城墙与北魏平城郭城的城墙,非但南线相合,而且东部城墙从南往北的走向也是一致的。这样的结果,纠正了我以往关于北魏平城郭城城墙东段位置的错误看法。清代学者顾祖禹《读史方舆纪要》卷44 大同府大同县条引《城邑考》称:"今城东五里无忧坡上有平城外郭,南北宛然,相传后魏时故址。"[4](P1835) 我在引述这段文献的基础之上,推测北魏平城郭城城墙东段是位于"无忧坡上"的"南北宛然"者。然而,盖天保墓砖的出土证明,平城郭城城墙东段并不在"无忧坡上",其"南北宛然"者则又当作别论了。

在上述结果的基础上,可以提出如下三点看法:

第一,北魏平城郭城经历千年的发展而演变为明清大同府城,在其南部则存在明显的直接因袭关系。明人张钦编纂的《大同府志》中有"大同府城,洪武五年大将军徐达因旧土城南之半增筑"之语。张钦是明朝武宗时期人,他在《大同府志》中记载本朝徐达于洪武五年(1372年)增筑大同府城之事应该是准确有据的。不过,这段记载的遣词过于简略,遂使后人在理解上生出歧义。以往一般认为,所谓"增筑"系指区域的扩展,由此而推导出北魏平城郭城的南门位于今大同市的南关南街与迎宾东路相交处。杨众度墓铭的问世,表明张钦所谓的"增筑"仅为城墙的增高和增厚而已。换言之,明清大同府城的城墙南段与前代的辽金西京的土筑城墙南段之间,实为叠压的关系。

对张钦《大同府志》中记载的准确理解,其意义是重大的。因为以往的考古成果表明,辽金西京的土城与北魏平城的郭城之间具有部分的因袭关系。所以,由明清大同府城的城墙与辽金西京的城墙之间的叠压关系可以推断,明清大同府城与北魏平城郭城之间存在着部分因袭关系。具体而言,就是北魏平城郭城、辽金西京城墙和明清大同府城三者因袭的主要部分在于该城的南部。从北魏国都发展到明清府治,该城的南部一直是居民区与商业区,这类区域往往因人口流动而发生盈缩迁移。在历经千年变化的过程中,作为其南部主体象征的城墙,居然能够因袭下来,这一方面表明,从北魏以降直至明清,这座城市的南北中轴线始终未变。另一方面也表明,从北魏至明清,这座城市的人口始终没有突破北魏平城时代的城市规划的容量。

第二,在平城郭城东南角的侧近处建有门洞。城市郊区的里程,是以外围城墙的相应城门为起算基点的。按照这个原理,在上节中由杨众度墓砖铭文所谓"平城南十里",推导出平城郭城南门的存在和实际的位置。同理可证,盖天保墓砖铭文所谓"台东南八里",也表明在平城郭城之东南角的侧近处有一座城门或门洞(以下姑且称为门洞)。虽然在相关文献之中还未发现对应的门洞名称,但是这座位于东南角的门洞客观上应该存在。因为倘若该处没有开设门洞,盖天保墓方位的起算基点就应该是郭城的南门或者东门,但是其间相应的距离显然超过"八里"之数,这与盖天保墓砖铭文的记载不相符合。依据前文所引《魏书》卷3《太宗纪》泰常七年九月辛亥条中的记载,北魏平城郭城的周长是16公里。尽管我们现在难以知晓郭城每一边城墙的准确长度,但如果假设每边长度均等,则南城墙与东城墙的长度各约为4公里;又假设南门与东门分别在南城墙与东城墙的中点,则南门与东门距离郭城的东南拐角均约为2公里左右。张畅耕等7位先生曾经实测过平城郭城的长度,虽然对于郭城位置的理解有所不同,但是他们确定的南郭与东郭的位置,与本文上述的南郭与东郭在走向上是平行的。因此,他们测定的数据是可以引为参考的。张畅耕等7位先生测量的南郭长度是3732.223米,东郭长度是4062.624米。按此计算,郭城南门距离其东南拐角为1866.111米,郭城东门距离其东南拐角为2031.312米,其测量结果与上述平均2公里的数值接近。那么,这就必然令人产生疑问:既然间距如此之近,在郭城的东南拐角有增开一处门洞的必要吗?

古代的城池一般是按照东、西、南、北所谓"四至"开建四门的。平城作为北魏的都城,其郭城多设门洞自然无妨,因此建有东南门洞不足为奇。不过,城墙最主要的功能是防御外敌,门洞的增建会降低其防御的功能,所以若无必要是不会多开门洞的。不仅如此,甚至当军事需要之际,还会有堵塞门洞的举动。《魏书》卷

27《穆崇传附穆寿传》记载,北魏太延五年(439 年)太武帝征伐凉州,命侍中、宜都王穆寿辅佐太子拓跋晃镇守京师平城,以防备柔然乘虚侵犯。"(穆)寿信卜筮之言,谓贼不来,竟不设备。而(柔然)吴提果至,侵及善无,京师大骇。寿不知所为,欲筑西郭门,请恭宗(即太子拓跋晃)避保南山。"[1](P665)《资治通鉴》卷 123 文帝元嘉十六年(即北魏太延五年)九月条也记载有此事,但却写作"欲塞西郭门"。[5](P3876) 由对比可知,后者的意思更加明确,就是为了防止柔然的猛力攻击而堵塞门洞,并非修筑或加固门洞之意。上引《魏书》还称,当时柔然主吴提"侵及善无"。[1](P665) 善无在今山西省右玉县境,境内的杀虎口是通往塞外的要隘,在平城的西偏北方向,吴提大军应当由此方向而来,穆寿"欲塞西郭门"的道理即在于此。值得注意的是,在上引《魏书》和《资治通鉴》的两段史料中,只称穆寿"欲筑西郭门"或"欲塞西郭门",并无欲塞郭城的西北门或西南门之语。这说明太延五年(439 年)的平城郭城,没有开建西北门和西南门,否则也一定要被堵塞住,因为它们的位置离西郭门最近,也最容易受到吴提大军的攻击。可见,平城郭城在初建之时各个拐角附近并不一定都有门洞。然而,盖天保墓砖铭文所谓"台东南八里"表明,至迟于太和十六年(492 年)在郭城的东南拐角已经开建了门洞。郭城东南门洞的开辟,一定有其存在的价值。可以设想,在平城郭城的东南角有一条重要的大道由此出发。反过来说,正是由于这条大道具有重要的意义,东南门洞才成为郭城上必要的开口,东南门洞与以其为起点的大道是相辅相成的。

第三,从东南门洞出发,有一条向河北大平原延展的大道,是为定州大道。杨众度墓砖铭文表明,杨众度墓位于一条通往平城郭城的大道之侧,该条大道的起点是郭城的南门,由这条大道向南延伸可以到达并州以及更远的洛阳和长安。进而可以推论,杨众度墓砖铭文之中所谓"平城南十里",就是在并州大道之上从南门起算的里程。同理可证,盖天保墓砖铭文也表明,盖天保墓位于一条通往平城郭城的大道之侧,该条大道的起点是郭城的东南门洞,进而也可以推论,盖天保墓砖铭文之中所谓的"台东南八里",就是在这条大道之上从东南门洞起算的里程。当然,依据盖天保墓砖铭文所云,我们已经知道这条大道被称作为"定州大道"。该铭文有所谓"向……东"的表述,应即该墓往东朝向定州大道的意思。这样,倘若按照"一百六十步"去换算和丈量,就可以准确地定位当年定州大道北端十里的途径,而且循此途径就可以核定平城郭城东南门洞的准确位置。

定州大道是北魏时期最为着力营建和维护的交通要道,因为它联系着位于河北大平原上的重镇中山城。中山城位于今河北省定州市,十六国时期是鲜卑族慕容部建立的后燕政权的都城,北魏灭亡后燕之后这里成为定州的州治。在自然地理上,中山城地处华北平原北部的西侧,由此可以十分便利地通达黄河下游的各处。因此,北魏王朝在中山城设有行台,使之成为河北平原上最重要的政治与军事据点。中山城重要的政治、军事和经济地位,决定了定州大道的重要性,从而也决定了在平城郭城的东南开设一处门洞的必要性。不难设想,由于郭城东南门洞和定州大道的存在,平城的东南部必定会发展成为热闹的商业区域。

"定州大道"的称呼出现在盖天保墓砖铭文之中,说明它是被公众共识的道路名称。盖天保墓位于京畿而远离定州,说明定州大道并非定州附近的区间性道路,而是指贯通国都平城与定州的整条大道。也就是说,定州大道的一个端点是定州,而另一个端点则是平城。值得注意的是,定州大道只以相对次要的端点定州来命名,却不提与定州相比更加重要的端点平城,这说明平城作为该条大道的一个端点是不言而喻的,是获得公认的。它表明,在北魏平城时代,作为国都的平城同时也就是整个北魏版图内的交通中心。上节引用过的《太平寰宇记》卷49河东道云州云中县条引《冀州图》的记载称,在北魏之前有所谓的入塞三道。值得注意的是,这三条大道的出发点,不是周、秦、汉的国都长安和咸阳,就是曹魏的国都洛阳。当然,从这些中原汉族王朝的利益和传统观念出发,全国的交通中心必然是位于中原地区的都城,因此在北魏以前的交通网上,平城实际上处于不甚显著的位置。然而,盖天保墓砖铭文之中却出现了"定州大道"字样,这使我们认识到,作为北魏建立以后新兴的都城,平城不再处于微不足道的位置,而是北魏版图内的各地所共同趋向的交通中枢。不仅如此,这种变化还从根本上撼动了先秦以来汉族传统的以中原都市为中心的观念。

正因为全国的交通中心不再是位于中原地区的都城,而是原本偏僻的平城,定州大道才不必冠以"平城"二字。按照同样的道理,上节所述的北魏时期从平城通往晋阳的道路,在当时就理应称作"并州大道",而非如前田正名先生所云的"雁门关路"。顺此类推,从平城经上谷向东通往幽州治所蓟城的大道,这是北魏皇帝东巡常常采用的十分重要的路线,就应该称作"幽州大道"。这一规律如果成立,将能表明北魏时期已经具有系统地交通管理意识。因此,我企盼着更多的考古发现来不断地印证这样的推想。

定州大道自当时的崞山县(今山西省浑源县境内)往东进入恒山山区。此道从灵丘以远便进入山区,沿途山峦重叠,道路险峻曲折。所以,道武帝一俟平定后燕,即命凿山通道,将以前的旧山路竣修通畅。经修建之后,定州大道较北魏之前便捷了许多,因此又被称作直道。位于定州大道上的灵丘、莎泉等县邑,因其附近具有险峻的隘口而十分出名。但是,所谓的灵丘道和莎泉道,只是定州大道上的一段,它们分别指以灵丘和莎泉为中转点的道路区间,而不是指自平城至灵丘或莎泉的整段大道,更不能指代定州大道全程。《魏书》卷四上《世祖纪上》太延二年八月条记载:"诏广平公张黎发定州七郡一万二千人通莎泉道。"[1](P87)这次修路所用民工,系征发定州大道的终点中山城附近七郡的民众,说明所修路段位于莎泉与定州之间,而非莎泉与平城之间的一段。由此可见,所谓莎泉道,只是指莎泉附近的一段,并不包含莎泉通往平城的整段大道。《魏书》卷七上《高祖纪上》太和六年七月条又载:"发州郡五万人治灵丘道。"[1](P151)此处的灵丘道,也只是指灵丘附近的一段,并非灵丘通往平城的整段大道。实际上,从灵丘西北行到崞山县境,就已走出恒山山区,进入灅水谷地,道路便相对平缓了。由于在定州大道上需要重点修筑的是灵丘道和莎泉道等区间,因此灵丘道和莎泉道便在北魏平城时代相当出名,从而能见之于史载。

以上看法,主要依据日本前辈学者前田正名先生和长期工作于大同的殷宪先生的研究成果。前田正名先生的代表作是《平城历史地理学研究》,他曾经为北魏历史的研究做出不朽的贡献。遗憾的是,前田正名先生已于20世纪80年代不幸去世,生前未能实地考察大同,更未能见到近年来大同市及其附近考古的诸多成就,因而他的研究受到了时代的局限。殷宪先生倾力于北魏历史的研究,尤其注重北魏文物与文献的考察与保护,因此能够屡屡突破前辈的局限,获得新的成果。他的代表作《魏都平城书迹》即将由商务印书馆出版。

参考文献:

[1]魏收.魏书[M].北京:中华书局,1974.

[2](日)前田正名著,李凭等译.平城历史地理研究[M].北京:书目文献出版社,1974.

[3]乐史.太平寰宇记[M].北京:中华书局,2007.

[4]顾祖禹.读史方舆纪要[M].北京:中华书局,1956.

[5]司马光.资治通鉴[M].北京:中华书局,1956.

[6]殷宪.山西大同沙岭北魏壁画墓题记研究[A].张庆捷等.4-6世纪北中国与欧亚大陆[C].北京:科学出版社,2006.

[7]殷宪.盖天保墓砖铭考[J].晋阳学刊,2008,(3):25-34.

[8]殷宪.杨众度墓砖研究[J].中国书法,2007,(6):81-84.

[9]山西省考古研究所,大同市考古研究所.大同市北魏宋绍祖墓发掘简报[J].文物,2001,(7):19-39.

[10]刘俊喜.山西大同沙岭发现北魏壁画墓[N].中国文物报,2006-02-24.

北魏平城宫城及其主要建筑遗迹考证

段智钧[1,2]　赵娜冬[1]　吕学贞[3]

（1. 清华大学建筑学院，北京 100084；

2. 第二炮兵工程设计研究院，北京 100084；

3. 大同市建筑历史与文化保护研究所，山西 大同 037006）

摘　要：在全面梳理北魏平城历史文献材料的基础上，分析现有考古发现，并参考汉代和明代的城址，对北魏都城平城（398～495 年）的宫城范围和宫城主要建筑遗迹进行考证，基本明确了平城宫城的边界情况，推证出宫城中一些主要建筑的位置关系和建造情况，并对有关疑点尝试加以解答。

关键词：北魏；平城；宫城

　　北魏作为南北朝时期第一个统一北方地区的政权，其近三分之二的时间是以平城为都城的。自道武帝拓跋珪天兴元年（398 年）定都平城（今山西省大同市）开始，在随后的近百年中陆续进行了一系列的宫殿建设。总体来看，平城宫殿在形制等方面有其自身特点，并保存了较多汉晋以来的古朴遗风。因此，也是研究南北朝时期中国都城宫殿的一个重要案例。关于北魏平城宫殿的情况，已有不少文史学者进行过长期的讨论。相对来说，建筑学领域的探讨较少，专门提及者仅见傅熹年先生主编的《中国古代建筑史》（第二卷）"两晋、南北朝、隋唐、五代建筑"中"北魏都城"一小节中的文字，但可能限于篇幅和写作目的差异等因素，也并未充分展开探讨。

　　另外，尽管近年来伴随着大同市的城市建设，一些新的平城建筑遗址被发现，使得平城宫殿的有关实物研究证据不断增加，但由于城市建成区的限制，短期内恐难再有更全面系统的发现。此外，已有的考古发现本身时常因存在较大争议而无法成为明确的证据。我们在参考此前已发表的一些考古资料的基础上，以研读第一手历史文献资料为主，对北魏平城宫城尝试进行一些考证。

一、宫城范围：考古证据与文献推理的结合

　　北魏平城分宫城、外城和郭城三部分，总体来看，采取的是以北部宫城为核

心,具有南北轴线指向性的城市布局。其中,宫殿集中在北部宫城之内,居民区划分为若干里坊,分布在城市南部的外城和郭城中。这座宫城是在汉代平城县的基础上建设起来的,应居于外城以北和郭城的北部。当时南朝人对平城宫城的布局有如下记载:"截平城西为宫城,四角起楼,女墙,门不施屋,城又无堑……伪太子宫在城东,亦开四门,瓦屋,四角起楼。"[1]作为与游牧民族控制的与草原地区接壤的北边县城,汉晋之际的平城县屡有兴废,关于其实际位置,近代以来有众多考证说法,但目前大部分相关研究者趋于接受平城县以及与之相关的北魏宫城位于今山西省大同市城区北部的操场城(亦称北小城,即明代大同府城城墙之北关城)一带的推断。此处探讨的北魏平城宫殿主要针对的就是宫城内的主要宫室殿宇等。

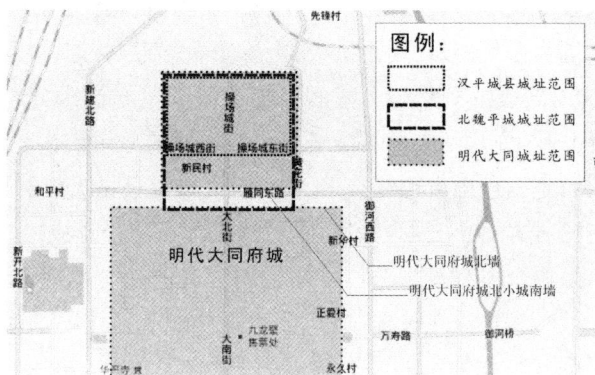

图1　北魏平城宫城位置示意图

近几年在这个地段内,考古发现众多汉代和北魏遗迹的叠压情况,也为北魏平城宫城的定位提供了较为有利的支持。其中最重要的发现是:"操场城的东、北、西墙及明代府城北墙中段存在着三层夹墙,除明代府城北墙的夹墙为由北向南叠压外,其余三面均是由外向内、从晚期向早期依次倾斜靠压着,可分早、中、晚三期夯土。"[2]其中早期夯土城墙基本框定了北魏宫城的位置。

通过调查发现,汉代的文化层堆积集中分布在今天城区北部的操场城(即明代的北关,或称北小城)及其向南至明代府城(位于城区中部)北墙以北一带这一整片地区。具体范围,其东、北、西缘分别在操场城的东、北、西墙附近,南缘在明代府城北墙中段一线。这一片范围以内地区的地表下文化层堆积厚度在2米~4米左右,汉代文化层位于最底部,厚度约0.2米~0.5米,其中发现了大量的汉代陶片和瓦片,非常密集。瓦片有抹绳纹、瓦棱纹、菱形方格纹的筒瓦和板瓦以及1938年日本人水野清一等人采集的同心圆瓦当与蕨手纹瓦当。陶片有瓦棱纹和抹绳纹的釜、钵及素面的豆等器型。其外围,东、西墙外附近的生土已露出地表。

北部广大地区为浅黄色含零星陶片的土层,不见陶片密集并连成片的灰土文化层。南部为含丰富的辽金及以后时期遗物的地区。可见其范围并未再向外延伸。

有的学者根据所掌握的考古材料,进一步指出了汉平城县位于操场城中北部的具体位置,"综合分析汉平城县遗址,分布于大同北面的操场城已是无可辩驳的事实,但不是操场城的全部,也不是向南延伸至明代府城北墙之间的区域,而是分布于操场城北面的大部分区域,即操场城东西街南约 50 米一线以北的城圈内。城址轮廓大致为横向的长方形,东西长近 980 米,南北宽约 600 米,与汉代边疆地区县一级城址规模相当",[3] 而北魏平城宫城的主体就叠压在汉平城县遗址之上。除了北魏文化层出土瓦件年代和等级的考证外,还有上述四面城墙三层夹墙等遗迹中的夯土高级技术特点等证据,得以将北魏宫城的周界范围确定下来。

晚期的夯土墙为明代所筑,用土量大,土质较杂,夯层较厚,夯层表面无夯窝,系用大型夯具(如碾一类)平整过。壁面夹棍洞眼和草绳洞眼分布较密集,内含辽、金至明代的陶、瓦、瓷片及大量煤炭渣。……中期的夯土墙为北魏前后时期所筑,选用褐色、浅黄色两色土再进行掺和,夯层薄,壁面只见夹棍洞眼而无草绳洞眼。夯层平面有两种夯窝,一种为圜底,是用馒头形石夯杵夯成;另一种为平底圆形,边缘线规整,系用金属夯具所为。使用金属夯具的遗迹发现于操场城西墙和北墙中期的夯土墙中。这种在选土、夯筑技术上要求如此之高的做法,应该与北魏宫城的皇家工程有很大关系。

这个明代操场城东、北、西墙与府城北墙之间围合的范围之内(东西南北各近1000 米)很可能就是北魏平城宫城的范围,其中北魏文化层考古的明显变化,在一定程度上也证实了宫城的周界范围。"连续的北魏文化层分布范围向操场城东、北、西墙下以外的地点消失,向南越过明代府城北墙变成零星的分布,遗物较少。"[4] 结合一些学者对这个四至范围中已发现的一些北魏建筑遗迹性质的讨论,进一步证实了这里为北魏平城宫殿之所在。我们基本认同前述结论,并尝试分析宫城外以北地区的情况,对北魏宫城北界进行有限的印证。

清顺治《云中郡志》所记"郡厉坛"的位置"在府城外西北"[5](卷3,P134)。关于此厉坛,同书所记"天王台"条有更明确的记述:"府城北二里,元魏所建离宫,今改郡厉坛。"[5](卷3,P56)也就是说,明清大同府城外西北的"郡厉坛"是由北魏"离宫"改建的。清道光《大同县志》记载的位置更为准确:"厉坛在北门外迤西。"[6](卷5,P94)我们按照《云中郡志》"府城北二里"的距离推算,则北魏"离宫"位于操场城的北门之外百余米。晚至清代,人们还能准确辨识大同府北之厉坛的位置曾经是北魏的"离宫",也足见操场城北墙(北魏宫城北墙)以南才可能是宫城之内。

另外,这座北魏"离宫"再往北往东约 1 公里,就有 20 世纪 30 年代日本学者水野清一在大同火车站供水塔附近发现的北魏遗迹。尽管这个遗迹很可能也是宫殿等级的建筑,但是却成了这个地段北魏遗迹的孤例,"发现供水塔南面较大范围内,地下并无北魏文化遗迹堆积。"这更加证明此处的北魏宫殿遗迹与操场城内的大面积北魏宫殿群无关。

道武帝拓跋珪定都平城之初的天兴二年(399年)有记载为:"二月丁亥朔,诸军同会,破高车……以所获高车众起鹿苑,南因台阴,北距长城,东包白登,属之西山,广轮数十里,凿渠引武川水注之苑中,疏为三沟,分流宫城内外。"[7](卷2,P34)这不仅说明鹿苑以南的平城之内有宫城,也解释了宫城(操场城北墙为界)以北的北魏遗迹稀少的问题。当然,也不排除会有少量北魏离宫别殿等散布于平城宫城以北的非常辽阔的鹿苑之中。

大同属于古今重叠型的城市,早期城址遗迹大多被晚期城址和现代城市叠压或打破,给考古工作带来了很多困难。这导致目前相关考古资料仍非常有限,而且局部考古发现的不完整性和非系统性,也使得对建筑遗迹的定性和定位很难真正明确。同时,这也是我们将后面考察的重点落在梳理第一手历史文献之上的原因。在这里特别指出,中国传统建筑的宏大,不在一殿一堂的庄严巨制,而在于宫、殿、堂、室、楼、廊、厢、门等形成有机的组群,"标志古代中国建筑之'存在'方式的根本特征是其建筑合院的院落组群。"[8](P429)因此,下面尽管会对平城宫殿单体进行多方位多角度的讨论,但从二维基址规模的可能性和院落组合的视角入手,始终是本研究的一个根本基点。

二、宫城建筑遗迹

到目前为止,操场城以内考古发掘探明并已正式发表考古报告的北魏宫城内建筑遗迹有两处:一处是大同操场城北魏1号遗址,[9]此遗址上的原有建筑可能是宫殿建筑;另一处是大同操场城北魏2号遗址,[10]此遗址上的原有建筑可能为太官粮窖。关于这两处遗迹原有建筑的性质已经有一些讨论,我们这里试图从原有建筑形式和功能等角度作一点探索。

(一)宫殿建筑:大同操场城北魏1号遗址以及对其形制的讨论

大同操场城北魏1号遗址(以下简称"1号遗址")位于明清大同府城北端,操场城南北中轴线——操场城街的东侧,遗址地层覆盖中还分别叠压有汉、北魏、辽金及以后等三期以上文化层,而北魏遗址主体是较为完整的大型夯土台基。根据其中出土的瓦件和脊饰的较高规格、台基较为宽大以及处于平城宫城的中部位置等情况,已被初步判定为一处北魏宫殿建筑遗址。此遗址夯土台基的西缘距操场城街89米,台基南端距明清大同府城北墙550米。"一号遗址夯土台基平面呈长方形,坐北朝南,方向187°。地面以上部分东西长44.4米,南北宽31.5米,为高出地面的建筑台基,从东、南两面的情况看,地表以上残高0.1米~0.85米左右"。此外,夯土台基的踏道至少有四条:一条位于北部正中,两条位于南部(类似于东西阶),另有一条朝东的踏道,甚至不排除有朝西的踏道。尽管其中台基柱穴痕迹尽失,但发掘报告提到,"按一般古建布局结构规律推析",对"1号遗址"原有建筑作出了9开间左右的估计。

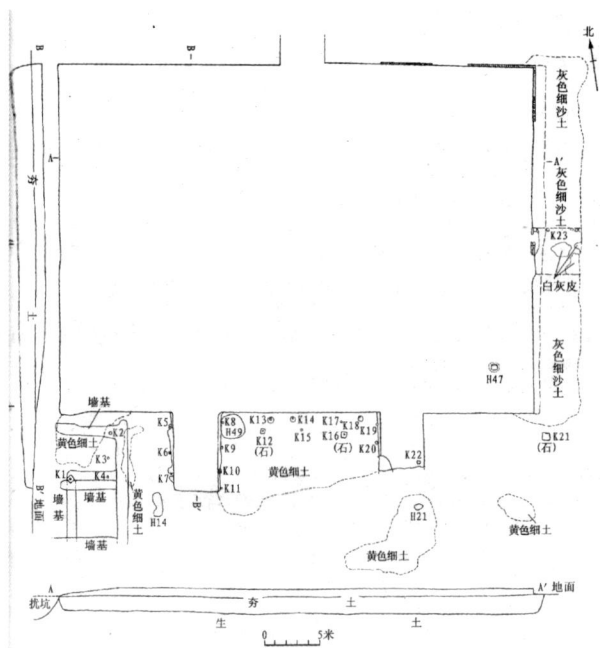

图2 北魏1号遗址夯土台基平面和剖面图

在这里,我们先不去追究这个"古建布局结构规律"到底为何或是否存在,而将现在可知的南北朝至唐代主要殿堂建筑实例正面间广尺度加以罗列比较,以便为"1号遗址"夯土台基正面(东西)开间数及所涉及的可能间广尺度的讨论提供参照(见表1)。

表1 南北朝至唐代主要殿堂建筑实例正面间广尺度比较

年代	殿堂建筑 (宫殿或非宫殿功能)	正面间广尺寸组合或平均间广尺寸(通面阔/间数) 单位:尺	推算营造尺长 单位:毫米	主要(或平均)间广实际尺度 单位:米
391年	南朝宋建康太庙	21.7(391/18间)	247	5.36
513年	南朝梁建康宫太极殿	20.8(270/13间)	247	

年代	殿堂建筑 (宫殿或非宫殿功能)	正面间广尺寸组合或平均间 广尺寸(通面阔/间数) 单位:尺	推算营 造尺长 单位: 毫米	主要(或平 均)间广 实际尺度 单位:米
656 年	唐洛阳宫乾元殿	26.5(345/13 间)	295	7.82
663 年	唐长安宫含元殿	16.5 + 18 + 18 + 18 + 18 + 18 + 18 + 18 + 18 + 18 + 16.5	295	5.31
665 年	唐长安宫麟德前殿	18 + 18 + 18 + 18 + 18 + 18 + 18 + 18 + 18 + 18 + 18	295	5.31
782 年	唐五台山南禅寺大殿	11 + 16,6 + 11	300	4.98
857 年	唐五台山佛光寺大殿	14.8 + 17 + 17 + 17 + 17 + 17 + 14.8	298	5.07

在上表中,唐洛阳宫乾元殿的前身乾阳殿始建于隋代,辉煌的隋代是一个空前的大帝国,混一南北,下启唐朝,所谓"地广三代,威振八纮",国家实力的强盛使得隋代正殿建造所用长材巨构可能也达到了前后数百年的巅峰。由于唐乾元殿平均间广实际尺度达 7.95 米,可以推测其主要间广当在 8 米以上。相对来说,我们可以将其视为一个特例,或者是最大殿堂的标准。再看其他实例,我们可以发现 5 世纪末期之前后 200 年左右,宫殿建筑实例的主要(或平均)间广实际尺度大致都在 5 米 ~5.4 米之间。一方面,这与南北朝时期分裂政权以及唐代前期初创政权所掌握的国家资源不足而工料缺乏的宫殿建设背景有所对应。另一方面,当时宫殿主要间广实际尺度呈现一种稳定性。可以说,在中古的一个较长的历史时段里,无论尺长尺制如何变化,只要当时人们对宫殿建筑高敞壮丽的空间感受和需求呈现一种基本稳定的状态,那么一般宫殿建筑的主要间广实际尺度也就保持在一个相对稳定的范围。

我们还注意到,上表中的唐五台山佛光寺和南禅寺大殿均为佛寺建筑而非宫殿,尽管它们的建筑规模与宫殿建筑会有一定差距,而且相比宫殿建筑,其实际间广尺寸数都要小,但是主要间广实际尺度也都在 5 米左右。这也可以认为是反映了当时中等规模非宫殿建筑的主要空间状况(或包含"柱高不逾间之广"等规范),并且与同时期的主要宫殿建筑也具有一定可比性。因此,我们有理由推断,当时作为皇权象征的北魏宫殿建筑,特别是南向主要殿宇,其主要间广尺度应当不会低于中等规模非宫殿建筑的水平。换言之,大同操场城北魏"1 号遗址"原有建筑如确为宫殿,则其主要间广实际尺度也不会小于 5 米左右(见图 3)。

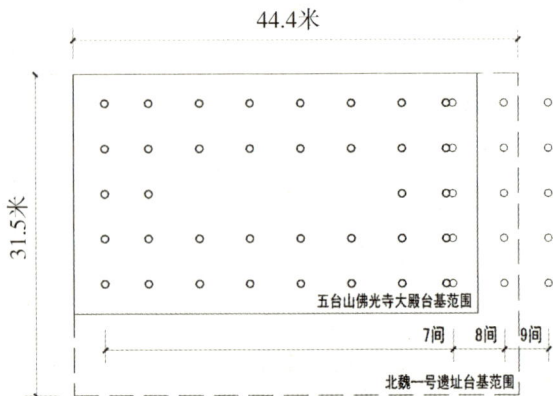

图3　北魏1号遗址台基与五台山佛光寺
大殿台基和柱网布置比较

　　在此基础上,我们不妨将佛光寺大殿看作是一座较接近宫殿的基准建筑,来分析北魏"1号遗址"原有建筑的正面间广布置状况。尽管佛光寺大殿晚了300余年,且本身又是一座非宫殿建筑,但是佛光寺大殿的主要间广为17尺(实际5.07米),既接近上表中相近时代宫殿建筑的正面主要(或平均)间广最小值18尺,又接近较小的宫殿主要(或平均)间广实际尺度,而且二者的基址规模也有可比性。由图3可知,尽管我们将北魏"1号遗址"原有建筑主要间广实际尺度设为宫殿建筑的偏小尺度(较小尺度利于布置更多开间),即5米左右,但是,在"1号遗址"台基上仍无法布置正面超过9开间规模的建筑(最多仅达8开间)。当然,假设北魏"1号遗址"原有建筑的空间取更大的宫殿尺度,则达到9开间的假设更不可能成立。甚至如果取到乾元殿那样8米左右的主要间广实际尺度,则"1号遗址"台基至多只容得下一座5开间左右的建筑。

　　基于以上关于建筑间广尺度的讨论,我们可以确知"1号遗址"原有宫殿建筑的开间数大约在5~8之间,而为7~8间的可能性较大。更进一步来说,孝文帝太和十六年(492年)所建太极殿参照的是两晋12间规模的太极殿,其形制当远比"1号遗址"原有建筑高。我们不难断定,"1号遗址"原有建筑绝非北魏平城后期的正殿太极殿(仍不能排除与太极东堂等相关建筑的关联性)。又由于其位于操场城中部偏东位置,也可能与史载平城中宫的有关宫殿相关。至于北魏"1号遗址"夯土台基南面东西踏道所反映的东西双台阶形式,符合中国古代建筑常见的多种正式建筑中遵从三礼的阼阶西阶制度。考虑到可礼之于阶上的大小宫寝等礼仪众多,目前尚不足以说明"1号遗址"原有建筑的功能类型。但就其居于北魏宫城之地而言,至少说明应为达到一定重要性的南向正式宫殿建筑。此外,在"1号遗址"周边也发现了多处疑似相关宫殿建筑的北魏遗迹,也为其与平城宫殿组群的关联提供了支持。

图4　阼阶西阶礼仪

在紧临这一遗址的西侧,是另一北魏大型建筑基址的夯土台基,二者东西并列,基址规模与"1号遗址"相当,出土有大型石柱础,多件半圆形人面纹瓦和大型磨光黑瓦的规格和特征都与"1号遗址"所见相同,说明二者的年代相近,可惜未能进行考古发掘而遭毁弃。在该遗址以西稍南处,即操场城十字路的西南角,当我们在发掘"1号遗址"的同时,另一处建筑工地也见有少量北魏磨光黑瓦残片,但不见夯土层。另外,据《孙子算经》记载,不晚于公元4~5世纪即已存在用砖包砌台基的做法,而这种做法也在大同操场城北魏"1号遗址"的夯土台基有所反映。

"1号遗址"以及相关的发掘工作作为配合城市建设的局部考古项目,受到客观因素的极大限制,其中所见仅称得上是对北魏平城宫殿的管窥。加之从局部解剖沟的探查情况看,其夯土台基本身在局部也有上下两部分的夯土错位叠压的情况,说明至少曾修整过两次或经历过两次利用。尽管已有学者通过比对"1号遗址"烧土层中的兽面瓦当与1995年大同城南北魏明堂遗址发现的类似瓦当,推测"1号遗址"的后一次建造年代可能在太和十五年(491年)左右,但究竟其前后形制等是怎样变化还尚未明朗。[15](P122~126)

图5 大同操场城北魏"1号遗址"出土的瓦当和脊饰等

虽然后来又曾在"1号遗址"以北10米左右处发现了规模大小与之相近的"3号遗址"(破坏严重),并且在形态上很可能是与"1号遗址"通过北部踏道连接,形成前后殿的布局方式等等,但就当前的发现状况而言,也只能引出无限的联想和猜测,而难以形成定论。这也正如"1号遗址"发掘报告提到的,"整个遗址的范围究竟有多大,目前并不是很清楚,台基周围都有应该发掘而未能发掘之处,因此原建筑的周边环境也不是很清楚。这些情况,都妨碍了我们对该遗址特点有更清楚的认识"。[9]尽管如此,"1号遗址"的发现和发掘,确实为进一步寻找北魏平城宫殿遗址和汉代平城县的确切位置以及我们对平城宫殿展开更深入的讨论提供了重要线索。

(二)太官粮窖:大同操场城北魏"2号遗址"以及对其功能的讨论

大同操场城北魏"2号遗址"(以下简称"2号遗址")2007年发现于距离"1号遗址"150米的东北方向,北距大同火车站约1350米,南距明代大同府城北垣550米,距操场城东街145米。"2号遗址"地层中也分别叠有汉、北魏、辽金及以后等三期以上文化层,其中包含5个地下圆缸形粮窖遗迹等的北魏太官粮储遗址是最重要的发现。北魏地层中还分布有与粮窖上部建筑结构有关的瓦件及50多个柱础石。这5座粮窖大小相当,平面均呈圆形,口大底小,底部铺木板,木板上残存有谷物,上口直径范围在10.7米~11.2米之间,下口直径范围在9米~9.3米之间,容积约在186米^3~200米^{3}之间。其中编号为L201、L202、L203、L204的4座由西向东呈一线排列,L205位于L204的北部。

首先,"2号遗址"印证了这一地段汉代与北魏遗迹的同时存在,"北魏粮窖遗址坐落在汉代遗址之上,这种上下叠压关系,与2003年发掘的北魏一号遗址地层关系相同,再次说明这里就是汉代平城县城所在地。"[10]并且,北魏粮窖遗址下叠压有汉代的小型库房,说明汉代平城县的这个区域也可能是用于类似粮窖等的仓储功能,北魏建都于此后仍因袭。

其次,按照北魏粮窖在宫城之内的位置关系,初步判断这很可能就是《南齐书》所载北魏太官管理的粮食"八十余窖"中的一部分。[10] 基本依据为《南齐书·魏虏传》有对此间太官情况的描述:"太官八十余窖,窖四千斛,半谷半米,又有悬食瓦屋数十间,置尚方作铁及木,其袍衣,使宫内婢为之。"[1]

在这里,我们对太官粮窖的容量作了进一步的考察。根据现存南北朝量器铜缶的容积可知,1 南北朝升合今公制 395 毫升。又按古代量制 1 斛为 10 斗,1 斗为10 升,其每窖四千斛折合当今公制为 158000 升,即 158 米³。这与大同操场城北魏"2 号遗址"中保存完好的 L204 粮窖容量,"上口直径 11.2、底部直径 9.1、深2.45 米,体积约合 200 米³"的数字非常接近。这也可对此间粮窖遗址很可能即是北魏宫城太官粮窖的判断在一定程度上加以印证。

"2 号遗址"所揭示的粮窖地段也仅仅是北魏太官机构中的一个局部。历史上太官始置于周、秦,属少府,汉魏因之。太官还是北魏平城宫中执掌御用饮食的机构,当时有这样的记载:"(毛)修之能为南人饮食,手自煎调,多所适意,世祖亲待之,进太官尚书,赐爵南郡公,加冠军将军,常在太官,主进御膳。"[7](卷43,P960) 太官所供饮食,不仅供宫内,而且会给宫外,"(和平)四年春,诏赐京师之民年七十已上太官厨食以终其身。"[7](卷110,P2851) 又如,太武帝拓跋焘太平真君年间,有宠臣卢鲁元卒,"东西二宫命太官日送奠,晨昏哭临,讫则备奏钟鼓伎乐。"[7](卷34,P802) 既然代表太子的东宫和代表太武帝的西宫均安排太官供应酒食以祭亡臣,那么说明太官作为宫城中的一个独立机构,其所辖之地既不属于东宫,也不属于西宫,这也与"2 号遗址"居于宫城中部偏东的位置有所对应。太官的对外执事又见卢鲁元之子卢统与公主大婚时之优待,"车驾亲自临送,太官设供具。"[7](卷34,P802) 又有,"其年,以司徒尉元为三老,明根为五更,行礼辟雍……赐步挽一乘,给上卿之禄,供食之味,太官就第月送之……敕太官备送珍羞。"[7](卷55,P1215) 这反映太官行使对宫外提供厨食职能的频率相当高,应当有靠近宫城南侧的出入口,这样也就更容易接近平城宫城以南仕宦所居之外城。

此外,太官职能还有各类祭礼宰牲备奉馔酒等,不难想象,太官还是北魏宫城中一个重要的后勤供应系统。前面提到的太官之"厨"很可能与《南齐书》中提到的太武帝拓跋焘皇后赫连氏所用"阿真厨"有所关联。[1] 那么,太官就有为属于"中天殿组群"的阿真厨提供厨食等的供应功能,因此距离"中天殿组群"所在之中宫应当也不会很远。

太官的总体规模也不会小,除了前述的八十余座粮窖、数十间悬食瓦屋,还应有一定规模的其他仓储设置。例如在太和十一年(487年),"十有一月丁未,诏罢尚方锦绣绫罗之工,四民欲造,任之无禁。其御府衣服、金银、珠玉、绫罗、锦绣,太官杂器,太仆乘具,内库弓矢,出其太半。"[7](卷7下,P163)可见,太官还管有相当多的笾豆簠簋俎之类厨食进馔器具。

另外,关于"置尚方作铁及木"可能涉及的内容,我们也尝试加以讨论。"尚方"是北魏沿置汉晋以来掌管为皇家供应制造器物的宫内部门,如在东汉即有宦官蔡伦"尚方作纸"的记载,又如曹魏也在宫禁内设立了"中尚方",以御用匠师制作各类较高工艺水平的器物,一般士庶不能享用。北魏平城宫廷中之尚方设置,最早可见于文成帝时期,"和平二年秋,诏中尚方作黄金合盘十二具。"[7](卷110,P2851)既然《南齐书·魏虏传》中在言及太官之后马上又提到"置尚方作铁及木",那么此种金属手工加工所需的较大工场区域很可能与太官临近或相关。又有太和十一年(487年)的记载:"十有一月丁未,诏罢尚方锦绣绫罗之工,四民欲造,任之无禁。"[7](卷7下,P163)这反映了当时尚方除了制造金属器物外,还进行了相当长时间的织锦类手工生产。那么,尚方的这些生产活动即使不是在太官场地之内进行,也很可能是在太官临近的一个大面积区域内。总之,这些后勤制造服务职能,如果会在"2号遗址"太官粮窖的相邻地区大量集中布置,则需要非常大的场地范围,结合对宫城中主要宫殿建筑位置的推测,我们认为于太官所在的宫城中东部又偏东南的位置布置"尚方"当最为合理。

通过以上对古代文献的爬梳,我们试图构建一个历史解释框架去容纳最大涵盖范围的历史事实,具体对已经失去的平城宫城相对位置关系等尽力加以复原考证,推测性地整理出这一距今1600余年的古代都城的相关历史踪迹。虽然不敢说"无一字无来历",并且对于历史文本真伪判断以及既有历史构图和解释的校订尚无力给予更多的关注,但是让史料说话,以实现"历史学高贵的梦想"却总是我们心之所望。只是目前绝大多数北魏平城宫殿遗迹仍埋地下,期待今后不断得以揭示验证。

参考文献:

[1](萧梁)萧子显.南齐书[M].北京:中华书局,1972.

[2]曹臣明.大同调查汉代平城县城址[N].中国文物报.2004-01-09.

[3]张志忠.大同古城的历史变迁[J].晋阳学刊,2008(2):29-29.

[4]曹臣明.平城考古若干调查材料的研究与探讨[J].文物世界,2004(4):9-10.

[5](清)胡文烨.云中郡志[M].大同市地方志办公室1988年标点本.

[6](清)黎中辅.大同县志[M].太原:山西人民出版社,1992.

[7](北齐)魏收.魏书[M].北京:中华书局,1974.

[8]王贵祥等.中国古代建筑基址规模研究[M].北京:中国建筑工业出版社,2008.

[9]山西省考古研究所等.大同操场城北魏建筑遗址发掘报告[J].考古学报,2005(4):485-513.

[10]张庆捷.大同操场城北魏太官粮储遗址初探[J].文物,2010(4):53-58.

[11]张十庆.中日古代建筑大木技术的源流与变迁[M].天津:天津大学出版社,2004.

[12]段智钧.南禅寺大殿大木结构用尺与用材新探[A].王贵祥.中国建筑史论汇刊(第壹辑)[C].北京:清华大学出版社,2008.

[13]张荣,刘畅,臧春雨.佛光寺东大殿实测数据解读[J].故宫博物院院刊,2007(02):28-51.

[14]王银田.试论大同操场城北魏建筑遗址的性质[J].考古,2008(2):69-73.

[15]曹臣明.浅谈大同操场城北魏一号遗址的形制[A].殷宪等.北朝研究(第七辑)[C].北京:科学出版社,2010.

北魏道武帝至明元帝前期平城布局初步探讨

曹臣明[1]　乔丽萍[2]

（1. 大同博物馆，山西大同 037009；

2. 大同大学历史与旅游文化学院，山西 大同 037009）

摘　要：道武帝至明元帝前期的都城，沿用和保持了汉平城县的规模，周回3.9 公里，四面开 12 个门；道武帝时期是否修筑了平城外 20 里的"外城"，值得进一步探讨；城与宫的布局是参照了中原模式，尤其是曹魏十六国邺北城模式；城南也进行了规划，有了南北向的大道——都街；宫的布局，实行西宫与朝堂并列制度，明显是受曹魏邺北城甚至西晋洛阳城等地的影响，延续到了北魏洛阳城。

关键词：平城布局；规模；中原模式；规划

目前北魏平城的考古调查工作虽然进行的较多，但发掘工作仍缺乏系统性，所以对于平城布局的研究，非常艰难。主要依据众多有关平城的文献记载，结合部分平城考古调查资料，参照有关曹魏十六国时期的邺北城、东魏北齐时期的邺南城、西晋曹魏时期的洛阳城、北魏后期的洛阳城、汉长安城、南朝建康城等诸多城址的考古材料和相关文献研究材料成果，[1]进行对比，以求探寻北魏平城布局大小框架的一些初步状况。平城的布局，从重大变化阶段上，应当分成道武帝至明元帝前期、明元帝后期至太武帝时期、孝文帝时期三个重要的阶段。主要研究对象有：城的布局和变化，宫的变化和分布，殿堂的规律性分布和功能，部分城门和街道的位置，以及城内外其他一些建筑的分布位置情况。结合数十年几代人探讨的成果，感觉北魏平城从内到外有了一个大概的轮廓。但是由于北魏平城的复杂性，本文的许多结论仍为初步探讨，希望与各方专家一起继续深入探讨。

一、都城的规模

天兴元年（398 年）正月，随着北魏攻克后燕中山城之后，道武帝也进入邺城，

"巡登台榭,遍览宫城",这次经历对日后平城的建设有重大影响。同年迁都平城后,主要以曹魏十六国邺北城模式进行了城市建设。道武帝后期,计划参照曹魏十六国邺北城、魏晋洛阳城、汉长安城的制度来规划平城的外城、扩大宫室,但是部分规划终止了。

天兴元年(398年)七月,北魏迁都平城(即汉平城),开始了都城的规划和建设。天兴二年(399年)七月,增开京城十二门,也指对汉平城的城垣开启十二道城门。据历年的调查,汉平城县遗址范围为今大同城区北部操场城东、北、西墙之内,向南延伸至明代府城北墙中段之间,东西、南北墙内侧距均为979米左右,[2](P196)周回约为3.9公里,合汉代9.4里(一尺为23.1厘米)。

有些学者对汉平城南部的范围提出不同看法,认为其南缘要向北收缩一些,应该在操场城东西街一线以北。[3]理由是南部发现的地下汉代文化层较少,其次是操场城西墙南部早期夯土墙消失,并且有辽代瓮棺葬的发现。笔者认为,这一担心是不必要的。首先,操场城东西街以南地下的汉代文化层分布仍然非常丰富。1994年最早发现地下汉代文化层分布现象的地点,是在操场城南墙外、明代府城北墙北侧的"城区购物中心"大楼下的开挖基槽中。基槽剖面中汉代至战国的文化层厚约0.2-0.5米,汉代、战国时期陶片、瓦片极其丰富,其中的绳纹陶釜残片、陶豆的标本时代约为战国晚期至西汉初。此文化层上压着北魏文化层,厚度约超过0.2米。正因为这一地点材料的发现,才促使了对操场城地下、地上汉代遗迹的展开调查。这里的原始地表高度(低于现地表约2米)与南部明府城内的原始地表(低于现地表约5米多)相差极大,而同北部操场城内的一致。依此向北,在操场城南街纵向开挖的地沟内,以及路东的铁路一中院内开挖沟槽内,也曾多次发现丰富的汉代、北魏瓦片、陶片。其次,对明府城北墙中段的解剖,多次发现有早于北魏的夯土墙体存在。第三,操场城西街路南的墙体中,包括北魏和汉代的早期夯土墙尚存10余米,路南城墙截面上从外向内依次有明代、北魏、汉代夯土倾斜靠压的现象非常明显。这段墙的更南一段现全部为明代单一的夯土墙,并且墙下发现了辽代的瓮棺葬,但由于再向南到明代府城北墙中段内侧有汉代、战国时期夯土墙与之相呼应,因此原来的汉代、北魏墙体应该是连续的,后来被辽代的遗迹和明代修城、挖护城壕的活动所打破和叠压,也是合理的。对应的操场城东墙南端城外,2014年扩修平城街时,于路北地下约1.8-2米深土层中,也发现早期残墙基向南延伸的遗迹。

道武帝至明元帝前期时期的都城,沿用和保持了汉平城县的规模,周回3.9公里(合汉代9.4里)。

关于这一时期有无外城的问题,许多学者认为道武帝时期修筑了20里的外城,并认为《魏书·太祖纪》中关于天赐三年(406年)筑灅南宫的记载中,"规立外城"的工程系指建平城外城的工程。如天赐三年"六月,发八部五百里内男丁筑灅南宫,门阙高十余丈;引沟穿池,广苑囿;规立外城,方二十里,分置市里,经涂洞达。三十日罢。"[4](P42)理由是《魏书·天象志》中也有记载:天赐三年(406年)"六月,发八部人自五百里内,缮修都城,魏于是始有邑居之制度。"[4](P2392)《魏书·莫含传》也有记载:"后太祖欲广宫室,规度平城四方数十里,将模邺、洛、长安之制,运材数百万根。"[4](P603)单从后面两处记载的内容、时间上看,确实能肯定当时对都城进行了大规模的修缮,比如对汉平城南部进行了规划等。据文献记载,当时汉平城之南已有"都街",表明汉平城之南也有居民居住并有一定的规划。如清河王绍弑君之乱后,个别人犯被处决于城南都街[4](P390)虽然城外有居民,但是一直到太武帝太平真君六年(445年)时的郭城内、汉平城外南面还有墓葬。[4](P3032)说明汉平城南部长期处于民居、墓葬相邻的状态。

但对于是否修筑了平城外20里的"外城",值得进一步探讨。首先,《魏书·太祖纪》中关于建造灅南宫及其外城的记载从逻辑看上并无问题,而且同一卷中记载在此之前已有过在灅水南岸建立新邑的计划:天兴三年(400年)"九月,行幸南平城,规度灅南,面夏屋山,背黄瓜堆,将建新邑"。所谓"新邑",可能是规划中的"都邑"。在黄瓜堆或灅水南建立新都邑,不仅是道武帝,而且也是拓跋猗卢、什翼犍等几代人的夙愿和规划。[4](P323)其原因可能是汉平城的周边地形不太理想:其原始地表为,北部、西部是高起的阶地,南部是低于操场城约4米的凹地,东部为河流,可供城市扩展的平地太小。也许平城的战略位置在代北川地中不如黄瓜堆或灅水南岸适中。其次,如果是在周回汉代约汉代9.4里的平城外围再建外城,与明元帝泰常八年起外垣墙,而且周回二十里的记载有重复之嫌。另外,《南齐书·索虏传》记载"什翼圭始都平城,犹逐水草,无城郭"。[5](P984)

所以,关于这一时期的汉平城之外已建"外城"的提法需慎重,平城的"外城"是在明元帝时期筑造的。

二、主要宫殿布局

1."宫区"

道武帝天兴元年(398年)"秋七月,迁都平城,始营宫室,建宗庙,立社稷"。[4](P42)开始建设和规划平城内的宫殿建设。随后几年里,依次建成了天文殿、中天殿、天华殿、昭阳殿、西昭阳殿、紫极殿等,以及云母堂、金华室、玄武楼、凉风观等其他建筑(见图1)。

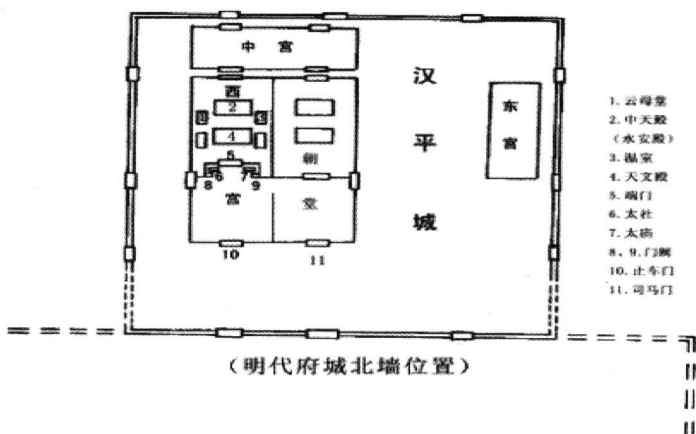

图1 道武帝至明元帝前期宫殿布局示意图

在建设这些殿堂的同时,也建设了将它们围起来的"宫"区。宫的南门为端门,端门附近有太庙和太社;宫中另立宗庙。如《魏书·礼志》记载:"天兴二年(399年),冬十月,平文、昭成、献明庙成。岁五祭……置太社、太稷、帝社于宗庙之右,为方坛四陛……立祖神,常以正月上未,设藉于端门内……又立神元、思帝、平文、昭成、献明五帝庙于宫中,岁四祭。"[4](P2793)

这是发生在天兴二年(399年)的事。记述有明确的"宫"区以及固定配有太庙、太社的端门。最初的宫区包含哪些范围,虽然并不明确,但按照一般逻辑应当是将重要宫殿围在其中。

2.西宫与朝堂

五年之后,天赐元年(404年),又"筑西宫"。[4](P42)"筑西宫"主要是对原宫区功能的一次划分,并不是另建一宫,而是将以大朝主殿天文殿为轴线的一组建筑围起来。西宫与原来"宫"的关系,只从端门的重合上可见到记录。比如天赐六年(409年)道武帝被弑之后拓跋绍在"西宫端门"前召见群臣,[4](P390)与前面"宫"区的端门重合。而且魏晋南北朝时期的"端门"内所对应的主殿是大朝主殿。

对于西宫及附近殿堂的功能和布局,有必要进行深入探讨。从文献记载看,这一时期是实行西宫与朝堂并列制度。西宫内从南向北,应当包括大朝所在的天文殿、皇帝的寝殿天安殿(可能为原先的中天殿所改名称),更北面可能还有皇后寝殿天华殿等。

　　西宫为北魏平城初期"皇宫"的代称,其中有大朝的主殿天文殿。道武帝天兴元年(398年)十二月在此接受百官进奉玺绶,和称呼万岁。明元帝永兴元年(409年)(十二月)"己亥,帝始居西宫,御天文殿"。[4](P50)后于西宫多次大飨群臣。文献中常提到,明元帝早期多次"幸西宫",似乎不常居西宫。后来太子摄政后,自己才避居西宫。直到驾崩于西宫。

　　天文殿、中天殿、天华殿,是北魏平城不同于中原曹魏西晋洛阳城、曹魏邺北城、东魏北齐邺南城等宫殿名的新名称,是自创。天文殿是西宫大朝主殿,位于最前端。中天殿从字面理解是在其后的中间,是皇帝寝殿。后来记载道武帝驾崩于天安殿,则"天安殿"可能为"中天殿"所后改的名称。与中天殿同时建造的还有云母堂、金华室,合成三殿,《南齐书》记载太武帝所居之殿(即寝殿)为"云母等三殿",也是其作为寝殿的一个证据。中天殿北面为皇后寝殿天华殿,按中原习惯,皇后寝殿称昭阳殿,这两个殿名前后应该属同一个。而文献记载天赐元年(404年)道武帝于"昭阳殿"中引导文武朝臣,分置众职,量能叙用,制定爵位,一系列政务活动所在的殿堂,应该是上一年才建好的"西昭阳殿",较合理。

　　西宫主殿前面对端门,端门前面对止车门。明元帝神瑞初(414－415年),命崔宏、长孙嵩、奚斤等八位大臣"坐止车门右,听理万机,故世号八公。"[4](P643)

　　西宫端门前左右方向的门,文献中提到延秋门。《魏书·元烈传》记载:"元绍之逆,百僚莫敢有声,惟烈行出外,诈附绍募执太宗。绍信之,自延秋门出,遂迎立太宗。"[4](P374)与此相对的东门,参照邺北城应该为长春门。[6](P423)当时元绍是将百官们召集到了西宫的端门前。

　　朝堂在西宫东面。如太宗晚年常生病,崔浩建议早立储君。泰常七年(420年)五月,"于是使浩奉策告宗庙,命世祖为国副主,居正殿临朝。司徒长孙嵩,山阳公奚斤,北新公安同为左辅,坐东厢西面;浩与太尉穆观,散骑常侍丘堆为右弼,坐西厢东面。百僚总己以听焉。太宗避居西宫,时隐而窥之,听其决断,大悦。"[4](P813)这里的"正殿"实际上是朝堂,其含义是相对于太子的东宫来说是居于处理国家大政的"正殿"。总之,从这段文字可知,西宫距朝堂很近。朝堂不仅是皇帝日常处理接见大臣、处理政务的地方,明元帝初期这里也是大臣们处理刑狱的地方。如永兴三年(411年)"冬十二月……甲午,诏南平公长孙嵩、任城公嵇拔、白马侯崔玄伯等坐朝堂,录决囚徒,务在平当"。[4](P51)

　　平城朝堂的门没有文献记载,但是,由于平城是参照邺北城、曹魏西晋洛阳城来规划的,因此初期的朝堂南面很可能对应的是"司马门"。止车门对应大朝正殿,司马门对应朝堂。这种两组并列的宫殿布局制度,直到北魏迁都洛阳后还保

留。如世宗时下诏曰:"御在太极,驺唱至止车门;御在朝堂,至司马门。"[4](P1421)

3. 东宫和丰宫

在天赐元年(404年)筑西宫的同时,也筑了东宫。《魏书·世祖纪上》记载太武帝拓跋焘于天赐五年(408年)生于东宫。[4](P69)东宫建造的时间要早于天赐五年,可能与西宫同时。

明元帝时期,神瑞元年(414年),起丰宫于平城东北,按早期汉语方位习惯,应该是在城外东北。平城内可见记载的宫有西宫、东宫等。

4. 郊外离宫

道武帝时期于北郊筑造了北宫(今古店村一带)、离宫犲山宫(今"采凉山"即唐代"采掠山"西面,灵泉宫北面),在南部远郊筑造了离宫灅南宫及其外城。明元帝泰常年间,在西苑、北苑蓬台附近、东苑白登山上,以及南部远郊的灅水南岸分别筑造离宫。为确保苑囿内离宫、鱼池、虎圈以及白登山宗庙的安全,后又加固了旧苑墙。

道武帝至明元帝前期,城与宫的布局是参照了中原模式,尤其是曹魏十六国邺北城模式。城的规模是以汉平城为都城,四面开12个门。城南也进行了规划,有了南北向的大道——都街。宫的布局,实行西宫与朝堂并列制度。西宫内有皇帝登基、大飨百官群臣的主殿、皇帝的寝殿,西宫南面正门是端门,向南对应止车门。西宫东侧为朝堂,是皇帝及大臣处理日常政务的地方,最前方的大门为司马门。西宫之北可能为皇后的寝宫。西宫西面可能还有另一功能的区域。西宫、朝堂以及后面可能存在的后宫的整体外围为一个大区域。平城内东面有太子常居的东宫。殿堂划分,西宫内皇帝登基的正殿为"天文殿",其后寝殿可能为"中天殿",中天殿在道武帝后期可能改称为"天安殿",寝殿两侧,西面有云母堂,东面有温室。大朝正殿和后面寝殿布局的基础一直延续到文成帝前期,基本未变。这一阶段西宫与朝堂并列的现象,明显是受曹魏邺北城甚至西晋洛阳城等地的影响,延续到了北魏洛阳城。

参考文献:

[1]中国社会科学院考古研究所等.邺城考古发现与研究[M].北京:文物出版社,2014;杜金鹏,钱国祥.汉魏洛阳城遗址研究[M].北京:科学出版社,2007;傅熹年.中国古代建筑史(第二卷)[M].北京:中国建筑工业出版社,2001.

[2]曹臣明等.汉代平城县遗址初步调查[A].山西省考古学会论文集(三)[C].太原:山西古籍出版社,2000.

[3]张志忠.大同古城的历史变迁[J].晋阳学刊,2008(02):28-35;王银田.

试论大同操场城北魏建筑遗址的性质[J].考古,2008(02):67－79.

[4](北齐)魏收.魏书[M].北京:中华书局,1974.

[5](南朝梁)萧子显.南齐书[M].北京:中华书局,1972.

[6]徐光冀.曹魏邺城的平面复原研究[A].中国考古学论丛[C].北京:科学出版社,1993.

北魏平城中的宫城布局研究

李 海

（山西大同大学物理与电子科学学院，山西 大同 037009）

摘 要：通过查阅文献，并结合考古调查资料，讨论了北魏平城宫城的位置、规模及其建筑布局，宫城位于操场城北部三分之二的城圈范围内，而东宫则应该在今御河东古城遗址。

关键词：北魏平城；宫城；布局

北魏平城位于今山西省大同市。战国时期，赵武灵王最早开辟大同，使之成为赵国的边陲要地。秦朝因之。西汉始置平城县。西晋建业元年（313 年），鲜卑首领拓跋猗卢建立代国，"城盛乐以为北都，修故平城以为南都"。[1](P8)天兴元年（398 年），道武帝拓跋珪称帝，建立北魏。是年十月，"迁都平城，始营宫室，建宗庙，立社稷"，[1](P33)拉开了平城建设的序幕。经道武帝、明元帝初创，太武帝、文成帝扩建，孝文帝完善，历时 96 年，使北魏平城成为当时中国北部政治、军事和文化的中心。从明清到近现代，为数众多的中外学者对平城遗址作了广泛的研究，当代亦有不少考古发现，为探明平城遗址提供了证据。但以往的研究中，专门讨论平城宫城布局的文章较少，也不够深入。为此，本文试图通过查阅文献，并结合考古调查资料，对北魏平城中的宫城布局作探讨。

一、宫城的位置

北魏平城的宫城是在汉代平城县城的基础上建设起来的。道武帝拓跋珪自盛乐迁都于平城，太武帝"截平城西为宫城"，[2](P984)所指均为汉平城县。汉晋之际，平城县屡有兴废。其实际位置，近代以来有众多考证说法。目前，大部分研究者趋于接受其位于今大同城北门外的操场城一带。操场城亦称北小城，是明代大同府城北门外的关城。明景泰年间（1450—1456 年），由巡抚都御史年富所筑。考古调查资料显示，操场城东、西墙内侧间距近 980 米，南、北墙内侧间距近 850 米，其北墙距明大同府城北墙近 980 米。操场城的北墙和东、西墙的北部，存在早、中、晚三期墙体相互挤靠叠压的现象，从早到晚为自内向外的方向排列。早期的夯筑物为汉代平城县的城垣,中期的夯筑物为北魏平城宫城的城垣,晚期的夯筑物为明北小城的基址。由此,可判断出汉平城县城的范围[3]:大体在操场城北部2/3的城圈内,东西长近980米,南北长约600米。平城宫城是在汉平城的外侧增筑了墙体,基本限于汉平城的规模,其南界距明大同府城北墙约400米。

二、西宫

不少学者认为,平城宫城是由西宫和东宫两部分组成的,其实不然。早在汉代,就有"东宫""西宫"的称谓。东宫专指皇帝母亲皇太后或祖母太皇太后的宫殿,西宫则专指皇帝办公和居住的场所,后世成为含有政治意义的专用名称。北魏天兴元年(398年),道武帝定都平城时,其母献明太后于皇始元年(396年)已崩,不存在为其母立"东宫"之事。另外,当时尚未明确太子制度,也没有建设后来的太子之宫——东宫。孝文帝迁都洛阳后,把平城宫城称为"平城宫",以便与新都洛阳的宫城名称相区别。因此,北魏平城的宫城就是沿用汉代"西宫"的称谓,专指皇帝在都城内办公和居住的场所,谓之皇宫,并无地域或方向的概念。

道武帝迁都伊始,便规划了平城宫城的布局,"规度平城,四方数十里,将模邺、洛、长安之制"。[1](P604)接着,便对宫城进行了大规模的营建。天兴元年,建天文殿。次年,建天华殿、中天殿、云母堂和金华室。以上三殿、一堂、一室是平城宫城中最早的一组建筑。天兴二年,建太庙、太社及西武库。天兴四年五月,起紫极殿、玄武楼、凉风观、石池和鹿苑台。[1](P33-38)天兴六年,筑西昭阳殿。道武帝又筑天安殿(何时所筑,史无明载)。天赐元年(404年),"冬十月辛巳,大赦,改元,筑西宫"。[1](P42)此处"筑西宫",是指对西宫城垣作了增筑。天赐六年(409年),道武帝病于天安殿,崩于斯。[1](P44)

西宫是道武、明元两帝的办公、居住之所,亦是召开会议、朝会万国、宴请群臣的场所。史载,明元帝永兴元年(409年),"十有二月己亥,帝始居西宫,御天文殿"[1](P50);永兴四年,"夏四月乙未,宴群臣于西宫,使各献直言";神瑞二年(415年),"二月丁亥,大飨于西宫,赐附国大渠帅朝岁首者缯帛金罽,各有差",等等。随着军事、政务活动的增多,明元帝想扩大西宫的规模和面积。对此,《魏书·太宗纪》记载,泰常八年(423年),"冬十月癸卯,广西宫,起外垣墙,周回二十里。十有一月己巳,帝崩于西宫,时年三十二"。[1](P64)由于提出"广西宫"规划后27天,明元帝就去世了,实际上"广西宫"的规划并未实施。

始光元年(424年),太武帝拓跋焘即位。随即,对西宫进行了大规模的改造和营建。"(始光二年三月)庚申,营故东宫为万寿宫,起永安、安乐二殿、临望观、九华堂。"[1](P70)"故东宫",指位于宫城东部的一座普通宫殿,太武帝出生于斯。"营故东宫为万寿宫",即将原东宫的规模扩大,改建成一个小型宫殿建筑群的单元体,名曰万寿宫。其内主体建筑是永安殿、安乐殿及九华堂。后来,在此发生了几件重大事件:其一,正平元年(451年)三月,太武帝"崩于永安宫",为太监宗爱杀害;其二,正平二年,文成帝拓跋濬在万寿宫中,"即皇帝位于永安前殿";其三,承明元年(476年),献文帝拓跋弘"崩于永安殿",疑被文明太后赐死。可见,"万寿宫"是一个较为封闭、易于控制的宫中之宫。

文成帝即位后,给事中郭善明劝其大起宫室。重臣高允谏曰:"今建国已久,宫室已备。永安前殿足以朝会万国,西堂、温室足以安御圣躬,紫楼、临望可以观望远近"。[1](P1073) 由此可知,永安殿亦是文成帝时的主殿,其前殿是举行国家大典和朝会万邦之所。西堂、温室供皇帝办公、居处之用。临望观"可以观望远近",与紫极殿、玄武楼遥相呼应。太安四年(458年),文成帝建太华殿。[1](P116) 该殿雄伟壮丽,成为新的听政和朝会之所。和平六年(465年),文成帝崩于斯。其后,太华殿又成为文明太后两度临朝称制的宫殿。延兴元年(471年),孝文帝"即皇帝位于太华前殿",[1](P135) 足见太华殿的重要性。

文成之朝还有过寿安宫的记载。《魏书·高宗纪》曰:(和平元年四月)"戊戌,皇太后常氏崩于寿安宫"。常氏抚养文成帝有功,被尊为保太后。寿安宫为常太后所居之处,因要抚养幼年的太子,应在东宫。从其名称寿安宫看,或为万寿宫(故东宫)中的一座主殿,乃太武帝"营故东宫为万寿宫"时所造。

文明太后—孝文帝时期,也对宫城进行了大规模的兴建。太和元年至十年(477—486年),先后建成太和殿—思贤门、安昌殿—朱明门、坤德六合殿、乾象六合殿、思义殿、经武殿、东明观、宣文堂、皇信堂等殿堂观阁。太和十四年(489年),文明太后崩。太和十六年,孝文帝拆毁太华、安昌等殿,另建太极殿。对此,《水经注·漯水》曰:"太和十六年,破太华、安昌诸殿,造太极殿、东西堂及朝堂。夹建象魏、乾元、中阳、端门、东西二掖门、云龙、神虎、中华诸门,皆施以观阁。东堂东接太和殿……太和殿之东北接紫宫寺,南对承贤门,门南即皇信堂,堂之四周,图古圣、忠臣、烈士之容,刊题其侧,是辨章郎彭城张僧达、乐安蒋少游笔。堂南对白台,台甚高广,台基四周列壁。阁道自内而升。国之图录秘籍,悉积其下。台西即朱明阁,直侍之官,出入所由也。"[4](卷13)

对照上述记载,结合考古调查资料,对上述建筑的大体布局作一分析。

2003—2008年,山西省考古研究所和大同市考古研究所、博物馆等单位在操场城发掘了三处北魏遗址,分别命名为大同操场城一号遗址、二号遗址、三号遗址。三处遗址均位于操场城东北部:一号遗址为一夯土台,东西长44.4米,南北宽31.5米。其西距今武定北路(操场城南北中轴线)东侧约90米,南距操场城东街(大同四中门前)约110米;二号遗址在一号遗址东北,二者相距150米,其西距定北路约 200 米;三号遗址在一号遗址之北,二者相距 10 米。专家考证,一号为太和殿前殿遗址,三号为太和殿后殿遗址,二号为太官粮储遗址,由一、三号遗址结合文献所载,可证平城宫城中的主殿皆为前、后殿制。[5][6] 如文成帝"即皇帝位于永安前殿",孝文帝"即皇帝位于太华前殿",等等。另外,以一号遗址为坐标参照系,以推想出孝文帝迁都洛阳前,平城宫城建筑的布局,如图 1 所示。

"造太极殿、东西堂及朝堂","夹建"宫城诸门,是说象魏(双阙)、乾元门、中阳门、端门、二掖门"夹建"于各殿堂之间。由此,乾元门是宫城正门(位于南北中轴线上),其外是双阙。进乾元门向北,依次是朝堂、中阳门、端门及东西二掖门、太极殿。太极殿之西、东分别是西堂、东堂。东堂之东是太和殿。西堂、太极殿、东堂和太和殿自西向东一线排布。由考古资料可知,太和殿(一号遗址处)西距武定北路约 90 米,南距操场城东街约 110 米。估计东、西堂和太极殿的东西距离有150 米,则太极殿应位于武定北路北部,南距操场城东街亦约 110 米。

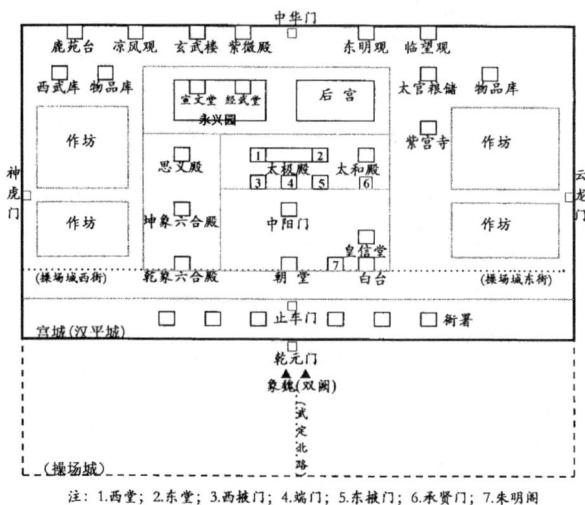

注: 1.西堂; 2.东堂; 3.西掖门; 4.端门; 5.东掖门; 6.承贤门; 7.朱明阁。

图1 孝文帝迁洛前平城宫城建筑布局推想图

《魏书·高祖纪》记载,太和十七年(492 年),"……改作后宫,帝兴永兴园,徙御宣文堂"。[1](P171) 魏晋邺城宫城中的后宫在主殿之北,平城宫城"模邺、洛、长安之制",由此,太极殿之北是后宫。后宫西侧是永兴园,其内有经武殿、宣文堂。

太和殿以南,依次是承贤门(思贤门)、皇信堂、白台。承贤门是太和殿的宫门,皇信堂是文明太后和孝文帝政务活动的主要场所,白台是皇家图书馆。白台西侧是朱明阁。原安昌殿之门为朱明门。建太极殿时,拆毁安昌殿,可能改建为太极殿东堂,朱明门则饰以门楼,成为朱明阁,直侍之官由此出入。

太极殿西堂之西应是思义殿、坤德六合殿、乾象六合殿分布的区域。东明观在宫城北端，与太武帝所建的临望观相并列。

《南齐书·魏虏传》尚载："殿西铠仗库屋四十余间，殿北丝绵布绢库土屋一十余间……太官八十余窖，窖四千斛，半谷半米。又有悬食瓦屋数十间，置尚方作铁及木，其袍衣，使宫内婢为之"。[2](P984)"殿西铠仗库屋四十余间"指西武库；"殿北丝绵布绢库土屋一十余间"指丝绵布库；"太官八十余窖，窖四千斛"，指太官粮储（二号遗址处）。北魏太官掌管百官膳食，属光禄勋；"悬食瓦屋数十间，置尚方作铁及木"，指铁器及木器的作坊。尚方，古代掌管和制办宫廷饮食、器物的官署。秦置，属少府。汉末，分为左、中、右尚方。北魏孝文帝改少府为太府，三尚方均属太府寺；"其袍衣，使宫内婢为之"，指宫中所用一般衣服，为宫女所作，当然应有制衣作坊。宫城的东、西两端有较大的空间，是铁器、木器、丝绵布及衣服等物品的原料、成品库区以及作坊区。

北魏平城时期，衙署布局，史无记载。由以上分析可知，宫城南端尚有空地，可置高级衙署。魏晋邺城宫城之南端置高级衙署，"模邺、洛、长安之制"的平城宫城，亦当如此。

宫城城门的布局也是一个重要问题。早在道武帝天兴二年，就"增启京师十二门"。但平城宫城地域狭小，若是四周城墙各开三门，则既不利于防卫，也无必要。可能是原四座城门两侧各开侧门，共计12门。《南齐书·魏虏传》曰："伪太子宫在城东，亦开四门"。[2](P984)此处"亦开四门"，是相对于宫城而言的，故宫城四周有四门：南曰乾元，北曰中华，东曰云龙、西曰神虎。且门上"皆施以观阁"，即装饰了城门楼。乾元门外所建的双阙，位于今操场城南部，符合清代胡文烨《云中郡志·古迹》"后魏宫垣条"所载："府城北门外，有土台东西对峙，盖双阙也"。

三、东宫

北魏平城时期，东宫系指太子宫，而东宫之称谓始于太武帝。《魏书·世祖纪》记载，太武帝于"天赐五年（408年），生于东宫，体貌瑰异，太祖奇而悦之"。[1](P69)此"东宫"应是西宫建筑群中的一座普通宫殿，没有记载其始建的时间及名称。是时，类似的建筑应为数不少。由于拓跋焘于泰常七年（422年），封泰平王，为监国，总摄百揆。之后，该殿才在《魏书》中被称为东宫。太武帝即位后，如前文所述，于始光二年"营故东宫为万寿宫"，仍为西宫宫殿群中的一部分。

太武帝延和元年（432年）秋七月"筑东宫"，[1](P81)是为太子拓跋晃筑太子宫，这才是真正意义上的东宫。两年后，"东宫成，备置屯卫，三分西宫之一"。《南齐书·魏虏传》亦载："伪太子宫在城东，亦开四门，瓦屋，四角起楼。妃妾住皆土屋。婢使千余人，织绫锦贩卖，酤酒，养猪羊，牧牛马，种菜逐利……伪太子别有仓库"。[2](P984)这些记载可以说明两个问题。

其一,东宫规模庞大。东宫之中,要有满足太子、妃妾和"婢使千余人"的生活居住之所及必备的粮库、各类物资库("伪太子别有仓库");要有满足太子及其下属的办公之所;要有满足宫女织绫锦、酿酒的作坊、原料库和成品库;要有满足"养猪羊,牧牛马,种菜逐利"的生产场地。显然,东宫是规模庞大的独立建筑系统。建筑单元层次分明,宫殿城垣、设施完善、防御森严。诚如《南齐书》所言,"备置屯卫,三分西宫之一"。

其二,东宫位于郭城之东。《南齐书》云"伪太子宫在城东",并非位于宫城内的东部。是时,平城的外城、郭城体系已经建成,东宫则位于郭城外的东部。首先,东宫规模庞大,其内设有"养猪羊,牧牛马,种菜"之处,如果置于西宫(皇帝办公、居住之所),多有不便;其次,东宫"亦开四门,瓦屋,四角起楼",如果置于西宫内,没有必要。另外,《魏书·高允传》记载:"初,(崔)浩之被收也,允直中书省。恭宗使东宫侍郎吴延召允,仍留宿宫内。翌日,恭宗入奏世祖。命允骖乘,至宫门"。[1](P1070)骖乘,即一车驾三马。骖乘,古代乘车在车右陪乘的人。可见,东宫、西宫应有一定的距离,否则没有必要使用驾三马之车。因此,太武帝延和元年所筑的东宫,不在宫城(西宫)之内,也不在西宫的东部。

那么,东宫位于城东何处? 城东,应为郭城之东。平城东郭城垣建在何处,目前尚无定论。不过,有一点是明确的,即凡言城东建筑者,应在御河两岸。《水经注·水》记载,御河东岸有静轮宫、大道坛庙、祇洹舍等建筑,西岸边有一座三层佛塔。如东郭在如浑东水(今御河)西岸所筑,则东郭至御河西岸之间地域狭小,故仅筑一座三层佛塔。而东岸地域宽广,可营造大型建筑。大道坛庙为道教建筑,是道士寇谦之于始光二年(424年)所造,外形类似北魏平城明堂。静轮宫亦是道教建筑,其台榭高大宽广,太平真君十一年(450年)将其拆毁。祇洹舍为佛教建筑,是著名建筑家阉人王遇于孝文帝太和年间所建,其椽瓦梁栋,台壁棂陛,尊容圣像,规模宏伟。这些建筑占地面积广大,只能建在东岸。另外,太武帝始光初年,大规模地改造和营建西宫的同时,在御河之东亦大兴土木。《魏书》卷84《儒林传序》曰:"世祖始光三年(425年)春,别起太学于城东"。太学规模宏大,当然要建在御河之东。同理,东宫亦建在御河之东。有的学者认为,今御河东古城村西南坡边、平城桥西端南侧有夯土台,俗名二猴圪瘩,乃是祇洹舍遗址。而古城村的古城遗址,或为东宫遗址。[5]笔者以此看法为是,并认为"别起太学于城东",应在东宫附近。

综上所述,北魏平城宫城(西宫)基本限于汉平城的规模,位于今操场城北部三分之二的城圈范围内。东宫及太学位于今御河东古城村的古城遗址。

参考文献：

[1]（北齐）魏收.魏书[M].北京：中华书局,1974.

[2]（萧梁）萧子显.南齐书[M].北京：中华书局,1972.

[3]张志忠.大同古城的变迁[J].晋阳学刊,2008(02):30-37.

[4]（北魏）郦道元注,杨守敬,熊会贞疏.水经注[M].南京：江苏古籍出版社,1989.

[5]殷宪.北魏平城考述[A].北朝研究(第七辑)[C].北京：科学出版社,2008:50-83.

[6]曹臣明.浅谈大同操场城北魏一号遗址的性质[A].北朝研究(第七辑)[C].北京：科学出版社,2008:122-126.

大同北魏平城形制与建城年代探析

陈连洛[1]　郝临山[2]

（1. 山西大同大学云冈文化研究中心，山西 大同 037009；

2. 山西大同大学煤炭工程学院，山西 大同 037003）

摘　要：综观古今有关史料与考古遗迹，大同北魏平城形制应是自内而外由宫城、皇城、京城、郭城组成的四重城垣。皇城、宫垣在京城北中部的汉故平城及今操场城中，其京城形制为南北长 7 里（古里，下同），东西宽 3 里的长方形之城（明府城仅为其南半城），即南起明府城南墙，北至现火车站一带，计南北长约 4000 米，东西宽约 1730 米的范围内。其建城时间亦当如《魏书》所记："泰常八年（423 年），广西宫，起外垣墙，周回二十里"。

关键词：北魏平城；城址形制；建城年代

大同，作为国务院首批公布的 24 个历史文化名城之一，其前身平城曾为北魏京都近百年。北魏京都平城遗址范围、形制布局以及何时建城等，虽经多位考古专家的考证和诸多学者的积极探求，轮廓业已渐次明晰，但未达到认识的统一。作者愿在学术讨论范围内，探求历史面貌，提出一点认知供讨论。

一、平城形制布局与遗址

大同市考古所前所长张畅耕先生等考古专家以及市三晋文化研究会、史志办和诸多学者，均对平城形制布局与遗址进行过考证和积极探索。高平、力高才先生在《试探北魏平城》一文中认为："平城的城区包括四个部分，即汉平城、宫城、外城、郭城"。[1]（P59）近几年来，殷宪先生对此研究较详，按其 2008 年在《大同日报·云中讲坛：北魏与平城》一文所述，亦大致可分为宫城、皇城、京城、郭城四部分。[2]现综合有关史料及史籍所记，分述如下：

宫城（垣）：北魏"天兴元年（398 年）秋七月，迁都平城"（此汉故平城），"截平城西为宫城"，起"天"字号三大殿等；"天赐元年（404 年）十月，筑西宫"（是否为"截平城西为宫城"而称者？），"永兴元年（409 年）十二月，帝始居西宫，御天文殿"；"永兴四年（412 年）四月，宴群臣于西宫"；"泰常八年（423 年），广西宫"；

"延和三年(434 年)东宫成,三分西宫之一"的"西宫"及后者太华(458 年)、太和(477 年)、太极(492 年)诸殿所在之宫殿群谓之宫,其当然应有宫墙(垣),可称为宫城。宫垣南门口当有太和十六年(492 年)所建象魏(双阙),即《云中郡志·古迹·后魏宫垣》条所记之"府城北门外,有土台东西对峙,盖双阙也",[4](P56)有似如今北京故宫午门两边的雁翅楼,其范围大致在今操场城范围内,也即汉故平城中。

皇城:北魏宫垣建在穆帝六年(313 年)"修以为南都"的汉故平城之内,则北魏之初称汉故平城为"京师""都城",如"天兴二年(399 年)八月,增启京师十二门";"天赐三年(406 年)六月,缮修都城"者,亦即与"泰常八年(423 年),广西宫,起外垣墙,周回二十里"相对而为内城(墙)的汉故平城谓之皇城。当为今操场城及其南至明府城北墙(中段)部分,所围约方千米之城。

京城:"泰常八年(423 年),广西宫,起外垣墙,周回二十里"者为之京城(平城),其相对皇城在外而称"外垣墙"(外城),亦为唐辽金元所沿用者,为东西三里,南北七里(古里 576 米)的长方形城。今之明府城,为其"南之半"(南半城),故周十三里。即南起明府城南墙,北至现今火车站一带,计东西 1730 米,南北约 4000 米范围内。(参见《大同北魏明堂方位与平城遗址》一文[5]。)

郭城:"泰常七年(422 年)筑平城外郭,周回三十二里"者为之郭城,其当围绕外城(京城、平城)而存。张畅耕、张志忠、殷宪诸先生对此均有独到见解,只是尚无定论,须进一步考证探索。倘若以与京城均等间距考虑,则可约为南北 10 里,东西 6 里的长方形城。但古有"凡立国都……因天材,就地利,故城郭不必中规矩,道路不必中准绳"(《管子·乘马》)之说。考虑到地形变化及如浑水的存在,则可能不那么规矩均等。但有两点可否考虑:一是古人云"大城不可以不完,郭周不可以外通"(《管子·八观》),郭城跨河(如浑水)而建的可能性较小。二是《水经注》曰:"如浑西水,又迳平城西郭内……城周西郭外有郊天坛……其水南又屈迳平城县故城南";[6]尚有"天兴二年,引武川水注之苑中,疏为三沟,分流宫城内外"者,此由北、西所来二水总要先进北、西郭内,才可能"迳西郭内""分流宫城内外"和"屈经平城县故城南"的。再据大同地形,西北高而东南低,故宫城西、北是应有郭城的,即郭城是应包围京城、皇城与宫城的。

综上,北魏平城形制,当为自内而外由宫城、皇城(或有部分重合共用之可能)、京城(平城)及郭城组成的四重城垣。

二、平城(京城)建城年代

在现今诸多学者的研究中,认识一致的是:北魏平城有周长 20 里的京城,并认为唐、辽、金、元所沿用者,亦即此城。《辽志》更记载西京大同城"广袤二十里",与之同。明府城则"因"其"南之半",即为其南半城而成十三里之周。也以此(并考古资料)为据推算,平城为南北 7 里,东西 3 里的长方之城,周回 20 里(古里)。应该说,在《魏书》中"作东西鱼池""幸代园山,建五石亭""观九十九泉,造石亭"都记入正史了,那这"周回二十里"的京城是不可能不记、漏记或误记的。而在《魏书》《北史》及《通鉴》中所记"周回二十里"者,仅有"泰常八年,广西宫,起外垣墙,周回二十里"这一条,也应是真正具有唯一性的,当为之莫属的。但所见文章多将其归入太祖天赐三年(406 年)条:"六月,发八部五百里内男丁筑灅南宫,门阙高十余丈;引沟穿池,广苑囿;规立外城,方二十里;分置市里,经涂洞达,三十日罢"中,[3](卷2,P42) 即认为北魏平城(京城)建于太祖天赐三年,而文中之"灅南宫"是"平城宫""西宫"之"误记"。对此似觉难以理解。明明记为灅南宫,怎么说是"平城宫"呢? 此记是否真的错了呢? 作者遍查有关史籍,现对此提出如下看法,以讨论天赐三年"筑灅南宫"的记述到底有无其事,是史书原记有错,还是后世传而为讹,抑或今人理解有误。

首先,《魏书》是北魏正史,《太祖纪》又是魏收原史,非佚而后补者,而魏收"在北魏末年,他就参加所谓'国史'和起居注的编写……修史长期是他的专职",(《魏书》出版说明)[3] 虽在北齐完成《魏书》,但也可以说是北魏人写北魏事,且"筑灅南宫"乃天赐三年之大事。"天赐三年"条,共记述 239 字,而"筑灅南宫"事就有 48 字,占 20%。再说,古代皇家"右史记言,左史记行",专司其职。更建一石亭也记于史,象灅南宫(城)这样大的工程,当不至于是将"平城"误记而成。另外,二者音不相同,字形不相近,地望亦不在一处,也不易于出此错误;《北史》《通鉴》又均有相同记述,何况又系"先有规度",后行筑建,乃顺理成章之事。

其次,若将天赐三年所记"灅南"二字改为"平城",则此段文字记述中将存在如下矛盾:所记"门阙高十余丈",与《水经注》所记"太和十六年,造太极殿……夹建象魏"不相一致,[6](卷13,P425) 时间提前了 86 年。而在《魏书》太和十七年中有记"今诸边君蕃胤皆虔集象魏",正与《水经注》所记时间相应合,但在此前,则无相关记述。且在"泰常八年广西宫"(当首先东扩东半城)前,宫垣尚在原平城之西半部,而后来之中轴线尚未形成,则"东西对峙"的双阙也不便建于此处。所记"规立外城,方二十里"。方者,方形,即"方二十里"者,非指周回、周长,也非平方、面积,而是"见方",指正方形的边长。又《魏书》卷七下,"太和二十年,又诏汉魏晋诸帝陵,各禁方百步不得樵苏践踏"者,当不会指"周百步"范围等。且若果真如此,则为边长 20 里,计周回 80 里之城,而平城无此大城。若以方城计,也仅可称"方八里"而已。再者,平城近如浑水,因水向而城南北较长,似如《晋书》姑臧"卧龙城",即非"方"城,故当称"周回"而不可言"方"。另,《魏书》中关于城、郭、苑之周长多记为"周回",如"泰常六年,筑苑,周回三十余里","泰常七年,筑平城外郭,周回三十二里"等,而此处为"方",也可见其义不同。

第三,也与其他文献记述有矛盾。《南齐书·魏虏传》记:"什翼珪(太祖道武帝)始都平城,犹逐水草,无城郭,木末始土著居处"。[8](P984)将建城时间归入天赐三年,则与所记太祖时尚"无城郭"不合,而《魏书·太宗纪》所载"始土著居处"又正与泰常七年、八年所记筑郭、建城相一致。《水经注·漯水》:漯水又东北迳魏亭西,盖皇魏天赐三年之所经建也"。[6](P422)所言时间、地点均与《魏书·太祖纪》天赐三年所记"筑灅南宫"事相吻合,即并非天赐三年所记应为平城而非灅南者之说。

第四,查阅《魏书》及有关史籍尚可看出,天赐三年建灅南宫城,还可说是有原因、有规划、有行动、有物证的。

其一,原因:昭成帝什翼犍建国元年(338年)"即位于繁峙之北"。岳湘、力高才《大同博览》曰:珪之祖父"什翼犍为代国国君,曾都繁峙(今浑源县西)"。[8](P757)(建国)二年即"议欲定都灅源川"。及后者道武帝"将建新邑""将建新都"者,且是在"太祖欲广宫室,规度平城四方数十里",[3](卷23,P604)召莫题,论兴造,"题久侍稍息,珪怒,赐死"的情况下,有如《通鉴》所记"于是发八部……"而作,[10](卷114,P3591)也当有一定的因果关系。再说,若莫题将平城"规度"好,并动工兴造,又何以赐死? 即筑灅南宫(城)之因,恐是"将建新都"。

其二,规划:《魏书·太祖纪》:"天兴六年(403)九月,行幸南平城,规度灅南,面夏屋山,背黄瓜堆,将建新邑";《通鉴》卷113记为:"规度灅南,将建新都"。[9]

其三,行动:"天赐三年六月,发八部五百里内男丁筑灅南宫……三十日罢"。

其四,物证:《水经注·漯水》所记:"池水又东北注桑干水,为漯水,并受通称矣。漯水又东北迳魏亭西,盖皇魏天赐三年之所经建也……漯水又东流四十九里,东迳巨魏亭北……",[6](卷13,P422)所记时间、地点与《魏书》天赐三年"灅南宫"条相一致。而《魏书·太祖纪》天赐三年所记的"五石亭""石亭"等另外两项建筑,前者系"太祖北巡"之中于二月在代园山所建,后者则为八月"观九十九泉"时所造,方向、地点均与《水经注》不相合。其所记"盖皇魏天赐三年之所经建也"者,无疑可为物证。

综上所述,完全有理由认为,《魏书》所记天赐三年"筑灅南宫"之事无误,即该年确已动工筑灅南宫新城了,只是"三十日罢"而已。罢者,有停、歇、休、止之意,即中途作罢,未成而停。正因为如此,才又有泰常五年"起灅南宫"之事(规模、功能不同前者)。何况,30天时间是无论如何也建不成那宫苑城池俱全,市里经济齐全的"方二十里"的大城的。

由此可见,《魏书》所记"天赐三年筑灅南宫"事确实有之,但将"筑灅南宫"推定为"筑平城宫"恐为不妥。依《魏书·天象志三》所载"缮修都城"为据,此当是指修缮、修补旧城,而非新建大城。故认为《魏书》此记无误,即平城京城建城时间正如《魏书》所记,为太宗泰常八年(423 年)"广西宫,起外垣墙,周回二十里"。

三、结语

大同北魏平城形制是自内而外由宫城、皇城、京城、郭城组成的四重城垣。京城建城时间为泰常八年(423 年)。目前大同恢复和重建的城墙是依明代城墙为廓,而明代大同府城墙是在北魏京城南半部城墙的基础上所增高加厚扩建的(佐证另文讨论)。探讨北魏平城形制与建城年代,对开发大同历史文化名城的旅游资源提供更多史料,具有重要的实用价值和意义。

参考文献:

[1]高平,力高才.试探北魏平城[A].姚滨等.大同史论精选[C].北京:新华出版社,1994.

[2]殷宪.云中讲坛:北魏与平城[N].大同日报,2008-06-07(11).

[3](北齐)魏收.魏书[M].北京:中华书局出版社,1974.

[4](清)胡文烨.云中郡志[M].大同市地方志办公室点校本,1988.

[5]陈连洛,郝临山.大同北魏明堂方位与平城遗址[J].山西大同大学学报(社会科学版),2010(2):30-33.

[6](北魏)郦道元著,王国维校.水经注[M].上海:上海人民出版社,1984.

[7](萧梁)萧子显.南齐书[M].北京:中华书局出版社,1972.

[8]岳湘,力高才.大同博览[M].香港:新世纪出版社,2001.

[9](宋)司马光.资治通鉴[M].北京:中华书局,1956.

北魏平城京郊的礼制性建筑与祭祀活动

张月琴　马志强

（山西大同大学云冈文化研究中心，山西 大同 037009）

摘　要：结合北魏京郊的祭祀活动可以看出，北魏平城时期的礼制性建筑大体可以分为两类：一是祭祀神灵或祖先的场所，如郊天坛、圜丘、祖庙；二是皇帝召开会议、朝会万国、宴请群臣的场所，如天文殿、太华殿、板殿。明堂作为平城后期兴建的礼制性建筑，其主要功用有祀天、祭祖、布政、观天象和敬养三老五更。礼制性建筑近百年的兴建过程，也是平城礼仪制度嬗变的历程。

关键词：平城；礼制建筑；鲜卑；明堂

"明礼仪"是北魏统治者定都平城以后的一个极其重要的举措。从政治活动到日常生活，北魏统治者都要按照礼仪的规范行事。这些礼仪大多要在固定的场所、按照制度规定的程序进行，所以北魏政府兴建了许多礼制性建筑。礼制性建筑作为一个特殊的独立群体，也就成了北魏平城不可或缺的组成部分。但是，北魏时期的平城距现在已经有 1600 多年的历史，礼制性建筑大都已经湮没，有关文献记载的礼制性建筑或寥寥几字，或语焉不详，但对它们进行深入研究，既是推动北朝史研究的需要，也是全面认识平城历史和文化的需要。为了方便表述，笔者兹将礼制性建筑定义为举行礼仪活动的场所（礼仪的种类以《魏书》的记载为准），有的场所平时亦做它用，也在本文的考察范围内。

一、郊祭场所

北魏平城时期，郊庙祭仪是国家祭祀体系的中心。郊祭即西郊祭天，南郊祀上帝，北郊祭地，"五郊"祀五帝，另外还有日月、山川、风雨雷电诸祭仪。郊祀仪式是确立君主即位之合法性、王权之正统性及神圣性的最有效手段，"天子"是这一神圣仪式的中心。"帝"在郊天祭仪中一般指昊天上帝，在宗庙祭仪中则指部落始祖或皇帝祖先。北魏定都平城初期，各项礼制处于逐步确立阶段，郊祭的时间和具体的场所尚处于变化中，但是郊祭的方位和神灵是确定的。有的学者认为，北魏采用阴阳五行学说，"从土德，数用五"，郊所距京城里数由城门算起，都应该是五的倍数。下面结合史书记载和相关文献,列表说明平城郊祭的位置及祭祀状况。

表1 平城郊祭的位置及祭祀状况

方位	祭祀对象	祭祀用牲	时间	备注
西郊	天、月	白犊、黄驹、白羊	夏四月祭天、秋分祭月	"郊天坛"距西郭5里
北郊	地	玄牲一、牛一	正月、夏至	"方泽"距北郭20里
东郊	日、先农	骍牛一	立春	白登山巅距东郭10里
南郊	上帝	上帝、神元用犊各一,五方帝共用犊一,日月等共用牛一	冬至、正月	"圜丘"距南郭10里

（一）西郊祭天

我国古代的帝王笃信秉天意而治万民,故自称"天子"。所谓自古天高意难问,祭天礼仪也就成了最重要的常规祭祀之一,在礼仪体系中具有举足轻重的地位。平城时代鲜卑的祭天仪式有两种:一种是西郊祭天,一种是南郊祭上帝,皆为定时祭。西郊祭天礼中的"天"指鲜卑族信仰的天神,虽然不同于汉族信仰的昊天上帝,但是在鲜卑族人的心目中却是至高无上、不可替代的。处于原始部落时期的拓拔鲜卑祀天无定时,到两汉时随事而祀,盛乐时代是有选择性的祀有定时。[3]西郊祭天一般在"夏四月"。西郊祭天,也可祭月。女巫在祭祀中扮演重要角色。孝文帝太和年间西郊祭天旧礼被废除。西郊祭天坛的形制如《魏书》所记:"天赐二年夏四月,复祀天于西郊,为方坛一,置木主七于上。东为二陛,无等;周垣四门,门各依其方色为名。"[1]（卷108,P2736）

（二）南郊祭上帝

北魏平城时期,在南郊的祭祀分为郊祭和圜丘祭祀,祭祀的主神是上帝,兼祭风伯、雨师、司中、司命等神,祭祀的日期定于正月或冬至,南郊祭上帝的地点在平城南十里。《魏书·灵征志下》记载,天兴二年(399年)八月,"平城南十里郊,嘉禾一茎九穗,告于宗庙。"[1]（卷112,P2940）南郊郊祭场所的形制和祭神情况,在《魏书》中也有描述:"为坛通四陛,为壝埒三重。天位在其上,南面,神元西面。五精帝在坛内,壝内四帝,各于其方,一帝在未。日月五星、二十八宿、天一、太一、北斗、司中、司命、司禄、司民在中壝内,各因其方。其余从食者合一千余神,餟在外壝内。"[1]（卷108,P2734）

（三）北郊祭地

北魏平城时期的鲜卑族虽然已定都，但是尚处于游牧文化向农耕文化转变的过程中，对农业还没有足够的重视，北郊祭地仪式记载较少。《魏书》中较为详细的记载只有一条：天兴三年（400 年）"癸亥，瘗地于北郊，以神元窦皇后配。五岳名山在中壝内，四渎大川于外壝内。后土、神元后，牲共用玄牲一，玉用两珪，币用束帛，五岳等用牛一。祭毕，瘗牲体右于坛之北亥地，从阴也。"[1](卷108,P2735)

（四）东郊祭日

《魏书》中关于祀日的记载有两条：一条是在太祖天兴三年（400 年）春"二月丁亥，诏有司祀日于东郊。"[1](卷2,P36)另一条是"明年（天兴三年）春，帝始躬耕籍田，祭先农，用羊一。祀日于东郊，用骍牛一。"[1](卷108,P2735)东郊，除祀日外还有一个重要的作用就是迎春。

二、圜丘、方泽

中国古代信奉"天圆地方"的学说，所以祭天坛成圆形，即圜丘，祭地坛成方形，又称方泽。平城时期，圜丘在平城南郊。有的学者认为，南郊郊所即圜丘。《魏书》记载，"冬至祭上帝于圜丘，夏至祭地于方泽，用牲币之属，与二郊同。"[1](卷108,P2735)"太祖初，冬至祭天于南郊圜丘，乐用《皇矣》，奏《云和》之舞，事讫，奏《维皇》，将燎；夏至祭地祇于北郊方泽，乐用《天祚》，奏《大武》之舞。"[1](卷109,P2827~2828)虽然在《魏书》中有早于太和年间在南郊圜丘祭上帝的记载，但是，圜丘在北魏平城早期是否存在，却值得商榷。《魏书》记载，（太和）"十二年闰九月，帝亲筑圜丘于南郊"。[1](卷108,P2741)（十有二年）"闰（九）月甲子，帝观筑圜丘于南郊。"[1](卷七下,P164)。史料反映出，平城圜丘和方泽是分别位于南郊和北郊的两处祭祀场所，可能有别于处于两方的郊祭场所。

另外，北魏平城时期，圜丘的祭祀带有很大的随意性，当皇帝遇到大事时，常到圜丘祭祀，以显示对事件的处理是受命于天。太和"十三年（489 年）正月，帝以大驾有事于圜丘。"[1](卷108,P2740)

三、祭祖之所：祖庙

在北魏统治者看来，如果祭天和祭地活动能够在形式上展示拓拔鲜卑"受命于天"的神秘血统的话，那么祭祖活动则是以帝王的亲历亲为彰显其"亲亲"之意。

祭祖活动的主要空间是祖庙，《魏书》记载，"明年（太宗永兴四年，412 年），立太祖庙于白登山，岁一祭，具太牢，帝亲之，亦无常月，兼祀皇天上帝，以山神配，旱则祷之，多有效。""……后二年，于白登西太祖旧游之处，立昭成、献明、太祖庙。"[1](卷108,P2736~2737)"冬十月，平文、昭成、献明庙成，岁五祭，用二至、二分、腊，牲用太牢，常遣宗正兼太尉率祀官侍祀。""又立神元、思帝、平文、昭成、献明五帝庙于宫中,岁四祭,用正、冬、腊、九月,牲用马、牛各一,太祖亲祀。"[1](卷108,P2735) 由此可知,平城时期皇家的祖庙有两处:一是白登郊庙,二是宫中太庙。

北魏初期还没有确定比较固定的祖先祭祀制度:有存在于二分、二至及腊日举行祭祀的五次祭祖之制,也有在正、冬、腊、九月举行祭祀的四次祭祖之制,还有一年一次的祭祖之制。祭祖时皇帝常亲临。白登山郊庙除了祭祀祖先之外,还有祈雨的功用。

四、迎气之地:五精帝兆

五郊迎气是与节气密切相关的礼俗。五郊指的是东、南、西、北、中五个地理方位,在不同方位迎不同的节气,并有相应的颜色与之搭配。五郊迎气中又以迎春礼最为重要。北魏平城时期的迎春礼与五郊迎气皆为有司主持,所选祭祀的日期与汉族王朝礼仪相仿。《魏书·礼志》载:"泰常三年(418 年),为五精帝兆于四郊,远近依五行数。各为方坛四陛,埒壝三重,通四门。以太皞等及诸佐随配。侑祭黄帝,常以立秋前十八日。余四帝,各以四立之日。牲各用牛一,有司主之。……立春之日,遣有司迎春于东郊,祭用酒、脯、枣、栗,无牲币。"[1](卷108,P2737) 又载:太和十六年(492 年)三月"乙亥,车驾初迎气南郊,自此为常。"[1](卷7下,P169) 从上述文献可以看出,平城迎春之外的迎气活动并未能引起统治者的重视,故祭祀活动见诸史书的寥寥无几。诸坛之位置和形制,史籍中涉及的也颇为简略,迎气之地"远近依五行数","各为方坛四陛,埒壝三重,通四门。"

五、朝仪所在:西宫

《魏书》中关于西宫的记载有:天赐元年(404 年)"冬十月辛巳,大赦,改元,筑西宫。十有一月,上幸西宫,大选朝臣,令各辨宗党,保举才行,诸部子孙失业赐爵者二千余人。"[1](卷2,P42) 永兴元年(409 年)十有二月"己亥,帝始居西宫,御天文殿。"永兴四年(412 年)"夏四月乙未,宴群臣于西宫,使各献直言。"八月"壬子,幸西宫,临板殿,大飨群臣将吏,以田猎所获赐之,命民大酺三日。"神瑞二年(415年)"二月丁亥,大飨于西宫,赐附国大、渠帅朝岁首者缯帛金罽各有差。"[1](卷3,P50~55) 泰常八年(423 年)"冬十月癸卯,广西宫,起外垣墙,周回二十里。十有一月己巳,帝崩于西宫,时年三十二。"[1](卷3,P64) 由此可以看出,在北魏平城时代,西宫的建设经历了道武帝拓跋珪、明元帝拓跋嗣两位皇帝约 26 年(398 年~424 年),到太武帝即位时,已具备了相当规模,功能基本完备。"西宫"是皇帝办公居住的场所,也是皇帝召开会议、朝会万国、宴请群臣的场所。

六、平城明堂

明堂源于上古,成于三代,秦汉以后成为都城中十分重要的礼制性建筑。"明"字为日、月二字的合体,既代表了日、月二神,也表示了对日、月的崇拜。

"堂"字的本意,为土筑的坛台,即"祭坛"。明堂是北魏定都平城后建设的最后一批礼制性建筑。自拓跋珪建国的登国元年(386 年)到孝文帝的太和十年(486 年),恰好是 100 年。"而明堂礼乐之本,乃郁荆棘之林,胶序德义之基,空盈牧竖之迹",[1](卷66,P1471)孝文帝下诏建设明堂的意义不言而喻。恢复明堂礼,证明自己至高无上的皇权,巩固自己的统治地位,同时,也是鲜卑礼仪汉化的重要举措。在李冲主持下,明堂于太和十五年(491 年)冬落成。太和十六年(492 年)春正月,开始发挥其功用。至太和十九年(495 年),"六宫及文武尽迁洛阳",明堂作为都城礼制性建筑的作用走向终结。宣武帝元恪正始初年(504 年),平城明堂已是"事移礼变,所存无几"。《水经注》曰:"明堂上圆下方,四周十二堂九室,而不为重隅也。室外柱内,绮井之下,施机轮,饰缥碧,仰象天状,画北道之宿焉,盖天也。每月随斗所建之辰,转应天道,此之异古也。加灵台于其上,下则引水为辟雍,水侧结石为塘,事准古制,是太和中之所经建也。"[4](卷13·漯水)从文献资料来看,北魏平城明堂规模宏大、装饰繁复,实际上是集明堂、辟雍、灵台三位一体的巨型建筑群。

从明堂建成到孝文帝迁都洛阳仅仅有三年的时间,但是在这短短的三年里,明堂的功用却得到了充分的展现。"夫明堂者,盖所以告月朔、布时令、宗文王、祀五帝者也。"[1](卷90,P1934)祀天、祭祖、布政、观天象和敬养三老五更,是平城明堂的主要功用。《魏书·礼志三》:太和十五年(491 年)"十月,太尉丕奏曰:窃闻太庙已就,明堂功毕,然享祀之礼不可久旷……时运流速,奄及缟制,复不得哀哭于明堂,后当亲拜山陵,写泄哀慕。"[1](卷108,P2789)此后十一月第一次在这座新建的明堂里举行祫祭。《魏书·礼志一》:太和十五年(491 年)十一月"辞太和庙,之圜丘,升祭柴燎,遂祀明堂,大合。既而还之太和庙,乃入。"[1](卷108,P2749)再过两个月,举行明堂大飨礼,《魏书·高祖本纪》:(太和)"十有六年(492 年)春正月戊午朔,飨群臣于太华殿。帝始为王公兴,悬而不乐。己未,祀显祖献文皇帝于明堂,以配上帝。遂升灵台,以观云物;降居青阳左个,布政事。每朔,依以为常。"[1](卷7下2,P196)此后在太和十六年(492 年)九月又举行明堂礼。《魏书·尉元传》:太和十六年(492 年)"养三老五更于明堂,国老庶老于阶下。高祖再拜三老,亲祖割牲;执爵而馈于五更,行肃拜之礼。赐国老、庶老衣服有差。"[1](卷,P)按照汉魏两晋礼制的传统,"养三老五更、国老庶老"的地方应该是太学讲堂或者辟雍礼殿。敬养三老五更证实了平城明堂中有辟雍礼殿。

七、结语:交融与嬗变

自古以来,中国就是一个礼仪之邦。《诗经·豳风·伐柯》唐孔颖达《疏》:"言有礼君子,恕以治国,……周公观其以礼治国,则复笾豆礼器,有践然行列而次序矣。……故王肃云:我所见之子,能以礼治国。"当然,以礼治国不仅仅是一个理想,而且是一个传统,是许多有作为的君王努力躬行的实践,是中国古代社会运作的基本制度,也就是"礼制"。礼制性建筑是礼仪的空间载体,平城礼制性建筑的兴建是北魏王朝实力的展现,也是鲜卑礼仪汉化的要求。这些礼制性建筑的兴废,大致能够体现鲜卑礼仪的汉化历程。仔细追寻礼仪空间中帝王的活动,可以看出北魏平城礼仪的演化轨迹。

首先,北魏初期礼仪制度在参照汉族政权有关礼仪制度的同时,在更多方面仍保留了北方游牧民族传统宗教信仰和政治生活习惯。《魏书》中记载,天赐二年(405年)"祭之日,帝御大驾,百官及宾国诸部大人毕从至郊所。帝立青门内近南坛西,内朝臣皆位于帝北,外朝臣及大人咸位于青门之外,后率六宫从黑门入,列于青门内近北,并西面。廪牺令掌牲,陈于坛前。女巫执鼓,立于陛之东,西面。选帝之十族子弟七人执酒,在巫南,西面北上。女巫升坛,摇鼓。帝拜,若肃拜,百官内外尽拜。祀讫,复拜。拜讫,乃杀牲。执酒七人西向,以酒洒天神主,复拜,如此者七。礼毕而返。自是之后,岁一祭。"[1](卷108,P2763)从中可以看出,刚刚步入平城文化阶段的鲜卑人虽然模仿中原汉族的文化制度建立了国家,在形式上具有了汉化的特征,但从根本上看,他们依然处于由未开化阶段向文明开化演进的过程,他们的思想和观念仍然停留在游牧时期的原始阶段,祭天时仍沿用西向祭祀传统,祭祀对象为原始的鲜卑天神形象。在西郊祭天礼中,祀神颇多,没有形成至高神。女巫主祭、绕坛骑驰的鲜卑族原始祭祀仪式仍然存在。这说明,平城初期的礼仪呈现胡汉杂糅的状态,而且保守因素还占有很大的优势。可以说,鲜卑式的思想和情感,汉族式的礼仪制度是北魏初期平城礼仪的鲜明特色。

其次,鲜卑统治者并不是在定都平城以后就立即兴建各种礼制性建筑,完善了相应的礼仪。平城礼仪空间的构建经历了近百年的发展历程,而且在北魏初期历史发展进程中,汉化与反汉化两股力量彼消此长,汉化的进程有时甚至会中断,鲜卑族原有诸多习俗得以恢复,例如在北魏初期皇帝宗庙祭祖仪式中就保留了自秦汉以来汉族皇族祭祖中逐渐废弃不行的立"尸"习俗。但是,从礼仪的发展趋势来看,抛弃旧俗,吸纳先进文化,是鲜卑民族开拓进取精神的体现。至孝文帝时期,鲜卑贵族以中原汉族文化的延续者、复兴者乃至创造者自居的自信心得到了极度张扬。

再次,明堂的兴建是平城礼仪汉化的重要标志,明堂礼的实施标志着平城礼仪基本完成了漫长的嬗变过程。鲜卑礼仪毕竟是野蛮时代的原始礼仪,其生命力达到一定的限度就无法再维持下去了。正因为这样,太和六年(482年),孝文帝依据儒家礼经有关记载及汉魏以来有关制度,大幅度地删削宗庙祭祖礼中原有的鲜卑族习俗,改革宗庙祭祖礼仪。……"于是群官议曰:'臣等谨案旧章,并采汉魏故事,撰祭服冠屐牲牢之具,百官助祭位次,乐官节奏之引,升降进退之法,别集为亲拜之仪.'制可".[1](卷108,P2740) 太和十年(489—492年)"九月辛卯,诏起明堂辟雍."[1](卷7下,P161) 太和十三年至十六年,孝文帝又陆续对宗庙大祭、时祭礼仪进行改革,勇于抛弃以往先儒成说,变更以往成制。太和十八年(494年),"罢西郊祭天",北魏王朝完全改用历代汉族王朝的祭天仪式。这场与汉族文化融合的深刻的历史性变革,从深层的文化结构层改变了鲜卑民族的文化素质,也影响了平城文化。北魏平城时代的鲜卑,在推动鲜卑原始的部落文化进入文明的境界的同时,又给中华民族注入了新鲜的血液,让中华民族文化焕发出勃勃的生机。

参考文献:

[1](北齐)魏收. 魏书[M]. 北京:中华书局,1974.

[2]张焯. 平城营建始末[J]. 沧桑,1995(1):51-55.

[3]杨永俊. 论拓拔鲜卑的原始祭天[J]. 西北民族学院学报(哲学社会科学版),2002(6):28-38.

[4](北魏)郦道元著,陈桥驿点校. 水经注[M]. 上海:上海古籍出版社,1990.

大同北魏明堂方位与平城遗址

陈连洛[1,2]　郝临山[1]

（1. 山西大同大学云冈文化研究中心，山西 大同 037009；

2. 山西煤炭地质 115 勘查研究院，山西 大同 037003）

摘　要：根据大同北魏明堂遗址考古勘测位置图,按《礼记正义·明堂位》古制分析比对,笔者认为,明代的大同府城南城墙和南门即是北魏平城(京城)的南墙和南门的位置所在,并由此推算平城遗址的范围,即明代大同府城仅占北魏平城的南半城,向北延长约 3.5 里(营造里,下同)为平城北半城,北魏平城是一个南北长 7 里,东西宽 3 里,周回 20 里的长方形城域。

关键词：大同；北魏明堂；平城遗址

　　大同市考古界 1995 年 5 月在市区东南向阳街柳航里,发现了北魏明堂遗址。这是一座建于孝文帝太和十五年(491 年)的大型礼制性建筑。《水经注》记其"事准古制",[1](卷13,P429)遵其古成礼制,明堂建筑的方位和位置是以京城的位置而定的。因此,明堂位置的确定,则可成为现今推定魏都平城遗址的证据之一。

　　明堂,是古代帝王宣明政教的地方,凡朝会、祭祀、庆偿、选士、教学等大典均在此举行,因而它的建筑规格和位置都是依古成定制的。《礼记·明堂位》曰："昔者周公朝(会)诸侯于明堂之位","明堂也者,明诸侯之尊卑也";[2]《正义》又引"淳于登曰:明堂在国之阳,三里之外,七里之内,丙巳之地"。[3](P115)《魏书·封懿传》载："(封)轨议曰:'明堂者,布政之宫,在国之阳,所以严父配天,听朔设教,其经构之式,盖已尚矣。……诚不易之大范,有国之恒式。……皆典籍所具载,制度之明义也'。"[4](卷32,P765)古制"明堂位"包括方位、距离、位置、范围的控制等要求严格,是系统完整的总则表述。本文依据古籍资料与考古发现分析比对,仅就大同北魏明堂与平城的方位距离等关系探讨如下。

一、明堂的位置

　　明堂的位置是在国之阳。"国"者,非指国家,系指国都、都城、京城。"阳"者,太阳在南,"山之南,水之北",《尔雅》曰:山南曰阳;《孔颖达疏》:水北曰阳;

《贾公彦疏》:向日为阳。又"泛指南面",李善曰:"在南曰阳",宋王安石《和吴御史汴渠诗》:"夷门筑天都,横带国之阳",[5](P1742)亦即城之南为阳,故明堂在魏都平城之南。

二、明堂与平城"国之阳"的距离

京城之南为阳,即京城南墙之南均为"国之阳",也就是明堂应在京城南墙之南3—7里(本文所使用之"里"均为"营造里",下同。——笔者注)之间。此距应为明堂往北,达于京城南墙的垂直距离。若考虑到里程起算点,则为明堂中心或周边至京城南门(国之南门)的距离。大同市考古研究所曾绘制有《大同市平城遗址示意图(1:20000)》,见图1。

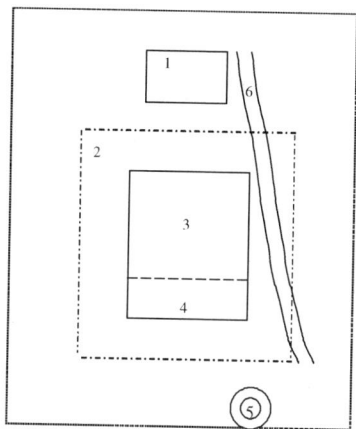

图1 大同市考古研究所平城遗址示意图

1.平城宫;2.平城外郭;3.明城;
3+4.北魏京城;5.明堂辟雍;6.御河

借图1的原图作明堂位制讨论(图示明堂辟雍直径以比例量测约240米;有关资料介绍达294米——笔者注。),在1:20000的图上直接量取明堂(中心、周边)至图示各南墙(平城南郭墙、平城南墙和明城南墙)和明城北墙的垂直距离,并同时量取图示明堂至各城墙南门及大北门的直线斜距,以作比较。量测数据见表1:

表1 明堂与城墙、城门距离量测数据表   单位:米

明堂	周边距	明堂	周边距
距城墙	/中心距	距城门	/中心距
平城南郭	770 – 1010/890	平城南郭门	1090 – 1330/1210
平城南墙	1200 – 1440/1320	平城南门	1420 – 1660/1540

明堂	周边距	明堂	周边距
明城南墙	1930 – 2170/2050	明城南门	2080 – 2320/2200
明城北墙	3830 – 4070/3950	明城北门	3920 – 4160/4040

北魏时期,"里"制系以 6 尺为步,300 步为 1 里,即 1800 尺为 1 里。若以魏市尺长 27.974 厘米图计,1 里应为 503.5 米,3 里则为 1510 米。据作者考证,北魏时期的建筑"里"制是以营造尺计量,尺长 32 厘米,其 1 里折合 576 米,3 里为 1728 米。[6] 表 1 中,图示平城南墙与明堂周边距 1200—1440 米,与明堂中心距 1320 米,均不足古制 3 里之外,即不符合 3 里 ~ 7 里的要求。即便以图示平城南门为起点丈量,东南向斜距 1420—1660 米,距明堂西北边尚不足 3 里,即整体不在 3 里之外。如从图示中的明城南墙或南门起算,与明堂的距离为 1930—2320 米,符合古制 3 里之外的要求。若以图示明城北墙和北门起算,到明堂的距离则超过了 7 里,不符合古制规定。以上讨论表明,明城南墙与明堂之距符合北魏"明堂位"3 里之外、7 里之内的要求。

三、明堂所占方位

明堂所占方位为"丙巳"之地。"巳",为十二地支之一。《说文》曰:"巳,已也。四月阳气已出,阴气已藏,万物见,成文章,故为蛇形"。[7](P311) 在所代季节上说,"巳即已,指万物已成之意";[8](P14) 在所代时辰上说,相当今之上午 9—11 时,象征正在兴旺时期。"丙",为天干之一。《说文》曰:"丙,位南方,万物成炳然。阴气初起,阳气将亏。从一入门,一者,阳也。丙承乙,象人肩"。[7](P308)《玉篇·丙部》:"丙,光明也"。《白虎通·五行》:"丙者,其物炳明"。[5](P1727) 在所代季节上说,"丙即炳,为万物茂盛之意。"[8](P31)

从以上丙、巳之意,可见"丙巳之位":"阳气升,阴气藏",乃象征国家政权如日中天,正在鼎盛时期;而丙巳之交居其中位,当属最"阳",为最好最吉者。当然,既为方位,则应有方位的起算点(量取角度的顶点、圆心点)和方位数。

1. 起算点:明堂既在"国之阳",国之南,则京城之南门,即为国之南门,在国都之中轴线上。《隋书·宇文恺传》,"起明堂、辟雍于长安城南门(外)"。[9](卷86,P1591) 郑玄注《礼记·玉藻》曰:"东门,南门皆为国门也"。[10](卷22,P871) 显然,起算点应为国之南门,即都城,亦即平城之南门。

2. 丙巳之位:有文称"丙巳即东南",实际上丙巳并非大概的泛指的"东南",也非标准的 S45°E 的正东南方向,而是有其明确的方位(方向、范围)含意。中国古代,没有今人圆周(四方)360°(北 0°,亦为 360°;东 90°,南 180°,西 270°)的方位划分方法,但却有以八卦表示的"周易本义,后天八卦方位图"、以十二地支表示的"十二辟卦方位图"和以八卦配干支(四卦八干十二支)的"二十四卦方位图"[8](P35)。如图2、3、4所示:

图2 后天八卦方位图

图3 十二辟卦方位图

图4 二十四卦方位图

十二辟卦方位图中,十二地支字(格),十二等分圆周(360°),每字(格)30°:子北,卯东,午南,酉西,为北、东、南、西正向。按现今分法,分别应为0°(360)、90°、180°、270°,并可知巳为150°。各地支字(卦)权位,则如十二地支表示十二时辰:子时为23时—1时,中位24时(0时)一样,左右分别各占15°,如子(北)为0°(360°)±15°,在345°—15°范围,中位0°(360°);午(南)占180°±15°,在165°—195°间,中位180°。同理,巳,应在150°±15°,为135°—165°间,中位150°。

在二十四卦方位图中,二十四字(格)等分圆周(360°),每字(格)15°,同样是子北,卯东、午南、酉西,分别相当0°、90°、180°、270°(巳150°,丙165°)。各字(卦)位则左右分占7°30′,如:子(北)0°(360°)±7°30′,为352°30′—7°30′;午(南)180°±7°30′,为172°30′—187°30′。同理,可推出巳在142°30′—157°30′间,中位150°;丙占157°30′—172°30′,中位165°。

"丙巳之地",显然使用的是二十四卦方位概念,即"丙巳"之交157°30′,"丙巳之地"142°30′—172°30′,位于巽、午二位之间,计30°范围内,处南南东向。

至此,可在《大同市平城遗址示意图》原图上,直接量取明堂辟雍中心及周边,在图示南郭门、平城南门、明城南门、大北门的方位(以各南墙为正东西向,即90°—270°)如表2:从明堂所占方位范围及其在二十四卦方位图中所占方位可看出,只有以明城南门为起算点,明堂中心才正好位于158°方向,并与"丙巳之交"157°30′几乎完全一致,且明堂辟雍整体上在"丙巳之地"(范围在丙巳之内)。反言之,以明堂中心为起点,以丙巳之交反向,即壬亥之交(337°30′)交于城之中轴线处,即应为京城南门,此即明城南门附近。

表2 二十四卦方位表

方位量测起点	明堂所占方位范围	明堂中心方位	占二十四卦方位
南郭门	133°—143°138°	138°	巽
平城南门	143°—152°147.5°	147.5°	巳
明城南门	154°—162°	158°	巳、丙
明城大北门	167°—171°	169°	丙

数里之外的明堂中心,只有经过精细测量,才能位于丙巳之交。整体为圆形的明堂辟雍才能均等地占据丙巳之地,并处丙巳范围之内。按北魏明堂位古制要求,以北魏明堂的位置及所处方位反推,北魏平城南墙遗址,应在明城南墙所在位置,城中轴线未变,明城南门亦即平城南门之所在,与明代张钦所撰《大同府志》所记"因旧土城南之半增筑"是相吻合的。[12](P24)

另据《北京天坛》记述,直到明清天坛建筑群中,起初合祭天地的"大祀殿,下坛上屋,屋即明堂,坛即圆丘",[14](P21)以及其后专事祭天的圆丘坛,仍遵循着明堂方位古制,距离"正阳门外五里许"。方位是在正阳门"丙巳之地",起算点正阳门即京城南门。

四、北魏平城遗址

据大同市城区地图(见图5),实测大同明城南墙长1760米,折合营造里约3里,即平城东西宽约3里。据《魏书》记,平城"周回20里",则南北长7里,有如

《晋书》姑臧"卧龙城"。[12](卷86，P2222) 而明城为"半"，故周回 13 里，与殷宪先生在
"平城外城"一文中所述："这个（20 里的）外城的范围大体上就是现在明大同府
城，再加上府城东西墙向北延伸包进去操场城即宫城（部分）。大同市文物考古工
作者，已经发现明大同府城的东、西、南城墙均有北魏夯土层"基本一致。[13] 现今
保留的明城城域为北魏平城（"南之半"）南半城，再向北延长其 3.5 里（营造里）
为北半城，即北魏平城是东西宽 3 里，南北长约 7 里的长方之城。

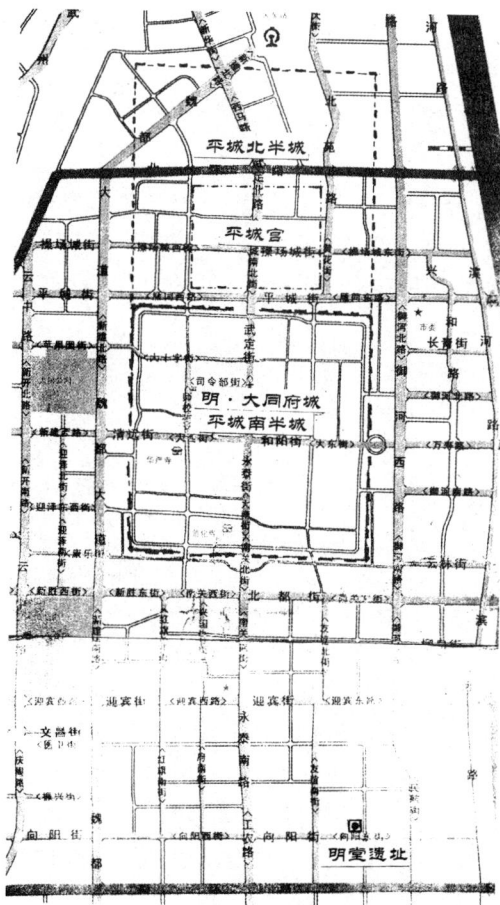

图 5　大同北魏明堂与平城位置示意图

五、结论

综合上述，依据大同市城区地图中标注的明代大同府城城墙及北魏都城明堂
遗址的所在位置，比对古今"里"制长度单位及方位，测量明堂与大同府城南墙和
南门的实际距离，反演推算，笔者认为：

1. 明代大同府城是在北魏都城平城遗址南半部的基础上重建的,即北魏都城遗址南墙和南门即是明代大同府城的南墙和南门位置所在。

2. 明代大同府城及向北延长 3.5 里(营造里)的长方形城域即是北魏平城遗址范围,面积是明代大同府城的 2 倍。

3. 平城城域向北延伸后,平城宫位于城内中心偏北部,符合"北上中正"、"南朝北寝"的传统礼制,而不是如图 1 所示的平城宫建在城外。

参考文献:

[1](北魏)郦道元著,王国维校. 水经注校[M]. 上海:上海人民出版社,1984.

[2]黄侃点校. 白文十三经[M]. 上海:上海古籍出版社,1983.

[3](北齐)魏收. 魏书[M]. 北京:中华书局,1974.

[4]张畅耕,宁立新. 魏都平城考[A]. 黄河文化论坛第九辑[C]. 北京:中国戏剧出版社,2003.

[5]徐中舒. 汉语大字典(缩印本)[M]. 武汉:湖北辞书出版社,成都:四川辞书出版社,1992.

[6]陈连洛. 从大同北魏永固陵制看古代的长度单位——里[J]. 山西大同大学学报,2009(3):24-26.

[7](汉)许慎. 说文解字[M]. 北京:中华书局,1963.

[8]程斌. 民俗万宝通书[M]. 成都:西南交通大学出版社,1993.

[9](唐)魏征. 隋书[M]. 北京:中华书局,1973.

[10](五代)刘日句. 旧唐书[M]. 北京:中华书局,1975.

[11](明)张钦. 大同府志[M]. 大同地方志办公室点校本,1983.

[12](唐)房玄龄. 晋书[M]. 北京:中华书局,1974.

[13]殷宪. 平城外城[N]. 大同日报,2008-07-11(11).

[14]王贵祥. 北京天坛[M]. 北京:清华大学出版社,2009.

北魏平城遗址陶瓦的初步研究

刘俊喜

（大同市考古研究所，山西 大同 037004）

摘　要：本文根据近十多年大同考古发掘出的陶瓦形态、表面纹饰、残留文字以及加工遗痕等，对大同北魏出土陶瓦进行了整理分类，再现了当时流行于民间的魏碑体，揭示了拓跋鲜卑历代执政者的革新精神与雄浑气势。

关键词：北魏；平城遗址；陶瓦

公元 386 年，道武帝拓跋珪建立北魏，并于 398 年自盛乐迁都于平城。从此，大同作为北魏的都城，至孝文帝拓跋宏太和十八年（494 年）迁都洛阳为止，共历六帝七世，凡 97 年。在将近一个世纪的历史进程中，平城进行了大规模的新建与扩建，方山永固陵、圆丘、明堂等大型陵墓和礼制建筑以及云冈石窟寺、方山思远佛寺、永宁寺、皇舅寺等寺院皆具规模。迁洛前，首都平城修筑了一批批规模壮观的建筑，使原本很荒凉的小城逐渐变成了气势宏伟的大都市。

1995 年和 1996 年先后发掘的位于大同市柳航里住宅小区附近的明堂辟雍遗址，是一处建于北魏太和十五年（491 年）的重要礼制建筑，遗址直径达 290 米，主体建筑明堂位于遗址中央，为一方形夯土台基，边长约 43 米，外围是圜形水沟，周长约 900 米，宽 6—16 米，深 1.4 米左右，两侧用砂岩石块垒砌。圜形水沟内侧设东、南、西、北四门，与中央建筑相对应。2003 年发掘的位于大同市操场城街东侧的北魏 1 号建筑遗址，夯土台基东西长 44.4 米，南北宽 31.8 米，厚约 2 米，出土遗物以北魏磨光筒瓦和板瓦为主。2007 年 6 月发掘的距操场城 1 号遗址北 150 米处的北魏仓储遗址，4 个地下圆形建筑呈东西向整齐排列，底部残存已经炭化的谷子和小米，同时也出土了一些北魏的建筑遗物。1981 年发掘的方山思远佛寺遗和 1993 年发掘的云冈石窟第 3 窟窟前遗址也出土了大量的建筑材料。围绕上述材料，结合发掘和采集到的一些零星实物，笔者对北魏平城遗址出土的陶瓦作了初步的分析和研究。

一、板瓦

板瓦是大同北魏时期建筑材料中发现数量最多的一类。它的作用是仰铺于屋顶泥背上,保证屋面不渗不漏。它的制法是先用手制法或模制法制成一个上口小下口大的筒形泥坯,再用刀具在泥坯内面按平均的四份上下划切,就形成了四块板瓦。大同北魏时期板瓦的材料为泥质灰陶,平面呈上小下大的梯形,我们把较窄的一端称为"小头",较宽的一端称为"大头",大头沿面皆有波状花边纹饰,小头沿面个别有波状花边纹饰。截面呈约四分之一圆形,大多数的板瓦是将凹面的瓦坯磨光加黑色,凸面磨光,素面黑色或灰色,两侧面和后沿面有切痕,整体细密厚重坚实。瓦体的大小、厚薄、平共处颜色和类型显示了板瓦的大型化和多样化。

依据制作工艺、色泽与规格的不同,可分为三种形制:

第一种形制是:凹凸面均磨光黑色,偶见红色,质地细密坚实,制作较精。此种形制的板瓦出土较少,且皆为残片,故而完整器物的尺寸不明。

第二种形制为:凹面磨光黑色,特别细腻光滑,凸面素面黑色或灰色,大头有波状花边。这种形式的板瓦占到出土板瓦的90%以上,应做底瓦之用。操场城1号遗址 T510③:13,凹面磨光黑色,凸面素面黑色,大头沿面下边有波状花边,长81厘米,大头宽60厘米,小头宽50厘米,厚2.8厘米。操场城仓储遗址 M204,凹面磨光黑色,凸面素面黑灰色,大头沿面下边有波状花边,长55.5厘米,大头宽37厘米,小头宽31.2厘米,厚2.8厘米。

第三种形制为:凹面有布纹,凸面灰色素面,大头沿面下边有手捏波状花边,偶见大头沿面上边和小头沿面下边也有手捏波状花边。这种形式的板瓦数量较少,没有磨光,加工也比较粗糙,应做盖瓦之用。操场城1号遗址 T201,凹面布纹,凸面灰色素面,大头沿面上下两边和小头沿面下边皆有手捏波状花边,长46厘米,大头宽36厘米,小头宽31厘米,厚2厘米。操场城仓储遗址 M201,大头沿面下边有手捏波状花边,沿面厚度只有1.2厘米,长45.5厘米,大头宽30厘米,小头宽24厘米,厚2.2厘米。

平城遗址中出土的板瓦大头沿面全部有波状花边,花边呈半圆形、细尖形和小方形等样式。它是用尖圆形的工具戳印或手指按捺而成的,时间是在瓦坯烧制之前。

部分板瓦上有文字,每片瓦上1—3字不等,刻写时间是在瓦坯烧制之前。刻写工具为铁木尖器,也有用手指头及指甲刻划出来的文字,绝大部分为刻划的阴文。制瓦工匠将文字刻写在板瓦的凸面上,大多是急就而成,且书写的地方比较宽大,所以,刻写更为随意。最大者7厘米×9厘米,最小者3厘米×4厘米。其书体则隶、楷、行、草诸体皆备,虽然有的刻字功力深厚,但也有的刻字无法辨认。刻写内容主要是工匠的姓名或验收人员的姓名,工作进程中的记数和记事以及工程性质与密级专用的戳记或刻文。

二、筒瓦

筒瓦是大同北魏时期建筑材料中发现数量较多的一类,它的作用是覆盖在两垄板瓦交接处,以防雨水从接缝渗下。它的制法是先用泥条盘筑手制法或模制法制成一个圆筒状泥坯,再在上面做出瓦唇,最后用刀具在泥坯外面或内面沿平分线划切,这样就形成了两块筒瓦。

大同北魏时期筒瓦的材料为泥质灰陶,横截面为半圆形,大多数筒瓦的表面(凸面)磨光涂黑色或者是灰色素面,偶见青灰色和黄色,里面(凹面)布满了内模具留下的布纹,两侧面有切痕,后端设一凸出的榫头(瓦舌)与上面的另一块筒瓦相搭接。

依瓦体制作工艺和色泽的不同,可分为二种形制:

第一种形制是:里面布纹,表面磨光涂黑。这种形式的筒瓦占到出土筒瓦的90%以上,但大小规格有异。操场城1号遗址T410③,3表面呈黑色,质地细腻,打磨光滑,里面布满了内模具留下的布纹,整个筒瓦形体较大,制作规整,通长75.5厘米,直径23厘米,厚2—3厘米,舌长7厘米。操场城仓储遗址T517L204③,表面呈黑色,质地细腻,打磨光滑,里面布满了内模具留下的布纹,在舌面上刻一"白"字,通长57厘米,直径18—18.3厘米,厚1.7—2.5厘米,舌长5.8厘米。

第二种形制为:里面布纹,表面灰色素面。操场城仓储遗址T613③:2,里面布纹,表面灰色素面,通体有火烧烟熏的痕迹。筒瓦前端与莲花纹瓦当连接。制法是先将瓦当的背面凿一些细线斜痕,待与筒瓦粘接后再用手将相接之处抹成圆弧状。筒瓦残长19厘米,直径14.5厘米,厚1.5—2.2厘米。

带方孔的筒瓦都是檐瓦。方孔一般边长为16.5—17厘米,用陶制瓦钉插在孔中将其固定在椽头上,筒瓦前端与瓦当背面粘接,并形成大于90°的角。瓦钉在明堂遗址和操场城1号遗址均有出土,但无完整者。檐瓦泥质灰陶,表面磨光,多呈黑色或由于火烧而变成浅黄色,形状呈菱形,中有四孔,下设长柄,柄之断面为扁长方形,恰与筒瓦上的方孔相配。瓦钉的形状与偃师龙虎滩北魏官府遗址所出土的类似。

部分筒瓦上有文字,每片瓦上1—4字不等。刻写时间是在瓦坯烧制之前。刻写工具为铁木尖器,绝大部分为刻划的阴文,有少量的印戳文字,为篆刻的阳文。制瓦工匠将文字全部刻写在筒瓦表面的瓦舌上,字体因地方的局限而书写的较规整且排列紧密,以隶书居多,也有戳印楷书或楷化了的篆书。刻写的内容与板瓦一样,主要是工匠的姓名或验收人员的姓名,工作进程中的记数和记事以及工程性质和密级专用的戳记或刻文。

三、瓦当

大同北魏时期瓦当质料为泥质灰陶,细密坚实,表面加黑色磨光呈现光泽,也有因烧制工艺而成青白色和红色等。当面装饰可分为文字瓦当、莲花图案瓦当、兽头图像瓦当和人面形装饰瓦当四大类。当面纹饰为模制,形制呈圆形和半圆形两种。瓦当的装饰艺术风格具有鲜明的时代特色,具有标识意义。

1. 文字瓦当

有"大代万岁""皇魏万岁""万岁富贵""传祚无穷""永寿口长""口贤永口""口口太口四年"等瓦当。从文字内容分析,主要有两种,一种为吉祥语,另一种为纪年语。

"大代万岁"瓦当,采集于城东一建筑工地。当面以"井"字线划界,分为九格,中央饰一大乳钉,四角饰小乳钉,乳钉外圈皆以凸圆圈纹环绕。字体按照上、下、右、左的顺序刻写隶书阳文。瓦径21厘米,厚3.3厘米,边轮宽1.5厘米,边轮里侧有凸圆圈纹一周。操场城1号遗址也有类似瓦当出土,但不完整。北魏王朝的前身是代国。公元310年,穆帝猗卢助晋并州刺史刘琨击破反叛的白部大人,次攻匈奴后裔刘虎,屠其营落。"晋怀帝进帝大单于,封代公。……六年(313年),城盛乐以为北都,修故平城以为南都。……八年(315年)晋愍帝进帝为代王,置官属,食代、常山二郡"。[1](卷一,P7~9)公元338年,昭成帝什翼健即代王位,在位39年。公元376年,内部大乱,代国亡。386年拓跋珪复国,称代王,定都盛乐,是年四月改称魏王,自此国号魏。398年迁都平城,拓跋珪称皇帝,自后平城亦名为代,同时又将平城称为"代京""恒代""代都""旧代"等。

"皇口口岁"瓦当出土于操场城1号遗址C1,泥质灰陶,未经打磨。当面中心饰1枚大乳钉,斜向四边分饰等距离的4枚小乳钉,乳钉外圈皆以凸圆圈纹环绕。大、小乳钉之间以3条短凸线相连,4个小乳钉之间有"皇口口岁"4字,按照上、下、右、左的顺序刻写隶书阳文。瓦径约15厘米,边轮宽1.2厘米,边轮里侧有凸圆圈纹一周。2004年5月10日,一市民在操场城附近发现了1枚完整的"皇魏万岁"瓦当,它与操场城1号遗址C1残瓦当的字体和纹饰均一样,且弥补了短缺的关键字"魏"字,其意义非凡。

"万岁富贵"瓦当,出土于方山思远佛寺、操场城1号遗址和云冈第3窟窟前遗址等地。瓦当的规格、装饰和文字有一些差异。当面均以"井"字线划界,分为九格,中央饰一大乳钉,四角饰四小乳钉,乳钉外圈部分以凸圆圈纹环绕。文字中"万"和"贵"字的变化不大,而"富"字和"岁"字却有几种写法。按照上、下、左、右和上、下、右、左两种顺序刻写隶书阳文。方山思远佛寺 T011:2，灰黑色，当面磨光，大小乳钉外圈部分未有圆圈纹环绕，仅存"万岁□贵"3 字。字体按照上、下、右、左的顺序刻写隶书阳文。瓦径约 16 厘米，边轮宽 1.1 厘米。操场城 1 号遗址 T510③:8，灰黑色，当面磨光。当面以凸起的"井"字线划界，分为九格，中央设一大乳钉，四角设四小乳钉，乳钉外圈皆以凸圆圈纹环绕。字体按照上、下、左、右的顺序刻写隶书略篆阳文。瓦径 13.3 厘米，边轮宽 1 厘米。此瓦当文字完整，制作规范。

"传祚无穷"瓦当，出土于云冈石窟第 3 窟窟前遗址，现存于云冈石窟研究院。当面以"井"字线划界，分为九格。中央饰一大乳钉，四角饰四小乳钉，乳钉外圈均以圆圈纹环绕。字体按照上、下、右、左的顺序刻写隶书阳文。瓦径 15 厘米，边轮宽 1.2 厘米。北魏时"祚"的含义多指皇位，"传祚无穷"就是永远传承皇位之意。

2. 莲花瓦当

大同北魏时期由于佛教的广泛流行，因而对社会生活和思想意识等方面产生了较大的影响。佛教观念渗透到社会生活的各个方面，莲花就作为瓦当的装饰纹样逐渐盛行起来。从出土实物来区分，大致有莲花瓦当和多组双瓣莲花化生童子瓦当两大类。

第一类为莲花瓦当。从出土文物看，有单瓣和双瓣之分，乳钉的装饰位置和规格的大小也有所差异。依当面装饰的不同可分为三种形式：

第一种为 6 组单瓣莲花。操场城仓储遗址 T411③:5，当面饰 6 组莲花，均为单瓣，较饱满，当心饰一枚平顶乳钉与莲瓣相连，在莲瓣之间边轮内侧均有近三角形突起。瓦当背面连接部分筒瓦，残长 4.5 厘米。瓦径 14.3 厘米，边轮宽 1.7 厘米，当面厚 2 厘米。

第二种为多组双瓣莲花。方山思远佛寺 T016:1，当心饰一乳钉，外围有一凸圆圈纹环绕，当面饰 8 组双瓣莲花。当背连接部分筒瓦，残瓦当表面有一方形瓦钉孔。瓦径 14.5 厘米，厚 2 厘米。筒瓦残长 26.3 厘米。操场城仓储遗址 T512③:8，当心饰一乳钉，外围有一凸圆圈纹环绕，当面饰 8 组双瓣莲花，表面涂红彩。瓦径 15 厘米，厚 2 厘米。此瓦当布局合理，制作规整。

第三种为多组双瓣联珠纹瓦当。操场城 1 号 C3，黑灰色，当面磨光。当心饰一枚大乳钉，周围饰由 15 枚小乳钉组成的联珠纹。当面饰 6 瓣复式莲花，在莲瓣之间边轮内侧均有近三角形突起。瓦径 15.7 厘米，边轮宽 2—2.2 厘米。方山思远寺 T006:5，灰黑色，当面磨光。边轮里侧饰由小乳钉纹组成的联珠纹一周，联珠纹里侧又饰较宽的凸弦纹一周。当面饰双瓣莲花，在莲瓣之间凸圆圈纹内侧均有近三角形凸起。

北魏平城时期,不仅瓦当上流行装饰莲花,其他建筑材料如门簪、柱础以及生活用具也常饰莲花图案。宋绍祖夫妇墓中的石椁外壁共雕刻7朵莲花,其中5朵莲花是南壁门上方的5个门簪,直径为11.8—12.8厘米,另外2朵莲花是两扇门板的圆形拉手,直径为11—11.7厘米。前廊共有4根平面呈八角形的廊柱,底部的管脚榫与上圆下方覆盆式的柱础相卯合,圆形覆盆上半部为花瓣饱满的高浮雕覆莲,花瓣尖向下铺展,细部阴刻。标本M2:62、M2:63和M2:74陶罐和陶壶的器表也彩绘莲花纹,叶瓣肥硕隆起,瓣尖呈尖状微微起翘。七里村北魏墓群出土的标本M1:10直领罐和标本M36:3釉陶盘口罐,器物外表均堆塑了覆莲纹样一周;标本M1:14和M37:1石帐础在圆形的鼓面上均浮雕了瓣尖朝下的莲花纹。

第二类为多组双瓣莲花化生童子瓦当。方山思远佛寺遗址、操场城1号遗址和金属镁厂北魏墓葬中均有出土。在华美宽厚的莲瓣间,刻画了体态丰腴、稚气可掬的童子,手捧净瓶或双手合十。以当面的纹饰和内容,也可分为三种形式:

第一种形式为化生童子手捧净瓶。方山思远寺T010:9,灰黑色,当面磨光。当心一化生童子手捧净瓶,外饰双瓣莲花一周。瓦当残缺许多。瓦径约18厘米,边轮宽约1.5厘米。

第二种形式为化生童子双手合掌。金属镁厂M5:1,灰褐色,当面磨光。当心一化生童子端坐中央,双手作合掌状,外饰11组双瓣莲花一周。瓦当基本完整。瓦径15厘米,边轮宽2厘米,厚2厘米。

第三种形式为化生童子绳纹瓦当。方山思远寺T011:2,灰黑色,当面磨光。当心一化生童子手捧净瓶,边轮里侧饰两股交错扭接的绳索纹一圈,绳索里侧再饰较宽的凸弦纹一圈。瓦当残缺许多。直径约17厘米,边轮宽约2厘米。

在云冈石窟和北朝墓葬中也经常出现这一题材,如大同湖东1号墓出土了一件莲花化生铜饰件,青铜质,通体鎏银,中部为莲花化生,细眉高鼻,双手合十状。像背光和头光均为素面圆盘表示,光轮外沿有简单的同心弧线弦纹,像周边饰10组双瓣莲叶,周缘开两孔,孔内残存铁钉及蚀痕,应是固定在棺上或其他器具上的装饰件。

3. 兽头瓦当

明堂遗址和操场城1号遗址皆有出土,在北魏平城遗址的瓦当中占有较大的比例,属于典型的北魏遗物。建筑上装饰大量的兽面纹瓦当,一方面可以烘托建筑物的雄壮威严,另一方面企盼能够起到对邪恶鬼怪的震慑作用,以兽避邪。

当面磨光,宽边缘,制作十分规整。当心饰一高浮雕兽头,神态凶猛威严,眼珠突出,短鼻梁,双耳呈尖圆形,怒张大口,露出整齐的门牙和锐利的犬齿,额头有较深的抬头纹,大型兽面瓦当直径可达25厘米,但无完整件。小型兽面瓦当图案的细部有微小的差别。

兽面装饰不仅设置在屋顶上,而且在石椁外壁、棺床、门枕石、门墩、石窟顶部束挽处等处多有出现。宋绍祖墓中出土的石椁,堪称公元5世纪北魏单体建筑的稀有实例,外壁雕刻了26枚形制不同的兽面装饰,它的功能一为装饰,二为避邪,比较直观形象地表现了古代建筑物的形制特征和装饰艺术。

4. 人面纹装饰瓦

操场城1号遗址采集了六件,这种形式的装饰瓦在大同地区首次发现。器表涂黑,未经打磨。平面呈半圆形,并饰凸线边框。正面有明显凸起的人面形象,高鼻长目,胡须上卷,牙齿露出,背平而直。河北临漳邺北城遗址也有同类型的遗物出土。

四、结语

1. 平城遗址中建筑材料上的文字多达几百处,全部刻在板瓦表面上和筒瓦瓦舌上,形成了北魏平城时期"瓦刻文"这种新的书法研究形式。瓦刻文的书体有隶书、楷书、篆书和行草书,可谓四体俱全。有的字体似隶而楷,有的字体似楷而隶,率意开张,自然大方,再现了当时流行于民间的魏碑体。

2. 工匠的姓名在瓦刻文的内容中占有很大的比例,其中汉人工匠当占到80%以上。这说明了在大型基本建筑工地的施工队伍中,工匠仍以汉人为主。这无疑从一个侧面佐证了历史文献的真实性。《魏书》所列资料告诉我们,"从建都平城之年起,凡是从灭亡的各个政权区域内强制迁徙,或是从南北战场俘获的人口、财物,主要都集中到平城及其附近,集中的数字是庞大的,就人口而言,最保守的估计,也要在百万人以上;而被强制徙出的地点如山东六州、关中长安、河西州、东北和龙和东方的青齐,都是当时北中国经济、文化最发达的地方。迁移的同时,还特别注意对人才和伎巧的搜求。……这里积聚的大量劳动人手和从北中国征调来的巨大财富,平城内外筑造了一批批规模宏伟的建置,就不是偶然的事了。"[2](P178~179)

3. 史料中没有关于建设皇室工程的详细记载,但是部分瓦刻文上的刻写文字和戳记,却透露了一些建设工程方面的信息。譬如,记数、记人、记事是必不可少的工作环节;施工过程中必须有一些强制规定和纪律要求;实施步骤中施工人员和工程监管的层层把关和尽职尽责。如果能够正确地破译它,那么知道的情况就会多一些,甚至会再现当年大型建设工程严密的劳动组织程序和严格的工作责任制情况。

4. 遗址中所出土的筒瓦、板瓦、瓦当和瓦钉等建筑材料,外露的地方大部分先在瓦坯上磨光,后做渗碳处理,表面呈黝黑色,有光泽。整个建筑的屋顶全为黑色,显得极为庄重肃穆,这说明北魏对黑色是极为崇尚的,史料中也有"胡俗尚水,又规画黑龙相盘绕,以为厌胜"的记载。[3](卷57,P104)

5. 明堂和操场城 1 号等几处大型遗址的建筑材料基本一致,规格和工艺大体相同。大型磨光筒瓦、板瓦和特殊瓦当的出土,印证了这里曾经是巍峨壮观的明堂和其他大型殿堂建筑。构件硕大精美,建筑宏伟壮观,透露着建筑品级很高,具有皇室规模的信息,同时也再现了拓跋鲜卑历代执政者的革新精神与雄浑气势。

参考文献:

[1]魏收. 魏书[M]. 北京:中华书局,1974.

[2]宿白. 平城实力的集聚和"云岗模式"的形成与发展[A]. 云冈石窟文物研究所. 云冈百年论文选集(一)[C]. 北京:文物出版社,2005.

[3]萧子显. 南齐书[M]. 北京:中华书局,1974.

[4]王银田,曹臣明,韩生存. 山西大同市北魏平城明堂遗址 1995 年的发掘[J]. 考古,2001(3),26 - 34.

[5]刘俊喜,张志忠. 北魏明堂辟雍遗址南门发掘简报[A]. 编委会. 山西省考古学会论文集(3)[C]. 太原:山西古籍出版社,2000.

[6]山西省考古研究所等. 大同操场城北魏建筑遗址发掘报告[J]. 考古学报,2005(4):485 - 511.

[7]大同市博物馆. 大同北魏方山思远佛寺遗址发掘报告[J]. 文物,2007(4):4 - 26.

[8]云冈石窟文物研究所,山西省考古研究所,大同市博物馆. 云冈石窟第 3 窟遗址发掘简报[J]. 文物,2004(6):65 - 93.

[9]大同市考古研究所. 山西大同七里村北魏墓群发掘简报[J]. 文物,2006(10):37 - 40.

[10]大同市考古研究所. 大同湖东一号墓[J]. 文物,2004(12):26 - 34.

[11]殷宪. 北魏平城砖瓦文字简述[J]. 山西大同大学学报(社科版),2009(1):38 - 41.

北朝元氏与勋臣八姓婚姻研究

马志强

（山西大同大学云冈文化研究中心，山西 大同 037009）

摘　要：勋臣八姓是平城时期元氏最主要的婚配对象，其中穆氏子弟所占比例要大大高于其他部族子弟，是元氏最固定的婚姻群体。元氏与勋臣八姓的婚姻也是可以达到民族融合的，而这种融合和迁都后相比是隐性的和有限的。这些婚姻带有浓郁的政治色彩。

关键词：元氏；勋臣八姓；平城；婚姻；民族融合

建立北魏政权的鲜卑拓跋氏，勇于进取，敢于向传统的游牧民族旧习俗挑战和决裂，坚持一以贯之的汉化改革步伐，为后来的各少数民族政权的封建化提供了极其宝贵的经验教训。纵观北魏政权的汉化进程，我们就会发现，无论是道武帝拓跋珪和明元帝拓跋嗣，还是太武帝拓跋焘和文成帝拓跋濬，乃至献文帝拓跋弘和孝文帝元宏等人，都能够顺应历史潮流，显示了非凡的勇气和过人的胆略，成就了中国历史上具有鲜卑拓跋色彩的壮丽篇章。以皇族元氏为代表的帝族婚姻，除了一般的皇族意义之外，更具有民族融合的先天色彩和特征。作为具有特殊身份的北魏皇族元氏，他们的婚姻引导着整个社会的婚姻潮流，对整个民族融合的大潮起着推波助澜的作用。现存大量的正史资料和众多的碑刻资料中保存了非常丰富的北魏皇族元氏婚姻资料。在这些资料中，大致可以分为这样几种类型：一是与北方诸部落和诸地方政权的婚姻；二是与东晋南朝皇族和著姓的婚姻；三是与北方高门大姓的婚姻；四是与次等门第的婚姻；五是与社会地位比较低的阶层的婚姻。拓跋鲜卑皇族与汉族交往和血缘交融的最重要最关键时期应是拓跋魏正式确立且定都平城至孝文帝迁都洛阳之前的一百多年时间。在北魏皇族的影响下，拓跋鲜卑从上到下广泛地同北方汉族百姓结为婚姻，不仅解决了拓跋鲜卑正常的种族繁衍，而且使得鲜卑在与汉族百姓的融合过程中提高了自身的汉化程度，促进了北魏社会的文明程度，淡化了民族仇恨情绪。

正因为北魏皇族元氏婚姻对整个社会生活的影响十分巨大和深远,故而对它的研究就成为我们研究古都和帝都文化的课题范围。鉴于该题目过大,我们今天仅以"北朝元氏与勋臣八姓婚姻研究"为主要研究内容,希望能够抛砖引玉,有助于古都和帝都研究于万一。

勋臣八姓是指北魏"自太祖(拓跋珪)已降,勋著当世,位尽王公,灼然可知"[1](卷113,P3014)的鲜卑少数民族八大贵族集团(其中独孤氏属匈奴后裔),在论述时我们按照迁都洛阳以后的称谓,他们分别是穆氏(丘穆陵氏)、陆氏(步六孤氏)、贺氏(贺兰氏)、刘氏(独孤氏)、楼氏(贺楼氏)、于氏(勿忸于氏)、尉氏(尉迟氏)、嵇氏(纥奚氏),他们一同四姓(四姓,指北方卢、崔、郑、王、李等豪门)。我们这里姑且称之为胡族高门大姓,他们与北方高门大姓具有同样的特权。

胡族高门大姓是在北魏的都城平城形成和发展起来的。也可以这样讲,他们和以鲜卑拓跋氏(元氏)为代表的帝室十姓一样,是我们可以视之为大同籍的人氏,也是平城时期皇族元氏最主要的婚姻对象。他们不仅在平城这一舞台上上演着一幕幕惊心动魄的历史大剧,还在以后的洛阳、邺城、西安等当时的国际大舞台上叱咤风云,跃马扬鞭,为隋唐盛世开疆拓土。

我们根据北朝四史及大量的北朝墓志,先收集罗列出北朝元氏与勋臣八姓婚姻的事例,并列如下表,便于后面的分析和研究。

表 1　元氏与穆氏婚姻表

元氏	穆氏	其他婚姻对象	资料来源	备注
长城公主	穆真	文明太后姊	《魏书》卷27	
章武长公主	穆泰		《魏书》卷27	
饶阳公主	穆伯智		《魏书》卷27	
宜阳公主	穆观		《魏书》卷27	明元帝女
乐陵公主	穆寿		《魏书》卷27	太武帝女
城阳长公主	穆平国		《魏书》卷27	
济北公主	穆伏干		《魏书》卷27	
新平长公主	穆罴		《魏书》卷27	
中山长公主	穆亮		《魏书》卷27	献文帝女
琅邪长公主	穆绍		《魏书》卷27	孝文帝女
长乐公主	穆正国		《魏书》卷27	
始平公主	穆平城		《魏书》卷27	

续表

元氏	穆氏	其他婚姻对象	资料来源	备注
元珽	穆玉容		赵/穆玉容墓志	
元焕	穆氏		赵/元焕墓志	
元洛神	穆氏		赵/元洛神墓志	
元纯陀	穆氏	邢公	赵/邢公继夫人元尼墓志	
元嘉	穆氏		《魏书》卷27	穆寿女
元嵩	穆氏		《魏书》卷19	
元幹	穆氏		《魏书》卷27	穆明乐女
元融	穆氏	卢贵兰、程氏	罗/元融妃穆氏墓志	
元受拔	穆氏		罗/元睿墓志	穆观女
元伏和	穆氏		罗/元伏和墓志	

表2 元氏与于氏婚姻表

元氏	于氏	其他婚姻对象	资料来源	备注
宣武帝元恪	顺皇后于氏		《魏书》卷13	于劲女
元氏	于忠		《魏书》卷31、41 中山王元尼须女	
东阳公主	于景		赵/于景墓志	
元徽	于氏		《魏书》卷18、19	
元熙	于氏		《魏书》卷19	于忠女
元愉	于氏	李(杨)氏	《魏书》卷22	顺皇后妹
元睿	于氏		罗/元睿墓志	于兜女

表3 元氏与陆氏婚姻表

元氏	陆氏	资料来源	备注
常山公主	陆昕之	《魏书》卷40	献文帝女
上庸公主	陆子彰	《魏书》卷40	咸阳王禧女
元氏	陆希质	《魏书》卷40	
元固	陆氏	赵/元固公墓志	陆琇女
元氏	陆孟晖	赵/陆孟晖墓志	
元凝	陆顺华	赵/元凝妃陆顺华墓志	

表4　元氏与贺氏婚姻表

元氏	贺氏	资料来源	备注
拓跋寔	贺氏	《魏书》卷13	贺野干女,生珪
拓跋煮	贺氏	《魏书》卷13	生拓跋晃
元氏	贺纥	《魏书》卷83 上	平文帝女
辽西公主	贺野干	《魏书》卷83 上	昭成帝女
拓跋珪	贺氏	《魏书》卷16	贺野干女

表5　元氏与刘氏婚姻表

元氏	刘氏	资料来源	备注
元氏	刘路孤	《魏书》卷1	拓跋郁律女
元氏	刘务桓	《魏书》卷1	拓跋什翼犍女
拓跋珪	刘氏	《魏书》卷13	刘眷女,生华阴公主,后生太宗拓跋嗣
元氏	刘库仁父	《魏书》卷23	平文帝女
元氏	刘库仁	《魏书》卷23	元氏宗女
拓跋珪	刘氏	《魏书》卷23	刘奴真妹
元遵	刘氏	赵/元俨墓志	道武宣穆皇后刘氏之姐妹,明元皇帝之姨
元氏	刘亢埿	《魏书》卷13	拓跋珪姑
元氏	刘卫辰	《魏书》卷95	拓跋什翼犍女
始平公主	赫连昌	《魏书》卷95	刘卫辰子屈孑改姓赫连氏,还应视为刘氏
拓跋煮	赫连氏	《魏书》卷95	刘卫辰子屈孑改姓赫连氏,还应视为刘氏
拓跋煮	赫连氏	《魏书》卷95	刘卫辰子屈孑改姓赫连氏,还应视为刘氏
拓跋煮	赫连氏	《魏书》卷95	刘卫辰子屈孑改姓赫连氏,还应视为刘氏
拓跋晃	刘氏	《魏书》卷19	上子南安惠王桢、城阳康王长寿

表6 元氏与尉氏婚姻表

元氏	尉氏	资料来源	备注
元氏	尉多侯	《魏书》卷26,《北史》卷20	
太原公主	尉显业	《魏书》卷26	子彦
拓跋晃	尉氏	《魏书》卷19	上子京兆王子推、济阴王小新成
拓跋晃	尉氏	《魏书》卷19上	乐陵康王胡儿
元灵曜	尉氏	赵/元灵曜墓志	尉元之孙
拓跋虎	尉迟将男	罗/拓跋虎墓志、拓跋虎妻尉迟将男墓志	
元氏	尉氏	《北史》卷20	尉瑾嫂
金明公主	尉迟迥	《周书》卷21	

表7 元氏与嵇氏婚姻表

元氏	嵇氏	资料来源	备注
元氏	嵇根	《魏书》卷34,《北史》卷25	昭成帝女
华阴公主	嵇拔	《魏书》卷34,《北史》卷25	子敬

　　上表中"赵"指赵超《汉魏晋南北朝墓志汇编》,天津古籍出版社1992年版;"罗"指罗新、叶炜《新出魏晋南北朝墓志疏证》,中华书局2005年版。

　　从上述表中统计,我们可以得知,元氏与勋臣八姓婚姻事例共有64例,其中穆氏22例(冥婚1例),占总数的34.4%;于氏7例,占10.9%;陆氏6例,占9.4%;贺氏5例,占7.8%;刘氏14例,占21.9%;尉氏8例,占12.5%;嵇氏2例,占3.1%。就数量而言,穆氏排在第一位,其他依次为刘氏、尉氏、于氏、陆氏、贺氏和嵇氏。在勋臣八姓中,没有楼氏与元氏的婚姻事例。

　　单从与诸帝的关系而言,献明皇帝娶贺野干女,是为献明皇后贺氏,生太祖;太武帝拓跋焘娶贺氏,生拓跋晃;道武帝拓跋珪娶刘眷女,是为宣穆皇后刘氏,生华阴公主,后生太宗;又纳刘奴真妹。宣武帝元恪娶于劲女,是为顺皇后于氏。贺氏、刘氏、于氏可以算作元氏与勋臣八姓婚姻事例的第一层次。

　　根据史事,这三者又分为两类:其一,贺氏和刘氏与元氏的婚姻均发生在拓跋珪定都平城前或初,这些婚姻的部落色彩比较浓厚,或者说仍处于非封建政权阶段。说白了,也就是拓跋氏还不是正规意义上的皇族,那么贺氏和刘氏也不算严格意义的后族。这一点,在《魏书》中是有明确记载的,如献明皇后贺氏,父野干,东部大人,后少以容仪选入东宫,以建国三十四年(371年)七月七日生太祖拓

187

跋珪于参合陂北。其父献明皇帝拓跋寔已于此年春在长孙斤谋反事件中负伤并在五月间去世，也就是说，献明帝拓跋寔根本就没有即过位，贺氏也就不成其为皇后，因而贺氏也不是严格意义上的后族。刘氏也类此。其二，于氏与元氏的婚姻多发生于迁都洛阳以后，原因有二：一是作为鲜卑勋臣八姓之一的于氏虽然在八姓中地位居后，但孝文帝时，居八姓之首的穆、陆二姓均有人参与反迁都及汉化改革的叛乱活动，而于烈却忠心耿耿，于烈弟于劲女又立为宣武帝皇后，位望显赫。元愉作为宣武帝之弟，纳皇后于氏之妹为妃，既门当户对，又能"结二族之好"；二是于氏能够审时度势，积极支持迁都及汉化改革，并能世典禁旅，每济艰难，安魏社稷者，多在于氏。"于氏自栗磾至于劲，累世贵盛，一皇后，四赠公，三领军，二尚书令，三开国公。"[1](卷31,P746) 这在迁都洛阳以后的勋臣八姓婚姻中是绝无仅有的，其实这也是我们将于氏放在第一集团的主要原因之一。

元氏与勋臣八姓婚姻事例的第二层次为元氏与穆氏的舅甥婚姻。元氏与穆氏一门通婚达22宗。穆氏自穆观始，先后有12人尚公主，其中穆平国一人即尚城阳长公主和长乐公主两位还公主。元氏与穆氏婚姻最显著的特征诚如《元洛神墓志》所言，元、穆"二族姻娅，犹兄若弟，锦缋交辉，轩冕相映"。所有的12例与公主婚姻都是在迁都洛阳以前，这是和鲜卑拓跋部的汉化政策相关联的。

鲜卑拓跋部在迁洛前，一直奉行部落内婚制。随着入主中原，统一北方，需要汉族士人的支持和参与政府行政管理，因此他们积极向汉族士人学习，并开始了大规模全方位的汉化运动，婚姻政策的转变也是最重要的方式和内容之一。特别是孝文帝，他不仅仅满足于清定族姓，联姻高门，而且力图把这种婚姻关系推及到更广范围。据《魏书·高祖纪上》载，孝文帝太和二年(476年)夏五月诏曰："皇族贵戚及士民之家，不惟氏族，下与非类婚偶，先帝亲发明诏，为之科禁，而百姓习常，仍不肃改。朕今宪章旧典，祗案先制，著之律令，永为定准，犯者以违制论"。[1](卷7上,P145) 太和十七年(493年)，再次重申"凡厮养之户不得与士民婚"。[1](卷7下,P173) 这充分说明，北魏以等级婚姻为重要内容的门阀制度，已远不是一般的政治措施，已成为具有一定法律保证的政治制度。

孝文帝为了在婚姻上严格士庶等级，更主要是为了通过联姻使胡汉贵族结合起来，他首先纳北方汉族士族的崔、卢、郑、王、李等高门大族的女儿为嫔妃，"魏主雅重门族，以范阳卢敏、清河崔宗伯、荥阳郑羲、太原王琼四姓衣冠所推，咸纳其女以充后宫。陇西李冲以才识见任，当朝所贵，……帝亦以其女为夫人。"[2](卷140,P4393)

太和二十年(496年)，咸阳王禧娶任城王隶户之女，深为高祖所责，并且亲自下令："以皇子茂年，宜简令正，前者所纳，可为妾媵。将以此年为六弟娉室。长弟咸阳王禧可娉故颍川太守陇西李辅女，次弟河南王干可娉故中散代郡穆明乐女，次弟广陵王羽可娉骠骑谘议参军荥阳郑平城女,次弟颍川王雍可娉故中书博士范阳卢神宝女,次弟始平王勰可娉廷尉卿陇西李冲女,季弟北海王详可娉吏部郎中荥阳郑懿女。"[1](卷21,P535) 六妃之中除穆氏出自"勋臣八姓"外,其余全部出自汉族卢、崔、李、郑四姓之中。这六个皇弟过去都有妻室,孝文帝要他们把前娶妻室降为妾媵,重新再娉娶汉世家大族之女为妃。这种对宗室诸王正妃选娶家族的限定,影响着以后历代帝王,直到宣武朝以后才有所改变。当时执政的胡太后因出身寒门,在为皇帝元恪选备后宫时有意"抑屈人流",崔、卢、李氏之女仅被册封为"世妇",而不入地位更高的左右昭仪、三夫人或九嫔,各家族忿忿不平,纷纷申述。

我们就以穆氏为例,其与元氏的婚姻高峰是在平城大同,12例尚公主,均在平城。此外,元受拔、元嘉和元嵩也明确是在平城时期。这样算来,明确是在平城的婚姻有15例,占全部22例的68%。这样平城后期仅有7例(包括元融1例,而元融亦约略在平城时期,但不是非常明确,故放此),占32%。

元氏与勋臣八姓婚姻事例的第三层次为陆氏、尉氏和嵇氏的婚姻。他们与元氏的婚姻无论是从帝室的关系而言,还是从数量而言,都不如前两类,故我们把他们归为一类。众所周知,两晋以降,汉族士族讲究的不外是"婚""宦"二字。就婚姻而言,讲究门第家世,士庶之别犹如天壤之隔。门阀化的拓跋贵族也接受了汉族士族的这一婚姻观念,嫁女择婚讲究门第。这样,汉族高门子弟便成为最佳的选择对象了。另一方面,随着封建化的深入,尤其是孝文帝倡导的说汉话和穿汉服等等活动,使民族间的心理差距缩小,汉族士人也不再视拓跋部为"夷狄",愿意和拓跋贵族攀结亲家,从而使元氏与汉族士人的婚姻现象不断增加,到孝文帝和宣武帝时达到高峰。

元氏与勋臣八姓婚姻关系主要反映的是拓跋鲜卑上层贵族的婚姻状况。当然,这些婚姻与政治的关系更为密切,几乎无一不具有浓郁的政治色彩。而作为北方士人代表的汉族世族与南方的世族一致,同样实行严格的身份内婚制。以北魏孝文帝改革为界限,这之前汉族世族婚媾重视门第族望,拒绝与寒门及少数民族统治集团联姻。之后,汉化的少数民族统治集团加入汉族世族的婚姻圈,并以婚媾为纽带,形成一个稳定的胡汉统治集团,这是北方汉族世族势力鼎盛时期。北魏分裂后,出身寒微的胡汉统治阶层凭借权势进入汉族世族婚姻圈,士庶不婚的界限被突破,身份内婚制开始解体。

就民族融合而言,我们知道,在勋臣八姓中,唯一不属于鲜卑民族的就是刘氏。刘氏是由独孤氏而来,而独孤氏属于匈奴或匈奴屠各部。在我们所列举的元氏与勋臣八姓64例婚姻中,刘氏独占14例,占21.9%,这可以说是纯粹的两个民族的融合了。另外,如太武帝拓跋焘的生母是邺人杜氏,是汉族士人之女,他身上至少有50%的汉人血统;献文帝拓跋弘的生母是汉人李氏,他身上也流淌着汉人的血液。孝文帝元宏的母亲是中山人,元宏身上也有着汉人的血液。再如宣武帝元恪,其母高氏应是高丽人,他身上至少有相当成分的朝鲜族血统。这充分说明,具有民族融合血液的元氏与同样有可能具有多民族融合血液的勋臣八姓的婚姻,一定是能够促进鲜卑民族和其他民族的融合的,只不过这种融合和迁都后相比较是隐性的和有限的。

通过对以上材料的分析,我们可以得出如下结论:

1. 勋臣八姓是平城时期元氏最主要的婚配对象,其中穆氏子弟所占比例要大大高于其他部族子弟,是元氏最固定的婚姻群体,具有一定的代表性。但是我们也应该了解到,这主要表现的是太和改制前和迁都洛阳前的情形。迁洛后,婚例锐减。就全部64例婚姻而言,其中70%左右是在迁洛前,迁洛后为30%左右,这表明迁洛后元氏的婚配对象主要是以汉族高门大姓为主了。

2. 在元氏与勋臣八姓的婚配对象中,前期以具有浓厚鲜卑部族色彩的贺氏、刘氏和穆氏为主,后期则以汉化程度比较高的于氏和陆氏子弟为主,而这正是拓跋鲜卑的封建化在婚姻关系上的反映,也是与迁洛后元氏的婚配对象发生了变化相联系的。不可否认的是,元氏与勋臣八姓的婚姻也是可以达到民族融合的。

3. 元氏与勋臣八姓的婚姻,几乎无一不带有浓郁的政治色彩,正如恩格斯所说:"结婚是一种政治的行为,是一种借新的联姻来扩大自己势力的机会,起决定作用的是家世的利益,而绝不是个人的意愿。"[3](第四卷,P74)

元氏与勋臣八姓婚配对象的种种变化,也正是拓跋贵族政治利益的变化在婚姻关系上的反映。婚姻是社会问题,元氏与勋臣八姓的婚姻关系也反映了那个时代的社会。这也正是本文研究的目的所在,即通过以婚姻现象的剖析,来认识北魏社会的若干特点。

参考文献:

[1](北齐)魏收. 魏书[M]. 北京:中华书局,1974.

[2](宋)司马光. 资治通鉴[M]. 北京:中华书局,1956年.

[3]恩格斯. 家庭、私有制和国家的起源[A]. 马克思恩格斯选集[C]. 北京:人民出版社,1972.

[4]赵超. 汉魏晋南北朝墓志汇编[M]. 天津:天津古籍出版社,1992.

[5]罗新,叶炜. 新出魏晋南北朝墓志疏论[M]. 北京:中华书局,2005.

试论北魏献文帝拓跋弘

李娅林　高　然

（西华师范大学历史文化学院,四川 南充 637000）

摘　要:献文帝拓跋弘是北魏立国以来的第六位皇帝,他上承道武、太武诸朝的赫赫武功,四处征讨,致力统一,开辟了更为广阔的北魏疆土;同时,他又整顿吏治,劝课农桑,发展教育,巩固了北魏在中原的统治,为孝文帝改革打下坚实基础,在他统治期间,北魏实现了由武功到文治的转型和过渡,是北魏历史上一位承前启后较有作为的年轻皇帝。

关键词:北魏;献文帝;政事

北魏作为学术界研究的一个热点,在对拓跋鲜卑的起源、发展演变、经济文化、军事思想以及民族融合等方面都有了较为深入细致的研究,但是以献文帝拓跋弘为研究对象的却少有论及,因此本文将尝试着对献文帝拓跋弘统治时期在政治、经济、文化、军事等方面所采取的措施进行分析。

一、献文帝所处的时代背景及身世

魏晋南北朝是中国历史上少有的一个大动荡、大分裂时期,在经过近一个世纪的动乱之后,终于有了统一的趋势。淝水之战后,被前秦苻坚所征服的各族纷纷独立,386 年,拓跋珪复国,迁都盛乐,同年四月改国号为“魏”,史称“北魏”,自称魏王,此时的拓跋部在拓跋珪的带领下统一部落,继而征服强大的后燕,398 年迁都平城,为北魏一统北方打下了基础;太武帝拓跋焘在位时期凭借军事武功,先后攻灭胡夏、大破柔然、攻克北燕、降服北凉。至此,拓跋鲜卑经过艰难的创业终于建立起强大的魏国,北方也在继前秦苻坚后再度归为一统,从而与南方的刘宋政权并立,形成南北朝对峙的格局。与此同时,拓跋鲜卑在西迁和南下的过程中,受传统“畜牧迁徙,射猎为业”[1](卷1)游猎生活方式的影响,畜牧业在北魏前期仍然颇受重视,占有十分重要的地位,在四处征讨当中,“军事掠夺成为支撑北魏早期国家机器的主要手段之一”。[2]但是,随着南北战局的稳定,掠夺性的战争在献文帝时期已经鲜有发生,并不能长期支持国家机器的运转,而北方游牧民族南下,由此带来的少数民族的游牧文明与中原地区的农耕文明之间的矛盾日益激化,急需休养生息,改变传统的生产生活方式,但是直到太武帝拓跋焘时期才出现了"佛狸已来,稍僭华典,胡风国俗,杂相揉乱"[3](卷57)的局面,拓跋部落后的游牧经济在不断汉化、不断走向汉族农业经济发展的过程当中,游牧经济与汉族农业经济之间的矛盾并没有得到缓和,鲜卑政治与汉族政治之间的矛盾、鲜卑文化与汉族文化之间的矛盾亟待解决,急需要采取有效措施加以稳定政权,巩固统治。

献文帝拓跋弘,太武帝拓跋焘之曾孙,文成帝拓跋濬之长子,孝文帝拓跋宏之父,12 岁继承国祚,465—471 年在位,掌权 12 年,生母是文成皇帝李贵人,后被北魏"子贵母死"制度依例赐死。即位之初,车骑大将军乙浑利用皇帝年幼矫诏专权,大肆铲除异己,"(465 年)秋七月癸巳,太尉乙浑为丞相,位居诸王上,事无大小,皆决于浑",[1](卷6)后文明太后冯氏发动政变诛杀乙浑,乙浑伏诛后,冯太后临朝听政。皇兴元年(467 年)八月,献文帝李夫人生下皇子拓跋宏,冯太后亲自抚养,"是后罢令,不听政事",[1](卷13)于是献文帝开始亲政。献文帝在位期间外御刘宋、柔然、敕勒、吐谷浑等的强攻和犯境,对内在平息谋反和叛乱的同时,在政治、经济、思想文化等方面进行了建设,卓有成效。471 年,"帝雅薄时务,常有遗世之心"[1](卷6)而传位于太子拓跋宏,关于献文帝是否因笃信老庄、佛图之学而在春秋鼎盛之际将皇位传给仅 4 岁的儿子,学术界尚存在争论,但是一般认为献文帝是迫于冯太后的压力而被迫传位于太子,因为献文帝在退位之后并没有不问政事,过清静无为的生活,而是"国之大事咸以闻",[1](卷6)总揽机要,以太上皇的身份更加励精图治。承明元年(476 年),献文帝拓跋弘崩于永安殿,年仅 23 岁,庙号显祖,葬于云中金陵,"显祖暴崩,时言太后为之也",[1](卷13)献文帝的死,不得不让人联想到献文帝死后第二次临朝称制的冯太后,但是《魏书》并没有准确记载献文帝的死因,因此献文帝之死成为北魏历史上一大谜案。

二、献文帝之执政

本文所论述的"执政",是指献文帝在位时期和退居太上皇时期,前文已经阐明,献文帝在退位之后因皇帝年幼,仍然管理着国家的大小事务,直到暴崩之前都是北魏实际的掌权者,因此要论述献文帝拓跋弘在北魏历史上所起的作用,就必须实事求是,全面地加以考察。

(一)整顿吏治,赏罚严明

公元 3—4 世纪,拓跋鲜卑在南下征服的过程中不断实现自身转化同时,亦在不断学习汉族先进的统治经验,逐渐从氏族部落联盟阶段进入到奴隶制阶级社会,到拓跋珪时期政治上形成"部落大人制与皇权制并存"[2]的局面,但到拓跋焘时期仍然是胡汉杂糅的情况。根据王万盈在《北魏制度转型论析》一文的分析,北魏是在孝文帝时期最终实现了政治制度的转型,但在孝文帝改革之前,献文帝在整顿吏治方面所采取的措施,也是不可忽略的,它为孝文帝时期政治制度的转型作了铺垫。献文帝在位时期曾先后多次下诏,整顿吏治。

和平六年(465年)刚即位的拓跋弘对北魏州郡佐使的推举制度进行了改革。州郡佐使的职责是辅助州牧治理民众,由前任推举产生下任,但是当时存在前任在离职时行事不端的情况,因此便下诏:"刺史守宰到官之日,仰自举民望忠信,以为选官,不听前政共相干冒。"[1](卷6)这一诏令的推行对改革北魏地方吏治起到了良好的作用,对提高地方官员的行政效率也有所帮助。

天安元年(466年)规定爵位的升迁必须以功劳为凭据,有诈取、贿赂爵位的一律上报,予以削夺,不然以大不敬定罪。"诸有诈取爵位,罪特原之,削其爵职。其有祖、父假爵号货赇以正名者,不听继袭。诸非劳进超迁者,亦各还初。不以实闻者,以大不敬论"。[1](卷6)这条诏令以法律的形式规范了爵位的封赐与世袭,也在一定程度上触动了鲜卑贵族的利益。

皇兴四年(470年)为惩处贪污腐败,建立清正廉洁的官僚队伍,加大了对贪污受贿官员的惩治力度。"诏诸监临之官,所监治受羊一口、酒一斛者,罪至大辟,与者以从坐论",[1](卷24)这是一条强硬的法律,对于肃清官僚队伍当中的不正之风有很大积极作用,顾博凯还认为"文成帝时期虽然对于贪官污吏有惩罚的措施,但是定罪之轻重,确是在献文时期才首次出现,明确规定了受贿的数量及所有相应的刑罚,这是北魏法治建设和吏治整顿上的一大进步"。[4]

值得一提的是,献文帝在位时期还首提班行俸禄制。北魏早期,从中央到地方的各级官吏都是没有俸禄的,主要依靠的是自己筹集,文官贪污受贿,武官搜刮抢劫,使得当时的阶级矛盾和民族矛盾更加尖锐,因此皇兴四年(470年),汉族士人张白泽进谏仿行汉制,推行俸禄制,谏文如下:"如臣愚量,请依律令旧法,稽同前典,班禄酬廉,首去乱群,常刑无赦。苟能如此,则升平之轨,期月可望,刑措之风,三年必致矣。"[1](卷24)张白泽的意见反映了汉族士人希望改变鲜卑陋习的愿望,也是改变北魏政治现状,缓和阶级矛盾和民族矛盾的必要措施,因此献文帝予以采纳,但是由于当时推行的条件并不成熟,使得班行俸禄制并没有得以真正实行,但是这一建议的提出为孝文帝时期推行班行俸禄制奠定了基础。

献文帝退位之后仍然以皇帝的名义多次发布诏令,整顿吏治。多采用赏罚和罢黜的办法,如延兴二年(472年)下诏,从现在起温顺仁爱、清廉节俭、克己奉公的州牧郡守,可长久在其职位上,岁月长久有成绩的,升位一级,如有贪婪残忍不讲道义、侵渔剥夺百姓的人,即使在位极短,也一定加以罢免处罚,并"著之于令,永为彝准"[1](卷7);延兴三年(473年)十一月,又派遣使者前往河南七州观察风俗考查狱情,对昏官加以罢黜,对贤明的人加以擢升;延兴五年(475 年),"诏定考课,明黜陟"。[1](卷7)规定官吏的升迁必须以才能和政绩、功劳为凭据,如延兴二年(472 年)下令重申州郡选贡的人才要根据实际才能来进行;延兴三年(473 年),针对各地农民起义不断的情况,规定"诏县令能静一县劫盗者,兼治二县,即食其禄;能静二县者,兼治三县,三年迁为郡守。二千石能静二郡,上至三郡,亦如之,三年迁为刺史"。[1](卷7)"此外,还召令在位官员和民众直言进谏,讨论政治之得失,如延兴元年(471 年),诏在位及民庶直言极谏,有利民益治,损政伤化,悉心以闻。"[1](卷7)

以上献文帝采取整顿吏治的一系列措施,取得了明显的效果。首先,多数以律令的形式来保证诏令的顺利实施,赏罚严明,如延兴二年(472 年)对州郡牧守的升迁和贬黜,就采用了一定原则,并把这些原则写进律法当中,当作官吏考核的标准。其次,官吏的选任和升迁注重功劳、才能和政绩,这就在一定程度上触犯了鲜卑贵族的利益,也为汉族士人进入统治集团提供了契机。最后是善于吸纳汉族的封建统治经验,如采纳汉族士人张白泽的班行俸禄制即为一例。延兴元年(471 年),又下诏访求舜的后裔,"获东莱郡民妫苟之",[1](卷7)免除他家毕生的租税,以彰明盛德的永不磨灭,这也是宣传汉化,标榜正统之举,有利于收服民心;同时也检括户口,扩大剥削对象,延兴三年(473 年)"诏遣使者十人循行州郡,检括户口。其有仍隐不出者,州、郡、县、户主并论如律",[1](卷7)北魏前期实行的是宗主督护制度,户口隐瞒情况严重,而献文帝检括户口之举,为孝文帝时期三长制的推行奠定了基础,这些措施都表明献文帝注意吸取汉族封建统治经验,扩大统治基础。献文帝亲政后,使得北魏的吏治面貌大为改观,因此王仁磊认为:"献文帝用赏罚和黜陟的办法虽然不能从根本上解决官吏的贪污受贿问题,但也收到了明显的效果",[5]其中最重要的就是稳固了北魏的统治基础,使尖锐的阶级矛盾和民族矛盾得以缓和。

(二)与民休息,劝课农桑

北魏前期畜牧业仍然颇受重视,但是少数民族的游牧经济并不相融于中原的农耕经济,由此而带来的不同文明之间的碰撞更加激烈,矛盾更加尖锐。为解决这一矛盾,献文帝采取了与民休息,劝课农桑的策略。

第一,问民疾苦,与民休息。献文帝当政时期,内部叛乱和外部侵扰时有发生,为安抚战乱留下的创伤,献文帝总是能适时地问民疾苦,收揽民心。皇兴二年(468 年),面对刘宋张永战乱后所造成的伤害,献文帝下诏让叛军当中残废的人"听还江南",战死在原野,尸首暴露的人救令郡县"收瘗之"。[1](卷6)皇兴四年(470 年),面对百姓当中疾病流行"是以广集良医,远采名药,欲以救护兆民。可宣告天下,民有病者,所在官司遣医就家诊视,所须药物,任医量给之。"[1](卷6)献文帝除了以诏令的形式治理国家之外,还四处巡行,在位6年巡行14次。延兴三年(473年)七月,孝文帝跟随献文帝巡行河西,施行德政,宣扬小皇帝的统治权威,十一月又南巡至怀州,所过之处"问民疾苦,赐高年、孝悌力田布帛"。[1](卷7)献文帝除了亲自巡幸,还派遣使者巡省风俗,考察狱情,抚慰百姓。根据章义和等的分析,"北魏诸帝的巡幸不仅有安邦定边、宣扬国威、抚慰百姓、观风问俗等巡幸本身的特点,更有着宣扬汉化、标榜正统等特有的时代特征",这对于稳定北魏的统治功不可没。

第二,轻徭薄赋,劝课农桑

在休养生息的同时,献文帝还鼓励从事农业生产。献文帝即位之初,面对国家财政并不宽裕的情况,毅然改革赋税,"今兵革不起,畜积有余,诸有杂调,一以与民",[1](卷6)这一措施使得献文帝树立起自己的统治威望,同时又促进了农业生产的发展,减轻了人民负担。献文帝在位期间,还制定了"租输三等九品之制",史载"天安、皇兴间,岁频大旱","山东之民咸勤于征戍转运,帝深以为念。遂因民贫富,为租输三等九品之制。千里内纳粟,千里外纳米,上三品户入京师,中三品入他州要仓,下三品入本州",[1](卷110)这一制度的推行不仅避免了运输途中官民的疲劳和钱粮的消耗,还为地方解决灾情提供了有力支持,也使国家财政有了稳定的来源。此外,皇兴三年(469年),献文帝"徙青州民于京师",[1](卷6)将青齐民户,主要是东阳、历城、梁邹等几个城里的民户迁居到了平城,这不仅为大批汉族士人进入仕途提供了机遇,同时又带去了先进的生产技术和足够的劳动力,有利于北魏的封建化。献文帝退位之后,亦屡次发布重农之令。延兴二年(472年)"诏工商杂伎,尽听赴农。诸州郡课民益种菜果"。[1](卷7)延兴三年(473年),"诏牧守令长,勤率百姓,无令失时。同部之内,贫富相通。家有兼牛,通借无者。若不从诏,一门之内终身不仕。守宰不督察,免所居官"。[1](卷7)延兴五年(475年),禁杀牛马。

(三)发展教育,尊崇儒释

献文帝在位时期特别重视发展教育,因此采纳了高允的建议,天安元年(466年)"初立乡学,郡置博士二人、助教二人、学生六十人"。[1](卷6)乙浑被诛后,冯太后引荐高允入朝参政,鉴于当时"道肆凌迟,学业遂废"的情况,献文帝"欲置学官于郡国",这一想法得到了高允的支持,并且就如何建立太学,提出了自己的建议。他认为,"请制大郡博士二人、助教四人、学生一百人,次郡立博士二人、助教二人、学生八十人、中郡立博士一人、助教二人、学生六十人,下郡立博士一人、助教一人、学生四十人",[1](卷48)而且要求"博士取博阅经典、世履忠清、堪为人师者,年限四十以上。助教亦与博士同,年限三十以上。若道业夙成,才任教授,不拘年齿。学生取郡中清望,人行修谨,堪循名教者,先尽高门,次及中第"。[1](卷48)这次建议的提出,对于来自北方的拓跋鲜卑接受汉族文化来说具有重大意义,有利于儒家文化的传播和继承,对于鲜卑民族的汉化具有极大的推动作用。为提倡儒教,发展教育,延兴三年(473 年),献文帝还"诏以孔子二十八世孙鲁郡孔乘为崇圣大夫,给十户以供洒扫"。[1](卷7)总的来说,献文帝时期建立起了从中央到地方的教育体系,培养了大量人才,也推动了拓跋鲜卑的封建化进程,为孝文帝时期的改革作了思想上的准备。

此外,献文帝对佛教也是极其推崇的。东汉时期,佛教传入中国,由于魏晋以来的长期战乱,使得统治者极力重视佛教的传播,而献文帝也不例外,在位时期曾两次巡幸石窟寺,根据《魏书》等的记载,也认为献文帝是因为笃信老庄、佛图之学而禅位与太子的,这一说法故不可信,但也可从一侧面反映献文帝是有这一方面偏好的,而《南齐书·魏虏传》也记载,"宏父弘禅位后,皇冠素服,持戒颂经,居石窟寺",这也说明献文帝对佛教是极其推崇的,这一举动进一步推动了佛教在中国的传播。

(四)攻取刘宋,肃清大漠

献文帝除了文治政策外,军事征讨活动也很频繁,虽然不能与太武帝的赫赫武功相比,但却是值得一提的。献文帝在位时期,南征北讨,致力统一,为孝文帝改革提供了一个相对稳定的政治环境。

献文帝即位之初,正处于南朝刘宋废帝刘子业昏庸无道,刘彧发动政变之际,南朝将领、刺史纷纷脱离刘宋内属,和平六年(465 年)"刘子业征北大将军、义阳王刘昶自彭城来降",[1](卷6)天安元年(466 年)"刘彧司州刺史常珍奇以悬瓠内属",[1](卷6)"刘彧徐州刺史薛安都以彭城内属","刘彧兖州刺史毕众敬遣使内属",[1](卷6)皇兴元年(467 年)"刘彧青州刺史沈文秀、冀州刺史崔道固并遣使请举州内属",对于刘宋将领、刺史的内属和归降,献文帝都一一派人接应,招降纳叛,先后获取得了黄河以南的豫、青、冀、徐、兖等州,并将其改设为豫、青、光、齐、徐、东徐、兖州,即所谓的"河南七州",占领河南七州后,使得北魏的疆域从黄河流域扩展到了淮河流域,也使得淮河流域先进的文化和农业技术得以传入北魏,同时也为孝文帝迁都洛阳作了准备。王仁磊还认为占领河南七州"也是南北强弱之势转化的里程碑之一",[5]自此之后,刘宋再也无力抵御北魏的强攻,因此在南朝刘彧病死,刘昱即位之际,献文帝决定亲自征讨刘宋,延兴三年(473 年)"秋七月,诏河南六州之民,户收绢一匹,绵一斤,租三十石","冬十月,太上皇帝亲将南讨。诏州郡之民,十丁取一以充行,户收租五十石,以备军粮",[1](卷7)但是由于柔然、吐谷浑的犯境,使得北部边疆时有战乱,为免于遭到南北夹击,献文帝最后被迫放弃了南征的想法,同时也丧失了一次统一南北的大好机会。但是北魏占领河南七州之后,双方互派使臣,互通有无,献文帝执政期间再没有发生过太大摩擦,这为献文帝文治政策的实施提供安定环境的同时,也使得北魏可以强有力地抵御和进攻来自北面柔然、敕勒、吐谷浑的犯境。

从皇兴四年(470年)到延兴四年(474年),吐谷浑、柔然、敕勒等相继犯境,特别是柔然的寇边叛乱,使得北魏北部边患严重,"吐谷浑拾寅不供职贡","蠕蠕犯塞","西部敕勒叛","沃野、统万二镇敕勒叛",[1](卷6)"统万镇胡民相率北叛",[1](卷7)"蠕蠕寇敦煌",[1](卷7)柔然的寇边犯境,与北魏和刘宋之间的战和关系密切,随着刘彧遣使北魏,双方关系得以缓和,献文帝派遣大将前往征讨,还亲自北伐,使得柔然多次远遁,延兴二年(472年)二月"东部敕勒叛奔蠕蠕,太上皇帝追之,至石碛,不及而还",[1](卷7)"冬十月,蠕蠕犯塞,及于五原。十有一月,太上皇帝亲讨之,将度漠袭击。蠕蠕闻军至,大惧,北走数千里。以穷寇远遁,不可追,乃止"。[1](卷7)献文帝这一强硬的武力措施,基本上拱卫了北部边疆,也保护了自文成帝以来休养生息的政策,为孝文帝初期的改革提供了一个相对和平的环境。

三、小结

在北魏献文帝拓跋弘短暂的政治生涯当中,在政治上,整顿吏治,罢黜贪官、昏官,擢升清正廉明、贤能肯干的官吏,使得北魏吏治为之一清,同时注重吸取汉族的封建统治经验,首提班行俸禄制,检括隐瞒户口,为孝文帝改革勾勒出一个大致的轮廓,加速了北魏封建化的进程;在经济上,徙青州民于京师,占领河南七州,为北魏带来了大量先进的人才、文化和农业技术,创立"租输三等九品之制",免除了官民运输的疲劳和钱粮的虚耗,禁杀牛马,轻徭薄赋,问民疾苦,劝课农桑,传播佛教,施行德政,这一系列休养生息的措施有利于中原农业生产的恢复和发展,减轻人民负担;在文化上,尊崇儒学,发展教育,为孝文帝改革培养了一大批人才,诏访舜后,标榜正统,巡幸河西,宣扬国威,为孝文帝统治树立起了权威,也加速北魏在文化上的封建化进程;在军事上,向南招降纳叛,将北魏领土从黄河流域扩展到淮河流域,向北打击柔然和敕勒等的寇边和犯境,拱卫了北部边疆,保卫了道武、太武以来的既有成果,也为孝文帝改革提供了一个相对稳定的政治环境。作为北魏一位较有作为的年轻皇帝,献文帝推动了北魏的封建化进程,实现了北魏从武功到文治的转型和过渡,为北魏孝文帝时期实现社会的最终转型奠定了基础。

参考文献：

[1](北齐)魏收. 魏书[M]. 北京：中华书局,1974.

[2]王万盈. 北魏制度转型论析[J]. 西北师大学报,2006(05):85 - 87.

[3]萧子显. 南齐书[M]. 北京：中华书局,1972.

[4]顾博凯. 文成献文朝的政治及其在北魏历史中的地位[D]. 上海：华东师范大学,2010.

[5]王仁磊. 献文帝拓跋弘与北魏封建化[J]. 河南科技大学学报,2005(01):07 - 09.

[6]章义和,洪吉. 北魏诸帝巡行的历史意义[J]. 文化学刊,2008(01):18 - 20.

北魏临时持节问题初探

权玉峰

（首都师范大学历史学院，北京 100048）

摘　要:北魏时期,帝王使官员临时持节参与活动是管理国家的一项重要措施。遇到重要的国家事务,帝王往往派遣官员临时持节前往处理。官员临时持节参与的活动主要有:外交活动、抚慰活动、巡行活动、军事活动、仪式活动等。这具有三重意义:对于国家或帝王来说,临时持节官代表皇帝的意志;对于活动来说,能明显提高其重要性;对于临时持节官自身来说,参与这些活动是得到提升的重要机遇。

关键词:北魏;官员;持节

关于北魏时期持节问题,多数学者曾予以关注,也取得了很多成果。汤一介先生认为魏晋南北朝时期地方军政官员持节,依据权力大小有使持节、持节、假节之分。[1](P1020)杨树藩先生认为北魏有铜兽符、竹使符,符制有使持节、持节、假节三等。[2](P105)严耕望先生对地方军政官员持节与加督的关系进行研究,进一步认为北魏时期假节、持节、使持节与督、监、都督结合形成九种等级不同的地方军政官阶。[3](P518)张小稳对汉唐时期地方官加节所分的等级,所代表的权力,以及加节制度的演变等问题进行了深入的研究。[4]黎虎先生在《汉唐外交制度史》中对临时持节问题有所涉及,他认为北魏继承汉代的制度,由缘边州郡负责转接持节使者。[5](P224)然而我们注意到这些学者的研究主要集中在地方官员或武将的加官上,属于"长期持节"[6]的范畴,而对于那些由皇帝临时派遣持节参与活动的官员,即"临时持节"[6]的研究则相对缺乏。因此,北魏持节的问题还有探讨的必要。本文对北魏"临时持节"官员的相关史料进行梳理,在此基础上研究临时持节官所参与活动的特征、种类及意义等问题,希望能对北魏持节制度的研究有所裨益。

一、临时持节官的概况及其特点

持节官的含义。早在两汉时期,节就有重要的意义。正如《汉书》颜师古注引《高祖纪》云:"节,以毛为之,上下相重,取象竹节,因以为名,将命者持之以为信。"[7](P22)据此,日本学者大庭修认为节是皇帝(或王)授予使者的东西,持节的官员就是持节使者。[8](P346)张鹤泉先生依据持节情况的不同把持节官分为两类,长期持节官和临时持节官。所谓长期持节官是指东汉国家在设置某些官职时便使其持节的官员,临时持节官是参与国家礼仪活动、军事活动、外交活动时临时持节的官员。[6]

逮及北魏时期,持节制度有了新的变化。有的地方官员、武将因特殊功绩或皇帝的宠爱等原因,被准许使持节、持节、假节等,这类官员设置时并没有持节,所以按照张鹤泉先生关于东汉持节官的概念进行归类的话,这类官员属于临时持节官。但这类官员被授予节后可长期持有节,又与其他临时持节官有所不同。北周及唐人们也认识到这种持节官员与其他临时持节官员的不同。如北周,大象元年(579年)二月"初令总管、刺史行兵者加持节,余悉罢之",[9](P375)可见这类兼任武将的地方官员是长期持节的。唐代,"大唐武德元年(618年),改郡为州,改太守为刺史,加号持节。后加号为使持节诸军事,而实无节,但颁铜鱼符而已"。[10](P907-908)这类官员与临时参与国家活动的官员所持有的节是不同的,两种官员持的性质则更为不同。因此,我们结合上文北魏持节问题的相关研究以及张鹤泉先生的概念,对北魏时期长期持节官和临时持节官进行定义,认为那些官员长期持节并以节代表地位的官员是"长期持节官",那些临时持节代表皇帝意志参与某种活动的官员是"临时持节官"。北魏政府在处理国家事务中,有大量临时持节官的设置。我们将北魏的临时持节官统计如表1所示:

表1 北魏临时持节官表

时间	数量	官　员
道武帝	0	无
明元帝	2	安同、贺护
道武帝	5	李顺、公孙轨、李继、崔颐、张黎
文成帝	1	卢度世
献文帝	2	陆馛、源贺
孝文帝	12	程骏、陆叡、元琛、李彪、李宣茂、崔光、元羽、封琳、杨椿、柳崇、张彝、拓跋丕
宣武帝	8	刘长猷、李崇、于忠、薛凤子、邢峦、薛昙宝、高绰、卢同
孝明帝	17	崔袭、元孚、邓羡、元洪超、李平、崔孝芬、郦道元、元海、傅竖眼、元孚、常景、李瑾、曹世表、崔巨伦、杨昱、无名一、无名二

时间	数量	官　　员
孝庄帝	4	辛馥、纪业、尧雄、元景安、
孝武帝	2	无名一、姚幼瑜
节闵帝	4	李裔、卢辨
孝静帝	3	辛珍之、阳休之、房毓、
文帝	2	郑孝穆、荣权
恭帝	1	赵贵

（统计来源于《魏书》[11]、《北齐书》[12]、《周书》[13]、《北史》[9]）

从上表可知,北魏见于史料记载的临时持节官有 63 人,分布于各个帝王在位时期。(除道武帝外)从人数特点来看,可以明显地分为北魏前期(明元帝至献文帝)、北魏中期(孝文帝至孝明帝)、北魏后期(孝庄帝至孝静帝)三个时期。下面我们就时期来讨论北魏临时持节官的特点。

北魏前期,临时持节官具有两个明显的特点。临时持节官人数少,官员临时持节前地位高。其一,临时持节官参与国家事务的次数较少,其参与的事务也多以外交性事务为主。与北魏中期的 37 位临时持节官相比,北魏前期临时持节官只有 10 位,人数上要少得多。这 10 位临时持节官参加的事务,其中有 5 次是外交事务,外交活动占 50%,可见外交的比重之大。其二,临时持节官持节前具有较高的地位。如明元帝时期的临时持节官安同和肥如侯贺护,安同,他在道武帝时期已经"出入禁中,迭典庶事",[11](P712)可见他在朝中典章机要多年,是典型的两朝元老。肥如侯贺护,是北魏前期贺兰部的部落首领之一,在道武帝去世时,"肥如侯贺护举烽于安阳城北,故贺兰部人皆往赴之,其余旧部亦率子弟招集族人,往往相聚"。[11](P390)太武帝时期的张黎和献文帝时期的贺源持节前都是太尉,其他几位临时持节官持节前不是太常就是大鸿胪。总体来说,这些官员持节前地位都比较高。

北魏中期,临时持节官与前期相比发生了明显的变化。与北魏前期相比,临时持节官人数增多,这些官员临时持节前地位有所下降。其一,临时持节官人数剧增,其参与的事务也逐渐转变到以内政为主。这一时期临时持节官有 37 人,人数是北魏前期 3.7 倍。孝文帝时期有临时持节官 12 人,宣武帝时期有 8 人,孝明帝时期有 17 人。再结合孝文帝在位 29 年,宣武帝 17 年,孝明帝 14 年,我们不难发现,从孝文帝到宣武帝,临时持节官的人数也是迅速增长的。这一时期,37 位临时持节官,仅有 3 人所参与的活动是外交活动,有 34 人从事内政和军事活动,内政和军事活动达活动总量的91.9%。其二,这些临时持节官持节前地位仍很高,但与北魏前期的官员相比却有所下降。孝文帝时期,临时持节前元羽是特进、尚书左仆射、太子太保、录尚书事,[11](P546)李彪是御史中尉、著作郎,[11](P1390)他们两个持节前地位还相对比较高,但却不如北魏前期安同和肥如侯贺护。其他人如陆叡是尚书、散骑常侍,[11](P390)杨椿是冠军将军、都督西征诸军事、行梁州刺史,[11](P1285)柳崇是太尉主簿、尚书右外兵郎中,[11](P1029)这些官员的地位普遍比北魏前期要低。宣武帝、孝明帝时期官员持节前的地位进一步下降,这一时期,刘长猷是护军长史,[11](P1232)卢同是司空谘议参军,兼司马,为营构东宫都将,[11](P1681)这一时期甚至还出现了两个无名的临时持节官。这些官员持节前的地位不仅低于北魏前期的官员,也低于孝文帝时期的官员。

北魏后期,临时持节官人数少,地位进一步降低。临时持节官仅有16人,人数仅为北魏中期的43.2%,明显少于北魏中期。从其地位来看,这些持节官地位进一步下降。宣武帝时期,辛馥是宣威将军、尚书右主客郎中,[11](P1028)元景安是积射将军,[12](P542)纪业是直寝;[11](P259)孝武帝时期姚幼瑜是著作郎,[13](P10)节闵帝时期李裔是假平北将军,防城都督;[11](P843)孝静帝时期房毓行台都督;[9](P1991)文帝时期荣权是丞相府东阁祭酒,[13](P858)郑孝穆是假散骑常侍;[13](P859)恭帝时赵贵是大宗伯。[13](P45)临时持节前,这些官员的官位都不高,比之前两个时期的官员地位要低得多。

临时持节官的这些变化与当时的政局也是紧密相连的。北魏前期,周边政权众多,北魏国策以对外扩张为主,所以在临时持节官参与的活动中,外交活动居多。随着北方的统一,北魏中后期国家事务逐渐转移到内政上,与之对应临时持节官的活动也逐渐以内政为主。北魏持节官地位的变化也反应在主管符节的官员符节令的品级上,北魏前期,临时持节的官员地位高,孝文帝初次颁布职员令时符节令是四品中。[12](P2982)北魏中后期,临时持节的官员地位逐渐下降,第二次职员令颁布时符节令是从八品,前后差四品之多。[12](P3001)

二、临时持节参与的主要活动

北魏时期,遇到特殊情况国家使官员成为临时持节官。临时持节官参与的活动关涉外交、内政、军事等各方面。在外交上,临时持节官往往参与国家重大的外交活动,如策命、联姻等。在内政上,临时持节官主要抚慰民众和巡行地方等。在军事上,临时持节官代表皇帝督军,有时候甚至也持节率领禁卫军参与战争。我们将这些活动具体考证如次。

临时持节官参与的首要活动是外交活动。上文提到,日本学者大庭修认为持节官就是持节使者,可见参与外交活动是临时持节官的重要使命之一。临时持节官参与重要的外交活动主要有策命官员,与其他政权联姻,处理边境冲突等。策命官员的活动,如太武帝时期,北燕冯崇派遣使者表示归附,拓跋焘"遣兼鸿胪李继持节拜崇假节、侍中、都督幽平二州东夷诸军事、车骑大将军、领护东夷校尉、幽平二州牧,封辽西王"。[11](P2127) 又如,太武帝"诏兼太常李顺,持节拜河西王沮渠蒙逊为假节、加侍中,都督凉州及西域羌戎诸军事、行征西大将军、太傅、凉州牧、凉王"。[11](P79) 大统十六年(550 年),西魏政府"假(郑)孝穆散骑常侍,持节策拜(萧)詧为梁王"。[13](P610) 这些记载说明,对于周边地区政权首领的策命一般由临时持节官来完成。北魏与其他国家联姻,也需要临时持节官的参与,如孝文帝延兴年间,"高丽王琏求纳女于掖庭,显祖许之。假(程)骏散骑常侍,赐爵安丰男,加伏波将军,持节如高丽迎女"。[11](P1346) 临时持节官代表皇帝前往迎娶他国公主,以显示帝王对婚姻的重视。两个国家发生边境冲突时,有时也需派临时持节官前往处理,如正光四年(523 年)"阿那瓌众大饥,入塞寇抄,肃宗诏尚书左丞元孚兼行台尚书持节喻之"。[11](P2302) 孝明帝派遣临时持节官前往处理冲突,以期避免战争的发生。

抚慰民众也是临时持节官参与的重要活动之一。北魏政府希望通过官员持节安抚民众,以显示国家对民众的重视,以求达到缓和矛盾,巩固统治的目的。抚慰活动因其对象的不同,可以分为三类。其一,对受灾害战乱影响民众的抚慰。灾害或战争发生后往往造成民众生存困难,政府此时就派官员持节安抚。灾害,如孝明帝时期,"时幽、瀛、沧、冀大水,频经寇难,民饥。诏(邓)羡兼尚书、假散骑常侍,持节诣州,随方赈恤,多有所济"。[11](P637) 民众因临时持节官的救助,灾后生活有所好转。战乱,如孝明帝时期,"葛荣反于河北,所在残害,诏(李)瑾持节兼吏部郎中、东北道吊慰大使"。[11](P1098) 又如正光年间"大乘贼乱之后,诏(元)洪超持节兼黄门侍郎绥慰冀部"。[11](P384) 战乱发生后,政府派遣临时持节官对战乱地方民众进行抚慰,有益于稳定民心,从而恢复当地的稳定。其二对叛乱民众的招慰。民众叛乱特别是山区少数民族动乱往往影响地方的稳定,官员持节招慰叛乱民众,希望避免战争而维护统治。孝文帝时"汾州胡叛,诏(李)彪持节绥尉,事宁还京"。[11](P1390) 又如孝明帝"延昌中,秦州民反。诏(卢)同兼通直常侍,持节慰谕之,多所降下"。[11](P1681) 孝明帝末年"营州城民就德兴谋反,除同度支尚书,黄门如故,持节使营州慰劳,听以便宜从事。同频遣使人,皆为贼害,乃遣贼家口三十人并免家奴为良,赍书谕德兴,德兴乃降。安辑其民而还"。[11](P1684) 这些记载说明,在对叛乱民众进行抚慰的基础上,临时持节官大都能通过和平手段使叛乱地区恢复稳定。其三,对边民的抚慰。北魏边疆地区的边民主要是北方的六镇和南方淮河一线的百姓,边疆地区处于战争前线,往往容易动乱,官员持节抚慰以加强边疆地区的稳定。如孝文帝南征时"遣(拓跋)羽持节安抚六镇,发其突骑,夷人宁悦",[11](P546)临时持节官安抚六镇为其南征奠定了基础。对于南部边疆归附的民众,往往也会派遣官员持节安慰,孝文帝时期,"属荆郢新附,南寇窥扰,又诏(柳)崇持节与州郡经略,兼加慰喻",[11](P1029)对于新归附地区的安抚,巩固了北魏在这些地区的统治。

巡行地方也是临时持节官参与的重要活动之一。临时持节官到地方巡行是中央政府了解地方吏治及民情的重要措施,为中央对地方问题作出正确的决策奠定基础。如明元帝永兴三年(411年)"诏北新侯安同等持节循行并、定二州及诸山居杂胡、丁零,问其疾苦,察举守宰不法,其冤穷失职、强弱相陵、孤寒不能自存者,各以事闻",[11](P51)临时持节官安同巡行所关注的范围从汉族到其他民族,从民情到吏治,包括地方的各个方面。从"各以事闻",我们可以知道,巡行活动更重要的向中央汇报情况,为中央决策提供参考。魏明帝时期,河北动乱后,"诏元洪超持节兼黄门侍郎绥慰冀部。还,上言:'冀土宽广,界去州六七百里,负海险远,宜分置一州,镇遏海曲。'朝议从之,后遂立沧州。"[11](P384)元洪超持节到地方抚慰巡查后,提出设立沧州的建议,经过中央朝议最终设立沧州。有些临时持节官在巡行过程中,对地方事务也能直接处理。如,孝文帝太和八年(485年)"(陆)叡与陇西公元琛并持节为东西二道大使,褒善罚恶,声称闻于京师。"[11](P911)这两个官员"褒善罚恶",可见在巡行期间他们做了不少工作。

临时持节官也广泛地参与军事活动。临时持节官参与军事主要是督军活动,有时候也会率领禁军参与战争。督军,如孝昌元年(525年),徐州刺史元法僧叛乱并归附南梁,负责平叛的军队盘桓不进,孝明帝"诏(辛)雄副太常少卿元诲为使,给齐库刀,持节、乘驿催军"。[11](P1694)又如,"孝昌初,萧衍遣将裴邃等寇淮南。诏行台郦道元、都督河间王琛讨之,停师城父,累月不进。敕(徐)孝芬持节赍齐库刀,摧令赴接,贼退而还"。[11](P1266-1267)临时持节官代表皇帝意志前往战争前线催促将领,最后将领率军前进,可见临时持节官起到了重要的作用。特殊情况下,皇帝还会派临时持节官率领禁军前往战争前线,如,南梁军队占领悬瓠时,孝明帝"诏(邢)峦持节率羽林精骑以讨之"。[11](P1446)南梁萧衍将军宋黑入侵彭城时,临时持节官奚康生持节率"羽林三千人以讨之"。[11](P1632)禁卫军是国家军队的核心,战斗力更强,持节官代表皇帝意志率领禁卫军参战,增强了前线的军事力量。

特殊情况下,临时持节官参与皇帝的即位活动及重要官员的策命或丧葬活动。官员持节参与皇帝的即位仪式,如献文帝"以(陆)馛为太保,与太尉源贺持节奉皇帝玺绶,传位于高祖。"[11](P904)又如西魏北周禅替时,恭帝"使大宗伯赵贵持节奉册书"[13](P45)禅位于宇文觉。这种新皇帝即位仪式都是在上一任皇帝并未去世的情况下举行的,临时持节官的参与提高了仪式活动的重要性。官员的策命,太武帝时期,太子拓跋晃去世,皇室使"(张)黎兼太尉,持节奉策谥焉",[11](P693)以显示太武帝对太子的重视及怀念之情。孝明帝时期,因为大风寒冷,宦官刘腾不能前来受封,孝明帝"乃遣使持节授之"。[11](P2027)东魏孝静帝武定八年(550年),阳休之"兼侍中,持节奉玺书诣并州,敦喻显祖为相国、齐王"。[12](P562)西魏孝武帝时,"魏帝遣著作郎姚幼瑜持节劳军,进太祖侍中、骠骑大将军、开府仪同三司、关西大都督、略阳县公,承制封拜,使持节如故"。[13](P10)正常情况下国内官员的策命很少由临时持节官来完成,他们三人情况有所特殊。刘腾因为是皇帝的崇宦,史料记载"灵太后临朝,特蒙进宠"。[11](P2027)其还一度与元叉专权,杨衒之认为"元叉专权,太后幽隔永巷,腾为谋主"。[14](P34)其他两位则是实际掌握着国家政权。有些大臣、外戚的丧葬仪式,政府也多派临时持节官参与。如孝明帝时期,"兼太常卢度世持节改葬献王于辽西"[11](P1817);孝武帝时期,"(杨津)将葬本乡,诏大鸿胪持节临护丧事"。[11](P1300)临时持节官参与这些官员的丧葬仪式,正是显示出朝廷对这些人的重视。

北魏时期,临时持节官参与的活动涉及北魏统治的各个方面。外交上,有对其他政权的策命、联姻以及处理边境冲突等。内政上,有抚慰活动、巡行活动、仪式活动。军事上有,督军活动、领兵打仗等。临时持节官在这些活动中发挥着重要的作用,可以说临时持节官参与国家重大活动是北魏进行统治的重要措施。

三、临时持节官参与活动的意义

北魏时期,临时持节官参与活动的现象较为常见。毋庸置疑,官员持节参加活动具有重要的意义。对于国家或帝王来说,持节参与活动时这些官员就代表着国家或者皇帝的意志行使权力,能有效地贯彻帝王或者中央政府的决策。对于活动来说,临时持节官参与提高了活动的重要性。对于官员个人来说,临时持节参加活动是取得成绩提升官位的绝好机会。

临时持节官参与活动代表国家或皇帝的意志行使权力。《史记》注引《索隐》韦昭云:"天子印称玺,又独以玉。符,发兵符也。节,使者所拥也。"[14](P363)可见自西汉时持节的官员就是皇帝的使者,持节可以代表皇帝行使权力。在魏晋南北朝时期,只有临时持节的官员才代表着皇帝,长期持节官并不能代表皇帝。魏晋南北朝时期,三类不同的长期持节官具有不同的权力,"使持节得杀二千石以下;持节杀无官位人,若军事得与使持节同;假节唯军事得杀犯军令者"。[11](P1225)可见长期持节官的持节更像是一种等级地位的象征。杜佑认为这种长期持节的现象"皆是刺史兼总军戎"。[10](P908)临时持节官持节参与活动时代表着皇帝的权力。例如,太武帝时期,"(公孙轨)持节拜氐王杨玄为南秦王。及境,玄不郊迎……轨答曰'大夫入境,尚有郊劳,而况王命者乎? 请奉策以还。'玄惧,诣郊受命。"[11](P784)受策命时,见临时持节官就如同见到皇帝一样,附属政权首领要亲自前往郊外迎接。又如孝文帝南征时"遣(拓跋)羽持节安抚六镇,发其突骑,夷人宁悦"。[11](P546)再如,孝明帝时期,因冀州等地发生饥荒,"诏(邓)羡兼尚书、假散骑常侍,持节诣州,随方赈恤"。[11](P637)他们持节参加抚慰活动时,最大的意义就是代表着皇帝,通过这些安抚活动来显示皇恩浩荡。

因为代表着皇帝意志,临时持节官往往具有特殊的权力。皇帝赋予临时持节官权力,权力也因参与活动的差异而有所不同。对其他官员的赏罚权,如孝文帝太和八年(485年)"(陆)与陇西公元琛并持节为东西二道大使,褒善罚恶,声称闻于京师"。[11](P911)孝文帝南伐时期,"'故使二人(拓跋丕与拓跋羽)留守京邑,授以二节,赏罚在手'"。[11](P359)这些临时持节官具有对其他官员进行赏罚的权利。对其他官员的斩杀权,如上文记载督军时元海、徐孝芬两位临时持节官,"持节、乘驿催军,有违即令斩决"。[11](P1446)具备斩杀将领的权力。对地方物资的调配权,"随方赈恤",[11](P637)就意味着临时持节官参与抚慰活动时,可以调配地方物资。从本文第二部分,我们知道有的临时持节官也具备率领禁军,向中央汇报情况等的权力。

临时持节官参与礼仪活动使得活动的重要性得到充分的体现。如外交活动,北魏有尚书主客曹和鸿胪寺两个专职外交机构,[5](P164)但遇到重大的外交事务,北魏政府往往派遣临时持节官前往处理,临时持节官的参与无疑显示出皇帝的重视。正如前文所提到的,从特殊情况下皇帝的即位仪式,对太子及重臣的策命仪式、丧葬仪式等活动来看,临时持节官的参与使得活动的重要性得到充分体现。如,《魏书》卷83上《冯熙传》记载,"遣兼太常卢度世持节改葬献王于辽西,树碑立庙,置守冢百家。"[11](P1817)文成帝时即位后,使官员持节改葬常太后父亲,"树碑立庙""置守冢百家",可见临时持节官的参与极大地提高了葬礼的规格。孝明帝时期,胡国珍的葬礼,"给东园温明秘器、五时朝服各一具、衣一袭,赠布五千匹、钱一百万、蜡千斤。大鸿胪持节监护丧事"。[11](P1834)国家派大鸿胪监护丧事正是显示对这次丧葬活动的高度重视。太常、大鸿胪等官员临时持节主持的葬礼,自然提高了葬礼的规格。

官员持节参与活动是取得成绩提升官位的绝好机会。官员持节使得他们有机会参与重要的国家事务,事务顺利结束后,持节官员往往会因此得到提拔。提拔主要有三种。第一种最为常见的则是官品的提高,如太武帝时期,李顺从侯爵提升为公爵,由征虏将军(三品上)到都督秦雍梁益四州诸军事(从一品上),提升了近两品。公孙轨从诸军司马(从第五品上)提升到尚书(二品中)、平南将军(从二品上),提升了近三品,并获得了公级的爵位。可见这些官员的提升幅度之大。第二种,有些官员持节参与活动归来后官品没有提升,甚至下降,但其新任的官职重要性增加。如孝文帝时期,崔光持节参与活动后,由太子少傅(二品上)到兼侍中(二品上),在品级上没有变化。而我们知道太子少傅是荣誉头衔,而门下省长官侍中则是实权比较重要的官员。[13](P321)卢同从司空谘议参军(从四品)到尚书右丞(从四品),看似官阶没有变化,两者都是"清官",但尚书右丞是尚书省内的重要官员,权力要大于司马,符合北朝清官"清要"的特点。[17](P555)高绰由太尉司马(从四品)到太尉司马(从四品)、汲郡太守,官品上没有提升,但是担任经济发达的汲郡的太守,就意味着可以获得较多的财富。第三种,官员持节参与活动后获得皇帝的赏赐,如孝文帝时期,陆叡持节归来"夏服一具";宣武帝时期,奚康生获得赏赐帛千匹,胡马一匹。

四、结语

由上可见,北魏时期有大量官员临时持节参与重要的国家活动。北魏前期持节参加活动的官员人数较少,但这些官员地位高,参加的活动外交为主。北魏中期持节参加活动的官员人数增多,官员的地位有所下降,参加的活动以内政为主。北魏后期,持节参加活动的官员的人数锐减,官员的地位进一步下降。这三个时期的不同特点也与北魏不同时期的政局紧密相关。就整个北魏来看,这些官员临时持节进行的活动有外交活动、抚慰活动、巡行活动、军事活动、仪式活动等。他们参加活动时代表着皇帝的意志,有时可以代表皇帝行使生杀大权。对于活动来说,临时持节官的参与显示中央政府或帝王对活动的重视,大大提高的活动的重要性。对于临时持节参与活动的官员来说,参加活动后对他们的仕途具有较大的意义,有的官员会因此官级有所提升,有的官员会从权力较轻的官升任权力较重的官,有的官员获得皇帝的特殊赏赐,官员的临时持节活动有着重要的意义。临时持节官参与重要的国家活动,是北魏进行统治的重要一环。

参考文献:

[1]中国通史编委会. 中国通史[M]. 北京:中国书店出版社,1974.

[2]杨树藩. 中国文官制度史[M]. 台北:黎明文化事业公司(出版社),1982.

[3]严耕望. 中国地方行政制度史[M]. 上海:上海古籍出版社,2007.

[4]张小稳. 汉唐间地方官加节的等级划分与权力演变[J]. 河南大学学报,2010(05):104 – 110.

[5]黎虎. 汉唐外交制度史[M]. 兰州:兰州大学出版社,1998.

[6]张鹤泉.东汉持节问题探讨[J].史学月刊,2003(02):16-17.

[7]班固.汉书[M].北京:中华书局,1962.

[8](日)大庭修著.林剑鸣等译.秦汉法制史研究[M].上海:上海人民出版社,1991.

[9]李延寿.北史[M].北京:中华书局,1974.

[10]杜佑.通典[M].北京:中华书局,1988.

[11]魏收.魏书[M].北京:中华书局,1974.

[12]李百药.北齐书[M].北京:中华书局,1972.

[13]令狐德棻.周书[M].北京:中华书局,1971.

[14]杨衔之著,周祖谟校释.洛阳伽蓝记校释[M].北京:中华书局,2010.

[15]司马迁.史记[M].北京:中华书局,1959.

[16]沈约.宋书[M].北京:中华书局,1974.

[17]阎步克.品位与职位[M].北京:中华书局,2002.

试述北魏宗室担任洛阳京畿长官的情况

刘 军

（吉林大学古籍研究所,吉林 长春 130012）

摘 要:公元494年,北魏孝文帝迁都洛阳,旋即以新都洛阳为中心规划京畿,设司州进行管理。司州地位高于其他地方行政单位,因此在人事任命上具有独特之处,与皇帝血脉相连的宗室成员于其间占有相当大的比例。仅以治京城的司州牧、河南尹、洛阳令及藩屏北部的河内太守为例,司州牧几为宗室所垄断,后几项职位也有近三成归属宗室。朝廷特别重视候选宗室的学识、才能和品性等综合素养。洛阳司州各级长官的这种选授特点充分表明朝廷对京畿事务的高度重视,也是北魏后期统治集团利益关系及王朝宗室政策的真实反映。

关键词:北魏;宗室;洛阳京畿;长官

中国古代传统政治理念把天子所领之地或京城管辖的区域称为"京畿"。《诗经·商颂·玄鸟》有云:"邦畿千里,维民所止。"即是此意。后来的封建王朝通常在京畿设置司州或直隶,以有别于其他地方行政单位。公元4—6世纪,拓跋鲜卑统治中国北方,系统承袭华夏制度文化,明确规划京畿的范围。早在平城时代,道武帝"诏有司正封畿,制郊甸"[1](卷2《道武帝纪》,P33),将"东至代郡,西及善无,南极阴馆,北尽参合"[1](卷110《食货志》,P2850)纳入京畿版图。根据新出《魏故侍中镇北大将军定州刺史松滋成公元苌墓志铭》,北魏在此立司州,设俟勤曹进行管制[2]。至孝文帝太和十八年(494年)迁都,司州京畿便整体移植到以洛阳为中心,纵跨晋豫的广袤地区[3](P46-47)。关于北魏洛阳司州的建置沿革,成果为数不少,主要有:严耕望《中国地方行政制度史》(上海古籍出版社,2007年)、薛瑞泽《北魏洛阳令的相关问题》(载《中州学刊》2008年第3期)、卫丽《魏晋北朝河南尹研究》(山东大学硕士学位论文,2006年)、杨鹏《北魏司州长官沿革考略》(载《黑龙江史志》2010年第3期)等。这些著述大多着眼洛阳司州硬性的制度框架,对制度中"人"的主观因素和运作机理关注不够,使研究缺乏弹性。故本文围绕治京城的司州牧——河南尹——洛阳令这条轴线及藩屏北部的河内太守的人事格局,着重探讨身为天潢贵胄、政权基石的宗室阶层①在此间的权力地位特征。这对了解北魏后期京畿司州的管理、统治集团的内部关系以及王朝宗室政策的嬗变皆大有裨益。

一、宗室担任司州牧的情况

司州牧是洛阳京畿所在司州的最高行政首长,孝文帝太和廿三年(499 年)颁行的后《职员令》定其秩级为从二品[1](卷113《官氏志》,P2994),高于三品左右的州镇刺史、都大将。此职统筹京师政务、司法、治安、财经和防卫,且有权参与朝议,可谓位高权重。《北史》卷一五《魏诸宗室·常山王遵传附赞传》载孝文帝诏书:"司州刺史,官尊位重,职总京畿,选属懿亲,以允具瞻之望。"足见皇帝对司州牧选任的高度重视。

清人吴廷燮《元魏方镇年表》[4](P4534–4535)曾详考历任司州牧,然受资料局限,难免存在缺漏。笔者不揣鄙陋,补订如下:咸阳王元禧于孝文帝太和十八年(494年)至太和廿一年(497 年)在任,赵郡王元干于太和廿一年(497 年)至太和廿二年(498 年)在任,北海王元详于太和廿二年(498 年)在任,广陵王元羽于太和廿三年(499 年)至宣武帝景明二年(501 年)在任,广阳王元嘉于景明二年(501 年)至景明三年(502 年)在任,高阳王元雍于景明四年(503 年)至正始四年(507 年)在任,广平王元怀于永平二年(509 年)至孝明帝延昌四年(515 年)在任,高阳王元雍又于熙平元年(516 年)至正光五年(524 年)在任,钜平县公元钦于孝昌元年(525年)至孝昌三年(527 年)在任,汝南王元悦于孝昌三年(527 年)在任,江阳王元继于孝庄帝建义元年(528 年)在任,城阳王元徽于永安元年(528 年)在任,新兴王元弼于永安二年(529 年)至永安三年(530 年)在任。从孝文帝定鼎嵩洛到孝庄朝垮塌的 40 年间,北魏有史可查的司州牧共 13 人次,全部都是与皇帝血脉相连的宗室成员,遵循的完全是先皇"选属懿亲"的准则,显现出北魏对宗室始终如一的信赖。司州牧为宗室所垄断,异姓勋贵实难染指,即便获得也是死后的追赠。如位列勋臣八姓的穆亮,"世宗亲临小敛。赠太尉公,领司州牧,谥曰匡。"[1](卷27《穆崇传附穆亮传》,P671)再有胡太后生父胡国珍,"追崇假黄钺、使持节、侍中、相国、都督中外诸军事、太师、领太尉公、司州牧。"[1](卷83《胡国珍传》,P1835)即便独断朝纲的契胡领袖尔朱荣,只能"赠假黄钺、相国、录尚书事、司州牧"[1](卷74《尔朱荣传》,P1655)。可见,北魏司州牧在现世是宗室独享的权益领地,选授具有严重的排他性。

---

① 据《魏书》《北史》"宗室列传"的记载,北魏官方以拓跋始祖神元帝力微的全体后裔作为宗室的范围,他们是代人军功贵族集团的轴心和骨干,占据国家要职的比率高达三成,对政局的走势和社会的发展均产生重大影响。参见康乐:《代人集团的形成与发展——拓跋魏的国家基础》,(台湾)《中央研究院历史语言研究所集刊》第 61 本第 3 分册,1992 年。

当然,不是说全体宗室都能充任司州牧,从上述任职者的仕途履历来看,其准入资格还是相当苛刻的。首先,13 任司州牧全部拥有王公一类重爵,且宗王就有12 位,占压倒性优势。唯一的例外是钜平县公元钦,他才华横溢、声著于世,时人赞许曰:"皇宗略略,寿安、思若(钦字)。"[1](卷19《阳平王新成传附钦传》,P443)且其仕宦尊显,备受青睐,故而能够破格提拔[5](《元钦墓志》,P249-251)。就北魏常制而言,王爵是担任司州牧的前提条件,毕竟司州乃京畿重地,非亲尊莫二之宗王无以镇抚,司州等级高于普通州镇由此可见一斑。其次,司州牧一职决不单独授予,而是由朝中的宗室重臣兼领。换言之,出任司州牧的宗室必须达到相当的权势和位阶。有以八公兼任者,如太师元雍、元继,太保元悦,太尉元禧,司徒元徽,司空元详、元雍、元怀;有以尚书仆射兼任者,如元嘉、元钦、元弼;有门下散骑常侍兼任者,如元羽。此外,司州牧大多拥有高阶散位,如元禧、元雍、元怀、元钦加骠骑大将军,元羽挂车骑大将军,元弼为征北大将军,元干为特进。综合他们的秩级,可知司州牧的本职至少不能低于其自身的从二品。再次,早在孝文帝迁都的前一年,宗室的家族制改造宣告完成,平等无别的氏族直勤体制让位于亲疏有序的家族关系,服纪的远近成为分配权利的标尺[6]。具体到司州牧的选授上,当世五属内的近宗更受器重,13 人中元禧、元干、元详、元羽、元雍为孝文皇弟,元怀为宣武皇弟,元悦为孝明皇叔,元嘉、元钦、元徽居于五服边缘;惟元继、元弼为出服疏族,但二人俱在河阴之变后履职,应归入特例。总括以上,北魏要从官爵和服属诸方面考察司州牧的候选者。

二、宗室担任河南尹的情况

河南尹是京城洛阳所在郡的行政长官,后《职员令》定其职级为正三品[1](卷11《官氏志》,P2995),竟与上州刺史持平,高于一般的郡太守。此职同样属于中央官员,不仅执掌京城事务,还有权上朝议政。《魏书》卷36《李顺传附李宪传》:"(李宪)寻迁河南尹,参议新令于尚书上省。"同书卷31《于栗磾传附于忠传》:"诏(于)忠与吏部尚书元晖、度支尚书元匡、河南尹元苌等推定代方姓族。"能够参与政令草拟和厘定姓族,足见河南尹地位非同寻常。有鉴于此,朝廷在河南尹的人选上也需仔细权衡。

遍检传世史籍和出土文献,共搜集到河南尹 25 人,分别是孝文朝的李崇、元鉴、李平,宣武朝的甄琛、冯聿、元晖、崔休、李彦、李宪、元苌、宋翻,孝明朝的元固、元昭、邓羡、奚康生、郦道元、元世俊、元融、元悌、元邵,孝庄朝的杨机、李奖、于晖、宋道玙、辛雄。遗憾的是,司州牧以下诸职的在任时间已实难考证。在见诸记载的 25 位河南尹中,宗室有 9 位,约占总数的 36%;同属代人群体的异姓勋贵、外戚7 人,所占比例为 28%;本为被征服者,后被纳入统治集团的汉人士族 9 人,亦占

36%。这个比率基本可以代表北魏后期的权力配置结构,开创政权的代人团队优势明显,汉人士族亦可占据一席之地,身为代人轴心和骨干的宗室则远远超越任何异姓高门,独享三成以上的席位[7](P253)。宗室凌驾异姓之上的特权性还体现在他们的任职方式上。如前所述,河南尹责任重大,为便于履行使命,任职者通常加挂其他官衔以崇重威权。细致数来,25人中有15人带将军军号,且全部都是三品以上的重号将军,这就意味着他们取得开幕府的资格。落实到宗室身上,9人全部拥有将军军号,其中正二品将军2人,分别是征东将军元融、卫将军元邵;从二品将军2人,分别是抚军将军元固、元昭;正三品将军2人,分别是安南将军元世俊、元悌;从三品将军3人,分别是冠军将军元鉴、辅国将军元晖、征虏将军元袭。可见,朝廷通过加授武散阶的方式提升宗室河南尹的整体地位。另外,宗室河南尹还可兼带其他职衔,有门下侍从,如通直散骑常侍元鉴、给事黄门侍郎元晖、侍中元袭、散骑常侍元世俊;有禁卫武官,如卫尉卿元固、武卫将军元世俊、中护军元融;有诸曹尚书,如度支尚书元昭、元袭。这无疑起到凸显宗室身份的作用。不过,需要注意的是,与司州牧悉用服内近属的原则相反,河南尹偏重选拔出服疏宗。平文后裔元袭,昭成后裔元晖、元昭,道武子孙元鉴,景穆子孙元固、元世俊、元融任职时与皇帝俱已无服,惟孝明朝末叶选用的元悌、元邵为皇孙近支。总体而言,宗室出任河南尹的标准逊于司州牧,官职卑下、服属疏远勿论,爵位亦差距悬殊,宗王仅武昌王元鉴和章武王元融两例,朝廷此举或许是利用身份级差制造隔阂以收制衡之效。

三、宗室担任洛阳令的情况

洛阳令掌管洛阳都乡,因其地位特殊又有"神乡县主"的美誉。后《职员令》定其级别为从五品下阶,高于地方县令。洛阳令身份显赫,甚至可与专司法宪的御史中尉分庭抗礼。《魏书》卷14《神元平文诸帝子孙·河间公齐传附志传》:"(元志)为洛阳令,不避强御,与御史中尉李彪争路,俱入见,面陈得失。彪言,御史中尉避承华车盖,驻论道剑鼓,安有洛阳县令与臣抗衡?志言神乡县主,普天之下谁不编户,岂有俯同众官,避中尉?高祖曰:'洛阳,我之丰沛,自应分路扬镳。自今以后,可分路而行。'"洛阳令同样可以参议政事。同书卷18《高允传附高绰传》:"(高绰)转洛阳令。绰为政强直,不避豪贵,邑人惮之。又诏参议律令。"洛阳令还有权直接面圣呈奏。宣武帝正始元年(504年)八月,"诏洛阳令有大事听面敷奏。"[1](卷8《宣武帝纪》,P197)洛阳令如此贵重,朝廷选任自然马虎不得。

我们在正史及墓志资料中共找到15位洛阳令,他们是孝文朝的元志、高绰,宣武朝的贾祯、李肃、寇治、高崇、杨钧,孝明朝的阳固、宋道玙、杨机、崔纂、崔庠、元轨,孝庄朝的元玄、羊敦。在洛阳令层面,汉人士族遥遥领先,共有12人应选;

宗室相形见绌,仅有区区3人,只占总数的五分之一。具体来看,元志祖出烈帝,元轨祖出神元帝,元玄祖出昭成帝,均为血脉悬远、地位边缘化的非道武子孙,且3人事迹缺略、仕宦不显,但这并不能说明宗室对洛阳令不屑一顾。众所周知,北魏皇族聚居洛阳,平素养尊处优、骄矜恣纵,常有非违举动。而他们直接受洛阳令管辖,此职若多选宗室,难免会发生通同作弊、徇情枉法的事情。所以,皇帝在洛阳令的任命上采取回避策略,以确保京城正常的社会秩序。即便任用宗室,也会尽量挑选刚耿公允之士。例如前引"不避强御"的元志,还有元轨"时天下多事,轨惟以深刻遇下,死多酷滥,识者非之"[1](卷14《真定侯陆真附轨传》,P346)。元轨是否如此残暴不得而知,但他作风刚猛则毋庸置疑。再如元玄"庄帝时,为洛阳令。及前废帝即位,玄上表乞葬庄帝,时议善之"[1](卷15《常山王遵传附玄传》,P376)。人的道德操守是恒定的心理素质,元玄干犯杀身之险捍卫旧主,洛阳令任上势必无惧强豪、秉公办事。日后,元玄擢升尚书左丞,遇高欢心腹尚书左仆射孙腾带仗入省,便"依法举劾,当时咸为玄惧,出帝重其强正,封临淄县子",是谓有力的佐证。总之,北魏皇帝没有把更多的宗室安排在洛阳令的位置上,完全是出于维护统治的需要。

四、宗室担任河内太守的情况

在洛阳周边诸郡中,北部的河内郡至关紧要。时人认为:"河内北连上党,南接武牢,地险人悍,数为劫害,长吏不能禁。"[1](卷89《李洪之传》,P1918)河内郡拱卫京师,战略地位显而易见。孝明帝时,辅政大臣任城王元澄力主由禁军序列的北中郎将接管河内太守,以增强这里的军事防卫。《魏书》卷一九《景穆十二王中·任城王云传附澄传》明载此事:"时四中郎将兵数寡弱,不足以襟带京师,(元)澄奏宜以东中带荥阳郡,南中带鲁阳郡,西中带恒农郡,北中带河内郡,选二品、三品亲贤兼称者居之,省非急之作,配以强兵,如此则深根固本、强干弱枝之义也。灵太后初将从之,后议者不同,乃止。"据清人钱大昕,今人周一良、张金龙考证,此建议在一定程度上得到了贯彻[8](P773-775)。河内郡由此纳入禁军防御链条,成为军政合一的特别行政单位。鉴于河内郡的重要意义,朝廷对太守的选任提出了异常严格的标准。《元鸾墓志》:"高祖定鼎伊洛,河内典守,非亲勿居。"[5](P46)志文中的"亲",既可视作"亲眷",亦可理解为"亲信",抑或两者兼而有之,这就为我们考察河内太守的人事特点提供了指针。

检索史料,总共发现12位河内太守的记录,分别是孝文朝的朱长生、元鸾、刘武英,宣武朝的陆琇、元徽、元长,孝明朝的裴衍、杨津、源子恭、李遹、赫连悦、元袭。其中宗室有4人,占到总数的三分之一,这与其担任其他强力要职的比率基本持平,再次验证宗室在北魏政权中的特殊地位。且景穆后裔元鸾、元徽、元袭任职时均为皇室骨肉至亲,证明"任人唯亲"的用人理念是切实存在的。上述宗室也多为皇帝近信之臣,典型代表是元苌,《元苌墓志》说他"历奉五帝,内任腹心,外蕃维扞"[9]。再有元徽,《元徽墓志》称其"入处股肱,式卫元首,出应分竹,流润帝畿"[5](P299)。又元鸾深得皇帝赏识,日后"亲唯宗懿,作牧大州"[1](卷19《城阳王长寿传附鸾传》,P510)。公正地讲,这些宗室的确没有辜负皇帝的期望,在保卫京师的过程中恪尽职守。《魏书》卷七四《尔朱荣传》载,孝庄帝永安二年(529年)六月,尔朱荣与元天穆裹挟皇帝返洛,"(元)颢都督宗正珍孙、河内太守元袭固守不降,荣攻而克之,斩珍孙、元袭以徇。"毫无疑问,朝廷在河内太守的选任上也有偏袒宗室的倾向。

五、宗室京畿长官群体的总体素质

研究政治体制,除了冰冷、机械的制度框架外,还要分析任职者主观的精神世界,因为它直接决定了制度发挥的效能和导向。北魏迁都洛阳前后,汉化改革正如火如荼地推行,以拓跋宗室为代表的广大胡人勋贵的价值观念和气质面貌经历着前所未有的巨变。以汉化和士族化为趋势的文化浪潮席卷胡人上层,使得政府的运作和官僚的铨叙机制随之变轨。具体反映在洛阳京畿宗室官员的选拔上,他们呈现出几近相同的风格特质。

首先,应选宗室多为汉文化修养较高的文士。如司州牧元钦"三坟五典之秘,卯岁已通;九流七略之文,绮年尽学"[5](《元钦墓志》,P249)。元悦"好读佛经,览书史"[1](卷22《汝南王悦传》,P593)。河南尹元晖"幼涉经史,长爱儒术,该镜博览"[5](《元晖墓志》,P110)。《魏书》卷一五《昭成子孙·常山王遵传附晖传》亦载:"(元晖)颇爱文学,招集儒士崔鸿等撰录百家要事,以类相从,名为《科录》。"元固"优游文义,流连琴酒"[5](《元固墓志》,P211)。元悌"博览文史,学冠书林,妙善音艺,尤好八体"[5](《元悌墓志》,P219)。再有洛阳令元志"历览书传,颇有文才"[1](卷14《河间公齐传附志传》,P363)。河内太守元鸾"虚心玄宗,妙贯佛理"[5](《元鸾墓志》,P46)。应该说,北魏迁洛宗室置身华夏文明的中心,长期浸染汉族文化之精髓,整体趋向文士化,乃自身演进的必然归宿。台湾学者孙同勋统计指出,自拓跋鲜卑进入中原,宗室文采儒雅之风逐渐取代勇武狂悍之气,单纯武将的比例由建国初的54%锐减至孝文帝后期的38%[10](P73),充分验证了这个论断,朝廷选才因而偏重宗室文士。况且,知识精英照比愚鲁憨直的武士更适合在和平年代管理先进地区,正所谓天下以马上取之,诗书治之。

其次,应选宗室的性情大多沉稳低调、宽容豁达。如司州牧元嘉"少沉敏,喜愠不形于色。……爱敬人物,后来才俊未为时知者,侍坐之次,转加谈引,时人以此称之"[1](卷18《广阳王建传附嘉传》,P428-429)。他平和谦逊、提携后进,因而广受赞誉。元雍城府极深、不事张扬,孝文帝评价他说:"吾亦未能测此儿之深浅,然观其任真率素，或年器晚成也。"[1](卷21《高阳王雍传》,P552)　元继"宽和容裕，号为长者"[1](卷16《京兆王黎传附继传》,P402)。元徽"素大度量,喜怒不形于色"[11](卷4《城西》,P191)。河南尹元鉴"沉重少言,宽和好士"[1](卷16《河南王曜传附鉴传》,P397)。元晖"少沉敏"[1](卷15《常山王遵传附晖传》,P378)，"温源恭俭之性,得之自然;忠孝笃敬之诚,因心而厚。"[5](《元晖墓志》,P110)元苌"性刚毅，虽有吉庆事，未尝开口而笑"[1](卷14《高凉王孤传附苌传》,P351)。元固"幼若老成"[5](《元固墓志》,P211)。人所共知，京城作为国家的政治中心，历来是利益关系盘根错节、矛盾纠纷错综复杂之处。因此，司州的各级长官必须精通人际间的平衡协调之术，善于应对繁复的事态。而要做到这一点，就需要其具有虚怀若谷的胸襟和严谨踏实的作风。

再次，应选宗室多以实际的干才著称。如司州牧元羽"少而聪慧，有断狱之称。后罢三都，羽为大理，加卫将军，典决京师狱讼，微有声誉"[1](卷21《广陵王羽传》,P545-546)。元钦善于处置文案，他"心闲治要，性练鸿纲，举凡而巨细无遗，撮目而隐显俱晓"[5](《元钦墓志》,P250)。元继处事果决，孝文帝称颂道:"江阳（继王爵）良足大任也。"[1](卷15《京兆王黎传附继传》,P401)　元徽"颇有吏才"[1](卷19《城阳王长寿传附徽传》,P510)。河南尹元世俊"颇有干用"[1](卷19《任城王云传附世俊传》,P488)。元融"桢干之才，具瞻无爽"[5](《元融墓志》,P205)。洛阳令元志"少清辩强干"[1](卷14《河间公齐传附志传》,P363)。诚如前述，司州政务千头万绪，官员日理万机，若无相当的办事能力便难以为继，所以朝廷垂青干练的宗室英才。需要说明的是，尽管北魏宗室致力于门阀化进程，但他们更多地保持了河北士族务实进取的风尚，较少沾染南朝名望虚玄任诞、鄙薄实务的陋习，这也为其胜任司州职位创造了有利条件。

北魏选派宗室担任京畿长官，往往兼顾学识、才干和心性三项素质。墓志对司州牧元弼的品评极具说服力，文曰:"文超公干，器迈方正，敦诗悦礼，独秀陵霜。"[5](《元弼墓志》,P279-280)元弼的学问、能力和品格俱佳，是朝廷树立的理想样板。上举事例中，亦不乏素养全面者，如司州牧元钦、元继、元徽，河南尹元鉴、元晖、元固，洛阳令元志等。朝廷有时还要考虑候选宗室的仪表气质，毕竟主政天子脚下，关乎国家的形象和皇族的体面。以此见胜者是司州牧元详"美姿容，善举止"[1](卷21《北海王详传》,P559)。但这仅供参考，并非决定因素。总而言之，北魏洛阳司州尽管"任人唯亲"，但考核的标准丝毫没有降低，它在最大限度挖掘宗室潜质的基础上保证了国家机关的正常运作。

综上所述，北魏洛阳司州是最特殊的行政单位，其在理论上属地方官署，但实际上是中央部门。《魏书》卷74《尔朱荣传》:"（尔朱荣）朔望之日引见三公、令仆、尚书、九卿及司州牧、河南尹、洛阳河阴执事之官，参论国治，经纶王道，以为常式。"治洛阳的司州牧、河南尹和洛阳令可与朝中公卿令仆共商国是,足证其中央官的性质。作为代人集团核心势力的宗室阶层自然不会轻易放弃如此重要的权力领地,他们垄断全体司州牧,占据河南尹的36%,洛阳令的20%,河内太守的33%,四项职位的平均比率高达45%,超过同期宗室出任国家要职31%的份额;从整体上看,宗室的行政级别也要高于异姓官贵。当然,这只是宗室供职京畿的抽样调查,全部情况的认定尚有待新材料的发掘。数据显示,宗室是北魏洛阳司州长官最主要的候选群体,这在中国古代是极其罕见的政治现象。它一方面证明重用宗室确是北魏既定的国策[12](卷9《宗室》,P555),另一方面也体现出北魏在京畿要地独特的力量布局。我们还应当看到,皇帝依靠宗室控制司州的同时,还因势利导地实现彼此间的有效牵制,从而达到彰显皇权的目的。在正确的制度引导下,北魏宗室为稳固京畿形势确实发挥了积极的作用。如河南尹元昭,"塞愕当朝,争同王陵谠言之直;礼让经事,义兼萧何子民之惠。京野称仁,寓县歌德。"[5](《元昭墓志》,P145)元悌"怙河南尹。务存简易,疏而不漏,百姓归仁,畏之若电。于是途绝赭衣,邑罕游手,髟发行谣,童牙巷歌,功踰期月,惠化若神"[5](《元悌墓志》,P220)。再有元邵"除卫将军、河南尹。王御下以清,示民以信,威恩适物而动,真伪单辞以决"[5](《元邵墓志》,P222)。总之,宗室担任洛阳京畿长官的情况是其政治地位和生存境遇的缩影,是北魏政治局势的晴雨表,也是统治集团内部关系的客观反映。就宗室个人而言,他们在特定历史环境中用实际行动诠释了"家国天下"的深刻内涵。

参考文献:

[1]魏收. 魏书[M]. 北京:中华书局,1974.

[2]明建. 北魏太和十二年前后平城司州的废而复置——以《元芷墓志》为中心[J]. 魏晋南北朝隋唐史资料,2010(26):55-61.

[3]谭其骧. 中国历史地图集[M]. 北京:中国地图出版社,1982.

[4]二十五史刊行委员会. 二十五史补编[M]. 北京:中华书局,1955.

[5]赵超. 汉魏南北朝墓志汇编[M]. 天津:天津古籍出版社,2008.

[6]刘军. 论鲜卑拓跋氏族群结构的演变[J]. 内蒙古社会科学,2011(01):43-47.

[7]刘军. 北魏宗室阶层研究[D]. 长春:吉林大学,2009.

[8]张金龙. 魏晋南北朝禁卫武官制度研究[M]. 北京:中华书局,2004.

[9]刘莲香,蔡运章. 北魏元芷墓志考略[J]. 中国历史文物,2006(02):57-66.

［10］孙同勋.拓跋氏的汉化及其他——北魏史论文集［M］.台北:稻乡出版社,2005.

［11］杨衒之著,范祥雍校注.洛阳伽蓝记校注［M］.上海:上海古籍出版社,1978.

［12］顾炎武,黄汝成.日知录集释［M］.上海:上海古籍出版社,2006.

北魏六镇与柔然关系探析

何建国[1,2]　郭建菊[2]

（1. 山西大同大学云冈文化研究中心，山西 大同 037009；

2. 山西大同大学历史与旅游文化学院，山西 大同 037009）

摘　要：六镇是北魏统治者在统一中原的征战中为解决后顾之忧而采取的军事防卫措施。六镇设立之初，军事地位尤为突出。但是，随着北魏统一北方及其与柔然之间的战和更替，六镇的职能和地位不断地发生变化，其职能由单纯的军事扩展到兼具民事行政功能。五世纪后期，柔然衰落，北魏迁都，政治中心逐渐南移，六镇的军事政治地位下降，六镇随之衰落。

关键词：北魏；六镇；柔然

北魏建立之初，北方游牧民族柔然不断南下侵扰，成为北魏统一中原的主要障碍。为了彻底消除柔然的威胁，北魏在北部沿边设立六镇。六镇作为北魏和柔然之间重要的军事屏障，它的地位演变与其两者之间的关系密切相关。

目前学界关于六镇与柔然和北魏政权关系的研究成果较多，但大多只是着眼于其中某一个方面来进行研究，主要有以下几个方面：一是研究柔然跟中原政权的关系，将六镇作为其中一部分进行研究；[1]二是研究六镇与北魏政权的关系，主要是六镇起义与北魏灭亡的关系；[2]三是通过六镇来研究北魏军事防御体系；[3]四是对北魏六镇的地望研究，其中还涉及六镇遗址的考察。[4]笔者在此重点把六镇地位的演变与北魏内政及其与柔然的关系进行综合考量，有利于深入认识六镇在整个北魏政权发展过程中的作用。

一、柔然入侵与六镇初创

北魏六镇的设立与其立国之初柔然的入侵密不可分。北魏建立之初，受到来自北方柔然的极大威胁。史载，拓跋珪曾言："蠕蠕之人，昔来号为顽嚣，每来抄掠，驾牸牛（雌性牛）奔遁，驱犍牛（公牛）随之，牸牛伏不能前……今社仑学中国，立法，置战陈，卒成边害。道家言，'圣人生，大盗起'信矣。"[5](P3251)这说明在北魏建国之初其统治者已经意识到柔然的威胁。那么，柔然又是一个怎样的民族？它与北魏的关系又如何呢？

柔然是北方少数民族建立的游牧政权之一。《北史·蠕蠕传》记载，北魏统治者"以其无知，状类于虫，故改其号为蠕蠕，"[5](P3249)可知"蠕蠕"是北魏统治者对柔然的蔑称。同书载："木骨闾死，子车鹿会雄健，始有部众，自号柔然，"[5](P3249)可知柔然是柔然人的自称。它与鲜卑相邻而居，二者关系较为密切，柔然最初役属于拓跋鲜卑，"岁贡马畜貂豽皮。冬则徙度漠南，夏则还居漠北。"[5](P3249)但是，在鲜卑政权代国被苻坚所灭之后，柔然转而臣服于匈奴。公元386年，拓跋珪建立北魏政权，在公元391年向柔然发动第一次大规模进攻，并取得胜利，之后柔然臣属于拓跋魏。

公元四世纪末，北魏南下统一中原，无暇顾及柔然。柔然便借此机会大力发展，并统一漠北地区。402年，其统治者社仑自立为汗。公元398年，北魏迁都平城，柔然的崛起成为北魏南下统一中原的后顾之忧，而北魏的强盛也成为柔然南进的阻碍。因此，为了集中力量对付北魏，柔然一方面和北燕、后秦结成联盟，共同打击北魏。公元407年，柔然可汗社仑之弟斛律向北燕冯跋献马3000匹以求娶其女为妻，在大檀统治时期，曾向刘宋、北燕朝献。[6](P421)另一方面，柔然不断地骚扰北魏北疆。在大檀统治期间，即公元414年至429年，柔然实力达到顶峰，并可与北魏分庭抗礼。

而此时的北魏内外交困，无力与柔然正面对抗，于是放弃对柔然的进攻，转而采取修筑长城等一系列防御措施，但并没有取得很大进展，柔然仍不断骚扰和掠夺北魏边境。到始光元年（424年），柔然进攻云中，北魏拓跋焘亲自率部征讨，结果被"大檀骑围太武五十余重，骑逼，马首相次如堵焉。士卒大惧"。[5](P3252)魏军拼死相敌，射杀了大檀的侄子于陟斤部帅，大檀始撤兵解围，次年（425年）拓跋焘倾全国兵力，分五路亲征，"诸军至漠南，舍辎重，轻骑赍十五日粮，绝漠讨之"。[5](P3252)此后，大檀主动躲避，退入漠北。北魏虽获全胜，柔然却未受重大损失。

为彻底解除柔然对北部边疆的威胁，保证平城的安全，公元429年，拓跋焘再一次领兵出征，对柔然发动大规模的进攻，"大檀闻之震怖，将其族党，焚烧庐舍，绝迹西走，莫知所至"。[5](P3253)这次进攻取得了决定性的胜利。柔然"国落四散，窜伏山谷，畜产布野，无人收视"。[5](P3253)魏军"凡所俘虏及获畜产车庐，弥漫山泽，概数百万"。[7](P818)高车各部也趁机摆脱柔然，大檀幽愤而死，其子吴提即位，从此以后，柔然元气大伤，不敢也无力再次骚扰北魏边疆，双方进入短暂的和平时期。在此期间，北魏基本上统一了北方。从5世纪30年代开始，北魏在邻近柔然的边境上设置军镇，与之前修筑的长城组成一个坚固的军事防御系统，以此来防备柔然的侵扰,这些军镇中最重要的就是六镇。

六镇设立在北魏都城平城以北沿边,关于六镇的名称,《中国大百科全书》中有详细的记载,从西往东,这六个镇分别为沃野镇、怀朔镇、武川镇、抚冥镇、柔玄镇、怀荒镇,史称北镇或六镇,[8](P396)详细地望如表1所示。

在北魏前期,由于统治者不断地进行统一中原战争,统治集团将大部分的军事力量用于南方征伐,造成了北方军事防务压力,而六镇的建立就成为缓解这一压力的重要措施。所以六镇建立之初的职能主要集中在军事方面。一方面,北魏初年,"移防为重","北境险要",六镇建立是为了"以防寇虏"。同时,北魏统治者将都城从盛乐迁到平城,所以六镇成为北魏抵御柔然入侵、拱卫都城的重要屏障,而六镇戍军成为抵抗北方柔然族的主要军事力量。另一方面,北魏在立国之初征服的少数民族大多集中在其北疆地区,这些少数民族虽然已经臣服于北魏,但是其对北境的威胁依然存在。所以六镇建立还担负着管理监督被征服少数民族的任务,而这种管理监督的主要手段就是通过军事镇压或震慑。正是由于六镇在设立之初强大的军事功能,其在抵御来自北方少数民族的威胁方面起了非常重要的作用,在北魏统一中原以后,柔然便极少南下抢掠财富了,转而向西域发展。

表1　北魏六镇方位表

镇名	建立时间	历史沿革	现方位
沃野镇	太武帝 (423—452)	始设于汉沃野县故城。	内蒙古临河县西南
		太和十年,迁至汉朔方故城。	内蒙古杭锦旗北
		正始元年,又迁至今内蒙古五原县东北,乌加河北。	内蒙古五原县东北
怀朔镇	太武帝 (423—452)	正光四年(523 年),改置为朔州。	内蒙古固阳县西南
武川镇	太武帝 (423—452)	武泰元年(528 年),改镇为郡,更名为神武郡,属朔州。	内蒙古武川县西
抚冥镇	太武帝 (423—452)		内蒙古四子王旗东南

续表

镇名	建立时间	历史沿革	现方位
玄柔镇	太武帝 (423—452)		内蒙古兴和县西北
怀荒镇	太武帝 (423—452)		河北张北

二、平城时代之北魏六镇

北魏在统一中原以后,为了稳定北方,与柔然也有一些和平往来,而柔然自大檀死后,其子吴提继位,对北魏的入侵也大为减弱。"四年,(吴提)遣使朝献……帝厚宝其使而遣之。"[5](P3253) 同时,北魏与柔然之间也有和亲,公元434年,柔然可汗吴提娶北魏西海公主为妻,太武帝拓跋焘也立其妹为夫人,后升为左昭仪。[6](P421) 但是这种和平并没有持续很长时间。

北魏在统一中原以后,其战略重点放在了河西地区和西域一带,而此时柔然也逐步恢复了国力,基于北魏北部边疆的防务力量加强,柔然无法南下,于是将扩张视野也转向西域地区。在此后将近40年的时间里,双方在西域地区展开激烈争夺,势均力敌,各有所获。

在双方争夺西域期间,各自寻找盟友,以求对抗。北魏太平真君九年(448年),"悦般遣使献幻人于北魏,请求与北魏夹击柔然,北魏派兵北征柔然"。[9](P23) 北魏延兴三年(473年)十二月,"柔然侵魏,柔玄镇两部敕勒乘机起义响应"。[9](P23) 公元481年,南齐高帝萧道成建元三年,"芮芮主频遣使贡献貂皮杂物,与上书欲伐魏虏"。[10](P1023)

概而言之,在这期间北魏对柔然的进攻一共有9次,其中规模较大的有4次。但是由于漠北草原广袤辽阔,在地理位置上占优势,所以北魏的军事行动收效甚微。在这种情况下,北魏与柔然双方形成了对峙的局面。公元487年,隶属柔然的敕勒副伏罗部率部起义,从柔然部落中分离出来,以此为转折点,柔然由盛转衰,至此,双方对峙局面被打破。

在北魏与柔然双方进行战争的时候,北魏参加战争的将士大部分都来自六镇。六镇不仅给这些军事行动提供了人员装备支持,还提供了战争中必不可少的粮草、军马、情报等方面的支持。据史料记载,六镇人口组成除了大量的镇戍军民外,还有一部分内迁或归附的游牧民族,如敕勒人、柔然人和匈奴人等。这些镇户主要从事游牧生产,是北魏军队所需军马的主要来源。另外,据《魏书·源贺传》载"显祖将传位于京兆王子推,时贺都督诸军屯漠南,乃驰传征贺"。[7](P921)《魏书

·源怀传》载:"景明以来,北蕃连年灾旱,高原陆野不任营殖,唯有水田少可灾亩。"[7](P926)说明当时北边军镇为保障军队的粮草供给,在镇内适合进行农业生产的地方实行屯田制度,并且已经有陆田跟水田之分。作为北征柔然大军的主要士兵、军马、粮草以及情报的主要提供基地,六镇的重要性已经不单单是体现在它的军事上了,还体现在它的民事管理上。

前面提到六镇镇民除了派遣的镇戍军民以外,还有一部分少数民族,这些人中,有的是自发内迁,有的是在部落归降北魏后被迫内迁,而六镇就担负着一个重要的任务,就是管理这些少数民族,并且监督六镇的经济生产,这时六镇也就具备了行政职能。

在这个时期,北魏柔然双方有战有和,六镇的军事功能依然很重要,同时,由于六镇体系的完备,六镇已经从单纯的军事重镇转化为军事、行政、经济共事的管理机构。

三、柔然衰落与六镇变迁

从公元487年柔然彻底衰落,到公元534年北魏政权倒塌,在这40多年的时间里,北魏与柔然之间虽然有战有和,但主要还是以和平为主。这期间,柔然侵扰北魏边境仅仅只有4次,北魏征伐柔然只有两次,而双方互派使者次数有22次之多。[11](P128)公元471年,魏孝文帝即位,冯太后当权,开始有意识地采取步骤,使鲜卑族汉化。公元493年,魏孝文帝下令将都城从北方的平城迁到南方的洛阳,此后他加速了鲜卑汉化的进程,从而更好地巩固在中原的统治。

随着北魏政权南迁洛阳以后政治经济中心的南移和统治集团进行的汉化改革,以及柔然分裂以后对北魏北疆威胁的减小,六镇的政治军事地位彻底下降,主要表现在以下几个方面。

军事地位下降。六镇作为北魏北边军事防御系统的重要组成部分,设立的最初目的是为了防御柔然南下侵扰,拱卫都城平城,这在六镇设立之后也成为六镇的首要职能。同时,在其入主中原和统一北方的征伐过程中,一个稳定的边防是非常重要的,而六镇的设置正好满足了这一需要。正因为如此,在孝文帝以前,北魏王朝的几个皇帝对六镇的防务非常重视,就是孝文帝在迁都洛阳之初还常常到六镇巡查,494年(北魏太和十八年),"孝文帝元宏车驾沿'六镇'北巡。秋七月壬辰,车驾北巡……辛柔玄镇,己丑南还。"[12](P23)在柔然彻底衰落后,其对北魏边疆的威胁也大为减小,六镇的军事意义也就随之下降。在北魏后期,为了加强对北镇的控制,统治集团将六镇组合成不同的军区,如孝明帝时沃野、怀朔、武川组为一个军区,由怀朔镇将兼任军区长官;或者是以一个镇将兼管多镇军事事务,如孝明帝前期,陆延任怀朔镇大将,负责监管怀朔、沃野、武川三镇的军事,孝明帝中期,宇文福任怀朔镇将,监管沃野、怀朔、武川三镇的军事,而柔玄、抚冥、怀荒三镇也曾构成一个军区。由此可以看出北魏后期六镇的军事地位有所下降。伴随着柔然分裂以后的衰落以及北魏政权南迁洛阳以后北魏军事政治经济中心的南移,柔然对北魏的威胁已经大大减小甚至是消失,六镇的职能发生了变化,由以前的军事职能向行政职能转变,政治地位逐渐下降。

镇将地位的下降。在六镇设立之初,由于六镇重要的军事战略地位,六镇军将的政治地位也随之高于其他地方的军将。六镇各镇设有"镇都大将,统兵备御,与刺史同"[7](P2976)"昔皇始以移防为重",六镇在北魏防御体系中又极其重要,所以,在六镇建立之初,镇将的人选大多是"配以高门子弟"。[7](P429)同时这些人都享有特权,"不但不废仕宦,至乃偏得复除"。[7](P429)《北齐书·魏兰根传》记载:"正光末,尚书令李崇为本郡都督,率众讨茹茹,以兰根为长史,因说崇曰:缘边诸镇,控摄长远。昔时初置,地广人稀,或征发中原强宗子弟,或国之肺腑,寄以爪牙。"[13](P329)这也说明了这点。

但是这种现象在北魏都城迁洛以后发生了变化。随着迁都而进入中原地区的鲜卑族人,虽然由于鲜卑族封建化加深,身份地位有所下降,但是不管怎样,北魏统治者总会照顾他们一些,如"奏立勋附队,令各依资出身"或"自是北人悉被收叙"。[7](P1793)对于留在旧都和边关军镇的鲜卑族人以及和他们共同戍防边陲的被征服的各族人民,情况就不一样了。

由于迁都洛阳之后,过去拱卫平城的六镇逐渐失去了其重要性,因此对其镇将军士的选拔也失去了重视,甚至派被贬黜的将领担任镇将。《魏书·于景传》载:"忠薨后,景为武卫将军。谋废叉,叉黜为征虏将军、怀荒镇将。"[7](P757)宣武帝以后,"边任益轻,唯底滞凡才,出为镇将",[7](P430)他们大都贪暴无比,"政以贿立,莫能自改"。[7](P430)史料记载,"自京师迁洛,边朔遥远,加连年旱俭,百姓困敝",[7](P926)而六镇的"主将参僚"还不断地欺压镇户,将"瘠土荒畴"分给他们耕种,自己反而"专擅腴美",镇户的经济因此日益衰退,生活也更加困难起来。

镇户的身份日益低落。在迁都洛阳以前,拓跋部内部阶级分化已经非常急剧,诚如《魏书·官氏志》所说的:"代人诸胄,先无姓族,虽功贤之胤,混然未分,故官远者,位极公卿,其功衰之亲(叔伯兄弟),任居猥任。"[7](P3014)孝文帝迁都洛阳以后更加速了这一分化的过程。除了少数鲜卑贵族随都南迁,"得上品通官"。[7](P430)大部分的鲜卑族人以及被征服的各族人民都无可抗拒地沦落到封建隶属的人群里去了。尤其自文成帝以来(452—465 年),北魏政府把判处死刑的罪犯免除死刑后,"徙充北番诸戍",充当"边戍之兵"。[7](P430)镇户既然经常与罪犯谪配者同列,他们的身份地位更是明显地低落了。久而久之,就造成了"及太和在历,仆射李冲当官任事,凉州土人,悉免厮役,丰沛旧门,仍防边戍……然其往世房分,留居京者,得上品通官,在镇者,便为清途所隔"[7](P430)的情况。由之,贫困的鲜卑族人甚至逃奔到柔然人那里去,政府恐怕他们逃亡,"乃峻边兵之格,镇人浮游在外,皆听流兵捉之。于是少年不得从师,长者不得游宦",[7](P430)形成了"中年以来,有司乖实,号曰府户,役同厮样,官婚班齿,致失清流"[13](P330)的情形,"而本宗旧类,各各荣显"。

可见,北魏迁都洛阳之后,不仅使六镇的军事地位下降,镇守六镇的军民地位也随之下降。以前是派拓跋部贵族或中原强宗豪族为将士镇守,而这些贵族或豪族子弟大部分没有随家族南迁,这些人在迁都之前是贵族,地位很高,不但"不废仕宦",[7](P429)而且还享受"复除"待遇。但是在孝文帝迁都洛阳进行汉化改革以后,戍守六镇的军民逐渐被统治集团忽视,地位下降,待遇降低,从而引起了他们的反抗之心,起而造反,引发了北魏末年的六镇之乱,从而北魏发生分裂,走向衰亡。

四、结语

北魏统一中国北方以后,它与少数民族柔然的关系是其巩固政权、稳定统治的重要因素,这两个政权之间有战有和,而北魏六镇就成为联系北魏和柔然的主要纽带。

当发生战争时,六镇是北魏在北方主要的军事指挥基地以及军需供应基地,六镇军民是北魏抵挡柔然进攻的主要军事力量,在此基础上,六镇成为拱卫都城最重要的一道屏障,这时它的主要职能是军事职能;当双方力量势均力敌时,局势趋于和平,六镇军民的主要任务不再是进行战争,而是协助北魏统治者治理北边已经臣服的其他少数民族,并且进行经济建设,防范柔然入侵,这时六镇除了单纯的军事职能外,兼具政治经济管理功能;当柔然衰落之后,其中的一部分依附于北魏,而另一部分远迁,对北魏的军事威胁大大减小,加之北魏迁都洛阳以后,政治经济中心逐渐南移,并且统治者致力于向南扩张,种种原因导致北魏六镇的军事政治经济地位下降,六镇随之衰落。

参考文献:

[1]赵晓燕. 略论柔然与中原政权的关系[J]. 烟台大学学报,2009(01):106 −114.

[2]姚波. 六镇问题与北魏的灭亡[J]. 重庆科技学院学报,2010(11):149 −151.

[3]张敏. 论北魏长城——军镇防御体系的建立[J]. 中国边疆史地研究,2003

(02):13-18.

　　[4]王亮.北魏六镇地望研究综述[J].金田,2014(09):186;魏隽如,张智海.北魏柔玄镇地望考述[J].北方文物,2009(01):85-90.

　　[5]李延寿.北史(卷九十八)[M].北京:中华书局,1974.

　　[6]王钟翰.中国民族史(上册)[M].北京:中国社会科学出版社,1994.

　　[7]魏收.魏书[M].北京:中华书局,1974.

　　[8]中国大百科全书[Z].北京:中国大百科全书出版社,1993.

　　[9]察布查尔锡伯自治县志[M].乌鲁木齐:新疆人民出版社,2007.

　　[10]萧子显.南齐书(卷五十九)[M].北京:中华书局,1972.

　　[11]周伟洲.敕勒与柔然[M].上海:上海人民出版社,1983.

　　[12]察哈尔右翼后旗志[M].呼伦贝尔:内蒙古文化出版社,2007.

　　[13]李百药.北齐书[M].北京:中华书局,1972.

北魏六镇起义对政治格局和历史进程的影响

段锐超[1] 段元秀[2]

(1. 西北师范大学文史学院,甘肃 兰州 730070;

2. 南京信息工程大学公共管理学院,江苏 南京 210044)

摘 要:北魏六镇起义,深刻地影响了北魏末期以至后世的政治格局和人事布局。六镇鲜卑南下,王朝更迭,封建化和民族融合进程受阻,也迟滞了统一进程。但整合的阵痛,为统一强盛帝国的建立奠定了基础,因而六镇起义又成了一个新的起点。

关键词:六镇起义;影响;政治格局;封建化;统一

北魏末年发生的六镇起义,是影响中国历史的重大事件,其爆发有复杂的政治、经济和民族关系方面的原因。六镇,位于北魏的北方边境,在今内蒙古自治区及河北省境内,自西向东分别为沃野、怀朔、武川、抚冥、柔玄和怀荒镇。设镇本为抵御柔然,拱卫当时的国都平城。六镇将领和兵民大都是鲜卑人和鲜卑化的其他各族人,原先地位较高。孝文帝迁都并厉行改革后,游离于改革之外的六镇鲜卑,不得不与遣来防戍的流犯死因为伍,被称为“镇户”,地位大大下降。六镇土地贫瘠,经济发展落后,边将贪暴,剥削沉重。阶级矛盾和民族矛盾交织,致使怨愤盈积,暴动频发,已成国家祸乱之源。北魏末期政治腐败,执政者未能采取正确的应对措施,大规模的六镇起义终于爆发。

北魏正光四年(523 年),怀荒镇民因柔然劫掠,向镇将于景请求赈济。于景不与,镇民愤而杀景。其后不久,沃野镇民破六韩拔陵聚众起兵,揭开了六镇起义的序幕。各镇兵民或被裹挟,或起而响应。起义军攻下武川和怀朔,进而全部控制了六镇。破六韩拔陵起义被镇压后,北魏政府将这些“降户”遣散到本来就饥馑连年的河北地区。因生活无着,孝昌元年(525 年),柔玄镇兵杜洛周率“降户”于上谷(今河北怀来)起义,次年怀朔镇兵鲜于修礼于左人城(今河北唐县)起义。鲜于修礼遇害后,葛荣统率义众,后又杀杜洛周并其部,众号百万,但终被尔朱荣击败,葛荣被俘牺牲。至永安二年(529 年),尔朱荣破葛荣余部韩楼,六镇起义至此失败。

起义虽被镇压,但军阀乘势崛起,终致北魏王朝倾覆,社会进入大动荡和大变革时期。六镇起义对此后的政治格局和人事布局,对封建化和民族融合乃至统一的进程都产生了深远的影响。

一、引发连锁反应,使北魏政权无力应付,成瓦解之势

破六韩拔陵起义次年(524年),敕勒族酋长胡琛于高平镇(今宁夏固原)起兵响应。胡琛被杀后,余部由万俟丑奴统领。关陇一带,羌人莫折大提率众起义,夏、东夏、豳、凉等州(今内蒙古、甘、陕一带)民众蜂起反魏,以应破六韩拔陵。莫折大提病死,其子莫折念生称帝,与北魏西道行台萧宝夤作战。莫折念生被部下杀死后,余部投奔万俟丑奴,两部汇合,连败萧宝夤军。萧宝夤原是南齐宗室,这时因遭北魏政府怀疑,遂据长安称帝,兵败后也投奔了万俟丑奴,关陇地区几乎全部被起义军控制。

在六镇起义的影响下,树义旗者极众。一些别有用心的原北魏官员乘机割据反叛,如幽州北平府主事邢杲聚众起事,徐州刺史元法僧据州称帝等,难以尽述。烽火燃遍四方,北魏政权大厦将倾。

二、北魏常规军事力量瓦解,军阀崛起,终至朝代更迭,人事布局大变

六镇镇兵本是政府倚重的军事力量,六镇起义直接造成北方边防军事力量异化。北魏政府不得不请昔日的敌人柔然出兵,与元渊率领的政府军南北夹击起义军。在随后镇压六镇及各地起义的过程中,政府军屡遭重挫,加之部分手握重兵的将领的反叛,终使北魏军事体制崩溃,不得不依靠州郡豪族所组织的武力,政权出现严重危机。

州郡豪族以打击起义军为名,纷纷起兵,据地称雄,开启了军阀政治的先河。力量最强者,是塞上北秀容川(今山西保德)契胡尔朱荣。世为酋帅、家世豪擅的尔朱荣趁四方兵起,招合勇壮,击灭葛荣、邢杲、万俟丑奴等义众,实力大增,但由于拥兵为暴,特别是制造了惨酷的"河阴之变",失去了北方大族的支持,被孝庄帝刺杀。

继尔朱荣而起的军阀高欢、宇文泰、侯景等都出身于六镇,高欢、宇文泰更是凭借六镇武力建立了政权。六镇勋贵集团作为新的军政力量左右大局,对历史走向产生了深远的影响。政权从此长期落入六镇军人及其后裔之手。六镇起义虽失败,但六镇贵族却得势了。

高欢出生于六镇之一的怀朔镇,虽称祖父是渤海高门,因罪流配边镇,但几代下来已同于鲜卑。六镇起义时,高欢先随杜洛周,又奔葛荣。投靠尔朱荣后,深得信任,成为其重要将领,在尔朱荣被杀后,寻机自立。因六镇流民不堪契胡陵暴,反叛不止,高欢遂计诱尔朱兆派他前往统抚。高欢将这部分鲜卑人收编,作为起家的资本,扫除尔朱氏势力,掌握了军政大权,以至逼走孝武帝,另立元善见为帝,迁都邺(今河北临漳西南),史称东魏。后其子废魏帝自立,建北齐。高氏父子在军事上主要依靠六镇军人,麾下形成了六镇背景的勋贵集团,士兵大半是六镇流民及其后代,六镇军人的主要驻地晋阳(今山西太原南)成为军事重心。

在高欢崛起时,宇文泰也成为割据军阀。宇文泰出生于六镇之一的武川镇。破六韩拔陵起义被镇压后,宇文泰随父被迁往河北,在那里参加了鲜于修礼起义,后被葛荣任用,失败后归属尔朱荣部将贺拔岳,成为贺拔岳的得力将领。在尔朱氏与高欢争斗时,贺拔岳和侯莫陈悦都趁机兼并关陇各种势力。贺拔岳被侯莫陈悦诱杀后,众推宇文泰为统帅。靠着这支以武川镇兵为主的军队,宇文泰击灭侯莫陈悦,平定并占据关陇一带,整合关陇集团,与高欢抗衡。在毒死孝武帝后,另立元宝炬为帝,史称西魏。后其子废魏帝自立,建北周。

另一个出身于怀朔的军阀侯景,在起义被镇压后初随尔朱荣,后效命于高欢。高欢死后,侯景因见疑于高欢之子高澄,先投西魏,后降梁,又勾结梁将萧正德反梁,陷建康,梁武帝忧愤而死。江南地区繁华成丘墟,人民多死难。本该渔翁得利的南朝,也因引狼入室而惨罹祸乱,走向衰亡。

六镇起义余响不绝,终使北魏消亡,东、西魏分立,并分别被北齐和北周取代。由于周、齐的统治者出身六镇,文化上属鲜卑,军队初时也都以六镇鲜卑为主,所以两政权都是以六镇鲜卑为基础建立的鲜卑族政权。如果再往后看,就会发现,隋唐统治者,其父祖也本是武川镇军人。由此观之,六镇起义爆发,风云际会,豪杰辈出,在人事布局上的影响不可谓不深远。

三、民族关系发生变化,为汉化和民族融合提供了客观条件

鲜卑保守势力固守落后传统,敌视汉化改革,孝文帝不得已的迁都事实上造成了国家分裂,民族融合远未完成。六镇起兵可视为六镇鲜卑反对汉化的表示。六镇起义后,六镇鲜卑南下并得势,因为与原来已汉化的鲜卑统治者在汉化取向上有根本差别,带有很强的民族偏见,执政后压迫汉化鲜卑和汉人是必然的。六镇鲜卑政权出现的鲜卑化趋势,是对孝文帝以来汉化政策的反动。

六镇鲜卑压迫汉人,导致民族关系紧张,以至高欢不得不告诫其部下"毋得陵汉人",并曲为规劝:"汉是汝奴,夫为汝耕,妇为汝织,汝何为凌之?"由此可见汉人地位的低下。孝文帝禁断鲜卑语,而高氏鲜卑化很深,高欢每申令三军,常用鲜卑语。东魏北齐大鲜卑主义充斥,士人甚至靠学习鲜卑语来取悦鲜卑人谋求仕进。

西魏和北周虽然鲜卑人数量少,但也曾一度出现了鲜卑化逆流,如恢复鲜卑旧姓和赐予汉人鲜卑姓氏等。

六镇起义后,汉化运动进程发生曲折,民族融合的历史进程受阻,但汉化是大势所趋,代表着当时进步的潮流和方向。六镇起义使鲜卑大量南迁,客观上却创造了一种条件,使起义成为北朝后期各民族融合的新起点。六镇起义被镇压后,分散的六镇兵民或主动或被动参与高欢与尔朱氏的争夺及北魏分裂后的东西方战争,伤亡惨重,使得鲜卑人口大减,最后一批固守传统的鲜卑人也逐渐被融入了汉化和民族融合的洪流中。

四、封建化改革成果受损,社会出现暂时倒退

孝文帝推行的三长制和均田制等改革措施,使汉人摆脱宗主督护制羁绊,少数民族也从部落贵族的束缚下变成国家编户,部落界限被打破,人身依附关系减弱,人民所受剥削减轻,从而使北魏国家的封建化在一定地域内取得重大进展。但在边镇地区,改革并未推开。北魏末期,执政者未采纳李崇等提出的改镇为州、免府户为民、改屯田为均田的建议,遂致积弊日深,起义爆发后才采取措施,但为时已晚。

战乱使封建化改革进程受阻,成果大损,人民转徙沟壑,许多编户不得不再度依附士族豪强,成为他们的部曲,在六镇鲜卑统治下,原本趋于没落的奴隶制再度盛行。宇文泰灭南朝萧绎时,"并虏其百官及士民以归,没为奴婢者十余万。"

六镇起义的发生,涉及多重矛盾的激化,不但有民族矛盾和阶级矛盾,还有封建制和奴隶制的斗争。这些矛盾斗争以激烈残酷的方式进行,广泛地影响到政治、经济、文化和社会生活的方方面面。

五、北朝被削弱,却为最终统一奠定了基础

北魏拓跋焘曾深入至淮南,南朝创巨痛深,但北魏也损失惨重,说明这时双方实力差别并不明显。孝文帝心系统一,迁都洛阳的目的之一就是势压南朝,为统一做准备。改革顺应了时代的需要,国家和实行改革地区的人民都从中受益,国力增强,有能力对南朝处于攻势。但是天不假年,大业未成。

镇压六镇起义使北魏财政枯竭,不得不采取预征租调和给入粟者赐官爵等非常措施增加收入,与南朝的攻防之势也因国力削弱发生逆转。如北魏正光四年(523年),梁将裴邃击败河间王元琛,斩杀万余人。孝昌二年(526年),梁将夏侯亶攻至寿阳(今安徽寿县),收降城池五十二座,获男女七万五千人。次年梁攻广陵(今河南息县西),获男女四万余人,又攻涡阳(今安徽亳州),获男女三万余人。此后的东西分裂及对抗,更使北朝暂时无南顾之力。但是,南攻北守的局面持续的时间并不长,梁朝反因侯景之乱和梁武帝诸子内争,不仅未把握住有利时机,反而走向衰亡,使北朝获得了恢复实力的时间,再度担当起了统一全国的重任。

六镇起义及其后的分裂战乱是晋永嘉之乱和淝水之战后北方动乱的延续。

六镇起义对北方的稳定和发展在一段时间内造成不利影响,迟滞了统一,却使得政治、经济和文化发生新的整合,积聚了新的力量,为结束持续了近三百年的南北分裂局面和隋唐盛世的到来奠定了坚实基础。

参考文献:

[1]魏收.魏书[M].北京:中华书局,1974.

[2]李百药.北齐书[M].北京:中华书局,1972.

[3]李延寿.北史[M].北京:中华书局,1974.

[4]令狐德棻.周书[M].北京:中华书局,1971.

[5]司马光.资治通鉴[M].北京:中华书局,1956.

[6]赵翼.廿二史札记[M].南京:凤凰出版社,2008.

[7]庄辉明,章义和.世说新语译注[M].上海:上海古籍出版社,2006.

略论北魏政府的救济行为

康丽娜

（上海师范大学人文与传播学院，上海 200234）

摘　要：北魏政府从维护统治的需要出发，普遍施行救济行为。在形式上可分为物质救济和精神救济，在时间上可分为平日救济和灾害救济。受救济人群广泛，一般普通民众都可能得到政府的救济。北魏政府的救济行为虽然存在很多不完善之处，但其积极方面的作用还是主要的。

关键词：北魏政府；物质救济；精神救济；平日救济；灾害救济

北魏是鲜卑贵族建立的一个封建王朝，在统一北方后其统治者逐渐汉化。儒家文化是中原文化的核心，儒家思想的核心内容是"仁政"，也就要求统治者必须实行"爱民""惠民"的救济政策。北魏政府实行社会救济也有以下两个主要原因：一是统治者从长治久安的需要出发，在一定程度上对贫弱和病疾等弱势人群进行了救济，施以惠政，赢得民心；二是自然灾害不断发生，北魏政府也要采取一些备荒救荒的措施来恢复社会经济，对灾民实施救济，以维护社会的稳定。

北魏虽然还有佛寺救济和富商大贾救济等民间救济形式，但这些只是国家救济行为的辅佐和补充，就其实施的力度和效果而言，还不能和政府救济相提并论。政府作为国家事务的管理者，有责任和义务对人民实施救济，是实施社会救助的责任主体。自古以来，政府都在整个救助体系中发挥着政策的制定施行、财政支付、检查与监督等重要作用。在北魏乃至整个中国古代社会，国家绝大部分的财富和资源都掌握在政府手中，因此也只有政府才有足够的条件对百姓实施救助。吕思勉先生曾指出："时愈近古，则振济之出于官者愈多，以官家之财产较多也。"[1](P538)本文拟对北魏政府的救济行为进行简要评述，有不妥之处还请方家指正。

一、平日救济行为

北魏政府的社会救济行为大体上可以分为两类，即平日救济行为和灾害救济行为。在此,笔者首先分析平日救济行为的对象和内容。

(一)优待高年

尊老敬老是中华民族优良的传统美德,其思想绵延已久。早在春秋时期,人们就深知"老有加惠"。北魏政府同样对年长者特别优待,从初期的帝王到后期的君主都经常救济老人。对老人首先是物质方面的救济,详情见下表1:

表1　北魏政府对老年人的物质救济

年代	措施
道武帝天兴元年正月	幸于邺,民有老不能自存者诏郡县赈恤之
文成帝和平四年三月	赐京师民年七十以上太官厨食,以终其年
孝文帝延兴三年十一月	赐高年布帛
孝文帝太和元年十月	宴京邑耆老于太华殿赐以衣服
孝文帝太和三年五月	赐国老各衣一袭,绵五斤,绢布各五匹
孝文帝太和四年七月	诏会京师耆老,赐锦彩衣服、几杖、稻米、蜜面
孝文帝太和六年三月	幸武州山石窟寺赐贫老者衣服
孝文帝太和十八年正月	南巡诏:孤老不能自存者,赐粟五石帛二匹
孝文帝太和十八年八月丙寅	诏:六镇及御夷城人,年八十以上而无子孙兄弟,终身给其廪粟;七十以上家贫者各赐粟十斛
孝文帝太和十八年十二月丁卯	鳏老不能自存赐以谷帛
孝文帝太和十九年四月	幸彭城,老疾不能自存者赐谷帛
孝文帝太和十九年六月	帝自伐齐回,车驾所经,孤老不能自存者赐以谷帛
孝文帝太和十九年十月	敕相州孤老不能自存者赐以谷帛

从表中我们可知,北魏政府对老人的物质救济主要是赐予他们一些基本的日常生活资料,使他们在衣食方面得到一定的保障。在对老人进行物质救济之外,当时还对达到一定年龄的老人进行精神抚慰,主要是通过赐予爵位的形式来进行,详情见下表2:

表 2　北魏政府对老年人的精神抚慰

年代	措施
孝文帝太和十七年八月	南伐至泗州,民年七十以上赐爵一级
孝文帝太和十七年九月	诏:雒、怀、并、泗所过四州之民,百年以上假县令,九十以上赐爵三级,八十以上赐爵二级,七十以上赐爵一级
孝文帝太和十八年正月	帝南巡诏:相、兖、豫三州百年以上假县令,九十以上赐爵二级,七十以上赐爵一级
孝文帝太和十八年十一月辛未	诏冀、定二州民百年以上假以县令,九十以上赐爵三级,八十以上赐爵二级,七十以上赐爵一级
孝文帝太和十八年十二月丁卯	诏:郢、豫二州之民百龄以上假县令,九十以上赐爵三级,八十以上赐爵二级,七十以上赐爵一级
孝文帝太和十九年四月	幸彭城,赐百岁以上假县令,九十以上赐爵三级,八十以上赐爵二级,七十以上赐爵一级
孝文帝太和十九年六月	帝自伐齐回,车驾所经百年以上赐假县令,九十以上赐爵三级,八十以上赐爵二级,七十以上赐爵一级
孝文帝太和十九年十月	曲赦相州民百年以上假郡守,九十以上假县令,八十以上赐爵三级,七十以上赐爵二级
孝文帝太和二十一年二月	诏并州士人年六十以上假以郡守
孝文帝太和二十一年三月	诏汾州民百年以上假县令,九十以上赐爵三级,八十以上赐爵二级,七十以上赐爵一级
孝文帝太和二十一年五月	泛渭入河,诏雍州士人百年以上假华郡太守,九十以上假荒郡八十以上假华县,七十以上假荒县,庶老以年各减一等。七十以上赐爵三级
孝明帝熙平二年四月	诏京尹所统百年以上赐大郡板,九十以上赐小郡板
孝明帝神龟元年正月	诏京畿百年以上给大郡板,九十以上给小郡板,八十以上给大县板,七十以上给小县板。诸州百姓百岁以上给小郡板,九十以上给上县板,八十以上给中县板
孝庄帝建义元年五月	上党百年以下九十以上板三品郡,八十以上四品郡,七十以上五品郡

　　北魏政府对老年人除了直接进行物质的和精神的救济外,还规定达到一定年龄的老人,可免除其一子的徭役,"文成和平二年(461 年)三月幸中山,至于邺,遂

幸信都,舆驾所过皆亲封高年,问民疾苦,民年八十以上,一子不从役。"[2](卷5,P119)
孝文帝太和元年(477年)十月诏:"七十以上一子不从役。"[2](卷7上,P144)这些规定主
要是让一定年龄以上的老人在家中能得到照顾,使其老有所依。

(二)体恤鳏寡孤老穷困残疾者

除了高年老人之外,鳏寡孤老、穷困、残疾者都属于社会弱势群体,他们经常
会面临生活困境,北魏政府对这些人群自然是要给予救济的。这些社会弱势群体
所面临的主要困境是生活资料的缺乏,因此政府对他们的救济首要是赠给他们基
本生活物品,如"太和三年(479年)十一月赐京师贫穷、高年、疾患不能自存者衣
服布帛各有差",[2](卷7上,P147)"十七年(493年)七月立皇太子,赐鳏寡孤独不能自存
者粟人五斛。"[2](卷7下,P172)其他类似的记载还有很多,在此不再赘述。我们可以了
解的是,北魏政府对鳏寡孤老、穷困、残疾者的救济,首先是赠给他们衣料和食物,
使他们免受饥寒之苦。

对上述弱势群体的救济,北魏政府还减免其徭役,使他们有较宽裕的时间进
行生产。宣武帝景明二年(501年)三月诏曰:"比年以来,连有军旅,役务既多,百
姓凋弊,宜时矜量,以拯民瘼,正调之外,诸坊调损民,一时蠲罢。"[2](卷8,P193)对背井
离乡的孤老之人,允许他们回归故里,照顾其叶落归根的心理要求,如太武帝太延
元年(435年)二月,"诏长安及平凉民徙在京师,其孤老不能自存者听还乡
里。"[2](卷4上,P84)对这些弱势群体,北魏统治者经常是亲自慰问,如太武帝太延三年
(437年)二月,"行幸幽州,存孤老,问民疾苦",[2](卷4上,P87)还要求官吏时常巡访,
对他们进行救济,足见政府对这些弱势群体的生活状况是较为重视的。孝文帝太
和二十年(496年)七月丁亥诏:"……疾苦六极,人神所矜,宜时访恤,以拯穷废。
鳏寡困乏、不能自存者,明加矜恤,令得存济。"[2](卷7下,P180)

在北魏政府对社会的弱势群体进行救济的过程中,有几个值得我们注意的现
象。首先,北魏政府有对弱势群体的统计工作,根据统计的情况有条理有针对性
地采取救济措施。熙平元年(516年)十二月,"诏洛阳、河阴及诸曹杂人年七十已
上,鳏寡贫困不能自存,及年虽少而痼疾长废穷苦不济者,宰司研实具列以奏
闻",[2](卷9,P225)有关部门将他们的情况统计上报,让政府掌握救济对象的基本情
况。再如太昌元年(532年)五月丁未诏曰:"无侮惸独,事炳前经,惠此鳏寡,声留
往册……如有孤老、疾病,无所归依者,有司明加隐括,依格赈赡。"[2](卷11,P283)政府
尽量将所辖地区的弱势群体都统计在案,依据统计的各自不同情况进行救济。其
次,贫穷者是弱势群体之一,为此北魏政府对人们的资产情况有统计和核量。笔
者认为,当时政府这样做的目的之一是为了查明人们资产情况,以此界定贫困者
的范围,避免个别人隐瞒资产,冒充贫困者接受政府的救济。

(三)对特殊群体的救济

与上述社会弱势群体相比,有些人群不具有完全自由的身份,在此笔者将他们合并为特殊群体,主要有宫人、奴婢、囚徒和军队服役人员。对奴婢的救济行为主要是释放其归家,使父母子女消除骨肉分离之苦。如和平四年(463年)诏曰:"前以民遭饥寒,不自存济,有卖鬻男女者,尽仰还其家。或因缘势力,或私行请托,共相通容,不时检校,令良家子息,仍为奴婢。今仰精究,不听取赎,有犯加罪。若仍不检还,听其父兄上诉,以掠人论。"[2](卷5,P121)再如孝文帝也下诏:"数州灾水,饥馑荐臻,致有卖鬻男女者。……今自太和六年以来,买定、冀、幽、相四州饥民良口者,尽还所亲,虽聘为妻妾,遇之非理,情不乐者,听离之。"[2](卷7上,P156)

释放宫女是北魏政府对其救济的一项措施,如孝文帝曾诏:"宫人年老及疾病者免之。"[2](卷7上,P147)孝文帝还曾大赦天下,"免宫人年老者还其所亲。"[2](卷7上,P150)北魏统治者认识到"男耕女织"的小农生产方式对巩固国家政权具有十分重要的意义,因此对宫人的救济行为除了释放其归家之外,还曾将其婚配给鳏、贫等无力娶妻之人。他们组建家庭后,"男耕女织"的生产方式在社会上的推广程度就大大加深了,这对于个体家庭以及整个国家的发展,都是极为有益的。如永熙三年(534年)二月诏曰:"衣食足,知荣辱。夫人饥寒切已,唯恐朝夕不济,所急温饱而已,何暇及仁义之事乎?王教之多违,盖由于此也。非夫耕妇织,内外相成,何以家给人足矣。其简宫人非所当御及执作技巧,自输悉出以配鳏民。"[2](卷3,P51)其他统治者也有这样的举措,如太和二年(478年)二月"行幸代之汤泉,所过问民疾苦,以宫人赐贫无妻者",[2](卷7上,P145)太和十三年(489年)九月,"出宫人以赐北镇人贫鳏无妻者。"[2](卷7下,P165)北魏政府令宫女婚配的目的虽然是为了最基本的社会生产得以较好地开展,但对宫女和无力娶妻之人而言都不失为是较有意义的救济行为。

北魏政府对军队服役人员也优待尤佳,以稳定军心,防止兵变的发生。对士兵的救济行为也有使其归家的措施,太和十九年(495年)八月"诏诸徒兵从征被伤者皆听还本",[2](卷7下,P178)但这样的救济行为不是主要的。对军队服役人员的救济措施首先是减免其租赋,史书对此有很多记载,如太和六年(482年)二月诏曰:"萧道成逆乱江淮,戎旗频举,七州之民,既有征军之劳,深乖轻徭之义,朕甚愍之,其复常调三年。"[2](卷7上,P151)其次,对士兵进行物质和精神赏赐。延兴三年(473年)二月诏:"畿内民从役死事者,郡县为迎丧,给以葬费。"[2](卷7上,P138)又太和八年(484年)"五月己卯,诏赈赐河南七州戍兵。"[2](卷7上,P153)再次,在日常生活上关心士兵,如太和十七年(493年)十二月"诏隐恤军士,死亡疾病务令优给。"[2](卷7下,P173)太和十九年(495年)二月南伐齐,"幸八公山,路中雨甚,诏去盖,见军士病者亲急恤之",[2](卷7下,P176)显示了对军士的关怀。

北魏政府将因徒也作为救济的对象,视不同的情况对其采取不同的救济措施。对达到一定年龄的刑徒准其还家。在气候恶劣之际,对因徒减轻刑具,赐以衣物应对严酷天气。对在狱中死亡的因徒,没有家属为其料理后事的,政府则负责将其安葬,延兴三年(473年)九月诏曰:"自今京师及天下之因,罪未分判在狱致死无近亲者,公给衣衾、棺椟埋葬之,不得暴露。"[2](卷7上,P139)

(四)其他救济行为

北魏政府对上面三种人群都是采取了有针对性的救济措施,还有一些措施则具有普遍性。例如,对暴尸荒野的尸骨,北魏政府一般是要将其掩埋,使亡者入土为安。掩埋尸骨不是草草了事,在某些地区政府还要出棺椁安葬。有的统治者遇到此类问题时,还及时令人处理,如太和十九年(495年)八月,孝文帝"幸西宫,路见坏冢露棺,驻辇殣之。"[2](卷7下,P178)

政府在个别时候的赏赐行为也算作一种救济措施。赏赐的对象没有统一标准,除了上面提到的高年、鳏寡穷困和残疾者外,还有一些人也曾受到政府的或物质或精神赏赐。如延兴三年(473年)十月太上皇帝南巡至于怀州,"所过问民疾苦。赐高年孝弟力田布帛。"[2](卷7上,P139)对"孝弟力田"进行赏赐,以鼓励民间发展生产,维持家庭和睦。延昌元年(512年)十一月诏曰:"赐天下为父后者爵一级,孝子顺孙、廉夫节妇旌表闾间,量给粟帛。"[2](卷8,P212)对有利于维护社会基层秩序稳定的孝子顺孙、廉夫节妇一并进行赏赐。某些重要制造业的工匠也曾被赐予爵位,以提高其劳作积极性。

政府对百姓还进行了医疗救济,使百姓免除病患之苦,有时政府甚至派医生去患者家中就诊,赠予药物,如皇兴四年(470年)三月诏曰:"朕思百姓病苦,民多非命,明发不寐,疢深疾首。是以广集良医,遂采名药,欲以救护兆民。可宣告天下,民有病者。所在官司,遣医就家诊视,所须药物,任医量给之。"[2](卷6,P130)对灾区百姓的医疗救济对恢复灾区秩序也至关重要,如延昌元年(512年)四月诏曰:"肆州地震陷裂,死伤甚多,言念毁没,有酸怀抱。亡者不可复追,生病之徒,宜加疗救。可遣太医、折伤医,并给所须之药,就治之。"[2](卷8,P212)北魏政府的医疗救济有一项对后世影响深远的措施,即设立医馆。永平三年(510年)十月诏曰:"朕乘乾御历,年周一纪,而道谢击壤,教惭刑厝。至于下民之茕鳏疾苦,心常愍之,此而不恤,岂为民父母之意也可勅太常于闲敞之处,别立一馆,使京畿内外疾痌之徒,咸令居处。严勅监署,分帅疗治,考其能否,而行赏罚。虽齿数有期,修短分定,然三疾不同,或赖针石,庶秦扁之言,理验今日矣。又经方浩博,流传处广,应病投药,率难穷究。更令有司,集诸医工,寻篇推简,务存精要,取三十余卷,以班九服,郡县备写,布下乡邑,使知救患之术耳。"[2](卷8,P210)政府设立医馆的主要目的还是为了方便对百姓进行医疗救济,患者可到医馆就医,对医馆人员的赏罚则依据救治患者的成效进行。医馆还负责地方郡县医药知识的普及工作,将医书中的重要知识简要编录成册颁行地方。从中可知,当时医馆的各项制度已初步完备。

二、灾害救济行为

北魏自然灾害频繁,据统计,北魏164年间,仅水灾就43次,旱灾67次。灾害严重威胁了百姓的生命财产安全,使人民流离失所。对灾民的救济是北魏政府救济体系的一个重要组成部分,对灾民的救济工作做不好,在国内就会形成大量流民聚众的局面,因此北魏政府采取各项救济措施安抚灾民,使其渡过难关。

（一）物质赈济

对灾民的物质救济首先是将政府库藏的粮食和布帛赈济给他们,以解决其最基本的生存问题。如神瑞二年(415年)十月诏曰:"古人有言'百姓足则君有余未有民富而国贫者也'顷者已来频遇霜旱年穀不登百姓饥寒不能自存者甚众,其出布帛仓穀以赈贫穷。"[2](卷3,P56)其他历届统治者在灾害发生时,都会命当地政府开仓赈济,如太平真君九年(448年)二月"山东人饥启仓赈之",[2](卷4下,P102)延昌二年(513年)四月"以绢十五万疋赈恤河南饥民"。[2](卷8,P213)类似的记载还有很多,不再赘述。当灾区本地库存不足时,政府也会打破平日严禁百姓随意迁移的禁令,灵活地允许灾民去他镇就食,太和十一年(487年)七月诏曰:"今年穀不登,听民出关就食,遣使者造籍,分遣去留,在所开仓赈恤。"[2](卷7下,P162)又如延昌元年(512年)三月"州郡十一大水,诏开仓赈恤,又以京师穀贵出仓粟八十万石以赈恤贫者。"[2](卷8,P211)四月诏"河北民就穀燕、镇二州",五月诏"天下有粟之家供年之外悉贷饥民"。[2](卷8,P212)在这里我们可以看出,当政府力量不足之时也会发动富裕之家出粮,让他们和政府一起救济灾民。北魏政府对灾民最直接有效的救济莫过于沿路施粥了,太和七年(483年)三月,"以冀、定二州民饥,诏郡县为粥于路以食之……六月,定州上言:为粥所活九十四万七千余口。九月,冀州上言:为粥给饥民所活七十三万一千七百余口。"[2](卷7上,P152)施粥这项措施成效显著,大量灾民正是有赖于这项救济行为而得以存活。

不可否认,赈济灾民粮食和布帛等生活必需品对人民意义重大,但却不是一劳永逸之事。北魏政府除了上述救济措施之外,还假民以土地和种子等生产资料,使百姓能够开展生产自救,解决其灾后生存问题。北魏很多统治者在灾害发生后,对百姓开放山泽禁地,使人民耕种,如太和六年(482年)八月"罢山泽禁",太和七年(483年)十二月"开林虑山禁,与民共之。"[2](卷7上,P153)有时政府甚至会对百姓开盐池之禁,使百姓能从其中获利从而弥补灾害损失,太和二十年(496年)

十二月,"以西北州郡旱俭,遣侍臣巡察,开仓赈恤。乙丑,开盐池之禁与民共之。"[2](卷7下,P180)诚然,地方各级官吏要负责政府救济工作的具体实施,因此北魏政府对各级官吏在救济过程中也有明文要求。太安五年(455年)十二月诏曰:"朕承洪业,统御郡有,思恢政化,以济兆民。……有流徙者,谕还桑梓。欲市籴他界,为开傍郡,通其交易之路,若典司之官,分赋不均,使上恩不达于下,下民不赡于时,加以重罪,无有攸纵。"[2](卷5,P118)对不能较好贯彻政府救济精神的官吏予以重责,这十分有利于政府救济工作的开展。

(二)祭祀行为

灾害发生后,政府在对灾民进行物质救济的同时,还会进行祭祀仪式,为民祈求上苍的庇佑,给予灾民精神慰藉。在古代农业社会,人们对自然都有一种敬畏之情,政府的祭天或祭山等活动一方面可以从精神上抚慰百姓,给百姓战胜天灾的希望和信念。另一方面,统治者也会由天灾联系人事,也会在灾害发生时对灾民以外的上文所述人群进行救济,以求改善自身统治。如神龟二年(519年)二月诏曰:"农要之月,时泽弗应,嘉谷未纳,三麦枯悴。德之无感,叹惧兼怀。可敕内外,依旧雩祈,率从祀典。察狱理冤,掩胔埋骼。冀瀛之境,狂寇暴野,死者既多,白骨横道,可遣专令收葬。赈穷恤寡,救疾存老,准访前式,务令周备。"[2](卷9,P229)太和四年(480年)二月诏曰:"今东作方兴,庶类萌动,品物资始,膏雨不降,岁一不登,百姓饥乏,朕甚惧焉。其敕天下,祀山川群神及能兴云雨者,修饰祠堂,荐以牲璧,民有疾苦,所在存问。"[2](卷7上,P148)正光三年(522年)六月诏曰:"朕以冲昧,凤纂宝历,不能祗奉上灵,感延和气,致令灾旱频岁,嘉雨弗洽,百稼焦菱,晚种未下,将成灾年,秋稔莫觊。在予之责,忧惧震怀。今可依旧分遣有司,驰祈岳渎,及诸山川百神能兴云雨者,尽其虔肃,必令感降,玉帛牲牢,随应荐享。上下羣官,侧躬自励,理冤狱,止土功,减膳彻乐,禁止屠杀。"[2](卷9,P233)从这些诏令中我们就可以看出,旱灾发生后,政府首先要祭天祈雨,以迎合灾民的要求。其次,救济的对象则不限于灾民,几乎涉及了上文提及的各种社会群体,从这个方面来说,政府的祭祀行为则具有双重的意义。

三、北魏政府救济行为的作用和缺陷

(一)北魏政府救济行为的作用

第一,在某种程度上解决了人民生存问题,使其得到最低的生活保障。对于灾民和其他社会弱势群体而言,国家的及时救济,为他们提供了生存所需最基本的生活资料,使他们避免了因没有生活来源而面临死亡的困境。这对于安定受助人群的生活,起到了较大的积极作用。

第二,有利于缓和阶级矛盾,维护王朝统治。北魏政府救济行为最主要的目的就是为了维持自身统治。社会各弱势群体和灾民的基本生活问题得不到解决,就势必会引发社会暴乱,威胁到王朝统治。北魏政府采取的各项救济措施,无论是物质的,还是精神上的都有利于抚慰人们的不满情绪和反抗心理,把阶级矛盾降到最低限度,这是有利于王朝稳定的。

第三,客观上促进了社会经济的恢复和发展。在古代农业社会中,劳动力数量的多少是决定社会经济发展的重要因素,对此北魏政府是认识到的。政府采取的救济行为,一方面,客观上避免了人口大量死亡,保存了民力,这也就保证了国家的赋税收入和兵役、徭役来源,社会生产能够正常运行。另一方面,赐予他们最基本的生活和生产资料,为其生产自救奠定了基础,从而有利于推动社会经济的恢复和发展。

第四,为后世提供了一些可借鉴的经验。如北魏政府在救济过程中开展的统计工作,就为隋唐政府的救济行为建立了很好的范本,尤其是上文提到的北魏政府有进行资产统计和界定受助者范围的尝试,对中国以后的受助者概念界定都是很有意义的。医馆的设立也直接影响了后世相关机构的建立,如唐代悲田养病坊的设立。

(二)北魏政府救济行为的缺陷

第一,救济措施的标准不统一。北魏政府的救济措施一个最大的缺陷就是没有一个统一的标准。上文在分析对高年的救济之时,用表格列出了各项资料,在此就以高年这一人群为例说明这一缺陷。首先,对高年老人的赏赐在地域上没有统一标准,都是根据统治者巡幸所过之地而临时决定的。如天兴元年(398 年)正月赏赐邺城老人,孝文太和十九年(495 年)四月则赏赐彭城高年。其次,赏赐物品的种类和定量标准不统一,有赏赐衣服的,有赐予几杖的,还有赏赐其他物品的,赏赐的布匹有二匹也有五匹的。再次,即便是同一种措施的标准也不统一。如对高年进行精神抚慰之时,有时八十以上赐爵二级,七十以上赐爵一级,有时则为八十以上赐爵三级,七十以上赐爵二级。对其他人群救济时,也存在标准不统一的现象,就不再一一列举了。

第二,救助措施没有连续性,缺乏系统性。我们从北魏救济行为具体实施的情况来看,多是以帝王诏令为主的临时性救济措施,并未形成一套完善的制度。如仍以高年为例,太和六年(482 年)三月对高年老人进行过一次物质赏赐,其后一直到十八年(494 年)正月才有这样的措施,中间时间跨度较大。这些诏令多是统治者在巡幸地方或册立皇太子等时机才颁布的,救济措施具有很强的随机性。由此可见,北魏政府的救济行为不过是要宣扬帝王的"德治",救济行为的出发点有很大偏差,这将使其救济的效果大打折扣。

第三,社会救济很多是象征性的,标准较低。北魏政府救济行为的着眼点是保障被救济者的最低生活标准,使其能够维持最基本的生存而已。从上文诏书中对鳏寡孤独、高年、贫困者的救助标准来看,多是"帛二匹""粟,人五斛"。这样的标准,也只能让他们临时得以活命,不可能有效改善其生活质量。

总之,北魏政府的救济行为在形式上可分为物质救济和精神救济,在时间上可分为平日救济和灾害救济。受救济人群广泛,除贵族官僚外的一般普通民众,由于各种原因都可能得到政府的救济。北魏政府的救济行为虽然存在很多不完善之处,但其积极方面的作用还是主要的。这些救济行为使受助人群能够摆脱困境,恢复生产,从而有利于缓和社会阶级矛盾,巩固王朝统治。

参考文献:

[1]吕思勉.吕思勉读史札记(上)[M].上海:上海人民出版社,1982.

[2](北齐)魏收.魏书[M].北京:中华书局,1974.

[3]高峰.北朝灾害史研究[D].北京师范大学,2003.

北魏孝文帝统治时期的赈灾防灾措施

马　永

（山西大同大学文史学院，山西 大同 037009）

摘　要：北魏孝文帝统治时期，北方地区自然灾害频发，严重制约着北魏社会经济的发展，且不利于北魏政局的稳定。为了维护统治，孝文帝实施了一系列赈灾防灾措施。这些措施包括开仓赈恤，减免田租；移民就食；问民疾苦，关爱鳏寡孤独者；祈雨；劝课农桑，加大重农力度，实施均田制；建立仓储制度；迁都洛阳；兴修水利等。

关键词：北魏孝文帝；自然灾害；赈灾防灾措施

一、北方地区自然灾害频发的表现

北魏孝文帝统治时期，北方地区自然灾害频发，详情见表1：

表1　北魏孝文帝统治时期州镇自然灾害统计表

纪年	州镇灾害数	灾情简况
延兴二年（472 年）	11	安州冰雹
三年（473 年）	11	水旱
四年（474 年）	13	饥荒；京师地震；泾州大苞伤稼；比岁蝗旱
五年（475 年）		京师赤风
承明元年（476 年）		长安二蚕多死；青、齐、徐、兖、并、定州大风雹
太和元年（477 年）	8	水旱蝗；云中饥；京师、统万镇、秦州地震
二年（478 年）	20 余	京师旱；兖、并州地震；武川镇、雍州大风；南豫、徐、兖州大霖雨

续表

纪年	州镇灾害数	灾情简况
三年(479年)		雍州饥;平州、京师地震;相州大风;雍、朔二州及柁罕、吐京、薄骨律、敦煌、仇池镇大霜;豫州雷雨
四年(480年)	18	并州地震;京师大风,雨雪三尺
五年(481年)	12	秦州地震;敦煌镇蝗,秋稼略尽
六年(482年)		秦州地震;青、雍二州大水,蚜蚄害稼;徐、东徐、兖、济、平、豫、光七州,平原、枋头、广阿、临济四镇大水,蝗稼害;颖川郡陨霜
七年(483年)	13	冀定二州民饥;秦州、肆州、东雍州地震;相、豫二州大风,蝗害稼;肆州风霜,杀菽;幽州雷电
八年(484年)	15	武州水泛滥;并州地震;冀、定、相、济、光、幽、肆、雍、齐九州暴风,蚜蚄害稼;青州蚜蚄害稼
九年(485年)	13	济、洛、肆、相四州及灵丘、广昌镇暴风折木,陨霜(不计洛);南豫、朔二州各大水;冀定数州大水;雍、青二州陨霜
十年(486年)		汝南、颖川大饥;并州、秦州、京师、营州地震
十一年(487年)		雁门及代郡、秦州民饥;京都大旱,加以牛疫,民饥;是岁,大饥
十二年(488年)		二雍、豫三州民饥;京师连日大风
十三年(489年)	15	饥荒
十四年(490年)		京师大风;汾州陨霜
十六年(492年)		柁罕镇蝗,害稼
十九年(495年)		光州地震,东莱之牟平虞丘山陷五所,一处有水
二十年(496年)		西(南)北州郡旱俭;并州、营州地震
二十二年(498年)		营州、兖州、并州地震;兖、豫二州大霖雨

注:以上数据出自《魏书·帝纪第七》《魏书·天象志第二、三》《魏书·食货志第十五》《魏书·灵征志第十七、十八》等

从表1可知,孝文帝统治时期的自然灾害有如下特点:第一,频率高,持续时间长。孝文帝在位30年(471—500年),上表所统计的自然灾害计23次(11次大

范围,12 次局部),发生频率高达 76.7%。第二,波及域广阔。自然灾害波及孝文帝统治的主要地区,最多时达 20 多个州镇。第三,年老体弱者受危害极大,如延兴三年(473 年),相州百姓饿死 2845 人(485 年);太和九年,冀、定、幽、相数州洪水泛滥,百姓不得不卖儿鬻女以期渡过难关。

自然灾害频发使北魏统治区域内经济凋敝,农业生产连年歉收,百姓生活苦不堪言。尤其严重的是,自然灾害往往会导致大量饥民出现,如果不采取相应措施,势必将激化社会矛盾,并进一步演化为农民起义。于是孝文帝采取了一系列赈灾防灾措施,以减少自然灾害所造成的损失,进而维护北魏统治。

邓拓的《中国救荒史》将救灾分为灾后消极救济和灾前积极预防两个方面,本文在此基础上,也将孝文帝的救助措施分为灾后直接赈济和灾前预防两个方面加以论述。

二、孝文帝的赈灾措施

(一)开仓赈恤,减免田租

面对严重的灾情,最直接最有效的赈灾措施便是开仓赈恤,减免田租,孝文帝亦不例外。上述 11 次大范围自然灾害中,孝文帝下诏开仓赈恤 10 次,减免田租 3 次;12 次局部自然灾害中,孝文帝下诏开仓赈恤 11 次,减免田租 8 次,详情见表2:

表 2　北魏孝文帝统治时期州镇赈恤减租统计表

纪年	州镇赈恤减租统计
延兴二年(472 年)	六月,安州民遇冰雹,丏租赈恤; 九月,诏以州镇十一水,丏民田租,开仓赈恤
三年(473 年)	三月,诏诸仓囷谷麦充积者,出赐贫民; 是岁,州镇十一水旱,丏民田租,开仓赈恤
四年(474 年)	是岁,州镇十三大饥,丏民田租,开仓赈之
承明元年(476 年)	八月,以长安二蚕多死,丏民岁赋之半
太和元年(477 年)	正月,云中饥,开仓赈恤; 十二月,诏以州郡八水旱蝗,民饥,开仓赈恤
二年(478 年)	是岁,州镇二十余水旱,民饥,开仓赈恤
三年(479 年)	六月,以雍州民饥,开仓赈恤
四年(480 年)	是岁,诏以州镇十八水旱,民饥,开仓赈恤
五年(481 年)	十二月,诏以州镇十二民饥,开仓赈恤

纪年	州镇赈恤减租统计
六年(482年)	二月,(灵丘郡)复民租调十五年; 八月,天下遭水之处,丐民租赋
七年(483年)	三月,以冀、定二州民饥,诏郡县为粥于路以食之; 十二月,诏以州镇十三民饥,开仓赈恤
八年(484年)	十二月,诏以州镇十五水旱,民饥……开仓赈恤
十年(486年)	十二月,诏以汝南、颍川大饥,丐民田租,开仓赈恤
十一年(487年)	二月,诏以肆州之雁门及代郡民饥,开仓赈恤; 六月,秦州民饥,开仓赈恤; 是岁,大饥,诏所在开仓赈恤
十二年(488年)	十一月,诏以二雍、豫三州民饥,开仓赈恤
十三年(489年)	四月,州镇十五大饥,诏所在开仓赈恤
十九年(495年)	四月,曲赦徐豫二州,其运漕之士,复租赋三年; 六月,曲赦梁州,复民田租三岁
二十年(496年)	十二月,以西北州郡旱俭……开仓赈恤
二十二年(498年)	十月,曲赦二豫殊死已下,复民田租一岁

注:以上数据出自《魏书·帝纪第七》

对比表1与表2,除延兴五年(475年)、太和九年(485年)、太和十四年(490年)和太和十六年(492年)4年外,孝文帝在其余灾年皆有开仓赈恤或减免田租的措施,此举取得了良好的效果,其中成效最大的是太和七年(483年)对冀、定二州饥民的开仓赈恤:"六月,定州上言,为粥给饥人,所活九十四万七千余口……冀州上言,为粥给饥民,所活七十五万一千七百余口。"[1](P103)

(二)移民就食

虽然孝文帝积极救助灾民,但仅靠开仓赈恤和减免田租并不能解决所有问题,太和三年(479年)"相州民饿死者二千八百四十五人"[1](P93)即是例证。为此,孝文帝下诏移民就食,即把灾区百姓迁移到其他地方生活。此举是难能可贵的。因为自秦汉以来,统治者主要通过户籍制度来实现对下层民众的绝对控制,移民就食意味着流民的出现,户籍制度遭到破坏。孝文帝把百姓的生命安全置于北魏统治之上,精神可嘉。太和七年(483年),孝文帝"以冀、定二州民饥,诏郡县为粥于路以食之,又驰关津之禁,任其去来。"[1](P103)太和十一年(487年),针对雁门、代郡、秦州等地严重的灾情,孝文帝诏曰:"今年谷不登,听民出关就食。遣使者造籍,分遣去留,所在开仓赈恤。"[1](P108)当然,孝文帝并非只是简单地移民就食,他还辅之以开仓赈恤、编户造籍等手段,即便是饿殍者,亦令人收尸。"去夏以岁旱民饥,须遣就食,旧籍杂乱,难可分简,故依局割民,阅户造籍,欲令去留得实,赈贷平均。然乃者以来,犹有饿死衢路,无人收识。良由本部不明,籍贯未实,廪恤不周,以至于此。朕猥居民上,闻用慨然。可重遣精检,勿令遗漏"。[1](P108)移民就食在一定程度上缓解了自然灾害所引发的一系列社会问题。

(三)问民疾苦,关爱鳏寡孤独者

鳏寡孤独者作为社会的弱势群体,孝文帝对其关爱有加,或减免徭役,或宴请年高,或赏赐粮食衣服,把宫女赏赐给鳏贫者为妻,或赐予年高者官爵。《魏书》中涉及孝文帝下诏并付诸具体行动的"问民疾苦,关爱鳏寡孤独者"的记载多达46处,如太和二十一年(497年)正月,孝文帝派遣张彝、崔光、刘藻等侍臣巡视各地,询问民间疾苦;二月,孝文帝北巡到太原,亲自召见年高者,询问其有何困难;三月,孝文帝南巡至离石,"诏汾州民百年以上假县令,九十以上赐爵三级,八十以上赐爵二级,七十以上赐爵一级";[1](P122)四月,孝文帝巡幸长安,亲自召见年高者,询问其有何困难,并派遣侍臣到各省县邑,赈赐谷帛;五月,孝文帝"诏雍州士人百年以上假华郡太守,九十以上假荒郡,八十以上假华县令,七十以上假荒县,庶老以年各减一等,七十以上赐爵三级;其营船之夫,赐爵一级;孤寡鳏贫,穷疴废疾,各赐帛二匹,谷五斛。"[1](P122)九月,孝文帝又诏"哀贫恤老,王者所先,鳏寡六疾,尤宜矜愍,可敕司州洛阳之民,年七十已上无子孙,六十以上无期亲,贫不自存者,给以衣食;及不满六十而有废痼之疾,无大功之亲,穷困无以自疗者,皆于别坊遣医救护,给医师四人,豫请药物以疗之。"[1](P123)十月,孝文帝又诏"九十以上假以郡守,六十五以上假以县令。"[1](P123)

与此同时,孝文帝还多次下诏开放皇家苑囿和山林,与百姓共享,如延兴三年(473年),孝文帝下诏开放关外苑囿,任由百姓砍柴;太和六年(482年),孝文帝下诏罢黜山泽之禁;太和七年(483年),孝文帝下诏开放山林,和百姓共享;太和十一年(487年),孝文帝下诏开放北苑,以其地赐贫民;太和二十年(496年),孝文帝下诏取消盐池之禁,和百姓共享。此外,孝文帝还先后于承明元年(476年)、太和元年(477年)、太和三年(479年)、太和五年(481年)、太和六年(482年)、太和七年(483年)、太和八年(484年)、太和十年(486年)、太和十二年(488年)、太和十六年(492年)、太和十七年(493年)、太和二十三年(499年)共计12次大赦天下。

(四)祈雨

邓拓的《中国救荒史》将"祈雨"单独列为"天命主义的禳弭论"一章,认为这是迷信,不可取。但在生产力极低的封建社会,天旱多被认为是上天对黎民百姓的惩罚,而祈雨是古代君王代替黎民百姓向上天请求谅解的无奈之举。孝文帝多次到武州山和北苑等地祈雨,以期得到上天的怜悯。孝文帝很好地利用了天时,这就使他的祈雨每每奏效。太和元年(477年)五月,孝文帝"车驾祈雨于武州山,俄而澍雨大洽"。[1](P97)太和二年(478年)四月,京师大旱,孝文帝亲自到北苑祈雨,"丙午,澍雨大洽"。[1](P98)太和三年(479年)五月,"帝祈雨于北苑,闭阳门,是日澍雨大洽"。[1](P99)此外,孝文帝还通过减少膳食来表达敬天祈雨的诚心,太和十七年(493年)五月,孝文帝"以旱撤膳";太和二十年(496年)七月,孝文帝因久旱不雨,连续三天不吃早饭,"自癸未不食,至于乙酉",结果"是夜,澍雨大洽"。[1](P121)祈雨固然有迷信的因素,但这也印证了孝文帝对自然灾害造成民间疾苦的关爱。诚如他自己所言:"昨内外贵贱咸云四郊有雨,朕恐此辈皆勉劝之辞,三覆之慎,必欲使信而有征,比当遣人往行,若果雨也,便命大官欣然进膳,岂可以近郊之内而慷慨要天乎?若其无也,朕之无感,安用朕身以扰民庶!朕志确然,死而后已。"[1](P862)

三、孝文帝的防灾措施

面对持续不断的自然灾害,孝文帝一面积极赈灾,一面开展灾前预防工作,尽量缓解自然灾害对百姓的伤害。

(一)劝课农桑,实施均田制

古代中国是一个农业经济占主导的封建国家,历代君主多倡导"重农抑商",故他们对农业生产异常关注。虽然北魏是一个游牧民族建立的政权,但孝文帝对农业生产的重视更甚于前。孝文帝曾经向高祐请教道:"比水旱不调,五谷不熟,何以止灾而致丰稔?"高祐对曰:"昔尧汤之运,不能去阳九之会。陛下道同前圣,其如小旱何?但当旌贤佐政,敬授民时,则灾消穰至矣。"[1](P771)孝文帝完全接受了"旌贤佐政,敬授民时"的理念,先后11次下诏劝课农桑,加大重农力度。以太和元年(477年)为例:该年正月孝文帝下诏:"今牧民者,与朕共治天下也。宜简以徭役,先之劝奖,相其水陆,务尽地利,使农夫外布,桑妇内勤。若轻有征发,致夺民时,以侵擅论。民有不从长教,惰于农桑者,加以罪刑。"[1](P96)三月,孝文帝又诏曰:"……去年牛疫,死伤大半,耕垦之利,当有亏损。今东作既兴,人须肆业。其敕在所督课田农,有牛者加勤于常岁,无牛者倍庸于余年。一夫制治田四十亩,中男二十亩。无令人有余力,地有遗利。"[1](P96)此外,孝文帝还于太和九年(485年)颁布了均田令,主要内容如下:第一,男子十五岁以上受露田四十亩,桑田二十亩;妇人受露田二十亩。第二,土地不准买卖。第三,奴婢受田数量和办法与农民相同。第四,地方官吏各随在职地区给予公田,不许出卖,等等。[2](P402)均田制在一定程度上限制了地主豪强兼并土地,有助于开垦荒地,恢复和发展农业生产,安定社会秩序,增加国家赋税收入。

(二)建立仓储制度

太和十一年(487年),京师大旱,孝文帝要朝中大臣"谋猷所寄,其极言无隐,以救民瘼"。[1](P108)韩麒麟在所上陈时务表中指出:"古先哲王经国立治,积储九稔,谓之太平……今京师民庶,不田者多,游食之口,三分居二。盖一夫不耕,或受其饥,况于今者,动以万计。故顷年山东遭水,而民有馁终。今秋京都遇旱,谷价踊贵。实由农人不劝,素无储积故也。"[1](P816)韩麒麟次子韩显宗也曾向孝文帝上书建议:"君人者,以天下为家,不得有所私也。故仓库储贮,以俟水旱之灾,供军国之用,至于有功德者,然后加赐。"[1](P822)韩氏父子都建议孝文帝应重视积储以解决荒年的缺粮问题。

太和十二年(488年),孝文帝再次下诏向群臣寻求安民之术。李彪上书在批评"移民就食"政策缺失的同时,提出了自己的建议:"国无三年之储,谓国非其国……顷年山东饥,去岁京师俭内外人庶出入就丰,既废营产,疲而乃达,又于国体实有虚损。若先多积谷,安而给之,岂有驱督老弱糊口千里之外?以今况古,诚可惧也。臣以为宜析州郡常调九分之二,京都度支岁用之余,各立官司,年丰籴积于仓,时俭则加私之二,粜之于人。如此,民必力田以买官绢,又务贮财以取官粟;年登则常积,岁凶则直给。又别立农官,取州郡户十分之一以为屯人,相水陆之宜,料顷亩之数,以赃赎杂物余财市牛科给,令其肆力。一夫之田,岁责六十斛,蠲其正课并征戍杂役。行此二事,数年之中,则谷积而人足,虽灾不为害。"[1](P848)孝文帝欣然接受李彪的建议并付诸实施,结果"自此公私丰赡,虽时有水旱,不为灾也。"[1](P1666)孝文帝这种积储而备灾害的设想是中国古代备荒思想的具体体现。

(三)迁都洛阳

孝文帝迁都洛阳的原因是多方面的,不过平城恶劣的自然条件亦是原因之一。据表1统计,孝文帝在位30年,发生在平城的自然灾害有11次,其中地震4次,大风赤风4次,旱灾2次,武州水泛滥1次。每一次灾害都需要中央政府从各地调集大量的人力财力去援助,而平城地处塞北,每一次援助都大费周折,更何况古代帝王都很迷信,平城自然灾害频发,已然成为不祥之地。事实上,早在神瑞二年(415年),太宗明元帝"以饥将迁都于邺,用博士崔浩计,乃止,于是分简尤贫者就食山东。"[1](P1662)而洛阳地处中原腹地,土地肥沃,又是前朝故都,诚如李韶所言:"洛阳九鼎旧所,七百攸基,地则土中,实均朝贡,惟王建国,莫尚于此。"[1](P539])二者相较优劣,孝文帝迁都洛阳便在情理之中了。

(四)兴修水利

太和十二年(488 年)五月,孝文帝"诏六镇、云中、河西及关内六郡,各修水田,通渠溉灌"。[1](P109)太和十三年(489 年)八月,孝文帝"诏诸州镇有水田之处,各通溉灌,遣匠者所在指授。"[1](P110)虽然《魏书》中涉及孝文帝兴修水利的仅此两次,但孝文帝作为一个游牧民族的君主,此举已然是难能可贵了。

综上所述,孝文帝统治时期,北方地区自然灾害频发,所波及的地区几乎囊括了北魏全境。自然灾害造成了农业生产的歉收和百姓流离失所,严重威胁着百姓的生命财产安全,并引发了诸多的社会问题。为了维护北魏政局的稳定,孝文帝实施了一系列的赈灾防灾措施,这些措施在一定程度上缓解了北魏统治的危机。

参考文献:

[1](北齐)魏收撰,仲伟民等标点. 魏书[M]. 长春:吉林人民出版社,2006.

[2]张传玺. 中国古代史纲(上)[M]. 北京:北京大学出版社,1991.

北魏时期的对外贸易

刘美云

（山西大同大学文史学院,山西 大同 037009）

摘　要:北魏统治中原后,其政权建设由军事逐渐转向政治和经济的发展,这也是北魏政权立足中原的当务之急。北魏的对外贸易是其经济发展的重要环节。其对外贸易的特点是方式多种多样,涉及范围广泛。这种对外贸易方式极大地促进了北魏经济的发展,加强了北魏与周边及各地区的经济联系,丰富了北魏的经济生活,进而为民族关系的稳定和友好相处起到了重要的作用。

关键词:管理;互市;朝贡;平和

北魏从 398 年定都平城建立政权后,虽将经营中原致力于北方统治作为主要任务,但北魏王朝的经济建设也逐渐开始发展。北魏与各地的经济贸易关系是其经济建设的重要组成部分,在北魏经济发展中有着重要地位,并影响着整个北魏经济的构成。因此,研究这一问题,不仅有助于我们了解北魏统治时期的经济贸易关系,同时也可以加深我们对北魏宏观经济建设的认识。

一、设立对外贸易的管理机构

北魏统治中原后,作为北方的封建政府,较重视对外贸易的机构建设和管理。初期在部分边境地区设关津机构,检查过往商旅,稽查违禁货物及奸民,目的在于防止商品走私与偷税漏税,即所谓的"关津之禁"。北魏在关津之处,置有津主、贼曹、直水、校尉等专职人员,负责征纳商税,严防走私。这种管理,说明北魏政府的对外贸易已形成一套完整的管理模式。为了确保互市交易秩序的安定和公平交易,北魏政府还设置了管理互市的官吏,"交市之日,州遣士监之"。[1](卷94,P312) 所谓"士",实质上就是管理互市的官吏,他们的职责就是平息争执,判断是非曲直,收取估税并负责互市的交易秩序。这些市吏的设置,说明地方行政机构所据有的管理权力。

北魏在其境内对从事商贸的外国商贾征收交易税和关津税,如李崇之子世哲,于"邺洛市邸,收擅其利"。庞大的胡商队伍与经营奇珍异宝的蕃客邸肆,是拓跋魏征税的主要对象。整个北魏时期,西域胡商一直是北魏政府非常欢迎的贸易对象,而北魏王朝对待西域胡商也十分优待,如正光年间(520—525年)各地反魏起义层出不穷,又值水旱频繁,北魏政府下令停断给百官的例酒,但却格外规定"远蕃使客,不在断限"。[2](卷110,P2861)因为胡商的往来不仅增加了政府的财政收入,而且庞大的胡商队伍所携的奇珍异宝满足了上流社会达官贵人奢侈生活的需要。所谓"厩库未实,则通好于西戎","卉服毡裘,辐凑于属国;商胡贩客,填委于旗亭"。[3](卷49,P883)"自魏德既广,西域东夷贡其珍物,充于王府",[2](卷110,P2858)说明这种鼓励通商政策起到了良好的效果,也看出北魏政府对外贸易的积极态度。

其他政权若到北魏境内进行交易,征收过往商贾的关税时,必然遭到北魏政府的反对,有时甚至成为攻伐的借口,如拓跋焘在太延五年(439年)讨伐河西的沮渠蒙逊时,指控沮渠氏共有12条罪状,其中第四条罪状就是"切断商胡,以断行旅"。[2](卷99,P2207)沮渠氏对过往商胡征课税收被拓跋焘视为非法,而北魏政权自己对商胡课税则成为理所当然,说明北魏政府无论是对市场管理,还是对过往商人,都实行了行之有效的税收管理。

二、与南朝实行"南陲互市"的商业贸易形式

北魏与南朝的贸易关系表现最为明显的是"互市",这种"互市"有政府组织的官方贸易,也有非政府组织的民间贸易。北魏统一北方后,与南朝政权处于对峙状态,在南北对峙的形势下,经济交流与商品交换经常受到阻碍,在拓跋焘时,还因军事原因一度中断双方互市。太平真君九年(刘宋元嘉二十五年,448年),北魏豫州边境封锁,"自今以后,魏、宋二境,宜使人迹不过。自非聘使行人,无得南北。"[4](卷95,P2343)从此双方人员往来和互市等事皆被禁止。但此制多是针对民间贸易或走私,对政府间的互市交易影响不大。在正平元年(451年),双方大战刚刚结束,北魏统治者为满足其生活需要,向刘宋政权复求互市,"又于南垂立互市",[2](卷110,P2858)这样南北开始大规模通商。由互市而来的"羽毛齿革之属",既满足了北魏皇室贵族的需要,又繁荣了北魏的商业。同样,互市对南朝也有好处,故萧梁时沿边州郡多与北魏交易,如郁州"民俗多与魏人交市",[5](卷16,P272)说明北货也深受南朝各阶层欢迎。"南陲互市"的商业贸易在北魏时具有举足轻重的地位,所以在451年后,北魏同南宋政权的贸易一直维系着,即使在齐、梁政权更迭时,南北互市亦继续进行。淮河流域与长江的汉水流域,是南北通商互市的主要地区,如郁州(今江苏连云港市东云台山)、弘农(今河南灵宝北)、寿春(今安徽寿县)、襄阳、成都等地区是南北互市的重要地域。这种贸易在政府允许的范围之内,而且合理合法。

此外,还有一种秘密进行的民间贸易。北魏前期,因政治影响,双方人员禁止自由往来,即使官吏经商亦不允许,"旧制以淮禁,不听商贾辄渡淮",[6](卷46,P645)说明不论是官府还是民间,私自渡淮进行商品交易是要受法律制裁的,但民间贸易仍往来不断,南北贸易通过走私形式进行贸易。到了北魏后期,北魏统治者对民间贸易逐步放松,"罢细作之条,无禁邻国往还"。[2](卷11,P276)这道诏令明确允许南北民间自由往来贸易,从此南北贸易出现繁荣景象。当时,从事与南朝走私贸易的不仅有商人,还有不少兼营商业的官吏,如北魏武陵公、镇西将军、陕城镇将崔宽,他们一面向南朝贩运本地产品,一面又向北魏境内贩卖南货,从中营取厚利。"弘农出漆、蜡、竹、木之饶,路与南通,贩贸来往,家产丰富,而百姓乐之"。[2](卷24,P625)这样的官吏在北魏很多,守边将领更是利用镇边之机进行商品走私。如正始初年(504 年),北魏豫州中正袁翻论及选派戍守南边的官吏时说,驻边将吏,"皆无防寇御贼之心,唯有通商聚敛之意","贩贸相运,相望道路"。[2](卷69,P1539)到北齐时,这股走私贸易的势头仍然不减,如崔季舒"初为齐州刺史,坐遣人渡淮互市,为御史所劾"。[1](卷32,P1185)可见,北魏官吏参加商业贸易,营求高于本土的高额利润为数不少,由此也说明北魏贸易走私现象是颇为严重的。

在南北两地的贸易中,南北政权的使者也扮演着主要角色。北魏与南朝的贡使往来颇频繁,东晋南朝政权从 396 年至 548 年的 150 余年间,先后近 60 次遣使到北魏朝献,北魏亦遣使回访 50 余次。即使在双方互市禁绝时,使者也是南北通商的主要纽带。北魏初期,刘宋使者刘瓒抵达平城,北魏特拿出自己御府所藏珍物摆在市场上,供他"任情交易"。[2](卷53,P1175)

通过对上面事例的分析,可以看出南北政府虽然曾有时严禁,但南北之间贸易关系是任何界线都无法阻隔的,双方的商业活动通过各种方式保持着。

三、朝贡和互市是北魏与东北各族的贸易形式

北魏建立后,东北亚地区各少数民族及政权亦是北魏对外贸易的重要对象,主要有夫余、勿吉、室韦、突厥、契丹、库莫奚、地豆于以及高丽等 20 多个政权与北魏保持着长期的朝贡关系。北魏从 396 年建立到最后灭亡,作为一个强盛政权统治着北方。东北亚各族或单独或联合向北魏政权朝贡达上百次之多,尤其是高丽对北魏的朝贡贸易关系十分频繁,曾先后 80 余次入平城和洛阳朝贡。可以说,北魏一朝,每年都有高丽使者朝贡的记载,如在北魏太武帝拓跋焘全盛时期,高句丽"岁致黄金二百斤、白银四百斤",北魏则给以"衣冠服物车旗之饰"。[1](卷94,P3113)这种朝贡方式以一种特有的形式发展了双方的贸易关系,维护了二者之间的友好关系。

在东北地区,各少数民族与北魏政权的朝贡关系也较多,如勿吉在延兴五年(475 年)攻占高丽十邑落后,遣乙力支到平城朝献,在太和初年"又贡马五百匹"。

太和十七年(493 年),勿吉又遣婆非等 500 余人的庞大队伍入魏朝贡。契丹族在拓跋焘以来,"岁贡名马",以换取日常生活用品。献文帝时,契丹诸部"各以其名马文皮献天府,遂求为常,皆得交市于和龙、密云之间,贡献不绝"。[1](卷94,P3127) 这种以朝贡形式所进行的经贸,大大加强了北魏与东北亚诸族的经济联系,丰富了北魏的经济生活,扩大了北魏的影响。

除朝贡贸易交往外,民间贸易也是北魏与东北亚各族进行贸易的重要方式。当时,安州(河北)、和龙(辽宁)、密云(北京)、营州(辽宁朝阳市)是北魏与东北亚诸族进行贸易的重要互市地,契丹族"皆得交市于和龙、密云之间,贡献不绝"。[1](卷94,P3127) 孝文帝时,契丹遭到严重的自然灾害,北魏还允许契丹人入关市籴,由此可见其在对外贸易上有举足轻重的地位。

四、与西北各族及中亚诸国"平和"的贸易方式

从西汉起,"丝绸之路"成为中原与西域通商贸易的重要通道,西域商人成群结队地来中原经商,虽然汉末魏晋战乱分裂,但作为"丝绸之路"必经之地的西北,并未因战乱分裂而衰落下来,而是继续发展。西域诸国与其他更远地区来中原经商的商人,北魏习惯上泛称为胡商。西域商人来中原,多取道伊吾、高昌,故史书记载:"客商往来,多取伊吾路。"[1](卷70,P3215) 即使在北魏前期商业较为萧条时期,河陇地区也属例外,尤其是与西域的商贸活动,在河西走廊显得异常活跃。此外,北魏初期,对西北商业实行"不设科禁,买卖任情"的政策,使许多胡商贩客进入河西乃至中原交易。

西域商人在北魏的贸易主要集中于敦煌、酒泉、张掖、武威(凉州)等地,张掖是当时十分重要的商业都会,胡商颇多,到隋时已是西北地区最为有名的商业互市区域。凉州是西域商人前往长安和洛阳的重要中转站,胡商经常停留在此交易,他们将西方的织物、服饰、乐器等带到中原,同时把丝织品、茶叶等中原特产贩运到西亚,从中获取了巨额利润。因此,东来西域胡商在北魏经商财力雄厚,并成为北魏政府纳税的主要对象。在北魏中后期,洛阳、长安、邺等地常年住着大批胡商,"商胡贩客,日奔塞下",[7](卷3,P161) 而又多汇集于洛阳。

北魏同大秦、波斯等国也有贸易活动,在今山西、河南等地的北魏墓葬中也曾多次发现拜占庭和波斯的金银币及器物。北魏同诸国的贸易往来,大大促进了国际间的商品交流,对各国经济发展均起到一定的推动作用。

总之,北魏对外贸易的形式多种多样,涉及范围广泛,并施行与之相应的策略,使各地的奇珍异货源源输入北魏,丰富了北魏社会的经济生活,也促进了北魏经济的繁荣。中原的绢帛、丝、茶叶、铁器等也源源输入周围地区,这对中外经济文化交流的加强和地区之间的友好相处,无疑会起极大的推动作用。因此,对外贸易在北魏经济发展中占有举足轻重的作用。

参考文献：

[1]（唐）李延寿．北史[M]．北京：中华书局,1974.

[2]（北齐）魏收．魏书[M]．北京：中华书局,1974.

[3]（唐）令狐德棻等．周书[M]．北京：中华书局,1973.

[4]（南梁）沈约．宋书[M]．北京：中华书局,1975.

[5]（唐）姚思廉．梁书[M]．北京：中华书局,1975.

[6]（唐）李百药．北齐书[M]．北京：中华书局,1973.

[7]范详雍．洛阳伽蓝记校注本[M]．上海：上海古籍出版社,1978.

[8]杜士铎．北魏史[M]．太原：山西高校联合出版社,1992.

北朝佛教研究之我见

张守夫

（山西大同大学云冈文化研究中心，山西 大同 037009）

摘　要：在北朝，佛教研究领域涉及几个重要的论题：其一，北朝佛教发源于多个历史起点；其二，放弃中国古代史研究中的汉族中心主义，建构"大北朝"的历史新概念；其三，北朝佛教是农牧文明冲突的产物；其四，"胡人"在北朝佛教传播中处于主体地位；其五，佛化和汉化是北朝民族大融合的双动因。

关键词：北朝；佛教；民族融合

一、北朝佛教溯源的多个起点

历史的研究需要一个述说的起点，这就要求我们理性地选择一个历史的开端，果敢地截断在时间序列上的历史追溯的无限倒推。但是，这样的理性选择是困难的，我们应以什么样的标准、在何种意义上来确立和探寻北朝佛教研究的历史起点？比如北朝佛教的来源问题，如果我们把佛教看作是由佛教教义（思想观念和感情体验）、教仪（崇拜行为和礼仪规范的实践）、教艺（音乐、绘画、雕塑等宗教艺术表现形式）、教团（教职制度及教团体系）这四要素构成，那么对于北朝佛教的各要素来说，我们应该从"五胡十六国"的佛教说起，还是继续上溯到西晋、三国和汉朝时佛教的传入，或西域佛教的演变、印度大乘小乘佛教的分化、印度原始佛教的形成，或更追溯到印度雅利安人的婆罗门教……而且上述纯粹地从宗教到宗教的历史溯源方法，似乎也不能说清楚开始"中国化"了的北朝佛教形成和演变的真实的社会历史根源。因为北朝佛教的兴起伴随着中国北方少数民族进入中原的"五胡乱华"的历史，伴随着"五胡"对草原文化的萨满教、汉文化的儒道教和外来新文化的印度佛教的选择的冲突史；同时，被"征服"的中原汉民族在这个民族、阶级和国家矛盾冲突极其复杂化的历史背景下，也在或被动、或主动地进行着自己的历史抉择。总之，北朝佛教的历史伴随着复杂的"五胡"与汉人的民族矛盾、统治者和被统治者的阶级矛盾、落后与先进的生产和生活方式的矛盾、政治组织形式和制度上的矛盾、北朝与南朝之间的国家矛盾的历史,最终体现为萨满教、儒道教和佛教冲突与融合的历史。

当然,北朝佛教的历史不能停留在自己的当代史中获得全部说明,正如要想清楚地把握北魏的云冈佛教艺术文化,如果不了解鲜卑人征服西域的历史,不了解北魏的少数民族"汉化"、汉人"胡化"和各民族"佛化"的进程,不了解当时西域的佛教状况,以及印度原始佛教演变、印度——希腊化的犍陀罗雕塑艺术等,就不能解读云冈石窟的文化内涵。所以,关于北朝佛教历史的研究方法,必须根据历史的复杂情况,针对北朝佛教的教义、教仪、教艺和教团的具体的历史演变,分别截取有差别的、有实际意义的历史开端:其一,关于北朝各佛教宗派的教义思想源流,都要追溯到印度大、小乘佛教分化的历史;其二,关于北朝佛教礼仪的源流,需要追溯到西域佛教传入中土时与汉人儒家礼仪的冲突开始;其三,关于北朝佛教的艺术表现和传播形式,需要追溯到印度佛教北传过程中的希腊化的犍陀罗雕塑艺术;其四,关于北朝佛教的教团、教制和教派的起源问题,这实在是一个中国本土化的问题,"五胡十六国"时期已经有萌芽,北魏的僧伽政治制度和寺院经济制度是北朝佛教社会制度化的正式发端。

二、北朝佛教史是 142 年、195 年或 264 年?

一般来说,北朝佛教历史的期限就是北朝历史的期限,而向来对北朝的朝代划分是根据中原汉民族历史变迁为主线的。但是,我们似乎忽视了构成中华民族大家庭的其他少数民族在中国历史的创造和书写中的平等地位和权利。这种汉族中心主义的历史述说、书写方法和观念,不仅不符合中国历史发展本身的规律,而且也是在历史研究领域中的"种族歧视",同样也不利于历史科学本身的研究和探索。我们可以肯定地说,北朝历史是以中国少数民族为主体的历史,而且北朝是相比较于长江淮河流域以南的汉民族政权而言的政权形式。既然如此,北朝的历史应该是从汉民族退出中原政权为起点,即以司马睿在江南建康(今江苏南京)建立东晋政权为北朝历史的开端。而历史教科书把以魏道武帝拓跋珪建国称魏(公元 386 年)算起,经北魏、东魏、西魏、北齐、北周等数个王朝,到隋继承北周疆域灭亡南朝陈,完成了中国统一大业为止(公元 581 年),这个时段共 195 年;或以北魏完全统一中国北方为开端(公元 439 年),北朝历史共计 142 年。这种历史断代,似乎是说,这一时期中国北方的历史仅仅是拓跋鲜卑族的历史,这样我们很难了解当时整个中国北方民族大冲突和大融合的历史,也难以知道少数民族进入中原的历史状况和渊源。

从科学的历史学角度看,以汉民族和汉文化为主体的东晋政权和南朝是一个不可分割的历史整体,以少数民族及其混合文化为主体的"五胡十六国"和北朝也是一个不可分割的历史整体。我们可以说,前者和后者共同构成了中华文明史上的"大南北朝"。这个历史朝代是一个具有共同历史属性的时期,是一个大分裂和大混乱时期,也是各民族和各种文化大融合的时期。所以,"大北朝"的历史应该从汉族政权退出中原,少数民族统治主政中原,即司马睿在建康建立东晋政权开始(公元317年)到隋朝统一中国为止,共计264年。这样的划分方法,有利于中国历史的整体研究,它可以跨越宗室朝代史的狭隘视界,系统而有效地探索有广泛联系的真正的中国政治史、经济史、民族史和文化史,同样有利于"大北朝"历史的整体研究。

对于北朝佛教研究而言,正如魏收在《魏书·释老志》中对于佛教的历史叙述那样,没有局限于北朝这段历史,而是整个述说了佛教传入中国的历史,尤其大量探讨了"五胡十六国"时期的佛教史及其与北魏佛教史的渊源和影响关系,甚至研究和比较了南北朝的佛教关系史。

三、胡人在北朝佛教传播中的历史主体地位

按理说,历史是不能假设的,但是在没有历史文献记载和现代考古证实之前,人们可以进行任何可能的历史科学假说,只要足以阐释不明缘由的、不连贯的历史现象之谜,这是人类理性的魅力所在。比如"胡人"是什么种族的人(他们长着大胡子,与汉人异相)?是从哪里来的?又到了哪里去了?这些因很少有文献资料,以至于难以说清楚的问题,就需要历史的科学假说。中国古代文献《汲冢周书》《易经》《山海经》《古本竹书纪年》《史记·殷本纪》和出土的《小盂鼎》及商周甲骨卜辞中,最早记载了"鬼方"这一我国西北方的少数民族,商周政权在漠南地区多次与之发生大规模战争。21世纪考古说,"鬼方"逃到了南西伯利亚东起贝加尔湖,西至巴尔喀什湖一带,但是我们能说这是信史吗?"鬼方"是白种人还是黄种人?他从何处来?又逃到何方去?是否为中国北方匈奴人的祖先?我们完全可以假设,"鬼方"是从欧洲来的白种人,或土生土长于中原的黄种人。为什么不能说五千年前欧洲白人不能到达中原?新疆小河墓地就出土了五千年前的白种人,更何况我们还相信非洲"智人"是现代全人类的祖先。我们还可以假设"鬼方"灭亡了,或迁徙到了中国北方大草原。我们还可以假设"鬼方"是匈奴人的先祖,或者假设根本与匈奴毫无关系,等等。事实上,这根本不重要。重要的是,在秦汉时期,中国北方真实地存在着一个强大的民族叫"匈奴",以及后来魏晋南北朝时期的"五胡",以及后来各朝代的突厥族、契丹族、女真族、蒙古族、回族、维吾尔族、满族等,不论他们是什么种族或民族,他们同汉族人一样,都是中华大地上的中国人。

在"大北朝"时期(包括五胡十六国),不论是来自东胡的鲜卑族,还是来自北

方内迁的匈奴遗民(据说具有印欧血统),还是来自欧洲或西域的白人羯胡,或来自西南方的氐、羌族,这些保留北方游牧民族遗风的"五胡"在内地建立了政权,控制了中国整个北方地区,同时控制了著名的"佛传之路"(丝绸之路)。"五胡"脱离游牧生活进入中原农业区,在文化上面临着自己的中原文化(原始宗教"萨满教")、汉人的儒道文化和西来的印度佛教文化这三种文化的困难选择。显然,儒家文化是与农业文明共生存,"五胡"在政治方略和经济制度上不得不选择"汉化"。同时,在放弃原有的草原文化时,面对具有高度文化水平的、同是胡人文化性质的印度佛教,"五胡"政权不同程度地拿来与汉文化抗衡,并用来在精神上统御包括汉族在内的各民族。实际上,真实的佛传历史也是这样的,"胡人"确实在"大北朝"佛教传播中处于历史的主体地位。比如,印度佛教初传中土的小乘佛教首个汉译者安世高是西域安息国(现伊朗高原)的王太子,大乘佛教首个汉译者支娄迦谶是西域月氏国(现甘肃河西走廊一带)人,劝石勒信奉佛法的异僧佛图澄是天竺人(古印度)或西域龟兹人,佛典汉译大家鸠摩罗什是印籍西域龟兹人,禅宗初祖菩提达摩是南印度人,三论宗创始人吉藏原籍安息国,华严宗创始人法藏祖籍康居(今乌兹别克斯坦境内),等等。"五胡"政权以佛治国突出者,有羯人石氏的后赵政权、羌人姚氏的后秦政权、匈奴卢水胡族的沮渠蒙逊的北凉政权等。到了北魏鲜卑族孝文帝时期,更是大弘佛法治理统一的多民族国家,实施了一系列诸如僧伽制度、敬佛如敬王的政教合一制度,大规模建设佛教石窟和寺院建筑。可以说,"大北朝"从上到下的社会精神生活领域,佛教文化比儒家文化更占优势;只是在政治文化方面,儒家治国思想占主导地位。因此,"胡人"在北朝佛教传播中占据历史的主体地位。

四、北朝佛教是农、牧文明冲突的产物

既然我们不再以汉族中心主义书写中国历史,况且汉族也不是一个纯粹单一血统的种族,他接纳了汉化的匈奴族、氐族、羌族、鲜卑族、突厥族、契丹族、女真族、部分蒙古族和满族等各少数民族,更何况在疆域上我们也不把历史上少数民族占据的北方(从东北、蒙古草原、西北)看作是他国的领土。那么,不论各少数民族是否黄种人、白种人或黄白混血人种,或其种族渊源于何方,我们都是华夏民族的组成部分,我们要打破中国古代史上"长城"这个篱笆,永远不要把汉族与各少数民族的关系史看作是"外交史"。

事实上,自有文字记载以来,以农业文明为始终的汉人很少主动迁徙到北方大草原上过游牧民族的生活,即使因逃避战争被动流落到北方草原的汉人,也因地理和气候因素改从游牧业而演变成少数民族。所以在中国古代史上,北方一直是以少数民族的游牧文明而存在,不管各少数民族如何变化,中国古代北方是少数游牧民族的天下,游牧文明在中国北方存在了几千年。这就是说,在古老的中华大地上,一直有两个文明并存,即农业文明与游牧文明。这两种文明的相互并存、依赖、影响、冲突以至融合的历史,构成了中国古代历史的中心内容。比如,秦汉时期中原汉人与北方的匈奴人,魏晋南北朝时期的汉人与北方的"五胡",隋唐时期的汉人与北方的突厥人,宋辽金时期的汉人与北方的契丹人和女真人,元朝时期的汉人与北方的蒙古人,清朝时期的汉人与满族人,等等。这几乎是说,中华民族的历史就是一部汉族与北方各少数民族的关系史。虽然我们惊讶汉族在这部历史中不断壮大,各少数民族像走马灯似的不断变换,但是有一个不容置疑的事实是,中国古代北方一直是一个以游牧文明为主要特征的少数民族居住的地方,而中原是以农业文明为主要特征的汉族生活的地方。这两大文明一直并存于几千年的中华大地上,我们不能因为一种文明比另一种文明更先进而忽视后者的存在,更何况在一定意义上文明不存在好坏之分。事实上,文明不纯粹是人类自由选择和创造的结果,文明的存在和发展受特殊自然地理条件的制约。中国北方的大草原不适合农业文明的发展,在这块土壤上催生并发展了游牧文化的辉煌。

不仅中国古代史是中华大地上两大文明交流和冲突的历史,而且中国北方的游牧文明是中原汉文明与西方文明交往的桥梁。由于农业文明具有相对稳固且有利于发展生产力的特点,而游牧文明具有逐草流动且便于商业和文化交流的特点,所以游牧文明既依赖于农业文明,也便于中西文明的交流和扩展。比如,虽然"佛传之路"与"丝绸之路"是同一条路,但反映了中西方精神文化和物质文化的两种文明的交流,而北方的少数民族就是这条文明之路的交往承担者。北朝佛教的产生和发展就是以这两种文明冲突为历史背景,是少数民族入主中原后所面临的社会形态转型与文化选择的结果:第一,落后的游牧生产生活方式转向先进的农业生产生活方式;第二,落后的部落联盟制度转向先进的中央集权;第三,放弃落后的游牧草原文化,在先进的汉族儒道文化与来自印度的佛教文化之间的徘徊选择(灭佛与兴佛);第四,少数民族政权对北方各民族实施汉化和佛化政策及多元文化并行。

五、佛化和汉化是北朝民族大融合的双动因

中国历史教科书有一个结论:北魏鲜卑族的汉化政策促进了中华民族的大融合。在国内外学术界,鲜有谈及"佛化是北朝民族大融合的动因"的话题,很少有人把北魏佛教文化运动与民族大融合这两者的关系问题联系起来考察。历史学家多谈论的是北魏汉化政策与民族融合的关系,几乎不涉及佛教与民族融合的关系问题,而佛教史学家关注的是佛教中国化及"三教合一"的文化大融合,几乎不谈论民族大融合与佛教的历史关系问题。

　　笔者认为,佛化与汉化的双向文化运动是北魏民族大融合形成的两大基本推动力。其理论和历史依据有五:其一,文化共识和融合是民族心理和精神融合的基础和前提,民族大融合必然是文化大融合;其二,北魏时期,北方各民族共同面对的先进的主流文化不仅仅是汉族的儒家文化,还有由内迁的西域各少数民族带入中原的印度佛教文化,先进的佛、汉文化同化或消灭了落后的少数民族文化;其三,鲜卑族统一北方后实施的不仅仅是少数民族的汉化政策,还大力推行各民族(包括所统治的汉族)的佛化政策;其四,北魏佛教文化盛行,北魏国家几乎是一个佛的国度,佛教文化超越了中原汉族的儒道文化,佛教文化与汉文化既冲突又并存和融合,所以,佛教文化和汉族文化的并存和融合是北魏民族大融合的基础和推动力,或者说北魏时期的民族大融合是一个文化大融合的过程;其五,北魏时期的文化融合是"三教合一"的开始,因而也是民族大融合的开始,真正的文化大融合及相应的民族大融合的完成是隋唐时期。

　　试看北魏汉化政策与佛化政策的比较:汉化政策有迁都、用汉制、说汉话、穿汉服、改汉姓、倡各族通婚等汉化改革;佛化政策有"礼帝就是礼佛"的政教合一政策、宗教行政管理政策的僧伽制度、佛教寺院经济政策的寺户制度、佛教戒律制度之四分律、佛教传播和教化方式的艺术化和大众化、佛教的坐禅和净土思想的简单性和实践性等。再看北朝与南朝的佛教理论与实践的比较:北朝是鲜卑族统治的多民族国家,而南朝则是单一汉民族国家;北朝佛教表现为利益冲突与教派冲突,而南方佛教多表现为义理冲突与宗派冲突;北朝佛教重实践,以实行诗性语言和艺术形象(如石窟艺术)来达到佛教的传播和信仰,而南朝佛教重佛经经学解释,使用玄学概念格义佛经,以求得理解上符合佛理。

　　我们可以看到,北朝佛、汉文化融合对民族融合的影响:第一,北朝佛教的实践性、简单性、大众性、艺术性和时代性的特征,成为未来中国化佛教的主要特征,同时开启了三教文化融合的开端,为民族大融合奠定了坚实基础;第二,本土化、大众化和民族化了的中国佛教成为在小农经济生活中的北方各族人民基本生活方式的一部分,佛、儒价值理念汇通,坐禅念佛,求菩萨保佑,善有善报,恶有恶报等观念,如同尊君孝父一样成为人们的共同观念;第三,佛教语言、艺术和文化从寺院走向了民间,成为北方各民族的文化共识。总之,北朝时期少数民族政权所推动的佛教政策和文化运动,是其后中国化佛教形成和发展的主要精神和特征,也是中国"三教合一"文化大融合发展史上的实践性开端,同时也是新的中华民族大融合的开端。

参考文献：

[1]（北齐）魏收.魏书[M].北京:中华书局,1974.

[2]殷宪等.北朝研究(第6辑)[M].北京:科学出版社,2011.

[3]陈羡.纵横十六国[M].重庆:重庆出版社,2006.

[4]汤用彤.汉魏西晋北朝佛教史[M].武汉:武汉大学出版社,2008.

[5]（德）黑格尔著,贺麟译.小逻辑[M].北京:商务印书馆,1980.

北魏时期佛教在平城的传播及其特点

宫文华[1,2]

（1. 山西大同大学云冈文化研究中心；

2. 山西大同大学文史学院, 山西 大同 037009）

摘　要:北魏佛教的传播是伴随着佛教中国化的过程而不断进行的,同时也带有北魏以少数民族为核心的封建政权的特色,体现为佛教本身的教义、教仪、教艺和教团四个方面。

关键词:佛教;北魏;平城;传播;发展

北魏佛教的传播是伴随着佛教中国化的过程而不断进行的,同时也带有北魏作为少数民族统治者的本身特色。汤用彤在《汉魏两晋南北朝佛教史》一书中说:"自汉通西域,佛教入华以来,其始持精灵报应之说,行斋戒祠祀之方,依傍方术之势,以渐深入民间。……然佛教之传播民间,报应而外,必亦藉方术以推进,此大法之所以兴起于魏晋,原因一也。……贵介子弟,依附风雅,常为能谈玄理之名俊,其赏誉僧人,亦固其所。此所以佛法之兴得助于魏晋之清谈,原因二也。……汉魏以后,西北戎狄杂居,西晋倾覆,胡人统治,外来之勤益以风行,原因三也。……是则晋时佛教之兴盛,奠定基础,实由道安,原因四也。"[1](P134)汉末以来,随着佛教经典的翻译、高僧进入中国传教和佛教思想融合玄学清谈之需求等诸多因素,佛教才得以在中国发展新生并成为一种时代之潮流。东晋末叶,姚秦在关中称王,沮渠僭号于陇西,均奉佛法。长安之译经者有鸠摩罗什,凉州之译经者有昙无谶,俱为一时名宿。宗教之影响遍及于南北。及至晋末宋初,拓跋氏自代北入主中原,秦、凉佛教,颇受摧残,之后政治上南北对立,佛教亦形成南北各异其趣之格局。于是南方偏向玄学义理,上承魏晋之遗风;北方重在宗教行为,下接隋唐以后之宗派。综上所述可以得见,北魏佛教的传播与发展是循着佛教东传的总趋势并带有北魏拓跋氏统治者的独特印记。北魏对于佛教信仰的情况,可以从《魏书·释老志》及杨衒之《洛阳伽蓝记》的记载管窥。由此可以看出北魏佛教在官方与民间的普遍信仰与流行。

　　宗教是人类社会发展到一定历史阶段出现的一种文化现象,属于社会意识形态。主要特点为相信现实世界之外存在着超自然的神秘力量或实体,该神秘力量统摄万物且拥有绝对权威,从而使人对该神秘产生敬畏及崇拜,并引申出信仰认知及仪式活动。一种完整的宗教应当由教义(思想观念和情感体验)、教仪(崇拜行为和礼仪规范的实践)、教艺(音乐、绘画、雕塑、建筑等宗教艺术表现形式)、教团(教职制度及教团组织体系)四种要素构成。北魏时期佛教在平城地区的传播与发展主要表现在以下几个方面:

一、教义的传播

主要形式为讲经和译经活动。北魏定都平城后,曾邀请大量高僧来平城讲经,先后被邀请的高僧有法果、昙证、惠始、玄高、慧崇、师贤、邪奢遗多、浮陀难提、沙勒、昙曜、僧渊、慧济、道登、昙度等[2](P567)。以上几位高僧,也只是北魏不同时期的代表人物。据《魏书》记载,和平初年,"京城内寺新旧且百所,僧尼两千余人"。[3](P3039)当时的平城,可谓高僧云集,僧尼众多,其佛事之盛况,可以想见。

值得一提的是,上述高僧中,昙曜不仅是著名的讲经人,而且也是武周山石窟寺译经的组织者和创始人。陈垣先生把昙曜等所译的佛经归纳如下:昙曜译经:《大吉义神咒经》二卷、《净度三昧经》一卷、《付法藏传》四卷;昙曜与吉伽夜合译一部:《付法藏因缘传》六卷;吉伽夜译经:《杂宝藏经》十卷、《佛说大方广菩萨十地经》一卷、《佛说称扬诸功德经》三卷、《方便心经》一卷;昙靖译经:《提谓波利经》二卷。另据《魏书·释老志》载:"昙曜又与天竺沙门常那邪舍等,译出新经十四部",具细不详。

北朝译经,首推鸠摩罗什。罗什于天兴四年(401年)到长安,"于长安草堂寺集义学八百人,重译经本"。[2](卷114,P3031)永兴五年(413年)迁化。这十多年间是北朝译经的一个高潮期,称之为"长安译经"。较鸠摩罗什稍晚的有昙摩谶、智嵩等的"姑藏译经"。昙摩谶被杀七年后,"凉州平,……沙门佛事皆俱东"。文成帝复法后,由昙曜为主导的集诸僧于武州山石窟寺的译经大规模展开。这里,我们把文成复法(451年)到迁洛之前(494年)四十多年间在武州山石窟寺的译经,姑且称之为"平城译经"。"平城译经"从规模和数量上都不及迁都后的"洛阳译经",但从承接关系上来说,"洛阳译经"是建立在"平城译经"之人才和经验的基础之上,因而"洛阳译经"是"平城译经"的再延续。

二、教仪的传播

在云冈石窟开凿前,平城地区武州山早已是北魏王朝祈祷的神山,石窟开凿后,这里更成为北魏皇帝经常驾临崇祀的地方。据《魏书·显祖纪》载:"显祖皇兴元年八月(467年)丁酉,行幸武州山石窟寺;显祖皇兴四年十二月(470年)十有二月甲辰,幸鹿野苑、石窟寺。"[3](P128~130)《魏书·高祖纪》载:"延兴五年五月(475

年)丁未,幸武州山;太和元年五月(477 年)乙酉,车驾祈雨于武州山,俄而澍雨大洽;太和四年八月(480 年)戊申,幸武州山石窟寺;太和六年三月(482 年)辛巳,幸武州山石窟寺,赐贫老者衣服;太和七年五月(482 年)戊寅朔,幸武州山石窟佛寺;太和八年七月(482 年)秋七月乙未,行幸方山石窟寺。"[3](P141~154)

三、教艺的传播

北魏定都平城后,历六帝、近百年,六帝皆信佛,且都进行了大规模的佛教规建活动,留下了许多佛教艺术珍品。世祖拓跋焘前期也信佛,"每引高德沙门,与其谈论。于四月八日,舆诸佛像,行于广衢,帝亲御门楼,临观散花,以致礼敬。"[3](P3032)佛教规建只在"太武灭佛"时期中断了七年。"自兴光至此(太和三年),京城内寺新旧且百所,僧尼二千余人,……"三十年间平城佛教规建已具如此规模,这距迁都洛阳尚有十多年的时间。"然京邑帝里,佛法丰盛,神图妙塔,桀峙相望,法轮东转,兹为上矣",[4](P267)这是郦道元《水经注》里对平城当年佛事盛况所作的描述。现仅就《魏书》《水经注》所记载的平城各时期的佛教规建活动表述如下。

《魏书·释老志》载,"是岁,始作五级佛图、耆阇崛山及须弥山殿,加以缋饰。别构讲堂、禅堂及沙门座,莫不严具焉。太宗践位,遵太祖之业,亦好黄老,又崇佛法,京邑四方,建立图像,仍令沙门敷导民俗。"[3](P3030)"惠始……,太延中,临终于八角寺";[3](P3033)"兴光元年秋,敕有司于五级大寺内,为太祖已下五帝,铸释迦立像五,各长一丈六尺,都用赤金二万五千斤";[3](P3036)"昙曜白帝,于京城西武州塞,凿山石壁,开窟五所,镌建佛像各一。高者七十尺,次六十尺,雕饰奇伟,冠于一世";"于时起永宁寺,构七级佛图,高三百余尺,基架博敞,为天下第一。又南迳永宁七级浮图西,其制甚妙,工在寡双";"又于天宫寺,造释迦立像。高四十三尺,用赤金十万斤,黄金六百斤";[3](P3037)"皇兴中,又构三级石佛图。榱栋楣楹,上下重结,大小皆石,高十丈。镇固巧密,为京华壮观。";"高祖践位,显祖移御北苑崇光宫,览习玄籍。建鹿野佛图于苑中之西山,去崇光右十里,岩房禅堂,禅僧居其中焉。"[3](P3038)

《魏书·高祖纪上》载,"承明元年八月,……,又诏起建明寺。辛未,舆驾幸建明佛寺,大宥罪人。""幸方山,起思远佛寺。又于方山太祖营垒之处,建思远寺";"丁巳,罢畜鹰鹞之所,以其地为报德佛寺。四年春,诏以鹰师为报德寺。"另据郦道元《水经注》所载,"……阉人宕昌公钳耳庆时立祇洹舍于东皋。"[4](P267)"太和殿之东北接紫宫寺";"又南迳皇舅寺西,是太师昌黎王冯晋国所造,有五层浮图"。[4](P267)

从以上资料得知,北魏在平城的佛教规建活动所留下的艺术作品有五级浮图、耆阇崛山、须弥山殿、讲堂、禅堂、沙门座、八角寺、五级大寺、太祖以下五帝之释迦立像、武周山石窟寺之昙曜五窟、永宁寺七级佛图、天宫寺释迦像、三级石佛图、北苑崇光宫、鹿野佛图、岩房禅堂、建明寺、思远寺、报德寺、祇洹舍、紫宫寺、皇舅寺五层浮图。由此可以看出当时平城佛教艺术传播与发展的盛况。但遗憾的是，由于年久失修，保存不善，再加上大同（北魏平城）历来为兵家必争之地，在历史上屡遭战火和自然灾害的侵蚀，所以时至今日，许多佛教艺术作品都被毁坏了，保留下来的较为完整的就只有云冈石窟了。

除上述所谈到的造型艺术外，佛教在平城的发展还留下了许多其他的艺术形式，如雕塑、绘画和书法等。这些艺术形态都不同程度地反映出北魏时期佛教在平城的发展状况，对当时及以后佛教在中华大地上的广泛传播产生了重要作用和深远影响。

四、教团的发展

北魏时期，由于上自皇帝和王公大臣，下迄一般民众，对佛教的普遍信仰以及建塔寺造佛像的风行，因此有义邑在民间产生。所谓义邑，是由众多的在家人为邑子，僧人为邑师，指导邑子而成佛教徒的团体。这样的结合，可由许多造像的铭文得到证实。数百位邑子在化主邑师的劝导下，建造释迦、弥陀、弥勒、观音等像，以此功德来求各自的父母、妻子以及家族的现世利益和来世的愿望，这种佛像的开光法会，称为邑会。从僧传中也可见到，当时弥陀信仰者，可举的有法旷、慧度、僧显、慧宗、昙鉴、慧通等，也有愿生兜率的倾向而发展成为弥勒信仰，例如道安及其门人为始，又有僧辅、智俨、道法等。又由于观音信仰之利益的普遍，故有念观音而使病愈之怀度、祈求航海安全之法纯、念观音而得妙音之帛的法桥等。

另有作为北朝佛教的特色者，即是僧祇户及佛图户的流行。由于昙曜于承明元年（476 年）向孝文帝奏请而创立的僧祇户，将新成为北魏领土的山东地方平齐郡的郡户所应纳于国库的税收，改纳于僧曹，由僧曹管理，施舍给穷困者，以及维持官设的佛寺和造寺、法会等的事业费用，特别是在饥馑灾荒之际，用作赈济。又有佛图户，是将犯了重刑的犯人以及官奴婢移入佛寺管理，服清扫环境及寺田耕作等杂役，同时接受佛教的感化教育。因此佛寺及僧尼人数急速增加。据《魏书·释老志》及《洛阳伽蓝记》所载，北魏孝文帝太和元年（477 年），北魏国都平城的寺数约 100 座，僧尼约 2000 人；江北寺数 6478 座，僧尼 77258 人。

佛教团发展之后，就不得不设立僧官制度作为统一的管理机构，因为僧尼人数激增，招致素质的低落，酿成僧尼生活的混乱及犯罪，所以产生僧尼的淘汰问题，这是维持正确的教团制度必须要走的路线，于是僧官制度遂应时而出。《魏书·释老志》记载："初，皇始中，赵郡有沙门法果，诚行精至，开演法籍。太祖闻其名,诏以礼征赴京师,后以为道人统,绾摄僧徒。"[3](P3030)法果成了首任道人统,这是北魏设立僧务官员之始,时间应该在天兴元年(398 年)前后。正是在这年七月,北魏政权正式迁都平城。法果生前备受皇帝礼遇,供施亦丰厚,同时被太宗拓跋嗣"前后授以辅国、宜城子、忠信侯、安成公之号",死后尚"追赠老寿将军、越胡灵公"。太延五年(439 年),太武帝拓跋焘灭北凉,"冬十月辛酉,车驾东还,徙凉州民三万余家于京师",师贤亦于此时来到平城。太武灭佛,"师贤假以医术还俗"。高宗文成帝复法之时(452 年),文成帝亲自为其剔发,并任为道人统。和平初年(460—465 年),昙曜继任时,北魏僧官更名为沙门统。据《魏书·释老志》记:"和平初,师贤卒,昙曜代之,更名沙门统"。[3](P3038)昙曜历经文成、献文、孝文三帝,完善了管理僧务的机构。"先是,立监福曹,又改为昭玄,备有官属,以断僧务"。至于监福曹之改名为昭玄寺,不是单纯的易名问题,它含有适应僧团扩大、僧务趋繁的形势,与充实机构和加强僧官职权的内容有关。昭玄寺僧官构成,我们可以从《隋书·百官志》里窥见一二,据《隋书·百官志》记载:"昭玄寺,掌管佛教,置大统一人,统人、都维那三人,并置功曹、主簿,以管诸州郡县沙门曹"。[5](P758)

东汉时,僧务由鸿胪寺代管,到北魏立国后,僧务管理才独立门户,一个从中央到地方僧务管理的完整体系于五世纪中后期在平城形成。北齐、北周基本沿用北魏的僧官制度。隋唐僧官制度在不断地发展和完善,虽然僧官逐渐从国家佛教事务转向佛门内部事务,但都采用中央控制下由僧官管理僧务的方式。

北朝时期佛教极盛,寺院遍及,僧尼众多,与南朝不同,北魏僧尼须入僧籍。[6]在平城时期,僧官制度下的僧籍管理制度应运而生,这是中国僧籍管理制度的开始。至于那些无籍之僧尼,朝廷则精加检括,罢遣还俗。《魏书·释老志》记:延兴二年夏四月,诏曰:"比丘不在寺舍,游涉村落,交通奸猾,经历年岁。令民间五五相保,不得容止。无籍之僧,精加隐栝,有者送付州镇,其在畿郡,送付本曹。若为三宝巡民教化者,在外赍州镇维那文移,在台者赍都维那等印牒,然后听行,违者加罪。"[3](P3038)《魏书·释老志》另记,(太和)十年冬,有司又奏:"前被敕以勒籍之初,愚民侥幸,假称入道,以避输课,其无籍僧尼罢遣还俗。重被旨,所检僧尼,寺主、维那当寺隐审。其有道行精勤者,听仍在道;为行凡粗者,有籍无籍,悉罢归齐民。今依旨简遣,其诸州还俗者,僧尼合一千三百二十七人。"[3](P3039)《魏书·释老志》再记十七年,诏立《僧制》四十七条。这一僧尼准入、管控僧尼整体规模、监督僧尼流动的僧籍管理制度,一直被历朝历代所沿袭。

由于受北方社会环境和思想文化,特别是儒学的影响,北魏时期平城地区佛教的传播与发展表现出如下三个方面的特点:第一,重视禅持戒的宗教修行。北魏初期来自凉州的玄高,精于禅律,弟子昙曜也以禅业见称,他们对北魏佛教影响很大。第二,重修寺造像,积累功德,追求想象中的今世和来世的利益。魏孝文帝在诏书中所说"内外之人,兴建福业,造立图寺,高敞显博,亦足以辉隆至教。"许多雕造释迦、弥勒、弥陀、观音像的题记,都说明修寺造像的动机在于积功德,求善报。[7]第三,北魏时君权集中,没有发生沙门应否礼敬君王的辩论,出现法果这样的僧人,认为皇帝即"当今如来",应当礼敬。儒家讲纲常名教,北魏佛教徒以佛教五戒比附儒家五常,把佛教教义与汉儒宣扬的阴阳五行学说相结合,与五戒、五常、五行、五方等相配合。这样,北魏时期的佛教传入中原,经过平城地区的发展,与汉族儒家文化发生了空前的融合,从而找到了自己的安身立命之所,为之后佛教在中原地方的广泛传播埋下了种子。

参考文献:

[1]汤用彤.汉魏两晋南北朝佛教史[M].北京:北京人民出版社,1999.

[2](梁)释慧皎.高僧传[M].北京:中华书局,1992.

[3](北齐)魏收.魏书[M].北京:中华书局,1974.

[4](北魏)郦道元.水经注[M].北京:中华书局,2009.

[5](唐)魏征.隋书[M].北京:中华书局,2010.

[6]袁志明.北朝佛教信仰与民族文化认同[J].青海民族研究,2001(3):65-67.

[7]吴平.北朝的兴佛与灭佛[J].华夏文化,2003(3):36-38.

北魏平城时代的佛呗文化

郭静娜　杜斗城

（兰州大学历史文化学院,甘肃 兰州 730000）

摘　要:北魏平城时代所开凿的云冈石窟及同时期的墓葬中表现出的乐器元素,反映着北魏平城时代佛呗文化的异域特色,这一风格对隋唐音乐文化产生深远的影响。

关键词:北魏平城时代;佛呗文化;云冈石窟

一、佛呗文化的起源及发展历史

佛呗源于印度,指举行佛教仪式时的歌咏之声,其抒情性强且富含佛理。根据用途,佛呗可分为两类:(一)唱奏给佛、菩萨等的法式音乐;(二)唱奏给现实中佛教信徒的民间佛乐。

受古印度热爱音乐传统的影响,佛呗文化在印度地区发展极盛。鸠摩罗什就曾在《高僧传》中对古印度的佛呗状况描述为"……其宫商体韵,以人弦为善,见佛之仪,以歌赞为贵",并指出"经中偈颂,皆其式也"。可见当时天竺佛呗文化发展已相当成熟。而传说释迦牟尼佛也曾在灵鹫山说法时,为众生颂唱《地神陀罗尼经》,可见佛呗在佛教中确有"宣唱法理,开导众心"的作用。因此佛陀对佛呗的功德大大赞叹,并鼓励弟子以音乐作为供奉三宝的重要方式,并在经典中记载了以音乐供奉的功德,如《佛说超日月三昧经》所载"供养尊得何功德? 佛告长者……音乐倡伎乐佛塔寺及乐一切,得天耳彻听"。

佛呗在我国的初传约为汉代,《晋书·乐志》记载张骞于公元前139年出使西域,带回佛曲《摩诃兜勒》。之后随着佛教自东汉汉明帝永平年间传入中国,法式仪轨也不断完善,佛呗作为法式仪轨中不可缺少的部分随之传入中国。当时在华传授佛呗的僧人,大都来自天竺、西域等地区。由于佛呗来自域外,均采用梵语演唱,节奏旋律也与汉乐相异,因此佛呗文化在中国的传播中受到文化差异的影响,正如慧皎在《高僧传》所释:"自大教东流,乃译文者众,而传声盖寡,良由梵音重复,汉语单奇"。可见,由于梵音与汉语的差异造成当时佛呗流传并不广泛。鉴于

267

此,来自域外的佛呗文化一直与中国文化发生着碰撞。三国时,曹植"渔山制梵",并在熟解梵音的基础上多有创作,《高僧传》记载其成就:"创声则三千有余,在契则四十有二"。之后东晋时的庐山慧远(334—416年)进一步完善了以音乐为途径,弘扬佛法的制度。《高僧传》称赞慧远:"……每至斋集,辄自升高座,躬为导首。广明三世因果"。其功德为"后代传受,遂成永则"。齐梁时,竟陵文宣王萧子良"集京师善声沙门"——龙光、普知、新安、道兴、多宝、慧忍、天宝、超胜、僧辨等,专门创作研讨佛教音乐。而《隋书·音乐志》也记载梁武帝萧衍,亲制"《善哉》《大乐》《大欢》等十篇佛乐",由此佛呗在与中国文化融合的过程中逐渐形成了南方温婉、北方粗犷两种不同的风格。

对于北方地区佛呗文化发展的历史及状况,鲜有详细的论述,或有提及也是十分模糊,令人难解。而北方地区由于其地理位置的特殊,为其吸收、融合异域文化提供了便利的条件,特别是南北朝时期的北魏,历代统治者笃信浮屠,客观地推进了北方地区佛呗文化的发展。

二、北魏平城时代佛呗文化的发展

北魏是公元4世纪末至6世纪中期由鲜卑拓跋氏建立统治中国北方(386—557年)的主要政权。北魏早期定都于盛乐(今内蒙古和林格尔一带),后于公元398年定都平城(今山西大同)。公元439年统一北方地区,建成中国历史上第一个由少数民族领导的大型王朝,北魏统治中国北方约一个世纪,都于平城就达96年。在定都平城期间,北魏统治者早期信奉巫术杂卜,后逐渐接受了来自古印度的佛教,直至文成帝、孝文帝统治时期佛教达到了鼎盛,不仅"敕有司于五级大寺内,为太祖以下五帝,铸释迦立像五,各长一丈六尺,都用赤金二十五万斤",而且于平城西16公里处,开凿云冈石窟。2010年云冈联合考古队在山顶试验区南部(33窟以西)发掘一处较完整的北魏佛教寺院遗址,之后又在云冈窟顶八字墙以东发掘一处北魏至辽金的建筑遗址。据张庆捷先生推测,此处北魏寺院应是北魏定都平城时所建造。规模庞大的寺院遗址反映出当时佛事仪轨的完善,那么依附于佛事仪轨的佛呗也应得到了较好地发展。佛呗文化在北魏流传的过程中,为了得到更好的发展,也不同程度地与当地文化融合。由于北魏地处北方,在与外域战争、商业往来的过程中,不可避免地受着外来文化的影响。据《魏书》记载,皇始二年(397年),拓跋破中山,原属西晋的一批"伶官乐器"在经过五胡乱华近百年的辗转交接后,终为北魏所得。神䴥元六年(428年),太武帝西征夏国,俘虏了赫连昌,又将夏国的乐工和乐器迁往平城。之后太延五年(439年),太武帝西征凉州,俘获国主沮渠牧犍,将西凉乐迁往平城,这样在北魏的音乐文化中又含有了浓重的西域乐舞成分。而北魏的建国者鲜卑族本就源自漠北,流传甚广的鲜卑歌曲

《真人代歌》"上叙祖宗开基所由,下及君臣废兴之迹,凡一百五十章",表现出浓厚的具有鲜卑族特色的音乐文化。西域乐舞的轻快、鲜卑音乐的粗犷又融合汉民族的肃穆,从而使北魏平城时代的佛呗文化表现出独特的风格,而这种独特性在北魏平城时代所建的云冈石窟中及同时期的墓葬中都可显露端倪。

云冈石窟开凿于公元 5 世纪,现存编号洞窟 45 个,其中 1—20 窟为北魏定都平城时所建洞窟,这些洞窟雕有乐器形象共 500 余件 28 种。这些种类繁多的乐器,应是当时佛呗演奏所用乐器,为今天研究北魏平城时代佛呗的发展状况留下了珍贵的资料,具体描述可见下表。

表　云冈石窟中的乐器形象

名称	演奏方式	特 征	所在洞窟	其他
义觜笛	气鸣	横笛加觜,西凉乐、高丽乐所用	6	佛传故事中
异形笛	气鸣	中央设孔,两边分设三个吹孔	10	
吹叶	气鸣	将叶片衔于口中,使气激之发音	13、15	
角	气鸣	流行于游牧民族,用天然角制作	8	北壁
埙	气鸣	陶制乐器	6、7、8、9、10、11、12	
排箫	气鸣	由发音不同、参差不齐的竹管依长短梯形编排	12	
笙	气鸣	簧管乐器,春秋战国,汉民族乐器之一	13	仅轮廓
筚篥	气鸣	龟兹乐器	1、2、6、7、8、9、10、11、12、13、15、16	
螺	气鸣	外表浅浮雕螺纹装饰,具有佛法仪轨、礼器之象征	6、9、10、11、12、13、16	
五弦	弦鸣	长颈,直项,五弦,无柱,音箱小于琵琶,龟兹乐器	1、2、6、7、8、9、10、11、12、13	
阮咸	弦鸣	汉代流行乐器,晋时定型	6	
竖箜篌	弦鸣	木制,多弦,三角形框架,系波斯乐器	6、7、9、12、16	
琵琶	弦鸣	南北朝由波斯传入,四弦曲项,西凉乐常见	6、12	

续表

名称	演奏方式	特 征	所在洞窟	其他
琴	弦鸣	又名七弦琴、今称古琴	11	轮廓
筝	弦鸣	公元 237 年时已流行于秦	1、2、6、9、10、11、12	
毛员鼓	膜鸣	广首而纤腹,似腰鼓而小,以槌击之	12	
齐鼓	膜鸣	状如漆桶,一头差大,西凉、高丽之器	12	
两杖鼓	膜鸣	鼓腔中间直径略大于两侧鼓面,两人击打	5－11	
鸡娄鼓	膜鸣	龟兹、疏勒、高昌乐常见	2、6	
担鼓	膜鸣	形如小瓮	1、2、6、7、8、9、10、11、12、13	
手鼓	膜鸣	古代扁框鸣膜乐器,木框蒙皮	13	
铜钹	打击	铜制,中间隆起,手持对击发音,为佛教常用法器	6	
碰铃	打击	多用于梵音	1、2、6	

与此同时,在同时期的北魏墓葬中,也发现了相似的乐器。在山西大同雁北师院北魏墓葬中,几尊随葬伎乐俑手中分别持①气鸣乐器:笙篥、横笛、胡筚;②弦鸣乐器:筝、箜篌、琵琶;③膜鸣乐器:鼓类;④打击乐器:钹。在大同的司马金龙墓葬中,同样发现了相似的乐器:①石棺床乐器雕刻:其上雕饰有乐伎,手持不同的乐器似在演奏美妙的音乐,由右至左分别为铜钹、鸡娄鼓、箫管、排箫、曲颈琵琶、舞者、五弦、埙、笙篥、行鼓、横笛、束腰鼓;②石座乐伎雕刻:所雕乐器分别为:五弦、行鼓、横笛、笙篥、曲颈琵琶、排箫、细腰鼓。可以看出无论是石窟中的乐器雕刻,还是墓葬中出现的乐器,都出现了较为相似的乐器组合。再将以上乐器与《隋书·音乐志》所载汉族清乐、西凉乐、龟兹乐、天竺乐所用乐器谱对比、分析,可见龟兹乐与天竺乐所用乐器较为相似,基本以弦鸣、膜鸣乐器为主;汉乐则以打击乐器为主,同时搭配弦鸣乐器。而西凉乐所使用的乐器应是汉乐与龟兹乐乐器的融合,可见当时西域音乐对凉州地区音乐的影响。而北魏平城时代所使用的乐器则是最大程度地吸收了龟兹乐所使用的乐器,同时融入汉乐弦鸣乐器,而为了适应鲜卑民族游牧的生活特点又抛弃了汉乐中"钟、磬"等具有庞大体制的乐器,这也

印证了《隋书·音乐志》所记载的公元 384 至公元 436 年,北魏所属地方与天竺、龟兹、西凉、疏勒、安国、高丽等地区有频繁交往的史实。

由上述可见,云冈石窟平城时期出现的乐器雕刻,以及同时期北魏墓葬中的乐器元素,是中国传统乐器与西域乐器以及鲜卑文化相融合的产物,可以推测,这些乐器组合所奏出的音乐也必定饱含不同于中国传统音乐的异域风格。而云冈石窟作为中国唯一的一座由皇家出资开凿的石窟,在其中所展现的音乐舞蹈,也应是匠人以郑重、肃穆、虔诚之心雕凿,其目的应是娱佛,供奉三宝,在后秦鸠摩罗什所译的《妙法莲华经》中就提到鼓、角、贝、箫、笛、琴、箜篌、琵琶、铙、铜钹等乐器,并且指出这些乐器所奏出的佛呗之音不仅可以供奉三宝、称颂佛德,而且可以使人心神宁静,益于修道。经文中所提到的乐器应是演奏佛呗所用乐器,使之与云冈石窟所出现的乐器对比,可见其种类接近,进一步证明石窟中所雕乐器应是北魏平城时代演奏佛呗所用乐器。因此也就反映出北魏平城时代佛呗文化不同于南朝的具有丰富域外风格的特点。而由同时期北魏墓葬所现乐器与云冈石窟这一佛教圣地所雕乐器的相似性,可以看出北魏平城时代佛呗文化与世俗音乐的相互融合,以及佛教音乐在民间的广泛流传,这也说明北魏平城时代佛教的发展处于盛世阶段。

三、北魏平城时代佛呗文化对隋唐音乐的影响

(一)隋唐对西域音乐文化的融合

燕乐是统治者用于娱乐的音乐。隋初的燕乐以清商伎、安国伎、国伎、龟兹伎、天竺伎、文康伎、高丽伎为主,名为"七部乐"。后隋炀帝又将国伎改为西凉伎,将文康伎改为礼毕伎,把疏勒、康国两伎与七部乐并列,称为"九部乐"。唐贞观十六年(642 年)取消了礼毕伎,增加了高昌乐和新创的燕乐,名为"十部乐"。通过隋唐对宫廷燕乐内容的规定可以看到,虽然其以汉族传统音乐为主,却同时吸收了西凉、龟兹等西域地区的音乐。在当时以汉文化为主流的时代,仍能对西域文化借鉴、融合,这应是北魏时期对文化开放政策遗风的延续。

(二)隋唐与域外音乐文化的交流

北魏平城时代对音乐文化兼容并蓄的风格,也推动了隋唐时期与亚洲各国音乐文化的交流。

1. 与日本的交流。日本音乐早在南北朝时期已传入我国,隋唐时期交往更加频繁。隋开皇二十年至唐昭宗乾宁元年,日本曾派遣隋使、遣唐使达 22 次,学习包括音乐在内的各种中国文化。日本奈良正仓院等地现就存有属于我国唐代的乐器,如横吹、琴、五弦琵琶、筝、腰鼓、竖箜篌等。

2. 与朝鲜的交流。12 世纪初朝鲜的音乐分为唐乐和乡乐,所用乐器也多以我国乐器为主,如笛、笙篥、琵琶、筝等。

3. 与缅甸、越南、柬埔寨的交流。隋唐时期这些国家曾多次派乐师来我国表演,客观上促进了音乐文化的交流。

结语

起源于印度的佛呗文化,随着佛教传入中原地区后,在与中原地区文化相融合的同时,逐渐形成了南方婉约、北方粗犷的风格。对于南方佛呗文化的发展及风格历来叙述详明,然而对于北方佛呗文化的特点与风格鲜有论述,笔者根据北魏平城时代所开凿的云冈石窟及同时期墓葬中所出现的乐器元素,并结合相关佛教经典,发现该时期佛呗文化不仅具有鲜卑游牧民族的粗犷,同时融合了天竺、龟兹、西凉乐的元素,而其中也受到汉文化的影响,对汉乐进行了吸收,多种风格的融入,使北魏平城时代的佛呗文化呈现出不同于南方佛呗的特征,同时由该时期墓葬中所出现的乐器元素,也可以肯定佛呗文化在民间的发展,从而确定北魏平城时代的佛呗与佛教发展的同步性。而北魏时代这种对音乐文化的开放性,无疑对隋唐音乐文化模式的形成及发展产生了巨大的影响。

参考文献:

[1](梁)释慧皎撰,汤用彤校注. 高僧传[M]. 北京:中华书局出版,1992.

[2](北齐)魏收. 魏书[M]. 北京:中华书局,1974.

[3](唐)魏征. 隋书[M]. 北京:中华书局,1973.

[4]王恒. 云冈石窟辞典[M]. 南京:江苏美术出版社,2012.

[5]王昆吾,何剑平. 汉文佛经中的音乐史料[M]. 成都:巴蜀书社,2002.

[6]山西省大同市博物馆,山西省文物工作委员会. 山西大同石家寨北魏司马金龙墓[J]. 文物,1972(03):20 - 29.

[7]刘俊喜. 大同雁北师院北魏墓群[M]. 北京:文物出版社,2008.

[8]赵昆雨. 云冈石窟乐舞雕刻研究[J]. 敦煌研究,2007(02):34 - 43.

[9]邹燕凌. 中国汉传佛教梵呗研究[D]. 成都:四川大学,2005.

[10]祁文源. 中国音乐史[M]. 兰州:甘肃人民出版社,2002.

[11]宋博年,李强. 丝绸之路音乐研究[M]. 乌鲁木齐:新疆人民出版社,2009.

北魏政权与佛教发展的关系因素议析

李光明

（河南省文物建筑保护研究院，河南 郑州 450002）

摘　要：由拓跋鲜卑建立的北魏是中国历史上佛教发展的重要时期之一。拓跋鲜卑起源于中国北方，在南下征服的过程中逐渐接触佛教。定都平城后，出于政治上的需要，北魏上层对佛教采取了扶持政策，使得佛教的发展以前所未有的速度得到提升。随着统治范围向汉族中心区域的延伸，北魏政权对佛教的需求已经渗透到民族心理和文化需求等领域，佛教的发展也随之呈现出不同的阶段性特点。

关键词：北魏；佛教发展；政治需求；崇佛

公元四世纪，当日尔曼在欧洲进行大迁徙的时候，在中国北方的草原上，被称为"五胡"的匈奴、鲜卑、羯、氐、羌五个游牧民族为寻求更好的生活空间而南下华北。这一时期，北方是以游牧民族为主体建立的政权，南方则是以汉民族为主体的政权。鲜卑族在这场激烈的民族纷争中，平息了北方的战乱，建立了北魏政权，统治华北长达一个多世纪之久。北魏举国上下信奉佛教，除太武帝拓跋焘有过短暂的抑佛行动外，北魏历代上层对佛教的扶持几乎是一脉相承的。因此，在中华文明发展史上占有重要地位的佛教，正是在北魏时期以国家信仰的方式奠定了基础。

一、北魏与佛教初遇和结缘的历史脉络

拓跋鲜卑这支中国古代北方民族，自东汉初年从东北大兴安岭深处的嘎仙洞一路南下，进行了艰苦的迁徙和征伐历程，于三世纪时，南迁至今内蒙古和林格尔，建都盛乐，到达了汉王朝与北方游牧民族相连接的地区。西晋末期因皇族争权发生了"八王之乱"，原先臣服于西晋的拓跋鲜卑趁机南下，迅速扩大统治区域，在拓跋珪的带领下于386年正式确立了北魏国家政权。在相继击败高车、回纥、柔然、后燕等周边势力之后，于398年将都城迁往平城，进入长城以内。

正是在道武帝拓跋珪执政时期，以佛图澄、鸠摩罗什为代表的西域僧侣将佛

教传入中国的华北地区,从而使正在一路南下的拓跋鲜卑与佛教结下了不解之缘。由于佛教作为一种异质文化,在传入中国后遭遇到了严峻的考验。这些西域僧侣常常借用道家方术中的奇异"神通"吸引信徒。[1](P137) 因此,当时的佛教并不局限于传播佛陀的教义,而是一门包含了政治、医学、军事、建筑,甚至巫术在内的综合性文化。这些北方游牧民族的首领,从佛教中看到了一股神秘的力量,邀请僧侣担任自己的军事和政治顾问,使佛教在华北地区得到迅速传播。拓跋珪也正是在这种背景下开始接触了佛教。

《魏书·释老志》记载:"魏先建国于玄朔(即北方),风俗淳一,无为以自守,与西域殊绝,莫能往来。故浮图之教,未之得闻,或闻而未信也。"可见北魏在朔北的建国初期,与西域并无来往,因而对佛教不但知之甚少,而且没有多少信仰的意愿。从拓跋珪建立北魏起"便以经术为先",无论皇子或平民,均只受儒家教育,不掺杂释道内容,[2](P518) 直到北魏征服河北时才发生了初步的变化。

拓跋珪"平中山,经略燕赵,所逐郡国佛寺,见诸沙门、道士,皆致精敬,禁军旅无有所犯"。"帝好黄老,颇览佛经。但天下初定,戎车屡动,庶事草创,未建图宇,招延僧众也。"[3](P3030) 可见,最初北魏的统治者为了安抚被征服区域的民众,出于维护统治稳定的需要,不得不注意他们的宗教信仰,又因政权并不稳固,并未大力倡导。定都平城后,拓跋珪开始准许在京城中立寺造像,这是北魏重视佛教的最初基础。由于对佛教作用的认可,拓跋珪于天兴元年(398 年)颁布了一道针对佛教的诏令:"夫佛法之兴,其来远矣。济益之功,冥及存没,神踪遗轨,信可依凭。其敕有司,于京城建饰容范,修整宫舍,令信向之徒,有所居止。"[3](P3030) 随后又建造五级佛塔、佛殿、讲堂和禅堂等,佛教自此开始得到北魏统治者的扶持而逐步发展起来。

拓跋珪还曾致书泰山沙门僧朗邀其入朝,但未成功。后又下诏礼请河北僧人法果,封为道人统,统领僧徒。在致僧朗的信中,拓跋珪称僧朗"德同海岳,神算遐长",期望"冀助威谋,克宁荒服"。[4](P752) 意思是请让我借助佛教的力量降服其他民族,平定天下。由此表明,在马上开疆辟土的道武帝对佛教寄予了无限希望,企图借助佛教之力称霸中原。因此,作为道人统的法果深谙此道,打破"沙门不礼俗"的传统,带头礼拜皇帝,称道武帝"明叡好道,即是当今如来,沙门宜应尽礼,遂常致拜",并坚称自己"非拜天子,乃是礼佛耳",[3](P3031) 从而确定了北魏佛教为政治服务的基调。这是佛教传入中国后,为了得到政治支持,僧人首次将佛与皇帝并列在一起,佛教与政治的结合已初露端倪。

随后的第二代皇帝明元帝拓跋嗣"遵太祖(道武帝)之业,亦好黄老,又崇佛法,京邑四方,建立图像,仍令沙门敷导民俗"。[3](P3030) 这一时期,佛教已经成为国家意识形态的一部分,与其他制度一样,仍用以"敷导民俗",起到辅助教化的作用。

第三代皇帝太武帝拓跋焘是具有雄才大略的一代帝王。他依靠过人的军事天赋,一举统一了黄河流域,基本形成与南朝南北对峙的局面。拓跋焘继位之初,承继道武帝以来"敷导民俗"的传统,对沙门极尽礼敬,常与高德沙门谈论佛法,尤其是在灭掉崇佛极盛的北凉后,将该地的僧人、工匠和平民迁到平城,极大地促进了佛教发展。但佛教的过快发展和复杂的政治权利斗争,最终导致了"太武灭佛"的历史惨剧,导致佛教在北方地区的发展一度陷于衰落。直到正平二年(452),拓跋焘被中常侍宗爱杀害,灭佛活动才得以停止。

其后即位的文成帝拓跋濬,本着"以静为治"的方针,于452年十二月下诏解除佛禁,恢复了佛教的合法地位。诏书特别强调,佛教可"助王政之禁律,益仁智之善性,排斥群邪,开演正觉"。"故前代已来,莫不崇尚,亦我国家常所尊事也"。很明显,诏书对道武帝以来的奉佛政策是非常认可的。为尽快恢复佛法,诏书还规定:"诸州郡县,于众居之所,各听建佛图一区,任其财用,不制会限。其好道乐法,欲为沙门,不问长幼,出于良家,佳行素笃,无诸嫌秽,乡里所明者,听其出家。"[3](P3035-3036)诏令一出,以往毁坏的佛寺,很快得到了修复。文成帝还亲自为西域沙门师贤等5人剃发,并封师贤为道人统,总摄佛事。文成帝的再次兴佛,使得"佛像经论,皆复得显"。[3](P3036)佛教的全面复兴,改变了太武帝晚期思想秩序混乱的状态,有利于北魏统治的稳定。

兴光元年(454年)秋,文成帝命有司于平城"五级大寺内,为太祖以下五帝铸释迦立像五,各长一丈六尺"。[3](P3036)文成帝以帝王形象为蓝本铸造佛像,一方面是为自身祈福,更重要的是为了修复因太武灭佛带来的负面影响,继续扩大皇帝"即当今如来"的政治影响,强化佛教对王权的巩固作用。

和平(460—465年)初年,文成帝邀请河北高僧昙曜出任沙门统,接替师贤掌管佛事并"奉以师礼",命其在平城西的武周山开凿了云冈早期的"昙曜五窟"。此五窟与平城五级大寺中的铸像思路一脉相承,主像分别象征了自道武帝至文成帝之间的五位北魏皇帝。自此以后,佛教意识形态得到了进一步强化并在北魏得到大力发展。

献文帝拓跋弘虽在位时短且受冯太后牵制,政治作为有限,但他崇佛依然,而且"敦信尤深",不惜人力物力建寺立像。仅在平城天宫寺立像就耗费赤金十万斤,黄金六百斤,又在城南创建了"高三百余尺,基架博敞,为天下第一"的永宁寺七级浮图。[3](P3037)

作为北魏第七代执政者,孝文帝拓跋宏自幼受到其父献文帝和祖母冯太后的影响,在平城时期即已大力推动佛教发展,经常去云冈石窟巡视,非常关心工程的进展。迁洛后的孝文帝及其后期继任者更是把佛教发展到极致。北魏都城由平城迁至洛阳后,立寺和僧尼数大增。正如杨衒之在《洛阳伽蓝记·序》中所写:"逮皇魏受图,光宅嵩洛,笃信弥繁,法教愈盛。王侯贵臣,弃象马如脱屣。庶士豪家,舍资财若遗迹。于是昭提栉比,宝塔骈罗,争写天上之姿,竞摸山中之影。"在北魏迁都洛阳后的40年间,佛教寺院从最初的500所发展到最后的1367所。此间对比,足以看出孝文帝及其后任者崇佛之甚。尽管文献中对孝文帝立寺造像的具体数量并没有直接的记载,但从寺院发展的迅猛程度上说,孝文帝当属北魏洛阳佛教大发展的奠基者。

为了佛教的发展,孝文帝还从经济上予以扶持,扩大寺院的僧祇户的数量,并下诏"可敕诸州令此夏安居清众,大州三百人,中州二百人,小州一百人,任其数处讲说,皆僧祇粟备供。"[4](P692)从而使北魏的寺院经济有了稳固的保障。可以说,由于集权政治下孝文帝的提倡和坚持,不论在僧侣数目、寺院建设还是在经籍传授等方面,北魏都是中国佛教发展史上最为重要和光辉的时期之一。

其后的宣武帝对朝事偏于宽纵,缺少了其父把控大局的意识和雷厉风行的帝王作为,用以限制寺院建设的"太和之制"和"景明之禁"等,在其执政的中后期不断遭到破坏,甚至在皇权默许下佛教势力有恃无恐。因此,在宣武帝驾崩后,佛教发展急剧膨胀,几至失控的边缘。胡太后"以佛经为基,钱财不计",倾其国力修建的永宁寺,既是北魏崇佛达到狂热的标志,也是北魏裂亡的开始。北魏孝武帝永熙三年(534年),随着永宁寺塔的轰然倒塌,北魏最终走向了分裂。

二、由太武灭佛事件折射出的政权需求

在北方十六国时期,五胡建立的政权大多模仿东汉魏晋制度,加之军事战争的需要,更加注重集权体制,其王权之盛甚至超越以往。在对待佛教的态度上,他们把能为我所用作为判断的标准和基础。生活在五胡十六国时期的高僧道安就曾发出"不依国主,则法事难立"的感叹。[5](P177)道安先后与后赵、前秦、前燕、后秦、后燕等几个政权打过交道,遭遇坎坷。主政者对待佛教的态度不一,变化无常,致使佛教的宣化弘法全部仰赖君主个人好恶而兴废交替。这一特点在北魏也不例外。北魏政权共历17帝,171年。北魏诸帝,唯太武帝拓跋焘实施了灭佛,其深层原因是意识形态的发展影响到了宫廷权力的分配,其酝酿和发展过程颇为复杂。

太武帝对佛教态度由支持到禁止的变化,源于佛教对帝王治世传统的影响。古代亚洲国家的统治阶层,都非常重视民众意识形态的教育,并以此作为其立国和治国的传统。[6]北魏建国之始,道武帝已注重以佛教"敷导民俗",用以治国。而

在中国,道武帝并非开此先河之人。早自汉末开始,便有帝王结合和参照使用儒家思想、道教及佛教此三种不同的意识形态治国的记载。而且,因主导地位的问题引起儒释道之间的争斗。这些斗法不只是意识形态上的争论,还包含有更为复杂的实际利益分配,甚至还有夷夏文化情感上的纠缠。太武帝实施灭佛就是因此而起,五胡十六国时期,后赵的石虎依照国师佛图澄的建议,采用中亚地区的天王制,推行以佛教意识形态治世。其后,中国北方很多少数民族统治者步其后尘,把佛教意识为治理国家的主流形态,其中位于今甘肃西部的北凉(397—439 年)政权,依靠印度高僧昙无谶沿袭后贵霜时期的佛教意识形态模式治理国家。太武帝心仪之至,遣使邀请昙无谶协助发展佛教意识形态。但出于国家利益考虑,北凉未予支持并将昙无谶杀掉,导致太武帝于太延五年(439 年)出兵灭掉北凉,并"徙其国人于京邑,沙门佛事皆俱东,象教(佛教)弥增矣"。[3](P3032)被掠至平城的北凉臣民中,包括北凉贵族、僧人和大量的平民和工匠艺人,其中就有曾经参与北凉发展佛教意识形态的玄高、慧崇以及后来主持北魏复佛(452 年)的师贤及昙曜等诸多高僧。这些北凉僧人把整套北凉佛教意识形态的施行方法传入北魏,并得到了太子拓跋晃的大力支持,以拓跋晃为中心形成佛教集团且势力发展很快。

而深得太武帝信任的北魏权臣崔浩,对儒家的意识形态极力维护,担心拓跋晃继位之后,使自己在朝廷中的地位受到佛教集团的威胁。因此,他不仅对太武帝意欲施行的佛教治国模式暗加阻拦,而且对拓跋晃大力发展佛教的行为严密防范。他先是将寇谦之推荐给太武帝发展道教,以遏制佛教在北魏的发展壮大,后又利用自己擅长的谶纬方技对太武帝施加影响。不久,他便以拓跋晃与北凉僧人过从甚密为由,密告太子有谋反之意。太武帝听信崔浩之言,先将太子的老师玄高等北凉僧人处死,后又把太子一度幽禁。至此,崔浩彻底解决了以拓跋晃为中心、由北凉僧人主导的佛教集团对自己的政治威胁,也使佛教在北魏的发展失去了指挥中心。

虽然此前因兵源等因素,太武帝也曾于太延四年(438 年)颁布诏令"罢沙门五十以下者",以从征役。[7](P3867)后因崔浩的不断诋毁,太武帝于太平真君五年(444 年)又颁禁止私养沙门的诏令,[3](P97)对佛教再加限制,但都没有对佛教的发展造成根本的影响。而对佛教影响至深的事件,是太武帝平定盖吴反叛后对佛教的禁除。

太平真君六年(445 年)九月,拓跋焘出兵镇压陕西杏城盖吴反叛,战争异常艰苦。他在回师途中路过长安,发现佛寺内藏匿武器,便怀疑僧侣与盖吴叛乱有关,加之随驾的崔浩趁机进谏打压,使平叛不利的拓跋焘得到了宣泄的出处,下令将长安沙门全部诛杀,佛像全部焚毁。随即又下诏"自王公已下,有私养沙门者,皆送官曹,不得隐匿。限今年二月十五日,过期不出,沙门身死,容止者诛一门"。[3](P3034)自此,拉开了灭佛的序幕。面对灭佛的威胁,太子拓跋晃以监国身份多次上表太武帝,建议采取折中的方式对待佛教。但由于二人此时对佛教的认识已相去甚远,太武帝不仅没有批准,又于太平真君七年(446)三月下诏全国毁佛:"诸有佛图形像及胡经,尽皆击破焚烧,沙门无少长悉坑之。"[3](P3035)

此次灭佛,表面看似是以崔浩为首的士族集团和以太子拓跋晃为中心的佛教集团权力较量导致的结果,实则是由于治国意识形态的斗争造成的毁佛事件。太武帝灭佛的根本原因并非出于他对佛教的真正厌恶,主要是由于他实现佛教治国的愿望因崔浩的抵制不能得以实现。而且,魏廷中以太子为权力中心的佛教集团日益扩大,在一定程度上对皇权构成了很大威胁。这对于承袭拓跋鲜卑父族家长制且极重皇权威严的拓跋焘来说是难以容忍的,在不能实现佛教治国和维护皇权之间的权衡之下,他采纳了狂热排佛儒臣崔浩的建议,以长安寺僧不轨为由,实施了中国历史的第一次灭佛行动。

三、夷狄与正统:胡族政权的崇佛心结

北方五胡建立的少数民族政权致力追求和倡导的佛教治国形态,实际上是其文化心理在政治行为上的折射。如前所述,在五胡十六国中后赵的皇帝石虎是最早引入佛教意识形态的。

后赵(319—352年)由羯族石勒所建。石勒在位期间恢复魏晋以来九品中正制,引入在西晋时期的士族并委以要职,使士族取得了特权,并设立太学,培养豪门子弟。后赵采用胡、汉分治政策,强行规定称汉人为"赵人",胡人为"国人",[1](P131)并严禁称呼羯人为胡族。可见,石勒虽以汉制治国,心中仍存自卑之感。其养子石虎即位之初,基本上沿袭石勒的治国之策,继续维护士族特权,但在意识形态上发生了重大变化。

建武三年(337年),石虎去皇帝号,改称"大赵天王",[7](P3010)施行佛教教化政策,遭到以士族为主体的儒臣的反对,"太保夔安等文武五百九十人上皇帝尊号",[8](P14)要求石虎放弃天王称号,遭到断然拒绝。因为石虎非常清楚,此次上谏取消天王制的根源是因为儒生有夷、夏分别之见,是本土与外来意识形态之间对立看待的问题。因此,他力排众议,坚持按照西域高僧佛图澄所传,依照中亚系统的天王制传统治世。

这种执意而为的原因,可以从中书著作郎王度奏疏和石虎的答复中看出其中的玄机所在。王度奏曰:"夫王者郊祀天地,祭奉百神,载在祀典,礼有尝飨。佛出西域,外国之神,功不施民。非天子诸华所应祠奉。"石虎诏曰:"度议云:佛是外国之神,非天子诸华所可宜奉。朕生自边壤,忝当期运,君临诸夏。至于飨祀应兼从

本俗。佛是戎神,正所应奉。"[9](P578)

从王度奏疏中可以看到,儒生心目中的理想社会模式是以汉文化为主流的周代体制,统治者应是汉族名门,以儒家治国为唯一正途。既然后赵采用汉魏正统治理国家,就不应再祠奉佛陀这样的"外国之神"。因此,对于来自异域的佛教极为藐视和排斥。这种崇夏贬夷的文化认同倾向,正是出身胡族的石虎内心深以为忌的。他自称"生自边壤",君临汉文化故地,本属胡族的出身已为汉士族内心所轻视,而来自异域的佛教正好契合了其维护正统的心理,以佛教意识形态治国也就在政治意义上承认了石虎"君临诸夏"的合法性。这也是石虎提倡"佛是戎神,正所应奉"的真正目的。

窥一斑而见全豹。起于边壤的拓跋鲜卑大力吸收汉化体制,在政治上面临与后赵同样的问题。这种政治意识上的迫切需求,也是太武帝为致力追求佛教治国形态,不惜与北凉兵戎相见的深层原因。

虽然太武帝没有成功地施行佛教治国模式,但由于北凉僧人的入京,把整套北凉佛教意识形态和造像之法都传入了北魏,其后诸帝一直奉佛不变。尤其是文成帝复佛之后,开凿了"昙曜五窟",主像分别象征了自道武帝至文成帝之间的五位北魏皇帝。造像高大宏伟,既有犍陀罗艺术的西域痕迹,又有鲜卑人粗犷、豪放的性格特点,具有高度的写实性,成为佛教文化意识形态与北魏王朝政治理念充分结合的物化形态。

北魏始造的昙曜五窟,还带有某种萨满教的原始意味,表现了外来的佛教与鲜卑族原生宗教的相互融汇。这种以帝王形象为蓝本雕造佛像本身,实际上已寓有皇室家庙的性质,融入了祖先崇拜的含义。因此,云冈昙曜五窟成为拓跋鲜卑的祖先崇拜观念在佛教石窟中的切实反映。

孝文帝虽然没有像太武帝那样,大张旗鼓地倡导以佛教治国来弥补出身的不足,却以力推汉化的方式从更高层面上实现了北魏治国的正统。他受过良好的汉文化教育,其政治目标不仅是要做"夷狄"之王,还要做华夏帝国的君主。北魏平城偏居塞上一隅,不利于经略中原,因此他怀着对华夏文化中心地的向往,通过迁都实现与中原士族的进一步融合,扩大北魏的社会基础,在取得汉族上层拥戴的基础上,进而使北魏获得文化上的合法正统地位。

孝文帝提倡佛教不仅是秉承了北魏治国的传统因素,也是为了巩固和加强与汉族地主的联盟。中原地区由于长期受佛教熏陶,对佛教感情较深,如中原士家大族中的清河崔氏、范阳卢氏等均信仰佛教。孝文帝为了达到与中原士族的全面联合,必须兼顾中原地区的文化和信仰,倡导佛教有助于消除文化上的隔阂,起到辅助汉化的作用。反映在佛教造像中,就是孝文帝迁都洛阳后积极推行汉化,使得洛阳龙门石窟后期和周边卫星窟的凉州风格造像渐少,而"褒衣博带"式的中原风格造像大量出现,从而形成北魏佛教石窟的两个阶段性特征。

四、余论

有关北魏政治与佛教之关系,周祖谟先生曾有论断,认为统治集团对佛教兴衰有着直接的关系,即当统治集团支持时,佛教则上线发展,而当给予打击时,则因而衰落。[10](P159) 尽管不同时期有不同的原因侧重,但在根源上还是由于帝王的信仰好恶和当时政治意识形态的实际需要。

在中国古代历史上,汉民族往往充满了文化上的优越感,而起于边壤的少数民族则拥有征服者的优越感。许多政治分歧和社会矛盾常围绕这种固有的心理产生,也常以这种心理优越感为基础互相折中妥协。出身胡族的北魏政权在政治上的文化自卑感与其强烈的崇佛心结具有同质之处,是其民族文化心理在政治行为上的对应反映。这种心理即使在南北朝以后的历史中也时有出现,只是由于政治态势对比不同,其处理方式也各有区别而已。

参考文献:

[1]任继愈. 中国佛教史(第二卷)[M]. 北京:中国社会科学出版社,1981.

[2]杜士铎. 北魏史[M]. 太原:山西高校联合出版社,1992.

[3]魏收. 魏书[M]. 北京:中华书局,1974.

[4]季羡林. 传世藏书·子部·佛典[M]. 海口:海南国际新闻出版中心,1996.

[5]释慧皎著,汤用彤校释. 高僧传[M]. 北京:中华书局,1992.

[6]古正美. 东南亚的"天王传统"与后赵时代的"天王传统"[J]. 佛学研究,1998(01):321.

[7]司马光编著,胡三省音注. 资治通鉴[M]. 北京:中华书局,1956.

[8]汤球. 十六国春秋纂录校本[M]. 上海:商务印书馆,1936.

[9]李昉. 太平广记[M]. 北京:中华书局,1961.

[10]周祖谟. 佛教与北魏政治[A].周叔弢先生六十生日纪念论文集[C]. 香港:龙门书局,1967.

昙曜与《方便心论》

郭静娜　　杜斗城

(兰州大学历史文化学院,兰州 甘肃 730000)

摘　要:沙门统昙曜在北魏文成帝复法之后,于延兴二年(472 年)组织西域沙门吉迦夜翻译的《方便心论》(一卷),着重反映了佛教中辩论时所用到的逻辑学,但昙曜在当时翻译《方便心论》不仅是为了宣讲佛教的逻辑学,同时也反映当时北魏的政治背景及佛教发展状况,充分表现了沙门统昙曜护法的目的。

关键词:昙曜;《方便心论》;护法

《方便心论》古因明著作,其作者宋、元、明三本均谓龙树,收于《大正藏·论集部》。其先后有两个译本,第一个由佛陀跋陀罗于公元 410 年翻译,现已不存,第二个就是由西域沙门吉迦夜奉昙曜之命于北魏延兴二年(472 年)所译。据《开元释校录》记载,《方便心论》(一卷)与东晋觉贤所译同本,这在道慧的《宋齐录》和《僧佑录》中都有记载。

《方便心论》共有四品,分别为总论《名造论品第一》,分论《明负处品第二》《辩证论品第三》《相应品第四》,分论是用来补充总论没有讨论到的内容。在总论《名造论品第一》中采用问答的方式,指出了"造此论"的原因,即"今造此论不为胜负养名闻,但欲显示善恶诸相故造此论。世若无论迷惑者众,则为世间邪智巧辩,所共诳惑起不善业,轮回恶趣失真实利。若达论者则自分别善恶空相。众魔外道邪见之人,无能恼坏作障碍也。故我为欲利益众生,造此正论,又欲令正法流布于世。如为修治庵婆罗果,而外广植荆棘之林,为防果故。今我造论亦复如是,欲令正法不求名闻故",由此把作《方便心论》的目的阐述得很清楚。

之后讲到此论有八种深妙论法,一曰譬喻,二曰随所执,三曰语善,四曰言失,五曰知因,六曰应时语,七曰似因非因,八曰随语难。之后文中又对这八种论法进行了详细的解释与分析。譬喻又分为两种,一为具足喻,二为少分喻。随所执文中者名究竟义。语善者谓语顺于义。言失者谓言乖于理。知因者能分为两种,第一种为生因,第二种为了因。应时语指善通达言语次第。似因者如焰似水而实非水,若有论者严饰言辞以为水者是名似因。随语难如言新衣,衣非是时云何名新。

　　譬喻位于八种论法之首,说明喻是佛教徒在辩论中最常用、最重要的论辩方法。文中在解释何为喻的作用时,讲到不说正义而说喻是为了以喻明正义。随所执指宗旨、主张、结论等。文中讲随所执中的执相是指随其所执、广引因缘、立义坚固。执法分为四种,第一种为一切同,即立方和对立方共同认可;第二种为一切异,即指双方主张完全不同;第三种为初同后异,即双方对所辩论题目的出发点相同,但持不同的结论;第四种为初异后同,即双方的出发点不同,但得出的结论相同。即比量、推理。对于语善,文中解释为不违于理不增不减,善解章句应相说法,所演譬喻而无违背,无能轻诃。那么,什么叫作为言不增减? 文中解释为:言减有三种,第一种为因减,指论式中缺少因支,文中举例:若言六识无常犹如瓶等,不说因缘;第二种为言减,指缺少因支,文中举例:若言四大无常如瓶造作;第三种为喻减,指论式中缺少喻支,文中举例:若言是身无我众缘成故,声亦无我从缘而有。同样言增也分为三种,第一种为因增,指论式中因支不当,文中举例:若言声法无常和合成故,如瓶造作则为无常,由言声是空之求那,空非对碍声是色法;第二种为喻增,指论式中有喻支,但所用不当,文中举例:若言五根无常如呼声响作法故声亦如是,何以知之,为唇口等之所出故;第三种为言增,指论式中因支不当,文中举例:又说声是无常众缘成故,若言尝者是事不然,所以者何,有二种因,一从形出,二为根了。云何言常,又同异法皆无常故。之后文中又对言失进行了解释,言失即与语善相反的情况,言失分为四种:一是义无异而重分别,二是辞无异而重分别,三是但饰文辞,无有义趣,四是虽有义理而无次第。何为"义无异而重分别",指讲义同名异即用不同语词来表达同一概念,文中认为用异名来重复一义是为过失,如言憍尸迦,亦言天帝释,亦言富兰陀那;"辞无异而重分别",是指不但义同,而且名同,文中认为把同一词语反复用是为过失,如说"因陀罗"为"因陀罗";"但饰文辞,无有义趣",是指文辞浮华,空洞无物;"虽有义理而无次第",指语无伦次,前言不搭后语。那么知因又分为四种,一者为现见,即现量;二者比知;三者以喻知,即比较、类比;四随经书,即依据经典的教训。而比知又分为三种,即前比、后比、同比。前比者,指根据所回忆起的经验,来证实现在的结果,如见小儿有六指头上有疮,后见长大闻提婆达,即便忆念本六指者;后比者,指以先前的经验来推测后来的事物,如饮海水得其咸味,知后水者皆悉同咸;同比者,指同时比照两个相似的事件,如即此行人行至于彼,天上日月东出西没,虽不见动,而知必行。接着文中又对"似因"进行了解释,"凡似因者,是论法中之大过也,应当觉知而速舍离"。似因随相有无量义,如果简略地讲有八种,一为随其言横为生过,二为就同异而为生过,三为疑似因,四为过时语,五为类同,六为说同,七为言异,八为相违。"随其言横为生过",这是一种违反同一律的错误,是对方利用一词多义来故意曲解立方的原意。文中举例,"那婆"有"新""九""非汝所有""不著"等意思,当论者说:"我所服者是那婆衣"。原意为穿新衣,但对方却故意将"那婆衣"理解为其他意思。"就同异而为生过",指把不同的概念混为一谈,文中举例:"如言有为诸法,皆空寂灭,犹如虚空"。"有故名生,如泥有瓶性,故得生瓶。难曰:若泥有瓶性,泥即是瓶,不应假于陶师轮绳,和合而有。若泥是有,故生瓶者,水亦是有,应当生瓶。若水是有,不生瓶者,泥云何得独生瓶耶"。疑似因指犹豫不定之因。过时语指辩论时,论者没有将理由及时说出。类同指预期理由,用未经证实的事实作为论证的理由。说同指用未经证实的命题作为论证的理由。言异近人有两种解释,一为说立者所说的理由荒谬违理;二为论者所用理由太过宽泛。文中举例"如言五尘无常,为根觉故,四大亦而尔,是故无常。难曰:龟毛盐香,是无所有,而为意识所得,岂无常耶? 是名言异"。相违指论证自相矛盾,分为喻相违和理相违。喻违者,如言我常无形碍故如牛。理违者,如婆罗门统理王业作屠猎等教,刹利种坐禅念定。

《方便心论》的第二品中列举了十八种负处。第一为语颠倒、第二为立因不正、第三为引喻不同、第四为应问不问、第五为应答不答、第六为三说法要不令他解、第七为自三说法而不别知、第八为彼义短缺而不觉知、第九为他正义而为生过、第十为众人悉解而独不悟、第十一为问答违错、第十二为问答不具足、第十三为语少、第十四为语多、第十五为无义语、第十六为非时语、第十七为义重、第十八为舍本宗。上述的十八种负处,除立因不正、引喻不同、彼义短缺而不觉知、他正义而为生过、舍本宗外,其余都是辩论中的过失,与逻辑无关。

语颠倒指论者语言次序颠倒。立因不正指以似因作为论证的理由。引喻不同指所列举的喻例不能有效地证明宗,甚至是破坏了宗。其中应问不问、应答不答、三说法要不令他解、自三说法而不别知均属一类,即在论辩中语言使用不能恰如其分,迟钝不明,前言不搭后语。彼义短缺而不觉知指论辩对方有过失而由于自身的原因而没有觉察。他正义而为生过指对方本无过失而横加诘难。众人悉解而独不悟指一般常识性的问题,其他人都理解了,而对方却不能领悟。问答违错包括说同、义同、因同,若诸论者,不以此三为问答者,名为违错。说同是双方陈述同一事物。义同指双方所说的事物意义相同。因同指了解对方意趣的原因。问答不具足指在问答中不能同时满足避免违错所要求的三同。语少指陈述不完整,或是语句不完整。语多指说得太多,陈述理由没有重点。无义语指语句内容空泛,没有实际含义。非语时指不合时宜的话语。义重陈述义旨不简洁。舍本宗指在辩论的过程中受到对方或者其他原因放弃原来所立之宗。

　　《方便心论》辩证论品第三,该品通过举例,说明一些问题的论辩方法。此部分以问题开始,如"论者言:若人说有众生乃至亦有寿者命者,何以知之。为根觉故,如无余涅槃不为根觉故无,众生不尔故知是有。神是常法,何以故。如阿罗汉果,唯当时有而前后无故知为无,如第二头第三手等,本无今有故知前无,有已还灭故知后无,神不如是,是以为常",难方对于此论则通过举例进行了论辩,"难曰:如树根地下水,不见言无,阿罗汉者亦复如是,非是无法,汝自不证,立曰不然,水以地障是故不见,今阿罗汉有何障碍而不见乎,是以知无。难曰:汝以第二头第三手不可见故,明无罗汉,是事不然。虽无二头非无第一,言无罗汉乃是悉无,何得为喻。又汝言以无觉知无涅槃者,是亦不然。如大海水不知几渧者,可言无耶。若不知渧数而犹有海,涅槃亦然,虽不可觉实自有之"。

　　《方便心论》第四品为相应品。此部分讲解了何为问答相应:问答相应有二十种,并指出,如果论者能以此二十义发表论证,那么就能真正了解并运用何为正确的辩论方法,如果不能很好地运用这二十种议论的方法,那么就不能很好的论辩。这二十种的要则有二,一异二同,这二者通二十法。那么这二十种法就为:一曰增多,二曰损减,三曰同异,四曰问多答少,五曰答多问少,六曰因同,七曰果同,八曰遍同,九曰不遍同,十曰时同,十一曰不到,十二曰名到,十三曰相违,十四曰不违,十五曰疑,十六曰不疑,十七曰喻破,十八曰闻同,十九曰闻异,二十曰不生。

　　文中在最后讲到"已说如上诸说法要,此论要者,诸论之本,由此论故广生问答增长智慧,譬如种子若遇良地根茎滋茂。若种恶田无有果实,此法亦尔"。可见此论的目的就是要让论辩者学到论辩的方法与精华,从而增长智慧。

　　因明学传入中国,主要有两次,第一次是在唐代以前,传入了《方便心论》《如实论》。第二次是由唐玄奘法师翻译的陈那、商羯罗主的新因明著作。

　　《方便心论》最早由大乘空宗的代表人物龙树翻译,该书总结了佛教逻辑学理论。此种逻辑学是因明学的一部分,主要是研究逻辑规则和逻辑错误,逻辑规则是指宗、因、喻三支或五分及其相互的关系。早在古印度时期,因明学就已十分流行,众所周知在古印度教派纷争的时代,为了证明本学派言论的正确,同时指出外道学说的错误,辩论就成为经常使用的工具,所以在长期的辩论中,就总结出了一系列行之有效的辩论方法。据《长阿含经梵动经》记载,沙门、婆罗门如果能擅于辩论,就会受到信徒的尊重。而佛陀弘法的一大特点是使用譬喻,释迦牟尼在《法华经·方便品》中讲到:"吾从成佛以来,种种因缘,种种譬喻,广演言教",又说"我以无数方便,种种因缘譬喻言辞,演说诸法","未来诸佛当出于世,亦无量无数方便,种种因缘譬喻言辞,而为众生演说诸法"。而佛经中的譬喻,既属于修辞学上的比喻,也属于逻辑学上的类比,因此为了更好地弘扬佛法,论辩方法是极其重要的。

　　昙曜在翻译佛经时，要求吉迦夜翻译《方便心论》，可见其对佛教中论辩方法的重视。那么，昙曜是出于何种原因来翻译此经呢？在此经的开头和结尾处已经将其目的讲得十分清楚。在《方便心论》的开头，讲道："不应造论，所以者何，凡造论者，多起恚恨憍逸贡高，自扰乱心少柔和意，是故一切诸贤圣人，无量方便断诤论者，内实调柔外观多过，是以若欲自利利人，应当舍此诤论之法。答曰不然，今造此论不为胜负利养名闻，但欲显示善恶诸相故造此论。世若无论迷惑者众，则为世间邪智巧辩，所共诳惑起不善业，轮回恶趣失真实利，若达论者则自分别善恶空相，众魔外道邪见之人，无能恼坏作障碍也，故我为欲利益众生，造此正论，又欲令正法流布于世，如为修治庵婆罗果，而外广植荆棘之林，为防果故，今我造论亦复如是，欲护正法不求名闻故。"同时，在经文的最后又写道："是故诸有欲生实智分别善恶，当勤修习此正法论。"可见翻译此经是为了使世间众生不受邪智巧言的迷惑，使佛教不受邪门外道的破坏，从而使正法流布于世，那么昙曜为什么会有如此的想法呢，笔者认为这与太武帝灭佛一事有十分紧密的联系。据《魏书·释老志》记载：太武帝初继位时，虽然崇拜佛教、敬重沙门，但并没有醉心于佛经的教义，深入探讨报应的意义。后来太武帝开始宠信寇谦之，皇帝便认为清净无为的道术，有修炼成仙的明证，便开始信奉这种道术。当时司徒崔浩博学多才，皇帝常常因为国家大事拜访他。而崔浩信奉寇谦之的道术，却不信佛教，与皇帝谈论此事，多次对佛教经行诋毁，常常说佛教是荒诞的，是社会耗费钱财的祸害，皇帝认为他的辩驳广征博引，非常相信。之后在太武帝发现长安的寺庙有不洁之物非常忿怒之时，跟随在身边的崔浩又趁机提出禁毁佛教的建议，于是太武帝听从的崔浩的建议，下诏诛杀长安所有的僧人，毁坏佛像，禁毁寺庙，同时太武帝又向天下臣民宣告，佛教是前代汉朝无赖子弟刘元真、吕伯强之徒，利用老庄的虚假理论，比附、增益而成的，都不是真实的东西。可见太武灭佛事件的直接导火索虽是寺庙中所发现的不洁之物，但是究其内因主要有二点：第一，太武帝对佛教思想的不了解；第二，崔浩的言论蛊惑。这两点原因使太武帝没能更深入地了解佛教理论的精髓，所以更容易听信邪门外道的言词。对于太武灭佛的内因，沙门统昙曜是能够深刻认识到的，所以针对此种不利于佛教发展的因素，昙曜授命吉迦夜在复法之后，翻译《方便心论》，正如在经文中所举之例：保护佛法，就如同保护庵婆罗果，为了保护庵婆罗果，需要在此果的外面广植荆棘之林，可见其目的是希望通过对正确辩论方法的讲述，以达到保护佛法，促进佛教发展的目的。

参考文献:

[1]释水月,许地山. 古因明要解[M]. 北京:中华书局,2006.

[2]郑伟宏. 汉传佛教因明研究[M]. 北京:中华书局,2007.

[3]董华,张晓翔. 方便心论的译入及其影响[J]. 云南农业大学学报,2011(03):19-22.

[4]水月. 因明文集(第一册)[M]. 台湾:台湾智者出版社,1989.

[5](日)高楠顺次郎,渡边海旭. 大正藏(第9册)[M]. 东京:大藏经刊行会,1924.

[6](北齐)魏收. 魏书[M]. 北京:中华书局,1974.

[7](梁)僧祐. 出三藏记集[M]. 北京:中华书局,1995.

[8](梁)僧祐,汤用彤注. 高僧传[M]. 北京:中华书局,1992.

[9](梁)僧祐. 弘明集[M]. 北京:中华书局,2013.

[10](唐)道宣. 法苑珠林[M]. 北京:中华书局,2003.

[11](唐)道宣. 广弘明集[M]. 上海:上海古籍出版社,1991.

[12](唐)道宣. 续高僧传[M]. 北京:中华书局,2004.

文化认同视角下的北魏平城时期贵族佛道信仰变迁

卜祥伟

(山东理工大学 齐文化研究院,山东 淄博 255049)

摘　要:平城时期是北魏少数民族政权发展的重要历史阶段,在社会变革的推动下,文化碰撞与融合共存。在信仰文化上,北魏政权改变了原始的自然崇拜状态,转而尊崇代表当时主流信仰文化的佛道,故信仰文化的认同加快了鲜卑族汉化的步伐。佛道间的根源性差异、北魏上层的认同性取向等因素致使二者在北魏平城时期实现了历史性的变迁,使得佛道信仰文化发展更趋于成熟。

关键词:北魏;平城时期;少数民族;佛道信仰;文化认同

大同古称平城,北魏道武帝拓跋珪于 398 年从盛乐迁都于此,平城是当时中国北方的政治、经济、文化和军事重心,同时也是当时全国最繁华的城市之一。平城时期共历六帝七世,凡 97 年,该时期是北魏最辉煌的时期之一。北魏为少数民族政权,入主中原的进程中伴随着文化的碰撞与融合,草原文化与农耕文化的冲突也使得北魏当权者认识到主流文化的重要性,反映在意识形态上,则表现出北魏贵族对佛道文化的认同。

一、早期拓跋鲜卑的信仰状况

北魏政权是由鲜卑族建立的,在信仰上,鲜卑族与北方其他少数民族具有一定的共性,尤其是未入主平城前,信仰内容与方式还比较原始,信仰层次较低,当然这种状况的出现与当时所处的草原文化阶段是一致的。《后汉书·鲜卑传》记载:"鲜卑者,亦东胡之支也,别依鲜卑山,故因号焉。其言语习俗与乌桓同。"[1](P2985)鲜卑与乌桓的风俗信仰相似,《三国志·乌丸传》记载,(乌丸)"敬鬼神,祀天地日月星辰山川,及已故著名大人,每年皆以牛羊为牺牲,饮食之前更是必先祭。"[2](P831)早期鲜卑族的信仰主要集中在日月星辰山脉等自然体的信仰上,当然也有鬼神意识。此时的鲜卑族为什么把信仰内容放在自然物上,从《魏书·天象志》记载中或许可以找到答案,"夫在天成象,圣人是观,日月五星,象之著者,变常舛度,征咎随焉。然则明晦晕蚀,疾余犯守,飞流欻起,彗孛不恒,或皇灵降临,示谴以戒下,或王化有亏,感达于天路。"信仰一般带有功利性特征,鲜卑人信仰日月星辰等自然物也有一定的目的,"故有国有家者之所祗畏也。百王兴废之验,万国祸福之来,兆勤虽微,冈不必至,著于前载,不可得而备举也。"[3](P2333)这些相对自然性的信仰比较符合中古时期北方少数民族所普遍信仰的萨满教特征。

萨满教以原始自然物信仰为主,带有一定的原生性与粗放性,把自然神作为信仰的主体,如祭祀天神等行为。早期鲜卑族就有祭天神的记载,鲜卑始祖神元皇帝力微在"三十九年(258年),迁于定襄之盛乐。夏四月,祭天,诸部君长皆来助祭,唯白部大人观望不至,于是征而戮之,远近肃然,莫不震慑。"[3](P3)北魏太祖道武帝拓跋珪时期也有祭天神的记载,《魏书·太祖道武帝纪》曰:"登国元年(386年)春正月戊申,帝即代王位,郊天,建元,大会于牛川。"[3](P20)同书《礼志一》记载道武帝宣穆皇后刘氏祭天的场景:

> 太祖初,有两彗星见,刘后使占者占之,曰:"祈之则当扫定天下。"后从之,故立其祀。又立□□神十二,岁一祭,常以十一月,各用牛一、鸡三。又立王神四,岁二祭,常以八月、十月,各用羊一。又置献明以上所立天神四十所,岁二祭,亦以八月、十月。神尊者以马,次以牛,小以羊,皆女巫行事。又于云中及盛乐神元旧都祀神元以下七帝,岁三祭,正、冬、腊,用马牛各一,祀官侍祀。明年春,帝始躬耕籍田,祭先农,用羊一。祀日于东郊,用骍牛一。秋分祭月于西郊,用白羊一。[3](P2735)

从引文材料可以看出,拓跋珪登国时期还处在盛乐时代,而到了刘后时,已经进入了平城初期,但是这种原始的祭天信仰变化不大,只是信仰仪式更为繁琐,内容更为充实。《资治通鉴·宋纪》评价道,"魏入中国以来,虽颇用古礼祀天地、宗庙、百神,而犹循其旧俗,所祀胡神甚众。崔浩请存合于祀典者五十七所,其余复重及小神悉罢之。魏主从之。"[4](P3906)北魏进入平城初期,胡神祭祀活动仍保留着,《南齐书·胡虏列传》记载,"城西南去白登山七里,于山边别立父祖庙。城西有祠天坛,立四十九木人,长丈许,白帻、练裙、马尾被,立坛上,常以四月四日杀牛马祭祀,盛陈卤簿,边坛奔驰奏伎为乐。"[5](P985)在道武帝天赐二年(405年)也有平城城西祭神的记载:

> 天赐二年夏四月,复祀天于西郊,为方坛一,置木主七于上。东为二陛,无等;周垣四门,门各依其方色为名。牲用白犊、黄驹、白羊各一。祭之日,帝御大驾,百官及宾国诸部大人毕从至郊所。帝立青门内近南坛西,内朝臣皆位于帝北,外朝臣及大人咸位于青门之外,后率六宫从黑门入,列于青门内近北,并西面。廪牺令掌牲,陈于坛前。女巫执鼓,立于陛之东,西面。选帝之

十族子弟七人执酒,在巫南,西面北上。女巫升坛,摇鼓。帝拜,若肃拜,百官内外尽拜。祀讫,复拜。拜讫,乃杀牲。执酒七人西向,以酒洒天神主,复拜,如此者七。礼毕而返。自是之后,岁一祭。[3](P2736)

平城时代早期,北魏鲜卑的信仰活动较最初的萨满教信仰已经趋于丰富,信仰活动的规模也不断扩大,帝王也加入祭神的具体活动中,《资治通鉴·齐纪》记载,"魏旧制,每岁祀天于西郊,魏主与公卿从二千余骑,戎服绕坛,谓之坛。明日,复戎服登坛致祀,已又绕坛,谓之绕天。"[4](P4320)据上述材料可知,早期鲜卑族在入主中原前后,其信仰活动的客体仍然以单纯的自然崇拜为主,只是信仰方式趋于多样性而已,这与其本身所具有的草原主体文化的特质相适应。但进入中原,接触到相对先进的汉文化后,其信仰结构也发生了巨大变化。

二、北魏贵族对佛教文化的认同

东汉时期佛教传入中国,至北魏时已经有一定的规模和社会影响力,同时也成为中原信仰文化的重要组成部分。北魏政权由边远的盛乐迁入平城,此时仍以萨满教信仰为主,信仰状态较为原始,佛教文化还没有进入北魏贵族层面,《魏书·释老志》记载,"魏先建国于玄朔,风俗淳一,无为以自守,与西域殊绝,莫能往来。故浮图之教,未之得闻,或闻而未信也。"[3](P3030)文化的传播与导向是无形的,先进文化的诱导力往往使得一些相对落后的民族逐步放弃本身所固有的文化而向其转化,以实现先进文化的传播,这就是文化的导向性,也可以说是文化的认同。北魏鲜卑族在转向信奉佛教的过程,恰恰体现了文化认同的吸引力与魅力。

道武帝拓跋珪实现了北魏政权南移平城的夙愿,拓跋珪也是北魏当权者中较早并极力推崇佛教的,初"太祖平中山,经略燕赵,所迳郡国佛寺,见诸沙门、道士,皆致精敬,禁军旅无有所犯。帝好黄老,颇览佛经。"因于形势所逼,"天下初定,戎车屡动,庶事草创,未建图宇,招延僧众也。"但是道武帝"时时旁求"最终"有沙门僧朗,与其徒隐于泰山之琨 㼝 谷。帝遣使致书,以缯、素、旃罽、银钵为礼。今犹号曰朗公谷焉。"迁都平城的道武帝天兴元年(398 年)便下诏:"夫佛法之兴,其来远矣。济益之功,冥及存没,神踪遗轨,信可依凭。其敕有司,于京城建饰容范,修整宫舍,令信向之徒,有所居止。"[3](P3030)这里道武帝已经认识到佛教具有"济益之功",文化导向等功能明显。太祖道武帝后继者们也大多信奉佛教,《魏书·释老志》中有详细的记载:

太宗(明元帝拓跋嗣)践位,遵太祖之业,亦好黄老,又崇佛法,京邑四方,建立图像,仍令沙门敷导民俗。[3](P3030)

世祖(太武帝拓跋焘)初即位,亦遵太祖、太宗之业,每引高德沙门,与其

谈论。于四月八日,舆诸佛像,行于广衢,帝亲御门楼,临观散花,以致礼敬。[3](P3032)

高祖(孝文帝拓跋宏)践位,显祖移御北苑崇光宫,览习玄籍。建鹿野佛图于苑中之西山,去崇光右十里,岩房禅堂,禅僧居其中焉。[3](P3038)

在北魏诸帝王的大力提倡下,佛教在平城时期得到了长足的发展,基本达到了教化子民的目的,从孝文帝于延兴二年(472年)所下的两份诏书中可以窥见其中的端倪。一诏为"内外之人,兴建福业,造立图寺,高敞显博,亦足以辉隆至教矣。然无知之徒,各相高尚,贫富相竞,费竭财产,务存高广,伤杀昆虫含生之类。苟能精致,累土聚沙,福钟不朽。欲建为福之因,未知伤生之业。朕为民父母,慈养是务。自今一切断之。"另一诏为"夫信诚则应远,行笃则感深,历观先世灵瑞,乃有禽兽易色,草木移性。"[3](P3038)这两则诏书都反映了信仰佛法的重要性,这些变化与原始的萨满教相比,显得思想性更浓一些,理性更强,通过佛教来"助王政之律禁,益仁智之善性",这或许是北魏统治者追求佛教的原因所在。

三、北魏贵族对道教文化的认同

北魏政权对道教的信仰有着一定的历史渊源,尤其是入主平城后,对中原先进文化的需求显得更为迫切。道教作为中国土生土长的宗教文化,代表着传统文化的精髓,且诸多神仙方术的吸引,更容易为少数民族政权所接受。《魏书·释老志》记载,"太祖好老子之言,诵咏不倦。天兴中,仪曹郎董谧因献服食仙经数十篇。于是置仙人博士,立仙坊,煮炼百药,封西山以供其薪蒸。"[3](P3049)道武帝热衷于道教信仰,《册府元龟》也有类似记载,"后魏道武帝好黄老之言,诵咏不倦,数召诸王及朝臣亲为说之。"[6](P554)道教在北魏上层的传播,道士寇谦之做了大量的工作,《释老志》记载:

> 世祖时(太武帝),道士寇谦之,字辅真,南雍州刺史赞之弟,自云寇恂之十三世孙。早好仙道,有绝俗之心。少修张鲁之术,服食饵药,历年无效。幽诚上达,有仙人成公兴,不知何许人,至谦之从母家佣赁。谦之尝观其姨,见兴形貌甚强,力作不倦,请回赁兴代己使役。乃将还,令其开舍南辣田。谦之树下坐算,兴垦发致勤,时来看算。……谦之守志嵩岳,精专不懈,以神瑞二年十月乙卯,忽遇大神,乘云驾龙,导从百灵,仙人玉女,左右侍卫,集止山顶,称太上老君。谓谦之曰:"往辛亥年,嵩岳镇灵集仙宫主,表天曹,称自天师张陵去世已来,地上旷诚,修善之人,无所师授。嵩岳道士上谷寇谦之,立身直理,行合自然,才任轨范,首处师位,吾故来观汝,授汝天师之位,赐汝《云中音诵新科之诫》二十卷。"[3](P3049-3050)

从引文中可以看出,寇谦之自封为道教之正宗,受道教宗师之真传,带有强烈的神话色彩,太武帝为迎合之,在寇谦之的建议下,于太延六年(440年)改元太平真君,"起天师道场于京城之东南,重坛五层,遵其新经之制。给道士百二十人衣食,齐肃祈请,六时礼拜,月设厨会数千人。"以"显扬新法,宣布天下,道业大行"。[3](P3052~3053)道教在北魏的成功传播并受到统治者的重视,这其中离不开寇谦之对道教的改造,尤其是对斋醮仪范与戒律的改造。道教宣扬信教"可得除病寿终,攘却毒气,瘟疫所不能中伤,毕一世之年。"[7](P215)这些与鲜卑族早期萨满教所信仰的内容相似,都带有一定的神话色彩。寇谦之改变以前的做法,增添了长生不老的修炼方法,认为通过诵经也可以完成,即"诸欲修学长生之人,好共寻诸诵诫,建功香火,斋练功成,感彻之后长生可克"。[7](P215)这些新的变化比较符合北魏上层的信仰要求,再加上一些类似于《云中音诵新科之诫》等戒律的推行,使得道教的信仰权威更加明显,《释老志》记载,太武帝太平真君三年(442年),寇谦之奏请太武帝,曰"今陛下以真君御世,建静轮天宫之法,开古以来,未之有也。应登受符书,以彰圣德。""世祖从之。于是亲至道坛,受符录。备法驾,旗帜尽青,以从道家之色也。自后诸帝,每即位皆如之。"[3](P2053)道教在北魏时期得到了上层的崇尚,原因是多方面的,表面上看是道教的改革迎合了鲜卑上层的心理以至于受到重视,但从北魏政权迁都等动态历史轨迹可见,对主流文化的追求与认同才是其主因。

四、佛道信仰在北魏的历史变迁

从上文中可以看出,北魏鲜卑族的信仰状况较为复杂,原始的萨满教信仰依然在某种层面上保留着,而主流的道教与佛教也交互甚至是共存于上层文化圈中。佛道之争自从共存之日起就没有停止过,二者长期处于此消彼长的矛盾体中,历史进入北魏时期,佛道的争斗也没有平息,甚至出现了像太武帝灭佛等较为暴力的事件。北魏政权对佛道的态度也从某种程度上反映了佛道本身发展与社会变迁的融合度及其各种文化体之间碰撞与交流的嬗变。

佛道教信仰在当时都作为主流信仰意识而存在,二者都曾受到北魏政权的崇尚,一度成为皇家信仰。但二者由于文化的根源性等差异,受到的北魏政权的待遇也不尽相同,如太武帝就曾有崇道抑佛的举动。太武帝太平真君七年(446年),起因于盖吴起义,太武帝"忿沙门非法,(崔)浩时从行,因进其说。诏诛长安沙门,焚破佛像,敕留台下四方,令一依长安行事。又诏曰:'彼沙门者,假西戎虚诞,妄生妖孽,非所以一齐政化,布淳德于天下也。自王公已下,有私养沙门者,皆送官曹,不得隐匿。限今年二月十五日,过期不出,沙门身死,容止者诛一门。'"[3](P3034)佛教在太武帝时期遭到了重创,就连当时的太子"素敬佛道。频上表,陈刑杀沙门之滥,又非图像之罪。今罢其道,杜诸寺门,世不修奉,土木丹青,自然毁灭。如是再三,不许。"[3](P3034) 佛教遭到北魏统治者的禁止,可能是因为某种事件而引起的政治需要,但从文化认同的角度则不其然,从下面的一则诏书中或许会找出太武帝灭佛的真正症结:

> "昔后汉荒君,信惑邪伪,妄假睡梦,事胡妖鬼,以乱天常,自古九州之中无此也。夸诞大言,不本人情。叔季之世暗君乱主,莫不眩焉。由是政教不行,礼义大坏,鬼道炽盛,视王者之法,蔑如也。……其一切荡除胡神,灭其踪迹,庶无谢于风氏矣。自今以后,敢有事胡神及造型像泥人、铜人者,门诛。虽言胡神,问今胡人,共云无有。皆是前世汉人无赖子弟刘元真、吕伯强之徒,乞胡之诞言,用老庄之虚假,附而益之,皆非真实。至使王法废而不行,盖大奸之魁也。有非常之人,然后能行非常之事。非朕孰能去此历代之伪物!有司宣告征镇诸军、刺史,诸有佛图形像及胡经,尽皆击破焚烧,沙门无少长悉坑之。"[3](P3034~~3035)

至太武帝时期,佛教进入北魏政权足有半个多世纪,并受到广泛的关注,本应具有一定的信仰根基。但从诏书中使用的"事胡妖鬼""胡神""乞胡之诞言""胡经"等词语可以看出,佛教还没有从文化心理上真正进入北魏政权的信仰范畴,还没有像道教那样嵌入到信仰深处,达到根深蒂固的程度。虽然佛教在北魏平城时期的其他继任者那里得到一定程度的恢复和发展,但是宗教所具有的政治等功能性特征与真正的文化心理认同仍存在一定的差距。

五、小结

平城时期是北魏历史发展的重要时期,是思想文化融合与转变的重要历史阶段,是草原文明与农耕文明碰撞的阵痛期。北魏政权入主中原后,原有文化的转变与中原先进文化的吸收显得格外重要,佛道等信仰文化的引入也成为北魏政权对中原文化认同的重要体现。这里需要探讨一下,北魏鲜卑政权入主平城后为什么要急于吸收佛道文化?作为一个政权,需要得到天下公认,即政权的正统性问题,《晋书·慕容儁载记》记载慕容鲜卑对正统的论述,曰"国家本戎狄也,正朔会不归人,江东虽微弱仅存,然中华正统,天意必不绝之"。[8](P2935) 关于正统的思想,在佛道文化中皆有明显的体现,如天道观、圣王观等,这些都是少数民族政权所缺少的而又是亟需的。因此,通过宗教文化,实现民族与政权的正统,这是一个较具说服力与公信力的方式,有的学者在论述宗教文化重要性时,认为"宗教文化上的统一和认同感,往往是一个多民族共同体在政治经济上统一的思想文化基础。在民族形成和融合的过程中,共同的宗教信仰强化了民族构成诸要素中共同文化的要素。"[9](P42)北魏政权借助佛道信仰文化,积极融入汉民族意识中,努力追逐着文化认同感。

参考文献:

[1](南朝)范晔.后汉书[M].北京:中华书局,1965.

[2](西晋)陈寿.三国志[M].北京:中华书局,1971.

[3](北齐)魏收.魏书[M].北京:中华书局,1974.

[4](宋)司马光.资治通鉴[M].北京:中华书局,1956.

[5](南朝)萧子显.南齐书[M].北京:中华书局,1972.

[6](宋)王钦若.册府元龟[M].南京:凤凰出版社,2006.

[7]道藏[M].北京:文物出版社,1988.

[8](唐)房玄龄.晋书[M].北京:中华书局,1974.

[9]张桥贵.道教与中华民族的凝聚力[J].云南民族学院学报(哲学社会科学版),1999(06):65-67.

鲜卑神话考实

苗霖霖

(黑龙江省社会科学院历史研究所,黑龙江 哈尔滨 150018)

摘　要:史书中详尽记载的鲜卑神话共有三个,其一为鲜卑人投鹿侯之妻吞电生下鲜卑部落联盟第一任首领檀石槐,其二为拓跋诘芬与天女相合生下拓跋部始祖拓跋力微,其三则是天降神童成为乞伏部落联盟的首领。通过将这些神话与当时鲜卑族历史相联系可以发现,吞电生子的神话是为了隐瞒檀石槐私生子的事实,天女之子是为了解释拓跋力微母族消失的原因,而天降神童则是说明乞伏部之强大,展现其顺利统辖四部之功。

关键词:鲜卑;神话;真相

鲜卑是发源于我国东北地区的少数民族,由于该民族在部落制基础上发展起来,其建立政权之初文化相对落后,加之北魏太武帝时期"国史之狱"造成了资料的焚毁,从而造成史书对鲜卑族先世的记述多以神话带过。关于史籍中记述的鲜卑神话学界关注较少,笔者不揣浅薄,试通过对这些神话的研究,探寻神话背后的历史真实。

一、鲜卑神话的出现

神话普遍存在于各种文明的初始阶段,因而时常被认为是原始文化的代表而被排除于信史之外。针对这一状况,日本学者白鸟库吉曾指出:神话传说是"用事实与虚构结合而成,其形成之经过,却依然传出事实真相",[1](P2)应该把神话传说视为历史的一部分。以顾颉刚为代表的"古史辨"派则提出应根据神话传说的演化去审视和判断史实,从而把历史从神话中剥离出来。本文基于以上观念,试通过对鲜卑神话进行研究和考察,揭示神话背后的历史真相。

翻查史书不难发现,很多史籍中都有神话故事存在,特别是在记载古代少数民族历史的书籍中,神话更是被普遍采用。这主要由于少数民族政权大都建立于武力征伐之上,政权建立之初,国家文化相对落后,最终只得以神话传说加以补充。以北魏为例,北魏是鲜卑族拓跋部建立的政权,国家建立之初对史官没有过多关注,及至北魏第三任皇帝太武帝拓跋焘时,随着南方士人不断从南朝逃往北魏,他们有着较高的文化水平,并开始在北魏担任官员,为北魏各项政策制度的实施出谋划策。

随着北魏国力的不断增强、领土的日益扩大,为了彰显祖辈功勋,太武帝准备着手编写"注集前功,以成一代之典"的国史。[2](P823) 当时北魏国内文化水平最高者,当属汉人门阀大族清河崔氏的代表崔浩。于是,太武帝命崔浩以司徒监秘书事,中书侍郎高允、散骑侍郎张伟参著作事,负责编修国史,并要求他们据实以录,"至于损益褒贬,折中润色,浩所总焉"。[2](P823) 崔浩等人按照太武帝的要求,编写了北魏历史上的第一部国史,名之曰《国书》。但在《国书》编修完成后,自负的崔浩为了彰显直笔、夸耀才学,将新编写的《国书》及其所注释的《五经》刊刻在路旁的石碑上。由于《国书》详尽记述了拓跋部的历史,其中一些鲜卑"旧俗"遭到国内日益增多的汉人的鄙夷,而成为鲜卑贵族不愿提及的"秘密",其中最严重的便是对北魏开国皇帝道武帝拓跋珪早年经历的记载。

拓跋珪本是遗腹子,他的父亲拓跋寔在他出生前就由于保护爷爷、代国国君拓跋什翼犍而被叛乱者杀死。拓跋寔死后,拓跋什翼犍收继了拓跋珪的母亲贺氏,拓跋什翼犍与拓跋珪之间的关系也由祖孙变成了父子。[3](P347) 东晋孝武帝太元元年(376年),前秦出兵代国,代王拓跋什翼犍战败,拓跋珪"缚父请降",代国灭亡。此后,苻坚先将拓跋珪迁往长安,后又以他"执父不孝,迁之于蜀"。[4](P2899)

事实上,在我国古代北方游牧民族中,"蒸报婚"极为普遍。所谓蒸报婚,又叫作收继婚,就是在父亲或兄弟死后,将除母亲外的其他妻子连同财产一起继承的婚姻形式,其目的是为了保证财产不外流,北魏开国皇帝拓跋珪便是这一婚制的直接产物。"蒸报婚"这一游牧民族的婚姻形式,一度成为汉人嘲笑鲜卑人乱伦的依据。此外,拓跋什翼犍逝世时拓跋珪尚年幼,因而"缚父请降"的实际操作者是拓跋珪的母亲贺氏,但由于是以他的名义进行的,所以拓跋珪只能代母受过,承担着为汉人不齿的不孝之名。[5](P24)

在北魏建国后,这些事件成了拓跋贵族不愿再度提及的隐秘,但崔浩在编修《国书》时不仅详尽记述了这些史实,更将其刻于石碑、立在路旁,引发了往来行人关注和议论,这无疑揭开了鲜卑宗室的伤疤。鲜卑贵族看到后怒不可遏,他们纷纷找到太武帝,指控崔浩有意暴扬国恶。太武帝遂下令收捕崔浩及秘书郎吏,审查罪状。太平真君十一年(450年),太武帝诛杀崔浩,清河崔氏及其姻亲范阳卢氏、太原郭氏、河东柳氏等众多汉人门阀家族都被连坐族灭,崔浩所著《国书》以及相关资料也随之被销毁。

此后接任的历史学家或由于缺乏相关资料而只能以神话记述早期历史,或是由于受到"国史之狱"的影响而不敢再过多提及鲜卑族隐私,至于其中不得不提的地方便只能以神话带过,从而造成鲜卑族早期历史记述中神话较多,这也成为鲜卑历史记述的一个鲜明特征。

二、鲜卑神话背后的历史真相

虽然鲜卑族流传下来的神话很多,但是能够完整记述一个事件的神话却为数不多,通过将这些神话与当时历史状况相结合,辅之以相关史料或出土资料,可以考证出神话背后的历史真相。

(一)吞电产子

檀石槐是鲜卑族历史上的一位英雄,他不仅统一了鲜卑部落,还建立起了鲜卑历史上第一个部落军事大联盟。关于他的身世,《三国志》卷30《乌桓鲜卑东夷列传·鲜卑传》注引《魏书》记载:

> 投鹿侯从匈奴军三年,其妻在家,有子。投鹿侯归,怪欲杀之。妻言:"尝昼行闻雷震,仰天视而电入其口,因吞之,遂妊身,十月而产,此子必有奇异,且长之。"投鹿侯固不信。妻乃语家,令收养焉,号檀石槐,长大勇健,智略绝众。

东胡部落联盟解散后,乌桓和鲜卑从东胡中分离出来,匈奴成为北方地区势力最强的一个民族,鲜卑则"为匈奴臣服,常岁输牛马羊,过时不具,辄虏其妻子"。[6](P833)他们不仅要定时向匈奴缴纳贡赋,还要随同匈奴对外作战,檀石槐的父亲投鹿侯便是被迫随同匈奴作战的鲜卑人。投鹿侯跟随匈奴对外作战长达三年之久,在他走前妻子并未怀孕,但当他回来时其妻已经产下了儿子。也就是说,檀石槐实际上是他的母亲与人私通所生下的私生子。投鹿侯回家后,见到这个突然出现的儿子,大怒,并欲杀死这个私生子。檀石槐的母亲自然不肯,于是她便编造了自己"昼行闻雷震,仰天视而电入其口,因吞之,遂妊身,十月而产"的神话,[6](P837)意图以此蒙混过关。

在我国古代社会,以神话形式记述始祖的出身在上古时期屡见不鲜,其中因吞物而产子者亦为数不少,其中具代表性的有殷商时期帝喾的次妃简狄"见玄鸟堕其卵,简狄取吞之,因孕生契"。[7](P91)秦国始祖大业为颛顼后裔女修见"玄鸟陨卵,女修吞之,生子大业"。[7](P173)这些神话的出现主要是由于时间久远,始祖出身已经无法考证,加之当时人们已经有了初步的生理知识,知道生命是由女性腹中的胚胎孕育而成,于是便有了以直接进入腹中之物作为胚胎的代替品怀孕产子的记载。但时至东汉,以吞物产子来掩盖私通行为,用以解释私生子的出现,已经不能使人信服。

投鹿侯虽然不能接受妻子的解释,但长久以来鲜卑部落实行的是部落外婚制,造就了他们勇猛彪悍、性格暴躁,他们可以"怒则杀父兄,而终不害其母"。[6](P832)这是由于本部落的女性都来自外部落,如果遭到杀害,必然会引起其母家部落的复仇,甚至有时还会造成部落被吞并的严重后果。受到这种思想的影响,投鹿侯归来后只是想要杀死这个私生子,而不是与人私通的妻子。无奈之下,投鹿侯的妻子将儿子送往母家的部落,让娘家人代为收养,并起名曰檀石槐。

作为私生子,檀石槐在部落的地位自然很低,但他本人却十分勇敢和机敏,他在十四五岁时便能单骑只身追击抄掠外祖家的异部大人,且全部追回了被掠夺的财物,从而得到了崇尚武力与智慧的鲜卑部民的认可和器重,成人后的檀石槐更由于勇敢,且善于施法禁、平曲直,而得到部民的拥护,并被推选为部落大人。在他的掌管下,其所部兵强马壮、实力迅速增长,周边各部大人都主动归附于他,于是他在距高柳(今山西省阳高县)北三百余里的弹汗山歠仇水上建立了庭帐,建立起了鲜卑历史上第一部落军事大联盟。此时,北至西伯利亚,西至甘肃,东达黑龙江的广大区域,都有鲜卑部落活动,鲜卑族自此开始兴盛。

(二)天女送子

檀石槐部落大联盟建立后,为了便于管理统治区域的部落而将他们分为东、中、西三大部,每部设部落大人三到四人,并命他们率部迁往指定区域。东汉末年,檀石槐逝世,其所建立的鲜卑部落大联盟随之解散,部落联盟西部部落中成员拓跋部脱颖而出,而其中对拓跋部兴盛有着至关重要影响的部帅拓跋力微,也是有着神话出身的英雄。

当时拓跋部的部帅拓跋诘汾(即圣武帝)有两个儿子,长子名拓跋匹孤、幼子为拓跋力微。在没有嫡庶观念的部落时代,匹孤、力微都有继承部落的意愿,但最终诘汾死前却将部帅之位交由幼子力微继承,没有得到部帅权力的长子拓跋匹孤从拓跋部中分离出来,率众西迁至河西雍、凉二州之间(今陕西省中部及甘肃省一带),并开始与汉、羌等族杂居共处。

至于拓跋诘汾为何没有将部帅之位传给长子匹孤,而是传给了幼子力微,史书并没有给出任何解释,但根据当时部帅传承规律来看,拓跋诘汾的这一选择必然与二人的背后支持势力息息相关。

关于匹孤母族史书中没有任何记载,但却记载了匹孤长子寿阗之母(即匹孤妻)为胡掖氏。根据《晋书·北狄列传》所载:匈奴贵族中有呼延部,是单于子弟之外地位最高的部落。檀石槐部落联盟建立后,尽据匈奴故地后,留居于此的匈奴部落皆自号鲜卑,并开始与鲜卑人通婚。匹孤作为拓跋部部帅之子,与匈奴部落联姻也在情理之中,由是笔者以为"胡掖"应是"呼延"的音译,乃匈奴呼延部人。

根据力微统部 58 年而亡,享年 104 岁,可以推知其继任部帅之时已经 42 岁,他应该已经成婚,甚至有可能已经育有子嗣。关于力微的妻子,史书没有任何提及,她极有可能并没有强大的部落背景,那么能够支持他成为部帅的就只剩下他的母族。关于拓跋力微之母,《魏书》卷 1《序纪·神元帝纪》载:

> 初,圣武帝尝率数万骑田于山泽,欻见辎车自天而下。既至,见美妇人,侍卫甚盛。帝异而问之,对曰:"我,天女也,受命相偶。"遂同寝宿。旦,请还,曰:"明年周时,复会此处。"言终而别,去如风雨。及期,帝至先所田处,果复相见。天女以所生男授帝曰:"此君之子也,善养视之,子孙相承,当世为帝王。"语讫而去。子,即始祖也。故时人谚曰:"诘汾皇帝无妇家,力微皇帝无舅家。"

根据力微之母乘"辎车自天而下""侍卫甚盛"来看,她应该是有一定背景的贵族女性。其与拓跋诘汾同居后,生下了拓跋力微,因而出现了"诘汾皇帝无妇家,力微皇帝无舅家"之说。既然拓跋力微在历史上确有其人,他自然不可能是天女之子,那么造成"诘汾皇帝无妇家,力微皇帝无舅家"的原因便值得探究。

根据《魏书·神元帝纪》的记载可知,力微于曹魏文帝黄初元年(220 年)继任部帅。同年,拓跋部便由于西部部落的内侵造成了国民离散,力微乃率部依附没鹿回部部帅窦宾,而匹孤则率部踏上了西迁之路。根据《三国志·乌桓鲜卑东夷列传》的记载,檀石槐西部大人共有三位,他们分别是推演、龛落罗和宴荔游,其中推演即推寅,亦即拓跋力微的祖父拓跋邻。龛落罗,史载不详。至于燕荔阳(亦即"宴荔游"),他在东汉安帝永初中(109—111 年)曾朝贡东汉,汉桓帝永寿年间(155—158 年)加入檀石槐部落联盟,从他朝贡东汉至曹魏黄初元年(220 年)拓跋部离散,中间间隔近百年,在当时的医疗条件下他根本不可能仍在人世,其后人情况也无从可考。按照当时鲜卑部落发展规律来看,或是由于他的逝世而又缺乏有能力的继承者,从而造成部落衰落乃至覆灭。至于其他的西部部落,即便存在,实力也必不可与此三部同日而语,仅一个西部部落必然不可能对拓跋部造成如此重创。那么,只有一种可能,即在西部部落进攻拓跋部落联盟之时,拓跋部内部也必然发生了史书所未载的重大事件,这一事件极有可能是力微的母族与匹孤的妻族为帮助各自支持者而发生的战争,而同处西部的其他部落乘虚而入,不仅消灭了已经两败俱伤的力微、匹孤二人的支持势力,更给拓跋部以重创,拓跋部势力由此急剧衰落,并最终分裂。匹孤乃率部西迁河西,力微则率领剩余部众依附没鹿回部。

（三）神童挡路

檀石槐部落军事大联盟建立后，对统帅区域内的部落进行了重新调配，如弗（斯）、出连、叱卢等三部也在此时按照檀石槐的军事部署开始了迁徙。至西晋武帝时期，他们已经迁徙到"夏缘"（即中原边境），随即又西迁进入今宁夏回族自治区，并遇到了定居于此的乞伏部。

关于乞伏部的起源，《晋书》卷125《乞伏国仁载纪》记载：

> 在昔有如弗斯、出连、叱卢三部，自漠北南出大阴山，遇一巨虫于路，状若神龟，大如陵阜，乃杀马而祭之，祝曰："若善神也，便开路；恶神也，遂塞不通。"俄而不见，乃有一小儿在焉。时又有乞伏部有老父无子者，请养为子，众咸许之。老父欣然自以有所依凭，字之曰纥干。

根据这则神话记载，如弗（斯）、出连、叱卢三部原居于漠北，后南迁至大阴山。他们在迁徙过程中，遇到了巨虫，既而又变为一神童，神童后被乞伏部老人收养，名曰纥干，此即乞伏部始祖。这个孩子长大后骁勇善战，"四部服其雄武，推为统主，号之曰乞伏可汗托铎莫何"。[4](P3113)乞伏部部落联盟由此产生。

对此，《魏书》却有着不同的记载。《魏书·乞伏国仁列传》记载称："鲜卑乞伏国仁，出于陇西，其先如弗自漠北南出。五代祖佑邻并兼诸部，部众渐盛。"将《晋书》与《魏书》的记载相对照，可以发现《晋书》称乞伏部的先祖或出自乞伏部，而《魏书》则称其出自如弗（斯）部。如果不是其中一部史书记载有误，那么就是如弗（斯）部与乞伏部有着某种联系。根据鲜卑族神话的通常做法，他们多会将一个部落的先祖记为神的后代，将两个部落同时记为某一神化对象的后代则从未出现过。更令人疑惑的是，此后的文献中虽然有着较多关于出连、叱卢以及乞伏部后人的记载，但却独独不见如弗（斯）部的存在。那么只有一种可能，即如弗（斯）、出连、叱卢三部按照檀石槐的军事部署，从漠北迁徙而来，在进入宁夏后遇到了乞伏部，当时的乞伏部正好挡住三部的去路。

从三部认为乞伏部是"巨虫"，并进行"杀马而祭"，且进行祝祷的行为来看，乞伏部的势力或与三部相当，甚至会略大于三部。三部于是与乞伏部进行联络，甚至进行过朝贡，请求从乞伏部领地穿行。乞伏部或是拒绝了三部的请求，三部由此与乞伏部发生了军事冲突，如弗（斯）部亦在此时被乞伏部吞并。此战也使乞伏部意识到不能完全消灭三部势力，于是接受了三部的请求，不仅允许他们通过自己的领地，还与他们一同迁徙，从而出现了神话中的巨虫变为孩童并成为四部首领的现象，乞伏部部落联盟由此产生。

三、鲜卑神话产生的原因

记载鲜卑历史的史籍中有如此多的神话出现，既不会是史学家一时兴起的无聊之举,亦不可能是史书为增加可读性而画蛇添足的行为,而是有着其特定的历史原因。

（一）解释久远历史中含混不清之处

史学著述中在介绍皇室先祖或者一些特定民族的起源时,多会以神话作为开端。这不仅是为了提升皇室和民族的出身,更主要的原因在于,由于追述年代久远,其中一些人物或史实已经涉及商周时期乃至更早的历史,由于当时文字记载的缺乏,很多历史事件都是通过口口相传留下来的,中间不免错漏。但历史记述需要严谨和科学,史学家只得在特定历史背景下,结合口口相传的事件,发挥想象而创造出神话故事,以免后人会对这段历史真相进行误读。

（二）避免宣扬国耻而造成对自己及亲族的伤害

史学家虽然有着忠于自己职责的使命感,但作为一个社会个体,他们不可能离开亲族而独立存在。特别是他们所记载的事件中有很多都涉及皇族的隐私,一不小心便会造成自己生命危险,甚至危及家人乃至亲族的安全。其中最具代表性的便是北魏史学家崔浩的"国史之狱"。这一事件不仅震撼了整个朝野,造成了崔浩本人被杀,清河崔氏家族以及与清河崔氏的姻亲家族范阳卢氏、河东柳氏等家族都被族灭,与清河崔氏关系密切的渤海封氏等家族则受到了打压,相关史书和资料也遭到焚毁。此后的一些史学家,为了自己和家人的安全,或是不再提及这些皇族隐秘,或以神话形式加以记载,作为后人了解真相的线索。

（三）为了迎合皇帝或权臣的需要

一些出身较低的权臣或者有着特殊经历的皇帝,有时一方面为了保护皇族隐私而不得不将一些历史真相隐藏,一方面还要为他们破格褒奖或者提拔一些人找到合适的借口,神话也就随之成为这种载体,如北魏宣武帝的生母孝文昭皇后高氏本是孝文帝的嫔妃,后又在后宫争斗中被杀,宣武帝继位后,为了彰显母亲的显贵而将她追封为皇后。但在宣武帝之前,孝文帝已经册封过一个被冯太后寄予厚望的皇太子(即废太子元恂),他作为孝文帝册立的第二个太子,为了提升自己的地位,宣武帝便通过其母亲高氏曾梦见龙附体而怀孕的神话而为自己是真正的真龙天子正身。

综上可见,史书中的神话虽只是历史记述中的补充内容,但其也有深刻的历史事实蕴含其中。通过对比可以发现,鲜卑族神话多是对鲜卑族领袖(部帅)出身进行记述。由于鲜卑族本是游牧民族,后在部落制基础上建立的政权,因而在神话中不仅对部帅"天子"身份进行细致的描述,更对他们降世后幼年的武功进行夸耀。虽然神话中有很多荒诞不经的成分,但通过将神话与这些部帅生活时代相联系,可以发现神话背后所隐藏的不为人知的历史真相,其中有的是对部帅私生子身份或曾有过不利于其发展行为的掩饰,也有对早期部落战争的美化。通过对鲜卑神话的考察,有利于我们全面了解鲜卑族的历史。

参考文献:

[1][日]白鸟库吉.中国古传说之研究[A].日本学者研究中国史论著选译(第一卷)[C].北京:中华书局,1992.

[2](北齐)魏收.魏书[M].北京:中华书局,1974.

[3]周一良.魏晋南北朝史札记[M].北京:中华书局,1983.

[4](唐)房玄龄等.晋书[M].北京:中华书局,1974.

[5]李凭.北魏平城时代[M].上海:上海古籍出版社,2014.

[6](西晋)陈寿.三国志[M].北京:中华书局,1982.

[7](汉)司马迁.史记[M].北京:中华书局,1982.

北魏《孝经》之传播

邵正坤　王　忠

（吉林大学古籍研究所，吉林 长春 130012）

摘　要：拓跋鲜卑建立的北魏政权在入主中原之后，大力推行"孝治天下"的统治政策，以稳定社会、巩固统治。因此，统治者对《孝经》格外重视，从自身到国家政策都向"孝"倾斜，促使其在北魏的社会地位迅速提升。一方面，帝王大力推崇并亲讲《孝经》；另一方面，士人研究注疏《孝经》出现高潮。整个北魏社会上行下效，促使北魏时期成为中国古代《孝经》传播的一个高峰期。

关键词：北魏；孝经；传播

《孝经》是儒家经典中详细论述孝、孝道、孝行的重要论著。从汉武帝"罢黜百家，独尊儒术"以来，就一直备受历代王朝统治者推崇，影响日益广泛。西汉平帝时，"序、庠置《孝经》师一人"，[1]（卷12《平帝纪》，P355）使之成为官学。东汉时，《孝经》已成为当时社会的必备读本，"期门羽林介胄之士，悉通《孝经》"[2]（卷8《宣帝纪》，P238）魏晋时期，由于统治者和世家大族对孝的大力推崇，作为阐述忠孝观念的经典《孝经》备受时人青睐。人们不仅学习《孝经》和践行孝行成风，而且对《孝经》研究可谓繁盛。少数民族拓跋鲜卑入主中原建立的北魏政权，继承两汉魏晋的治国理念"孝"——"以孝立国"，意图稳定社会，巩固统治。为此，统治阶级采取多种方式倡导孝道和孝行，以身作则积极学习、践行以《孝经》为代表的孝文化。但是由于文献资料的稀缺，学者们对北朝特别是北魏时期《孝经》的传播关注甚少。实际上，《孝经》是北魏最为流行、普及性最强的经书。

一、《孝经》社会地位的提升

北魏时期，历代统治者继承了两汉魏晋以来"孝治天下"的统治政策，并将其作为巩固统治的重要手段之一，从国家政策到自身都向孝倾斜。而早期拓跋鲜卑内部"孝"等伦理观念淡薄，为了更好地贯彻孝治，首先亟需将论述孝道之论著——《孝经》及其孝观念传播开来。《孝经》中指出，孝是诸德之本，"人之行，莫大于孝"，[3]（卷5《圣治章第九》，P28）帝王可用孝治理国家，臣民能用孝立身，所以北魏的统治者格外重视《孝经》的传播。

北魏前期，随着统治日益巩固和经济社会的快速恢复发展，北魏上层统治者对《孝经》在内的汉文化日益重视，《孝经》于此时已被列为重要学习典籍。明元帝即位之后，燕凤与崔玄伯、崔浩①、封懿、梁越等人"入讲经传"。[4]（卷24《燕凤传》，P610）其中燕凤是北魏前期的重要谋臣，早在昭成帝什翼犍时期就以"博综经史，明习阴阳谶纬"[4]（卷24《燕凤传》，P609）见幸。崔玄伯和其子崔浩出自清河崔氏，家中孝风盛行。虽然文献没有言明这些汉族士人为明元帝讲授何经，但以《孝经》在两汉魏晋形成的重要地位，以及这些大臣的仕宦经历和学识背景，《孝经》必定在其重点讲授之列。崔浩在太平真君九年（448年）向太武帝拓跋焘献上《五寅元历》，表曰："太宗即位元年（409年），敕臣解《急就章》《孝经》《论语》《诗》《尚书》《春秋》《礼记》《周易》，三年成讫。"[4]（卷35《崔浩传》，P824）

崔浩在这个奏章中明确说明当年给明元帝讲授的经书中包括《孝经》，且在此基础上注解成书。这个事例表明《孝经》在北魏前期已经得到统治者认可，重新确立了汉晋历来帝王必读书籍的地位。

从国家政策来看，《孝经》内容简单易懂还容易践行，且书中提倡的忠孝思想符合北魏政权统一北方后亟需巩固统治的需求。因此，明元帝刚刚登基之初，也即北魏正式统一北方广大地区不久之后，就急迫地作出让崔浩着手注解《孝经》等一大批儒家典籍这样的重大决策。而且在注解的典籍中，《孝经》甚至排在了儒家其他典籍之前，格外受到重视。孝经里倡导的"夫士之为行，在家必孝，处朝必忠"[4]（卷4上《太武帝纪上》，P76）是统治者最看重的。同时据此，邹清泉先生推断在《隋书·经籍志》中记载的《国语孝经》（鲜卑语）一卷当在此时已有译出。[5]（P97）笔者也认为《孝经》被译成鲜卑语应在孝文帝之前，当在此际。当时的明元帝等鲜卑族统治者在代北学习这些古籍文献时，不一定能熟练使用汉字，翻译为鲜卑语就可让鲜卑贵族更方便地了解汉文典籍。明元帝让崔浩解经直接表明《孝经》在北魏的社会影响力急剧上升。

从他们自身所处的地位考虑，孝治天下首先就需要皇帝能为天下百姓之表率，践行《孝经》思想，躬身孝道。明元帝拓跋嗣"素纯孝"，由于北魏"子贵母死"之制，母亲被处死之后，"哀泣不能自胜"。[4]（卷3《明元帝纪》，P49）太武帝拓跋焘"生不逮密太后，及有所识，言则悲恸，哀感傍人，太宗闻而嘉叹。暨太宗不豫，衣不释带。性清俭率素，服御饮膳取给而已"。[4]（卷4下《太武帝纪下》，P107）献文帝拓跋弘"仁孝纯

---

① 崔浩在"太宗初，拜博士祭酒，赐爵武城子，常授太宗经书。"（出自《魏书》卷35《崔浩传》，第807页）

至"。[4](卷6《献文帝纪》,P125)孝文帝"幼有至性,年四岁,显祖曾患痈,帝亲自吮脓。五岁受禅,悲泣不能自胜。显祖问帝,帝曰:'代亲之感,内切于心。'显祖甚叹异之。"[4](卷7下《孝文帝纪下》,P186)在帝王的倡导下,标榜孝道成为当时社会一大风气,"孝"成为当时重要伦理规范,甚至帝王谥号中有"孝"字在这一时期大为盛行,也从一个侧面反映出帝王们对孝的重视。北魏以"孝"为谥号的帝王:孝文皇帝元宏、孝明皇帝元诩、孝庄皇帝元子攸、孝武皇帝元修,此外孝庄帝还曾追封自己父亲元勰为孝宣皇帝。在皇帝的表率下,宗室贵族也能做到以孝为行事根本,争相以"孝"为谥号,据笔者统计《魏书》中就有22人以"孝"为谥:北魏宗室拓跋若,追赠谥号"孝";[4](卷20《文成五王列传·河间王若传》,P529)范阳卢义僖,谥号"孝简";[4](卷47《卢玄附卢义僖传》,P1053)外戚李延寔,谥号"孝懿";[4](卷83下《外戚列传·李延寔传》,P1837)赵郡李顺妻邢氏,死后追赠"孝妃"。[4](卷36《李顺传》,P833)这从一个侧面反映了随着《孝经》社会地位的上升,其在上层社会中影响之大。

二、统治者对《孝经》的推崇

北魏中期,孝文帝大力推崇《孝经》,又使其得到进一步推广传播。这与孝文帝拓跋宏拥有北魏其他帝王无法比拟的深厚汉文化造诣,并且特别精通《孝经》密切相关。而孝文帝这份文化内蕴深受文明太后熟悉汉文化的耳濡目染,同时也是文明太后熟悉各种汉文化典籍的哥哥冯熙悉心教导的结果。冯熙在12岁时就"从师受《孝经》《论语》,好阴阳兵法"。[4](卷83《外戚列传·冯熙传》,P1811)可以说,冯熙尤其对《孝经》的造诣颇为深厚。在老师的熏陶下,孝文帝对《孝经》也有深厚的理解力,深刻认识到《孝经》普及对北魏社会安稳的巨大作用,这也是孝文帝大力推崇《孝经》的重要原因。文献记载孝文帝曾亲自讲经,"高祖尝亲在苑堂讲诸经典,诏(阳)尼①侍听,赐帛百匹"。[4](卷72《阳尼传》,P1604)按照《孝经》在魏晋南北朝的地位以及孝文帝本人对《孝经》的熟悉和掌握程度,《孝经》应当在讲授之列。孝文帝在普及推广《孝经》方面采取的最重要的措施之一是翻译出鲜卑语《孝经》。《隋书》卷32《经籍志一》载:"魏氏迁洛,未达华语,孝文帝命侯伏侯可悉陵,以夷言译《孝经》之旨,教于国人,谓之《国语孝经》。"[6](卷32《经籍志一》,P935)

笔者认为,《国语孝经》可能是在前面提及的明元帝永兴元年(409年)令崔浩注解《孝经》版本的基础上,孝文帝命侯伏侯可悉陵重新整理校订的新版本。鲜卑语的书籍当然不止这一本,单单侯伏侯可悉陵所撰的,据《隋书·经籍志》所云,就有《国语物名》和《国语杂体名》两本,此外还有一些鲜卑歌曲、军令。

---

① 阳尼,"少好学,博通群籍。后改中书学为国子学,时中书监高闾、侍中李冲等以尼硕学博识,举为国子祭酒。"(出自《魏书》卷72《阳尼传附阳藻传》,第1601页)

然而,汉人经典真正译为鲜卑语的,见之于史籍的就只有《孝经》。[7]《国语孝经》的正式颁发,更方便北魏讲鲜卑语的人群学习理解,对《孝经》的普及起到了很大的推动作用。虽然文明太后和孝文帝在极力推崇《孝经》背后隐藏着政治权力争斗的目的,但他们对《孝经》的推崇,客观上却都为《孝经》普及与传播作出巨大贡献。

随着北魏皇帝对汉文化学习运用程度的加深,他们不再仅仅局限于学习《孝经》,且仿照南朝皇帝做法,开始公开讲解《孝经》。在文献中最早有明确记载北魏皇帝亲讲《孝经》的传统始于宣武帝。正始三年(506 年)"十有一月甲子,帝为京兆王愉、清河王怿、广平王怀、汝南王悦讲《孝经》于式乾殿"。[4](卷8《宣武帝纪》,P203) 这一方面说明《孝经》的地位重要和孝观念深入人心,另一方面说明北魏统治者的汉文化功底越来越深厚,已经可以熟练运用儒家经典。此后,历代统治者争相讲解《孝经》。这一方面反映了北魏少数民族统治者认识到《孝经》地位的重要性,另一个方面也反映出这一时期《孝经》的独特地位。由于统治者的提倡,北魏时期《孝经》已成为统治者最重视的儒家经典之一。

北魏时期,帝王亲讲《孝经》仪式最为隆重的一次,是孝明帝正光二年(521年)二月"癸亥,车驾幸国子学,讲《孝经》"。[4](卷9《孝明帝纪》,P232) 下表所列的六条史料从不同角度记载了这次盛典,它们相互印证推论出这样一个事实:孝明帝在刚刚改建的国子学举行规模宏大的释奠之礼,亲自讲解《孝经》;经学大师国子祭酒崔光"执经南面",且随后也被敕讲《孝经》,史书记载"正光二年,乃释奠于国学,命祭酒崔光讲《孝经》";[4](卷82《儒林传》,P1842) 博通经学的王遵业做预讲,"及光为肃宗讲《孝经》,(王)遵业预讲";[4](卷38《王慧龙附王遵业传》,P879) "(常)景与董绍、张彻、冯元兴、王延业、郑伯猷等俱为录义";[4](卷82《儒林列传·常景传》,P1803) 司徒、京兆王继,羊深等"百僚陪列"。讲《孝经》和释奠仪式举办完毕后,常景、王普应等百官作释奠诗,以庆祝此次大规模活动。常景、王普应等人的诗文早已散佚,但我们可以在《初学记》卷 14 看到与常景同时参加的大臣李谐的《释奠诗》。李诗云:"帝曰师氏,陈牲委奠,神具醉止,薄言嘉宴。"[8](卷14《礼部下·释奠第三》,P343) 由此诗可知此次讲经释奠活动的繁盛景象。皇帝为国子学学生和文武百官亲讲《孝经》,还有一帮重臣相陪,而且分工明确,各司其职,足见这次讲授《孝经》活动的隆重和北魏统治者对讲经活动的重视程度。

孝明帝亲讲《孝经》情况表

时间	内容	备注	出处
正光二年 (521年)	二月"癸亥,车驾幸国子学,讲《孝经》。"		《魏书》卷9《孝明帝纪》,第232页 《北史》卷4《魏本纪第四·孝明帝纪》,第148页
正光初	正光初,(常景)除龙骧将军、中散大夫、舍人如故。时肃宗以讲学之礼于国子寺,司徒崔光执经,敕景与董绍、张彻、冯元兴、王延业、郑伯猷等俱为录义。事毕,又行释奠之礼,并诏百官作释奠诗,时以景作为美。		《魏书》卷82《儒林·常景传》,第1803页
正光二年 (521年)	二年春,肃宗亲释奠国学,光执经南面,百僚陪列。司徒、京兆王继频上表以位让光。	熙平元年(516年)二月,太师、高阳王雍等奏举光授肃宗经。[4](卷67《崔光传》,P1492)	《魏书》卷67《崔光传》,第1497页 《北史》卷44《崔光传》,第1621页
正光二年 (521年)	正光二年,乃释奠于国学,命祭酒崔光讲《孝经》,始置国子生四十六人。(永熙中,复释奠于国学,又于显阳殿诏祭酒刘廞讲《孝经》,黄门李郁说《礼记》,中书舍人卢景宣讲《大戴礼·夏小正篇》,复置生七十二人。及迁都于邺,国子置生三十六人。)		《魏书》卷82《儒林传》,第1842页
正光二年 (521年)	肃宗行释奠之礼,讲《孝经》,侪辈之中独(羊深)蒙引听,时论美之。	(羊深)早有风尚,学涉经史,好文章,兼长几案。[4](卷77《羊深传》,P1703)	《魏书》卷77《羊深传》,第1703页
正光三年 (522年)	正光三年,乃释奠于国学,命祭酒崔光讲《孝经》,始置国子生三十六人。	这条史料的时间记载应在传抄时出现错讹。①	《北史》卷81《儒林传》,第2704页

---

① 《北史》这条史料的时间,笔者认为当是前人在抄录《魏书》第1842页史料时的一处错讹。此处记载应为"正光二年",而非"正光三年"。如上表《魏书》和《北史》中共有六处史料是关于本次讲经释奠礼盛况的记载,有准确时间记载的都记为正光二年;且《北史》记载此次讲经释奠仪式的相关记载当中也仅此处为"三年"。从两方面的对比考察看,此处时间记载确定为抄录时的小错讹。

续表

时间	内容	备注	出处
熙平至武泰年间（516—528 年）	及（崔）光为肃宗讲《孝经》,（王）遵业预讲,延业录义,普应诏作《释奠侍宴诗》。	崔光曾为司徒、侍中,国子祭酒,并领著作郎。（熙平元年二月,太师、高阳王雍等奏举光授肃宗经。初,光有德于灵太后）	《魏书》卷 38《王慧龙附王遵业传》,第 879 页《北史》卷 32《王慧龙附王遵业传》,第 1291 页

北魏末年,孝武帝还保持着亲讲《孝经》的传统,史书记载"出帝于显阳殿讲《孝经》,（刘）廞为执经,虽酬答论难未能精尽,而风彩音制足有可观"。[4]（卷55《儒林列传·刘芳附刘廞传》,P1227）"永熙三年春,释菜,诏延公卿学官于显阳殿,敕祭酒刘廞讲《孝经》"。[4]（卷84《儒林列传·李同轨传》,P1860）孝武帝不仅自己亲自讲《孝经》,而且敕令当时精通儒学的国子祭酒刘廞也为百官讲《孝经》。这一次是在北魏末年皇权旁落的情况下举行的,虽然有教育朝臣孝忠自己的目的,但这样大张旗鼓地宣讲也进一步促进《孝经》在社会上的传播。

北魏前期,明元帝和太武帝都非常看重《孝经》,且由于几次恢复"察举孝廉"选官制度的刺激,为《孝经》及孝道思想的广泛传播营造了良好氛围。在孝文帝时期,鲜卑语《孝经》版本的正式颁发以及对"察举孝廉"的九品中正法的重新恢复,促使北魏社会上下都掀起了学习《孝经》和践行孝道的高潮。在宣武帝以及此后历代帝王大力推广下,皇帝亲讲《孝经》也成了一种推广传播《孝经》的重要形式。统治者对《孝经》的重视与大力倡导,强有力地推动了其传播的进程。从文献记载中《孝经》传播的时间和范围看,《孝经》广泛传播对整个北魏社会产生了深远的影响。

三、《孝经》的注疏与普及

《孝经》研究历来就受学者们的重视,魏晋南北朝时期更是掀起了研究孝经的高潮。魏晋六朝时期研究《孝经》的著作是汉代 15 件著作的 7 倍多,如果考虑到有一些著作散佚的情况,实际的数量可能更多。[9]在《隋书·经籍志》中关于北魏研究《孝经》书目的记载只有《国语孝经》一卷,可知在唐初时北魏时期注疏的《孝经》都已散佚。不过我们可以从敦煌出土的文书中找到一些北魏《孝经》的流传抄本。敦煌出土的物品中有 30 卷《孝经》抄本,年代最早可以上溯至北魏和平二年（461 年）。[10]（P263）从当时研究注疏《孝经》的数量就可知当时研究注疏《孝经》风气之浓厚,《孝经》普及之广泛。

北魏时期,一些士人研究注疏《孝经》的记载在文献中保留至今。范阳卢景裕是北魏末期的儒学大师，通晓各种典籍，"注《周易》《尚书》《孝经》《论语》《礼记》《老子》，其《毛诗》《春秋左氏》未讫"；[4](卷84《儒林列传·卢景裕传》,P1859)"爱玩经典，博通坟籍，常非马融、郑玄解经失旨，志在著述《五经》"的儒学大师陈奇在年少时就以"奉母至孝"而孝名远播，后"注《孝经》《论语》，颇传于世，为搢绅所称"；[4](卷84《儒林列传·陈奇传》,P1837)太学博士封伟伯也是北魏中后期精通儒家经典的学者，在被辟为太尉清河王元怿的参军事时，帮助其注解《孝经》。在注疏的最后还为《孝经解诂》写了"为难例九条，皆发起隐漏"[11](卷24《封懿附封伟伯传》,P798)到北魏中后期，不仅仅是汉族士人积极参与对《孝经》的研究，一些受汉文化深刻影响的鲜卑学者也开始注解《孝经》，清河王元怿就是其中的代表。元怿注疏的《孝经解诂》，受到时人的广泛称赞，"儒者咸称之"[11](卷24《封懿附封伟伯传》,P798)可惜这些著作都已经散佚。儒学大师们研究注疏的《孝经》，使艰深的儒家经典变得通俗易懂，直接推动《孝经》在北魏社会广为流传。

北魏时期大量出现的家训也是一种普及《孝经》的重要方式。许多家训在教育后世子孙的同时，也把引用当时社会上普遍传播的《孝经》孝道思想作为其中重要内容。其具有代表性的为刁雍曾经"作《行孝论》以诫子孙"[4](卷84《刁冲传》,P1858)北魏时期还有大量的家训，可惜都已经亡佚，不过我们现在可以通过继承北魏家训精华的《颜氏家训》管窥其主要思想内容。《颜氏家训·风操第六》云："父母疾笃，医虽贱虽少，则涕泣而拜之，以求哀也。"在《孝经》传播的推动之下，与此同时，史书中也出现了专门记载孝子的传，如《魏书·孝感传》和《北史·孝行传》。甚至当世学者也有对北魏流行的孝和孝行进行专门撰述，如韩显宗"撰冯氏《燕志》、《孝友传》各十卷，所作文章，颇传于世"。[4](卷60《韩麒麟附韩显宗传》,P1344)

《孝经》研究在北魏出现高潮还与其在社会上的空前普及密切相关。由于史料的缺乏，我们对于《孝经》在北魏社会的具体流传情况无法确知。但汉至魏晋一直实行"以孝治天下"，对《孝经》推崇备至，其在各个社会阶层早已广为流传。在此期间虽经长期战乱，但至北魏时文化传承一直延续。北魏政权中有大量精通儒家学说的汉族人士，十几岁左右即通读《孝经》。北魏的儒学大师孙惠蔚"年十三，粗通《诗》《书》及《孝经》《论语》"。[4](卷24《儒林列传·孙惠蔚传》,P1852)冯熙"年十二……始博士学问，从师受《孝经》《论语》，好阴阳兵法"。[4](卷83上《外戚列传·冯熙传》,P1811)李谧"十三通《孝经》《论语》《毛诗》《尚书》"。[4](卷90《逸士列传·李谧传》,P1938)在这种氛围中，北魏后期上层统治者也深受影响。元琛为了讨得孝明帝的欢心，"以肃宗始学，献金字《孝经》"，[4](卷20《文成五王·河间王元琛传》,P529)这也从侧面说明《孝经》已经成为当时君主的启蒙读物之一。经过历代君主的大力推崇和广大士人的研究注解，上至皇帝贵族，下至汉族士人，很多人从小就把《孝经》作为启蒙必备书学习研读，北魏时期

《孝经》研究和普及达到了空前繁盛的局面。

北魏时期,统治者需要以"孝"治国,提倡忠孝思想;臣民能够用"孝"立身,上行下效以巩固统治,所以北魏帝王特别重视《孝经》的普及传播。历代帝王争相亲自研究讲解《孝经》及其忠孝思想、践行孝道,再加上"察举孝廉"而可以获官的制度逐步恢复、官员致仕养老等鼓励"孝"的政策大量推行,使得士人学习研究《孝经》的热情迅速升温。一大批高官士人为了迎合帝王和受整个社会研究注疏《孝经》氛围的影响,而热心地争相投入《孝经》学习之中,积极参与《孝经》注疏,从而使《孝经》研究一跃成为北魏经学研究的主要潮流。由此,《孝经》在北魏的社会地位迅速上升,并且在帝王带头推崇宣讲《孝经》和士人注疏《孝经》的浪潮合流推动下,促使北魏时期成为在中国古代历史上的一个传播普及《孝经》高峰期。

参考文献:

[1](东汉)班固. 汉书[M]. 北京:中华书局,1962.

[2](南朝·宋)范晔. 后汉书[M]. 北京:中华书局,1965.

[3]李学勤. 十三经注疏·孝经注疏[M]. 北京:北京大学出版社,2000.

[4](北齐)魏收. 魏书[M]. 北京:中华书局,1974.

[5]邹清泉. 北魏孝子画像研究[M]. 北京:文化艺术出版社,2007.

[6](唐)魏征,令狐德芬木. 隋书[M]. 北京:中华书局,1973.

[7]康乐. 孝道与北魏政治[J]. (台湾)中央研究院历史语言研究所集刊:1993,64(1):51-87.

[8]徐坚. 初学记[M]. 北京:中华书局,1962.

[9]朱明勋. 论魏晋六朝时期的《孝经》研究[J]. 华中科技大学学报(人文社会科学版),2002(03):97-101.

[10]刘铁凡. 孝经学源流[M]. 台北:国立编译馆,1986.

[11]李延寿. 北史[M]. 北京:中华书局,1974.

《木兰诗》始于北魏平城末期京畿考

力高才

（大同市三晋文化研究会，山西 大同 037005）

摘　要：从北朝与北方少数民族强敌柔然的战和关系与双方的势力消长看，从北魏平城时期与洛阳时期对柔然军事斗争的情况看，再从明堂制度的变迁以及北朝只有北魏平城末期在平城南郊建成明堂的实际看，《木兰诗》都只能是始作于北魏平城末期迁都洛阳之前的作品。有关《木兰诗》若干零星问题的解读，亦有助于理解《木兰诗》的时代背景和创作年代。

关键词：木兰诗；始作；平城末期；京畿

《木兰诗》又作《木兰辞》，是歌颂女英雄木兰乔装男子代父从军的一首叙事诗，它和东汉末年产生的《孔雀东南飞》同为中国诗歌史上叙事诗的"双璧"。但《木兰诗》产生的时代，在学术界众说纷纭，有魏、晋、齐、梁、北魏、北朝、隋、唐诸说，有的还提出作者之名，如曹植或韦元甫等。目前比较一致的说法是北朝民歌，但北朝也有笼统之弊，因为北朝就有好几个王朝，究竟属于哪个王朝，仍然需要断代。即使比较具体化的北魏说，也以北魏迁都洛阳以后之说占上风。笔者的认识与上述主张不同，认为应断为北魏平城末期为宜，即北魏孝文帝迁洛前夕。理由如下：

一、以北朝与柔然的关系以及双方的势力对比看，《木兰诗》当是描绘北魏抵御柔然的作品

南北朝时期，继匈奴和鲜卑之后，活动于我国北方广大地区的民族主要是柔然。柔然与北朝各个王朝的关系，总体来看是与北魏战多和少，与东魏、北齐和西魏、北周都是战少和多。所以，《木兰诗》所说那种"将军百战死，壮士十年归"的长时间双方攻防的情形，只能发生于北魏。根据《魏书》诸帝纪和《北史》诸帝纪，并分别与两书之《蠕蠕传》相对照，北朝各王朝与柔然之间发生的较大规模的战争情况如下：北魏32次，东魏无，西魏1次，北齐3次，北周无。由此观之，《木兰诗》中所描述的北朝与柔然的大规模长时期的战争及木兰作为从军将士的事，极有可能发生于北魏。我们不妨计算一下北朝与柔然发生的重大战争成为《木兰诗》所写战争的机率:北魏为88.9%,西魏为2.779%,北齐为8.3%。东魏和北周就没有发生过大的战争,因此不存在机率的问题。我们还可以用排除法,即对发生于西魏的1次大的战争和发生于北齐的3次战争,逐次检讨描述,看看《木兰诗》中所描写的大战可不可能发生于这几次战争中。发生于西魏与柔然的一次战争,时间在西魏恭帝元廓元年(554年)。《北史·西魏恭帝本纪》说:"元年夏四月,蠕蠕(柔然)乙旃达官寇广武(今河南荥阳)。五月,柱国李弼追击之,斩首数千级,收辎重而还。"[2]按,这次战争,时间前后仅一个月,且地点在今河南荥阳,与《木兰诗》所叙时间和地点皆不合,所以不可能是《木兰诗》的本事。北齐与柔然发生过3次大战。北齐文宣帝天保四年(553年)十二月,突厥攻柔然,柔然主库提举国率众奔齐。文宣帝北讨突厥,迎纳柔然,乃废其主库提,立前蠕蠕王阿那瑰的儿子庵罗辰为主,置之马邑川(今山西朔州市东境),追突厥于朔方,突厥请降,文宣帝许之而还。但天保五年(554年)三月,庵罗辰叛变,文宣帝亲自讨伐,大破之,庵罗辰父子北遁。这是北齐与柔然第一次大战,地点在今山西朔州境,亦与《木兰诗》背景不相符,且时间又很短。这年的四月,柔然进攻肆州(治肆卢,今山西忻州市西北),文宣帝自晋阳讨之,一直追到恒州(治恒安,今大同市城区)。当时虏骑散走,大军已还,帝随麾下两千余骑殿后,夜宿黄瓜堆,柔然别部数万骑四面围逼,帝安睡,平明方起,神色自若,指挥部队溃围而出。柔然退军,齐军追击,伏尸二十里,获庵罗辰妻子、生口三万余。五月丁亥,又北讨柔然,大破之。这是北齐与柔然的第二次战争,地点在今怀仁和大同一带,且时间很短,也不可能是《木兰诗》所描写的情形。天保六年(555年)六月,文宣帝又亲自出兵讨柔然,部队集结于祁连池(今宁武天池),出塞追柔然,至白道(今内蒙古呼市西北蜈蚣坝),留辎重,帝亲率五千骑追柔然,至怀朔镇(今内蒙古固阳县西南)。双方激战,频大破之,遂一直追击到沃野镇(今内蒙古五原县东北乌加河北),这是北齐和柔然的第三次大战。此后柔然受北齐和厥的夹击,一蹶不振,再无力发动大规模战争。这次大战历时近三个月,战场在今内蒙古一带,倒有点像《木兰诗》描写的情形,但因此后柔然衰败式微,北齐无须对它大规模防范,这也和《木兰诗》的情形不合。此外,这几次战役都是皇帝御驾亲征,《木兰诗》中虽说到"可汗大点兵",但描写的战争场面中显然又没有可汗的位置,因此二者又不相符。

考察历史,北魏之后,无论东西魏还是北齐北周,加在一起,仅与柔然发生过4次大战。这是因为东西魏和北齐北周期间,统治集团为了减轻来自柔然的强大军事压力,竟相与柔然联姻结好,和亲政策代替了战争政策,故而战事稀少。西魏文帝以舍人元翌女为化政公主,妻柔然可汗阿那瑰之弟塔寒,又自纳阿那瑰女为后,并且废掉了原来的皇后,自此西魏与柔然和好。东魏天平二年(535年),阿那瑰为子求婚于东魏,丞相高欢以常山王妹为兰陵公主以妻之,并亲送公主于楼烦(今山西宁武)之北。兴和四年(542年),阿那瑰请以其孙女号邻和公主,妻高欢第九子高湛,东魏静帝下诏许婚。武定四年(546年),阿那瑰将爱女许配高欢,静帝诏高欢纳之。北齐天保三年(552年),阿那瑰为突厥所破,自杀,柔然王室庵罗辰等逃至北齐,其漠北余众分为两部分,东部以铁伐为主,西部以邓叔子为主。东部复为突厥所破,与庵罗辰等共同安置于马邑川,后叛齐北归,为北齐击散,上述北齐与柔然的3次战役即此。西魏方向,柔然乙旃进攻被李弼击败。第二年(555年),西部柔然亦为突厥击败,邓叔子率余众数千投奔西魏,突厥恐其依大国相继,遣使于西魏请尽杀之。留在漠北的柔然余众此后遂与突厥、契丹融合,至隋时已无柔然,故不具论。北魏以后,东魏和北周与柔然无战事,西魏和北齐与柔然也仅有4次战事,且都在柔然可汗阿那瑰被突厥破杀之后,柔然此时已大大衰落,对北朝的进攻已成强弩之末,不足以和《木兰诗》中那种入侵者的强大声势相颉颃。所以,《木兰诗》不是反映东西魏和北周北齐时战争的作品。那么,从北朝来说,就是北魏时期与柔然战事的作品了。

二、北魏修筑长城,设关置隘,建立军镇,对柔然形成强大的防御态势,这种情况在北魏平城时期尤为突出,所以《木兰诗》当是反映北魏平城时期对柔然战争的作品

前面已经谈到,北魏对柔然大的战争有32次。然而,北魏从道武帝天兴元年(398年)到孝武帝永熙三年(534年),共历14帝136年。粗略地说,可以分为平城和洛阳两个时期。现将北魏各帝与柔然发生的大规模战争情况开列如下:

1. 平城时期　道武帝时期3次,明元帝时期3次,太武帝时期10次,南安王时期无,文成帝时期1次,献文帝时期1次,孝文帝时期11次。

2. 洛阳时期　孝文帝时期无,宣武帝时期2次,孝明帝时期1次,孝庄帝时期无,长广王时期无,节闵帝时期无,安定王时期无,孝武帝时期无。

上述孝文帝在两个时期都有,这当然是因为他在延兴元年(471年)即位后,直到太和十八年(494年)迁都洛阳,迁洛之后他又在位5年,直到太和二十三年(499年)去世。其实在平城时期,在他名义下发生的11次与柔然的战争,有4次是他父亲献文帝以太上皇的名义指挥的。上述32次战争中,发生于平城时期的有29次,其机率为90%,而发生于洛阳时期的机率仅为9.4%。我们同样用排除法,看看有没有可能和《木兰诗》描述的情形相符合。

孝文帝迁洛后直至去世,北魏与柔然没有发生战争,这是因为迁洛前的太和十六年(492年)七月,"诏阳平王颐、左仆射陆睿督十二将七万骑北讨蠕蠕”。[2](卷下，P170) 这次出兵暂时解除了柔然对北魏的威胁。此外，由于当时柔然可汗豆仑残暴，"部内高车阿伏至罗率众十余万西走，自立为主。"[1](卷103《蠕蠕传》,P2296) 这就是说，除了陆睿等大败柔然之外，柔然内部亦矛盾激烈，最终导致豆仑可汗被杀，那盖即位。由于柔然的内部斗争给了孝文帝以时间，加上他迁洛之后 5 年就死了，所以此时北魏与柔然未发生大的战事。宣武帝时，北魏与柔然发生 2 次战争，一次是景明二年(501 年)秋七月，柔然犯塞，遭到六镇将士的回击。第二次是正始元年(504)九月，柔然又犯塞，诏左仆射源怀讨之。"怀至云中，蠕蠕亡遁……怀旋至恒代，案视诸镇左右要害之地，可以筑城置戍之处，皆量其高下，揣其厚薄，及储粮积仗之宜，犬牙相救之势，凡表五十八条……世宗从之。今北镇诸戍东西九城是也。"[1](卷41,《源贺收传附子怀传》,P927) 这次战争时间虽不长，战斗也不很激烈，源怀虽在战后修筑了大量防御工事，肯定费时费力，仍不足以成为《木兰诗》的本事。孝明帝时期与柔然发生的战争，时间在正光四年(523 年)四月。此前，柔然统治集团由于发生争夺汗位的斗争，正光元年(520 年)伏跋可汗为其母及大臣所杀，立其弟阿那瑰。阿那瑰立 10 日，被族兄示发战败，投奔北魏。北魏封阿那瑰为朔方郡公、蠕蠕王，赐以衣冕辂盖，禄从仪卫，同于戚蕃。阿那瑰投奔北魏后，其从兄之子婆罗门击溃示发，自号弥偶可社句可汗，不久亦为敕勒战败，投奔北魏。北魏将阿那瑰安置于怀朔镇北的吐若奚泉，婆罗门置于今内蒙古居延海附近的故西海郡。正光三年(522 年)，婆罗门叛离北魏，抢掠凉州，欲投厌达，北魏追擒之，死于洛阳。正光四年二月，阿那瑰犯塞，魏遣使臣元孚持节喻之。阿那瑰执元孚，驱掠良口二千并公私驿马牛羊数十万北遁。朝廷诏骠骑大将军、尚书令李崇等率骑十万讨之，出塞三千余里，不及而还。这就是孝明帝与柔然发生的唯一一次战争。自正光中六镇起义后，双方再无战争，而且实行和亲。看来孝明帝时与柔然发生的唯一战争，并未接触交锋，也不足以成为《木兰诗》的本事。

北魏平城时期，从道武帝天兴元年(398 年)到孝文帝太和十八年(494 年)，共97 年。此时期中，柔然一直是北魏在北方的劲敌。天兴之前的两年，道武帝的年号已由登国改为皇始，出入警跸，建天子旌旗，只是尚未正式举行登基仪式。也就是在这个时候，他开始在北方设置镇戍防备柔然。《北史·魏广阳王建传附孙渊传》载渊上书曰："昔皇始以移防为重，盛简亲贤，拥麾重镇，配以高门子弟，以死防遏，不但不废仕宦，至乃遍得复除。当时人物，忻慕为之。"[2] 现在的专家学者包括专门研究北魏六镇的人，都弄不清六镇是何时设置的，这条史料明确告诉我们，它设置于皇始年间。皇始仅两年，即 396 年和 397 年。398 年迁都平城，改元天兴，后经明元帝和太武帝两朝，以六镇为核心的军事防御终于形成。六镇从西向东，分别是沃野镇(今内蒙古五原东北乌加河北)、怀朔镇(今内蒙古固阳县南梅令山)、武川镇(今内蒙古武川县西乌兰不浪东土城子)、抚冥镇(今内蒙古四子王旗东南土城子)、柔玄镇(今内蒙古兴和县台基庙东北)、怀荒镇(今河北省张北县之北)。别有御夷镇,在今河北赤城县独石口东。六镇和御夷镇的任务,就是"捍北狄",即抵御柔然的进攻。明元帝泰常八年(423年),筑长城于长川之南,起自赤城,西至五原,延袤两千余里,备置成卫,即从今河北赤城到今内蒙古包头市西北,形成一条沿长城的防御链,六镇镇军就是依托这条防御链对抗北方之敌南犯的。太武帝太平真君七年(466年),又筑畿上塞围,起上谷,西至于河,广袤皆千里。这是一道直接护卫京畿的长城。

六镇镇军和皇帝带兵出征或皇帝命令大将带兵出征是什么关系?六镇镇军是常备军,常年生活在边防线上保卫国家,六镇各有自己的防区,各防区毗邻相接。镇城有高大的城堡,可驻扎较多的部队并囤积粮草,镇下设成,成亦有城堡,驻扎小股部队。镇军逐日派出骑兵部队巡逻防区,称为"游骑",遇小敌则战,遇大敌则遣骑报告镇将,镇将出兵与之战,故《魏书》帝纪多有某镇将击蠕蠕破之或败之的记载。只有遇上柔然主以上万部队入侵,镇军难以抵御时,或侦察到柔然将大举入侵时,才报告朝廷,由皇帝决定如何采取行动。一般说,皇帝亲征或派大将出征,往往需要募兵和集结部队,老百姓自备马匹、武器和铠甲随军,《木兰诗》中的木兰代父从军就是这样。此时大军与镇军要互相配合共同破敌,破敌之后或柔然远遁追之不及时,大军就要撤回。但《木兰诗》中却说在大战之后,木兰和她的战友们并没有随大军撤回,而是被留在边陲,戍边十年多。这可能是从大军中抽出部分将士转归镇将指挥,成为镇兵,故木兰及其战友们戍边十年多才归乡。

三、从明堂制度的变迁和北魏修筑明堂的具体情况看,北朝只有北魏在太和十五年(491年)于平城南郊建成了明堂,北魏迁洛之后及后来的东魏、西魏、北齐、北周、隋诸王朝,都没有建成明堂,因此提到皇帝在明堂中接见并赏赐木兰等有功将士的《木兰诗》,只能是北魏平城时期建成明堂之后到迁都洛阳之前的作品

《木兰诗》中说:"归来见天子,天子坐明堂,策勋十二转,赏赐百千强。"可见木兰等有功将士是在明堂中被皇帝召见封赏的,因此有无明堂应当成为探求《木兰诗》时代背景的一个重要标志。笔者在这里不拟讨论明堂的定义及功能,只想引用顾颉刚先生《史林杂识初编·明堂》中说的"明堂是集众开会之所"[3]的话,来揭示其本质属性。明堂是一种多功能的礼制性建筑,内部结构和外形都较复杂,这里也不拟详细讨论。在北魏平城时代,很长时间内虽有宗庙社稷,但是没有建明堂。一般情况下,皇帝都在太庙中举行策勋告庙,即以出征奏凯将士的功勋报告祖先,同时在太庙赏赐宴请他们。直到太和十五年(491年)夏五月,孝文帝拓跋宏才"经始明堂,改营太庙",同年十月"明堂太庙成",十一月"七庙神主迁于

新庙".[3](卷7下,《高祖纪》下,P168)有了明堂,才能在明堂中行饮至策勋之礼。这个明堂遗址已在 1995 年 5 月发现,由大同市考古研究所进行了发掘清理,实物仍在。自孝文帝迁洛之后,北魏始终没有在洛阳建成明堂。这里需要补充说明,东汉在洛阳建有明堂。光武帝刘秀定都洛阳后,在洛阳南郊先后修建了太学、明堂、辟雍和灵台,这些建筑遗址均为考古调查和发掘所证实。东汉洛阳明堂,在曹魏和西晋时曾继续沿用,西晋末年被毁,北魏时已不再使用。迁洛后的北魏统治集团曾多次提出在洛阳修建明堂的问题,但直至北魏灭亡,洛阳的明堂始终没有建成。总而言之,自西晋末洛阳的汉建明堂被毁后,迁洛后的北魏及其后的东魏、西魏、北齐、北周、隋都没有建成明堂,只有北魏在平城后期建成了明堂。这就是说,《木兰诗》的本事只能发生于北魏平城后期。太和十五年(491 年)十月建成明堂,太和十七年(493 年)七月孝文帝即以南伐为名预演迁都,太和十八年(494 年)十月即完成迁都。所以,木兰他们在平城明堂中被召见和封赏只能在太和十五年十月到太和十八年十月之间。若以太和十八年(494 年)计,往前推 10 年,正当北魏太和九年(485 年)。正是这一年,北魏任城王拓跋澄奉孝文帝之命北讨柔然。《魏书·拓跋澄传》说:"高祖时,蠕蠕犯塞,加澄使持节、都督北讨军事以讨之。蠕蠕遁走。又氐羌反叛,除都督梁益荆三州诸军事,梁州刺史。"[1](卷19中,《拓跋澄传》,P463)可能就是这一次拓跋澄所带之兵中,有木兰这样一位女扮男装的英雄。她与战友们在击败蠕蠕后被拓跋澄留在了六镇之中的某一镇守御边防,10 年后退伍,孝文帝在新建成不久的平城明堂中接见并封赏了他们。这事看似偶然,其实偶然之中有必然。正因为接见之后不久,北魏就迁都洛阳,国家大事繁忙,帝王公卿们面对孝文帝迁都的决定意见分歧,议论纷纷,自顾不暇,无心关注一位巾帼英雄代父从军的事迹,以致后来《魏书》失载此事,而英雄的事迹却在平城民间传诵传唱开来,成为民歌式口头文学。

四、有关《木兰诗》若干零碎问题的正确解读,或许有助于理解《木兰诗》的时代背景和创作年代

《木兰诗》中关于木兰从军的时间,一处说是 10 年:"壮士十年归。"另一处说是 12 年:"同行十二年。"我认为,当以 10 年为是。12 作为 3 的倍数,如同 3、6、9 等数字,在很多情况下并不表示实数,只是一种虚数或泛指,表示次数之多或时间之长而已,如"一日不见,如隔三秋""女大十八变""三百六十行"等等。《木兰诗》中的"军书十二卷,卷卷有爷名","策勋十二转,赏赐百千强"以及"同行十二年,不知木兰是女郎"等句都只能这样理解。至于"策勋十二转",前面说过,"饮至策勋"为北魏制度,十二转则言越级提拔的级数之多,是泛言一连提了好多级。有人以唐朝有十二勋官之制,断言《木兰诗》为唐人所作,其实北魏对有功将士授以勋官,按品晋级,称勋品,早于唐朝两百多年。

木兰是汉族姑娘,不是鲜卑女子,只有汉族女子才纺绩。平城时期鲜卑女子还维持游牧民族习惯,她们不屑于纺织劳作,她们也许要穿丝麻织品,但不自己织,有汉族女子特别是奴婢为她们供给即可。当时平城近百万人口,拓跋鲜卑每征服一国或一地,就把当地人民驱掠到平城附近安置,以致平城京畿人口暴增。木兰的家庭很可能就是被从山东、河北或关陇地区驱掠到平城的。不过,当时北朝的人民多尚武,连妇女亦如此。《魏书·李安世传》载,李安世为相州刺史,广平人李波(汉族)宗族强盛,曾大破官军,老百姓传唱说:"李波小妹字雍容,褰裙逐马如卷蓬。左射右射必叠双。妇女尚如此,男子安可逢!"[1](卷53,《李安世传》,P1176)木兰作为一个汉族女子,武艺高超,当亦家教使然,她敢于代父从军,与"艺高人胆大"有很大关系,她显然不是一个只会女工的弱女子。

木兰姓什么? 答曰:姓木。在中国姓氏中,"木"是一个常见的姓,而且分布较广,汉代有木仁,西晋有木华,明代有木公恕,都是例证。木兰姓木,其长辈因她是女孩子,为她起名自然是从花卉莺燕方面着想,因木兰又是一种供观赏的落叶灌木,叶卵圆形,早春先开花后长叶,花朵硕大清香,外紫内白,其花蕾干燥后称辛夷,可入药,屈原《离骚》中就有"朝搴陛之木兰兮,夕揽洲之宿莽"的诗句。将女儿连名带姓叫作木兰,很自然又很高雅,这和现代人中有叫于(鱼)得水、龙入海者,是一样的思路。有人不思此,偏要给木兰再加一个别的姓,如花木兰、魏木兰之类,实属画蛇添足。

木兰的家乡在哪里? 或者说木兰是从何处出发从军,退伍后又返回何处了呢? 这从诗文中完全可以推断。其实,木兰的家乡就在当时武州塞山区,也就是今日大同市城区西南云冈峪往西至左云县(北魏时的武州县)周围的一大片山区中。正因为如此,她才能女扮男装瞒过众人耳目,也才能"旦辞爷娘去,暮宿黄河边"。也就是说,木兰是在凌晨告别爹娘,与经武州塞的大军会合,然后经武州塞出参合口,到达今内蒙古清水河县黄河边驻扎。第二天又从清水河县黄河边北进,傍晚时到黑山驻扎。此地已与北来之敌前锋接触,晚上还能听到胡马的嘶鸣。黑山在今内蒙古四子王旗南,又名杀胡山。第三日当然是惨烈的战斗了,但作者没有描写刀光剑影和血雨腥风的战争场面,而是用概括的叙述带过了这10年的军旅生活,即所谓"万里赴戎机,关山度若飞,朔气传金柝,寒光照铁衣,将军百战死,壮士十年归。"然而,《大清一统志》卷129 却说:木兰,魏氏女,谯郡城东魏村人。隋恭帝时募兵戍北方,木兰以父老羸,弟妹俱稚,即市鞍马,请于父代戍,历十二年,人不知为女子……"《江南通志》也有类似记载。有人认为这两条记载可证明《木兰诗》出现于隋末唐初。其实,该资料根本经不起推敲。隋末天下大乱,群雄并起,而北方突厥势力强盛,各路枭雄竞相讨好谄媚之,请求突厥可汗给以封号,如刘武周被封为定杨可汗,梁师都被封为大度毗伽可汗解事天子,李子和被封为平杨可汗,甚至连后来称为唐太宗的李世民也胁迫起兵反隋的父亲李渊接受突厥封号。正如陈寅恪先生在《论唐高祖称臣于突厥事》一文中所说:"隋末北方群雄几皆称臣于突厥,为其附庸……故突厥在当时实为东亚之霸主,史谓戎狄之盛,近代未有,诚非虚语。"[5] 在这种情况下,隋恭帝又安敢捋虎须?他又哪里有发大军还击突厥,且扬威塞垣的力量?况且谯郡在今安徽亳县,岂能一日之内到达黄河边,又一日就抵黑山?故《大清一统志》之言荒诞不可信。

《木兰诗》中对北魏皇帝、可汗与天子混称,这也反映了北魏平城时期的实际。平城时期,拓跋鲜卑胡气尚多,他们自称"国人",视皇帝为部落首领,仍然称之为"可汗"。汉人一般称其为皇上或天子,但因受鲜卑人影响,有时也称为"可汗"。木兰不愿在朝做官,要求还乡,皇帝批准了,她要求改乘明驼还家。"明驼千里足",是说好骆驼的耐力强,可行千里路才休息一次,并非说平城离木兰的家乡有千里之遥,这是在理解诗意上要注意的。

木兰从军前自备马匹器械,购买东西的都邑有四个市,即东、西、南、北四面都有市,这样的都邑一定是国都。根据现代学者们的考证,在北魏洛阳城有大市、小市、四通市三个市,在宫城中还有一个市称为金市,百姓是进不去的。但据我估计,宫城之北还当有一个市即宫市,为宫中采购日用食品杂货的地方。这样看来,北魏洛阳城就有四个市。这种格局很可能是从平城照搬过去的。北魏在平城定都后,对原汉代的平城进行了大规模扩建,当时的平城就有四个市,东西南北各一个,分别在东、西、南郭墙之外与宫城之北。《木兰诗》写木兰采购物品跑了四个市,是不会没有根据的。

《木兰诗》产生于北魏平城时期的京畿民间,最初可能是比较粗糙的民歌,随着陆续迁洛的人们带到河洛。在北朝传唱期间,可能不断有文人对其进行修改润色,最终成为精品传往南朝,南朝人进行著录,最后成为全国人民共同的精神财富。

参考文献:

[1]魏收. 魏书[M]. 北京:中华书局,1974.

[2]李延寿. 北史[M]. 北京:中华书局,1974.

[3]顾颉刚. 史林杂识初编[M]. 北京:中华书局,1963.

[4]杜朐. 旧唐书[M]. 上海:上海古籍出版社,1986.

[5]陈寅恪. 寒柳堂集[M]. 北京:生活·读书·新知三联书店,2001.

北朝文士温子升的评价问题

卫云亮

（华中师范大学文学院，湖北 武汉 430079）

摘　要："北地三才"之一的温子升是北朝最杰出的文学家，但后世文人对他的评价却有两种截然相反的态度。如魏收贬责温子升是内心阴险之人，而明代的张溥却对温子升极力褒扬。通过对温子升的生平作为、作品中的思想倾向进行考察，我们认为魏收贬低温子升的评价与史实不符，其观点不能成立。魏收贬责温子升的原因与其撰写《魏书》时多用曲笔有很大关系。

关键词：温子升；生平作为；思想倾向；评价

温子升作为一介文人，在北魏动荡失序的乱世中，始终坚持通过自己的出仕来维护国家的统一与朝廷的稳定。他一生经历了胡太后专权、汾阴之变和东西魏分裂等重大历史事件，不幸被卷入血腥的政治斗争漩涡，最终饿死晋阳狱。对于这样一个身处战乱却仍积极入世的文人，历代学者发表过各种评论意见，而且毁誉不一。笔者试通过对各家观点的解析，力图还原历史的本真面目，对温子升作出较为客观、公正的评价。

一

《魏书·温子升传》云："子升外恬静，与物无竞，言有准的，不妄毁誉；而内深险，事故之际，好预其间，所以终致祸败。"[1](P1877)"好预事故"，这是北朝史家魏收对温子升作出的评价。魏收认为，温子升表面上与世无争，其实内心极为阴险，思虑甚深，好参与国家朝廷大事。之后隋代的王通也持有类似的观点："太原府君曰：'温子升何人也？'子曰：'险人也。智小谋大，永安之事，同州府君常切齿焉，则有由也。'"[2](P2)"智小谋大"是说温子升的政治智慧虽然有限，但谋虑却极其深险，最终导致自己的祸亡。南宋的叶适随其流而扬其波："史称'温子升外恬静，与物无竞，言有准的，不妄毁誉；而内深险，事故之际，好预其间，所以终至祸败。'尔朱、高欢父子之间,惟子升号能有意土室,一时人士,如其比者绝无矣。魏收之言,不亦宜乎!"[3](P508)叶适也认为魏收"好预事故"的评断是符合实情的。

与上述贬低温子升评论截然相反的观点由明代的张溥提出,他在《温侍读集题辞》中指出:

> 史言温鹏举外静内险,好预事故,终致祸败。今据史魏庄帝杀尔荣、元瑾等,背齐文襄作乱,鹏举皆预谋。此二事者,柔顺文明,志存讨贼,设令功成无患,不庶几其先大将军之诛王敦乎?《魏书》目为深险,佛助何无识也!元颢之变,策复京师,计之上也。上党即不能为桓文,鹏举之言,管狐许之矣。北人不称其多智,而徒矜斩将搴旗于文墨之间,犹皮相也。[4](P280)

张溥认为温子升参与杀尔荣、元瑾二事的性质是"柔顺文明"。《周易·明夷卦》有云:"内文明而外柔顺,以蒙大难,文王以之。"所谓"柔顺文明",是指一个人应该采用非常柔和的态度与形象,以此能够逆来顺守,即能够通过顺从外在的形势,从而达到度过各种困厄的目的。也就是说,虽然外在的表现与措施要柔和顺从,但其实内心一直保持明哲,充满智慧和光明。这显然是在困境中采取的一种不得已的策略。张溥能认识到这一点,所以对温子升的谋略大加赞赏,并认为魏收不称其多智,是没有真正认识温子升。

以上即是后世文人对温子升所作出的两种截然相悖的评价。魏收显然是"好预事故,而内深险"观点的始作俑者,后来的王通与叶适实际上都是沿袭了魏收的意见,并无太多发明。因此考察魏收对温子升的评价是否有切实的依据就显得尤为重要。据史载,魏收生于魏宣武帝正始四年(507年),而据罗国威《温子升年谱》的考证成果可知,温子升的生年为太和十九年(495年),则魏收要比温子升小12岁,但还应是同时代人。另《魏书》有云:"永熙末,昕入为侍读,与温子升、魏收参掌文诏。"[1](P1875)永熙三年温子升与魏收并为侍读,参与掌管公文诏书,则可知温子升与魏收曾为同僚。二人同列"北地三才"之中,并有同朝为官的经历,魏收对温子升的为人应该是比较了解的,所以他的评价似乎应当是可信的。但其实我们只要对温子升的生平作为与其作品中的思想倾向等方面进行考察,就可明晓这种对温子升持贬责的态度实际上是站不住脚的。

二

首先从温子升的实际作为来看,他极少参与有关朝廷的谋略之事,更多的时候只是扮演为朝廷起草诏书的纯文人角色。《魏书·温子升传》云:"元颢入洛,天穆召子昇问曰：'即欲向京师，为随我北渡?'对曰：'主上以虎牢失守，致此狼狈。元颢新入，人情未安，今往讨之，必有征无战。王若克复京师，奉迎大驾，桓文之举也。舍此北渡，窃为大王惜之。'天穆善之而不能用。"[1](P1876) 按，永安元年（528年），北海王元颢在梁武帝萧衍的扶持下反叛北魏朝廷，并一度攻陷洛阳。上党王元天穆奉命征讨，温子升此时在元天穆处任行台郎中一职并为其出谋划策。史书所载温子升劝告元天穆"克复京师，奉迎大驾"就是最好的说明。

应该说，这是史书中对有关温子升谋略最明确的记载。在当时的情境下，如果元天穆能够进驻洛阳讨伐元颢，收复京师并迎回魏孝庄帝，从而就能建立堪比齐桓公的千秋霸业。温子升的这种策略显示了其在政治上的远见卓识，可惜未被元天穆采纳。除此之外，在其他的历史事件中，温子升均只是奉命起草诏书而已，并未参与制定计谋。永安三年（530年），庄帝杀尔朱荣和上党王元天穆，"子升预谋，当时敕诏，子升词也。"[1](P1876) 检诸《魏书》，参与此次谋略的有义邕、杨侃、李晞、城阳王徽、李彧、元融和元忻之等人。城阳王徽、元融和元忻之三人为元魏皇室成员，而义邕、杨侃、李晞等人则皆为魏孝庄帝的心腹。温子升在当时只是手无缚鸡之力的一介书生，在朝中的职责也仅限于替皇帝起草诏书，参与谋杀尔朱荣与元天穆之事，实与温子升无涉。

其次，从温子升在北魏当时特殊政治背景下所处的政治立场来看，温子升也不可能是魏收贬斥的"内深险"之人。《北史·尔朱荣传》云：

> 至（九月）十八日，召中书舍人温子升告以杀荣状，并问以杀董卓事。子升具通本，上曰："王允若即赦凉州人，必不应至此。"良久，语子升曰："朕之情理，卿所具知，死犹须为，况必不死！宁与高贵乡公同日死，不与常道乡公同日生。"[5](P1761)

从魏孝庄帝与温子升的对谈中可以看出，随着权臣尔朱荣势力的不断膨胀，魏孝庄帝实际上已经沦为傀儡皇帝，虽然孝庄帝有与尔朱荣玉石俱焚的坚强决心，但应该说当时的政治局势对魏孝庄帝已经非常不利。但在这种危难的情况下，温子升还是能够毅然站在孝庄帝的立场。之后，尔朱荣又发动河阴之变，弑杀胡太后及朝臣两千余人。《北史》载：

> 时又有朝士百余人后至，仍于堤东被围。遂临以白刃，唱云："能为禅文者出，当原其命。"时有陇西李神俊、顿丘李谐、太原温子升并当世辞人，皆在围中，耻是从命，俯伏不应。有御史赵元则者，恐不免死，出作禅文。[5](P1754)

在这场非正义性质的政治剧变中，温子升拒作禅文，以死捍卫北魏王朝的尊严，这就足以说明温子升本人具有难得的不畏强权的政治操守。

后来,魏孝武帝与权臣高欢发生矛盾时,温子升的政治立场也没有变化。孝武帝元修不愿再受高欢的一再掣肘,决心除掉他。永熙三年(534年)五月,魏孝武帝调集兵力,托名南伐梁国,实则是用于对付高欢。《北齐书》云:

> 魏帝知觉其变,乃出神武表,命群官议之,欲止神武诸军。神武乃集在州僚佐,令其博议,还以表闻。仍以信誓自明忠款曰:"臣为嬖佞所间,陛下一旦赐疑,今猖狂之罪,尔朱时讨。臣若不尽诚竭节,敢负陛下,则使身受天殃,子孙殄绝。陛下若垂信赤心,使干戈不动,佞臣一二人愿斟量废出。"辛未,帝复录在京文武议意以答神武,使舍人温子升草敕。子升逡巡未敢作,帝据胡床,拔剑作色。子升乃为敕。[6](P14)

这是高欢和魏孝武帝在矛盾公开化之后的最后角逐。结果孝武帝元修被逼出奔长安投靠宇文泰,北魏就此灭亡。温子升在这件事上的态度表现为"逡巡",所谓"逡巡",即犹豫之意,温子升作为旁观者其实已经预料到这场较量的结局,他当然会本能地考虑失败后自己的处境,担心自己会成为政治斗争的牺牲品,所以会有所犹豫。但最终温子升在明知失败已不可挽回的境地下还是替魏孝武帝草成《孝武帝答高欢敕》,体现了其对朝廷、对国家的一片赤诚忠心。

再次,温子升与元瑾等人的政治叛乱并无任何联系。按,武定五年(547年),元瑾、刘思逸、荀济等作乱,"文襄疑子升知其谋。方使之作献武王碑文,既成,乃饿诸晋阳狱,食弊襦而死,弃尸路隅,没其家口。"[1](P1877)翻检史书可知,温子升确曾与元瑾同为文襄馆客,但也仅此而已,他们之间并没有任何交往,如何谈得上与其共谋?文襄帝高澄仅仅出于自己的怀疑,而并无任何真凭实据,就将北魏一朝最杰出的文人温子升置于死地。温子升死在晋阳狱后,其生前挚友宋道游为其收葬,文襄帝却假惺惺地说:"子升吾本不杀之,卿葬之何所惮?天下人代卿怖者,是不知吾心也。"[5](P1274)这自然是政治家的虚伪嘴脸。笔者以为,高澄之所以要诛杀温子升,可从两方面寻找原因。其一,东魏、北齐时的政治环境对温子升的处境不利。因为这一时期鲜卑贵族与汉族士人的矛盾日趋尖锐复杂,高氏政权也已经产生了强烈的反汉排汉的情绪。高欢领下的鲜卑将士"对汉人士大夫的侮辱和随意打骂更是司空见惯,东魏北齐文士就处于这样一个仇汉氛围中,其悲剧命运势必难以避免。"[7]在这种特殊的政治环境中,温子升作为汉族文士的杰出代表被高澄猜忌丝毫不奇怪;其二,更重要的是,高澄实欲借此事替其父高欢报仇。因为温子升之前曾为孝武帝草成《孝武帝答高欢敕》一书,文中对高欢的不臣之心进行了无情的揭露与鞭挞,自会引发高澄的极大不满,故借机处死了温子升。这真是欲加之罪,何患无辞!因此,从温子升在北魏时期朝廷中数次政治斗争中的政治立场与实际作为来看,温子升并非魏收所言的阴险之人。

<h1 style="text-align:center">三</h1>

　　从温子升现存作品的思想倾向也可以看出他实在是一位真正有节操、有持守的儒家学士,而非魏收所言的"好预事故,而内深险"。温子升作有《相国清河王挽歌》一文,表达自己对清河王怿之死的哀悼之情,同时也是对元叉、刘腾等权臣罪恶行径的有力控诉。据《魏书》载,正光元年(520年),元叉、刘腾等人发动宫廷政变,将肃宗幽禁于显阳殿,并弑杀清河王怿等人。按清河王怿为孝文帝第四子,《魏书》载:"怿才长从政,明于断决,割判众务,甚有声名。"[1](P593)清河王怿摄于胡太后的淫威,被迫入朝辅政,实则沦为胡太后的美宠,最终还是不幸成为政治斗争的无辜牺牲品。清河王怿之逝,"致使忠臣烈士,丧气阙庭;亲贤宗戚,愤恨内外。"[1](P503)《相国清河王挽歌》一文正是温子升从正统儒家的立场出发表达自己对忠臣惨遭迫害的遗恨之情。

　　此外,永安三年(530年),魏孝庄帝杀尔朱荣和上党王元天穆,温子升草成《孝庄帝杀尔朱荣大赦诏》,文章一方面称颂其在孝昌年间有勤王、征葛荣、平元颢之功,同时也声讨其在河阴之变的滔天罪行,谴责他"方复托名朝宗,阴图衅逆,睥睨天居,窥觎圣历。乃有裂冠毁冕之心,将为拔本塞源之事"[8](P3763)的贰臣之心。对有关尔朱荣功过是非的客观评价,也是源于其儒家思想中"怒不过夺,喜不过誉"的忠奸评判标准。

　　尔朱荣死后,其从子尔朱兆攻陷京师,并弑杀魏孝庄帝子攸及众多朝臣。在北魏政权濒临灭亡之时,勃海王高欢临危受命率军击败尔朱兆。为表彰其卓著功勋,温子升奉诏作《寒陵山寺碑》一文。文章歌颂高欢捍卫王室之功,把他比作尊周而能建立霸业的晋文公和齐桓公。但之后,高欢与魏孝武帝元修的关系开始交恶,高欢甚至流露出弑君之意,温子升又作《孝武帝答高欢敕》,指斥高欢存有不臣之心。文末"古语云:'越人射我,笑而道之;吾兄射我,泣而道之。'朕既亲王,情如兄弟,所以投笔拊膺,不觉歔欷"[8](P3763),在揭穿高欢企图弑君野心的同时还为对方留有余地,盖也是其儒家仁爱之心的表露。

　　《舜庙碑》中温子升对儒家代表人物舜大加颂扬:"受文祖之命,致昭华之玉,班五瑞于群后,六宗于上玄,舞干戚而远夷宾,弃金璧而幽灵应。青云浮洛,荣光塞河,符瑞必臻,休祥咸萃。"[8](P3766)温子升在文中推崇舜为"帝王之称首",表达了自己作为儒家士人对当世统治者能够以德治国的良好愿望。在《常山公主碑》中赞扬常山公主的美德:

公主禀灵宸极,资和天地,芬芳有性,温润成质。自然秘远,若上元之隔绛河;直置清高,类娥之依桂树。令淑之至,比光明于宵烛;幽闲之盛,匹华于桃李。托体宫闱,而执心顺,婉然左辟,率礼如宾。举华烛以宵征,动鸣佩而晨去,臻肃雍于车乘,成好合于琴瑟,立行洁于清冰,抗志高于黄鹄,停轮表信,阃门示礼,终能成其子姓,贻厥孙谋。[8](P3766)

常山公主是献文帝元弘之女,下嫁驸马都尉陆昕之为妻,"公主奉姑有孝称,神龟初,与穆氏顿丘长公主并为女侍中。又性不妒忌,以昕之无子,为纳妾媵,而皆育女。公主有三女无男,以昕之从兄希道第四子子彰为后。"[1](P909)显然常山公主的孝敬、宽容美德完全符合儒家对女性"礼"的要求,故作者加以褒扬,从中也可见出温子升身上较深的儒学烙印。

温子升为何在其作品中表现出如此鲜明的儒家思想倾向?这与他少小时就接受良好的儒学教育有关。《魏书》本传云:"(温子升)初受学于崔灵恩、刘兰,精勤,以夜继昼,昼夜不倦。"[1](P1875)崔灵恩,清河武城人,是北朝大儒,从师遍通《五经》,尤精《三礼》《三传》。刘兰也是北魏著名的儒学家,《魏书·儒林传》云:"(刘兰)读《左氏》,五日一遍,兼通《五经》。先是张吾贵以聪辨过人,其所解说,不本先儒之旨。唯兰推《经》《传》之由,本注者之意,参以纬候及先儒旧事,甚为精悉。自后经义审博,皆由于兰。"[1](P1851)在崔灵恩与刘兰两位大儒的浸染下,温子升自身具备了较好的儒学修养。他的文学观正是由这种儒家思想所支配,所以在其诗文作品中多有儒学思想的呈露。《相国清河王挽歌》表现出温子升对朝廷忠臣惨遭迫害的悲愤之情,《孝庄帝杀尔朱荣大赦诏》则声讨尔朱荣在河阴之变中所犯下的滔天罪行,皆体现了鲜明的儒家忠义思想。

总之,从温子升的作品所反映的思想倾向来看,他确是一位恪守儒家节操的忠义之士,而绝非魏收所评价的"内深险"之人。

四

从上述分析可以看出,无论是从温子升的生平作为,还是其作品中的思想倾向来看,魏收认为温子升"好预事故,而内深险"的观点并不能成立。王通、叶适等人以讹传讹,更不足为论。而张溥的评价则较为公允,但其批评魏收为"无识",则没有击中问题的要害。笔者以为魏收并非"无识",而是在有意歪曲与诋毁温子升的品格,原因在于魏收撰写《魏书》的时代背景正为高氏统治的北齐时代,作为朝廷任命的史官,他有可能运用曲笔为当世统治者百般回护。《资治通鉴》云:"齐中书令魏收撰《魏书》,颇用爱憎为褒贬,每谓人曰:'何物小子,敢与魏收作色! 举之则使升天,按之则使入地!'既成,中书舍人卢潜奏:'收诬罔一代,罪当诛!'尚书左丞卢斐、顿丘李庶皆言《魏史》不直。收启齐主云:'臣既结怨强宗,将为刺客所杀。'帝怒,于是斐、庶及尚书郎中王松年皆坐谤史,鞭二百,配甲坊。斐、庶死于狱中,潜亦坐系狱。然时人终不服,谓之'秽史'。"[9](P5096) 司马光将《魏书》看作"秽史"的认识固然有些偏激,但《魏书》中存在较为严重的曲笔回护现象确是毋庸置疑的事实。赵翼在《廿二十札记》中有《〈魏书〉多曲笔》一条,他指出"(魏收)修史正在齐文宣时,故凡涉齐神武(高欢)在魏朝史事,必曲为回护"。[10](P263) 赵翼认为《魏书》的曲笔主要表现在对北齐最高统治者(如高欢)的回护及美化上。如《魏书》记载北齐神武帝高欢"与于晖等大破羊侃于瑕丘""(与上党王天穆)大破邢杲于齐州之济南""以尔朱荣逆乱,始兴义兵于信都"等重要历史事件均被李延寿的《北史》所订正。如前文所述,温子升曾为魏孝武帝草成《孝武帝答高欢敕》一文,文中对高欢的不臣之心进行了无情的揭露与鞭挞,由高氏统治的北齐朝廷显然需要为高欢进行辩解回护。而魏收在《魏书》中通过贬低温子升的品格就达成了这一效果。因为它在无形之中已经消解了《孝武帝答高欢敕》中温子升指斥高欢所犯的那些罪行的真实性,这就是曲笔的表现。

　　还有一点需要指出,曲笔的本质就是史家在撰述史实时缺乏史德的表现。《魏书》之所以通过贬低温子升来达到为北齐统治者回护的目的,这与魏收本人在道德人格上的缺陷有密切关联。据《北史·魏收传》载:"(魏)收昔在京洛,轻薄尤甚,人号云'魏收惊蛱蝶'。文襄曾游东山,令给事黄门侍郎颙等宴。文襄曰:'魏收恃才无宜适,须出其短。'往复数番,收忽大唱曰:'杨遵彦理屈,已倒。'愔从容曰:'我绰有余暇,山立不动。若遇当涂,恐翩翩遂逝。'当涂者魏,翩翩者蝶也。"[5](P2038) 魏收这种轻薄自负的性格是造成其道德缺陷的重要原因。某种程度上说,魏收已经沦为北齐高氏统治集团的御用文人。在高澄之弟高洋篡位之时,魏收又是"九赐""禅让""劝进"等文章的主笔者。《北齐书·魏收传》:"时齐将受禅,杨愔奏收置之别馆,令(魏收)撰禅代诏册诸文,遣徐之才守门不听出。天保元年,除中书令,仍兼著作郎,封富平县子。"[6](P492) 在高洋以齐代魏的过程中,凡"禅代诏册诸文",都出于魏收之手,魏收此后也被高洋授予中书令兼著作郎的职务。而对比之前温子升在河阴之变时拒作禅文的表现,二人的道德品格高下立判。

　　综上所述,虽然魏收与温子升为同时代人,且有交往的经历,但魏收所处的特殊政治环境加上其本人的道德缺陷,使得我们很难相信其史笔的准确性。退一步说,魏收的史笔其实并不能代表时人对温子升的评价。杨遵彦在其《文德论》中称:"古今辞人皆负才遗行,浇薄险忌,唯邢子才、王元景、温子升彬彬有德素。"[1](P1876)"彬彬有德素"才是对温子升真正的认识与评价。

参考文献:

[1](北齐)魏收.魏书[M].北京:中华书局,1974.

[2](隋)王通.文中子中说[M].上海:上海古籍出版社,1989.

[3](南宋)叶适.习学记言序目[M].北京:中华书局,1977.

[4](明)张溥.汉魏六朝百三家集题辞注[M].北京:人民文学出版社,1960.

[5](唐)李延寿.北史[M].北京:中华书局,1974.

[6](唐)李百药.北齐书[M].北京:中华书局,1972.

[7]孔毅.东魏北齐的文士及其命运[J].贵州师范大学学报,1995(01):10.

[8](清)严可均.全上古三代秦汉三国六朝文[M].北京:中华书局,1958.

[9](北宋)司马光.资治通鉴[M].北京:中华书局,1956.

[10](清)赵翼著,王树民校正.廿二史札记校正[M].北京:中华书局,1984.

北魏金陵初探

古鸿飞

（大同市三晋文化研究会，山西 大同 037008）

摘　要：北魏金陵是孝文帝迁都洛阳之前的皇陵。史书记载中，北魏金陵有云中金陵、盛乐金陵和金陵三处。虽然这三处金陵至今尚未发现，但笔者认为，云中金陵应在今内蒙古自治区托克托一带，是北魏早期的皇陵；盛乐金陵应在今内蒙古自治区和林格尔西北，是北魏定都盛乐时所建的皇陵；第三处没有冠以地名的金陵则应在今山西右玉县的大南山一带。

关键词：北魏；金陵；考证

金陵是北魏孝文帝迁都洛阳前几任皇帝修建的皇陵，因陵墓都建造在山上，故又称"山陵"。关于北魏金陵的位置、葬制和内涵等有关方面的问题，学术界的研究还很少涉及，特别是金陵的确切位置。由于史料中没有详细记载，除冯太后陵在大同市方山已被发现外，其他皇陵至今还未找到，有的学者甚至怀疑位于今内蒙古呼和浩特市南郊的昭君墓是金陵。所以，金陵到底在哪里，至今仍然是学术界的一大悬案。本人曾参与北魏金陵调查组的考察，接触过一些有关专家，对北魏金陵有个初步的认识。下面谈谈自己对金陵的粗浅看法，请专家赐教。

一

研究金陵，首先要弄清金陵的确切位置，即金陵究竟在什么地方，这是当前学术界普遍关心的一个问题。有关金陵的史料，主要来自《魏书》，但《魏书》对金陵位置的记载却很含糊。《水经注》按说应该有详细记载，但不知是作者的一时疏忽，还是为了保密，抑或是其他原因，在涉及金陵的地方如云中、盛乐、善无、平城等地，只字未提金陵。所以，只有弄清金陵的确切位置，才谈得上进一步进行考古挖掘。《魏书》中对金陵位置的提法有三种：一种是称云中金陵，二是称盛乐金陵，三是单称金陵。虽然点出云中和盛乐,但这仅是地理范围,并无确切地点,而且在这两个地方至今也未发现山陵,所以根本无法确定其准确位置。按上述三种说法,金陵究竟有几处,学术界看法也不一致。有人认为,金陵名称虽然不同,但只有一处,即应在一个地方。也有人认为,金陵名称之前分别冠以云中、盛乐等地名,就说明不在一个地方。笔者同意后一种看法。从历代封建王朝看,皇陵一般位于京城附近,如西周、秦、汉、隋、唐等朝,均以长安为都城,所以皇陵都在长安附近。另外,有些封建王朝,也不一定只有一处皇陵,如明代就有南京和北京两处皇陵,清朝入关后也建有东陵和西陵。北魏先都云中,后都盛乐与平城,因而北魏金陵也应在云中、盛乐、平城三个都城附近。《魏书》中对金陵的三种提法,正说明金陵有三处,应在三个不同的地方。

《魏书》中除用云中金陵、盛乐金陵和金陵区分三处皇陵外,在记述安葬的人物时也按三处金陵分类,这绝不是《魏书》作者的随意安排,而这恰恰说明确实存在三处金陵。另外,从《魏书》记录金陵的地面建筑看,金陵也在三处不同的地方。《魏书·礼志》记载:太宗拓跋嗣"又于云中、盛乐、金陵三所,各立太庙,四时祀官侍祀"。[1](卷108之一,P2737)这里明确点出金陵与云中、盛乐不在一处,所以,每处各立太庙一座。如果是一处金陵,《魏书》中就不用提在"三所各立太庙"了,这一点毋庸质疑。

确认金陵有三处,这就涉及金陵的三个地方。云中金陵,按提法应在云中郡。《魏书·世祖纪》载:太武帝拓跋焘于始光三年"六月幸云中旧宫,谒陵庙,西至五原,田于阴山,东至和兜山"。[1](卷4中上,P76)从这条史料分析,云中金陵应在云中旧宫附近,即今内蒙古托克托一带,是北魏早期的皇陵。盛乐金陵应在盛乐(今内蒙古和林格乐西北),即北魏定都盛乐时所建的皇陵。《魏书·太宗纪》载:太宗明元帝拓跋嗣永兴三年"五月丁卯,车驾谒金陵于盛乐",[1](卷3,P51)即指盛乐金陵。云中金陵和盛乐金陵虽然至今未发现,但如果按这两处金陵的大体位置寻找,相信总有一天会有发现的。那么,第三处金陵在什么地方,为什么以上两处皇陵分别称"云中金陵"和"盛乐金陵",而第三处金陵则不冠以地理名称,这就需要我们作进一步研究。从拓跋氏由北向南发展的历史分析,首先营建的应该是云中金陵,然后依次为盛乐金陵和金陵。金陵调查组曾在右玉县境内发现有20多座山陵及北魏时期的遗物。右玉山陵在盛乐之南,笔者认为,右玉山陵很可能就是上文提到的第三处金陵。笔者之所以作出如此判断,是与右玉县在北魏时的地理位置有关。今右玉县在西汉时为善无县,为雁门郡治所,东汉时为定襄郡治所,北魏时为善无郡治所。北魏定都平城后,善无郡为畿内之地。《魏书·食货志》记载:"天兴初,制定京邑,东至代郡,西至善无,南极阴馆,北尽参合,为畿内之田"。[1](卷110,P2850)善无郡既然为畿内之地,说明右玉县在北魏时属畿内管辖,所以不称善无金陵,而只称金陵。另外,《魏书》中也多处暗示金陵的位置:

一、《魏书·韩麒麟子韩显宗传》:韩显宗上书孝文帝曰:"况北代宗庙在焉,山陵讬焉,王业所基,圣躬所载……"[1](卷60,P1340)这里的"北代",即指北魏迁都洛阳后对平城及原畿内地区的总称。"山陵讬焉",即指金陵在原畿内范围之内。

二、《魏书·景穆十二王传·任城王拓跋澄传》:任城王(元)澄"以北边镇将选举弥轻,恐贼虏窥边,山陵危迫,奏求重镇将之选,修警备之严。诏不从。贼虏入寇,至于旧都,镇将多非其人,所在叛乱,犯逼山陵,如澄所虑。"[1](卷19中,P476)文中的"旧都"即指迁都洛阳后的平城,也说明金陵在平城及畿内附近。

三、《魏书·李崇传》:孝明帝元诩曰:"……又武川乖防,复陷凶手,恐贼势侵淫,寇连恒朔,金陵在彼,夙夜忧惶。……吏部尚书元修义曰:臣谓须得重贵,镇压恒朔,总彼师旅,备卫金陵……,仆射萧宝寅等曰:'陛下以旧都在北,忧虑金陵,臣等实怀悚息。……"[1](卷66,P1473)恒朔即指恒州和朔州,孝文帝迁都洛阳后,在平城设恒州,也说明金陵在平城附近。

四、《魏书·太武五王传·元深传》:元深对灵太后说:"……定襄陵庙之至重,平城守国之要镇……"[1](卷18,P432)。这里的定襄,即东汉时的定襄郡,亦即善无县。"定襄陵庙"也就是在善无的山陵。

从以上四条史料分析,金陵应在北魏时的畿内善无县,即今右玉县,而不在云中或盛乐。

二

金陵在右玉的什么地方? 根据近年来考古工作者的实地考察,在右玉县的大南山、小南山、东团山、西团山、马头山、卧羊山、张家山、鹰台山、石塘山和乔家山等处的山顶上,都有高大坟丘,特别是大南山。关于这一点,旧府志的记载值得研究。清代雍正年间纂修的《朔平府志》收录有明代正德年间的《大南山古刹显明寺重修碑记》,碑记中写道:"……去城南一舍许,有名山曰大南山。山之阳,古刹胜地一区,肇自汉孝文,曾驻兵于此,因墓于山,遂建寺,名曰明显。供佛,命僧梵修,旧碑存焉,历唐、宋以至于今日。"[2]关于旧碑的内容,《朔平府志》也有记载:孝文碑,在县南三十里大南山中,碑缺不全,字磨灭不显,以土粉印之,可辨有"三宝显明",缺"积侍郎内院",缺"广武",缺"郡太子侍",缺"孝文石名李贺苾",缺"光",缺"年四月十日上为孝文皇帝文明",缺"百七十里",缺"敦山顶造",缺"天禄及七世所往前死后",缺"千百叶",缺"国家和门",缺"用之无匮",缺"伯曾祖"等字样,余俱不成文,不知为何朝孝文。[2]碑文中提到的"汉孝文",《朔平府志》作者经过考证认为,汉孝文初封代王,在今蔚州,后又幸太原,似为可据。但汉孝文迄今将近两千年,碑在山中,风日所损,恐其字难存至今。且佛法自汉明帝时始入中国,文帝时尚无佛法,何得有显明寺,而汉官又无内院。魏孝文在汉孝文后六七百年,且先都平城,至此山不足二百里,於缺碑中"百七十里"字近似,疑是魏孝文碑。[2]府志提到了"孝文碑",年久丢失,幸运的是,1984年在大南山墓地周围村庄被当地群众发现,现已移存在县博物馆保存,为国家二级文物。碑文中提到的几个关键字,如"因墓于山,遂建寺",其中"墓"字很有可能就是指的一处金陵,"寺"字所指应为显明寺。位于今大同市新荣区境内的北魏冯太后方山永固陵,当年就建有佛寺以超度亡灵。由此可见,修墓建寺,非皇陵莫属。据右玉县考察报告,现在大南山上有高大坟丘和寺院遗址,共有墓冢五处,东西长70米,南北宽30米,西侧为主墓,两冢东西并列,封土均高6米,周长均为40米。离墓冢不远,有显明寺遗址,也与碑文相符。碑文中提到的"百七十里",也与现在大同到右玉的距离相近。碑文中有"上为孝文皇帝文明"字样,应该很好理解,因为孝文帝及文明太后是死后的谥号,所以,不可能是他们生前自己派人立的碑,因此应解释为北魏世宗宣武帝派大臣祭祀皇陵,为孝文皇帝及文明太后所立的纪事碑。

另据《朔平府志》记载,在大南山之阳,有一"元洞",洞口高四尺,宽三尺,深五六尺,有一石穴穿下,人莫敢入。现在这一石洞已被发现。据右玉县有关部门派人入洞考查,为人工开凿。此洞与"墓""寺"在同一地方,是否与金陵有关,值得考虑。

右玉县除大南山墓有文字记载外,在其他山头也发现了20余处北魏墓葬:马头山墓,位于马头山顶部,共有大小墓冢14座,墓地南北长1.5公里,东西宽120米,其中有大墓冢2座,南北排列,北冢封土高5米,周长90米;南冢高4米,周长65米,墓地散有北魏陶片。再如奶头山墓,也在山峰顶上,墓冢的基座呈现正方形,高1米,边长40米,封土呈复斗状,高6米,周长40米,墓地地面发现有北魏陶片,墓地的正南方1.5公里处,有东西相距300米的两座夯土台,疑为双阙。

从以上资料分析和右玉县考古工作者的实地考察判断,分布在右玉县境内十多座大山顶上的墓冢,应该是金陵及北魏皇亲贵族的陵墓。

三

云中金陵、盛乐金陵和金陵,安葬的人物都是北魏迁都洛阳前的皇帝、后妃、诸王、功臣和勋戚等。据《魏书》不完全记载,安葬在三处金陵的共有42人,其中

有皇帝6人,皇后10人、诸王7人、功臣勋戚19人。下边,根据《魏书》的记载,按埋葬的前后顺序,将三处金陵人物排列如下:

一、云中金陵(11人)

王氏,平文皇后,昭成帝什翼犍母;

姚氏,太宗明元帝昭哀皇后;

杜氏,太宗明元帝密皇后,太武帝拓跋焘母;

拓跋嗣,太宗明元帝,拓跋珪长子;

贺氏,太武帝敬哀皇后,景穆太子拓跋晃母;

拓跋焘,世祖太武帝,拓跋嗣长子;

长孙道生,封为上党王,赠太尉;

拓跋濬,高宗文成帝,景穆太子长子;

拓跋弘,显祖献文帝,拓跋濬长子;

长孙观,长孙道生孙,殿中尚书、侍中;

拓跋云,景穆太子拓跋晃之子。

二、盛乐金陵(2人)

贺氏,献明皇后,拓跋珪母;

拓跋珪,太祖道武帝,什翼犍嫡孙。

三、金陵(29人)

什翼犍,高祖昭成帝;

王建,昭成帝什翼犍驸马;

长孙肥,赐爵兰田侯;

拓跋处文,长乐王,拓跋珪之子;

叔孙俊,叔孙建长子;

桓氏,叔孙俊妻;

拓跋勃,昭成帝孙,力真之子,赐爵彭城公;

车路头,赐爵金乡公,加意将军;

长孙翰,长孙肥子,袭爵兰田侯;

奚斤,赐爵弘农王;

拓跋吕,道武帝族弟,封江夏公;

姚黄眉,姚兴之子,太宗昭哀皇后之弟,赐爵陇西公;

叔孙建,封为丹阳王,世祖谥为哀王;

拓跋粟,拓跋勃长子,封为王;

罗斤,罗结子,赐爵带方公;

拓跋晃,恭帝景穆太子,太武帝长子;

赫连氏,太武帝拓跋焘皇后,赫连屈丐女;

闾氏,景穆太子恭皇后,文成帝母;

长孙平城,长孙肥孙,南部尚书;

长孙陈,长孙肥孙,吴郡王,官拜安乐将军;

李氏,文成帝元皇后,献文帝母;

乌侯,奚斤弟普回之子,赐城阳公;

拓跋素,明元帝拓跋嗣弟;

陆丽,陆俟子,被乙浑杀害,谥为简王;

司马楚之,司马金龙之父,谥贞王;

李氏,献文帝思皇后,孝文帝母;

源贺,河西王秃发傉檀之子,晋爵西平王;

罗拔,罗结孙,晋爵济南王;

林氏,孝文贞皇后,皇子恂母。

以上三处金陵中安葬的人物是否准确,如按世系顺序排列,值得怀疑。《魏书》中也有互相矛盾之处,如景穆太子恭皇后闾氏,《魏书·高宗纪》说安葬在金陵,而在《魏书·皇后列传》中,又说安葬在云中金陵。所以,不能按《魏书》中的记载就完全肯定三处金陵的安葬人物。这个问题,还有待于进一步研究和探讨。另外,三处金陵安葬的人物是否就是42人,也值得怀疑。因为《魏书》中除了记载六名皇帝安葬在金陵比较详细外,还有很多后妃、诸王安葬在何处,不得而知。有些功臣贵戚是从间接的文字记载中推测安葬在金陵。所以,肯定还有很多后妃、皇子等安葬在三处金陵而没有记载。这也说明,三处金陵安葬的人物绝不止42人,很可能还要多,这就需要以后考古发掘去发现,靠现有史料是解决不了这个问题的。

关于三处金陵人物的排列顺序,史书中记载也不一致。《北史》基本上按《魏书》记载,没有不同之处。《资治通鉴》中对金陵中安葬的人物与《魏书》相比较,出入很大。这有两种可能:一是记载上的错误,或按作者理解,对三处金陵人物作了调整;二是有可能《资治通鉴》另有资料所依,故不同意《魏书》的记载。但从拓跋氏世系排列及亲属关系来看,《资治通鉴》记载的三处金陵所埋葬的人物可信程度较大,应作为研究金陵的重要参考资料。北魏几个皇帝的安葬地点,《资治通鉴》与《魏书》记载完全不同。按《魏书》记载,安葬在云中金陵的有四位皇帝,即明元帝拓跋嗣、太武帝拓跋焘、文成帝拓跋濬和献文帝拓跋弘,而按《资治通鉴》记载,则以上四位皇帝都安葬在金陵。《资治通鉴》如此记载是有一定道理的。既然当时北魏都城在平城,四位皇帝死后应安葬在善无金陵,因为这里既近便又安全。如不安葬在善无金陵,也应安葬在盛乐金陵,何必要安葬在远离都城的云中金陵?另外,皇帝与后妃理应安葬在一起,既然以上几位皇帝的皇后安葬在善无金陵,也说明了这几个皇帝的山陵应在善无。所以,我认为《魏书》中对四位皇帝安葬地点的记载值得怀疑。如按《资治通鉴》记载排列,道武帝拓跋珪安葬在盛乐金陵,以下四位皇帝与景穆太子应安葬在善无金陵,这不仅符合世系排列顺序,而且说明金陵与都城平城的相互关系,便于朝拜与祭奠,所以《资治通鉴》的记载,值得重视。

四

安葬于三处金陵的人物,按照身份及等级,其安葬形式也不尽相同。从史料记载看,大体有五种形式,即葬、袝葬、赐葬、陪葬和合葬。

"袝葬"是丧事中的最高等级,葬于三处金陵的有六位皇帝及景穆太子拓跋晃共七人。后妃如死在皇帝之前,一般也要用葬礼,用葬礼安葬的后妃有平文皇后、明元帝昭哀皇后、明元帝密皇后、太武帝敬哀皇后、文成帝元皇后、献文帝思皇后、考文帝贞皇后等七人。

"袝葬"即合葬,是专用于后妃一级身份的葬仪,即后妃死后与先死的皇帝合葬。北魏采用袝葬的后妃共三人,她们分别是献明皇后贺氏(拓跋珪母)、太武帝皇后赫连氏和景穆太子恭皇后(文成帝拓跋濬母)。贺皇后葬于盛乐金陵,根据《魏书》记载,盛乐金陵没有拓跋珪之父即献明拓跋寔陵。所以,如贺皇后袝葬于盛乐金陵,说明献明帝的山陵也应在盛乐金陵。赫连皇后葬金陵,但《魏书》记载,太武帝山陵在云中金陵,显然有错误,所以太武帝应安葬在金陵。《魏书》记载,景穆太子拓跋晃安葬在金陵,而《魏书·皇后传》记载,恭皇后死后葬于云中金陵,且不是陪葬。《魏书·高宗记》记载,恭皇后死后陪葬金陵,应按《魏书·高宗记》的记载,陪葬金陵比较恰当。

"赐葬"是皇帝对功臣死后的一种特殊待遇,一般用于有突出功绩的大臣。据《魏书》记载,赐葬的只有一人,为叔孙建。此人是代郡人(今大同市),为北魏开国元勋,杰出的军事将领。他在平原(今山东平原县南)驻守十多年,以治军严明著称,威震南朝,使刘宋不敢轻举北犯。拓跋焘封他为丹阳王,加征南大将军,总督冀、青、徐、济四州兵马,太延三年(437 年)病逝,太武帝拓跋珪谥曰"襄王",赐葬金陵。

"陪葬"是诸王亲属或有功大臣死后,由皇帝批准,安葬在皇陵附近,即死后继续陪侍皇帝。根据记载,北魏陪葬的人员共有 23 人。其中陪葬在云中金陵的有三人,即长孙道生、长孙观和拓跋云;陪葬在金陵的有20人,他们是王建、长孙肥、长孙翰、拓跋处文、叔孙俊(叔孙建之子)、拓跋勃、车路头、奚斤、拓跋吕、姚黄眉、拓跋粟、罗斤、长孙平城、长孙陈、乌侯、拓跋素、陆丽、司马楚之(司马金龙之父)、源贺和罗拔。

"合葬"是功臣妻子死后,经皇帝批准,与先死的丈夫安葬在一起。《魏书》中只记载一人,即叔孙俊之妻桓氏。叔孙俊为叔孙建长子,死时年仅28岁,太宗明元帝拓跋嗣非常悲痛,曾亲自到叔孙俊家悼念并下令让叔孙俊陪葬金陵。与此同时,明元帝拓跋嗣还告诉叔孙俊之妻桓氏:"夫生既共枕,没宜同穴,能殉葬者可任意",[1](卷29,P706)意思是桓氏如殉葬,也可合葬金陵。桓氏听后便自缢而死,随之与叔孙俊合葬金陵。

关于金陵的葬制,史料记载很少。孝文帝在太和十九年文明皇太后冯氏死后曾发布过一道诏书曰:"又山陵之节,亦有成命,内则方丈,外裁才岂坎,脱于孝子之心有所不尽者,室中可二丈,坟不得过三十余步。今以山陵万世所仰,复广为六十步。辜负遗旨,益以痛绝。其幽房大小,棺椁质约,不设明器。至于素帐、缥茵、瓷瓦之物,亦皆不置。此则遵先志,从册令,俱奉遗事。"[1](卷13,P330)从这条资料分析,北魏金陵的葬制与历代皇陵相比比较简单,坟不得过三十步,最大不超过六十步,与现在右玉发现的山陵基本吻合。墓室一丈,最大两丈,也比历代皇陵小得多。从以上史料看,金陵葬制没有历代皇陵那样奢侈,不设明器,连素帐、缥茵、瓷瓦之物也没有。山陵的地面建筑,按史料记载也很小,只有寝庙,有的建有寺院,除此之外未见其他建筑物的记载。右玉山陵周围发现有北魏时期的砖瓦碎片,有可能是寝庙或寺院的残留物。所以从史料记载和地面考察分析,北魏山陵建筑规模比较小,葬制比较简单。又由于山陵全部建造在山顶上,交通不便,地势偏僻,所以不易被人发现,这也是长期以来找不到金陵的一个原因。右玉山陵是不是金陵,有待考古发掘的进一步证实,但不管怎么说,史学界一大悬案,即北魏金陵的确切位置有了一点眉目,也可能在将来的某一天,随着考古的新发现,北魏金陵将展现在世人面前。

参考文献:

[1]魏收.魏书[M].北京:中华书局,1974.

[2]王雨旸.朔平府志[M].北京:东方出版社,1994.

[3]司马光.资治通鉴[M].北京:中华书局,1956.

北魏永固陵陵寝制度的几点认识

王雁卿

（大同市博物馆，山西 大同 037004）

摘　要：通过对北魏平城永固陵的考古发掘，我们可以清楚地看到，北魏王较早期的陵寝制度较汉民族封建王朝要随意得多，但在定都平城之后，即开始按照华夏礼制建立宗庙祭祀制度，然而在陵寝制度方面仍保留着一定的传统习惯，具有一定的特殊性。

关键词：永固陵；陵寝制度；认识

从 1925 年美国人 A. G 温莱等人首次对方山永固陵进行考古学调查之后，20 世纪 30 年代，日本学者曾三次勘查了方山永固陵遗址。20 世纪 70 年代，北京大学的宿白先生带队进行了调查。大同市博物馆于 1976 年发掘了陵墓，80 年代又发掘了思远佛寺遗址。2003 年，山西省考古研究所张庆捷先生再次带队进行了调查。日本学者冈村秀典等又对东京大学保存的方山遗址出土资料进行调查与整理，并对方山遗址进行了调查。对于学者们的研究成果，笔者在钦佩之余亦略有思考。在此不揣浅陋，略谈几点认识。

一、永固陵地理位置与现存建筑遗址

永固陵地处大同盆地北部边沿，位于大同市城北约 20—22 公里的镇川乡西北的西寺儿梁山（北魏时称方山）之上，山体高大平缓，属典型的玄武岩熔岩质，山顶呈南北向长条形，开阔平坦，东南西三面为陡崖，海拔高度 1427 米。永固陵遗址位于山顶的南部与中部，南部山下二级台地也有建筑遗迹。西有御河，东有万泉河挟持着山麓。陵园的方向是随着山水的地势而定的，依山面水，其地理位置显然受风水术的影响。《魏书》卷 13《皇后传》载："太后与高祖游于方山，顾瞻川阜，有终焉之志，因谓群臣曰：'舜葬苍梧，二妃不从。岂必远袝山陵，然后为贵哉。吾百年之后，神其安此'。"[1] (P328~329) 陵园现存建筑遗址包括墙垣、封土、墓室、地面建筑、陪葬墓和御路等，其中既有对汉文化的继承，也具有创新性。

1. 陵园的垣墙和门阙《水经注》卷 13《㶟水》记："南门表二石

阙",[2](P1139~1140)仅于南门外提到有阙。由此可见,陵园有垣墙,至少有南垣墙,其正门是南门。

2. 坟墓 方山顶上偏南部有冯氏墓坟丘,圆形方座,东西宽124米,南北长117米,高23米,封土夯筑而成。其东北部有孝文帝万年堂,圆形方座,高13米,边长60米。《魏书》卷13《文成文明皇后冯氏传》载:"初,高祖孝于太后,乃于永固陵东北里余,豫营寿宫,有终焉瞻望之志。及迁洛阳,乃自表瀍西以为山园之所,而方山虚宫至今犹存,号曰'万年堂'云。"[1](P330)

3. 墓室 永固陵坟丘下墓室由墓道、前室、甬道和后室组成,墓室南北总长17.16米,墓道向南偏东4°,前室平面呈梯形,拱顶,南北长4.2米,东西宽3.85米,高3.8米。后室平面呈弧边方形,南北长6.4米,东西宽6.83米,高7.3米,四角攒尖顶。甬道前后各有一道石雕拱门,雕刻精细,包括墓门在内,共有6道封门墙,可惜多次被盗,出土器物很少,仅有残石雕女俑、铜器、骨器和铁器等。万年堂结构同冯氏墓,略小,仅为冯氏陵墓的二分之一。现残存甬道石券门,浮雕有武士形象。

4. 山顶上建筑遗址 在永固陵封土的南部约400米处,有一组建筑遗址,可能就是郦道元所记的永固堂、思远灵图以及斋库等,应该还有鉴玄殿。《水经注》卷13《漯水》记载:"羊水又东注于如浑水,乱流迳方山西,岭上有文明太皇太后陵,陵之东北有高祖陵,二陵之南有永固堂。堂之四隅,雉列榭阶栏槛及扉户、梁壁、椽瓦,悉文石也。檐前四柱,采洛阳之八风谷黑石为之,雕镂隐起,以金银间云矩,有若锦焉。堂之内外四侧结两石趺,张青石屏风,以文石为缘,并隐起忠孝之容,题刻贞顺之名。庙前镌石为碑兽,碑石至佳。左右列柏,四周迷禽闇日,院外西侧有思远灵图,图之西有斋堂。"[2](P1139~1140)在万年堂之西北数百米处,还有几座陪葬墓。

5. 御路 《水经注》有"南门表二石阙,阙下斩山累结御路"的记载,经实地勘查,山顶南部断崖上有"之"字形小路可登到山顶,即为御路。

6. 山下的建筑遗址 山顶下二级台地还有二处建筑遗址,一处为大同博物馆于20世纪80年代发掘的思远佛寺遗址。在其西南还有一处25米×30米的近方形建筑遗址,其北有道路与思远佛寺相连。殷宪先生研究发现,在方山山麓永固陵正南4.75公里处有灵泉池,灵泉宫中心区在永固陵南略偏东4.5公里。《魏书》卷7《高祖纪下》记,太和十三年(489)秋七月"幸灵泉池,与群臣御龙舟,赋诗而罢。"[1](P165)《魏书》卷13《文成文明皇后冯氏传》所记更加详细:"太后曾与高祖幸灵泉池,燕群臣及藩国使人、诸渠帅,各令为其方舞。高祖帅群臣上寿,太后忻然作歌,帝亦和歌,遂命群臣各言其志,于是和歌者九十人。"[1](P329)在方山下的青羊岭村曾发现了许多磨光黑面瓦件,板瓦片多见,亦有筒瓦片,还有高浮雕复瓣莲花瓦当。此外,尚有陶器残片,其中灰陶片较多,器形有侈口厚沿陶罐、侈口大瓶、陶盆等,内为方格模压纹,外亦饰纹。纹饰有弦纹、水波纹、忍冬纹、绹纹、暗纹等,都具有北魏平城时期典型陶器纹饰的特点。磨制光面砖与方山永固陵和万年堂所见无异,还有绳纹砖和莲花座砖饰件等,可能为灵泉宫遗物。在青羊岭村和黍地沟村之间,有一大片杨树苗圃,这是一块低洼地,可能就是灵泉池的遗址。

7. 陵邑 太和年间,在永固陵西面如浑水经过的地方曾设永固县,《水经注》卷13《㶟水》:"如浑水又东南流径永固县,县以太和中,因山堂之目以氏县也",[2](P1139~1140) 即因太和十四年葬冯太后于方山永固陵而立县,可能在今大同市新荣区堡子湾一带。

二、建筑遗址的初步认定

永固陵山上与山下的建筑遗址已如上所述,关于它们的认定,专家们的意见有相同之处,也有分歧,综合各位专家的研究成果,列表如下:

专家\地点	A.G温莱	原田	水野长广	宿白	张庆捷	殷宪	冈村
A	冯氏寿陵	冯氏寿陵	冯氏寿陵	冯氏寿陵	冯氏寿陵		
B	永固堂						
C	南门						
D	石阙	永固堂·	永固堂	永固堂	永固堂·		永固堂·
E		思远灵圆	思远灵圆	思远灵圆		思远灵圆	
F	灵泉宫	灵泉宫	御道		思远灵圆		思远灵圆
	御道	御道			·灵泉宫	灵泉宫·灵	御道
					御道	泉池	灵泉宫·灵
					灵泉池		泉池

由上表可知,学者们对冯氏寿陵与御道的认定上意见相同。坟丘南的建筑遗址中发现有石碑的龟趺,据《魏书》卷7《高祖纪上》记载:"太和五年夏四月己亥,行幸方山,建永固石室于山上,立碑于石室之庭,又铭太皇太后终制于金册,又起鉴玄殿。"[1](P150) 可见,南部的建筑遗址是永固堂应该不错,但问题是此地的遗迹到底包含几处遗址。由石块垒砌的遗迹东西约280米,南北约150米,当然,这里不排除后世移动重新垒砌的可能,但肯定有当年遗址的痕迹。这里其实不止永固堂一处,从郦道元的记叙上看,至少有三处,即永固堂、思远佛图和斋堂。永固堂的性质是清庙,即宗庙也。北魏的庙宇遗址目前还没有发现,但根据西汉都城长

安南郊宗庙建筑遗址的情况来看,认定为永固堂应该不会错。在其东北还有一处《水经注》里没有记载的规模较小的建筑遗址,南北约为 35 米,东西约 30 米,在中部残存着一个方形夯土台基,张庆捷先生认为是永固堂的寝室或其附属建筑物。据郦道元记载,永固堂"院外西侧有思远灵图,图之西有斋堂。"[2](P1139~1140)在永固堂西侧约 70 米处,现在还有一处建筑遗址,该遗址平面呈长方形,南北长约 40 米,东西宽约 35 米,在此处遗址上,曾发现过小型佛教石造像,可能为思远佛图。在该遗址之西,地面上也有许多建筑材料,可能就是《水经注》记载的"斋堂"。

另外关于鉴玄殿,《魏书》卷 13《文明皇后冯氏传》记载:太和十四年冯太后崩后"谥曰文明太皇太后,葬于永固陵。日中而反,虞于鉴玄殿。"[1](P330)虞,《礼·檀弓下》:"日中而虞",疏:"虞者,葬日还殡宫安神之祭名",可知鉴玄殿乃安神之殿。在西汉陵寝中有便殿,位于寝殿之侧,为休息闲宴之处,同时兼有藏储器物和衣物的作用,还可以开展祭祀活动。如此说来,鉴玄殿的性质相当于汉时的便殿,位置应距永固堂不远,所以也应该是这组建筑群中的一处,其确切位置还有待于进一步的考古发掘。

从永固陵园的营建过程看,太和五年"高祖乃诏有司营建寿陵于方山,又起永固石室,将终为清庙焉,太和五年起作,八年而成,刊石立碑,颂太后功德",[1](P329)《魏书》卷 7《高祖纪上》也有类似记载。可见,太和五年(481 年)于山上起作的有寿陵、永固石室、鉴玄殿等一组建筑。从所存遗址推测,《魏书》中所载的永固石室应该是包括了郦道元记载的永固堂、思远佛图和斋堂在内的一组建筑,均为山顶上的建筑,也是冯氏陵园内的主要建筑。

山下二级台地的建筑与山脚的建筑则在陵墓营造前就开始了建造。《魏书》卷 7《高祖纪上》记载:太和三年"六月……起文石室、灵泉殿于方山。八月……乙亥,幸方山,起思远佛寺。"[1](P147)关于思远佛寺,《魏书》卷 114《释老志》载,太和元年"又于方山太祖营垒之处,建思远寺。"[1](P3039)总之,思远佛寺应起建于太和五年起作陵园之前。水野先生、长广先生及宿白先生认为其遗址为思远佛寺的塔院。张庆捷先生认为是"思远浮屠",其正南稍偏西约 90 米处的方形平台则是与灵泉宫池有关的建筑遗址。冈村先生认为山顶上的思远灵图与此处的建筑都是思远佛寺的一部分,而且两地出土的"万岁富贵"瓦当和塑像是同范的,由此推断二者是同一时期同一集团进行营造的。如何界定还有待于进一步考古发掘。

关于灵泉宫,殷宪先生在方山脚下所发现的遗址现仅采集到遗物,有待进一步进行考古发掘。根据郦道元《水经注》中的记载:"下望灵泉宫池,皎若明镜矣",[2](P1139~1140)说明灵泉宫与池是在一处,而且据《魏书》记载,从太和九年后开始幸灵泉池,并且于太和十四年之后的四年里四次"幸灵泉池,遂幸方山"记载来看,灵泉池与方山有一定的距离,但距离不会太远。

三、北魏平城时期陵寝制度的初步认识

1. 陵寝的祭祀　在古代中国,都城内最重要的建筑是宗庙建筑,如《礼记·曲礼下》:"君子将营宫室,宗庙为先,厩库为次,居室为后",设置宗庙即为了祭祀祖先。西汉前期,帝后陵的庙一般不在陵园内,它们或在城内,或在城郊,离陵园较远,寝和便殿在陵园内或离陵园较近。为了方便陵事活动,从景帝阳陵开始,庙移筑于陵旁,又称陵庙。终西汉一代,重大法定祭祀场所在宗庙,皇帝从未亲自上陵。东汉明帝创设上陵礼,把原来陵园中的"寝"扩建为"寝殿",废除陵旁的庙制,实际上就是把庙搬进了陵园,庙寝合一。北魏王朝所有葬于金陵的帝后庙均置于城内,而且较正统的汉民族王朝的庙置要随意得多。这是因为北魏王朝在刚建都之时,即按中原华夏礼制建立宗庙祭祀制度。北魏最初的宗庙制度采取的是一世一庙制,凡五庙,一世一间,瓦屋。其后,在天兴二年(399 年)道武帝"又立神元、思帝、平文、昭成、献明五帝庙于宫中,岁四祭……又于云中及盛乐神元旧都祀神元以下七帝,岁三祭,明元帝永兴四年(412 年)"立太祖庙于白登山,岁一祭……又立太祖别庙于宫中,岁四祭……后二年,于白登西太祖旧游之处,立昭成、献明、太祖庙,常以九月、十月之交,帝亲祭……又于云中、盛乐、金陵三所,各立太庙,四时祀官侍祀。"[1](P2735~2737)文成帝"太安元年(445)春正月辛酉,奉世祖、恭宗神主于太庙,"[1](P114)意在补全天子七庙的宗庙制度。由此可见,北魏孝文帝之前的宗庙祭祀习俗是不上陵的,在帝后下葬之后,很少再至陵墓祭祀,即史书记载的"大魏七庙之祭,依先朝旧事,多不亲谒",往往是凯旋后告于宗庙。直到太和十五年(491 年)四月,孝文帝"经始明堂,改营太庙"之后,才规范了北魏的宗庙设置,而且亲祭七庙。

虽然孝文帝改革了宗庙制度,但他在平城后期祭各位先帝于七庙,而祭冯太后则要行上陵礼,实践着两套祭祖传统,也表现出永固陵陵寝制度的特殊性。

2. 永固陵陵寝的特色　永固陵陵园的建筑布局及风格体现了北魏上层社会的思想观念以及对汉魏丧葬礼仪文化的认识与取舍,既有对汉文化的继承,也有北魏自己的创新。

北魏在孝文帝之前帝后死后多葬于金陵,关于金陵的位置,目前在学术界还不确定,文献记载也是只言片语。据《魏书》记载,北魏最早葬入金陵的是平文皇后王氏,自太和七年(483 年)孝文贞皇后林氏葬入后不再有帝后入葬金陵。葬于金陵的皇帝有昭成帝、道武帝、明元帝、景穆帝、文成帝和献文帝,葬于金陵的皇后有平文皇后王氏、明元后姚氏、密皇后杜氏、恭宗后郁闾氏、世祖敬哀皇后贺氏、高宗元皇后李氏、显祖后李氏、孝文贞皇后林氏。她们中除平文后外,均先于帝亡,且多数因子贵母死而被追谥为皇后。祔葬于金陵的有献明皇后贺氏、世祖后赫连氏。祔葬也就是合葬,从平城发现的拓跋鲜卑墓葬的葬俗盛行合葬的情况来看,金陵所葬的帝后应是合葬,但是否同茔异穴,或同穴异室,还是同室合葬,目前尚无法确定,但有一点是可以确定的,那就是皇帝和皇后的墓葬是同处于一个大的陵区之内,而不是各自为陵。

相对北魏先帝先后的陵园,永固陵的陵寝制度则具有特殊性。它没有帝陵,仅是单独的后陵,且单独建庙。虽然北魏也有专为太后单独置陵建庙的,如世祖保母窦氏和高宗乳母常氏,但她们二人不是正式被册封的太后,只是因其为皇帝的乳母,"于先朝本无位次,不可违礼以从园陵",所以只好单独为陵,别立寝庙。冯太后则是故意不祔山陵显贵,独立山头,当年的孝文帝站在平城宫城内面北便可望见永固陵,而方山之上的冯太后也可随时俯视着平城的一切。

陵墓之旁修筑祭祀性建筑物的历史由来已久。早在早商时期的河南偃师二里头遗址,就有包括廊庑、大门、广庭、中心殿堂和大墓等一组封闭式院落建筑,其功能就是为祭祀大墓的,称其为"宗",与殷墟妇好墓的享堂和战国中山王墓的"堂"的性质相同。西汉时陵寝中的宗庙和寝殿建筑一般是仿照汉宫廷主要宫殿建筑修建的。据《水经注》记载,冯氏的寝庙永固堂装修豪华,有院有庭,庭中立碑,檐前四柱,表明寝庙是前廊后室三开间的建筑。所以,永固堂的建筑布局很有可能是仿北魏平城时期流行的屋宇结构而建造的。

从东汉始,陵前建有石殿,而且墓上的享堂石阙上雕绘具有强烈社会伦理意义的贤君忠臣、孝子节妇故事,成为艺术表现的主题,《水经注》上多记载有当时遗存的东汉官僚墓首的石庙和石堂。所以,永固堂石屏风上所雕刻的有关宣扬忠孝观念的图像和文字以及石碑、石兽等,均是向汉代陵寝制度的回归,由此也说明了鲜卑贵族在丧葬制度方面逐渐汉化的倾向。

参考文献:

[1]魏收. 魏书[M]. 北京:中华书局,1974.

[2]郦道元. 水经注[M]. 南京:江苏古籍出版社,1989.

[3]李凭. 北魏平城时代[M]. 北京:社会科学文献出版社,2000.

[4]殷宪. 北魏灵泉宫池访寻记[N]. 中国文物报,2007-02-23.

[5]张庆捷. 北魏永固陵的考察与探讨[J]. 古代文明研究通讯,2003,(19).

[6]曹臣明. 北魏方山永固陵地理环境的选择与陵园制度[J]. 云中大学学报,1992,(3).

[7]大同市博物馆. 北魏方山思远佛寺遗址发掘报告[J]. 文物,2007,(4).

北魏迁都洛阳之后的代京

薛瑞泽

（河南科技大学人文学院,河南 洛阳 471023）

摘　要:孝文帝迁都洛阳开启了北魏历史的新篇章,迁都之后,代京的政治地位发生了重大变化。孝文帝迁都时,代京成为守旧势力的集聚地。孝文帝采取了一系列的措施保证迁都的顺利进行。孝文帝及宣武帝还多次北巡,以显示朝廷掌控着以代京为核心的北方边镇。孝明帝时期,随着北方边镇军事地位的失去,边镇将士不再受到重视。少数民族不断南下,加之朝政的逐步混乱,最终导致了代京的衰落。

关键词:北魏;迁都;代京;孝文帝

孝文帝迁都洛阳,是北魏发展史上的里程碑,对鲜卑族产生了重要的影响。迁都洛阳之后,原来代京的都城地位不复存在,孝文帝及宣武帝于是将代京原来的一些设施也迁到了洛阳,太和十九年(495 年)三月,孝文帝诏曰:"知太和庙已就,神仪灵主,宜时奉宁。可克三月三日己巳,内奉迁于正庙。其出金墉之仪,一准出代都太和之式。入新庙之典,可依近至金墉之轨。其威仪卤簿,如出代庙。百官奉迁,宜可省之。但令朝官四品已上,侍官五品已上及宗室奉迎。"[1](卷108之一《礼志四之一》,P2751)洛阳新太庙的建成,标志着北魏正式迁都洛阳。宣武帝永平四年(511 年)五月己亥"迁代京铜龙置天渊池",[1](卷8《世宗纪》,P351)更加剧了代京的衰落。不过从宏观方面考察,代京虽然失去了全国政治中心的地位,但仍然是北方边镇地区重要的政治、军事中心,北魏后期许多重大事件都发生在这里。

一、代京成为守旧势力的集聚地

在孝文帝决定迁都洛阳之前,代京的守旧势力盘根错节。在决定迁都之后,孝文帝对反对迁都的守旧势力采取了安抚措施,让他们继续留在代京,以免成为迁都洛阳的羁绊。但是孝文帝并不放心,安排了支持迁都的大臣镇守代京,以保证迁都之后的政治稳定。

为了保证迁都之后代京的稳定,孝文帝在迁都之前首先做了大量工作,以确保守旧势力特别是反对迁都的王公大臣不至于公开跳出来反对。太和十八年(494年)二月,孝文帝到达平城宫,"临朝堂,部分迁留"。在拜谒永固陵后,三月,孝文帝在太极殿引见留守的大臣,令元丕等人"如有所怀,各陈其志",燕州刺史穆罴认为迁都事关重大,不能随意决定,当孝文帝询问原因时,穆罴曰:"北有猃狁之寇,南有荆扬未宾,西有吐谷浑之阻,东有高句丽之难。四方未平,九区未定。以此推之,谓为不可。征伐之举,要须戎马,如其无马,事不可克。"穆罴所分析的北魏东西南北所面临的战略形势尚有一定的道理,而其提出的迁都缺乏马匹,被孝文帝认为是强词夺理,孝文帝曰:"卿言无马,此理粗可。马常出北方,厩在此置,卿何虑无马?"孝文帝再次强调迁都中原的必要性,"今代在恒山之北,为九州之外,以是之故,迁于中原"。针对穆罴又强调历代"古昔圣王不必悉居中原",即中原不适合建都的问题,孝文帝曰:"黄帝以天下未定,居于涿鹿;既定之后,亦迁于河南。"可见穆罴所提出的反对意见都难以成立。尚书于果提出的反对意见是"中原其如是所由拟,数有篡夺",而且"安土重迁,物之常性,一旦南移,惧不乐也"。元丕建议再次通过占卜来决定是否迁都,被孝文帝否决。孝文帝随后表达了自己迁都的最终目的:"移宅中原,肇成皇宇。"对于坚决反对迁都的前怀州刺史青龙,前秦州刺史吕受恩等人,孝文帝"皆抚而答之,辞屈而退"。[1](卷14《元丕传》,P360)最终孝文帝"谕在代群臣以迁移之略",宣布了迁都洛阳的决定。

即当迁都时,为了避免政局动荡,孝文帝采取了多重措施稳定旧都,其中令多位亲近大臣留在代京及周边地区掌控局面,显示了他的远见卓识。艾陵伯元苌"以代尹留镇,除怀朔镇都大将",孝文帝亲自赐酒拜托重任。[2](卷15《高凉王孤传附六世孙苌》,P548)代尹虽是地方官,但怀朔镇都大将则掌握军队指挥权,以代尹的行政身份兼任怀朔镇都大将足以显示孝文帝依靠元苌稳定代都的设想。针对迁都洛阳时"北蕃人夷多有未悟"的现状,孝文帝令广陵王元羽与太尉元丕共同留守代京,并加使持节"镇抚代京"。孝文帝诏元丕、元羽曰:"留守非贤莫可。太尉年尊德重,位总阿衡;羽朕之懿弟,温柔明断。故使二人留守京邑,授以二节,赏罚在手。其祇允成宪,以称朕心。"元羽谦逊地说:"太尉宜专节度,臣但可副贰而已。"孝文帝则强调:"老者之智,少者之决,何得辞也。"[1](卷14《元丕传》,P359)孝文帝又对元羽曰:"迁都洛阳,事格天地,但汝之迷,徒未开沉郛耳。朕家有四海,往来何难?朕初发洛阳,教示永寿,皆谓分别。比自来后,诸处分之事,已差前敕。今举大功,宁为虚费?且朕无周召之弟,岂容晏安日逸。今便北巡,迁留之事,当称朕怀。"在元羽的努力下,北部沿边"内外肃然",受到孝文帝的嘉奖,五等爵位制度实行后,孝文帝"以(元羽)留守代京之功,增邑五百户"。[1](卷21上《广陵王羽传》,P546－550) 与元羽一同留守的元丕,"父子大意不乐迁洛",孝文帝也没有逼迫他,只是为其讲清道理,使其不至于发难。随后,孝文帝"又诏以(元)丕为都督、领并州刺史",[1](卷14《元丕传》,P360) 可见元丕也以都督的身份掌握有军队。孝文帝令元羽与元丕共同留守代京,显然是为了避免代京因为都城南迁出现混乱。

然而,元丕因不赞同迁都,总是一有风吹草动就把持不住自己。太和十九年(495年)二月,太师冯熙在代京去世,孝文帝令太子元恂"诣代都"料理丧事,并且"其进止仪礼,帝皆为定"。[2](卷19《废太子恂传》,P713) 岂料元恂到达代京后,与守旧势力过从甚密。元丕前妻之子元隆在元恂即将返回洛阳时,"与穆泰等密谋留恂,因举兵据陉北"。元丕"时以老居并州,虽不预始计",但元隆与其弟元超都将计谋告知父亲元丕。元丕得知消息后,"外虑不成,口乃致难,心颇然之"。元丕因为内心不赞同孝文帝迁都洛阳,所以对于穆泰与其子的合谋叛乱知而不报,采取了默认的态度。当孝文帝到达平城确认了这一阴谋后,"推穆泰等首谋,(元)隆兄弟并是党"。[2](卷15《武卫将军谓传附曾孙东阳王丕传》,P555) 穆泰曾经有恩于孝文帝,当初冯太后幽禁并且准备废黜孝文帝时,是听了元丕、穆泰和李冲的劝谏才未实施。孝文帝即位后对穆泰赏赐宠遇有加。穆泰自称患病多年,向朝廷请求任职恒州,孝文帝于是任命原恒州刺史陆叡为定州刺史,陆叡尚未离职赴任,而穆泰已经到达恒州,"遂潜相扇诱,图为叛"。穆泰与陆叡联合安乐侯元隆,抚冥镇将、鲁郡侯元业,骁骑将军元超,阳平侯贺头,射声校尉元乐平,前彭城镇将元拔,代郡太守元珍,镇北将军、乐陵王思誉等人,"谋推朔州刺史阳平王颐为主"。元颐不想应允,就假装答应下来,向孝文帝"密表其事"。太和二十年(496年)十二月,孝文帝派遣任城王元澄率领并州、肆州的军队平叛,很快叛乱被平息。[1](卷27《穆崇传附真子泰传》,P663) 穆泰、元隆以及其弟元乙升、元超皆"以反诛","隆、超母弟及余庶兄弟皆徙敦煌"。可以说穆泰联合元丕之子等人的叛乱是留守代京守旧势力对孝文帝迁都的一次公开挑战,元丕虽没有公开参与其间,但其表现使孝文帝颇为失望,因曾经"先许不死之诏,躬非染逆之身,听免死,仍为太原百姓"。[2](卷15《武卫将军谓传附曾孙东阳王丕传》,P556)

孝文帝在临行之前,还以自己的叔父元思誉为镇北将军,代行镇北大将军之职,孝文帝对他说:"恒代路悬,旧都意重,故屈叔父远临此任。不可不敬慎所临,以副朕望。"然而穆泰"阴谋不轨"时,元思誉"知而不告",虽然后来被"恕死",也受到"削封为庶人"的惩罚,到了太和二十三(499年)年二月,才恢复其王位。[1](卷19下《乐陵王传》,P517) 处死穆泰等人后,孝文帝随即驾临平城。当时留在代京而没有参与叛乱的鲜卑旧族仅有于烈家族。迁都洛阳后,因为鲜卑旧族"人情恋本,多有异议",孝文帝认为于烈虽然不支持迁都,但也不反对迁都,于是"宜且还旧都,以镇代邑","敕留台庶政,一相参委"。[1](卷31《于栗磾传附烈传》,P738)命于烈守代京,以显示对他的重视。

当时守旧势力最为典型的代表人物是太子元恂。元恂"不好书学,体貌肥大,深忌河洛暑热,意每追乐北方"。因为不喜欢河洛地区夏天的酷热,元恂每每怀念代京的凉爽,所以很快付诸行动,"欲召牧马轻骑奔代",但没有成功。这只是表面现象,诚如孝文帝废元恂为庶人时所说:"今恂欲违父背尊,跨据恒朔。"称其心中"无父国",明显是"包藏"祸心,太和二十年(496年)十二月,孝文帝决定废掉元恂,在得到李彪"承间密表,告恂复与左右谋逆"后,处死了元恂。[2](卷19《废太子恂传》,P714)孝文帝处死太子元恂之举,再次表明了迁都与改革的决心。

迁都洛阳后,为了缓和守旧势力的情绪,满足鲜卑贵族的情感需求,孝文帝允许鲜卑族勋贵冬天居住在洛阳,夏天迁往代京。"孝文迁洛,旧贵皆难移,时欲和众情,遂许冬则居南,夏便居北"。这其实只是临时的权宜策略,在鲜卑族习惯了河洛地区的气候环境后,自然就不会再迁回代京。然而,孝文帝的权宜之策却被鲜卑贵族的守旧势力所利用,宣武帝在位期间因为听信邪臣的逸言,社会上流言纷纷,"宣武颇惑左右之言,外人遂有还北之问。至乃榜卖田宅,不安其居"。为此给事黄门侍郎元晖向宣武帝上奏曰:"先皇移都,以百姓恋土,故发冬夏二居之诏,权宁物意耳。乃是当时之言,实非先皇深意。且比来迁人,安居岁久,公私计立,无复还情。伏愿陛下终高祖既定之业,勿信邪臣不然之说。"[2](卷15《常山王遵传附忠从子晖传》,P571)宣武帝接受了他的建议,迁回代京风波遂得以平息。

代京作为从道武帝拓跋珪到孝文帝时期的都城,因为临近北方少数民族活动的草原地区,所以成为四战之地,而随着鲜卑族社会的发展,加之对南朝战争的需要,遂迁都洛阳。那些反对孝文帝迁都洛阳的守旧势力,在代京组成了相对强大的阵容,并以穆泰为首掀起了叛乱,最终被镇压下去。

二、代京军事地位的强化

北魏迁都洛阳后,代京军事地位的强化应当是孝文帝的长远考虑。孝文帝在迁都之前对任城王元澄谈到代京的概况时说:"国家兴自北土,徙居平城,虽富有四海,文轨未一,此间用武之地,非可文治,移风易俗,信为甚难。"[1](卷19中《任城王云传附子澄传》,P464)这一方面反映了代京的环境使改革面临种种阻碍,另一方面说明代京具有重要的战略地位。迁都洛阳以后,孝文帝所采取的强化代京军事地位的政策,其实不过是定都代京时期政策的延续。

代京军事地位的强化从孝文帝真正掌权即可反映出来。代京本是北魏道武帝天兴元年(398年)七月从盛乐迁都平城所确定的都城,经过明元帝、太武帝、文成帝、献文帝数代人的经营,已经成为北魏重要的政治、经济与军事中心。孝文帝即位后,太皇太后冯氏临朝专政,"孝文雅性孝谨,不欲参决;事无巨细,一禀于太后。太后多智,猜忍,能行大事;杀戮赏罚,决之俄顷,多有不关帝者"。[2](卷13《文成文明皇后冯氏传》,P496)冯太后临朝专政,孝文帝几成傀儡。太和十四年(490年)九月,冯太后亡故,太和十五年正月,孝文帝"祀南郊",月底,"帝始听政于皇信东室。初分置左右史官",开始真正掌权,起初,并未立即决定迁都洛阳。七月,在拜谒冯太后的永固陵后,孝文帝"规建寿陵",有在代京终老的打算,并对代京进行了继续建设。从太和十年九月开始建设的明堂、辟雍于是加速进程,太和十五年(491年)四月,孝文帝又令"经始明堂,改营太庙",[1](卷7下《高祖纪下》,P167)到了十月,"明堂、太庙成"。次月,"迁七庙神主于新庙"。[1](卷7下《高祖纪下》,P168)太庙作为供奉先祖的宗庙,其改建对于北魏的意义非常重大。此后,太和十六年(492年)二月戊子,孝文帝"移御永乐宫。庚寅,坏太华殿,经始太极",[1](卷7下《高祖纪下》,P169)并以尚书李冲兼领将作大匠,与司空穆亮共同营建,其目的是为了建设一座规模更加宏大的朝廷议政场所。太华殿为太安四年(458年)三月开建的一座宫殿,至七月建成,成为此后相当时期内朝廷的重要议政场所。文成帝曾诏令游雅撰写《太华殿赋》。[1](卷54《游雅列传》,P1195)和平五年(464年)五月,文成帝就在此殿驾崩。孝文帝在位期间,北魏许多大事就发生在太华殿,太和元年(477年)九月,北魏于太华殿"诏群臣定律令"。十月,"宴京邑耆老年七十已上于太华殿,赐以衣服"。[1](卷7上《高祖纪上》,P144)太和九年(485年)正月,"大飨群臣于太华殿,班赐《皇诰》"。[1](卷7上《高祖纪上》,P155)到冯太后死后,甚至出现了"有雄雉集于太华殿"[2](卷13《文成文明皇后冯氏传》,P497)的现象。胡泥在任定州刺史期间,因为暴虐和贪赃枉法,孝文帝将其征召到代京,"将就法,孝文临太华殿引见,遣侍臣宣诏责之,遂就家赐尽"。[2](卷87《胡泥传》,P2895)孝文帝执政后在太华殿举行过许多重要的政治活动。太和十五年(491年)十一月,孝文帝"临太华殿,朝群官","既而帝冠通天,绛纱袍,临飨礼"。[1](卷108之一《礼志四之一》,P2749)太和十六年正月初一日,孝文帝"飨群臣于太华殿",并在二月决定拆除太华殿,建设太极殿。[1](卷7下《高祖纪下》,P169)在拆除太华殿之前,孝文帝"引见群臣于太华殿",对群臣说:"朕仰遵先意,将营殿宇,役夫既至,兴功有日。今欲徙居永乐,以避嚣埃。土木虽复无心,毁之能不凄怆。今故临对卿等,与之取别。此殿乃高宗所制,爰历显祖,逮朕冲年,受位于此。但事来夺情,将有改制,仰惟畴昔,惟深悲感。"[2](卷27《穆崇传附累弟亮传》,P669)孝文帝所提出的"事来夺情,将有改制",即太华殿原有的规模和制度已经不符合北魏政治的需要,故而加以改建。穆亮建议孝文帝通过卜筮决定建设与否,再加上"又去岁役作,为功甚多,太庙明堂,一年便就。若仍岁频兴,恐民力凋弊。且材干新伐,为功不固,愿得逾年,小康百姓"。孝文帝认为"今八表清晏,年谷又登,爰及此时,以就大功"。于是,暂居永乐宫,修建太极殿[2](卷27《穆崇传附弟子亮传》,P669)。到了十月,"太极殿成,大飨群臣"以示庆贺,次年正月初一,孝文帝又"飨百僚于太极殿",[1](卷7下《高祖纪下》,P171)可见太极殿已经取代太华殿成为北魏新的朝廷议政场所。从正月到八月迁都前,孝文帝采取了多种措施扩大代京的建设,显然并没有放弃代京的想法。二月,"车驾始籍田于都南",胡三省云:"魏起于北荒,未尝讲古者天子亲耕之礼,今孝文始行之。"[3](卷138《齐纪四》,P4403)在代京南郊耕籍田以示对农业的重视。三月,孝文帝"改作后宫"。五月,"宴四庙子孙于宣文堂,帝亲与之齿,行家人礼。甲子,帝临朝堂,引见公卿以下。决疑政,录囚徒"[1](卷7下《高祖纪下》,P171-172)孝文帝这样做是为了迁都做准备,但对代京的建设则表明了他仍然重视代京所具有的战略地位。

鉴于代京在迁都之后并不稳定,孝文帝随后多次巡视代京,以显示对旧都的重视。太和十七年(493年)九月,孝文帝到达洛阳,次年二月就首次北巡,到达平城宫,"临朝堂,部分迁留"。可见孝文帝在迁都之后首次驾临代京的目的是为了迁都的后续工作。在拜谒永固陵后,三月,在"罢西郊祭天"礼仪后,孝文帝亲临太极殿,"谕在代群臣以迁移之略"。七月,孝文帝以代京为核心对北方沿边军镇进行了巡视,"壬辰,车驾北巡。戊戌,谒金陵。辛丑,幸朔州"。"八月癸卯,皇太子朝于行宫。甲辰,行幸阴山,观云川。丁未,幸阅武台,临观讲武。癸丑,幸怀朔镇。己未,幸武川镇。辛酉,幸抚冥镇。甲子,幸柔玄镇。乙丑,南还"。十月,孝文帝离开平城宫南行回洛阳。[1](卷7下《高祖纪下》,P174-175)孝文帝趁此次到达代京的机会北巡,一方面显示了对北部沿边诸镇的重视,另一方是给守旧势力以震慑。当时在北方边镇任职的镇将颇受孝文帝的重视。江阳王元继由使持节、安北将军、抚冥镇都大将,转任"都督柔玄、抚冥、怀荒三镇诸军事、镇北将军、柔玄镇大将"。虽然此后被调往洛阳任职,但不久又任平北将军,"镇摄旧都"。针对高车酋帅树者率领部民反叛,孝文帝"诏(元)继都督北讨诸军事,自怀朔已东悉禀继节度",在元继所率军队努力下,高车全部投降,"恒朔清定"。[1](卷16《京兆王黎传附嗣曾孙江阳王继传》,P401)这足以显示出以代京为中心的北方边镇的重要性。太和二十一年(497年)正月,孝文帝再次北巡。孝文帝到达平城拜谒永固陵后,巡视了云中,在拜谒金陵后南行。此次巡视平城虽然没有前次意义重大,但仍然是孝文帝巩固北部边疆的重要举措。

北魏迁都洛阳后,朝臣中就有代京与洛阳同等重要的建议,韩显宗上书说:"按《春秋》之义,有宗庙曰都,无则谓之邑,此不刊之典也。况北代宗庙在焉,山陵托焉,王业所基,圣躬所载,其为神乡福地,实亦远矣。今便同之郡国,臣窃不安。愚谓代京宜建畿置尹,一如故事,崇本重旧,以光万叶。"[1](卷60《韩麒麟传附韩显宗传》,P1340)

他的建议受到了孝文帝的赞同。孝文帝多次巡视北部边镇,也赞同韩显宗的建议,有力地强化了代京的军事地位。

宣武帝本人出生在代京,他在位期间曾多次派遣使臣巡视北部边疆。北方边镇在北魏末年因为旱灾频仍,成为迁都洛阳之后颇为忧虑的事情。景明元年(500年)五月甲寅,"北镇及十七州大馑,人多就食云"。[1](卷108之四《天象志四》,P2429)"以北镇大饥,遣兼侍中杨播巡抚赈恤"。[1](卷8《世宗纪》,P192)景明四年(503年)十一月癸亥,"诏尚书左仆射源怀抚劳代都、北镇,随方拯恤"。[1](卷8《世宗纪》,P196)对于源怀北巡代京的原因,史书记述是因为迁都之后代京以及北方边镇不被重视,且加之连年干旱,"自京师迁洛,边朔遥远,加连年旱俭,百姓困弊","景明以来,北蕃连年灾旱,高原陆野,不任营殖,唯有水田,少可葙亩"。在这种困顿之下,中央政府所直接给予的关注更少,且肥沃的土地被镇将霸占,"然主将参僚,专擅腴美,瘠土荒畴给百姓,因此困弊,日月滋甚"。为了解决边郡的危机,源怀建议:"诸镇水田,请依地令分给细民,先贫后富。若分付不平,令一人怨讼者,镇将已下连署之官,各夺一时之禄,四人已上夺禄一周。"针对边镇官员设置太多,源怀又建议:"北镇边蕃,事异诸夏,往日置官,全不差别。沃野一镇,自将已下八百余人,黎庶怨嗟,金曰烦猥。边隅事鲜,实少畿服,请主帅吏佐五分减二。"源怀上表之后,得到宣武帝的允准。到了正始元年(504年)九月,蠕蠕十二万骑兵六道并进,"欲直趋沃野、怀朔,南寇恒代",朝廷派遣源怀到恒代前线指挥抵抗,源怀在上表中分析了当时的形势,建议在沿边地区设置城池抵抗蠕蠕,最后宣武帝采纳了他的建议,建起了"北镇诸戍东西九城"。[1](卷41《源贺传附子怀传》,P926-928)宣武帝在位期间,穆泰的同宗穆镴"为怀朔镇将,东、北中郎将,幽、幽、凉三州刺史"。[1](卷27《穆崇传附丑善玄孙镴传》,P677)正始初年,陆延任武川镇将,后来被征入朝为太仆卿,"都督沃野、武川、怀朔三镇诸军事,安北将军,怀朔镇大将,加散骑常侍"。[1](卷30《陆真传附子延传》,P731)慕容白曜的侄子慕容契"正始初,除征虏将军、营州刺史。徙都督沃野、薄骨律二镇诸军事,沃野镇将,转都督御夷、怀荒二镇诸军事,平城镇将,将军并如故。转都督朔州、沃野怀朔武川三镇三道诸军事,后将军、朔州刺史"。[1](卷50《慕容白曜传附从子契传》,P1123)熙平初年(516年),宇文福"除散骑常侍,都督怀朔、沃野、武川三镇诸军事,征北将军,怀朔镇将"。[1](卷44《宇文福传》,P1001)宣武帝多次派遣朝中重臣担任代京所在北方边镇的镇将,表明北魏政府对代京在巩固北方边镇中的重要性有着深刻认识。

从孝文帝、宣武帝对以代京为中心的北方边镇的重视来看,北魏统治者充分认识到加强边镇的战略稳定,对于拱卫代京的安全具有重要的意义,而代京则成为支援和稳定北方边镇的战略桥头堡,两者之间的战略相辅相成关系,对于巩固和加强北方地区的稳定具有重要的影响。

三、代京地位的渐趋衰落

北魏末年,以代京为核心的北方边镇面临着许多困境。北方边镇由早期的倍受重视,沦落为被朝廷的逐渐漠视。我们首先对孝文帝迁都前后北方边镇的状况进行分析。延兴二年、三年、四年,太和二年、四年、五年、七年、八年、九年、十三年,北方边镇地区频繁发生水旱灾害危害农业生产,孝文帝采取了"丐民田租,开仓赈恤",[1](卷7上《高祖纪上》,P137-141)"遣使者循行,问所疾苦"[1](卷7上《高祖纪上》,P155)等措施解决饥民问题,显示了朝廷对边镇的重视。不仅如此,对于边镇将士朝廷也关照有加。太和十一年(487年)十一月,朝廷下诏将御府衣服、金银、珠玉、绫罗、锦绣,太官杂器,太仆乘具,内库弓矢等"出其太半",赏赐给包括六镇将士在内的官员及社会下层民众。[1](卷7下《高祖纪下》,P163)即使边镇镇戍将士年老之后也能够回到故乡,太和十二年(488年)正月十五日,孝文帝下诏云:"镇戍流徙之人,年满七十,孤单穷独,虽有妻妾而无子孙,诸如此等,听解名还本。"[1](卷7下《高祖纪下》,P163)镇戍的将士在年满七十以后确因家庭贫穷可以回到故乡颐养天年,这既是对年老之人的照顾,也是对边镇将士的一种心理安抚。次年九月,孝文帝又下诏"出宫人以赐北镇人贫鳏无妻者",[1](卷7下《高祖纪下》,P165)以解决军民婚姻问题。太和十八年(494年)八月,在巡视北方边镇怀朔镇、武川镇、抚冥镇、柔玄镇之后,孝文帝"诏六镇及御夷城人,年八十以上而无子孙兄弟,终身给其廪粟;七十以上家贫者,各赐粟十斛。又诏诸北城人,年满七十以上及废疾之徒,校其元犯,以准新律。事当从坐者,听一身还乡,又令一子抚养,终命之后,乃遣归边;自余之处,如此之犯,年八十以上,皆听还"。[1](卷7下《高祖纪下》,P174-175)如此诏书还是体现对边镇守将的关注。对于边镇地区的经济孝文帝也颇为重视,特别通过兴修农田水利解决边镇地区农田灌溉问题。太和十二年(488年)五月丁酉,"诏六镇、云中、河西及关内六郡,各修水田,通渠溉灌"。[1](卷7下《高祖纪下》,P164)次年八月,"诏诸州镇有水田之处,各通溉灌,遣匠者所在指授"。[1](卷7下《高祖纪下》,P165)由此可见,孝文帝对于北方边镇是非常重视的。正是在此基础上,孝文帝在向南征讨时,派遣元羽"持节安抚六镇",并"发其突骑",即征召了大量边镇的骑兵作为战士,这些将士非但没有怨言,反而非常高兴,"夷人宁悦"[1](卷21上《广陵王羽传》,P546)即其谓也。

到了宣武帝时期,北方边镇的重要性已经大大降低,虽然仍有救济边镇灾荒的举动,但又颁行了多项诏令对边镇将士加以制约。北方边镇自然灾害仍然不断发生,朝廷不得不派员赈济。太和二十三(499年)年,因"州镇十八水,民饥,分遣使者开仓赈恤"。[1](卷8《世宗纪》,P192)景明元年(500年)五月甲寅,"以北镇大饥,遣兼侍中杨播巡抚赈恤"。[1](卷8《世宗纪》,P192)四年十一月,"诏尚书左仆射源怀抚劳代都、北镇,随方拯恤"。[1](卷8《世宗纪》,P196)永平二年(509年)四月己酉,"诏以武川镇饥,开仓赈恤"。[1](卷8《世宗纪》,P208) 这些措施既可以看作是孝文帝时期政策的延续,又可以看作是稳定边镇的举动。但与此同时,宣武帝宣布了一项决定:"敕缘边州镇,自今已后,不听境外寇盗,犯者罪同境内。若州镇主将,知容不纠,坐之如律。"[1](卷8《世宗纪》,P208) 这就是说北方边镇的将士已经没有什么特权,成为与普通民众享受同等法律的百姓。甚至其他地方发生灾荒,还让灾民到北镇就食。延昌元年(512年)四月,因为河北一带灾荒连绵不断,宣武帝"诏河北民就谷燕恒二州。辛未,诏饥民就谷六镇"。[1](卷8《世宗纪》,P212) 次年二月,"以六镇大饥,开仓赈赡"。[1](卷8《世宗纪》,P213) 饥荒已经成为北方边镇的一种常态,生存问题甚至威胁到边镇将士,所以饥荒成为北魏末年北方边镇发生动乱的一个诱因,故而有"肃宗末年,六镇饥乱"[1](卷80《侯渊传》,P1786)之说。

为了守卫代京,北魏早期的北方边镇具有很高战略地位,边镇将士也享有种种特权,正如元深所云:"昔皇始以移防为重,盛简亲贤,拥麾作镇,配以高门子弟,以死防遏,不但不废仕宦,至乃偏得复除。当时人物,忻慕为之。"[2](卷16《广阳王建传附嘉子深传》,P617) 可见从拓跋珪皇始年间设立军镇伊始,出任镇将的多是高门子弟,还可以由此进入仕途,甚至享受到免除赋税徭役的优待,颇受当时人们的羡慕。正光末年,魏兰根劝说尚书令李崇云:"缘边诸镇,控摄长远。昔时初置,地广人稀,或征发中原强宗子弟,或国之肺腑,寄以爪牙。"[4](卷23《魏兰根传》,P329) 北方边镇初期所用的将士都是"中原强宗子弟""国之肺腑",并将重任委托于他们。随着都城迁往洛阳,代京政治地位逐渐丧失。而随着代京的衰落,北方边镇从定都平城时期拱卫京城的战略要地一降沦落为一般的边境城池,原来边镇守将作为进身的渠道也因此受阻,难以像早期那样受人尊敬。特别是李冲担任吏部尚书之后,重用来自其故乡陇西的人,对于北方边镇出身的将士处处压制,以至于边镇将士"自非得罪当世,莫肯与之为伍。征镇驱使,但为虞候白直,一生推迁,不过军主",且因所处位置的不同而导致人生仕途的差异,"往世房分,留居京者,得上品通官,在镇者,便为清途所隔"。更有甚者,"或投彼有北,以御魑魅,多复逃胡乡"。为了防止士兵逃亡,"乃峻边兵之格,镇人浮游在外,皆听流兵捉之"。结果导致边镇地区"少年不得从师,长者不得游宦,独为匪人"。[2](卷16《广阳王建传附嘉子深传》,P617) 这些人悲惨的境遇颇令人同情。北魏末年,北方边镇成为藏污纳垢之地。"自定鼎伊洛,边任益轻,唯底滞凡才,出为镇将。转相模习,专事聚敛。或有诸方奸吏,犯罪配边,为之指踪,过弄官府,政以贿立,莫能自改。咸言奸吏为此,无不切齿憎怒"。[2](卷16《广阳王建传附嘉子深传》,P617) 因为迁都洛阳,拱卫代京的北方边镇失去了其保护的目标,同时造成了实施保护的主体边镇将士陷于窘境,此矛盾之对立,却未引起朝廷重视,北魏朝廷没有意识到北方边镇将士成为社会动乱的主要力量。延昌中，孙绍上表："必造祸源者，北边镇戍之人也。"[1](卷78《孙绍传》，P1724)已经说到了问题的实质。延昌四年（515 年）九月，皇太后胡氏亲览万机，下诏："缘边州镇，固捍之劳，朔方酋庶，北面所委，亦令劳赉，以副其心。"[1](卷9《肃宗纪》，P222)胡太后颁发的这条诏令其实是为了稳定边镇地区将士的人心。当时虽然有"平城守国之要镇"[2](卷16《广阳王建传附嘉子深传》，P619)的说法，但也难以掩盖代北地区总体衰落的趋势。

由于边镇将士不受重视，士兵待遇低下，于是发生了北方边镇起义的事情。正光四年（523 年）冬，沃野镇人破六韩拔陵起义，"聚众反，杀镇将"，并"号真王元年"。次年四月，高平镇酋长胡琛自称高平王，进攻高平镇响应破六韩拔陵，被镇压。[1](卷9《肃宗纪》，P235)贾显度"初为别将，防守薄骨律镇"，"正光末，北镇扰乱，为贼攻围"。贾显度坚守多时，因为"贼势转炽，不可久立"，就"率镇民浮河而下"，结果被尔朱荣所截留。[1](卷80《贾显度传》，P1774)破六韩拔陵反叛后，收效甚微。此后，"北镇纷乱，所在蜂起，六镇荡然，无复蕃捍"。[1](卷14《高凉王孤传附天穆传》，P355)北方边镇因为迁都洛阳之后不被重视，成为动荡的地区。元顺在任平北将军、恒州刺史时，曾经对元又曰："北镇纷纭，方为国梗，桑乾旧都，根本所系，请假都督，为国捍屏。"[1](卷19《任城王传附彝兄顺传》，P481)元又不想让元顺掌握兵权，"不欲授以兵官"，但又害怕他，就将他转任安东将军、齐州刺史。由此可见，北方边镇的守将只有都督才能够掌握兵权。到了孝昌初年，北方边镇出现了大量饥民，"时北镇饥民二十余万"，朝廷诏杨昱为使节，将饥民"分散于冀、定、瀛三州就食"，[1](卷58《杨播列传附椿子昱传》，P1293)渡过难关。

与此同时，少数民族蠕蠕开始参与平叛战争，孝昌元年（525 年）春，阿那瓌率众十万讨伐破六韩拔陵，"从武川镇西向沃野，频战克捷"。[1](卷103《蠕蠕传》，P2302)"北镇破落汗拔陵反叛，所在响应"。[1](卷66《李崇列传》，P1473)魏孝明帝一方面派人劳赐阿那瓌，另一方面对阿那瓌"士马稍盛"也不放心，所以在孝昌三年四月下诏曰："北镇群狄，为逆不息，蠕蠕主为国立忠，助加诛讨，言念诚心，无忘寝食。今知停在朔垂，与尔朱荣邻接，其严勒部曲，勿相暴掠。又近得蠕蠕主启，更欲为国东讨。但蠕蠕主世居北漠，不宜炎夏，今可且停，听待后敕。"已经深入边镇的蠕蠕部落被北魏借之平定了叛乱，但又不充分利用，"盖朝廷虑其反覆也"。[1](卷103《蠕蠕传》，P2302)这种用之而防之的做法使北魏朝廷面临无所适从的窘境。孝昌初年，"北州大乱，诏发众军，广开募赏。以（高）树生有威略，授以大都督，令率劲勇，镇捍旧蕃"[1](卷32《高湖传附谧子树生传》，P752)北方边镇的起义和蠕蠕不断南下，使代京的政治地位受到很大威胁，"孝昌之际，乱离尤甚。恒代而北，尽为丘墟"。[1](卷106《地形志上》，P2455)至北魏末年，代京的政治地位失去之后，很快衰落下去。

尚书令王肃曾于省中咏《悲平城》诗,云:"悲平城,驱马入云中。阴山常晦雪,荒松无罢风。"[1](卷82《祖莹传》,P1799)真实地描述了平城的衰落景象。

代京平城在孝文帝迁都洛阳之后,实际上经历了三个历史阶段。孝文帝时期,代京因为鲜卑贵族的守旧势力盘根错节,那些没有跟随孝文帝迁都洛阳的鲜卑旧族,成为孝文帝迁都洛阳并进行改革的阻挠力量。尽管孝文帝采取了一些缓和措施,对守旧势力做了一些让步,比如允许鲜卑旧族冬居洛阳,夏居代京,但仍然引起了鲜卑旧族的反叛。所以,在孝文帝和宣武帝时期,多次派遣大臣巡视北部边镇,一方面显示了朝廷对北方边镇的重视,另一方面表明朝廷掌控着以代京为核心的北方边镇。到孝明帝时期,随着北方边镇战略地位的逐渐丧失,边镇将领、士兵不再受到重视,最终暴发了起义。而少数民族的不断南下,加之朝政的逐步混乱,最终导致了代京的衰落。

参考文献:

[1](北齐)魏收. 魏书[M]. 北京:中华书局,1974.

[2](唐)李延寿. 北史[M]. 北京:中华书局,1974.

[3](宋)司马光. 资治通鉴[M]. 北京:中华书局,2011.

[4](唐)李百药. 北齐书[M]. 北京:中华书局,1972.

从平城到洛阳:北魏孝文帝迁都洛阳草率说献疑

王东洋

（河南科技大学人文学院,河南 洛阳 471023）

摘 要:从平城迁都洛阳,北魏孝文帝事先做了大量军事、经济、政治等方面的准备。对于反对迁都之官员,多加劝诫;对于普通民众,大规模赐民爵,尽量减少迁都阻力。孝文帝总览全局,南征北巡,开拓前线,稳定后方,并伴随有官制改革,使得迁都洛阳过程分步有序、有章可循。孝文帝迁都洛阳是综合考量各种因素而确定的迁都方案,并非仓促和草率之举。

关键词:平城;洛阳;孝文帝;迁都

北魏孝文帝由平城迁都洛阳,开启北魏洛阳时代,是北魏政治文化转折史上的大事。孝文帝具有强烈的正统思想和天下观念,实现大一统理想是其迁都洛阳的必然。洛阳是统一帝国的都城首选,孝文帝迁都洛阳正是看中了洛阳的政治象征意义和文化价值。[1]有关孝文帝迁都洛阳,周建江先生在《太和十五年:北魏政治文化变革研究》一书中认为,仅凭孝文帝的一句话,说迁都就迁都,百万大军就此驻扎不前,将讨伐江南的任务改为修建都城的任务实在有些草率。[2]还有其他学者也持有相似看法,如逯耀东先生认为,孝文帝最初是想改造平城,并没有积极南迁的意念,后来匆匆南迁,是由于北方保守势力对其改革的阻挠。[3](P130)笔者对此不敢苟同,现根据相关史料予以申论,不当之处,敬请学界同仁指正。

一、迁都准备扎实充分

《魏书》卷7下《高祖纪》:

（十七年）六月丙戌,帝将南伐,诏造河桥。己丑,诏免徐、南豫、陕、岐、东徐、洛、豫七州军粮。丁未,讲武。乙巳,诏曰:"六职备于周经,九列炳于汉晋,务必有恒,人守其职。此百秩虽陈,事典未叙。自八元树位,躬加省览,远依往籍,近采时宜,作《职员令》二十一卷。事迫戎期,未善周悉。虽不足纲范万度,永垂不朽,且可释滞目前,厘整时务。须侍军回,更论所阙,权可付外施行。其有当局所疑而令文不载者,随事以闻,当更附之。"立皇子恂为皇太子。

孝文帝为迁都洛阳,于太和十七年六月做了多项准备:其一,造河桥,为南伐及迁都提供交通保障。河桥原由西晋杜预在孟津所建,为当时空前的盛大工程,大大方便了黄河南北的交通往来。严耕望先生认为,"《通鉴》八五晋惠帝太安二年,成都王颖等起兵向洛,'列军自朝歌至河桥,鼓声闻数百里。帝亲屯河桥以御之。'是南北用兵,此桥见重之始。其后历代用兵,事涉洛阳者,无不争此桥之控制权……既为兵家所争,故史事所见,屡图破坏。"[4](P133) 由于此桥战略地位重要,多次被焚毁,亦多次被复建。孝文帝为迁都洛阳,于是下诏在孟津重建河桥。其二,免除河洛周边地区州郡的军粮,这是为迁都洛阳后储备战略物资。其三,颁布《职员令》21卷。北魏曾两次颁布《职员令》,此为前《职员令》。前《职员令》虽然不够完备,但为应对当时复杂的政治军事形势而提前颁布,用以"厘整时务",为即将到来的迁都大业作动员和组织准备。[5](P2976) 太和十九年十二月,"引见群臣于光极堂,宣示品令,为大选之始",[5](P178)《职员令》正式实施。其四,册立皇太子,留守平城。太子制度是皇权政治的重要组成部分,对于维持皇权政治的稳定性具有重要作用。孝文帝在南伐并计划迁都的前夕,册立皇太子,并让其留守旧都平城,显然有稳定拓跋鲜卑贵族的政治考量。这些军事、经济、政治等方面的准备工作,为孝文帝即将进行的迁都大业奠定了重要基础。

二、迁都过程分步有序

从平城迁都洛阳,其间的困难及大臣们的反对意见,孝文帝是有充分预估的。太和十八年召开留守官员大议,孝文帝曰:"北人比及十年,使其徐移。朕自多积仓储,不令窘乏。"[6](P555) 孝文帝原定分批逐步迁移,用十年时间完成迁都大业,并做好充足的物资储备。其后虽未严格执行此迁都时间表,但综观整个迁都过程仍是分步有序,并非鲁莽草率。

(一)借道南伐,确定迁都大计

孝文帝太和十七年八月,"车驾发京师,南伐";九月,"幸洛阳,周巡故宫基址……群臣稽颡于马前,请停南伐。帝乃止。仍定迁都之计"。[5](P172-173) 南伐是孝文帝向南迁都的重要一步,"外示南讨,意在谋迁"。[5](P464) 孝文帝南伐至洛阳后,曾召随从亲信大臣密谋迁都之事。《魏书》卷18《临淮王谭传附子提传》:"后诏提从驾南伐,至洛阳,参定迁都之议。"其后"以预参迁都功,追封长乡县侯"。张彝、郭祚、崔光等人均因"参迁都之谋"而进爵。孝文帝在太和十七年九月,借南伐之计曾举行大议,最终定下迁洛大计。

(二)营造洛阳,宣布迁都之意

孝文帝太和十七年冬十月,"诏征司空穆亮与尚书李冲、将作大匠董爵经始洛京。己卯,幸河南城。乙酉,幸豫州。癸巳,次于石济。乙未,解严,设坛于滑台城东,告行庙以迁都之意。大赦天下"。定下迁都大计后,诏令有司营造洛阳。在平衡各方反对意见、宣布解严后,孝文帝正式宣布迁都,告行庙以迁都之意。

（三）朝堂大议,制定迁都策略

孝文帝太和十八年春正月,"幸洛阳西宫"。二月,"诏天下,喻以迁都之意","癸酉,临朝堂,部分迁留"。三月,"罢西郊祭天。壬辰,帝临太极殿,谕在代群臣以迁移之略"。对于孝文帝亲临太极殿情况,《魏书》卷14《武卫将军谓传附丕传》:"及高祖欲迁都,临太极殿,引见留守之官大议。乃诏丕等,如有所怀,各陈其志。"迁都之前的大议,在太极殿举行,规格极高,确定了迁都的过程和策略。在迁都准备过程中,孝文帝逐步罢弃在平城的祭天礼制,以示完全迁都洛阳的决心。

（四）巡幸北镇,稳定后方

迁都为重大政治事件,为保持政局稳定,预防不测,孝文帝在迁都期间展开了大规模巡行边镇活动。太和十八年七月至八月,孝文帝大规模巡行北边军镇。七月,"车驾北巡"。八月,"行幸阴山,观云川……幸怀朔镇。己未,幸武川镇。辛酉,幸抚冥镇。甲子,幸柔玄镇。乙丑,南还……丙寅,诏六镇及御夷城人,年八十以上而无子孙兄弟,终身给其廪粟;七十以上家贫者,各赐粟十斛。又诏诸北城人,年满七十以上及废疾之徒,校其元犯,以准新律。"孝文帝为迁都洛阳,需要安抚北边六镇。虽然其后历史证明,正是北边军镇起义动摇了拓跋鲜卑政权的根基,加速了北魏的分裂和灭亡,但我们并不能以此作为反对孝文帝南迁洛阳的理由。实际上,孝文帝深知北边六镇的重要性,因而在迁都过程中要对其进行巡查,确保北边稳定。

（五）颁布考课法,加强官员管理

在巡幸北边六镇后,孝文帝对官员考课办法进行了改革。《魏书》卷7下《高祖纪》载太和十八年九月诏曰:"三载考绩,自古通经;三考黜陟,以彰能否。今若待三考然后黜陟,可黜者不足以迟,可进者大成赊缓。是以朕今三载一考,考即黜陟,欲令愚滞无妨于贤者,才能不壅于下位。各令当曹考其优劣,为三等。六品以下,尚书重问;五品以上,朕将亲与公卿论其善恶。上上者迁之,下下者黜之,中中者守其本任。"其后"帝临朝堂,亲加黜陟。"孝文帝从北边巡幸归来,回至平城,即颁布此考课法令,其中涉及考课周期与考课年限的调整。所谓考课周期,就是一次有效的考课所需要的年数,所谓考课年限,就是通过考课以决定官员黜陟所需要的年数。[7](P214)三年一考,考即黜陟,说明任期为三年。太和十八年九月改制,对于中央官的任期规定为三年,而地方官任期仍为六年。此时进行考课年限的重大变革,显然与即将迁都洛阳有关,目的是加强对官员的管理,加速官员的升降流转,以使优者升迁,劣者黜汰。由此也可看出,孝文帝在迁都洛阳过程中,非常重视官员管理的制度建设,并希冀造就大批适应新形势的官僚队伍。其后孝文帝亲临朝堂,考课黜陟官员,新的考课办法确曾付诸实施。

(六)奉迁神主,分批迁都

孝文帝在完成上述准备后,奉迁宗庙神灵,正式迁都洛阳。太和十八年(494)冬十月,"亲告太庙,奉迁神主……车驾发平城宫"。十一月,"车驾幸邺……己丑,车驾至洛阳"。对于"奉迁神主"之事,《魏书》卷31《于栗磾附洛拔子烈传》载孝文帝谓于烈曰:"宗庙至重,翼卫不轻,卿当祇奉灵驾,时迁洛邑。朕以此事相托顾,非不重也。"其后,"(于)烈与高阳王雍奉迁神主于洛阳,高祖嘉其勋诚,迁光禄卿"。北魏孝文帝迁都洛阳,途中历时近两月。孝文帝亲告太庙,将祖宗神灵迁往洛阳,平城作为都城的祭祀功能亦不复存在。这是中国古代王朝实现正式迁都的标志,也暗示着北魏不再将平城视为都城。太和十九年四月,"太和庙成"。五月,"庚午,迁文成皇后冯氏神主于太和庙";"癸未,车驾至自南伐,告于太庙"。北魏孝文帝在洛阳重建太和庙,将祖先神灵迁居于此,向天下文武百官明白无误地宣示迁都的决心和意志。北魏军国大事要告于洛阳的太庙,显示了洛阳作为都城的祭祀功能已经具备。

太和十九年九月,"六宫及文武尽迁洛阳"。"高祖又南征,后率六宫迁洛阳"。孝文帝之皇后冯氏率后宫迁洛,完成迁都过程。孝文帝分批迁都,有利于整个迁都过程有序进行。

三、对反对迁都官员的劝诫

对于反对迁都洛阳的官员,孝文帝能够听取异议,耐心劝诫。《魏书》卷19中《任城王附元澄传》:

> 及驾幸洛阳,定迁都之策,高祖诏曰:"迁移之旨,必须访众。当遣任城驰驿向代,问彼百司,论择可否。近日论《革》,今真所谓革也,王其勉之。"既至代都,众闻迁诏,莫不惊骇。澄援引今古,徐以晓之,众乃开伏。

北人恋本,不欲南迁,加之个别大臣蓄意阻挠,孝文帝欲劝其南迁,不啻为一场革命。孝文帝认为迁都意旨必须访问众人,并派遣任城王亲赴平城,征询百官意见。在整个迁都过程中,孝文帝对于拓跋贵族没有采取强制措施,而是多听取大臣的心声,表现出了极大的忍耐与宽容。

鉴于平城与洛阳气候的差异,孝文帝特准拓跋旧贵族冬夏二居。《魏书》卷15《常山王遵传附晖传》:"初,高祖迁洛,而在位旧贵皆难于移徙,时欲和合众情,遂许冬则居南,夏便居北。"宣武帝曰:"先皇迁都之日,本期冬南夏北,朕欲聿遵成诏,故有外人之论。"孝文帝为尽量减少迁都阻力,遂在当时允许旧贵族可以冬夏两居,而宣武帝即位后,对此政策颇感疑惑,由此造成人心不稳,不能安居。对此,元晖谓宣武帝曰:"先皇移都,为百姓恋土,故发冬夏二居之诏,权宁物意耳。乃是当时之言,实非先皇深意。且北来迁人,安居岁久,公私计立,无复还情。陛下终高祖定鼎之业,勿信邪臣不然之说。"世宗从之。元晖认为,孝文帝为安抚朝贵及民众迁都,避免太大阻力,遂诏许百姓冬夏二居,此乃当时之计,至宣武帝时理应废除,以稳定南迁民众。

孝文帝还颁布迁都赦令。《魏书》卷 89《高遵传》:"及车驾幸邺,(高)遵自州来朝,会有赦宥……遵自陈无负,帝厉声曰:'若无迁都赦,必无高遵矣……自今宜自谨约。'"可见,孝文帝曾颁布迁都赦,赦免那些在迁都期间有过错的官员,此为笼络官员之措施,以尽量减少迁都的阻力。

四、对普通民众的抚慰

由平城迁都洛阳是复杂的系统工程,民众的支持与否亦受到孝文帝的重视。孝文帝通过赐民爵,对民众进行抚慰和拉拢,尽量减少迁都阻力。笔者辑诸正史,将迁都洛阳前后所赐民爵情况,列表如下:

孝文帝迁都洛阳前后赐民爵简表

时 间		地域范围	不同高龄赐爵情况				鳏寡孤独不能自存者	孝悌廉义,文武应求者	资料来源(注2)
			≥100(岁)	≥90	≥80	≥70			
太和十七年	七月	全国	(注1)				人粟五斛		172
	八月	肆州				一级			172
	九月	洛、怀、并、肆所过四州	假县令	三级	二级	一级	粟五斛帛二匹	以名闻	172
太和十八年	一月	相、兖、豫州	假县令	二级		一级	粟五石帛二匹	以名闻	173
	十一月	冀、定州	假县令	三级	二级	一级	赐以谷帛	以名闻	175
	十二月	郢、豫州	假县令	三级	二级	一级	赐以谷帛	以名闻	176
太和十九年	四月	全国	假县令	三级	二级	一级	赐以谷帛	德著丘园者具以名闻	177
	六月	济州、东郡、荥阳及河南诸县所经处	假县令	三级	二级	一级	赐以谷帛	以名闻	177
	十月	全国	假郡守	假县令	三级	二级	赐以谷帛		178
太和二十一年	三月	汾州	假县令	三级	二级	一级			181

(注1:太和十七年七月,以太子立,"诏赐民为人后者爵一级,为公士;曾为吏属者爵二级,为上造"。注2:资料来源为《魏书》卷 7 下《高祖纪》,表下所标数字为页码。)

迁都洛阳前后的短短五年中,孝文帝却颁布赐民爵十余次。对此合理的解释是,孝文帝赐民爵与迁都有关,目的是最大范围获取民众支持,以利于其迁都大业。

五、结语

综上,孝文帝为迁都洛阳做了充分准备,整个迁都过程是有步骤有秩序进行的。孝文帝较好地处理了两种关系:对于反对迁都之官员,多加劝诫,不施逼迫;对于普通民众,大规模赐民爵。从孝文帝宣布迁都洛阳、劝慰群臣、安抚民众,到开始营建洛阳,再到分批南迁,历时两年有余。其间孝文帝统揽全局,北巡南征,稳定后方,开拓前线,并伴随有官制改革,使得迁都洛阳的过程有条不紊、循序渐进。总之,孝文帝迁都洛阳是综合考量各种因素而确定的迁都方案,并非仓促和草率之举。学者用北魏在洛阳经营40年即分裂灭亡来指责孝文帝迁都洛阳,未免稍显牵强。孝文帝迁都洛阳本身并没有错,北魏分裂灭亡的原因应从其后继之君身上来寻找。

参考文献:

[1]王东洋.北魏孝文帝迁都洛阳原因补论[J].河南科技大学学报,2010(03):5-9.

[2]周建江.太和十五年:北魏政治文化变革研究[M].广州:广东人民出版社,2001.

[3]逯耀东.从平城到洛阳:拓跋魏文化转变的历程[M].北京:中华书局,2006.

[4]严耕望.唐代交通图考(第一卷)[M].上海:上海人民出版社,2007.

[5]魏收.魏书[M].北京:中华书局,1974.

[6]李延寿.北史[M].北京:中华书局,1974.

[7]王东洋.魏晋南北朝考课制度研究[M].北京:社会科学文献出版社,2009.

03

大同及周边地区古建筑研究

·华严寺·

大同华严寺的历史变迁

曹臣明

（大同市博物馆，山西 大同 037006）

摘　要：大同华严寺，是辽代在旧寺院基础上兴建的与皇家祖庙功能相结合的寺院。在辽、金、元时期，寺院规模宏大，高僧辈出。元末明初遭毁坏后未能完整修复，明中期分为上、下两部分，其中以海慧殿修复、大雄宝殿内塑像的工程最大，布局上受禅宗的一些影响。清代华严寺单体建筑变小，布局上反映的教义较复杂，加入儒、释、道等多种复杂成分。

关键词：薄伽教藏殿；华严寺；诸帝像；九间殿；慧明；五如来像；伽蓝配殿；天王殿；南北二楼

著名的大同华严寺，是 1961 年国务院首批公布的国家重点文物保护单位，位于山西省大同市城区下寺坡街北段西侧，其殿宇恢宏，塑像庄严，为历代香火繁盛四方善众云集之地。华严寺也是一项由辽代皇家投资，在旧寺院基础上建立的辽五京祖庙之一，它历经千年，几度兴衰，仍保持了较大规模和旺盛的香火。其变化沿革，一方面反映了大同地方兴衰的历史，另一方面也是一段地方佛教发展变化的历史。这两方面留下的大量历史信息，无疑具有较高的研究价值和研究前景。本文重点对华严寺历代整体布局变化和单体建筑兴废等内容，主要依据现存于寺内的 20 余通碑刻进行探寻。

一、辽金元三代华严寺的建设和基本布局

华严寺是由辽代皇室投资，在旧寺院的基础上扩建而成的。其最初的创建时间，据寺内的一些碑刻记载，有始建于北魏、唐代等多种说法。这些材料都缺乏确凿的根据，难以确定，但有些可以佐证，即在建华严寺之前已有寺院存在。据现有可靠的史料记载，现存建筑最早始建于辽重熙七年（1038 年），并于辽清宁八年（1062 年）扩建并命名为华严寺。金代在辽的基础上进行重修和重建，元代延续了金代的格局和建筑。

（一）辽之前的建设修葺记载

根据清康熙十二年（1673年）《重修大同府上华严寺暨添造禅堂廊庑记》碑记载："唐贞观时重修，一碑虽在而未载创始之源，考时稽史则自拓跋氏无疑尔。"创建时间虽不能确定，但是至少表明清康熙年间曾存有旧碑，记载唐贞观年间重修。目前能见到的碑记资料只有明代万历九年（1581年）《重修上华严寺碑记》中记载的内容："独李唐时尉迟敬德曾一修治，迨辽金世补修不一"，但碑中记载内容的实物依据已见不到了。因此康熙年间所见到的石碑存在两种可能：一种是指明代万历年间的这块碑，另一种则是另有碑记。如果确实唐代尉迟敬德曾修过，那么寺院创建应当在更早的时代。

（二）辽代华严寺的建设和变化

五代时期的后唐清泰三年（936年）初，石敬瑭割让燕、云十六州，大同划归契丹（辽），最初在辽云州另置大同军节度使，是辽西南边陲一个烽烟不断的军事重镇。1004年宋辽签订"澶渊之盟"以后，云州的经济和文化在相对和平的环境里迅速恢复和发展起来，特别是重熙十三年（1044年）云州改为西京道及大同府之后，政治地位提高了，各方面均出现繁荣的景象，崇信佛教的辽道宗曾四次巡幸云州。在此前后，西京地区大量建造佛教寺院建筑。现存于华严寺薄伽教藏殿内四椽栿底的题字有两处：一处内容为始建薄伽教藏殿者大同军节度杨右玄的题记，另一处全文为："唯重熙七年岁次戊寅九月甲午朔十五日戊申时建。"这两处题记记录了辽重熙七年（1038年），由开国公、大同军节度杨右玄主持建造薄伽教藏殿的情况。这证明当时已经确有寺院存在，但原寺院的名称不详。

辽清宁八年（1062年），由辽皇室投资在旧寺院基础上扩建而成的新寺院命名为华严寺。《辽史·地理志·西京道》载："清宁八年建华严寺，奉安诸帝石像、铜像。"[1]（卷41，P506）从此，这里不仅成为参禅礼拜和储存经书的佛教道场，而且还具有辽皇室祖庙的性质。

辽末保大元年（1121年），华严寺遭遇金兵焚烧，只剩下斋堂、厨库、宝塔、经藏（即薄伽教藏殿）及守司徒大师影堂等建筑。金大定二年（1162年）《大金国西京大华严寺重修薄伽教藏记》碑记载："本朝大开正统，天兵一鼓，都城四陷，殿阁楼观，俄而灰之。唯斋堂、厨库、宝塔、经藏洎守司徒大师影堂存焉。至天眷三年闰六月，则有众中之尊者，僧录通悟大师慈济、广德大师通利、大德通义大师辩慧、大德妙行大师泊首座义普、二座德祚等，因游历于遗址之间，更相谓曰：'曩者，我守师徒大师秀出群伦，兴弘三宝，需教雨而润民苗，鼓化风而熏佛种，岂特人天之仰止，亦在上者师之，爰出官财，建兹梵宇，壮丽严饰，稀世所有，一旦隳残，以至于此……'"一般坐南朝北的寺院，西部作禅房，东部作斋堂、厨库等，而坐西朝东的寺院,斋堂、厨库等所谓"下房"应在南面。"守司徒大师影堂",梁思成先生认为是保存到近代的海会殿。

(三)金代的建设和变化

金代大同仍称为西京路及大同府,最初设置西京路都总管府,后改设留守司。"大定五年(1165 年)建宫室,名其殿曰保安,其门南曰奉天,东曰宣仁,西曰阜成,天会三年建太祖原庙"。[2](卷24,P564)

华严寺在遭遇辽末兵火之后,绝大部分建筑被毁。天眷三年(1140 年)僧录通悟大师慈济等五人多方化缘,基本上按照辽代的布局基础,重建了九间殿(即现大雄宝殿)和七间殿,又构筑了慈氏菩萨(即弥勒菩萨)和观音菩萨降魔两阁以及会经楼、钟楼、山门、朵殿等。由于财力不足,仍缺少周围的左右配房和四面廊庑等建筑。后来门人省学又对院内进行了修整,并补齐了薄伽教藏殿内所缺的经书(参见金大定二年即公元 1162 年碑《大金国西京大华严寺重修薄伽教藏记》)。据此推测,当时所建的"七间之殿"约在上华严寺后院山门附近或更东的地方。2007年考古钻探,发现了上华严寺后院山门附近地表下分布有东西长约 40 米,南北残宽约 13 米的夯土基础。按其与"九间大殿"的前后关系推测,可能为"七间殿"的部分基础遗迹。慈氏和观音降魔阁约在今大殿与后院山门之间两侧更向外的地点,大小形制应与大同善华寺金代普贤阁相似。2007 年考古钻探,发现了上华严寺后小院观音阁和地藏阁的后面南、北两侧地表下,分布有东西 15—26 米,南北7—9 米的夯土基础,疑为慈氏阁和观音阁的部分基础遗迹。总之,当时华严寺的规模也非常之大,见图 1。

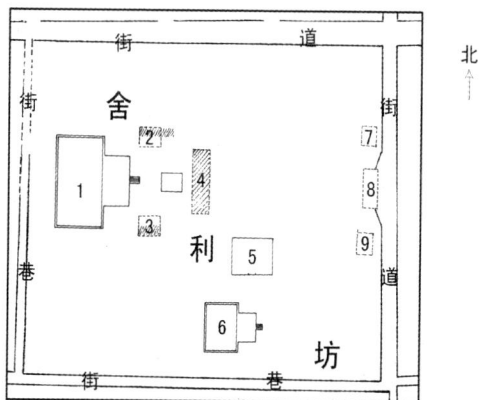

1、大雄宝殿　　　4、七间殿　　　7、鼓楼
2、慈氏阁　　　　5、海慧殿　　　8、山门
3、观音阁　　　　6、薄伽教藏殿　9、钟楼

图1　辽金元时期华严寺平面布局示意图

(四)元代的建设和变化

元初大同仍为西京,至元二十五年(1288年)改为大同路,但是从《元史》等文献记载中看,习惯上仍称大同为"西京"。元代全国寺院经济的发展与僧尼人数之增加甚于过去,而寺院大力经营工商业等,成为元代佛教的特殊现象。在此背景下,华严寺也获得了较大的发展。

金末元初,华严寺内基本上和平过渡,建筑基本未遭大的破坏,这主要依赖于华严寺住持海明法师当时的地位和影响。因为无大的毁坏,所以元代也无大规模的维修,基本上仍保持了金代的格局。

元初,华严寺内北阁下仍存放着辽代铜祖像,《元史·石天麟传》及《山西通志》均有记载。《山西通志》载:"华严寺……北阁下(即金代构建的慈氏阁)铜、石像数尊,中石像五,男三女二;铜像六,男四女二。内一铜人,延绵帝王之像。"[4](P467)由于辽末兵火之后原辽代建筑已不存在,所以这里的北阁是指金代所建的北阁,阁内的原塑像观音降魔像等可能位于阁楼之上,阁楼下层安置着一些当时并未标明身份的塑像,可能就是辽代祖像。

据薄伽教藏殿内所藏元世祖至元十年(1273年)所立《西京华严寺佛日圆照明公和尚碑并序》记载,曾云游四方、精通佛典的灵丘曲回寺僧人慧明于元之前蒙古拖雷时期的庚戌年(1250年),被原金朝国师燕京庆寿寺住持海云法师推荐为华严寺住持,对华严寺进行了大规模的整治,将院内的闲杂人等迁出寺外,修缮了大殿、方丈、厨库和堂寮,补充了经藏中短缺的部分,局部漆刷了塑像和部分建筑构件等,使殿内外"供设俨然,粹容赫焕,香灯璨列,钟鼓一新"。又在寺外的街面上开设浴室、药局、客店、赁租房廊等近100余间,发展寺院经济,大大改善和保障了寺内的各项开支费用。元代寺院大力经营工商业,是佛教中的一种特殊现象,华严寺也有这一特点。另外从"寺外临街"这一现象分析,现上华严寺的北部和东部的外界范围很可能当时更广一些。

壬子年(1252年)春,忽必烈还在未继承皇位之前,久闻慧明贤德之名,特下旨命慧明法师于华严寺升堂开法,正式并永久地住持华严寺。次年,慧明被铁木真之女独谟干公主加赏"佛日圆照"称号。随后,慧明法师曾一度赴燕京庆寿寺任住持,并多次为皇室作大法。后因厌于应酬而重回华严寺,继续担任住持,直到元世祖至元七年(1270年)72岁时去世,骨灰舍利分葬于华严寺和曲回寺。据清道光《大同县志》记述,"大华严寺……其地旧名舍利坊",[5](卷5,P104)故推测华严寺有舍利塔林。

慧明法师是华严寺历史上一位德高望重的僧人,精通佛学,弟子遍天下。他本人不仅在僧寺间,而且在西京地方官僚和燕京的皇族间都有深远影响,并为华严寺的建设和发展做出了重要贡献。由于他的影响,在元明清三代,燕京(北京)庆寿寺与大同华严寺之间,一直保持着较密切的交往关系。元末,华严寺遭到了较大的破坏。"元末屡经兵燹,倾圮特甚,惟正殿岿然独存。"(参见明成化元年《重修大华严禅寺感应碑记》)

总之,辽金元三代,华严寺的布局大致相延续。以金代为例,当时的华严寺整体分为南北两部分院落。南半部是以薄伽教藏殿为主体的建筑群,北半部为寺院主体建筑群,从西向东主轴线上有九间大殿(即今大雄宝殿)、七间大殿(约在今上寺山门附近或更东的地方)、山门(约在今上寺巷东端),九间大殿和七间大殿之间两侧有慈氏阁(供奉弥勒菩萨)和观音阁,七间大殿与山门之间两侧有会经楼和钟楼。宝塔的位置,或在大殿旁一侧,即大雄宝殿之南薄伽教藏殿之西,如北京房山云居寺的塔即在旁边。从唐代开始,塔已不是寺院的中心了,或在前院正中,如应县辽代佛宫寺释迦塔即建大殿前面,为南北朝时佛寺的传统布局。上华严寺大殿后方或一侧还应有高僧的灵塔区,曾安置了海明法师和慧明法师的灵骨,所以华严寺所在的街区在明清之前称为舍利坊。

二、明代华严寺的建设和变化

明初,原华严寺内的辽塔和金代七间之殿、南北阁、会经楼、钟楼、山门、朵殿及大殿内的塑像以及北阁中的辽代帝王像均不知毁于何时何因,整个寺院毁坏严重,"惟正殿岿然独存",(参见明成化元年即1465年《重修大华严禅寺感应碑记》)华严寺遭到了有史以来的第二次最为严重的毁坏。洪武三年(1371年),大殿被改为大有仓,标志着华严寺曾一度被废止。洪武二十四年(1392年),在大同设置僧纲司,又恢复了华严寺。宣德年间(1426—1435年),高僧了然禅师来此说法,"延纳缁众",寺院形成了一定规模。随后又四处化缘募捐造三尊木刻金像,于宣德二年(1427年)从京师运送到华严寺大雄宝殿内,当时称之为"毗卢三像"。这在当时的大同城内是万众瞩目轰动一时的盛事。与此同时,一些地方官绅共同出资,于大殿两旁建造僧房厨库等,于宣德四年(1429年)完工。了然之后的第三任住持资宝又化缘塑造了两尊佛像,共为五如来像,并且修构了天花枰棊,彩绘了檐栱,于成化元年(1465年)完工。代府宗室潞城王朱逊火宁亲自撰文并命人刻碑记载此事,同时刻写和竖立了《释迦如来成道记碑》。关于"五如来像"的含义,据清光绪十一年《上华严寺开光碑记》记载,是"以成五生数,取土五生金之意,以应西方金位,中曰毗卢佛,左曰阿閦佛,右曰阿弥陀佛,又左曰成就佛,又右曰宝生佛"。

万历年间,曾主持修建了兴云桥的都督郭琥,又发动大同各界人士或捐款或出力,对上华严寺进行了一次大的维修工程。首先修葺残损,清除尘污,用砖砌出环行的甬道,甬道左面空地建禅堂三间和厨室一间,台基上增加了石围栏,立小枋题额"梵宫",铸造了大洪钟。在寺巷之东竖起上华严寺的木牌坊,并建小石拱桥。(参见明万历九年《上华严寺重修碑记》及万历十一年《重修大华严寺增建禅堂记》)万历四十一年(1613年),居士庞应选等又对大华严寺进行粉饰墙垣、包修殿基、新增厨库房庑井泉等维修和保护。

这里需要注意的是,在明万历年间,碑文内出现了"寺巷"和"上华严寺"的称谓,这表明:第一,华严寺的东北部范围已经大大缩小;第二,华严寺开始分割为两部分。万历年间对上华严寺的修缮活动主要是对除大殿之外的寺院范围内的建筑物进行了整治,但是没有兴建大型的建筑物。另据清顺治及乾隆年间重修华严寺的碑文记载,上华严寺内中轴线主体建筑有山门、天王殿、大殿等,这基本上是延续了明代后期形成的布局格式。

在居士庞应选的大力资助和推动下,万历三十九年(1611年)在下华严寺建韦驮殿一座和禅房一所,万历四十三年(1615年)重修海会殿(参见明万历四十三年《重修海会殿记》和明万历年间《重修大华严寺碑记》)。韦驮殿,即现在下华严寺前院的观音殿,当时又称天王殿,1990年和2009年两次重修。禅房的位置,据清道光十一年(1831年)《重修下华严寺碑记》中"补葺大殿南北厢房,钟、碑楼,中院的南北禅房"的记载推测,明代和清代道光年间的禅房均在中院即大殿台下小院内。

据《大明崇祯五年重修下华严寺碑记》记载,此时的下华严寺"树基巍峻",即台基巍然,台上的大树峻茂。可见400年前的薄伽教藏殿前的大槐树已经树龄很长了,其实际树龄可能更久远。但在崇祯四年(1631年),大殿屋脊突然毁坏,居士庞应选(法名严心)出资并募捐对其进行了修葺,并粉饰了金像等,此项工程于崇祯五年(1632年)五月完工。修葺之后,在大殿内槽阑额上标立两块崇祯五年的木牌,该木牌保存至今,其中南侧的题字为"释迦摩尼佛",北侧的题字为"毗卢遮那佛",将薄伽教藏殿内的三佛解释为三身佛。这期间可能还增加了一些塑像。1964年,市博物馆人员及宗教界人士将薄伽教藏殿内佛坛前面的三组晚期塑像(每组均为一佛二协侍菩萨)大部分移除,现仍剩南北两尊坐佛小像,其坐佛神态与梁思成调查海会殿内的大佛前的小坐佛像(明万历年间塑)极相似,故此很可能为明晚期所塑。另外,中央主佛像背后的一尊观音小像,俗称"送子观音",从风格上观察,形态较瘦,可能也是这时期所塑。

总之,元末明初之际,华严寺遭到了大范围的毁坏,明初一度曾废做它用。宣德年间重塑了大雄宝殿内的佛像,万历年间整修了院落,其间碑文内出现了"寺巷"和"上华严寺"的称谓,这表明华严寺开始被分割为两部分,东北部范围已经大大缩小。万历后期至崇祯年间,上、下两寺上都形成了中轴线上从东向西依次为山门、天王殿(或称韦驮殿)、大殿等建筑的基本布局。原来在旁边供奉弥勒菩萨的慈氏阁的功能已被居于中轴的天王殿(主要供奉弥勒佛)所代替,佛教教义流派及殿堂布局发生了很大的变化。另外,大殿前两侧还可能有伽蓝殿和祖师殿。据清代道光《大同县志·艺文上》收录的顺治年间《重修上华严寺碑记》(碑已不存)记载:上华严寺大殿"台下伽蓝配殿之侧,南北各添造禅堂、斋室五间……"[5](卷19,P519)可见,清初大殿台下附近还存有明代以来的作为大雄宝殿配殿的伽蓝殿,其对面原来对应的可能是祖师殿(当时已毁)。祖师殿、伽蓝殿、天王殿的配置,部分地反映了明代禅宗的流行(见图2)。

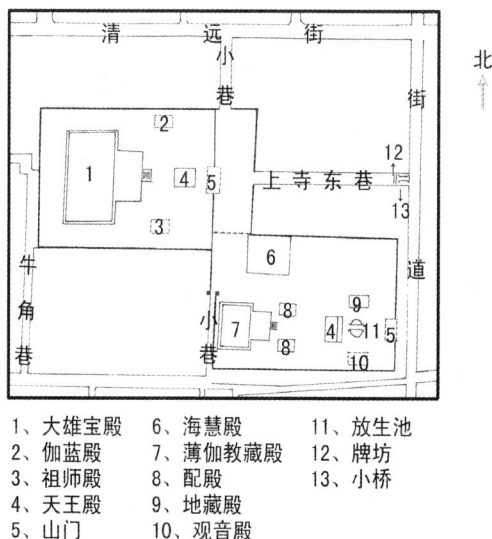

1、大雄宝殿	6、海慧殿	11、放生池
2、伽蓝殿	7、薄伽教藏殿	12、牌坊
3、祖师殿	8、配殿	13、小桥
4、天王殿	9、地藏殿	
5、山门	10、观音殿	

图2 明代上下华严寺平面布局示意图

三、清代华严寺的建设和变化

(一)上华严寺

顺治五年(1648年),清兵屠城,市街瓦砾,上华严寺内只有正殿单独保存下来。顺治九年(1652年),县治移复大同,上华严寺得以重修。当时寺院内尸骨遍地,血污残垣,鼎炉折足,琉璃破碎。僧人化愚来到此地,清理了杂乱,又历经十年,多方募资,修补残缺剥露,漆刷匾牌门墙。殿台之前新建小坊三楹,台下伽蓝配殿南北各添造禅堂和斋室五间,东西空地又建"香积库司之所"。自山门、天王殿至大雄宝殿,朱碧辉煌。顺治年间茅世膺《重修上华严寺碑记》(碑已不存,碑文载于清道光十年《大同县志·艺文上》)和康熙十二年(1673 年)《重修大同府上华严寺大殿暨添造禅堂廊庑记》碑均提到了大殿台下有伽蓝殿,从时间上看应是明代遗留下的旧建筑。寺院里一般伽蓝殿与祖师殿(或称影堂)相对应,都作为大雄宝殿的配殿。伽蓝殿里面一般正中供波斯匿王,左方祇陀太子,右方给孤独长者等伽蓝神,祖师殿里面供奉禅宗祖师达摩像或其他宗派的宗师像和高僧像,又称影堂。碑文里未提到祖师殿(或影堂),可能当时早已不存在了,而且从位置上分析,应在大雄宝殿附近。顺治年间的碑文内曾提到"唯大殿独存",但是这里又出现了天王殿、伽蓝殿等,而且顺治年间所新建的建筑又没有提到这两座,所以只能理解为天王殿、伽蓝殿不是新建筑,而是修葺过的受损的明代旧建筑。

顺治至康熙年间的这次修缮活动,以镇守山西大同宁武等处总兵鲍安为首,大同和周边各州、府、县的文武官员以及其他各类人士,纷纷出资出力,影响范围较广。

乾隆年间,上华严寺住持湛大师化缘数十年,对上华严寺进行了修缮。清乾隆五十九年(1794 年)《重修上华严寺碑》记载:"……云中上华严寺,由来已久,代有修补,不免踰时顷圮。且天王殿旧址甚高,山门亦峻不可及,又大殿右脊旁崩坠,台壁不完。寺僧湛大师素性淡泊有守,凡寺中日用所需,从未外化。值此大工欲兴,洪愿一举,众善乐随,陆续修理,后先募化,自四十年起工,建修金刚殿,五十年起盖天王殿,其高低皆于地平,适中新添暖阁抱厦,请正关圣帝君座位灵爽式凭,缺者补之,露者盖之,妆塑神像,粉画殿楹,朱绿鲜明,金青灿烂,至五十九年大殿完成而工告竣。"据悉,原上寺天王殿(即过殿)内原正面塑关公、周仓、关云像,背面为念经的禅堂,塑像于 1958 年被拆。

从记载中可知,当时的山门基座和原天王殿旧址太高(很可能是辽金时留下的高台式建筑旧址),不便于上下,于是首先是将这两处基址降低,使其"高低皆与地平"。然后于乾隆四十年(1775 年)开始在原山门的基址上修建金刚殿(即上寺后院山门),乾隆五十年(1785 年)在原址重建天王殿(现上寺后院过殿),于中央通道上添建了暖阁抱厦,里面安置了关圣帝君的神像,并妆塑了神像,彩画了殿楹,修葺了大殿右脊旁崩塌的部分,至乾隆五十九年(1794 年)全部完工。

在新建的东西向建筑中,暖阁抱厦不是独立的建筑,而是在天王殿前后添建的暖阁和抱厦,这与现存的过殿形式相吻合,而且在寺庙布局中,天王殿与大雄宝殿之间一般没有独立的暖阁抱厦等建筑。

光绪年间,上华严寺住持空明等四处募捐,历经八年,至光绪十一年(1885年),又对上华严寺内外进行了修葺。"……次第兴修,增其式廓。正殿佛像上下、内外绘画装金,并添建南北二楼以作辅弼,培补风水。北楼上奉地藏王、十殿阎罗君,下奉伽蓝神;南楼上奉观世音、十八罗汉,下奉福、禄、财神;过殿前奉关圣帝君、四大天王,后奉韦驮;大门内哼哈二将,悉如法修整装金","并将中院铺砖,两楼外面上下、韦驮殿(即过殿)内外、大门内外、厨房、禅堂、客室一律油漆彩绘"。(见清光绪十一年《上华严寺开光碑记》及光绪十六年《重修上华严寺碑记》)需要说明的是,哼哈二将泥塑一直保存到"文革"时被拆毁。韦陀殿即过殿,明清上下寺的天王殿也有碑记称为韦陀殿。光绪十六年(1890年)碑记中有"于正殿上添建南北二楼"的记载,笔者认为,文字中的"上"很可能为"下"的笔误。理由有三:一是大殿上建二层楼,会超过大殿本身的高度,而且太近,不协调;二是距此时间不太久的民国二十五年(1936年)《重修上华严寺碑记》中对原有的建筑描述为"南北二楼环绕左右",似乎两阁楼位于台下,分置南北,这种推测可能更接近实际;三是从清光绪十一年(1885年)直到1949年期间,没有关于南北两楼的重建记载,故现存于大雄宝殿台下的南北二楼阁应为光绪十一年(1885年)的建筑。当时北楼下安奉伽蓝神,表明清顺治年间尚存的伽蓝殿已毁坏,在伽蓝殿、祖师殿(或影堂)的旧址上新建了地藏阁和观音阁。由此可见,现在上华严寺后院的建筑格局,基本上是清光绪年间的建筑格局。

清代上华严寺经历了顺治、乾隆、光绪年间的三次修整,规模基本没有大的变化,但是上寺东面寺巷东端的桥和牌坊不见了。另外,由于建筑布局和佛教教义上的变化,天王殿(光绪时称韦驮殿或过殿)内于乾隆、光绪年间都安奉了关帝神像。清初的伽蓝殿应在今上寺后院山门与大殿高台之间的北侧。光绪年间,在乾隆年间的布局基础上新建了地藏(北面)和观音(南面)二楼。

(二)下华严寺

清初,下华严寺也进行了院内外的整理修葺工作,如康熙二十七年(1688年),镇守山西大同宁武等处总兵鲍安在薄伽教藏殿留下了"薄伽教藏"额匾。

雍正六年(1729年),应州知州章宏捐赀重修华严寺。对于所修内容,成书于清道光十年(1830年)的《大同县志》中无详细记载,但现下华严寺薄伽教藏殿外悬有应州知州章宏修华严寺的大匾,可见其修建的范围主要在下华严寺。

道光十一年(1831年)《重修下华严寺碑记》中记载:"大清嘉庆三十二年起工,至道光七年(1827年),补葺大殿南北厢房,钟、碑楼,中院的南北禅房,外院过殿天王、南北观音、地藏……"(清朝纪年中无嘉庆三十二年,疑为嘉庆二十二年之误。——笔者注)下华严寺大殿台上两侧的厢房、台下北侧的三开间二层楼(二层楼上曾有作为护法伽蓝神的关帝像)、南侧的平房等清代等建筑,一直留存到1989年,经国家文物局批准,为了恢复辽金大殿前的风貌均予以拆除,将木刻关帝像一尊移至今大庙角街关帝庙内。前院过殿(即天王殿)之前原有清代放生池和石桥,

1964 年拆除后填埋。下华严寺前院过殿两侧,北面曾有一座与过殿风格相似的配殿,位于台基上,曾被认为是明代的建筑"地藏殿"。过殿南部有一座规模较小而且位置稍靠北的建筑,无台基,曾被认为是清代补建的原"观音殿"配殿建筑。这两座建筑均于 1989 年重新修建。可见,清代道光年间下华严寺的布局,基本上沿袭了明代的规模,中轴线上,从西向东有大殿、殿前台阶上的"梵王宫"牌坊、中院门、前院天王殿、放生池和石拱桥、山门等。大殿前的台上为后院,南北有厢房、钟楼(即放钟的小亭)、碑楼(即放碑的小亭)。台下为中院,院两侧有南北禅房,北部为二层楼,楼上立关圣帝君像。再向东为外院,外院的天王殿(明代建)两侧有观音(在南侧,新建)、地藏(在北侧,即明代的配殿)等。

总之,清代的华严寺,整体规模基本未变,但单体建筑变小。在布局方面,突出了观音和地藏作为寺院中重要配殿的成分,加入了关公作为护法的身份以及福、禄、财神等世俗和道教的成分,反映了北方佛教与道教内容的相互影响。华严寺作为清代北方传统的佛教寺院,可能受到了喇嘛教等因素的冲击和影响,规模势力略呈收缩态势,教义内容变得复杂而模糊,主题不那么鲜明了(见图 3)。

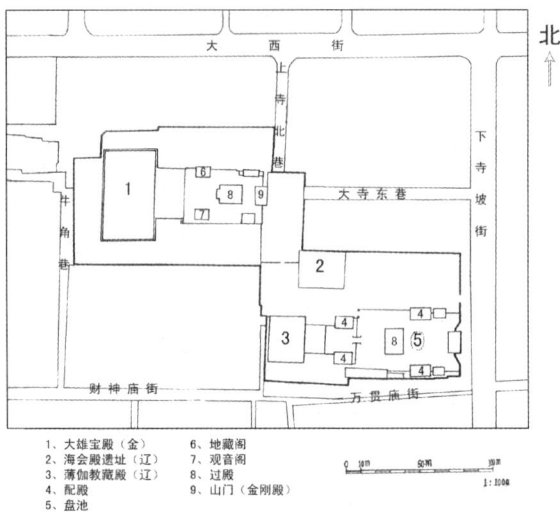

图 3 清代上下华严寺平面布局示意图

四、近现代华严寺的建设和变化

(一)民国时期的建设和变化

民国十五年(1926 年),上华严寺大殿顶部被军阀混战中的炮火击破多处,翌年人事变动未修。二十三年(1934 年)第三代方丈彰宣募捐重修殿顶及殿台、钟鼓楼、牌坊等。(参见民国二十五年《重修上华严寺碑记》)

民国十六年(1926年),下华严寺神像剥落,庙貌摧残,前年军阀混战,院墙被毁多处。院僧募捐,对正殿、配殿(可能指台上原南北厢房)、钟楼、牌楼等加以修葺。(见下华严寺台上碑楼内《大中华民国十六年碑记》)

(二)现代华严寺的建设和变化

1952年9月,大同市文管会下属单位"大同市古迹保养所"成立,并在上华严寺外院北房办公。1955年5月,古迹保养所更名为"云冈石窟古迹保养所"并迁至云冈,但上寺仍留有办公处。同年成立的"山西省文管会大同田野清理组"也在上寺办公。1958年下半年,市政府决定在原大同市古迹保养所的基础上筹建"大同市文物陈列馆",1959年元旦对外开放,1963年改为"大同市博物馆",下华严寺同时作为大同市的地下文物陈列窗口对外开放,一直到2008年"大同市博物馆"迁出。1961年3月4日,华严寺被国务院公布为第一批全国重点文物保护单位。

1964年,市文化局根据上级指示,将上、下寺合并。20世纪70年代至80年代初,伴随着党和国家领导人周恩来、邓小平、郭沫若、杨尚昆等以及法国总统蓬皮杜的相续来访,华严寺在国内外的影响也与日俱增。1982年,华严寺全年游客人数达303319人次的最高记录。1984年,根据国务院的通知及省、市领导的指示,于元月下旬将上华严寺移交给宗教部门管理,下华严寺仍归市博物馆管理,展示陈列大同历史文物。至此,华严寺又分为上、下两部分。1984年底,市政府决定将下寺外院北侧的城区三中校址划归下华严寺,由博物馆管理使用。2010年,大规模维修后的上下华严寺合并成统一管理的大寺院。市文物局成立"华严寺文管所",统一负责管理工作,保留僧人的佛事活动。

新中国成立初期,下华严寺前院曾为小学校占据。1958年,大同市文物陈列馆对下寺外院西、北、南三殿和大门等处做了全面整修,并将三个殿(西、北殿为明代始建)开辟为文物陈列室。1959年,属于城区三中院内的辽代建筑海会殿被学校拆毁,文化部下达文件通报批评。1964年,根据市文化局的指示,经与佛教界三义等和尚协商研究,上、下寺合并,并进行环境整治工作。5月16日,由三义和尚负责,动员了各寺庙部分僧人及博物馆人员,共同迁移了下华严寺大殿内五尊晚期塑像,并在上寺广场修建保护围墙,封闭东门,新建北门。另将下寺外院盘池拆除,并对下寺全院及上寺广场进行了下水道改造和道路硬化工程。1972年8月,为迎接周恩来总理陪同法国总统蓬皮杜前来参观,全面彩绘了上华严寺山门。

1986—1989年,由国家文物局组织,投资170万元,重修了下华严寺薄伽教藏殿及院内附属建筑。1994年在原城区三中旧址投资建设了博物馆综合办公楼。1996年,上华严寺大雄宝殿前顶部中央突然大面积塌陷,国家文物局拨款1200万元,于1996—2001年由山西省古建研究所对大雄宝殿进行落架大修,同时还维修了月台,加宽了大殿前月台的台阶等。但同时,由于加宽台阶,月台前清代顺治年间所建的"三楹小坊"不得不拆除。2000 年,大同市政府将上华严寺东小巷及附近民居区改造成上华严寺前门大街及工艺品商铺,将华严寺东面的下寺坡街拓宽改造为步行文化街。2008—2010 年,大同市政府投资 4.8 亿元,对上下华严寺内外环境进行整治,其中外部环境整治费 3 亿元,直接用于华严寺维修费用 1.8 亿元。在外围拆除了大量与寺院环境不协调的民居,在内部尽量恢复辽金时期的寺院原貌,变零落不齐的单体建筑为完整的群体建筑,同时合并上、下寺为统一的寺院,恢复明代以前的规模。目前,华严寺已成为大同市重要的旅游景点,每年都有成千上万的国内外游客前往参观游览。

严寺现存主要建筑的建造及维修年代一览表

建筑名称	建造、维修年代
薄伽教藏殿	辽重熙七年(1038 年)建,明崇祯四年(1631 年)大修并部分塑像,1990 年落架大修。
大雄宝殿	辽清宁八年(1062 年)始建,基础尚存;金代天眷三年(1140 年)重建;明代宣德年间塑像;乾隆清光绪四年(1878 年)绘制壁画;民国三十二年(1943 年)顶部修葺,1996 年落架大修。
海慧殿	辽代始建,明代万历年间(1615 年)重修,1959 年建筑被毁,辽代台基尚存。
上华严寺后院山门	清乾隆四十年(1775 年)建
上华严寺后院过殿及抱厦	清乾隆五十年(1785 年)建,最初称天王殿。
上华严寺地藏阁	清光绪十一年(1885 年)建,2010 年重修。
上华严寺观音阁	清光绪十一年(1885 年)建,2010 年重修。
上华严寺后小院北面禅房、南面厨、库房	清代建,2010 年重修。
上华严寺前院山门、钟楼、七间殿、南北配殿、后院外南北观音阁、慈氏阁、木塔等	辽、金、元格局,2007 - 2010 年重建。
下华严寺大殿台前小院南北建筑	清代形成基本格局,1990 年将旧建筑拆后新建,2009 年作罗汉堂并塑像。

续表

建筑名称	建造、维修年代
下华严寺前院观音殿,明代称韦驮殿,后称天王殿	始建于明代万历辛亥年(1611年),梁架尚存;1990年外部大修;2009年大修后改作观音殿并塑像。
下华严寺前院北配殿	明代遗构,1990年大修。
下华严寺前院南配殿	明代格局,清代重建,1990年重建。
下华严寺前院南北厢房	清代形成基本格局,1990年重建。
下华严寺前院放生池	明清建筑,1964年毁弃填埋;2009年清理重修。
下华严山门	1990年在原山门旧址上新建。

参考文献:

[1](元)脱脱等.辽史[M].北京:中华书局,2003.

[2](元)脱脱等.金史[M].北京:中华书局,2005.

[3](明)宋濂等.元史[M].北京:中华书局,1976.

[4](清)王轩等.山西通志[M].北京:中华书局,1990.

[5](清)黎中辅.大同县志[M].太原:山西人民出版社,1992.

大同华严寺薄伽教藏殿的壁藏建筑艺术

张 丽

(大同市博物馆,山西 大同 037004)

摘 要:大同华严寺薄伽教藏殿的壁藏是我国辽代的一座大型木结构建筑,其恢宏古朴的风格和悠久的历史无与伦比,梁思成先生称之为"海内之孤品"。这座建筑具有很高的历史价值、科学价值和艺术价值,它所蕴藏的传统美学思想和艺术理念尤为突出,是特定历史条件下宗教思想与建筑艺术完美结合的产物。

关键词:大同华严寺;辽代;壁藏;建筑艺术

大同从春秋战国开始,在 2300 多年的历史长河中,这里先后有北狄、匈奴、鲜卑、契丹、女真、蒙古和满族等十多个少数民族聚居,农耕文化与草原文化在此得以水乳交融,从而使这座历史文化名城驰名中外。

唐代大同称云州,至辽兴宗重熙十三年(1044 年)升为西京,府曰大同,从此大同成为辽代的陪都。华严寺是坐落于城内西南隅的一座辽代佛教寺院,寺内现存大雄宝殿和薄伽教藏殿两座辽金建筑,其中大雄宝殿面阔九间,进深五间,其规模之巨相当于北京故宫的太和殿。薄伽教藏殿为寺内最早的建筑,建于辽重熙七年(1038 年),殿内当心间左侧四椽栿底题记和右侧椽底题记有当时建造该大殿的明确时间。据《辽史·地理志》记载:"清宁八年(公元 1062 年)建华严寺,奉安诸帝石像、铜像。"[1](P506) 由此可知,当时的华严寺不仅仅是辽代帝王参拜和贮存经藏的敕建寺院,同时具有皇家祖庙的性质,华严寺也因辽历代帝王多次巡幸而鼎盛百年。

"薄伽"为梵语"薄伽梵"之略,译作"世尊",是佛的十大名号之一,"教藏"指佛教的经典,薄伽教藏殿即贮存经书的处所。当年从辽圣宗开始,经兴宗和道宗两代皇帝,由于对佛教的极力推崇,使得辽王朝统治区内兴建寺院和刊刻佛经蔚然成风,并在统治集团的资助下,完成了著名的辽代《大藏经》(又称《契丹藏》)的雕刻,薄伽教藏殿即为贮存这部《大藏经》而建造的。20 世纪 30 年代,我国著名的古建筑专家梁思成先生曾对大同地区的古建筑进行了详尽的考察与测绘,出版了《大同古建筑调查报告》一书,华严寺的薄伽教藏殿与壁藏亦在调查之列。

薄伽教藏殿建于 3.2 米高的宽阔月台之上,大殿面阔五间(25.65 米),进深四间(18.41 米),单檐九脊顶,顶部坡度平缓,出檐深远,檐柱升起显著,四角飞翘。因受唐与五代时期风格的影响,殿内外使用八种斗拱,斗拱硕健,极少雕饰,外檐柱头铺作为双抄重拱计心造,式样尤显简练,建筑整体以稳健、古朴、浑厚、雄壮为特征。

在宋代《营造法式》有关壁藏的设计中,一般采用三层设计,形制颇为烦琐,但华严寺薄伽教藏殿壁藏简单实用,仅有两层。结构形式是:壁藏环绕殿内四周一列排开,上下两层呈重檐楼阁式,经橱共计 38 间,南北壁各 11 间,东壁左右稍间各 2 间,西壁左右次稍间各 6 间,上层为平坐上列佛龛外绕单勾栏栏板,栏板镂刻精美的几何纹图案,计 37 种。腰檐下为帐身,两扇橱门对开,下设须弥基座。台基外凸,大约为下层檐柱高的一半,橱柜进深为台基的二分之一,平坐上栏内的神龛面阔与进深均与经橱相同,高度仅及下层的三分之二,上覆屋顶、脊兽和鸱尾,与大型建筑别无两样。南北壁的中央 3 间及西壁稍间转角第二间与东西壁尽头共 6 处屋顶作一部升起,覆九脊式大屋顶。壁藏在后檐明间的门楣之上设天宫楼阁,共 5 间,中央 3 间为龟头殿,外随形绕单勾栏,殿身九脊顶左右挟屋半九脊式稍低,整体轮廓呈高耸的阶梯式造型,并以拱桥连接壁藏上层的两端,使这座玲珑剔透的壁藏浑然天成,气势恢宏。壁藏上下两层斗拱形式共有 17 种,其中柱头铺作为双抄双下昂七铺作,是辽代斗拱中最复杂的一种。从其设计独特、用材科学、结构合理、比例适当及制作精准等方面,都称得上一座辽代小木作的典范。如今,经藏虽已散失无恙,但藏经的壁藏因建造于殿内未受风雨摧残而保存完好,风采依旧。

宗教建筑是宗教最主要的物质文化表现形式。辽代在圣宗、兴宗、道宗三代(983—1100 年)期间,由于帝王的痴迷,佛教发展极盛。辽道宗对华严宗的研究造诣颇深,他曾颁行御制《华严经赞》10 卷,使华严宗得到了长足的发展。据《中国佛教》载:"辽代最发达的教学是华严……辽西京大同府所辖的五台山,原为华严教学的中心。"[3](P91)可见,华严宗在当时辽境内是相当兴盛和具有影响力的,华严寺即因《华严经》而得名,由华严宗的兴盛而诞生。

华严寺的薄伽教藏殿及壁藏建筑继承了中国传统建筑最为突出的形式特点,以木结构的梁架形成体量巨大的屋顶、正脊和翘起的飞檐,殿内采用减柱法使金柱后移,有效地拓展了空间,使整体布局产生了迂回含蓄的空间意象。具体表现有如下几个方面:

其一,在殿内的中央设置了一座几乎占大殿面积内三分之二的佛坛,上面塑造着一组辽代佛教彩色泥塑像,塑像高达 3 米左右。这些塑像以三世佛为中心,两侧配置四大菩萨、弟子、协侍菩萨、供养童子和四大护法天王等塑像 31 尊,每尊塑像形象各异,表情传神,整个场面呈现出一派如来讲经说法的道场情景。

其二,以塑像为中心,四周被 5 米高的壁藏紧紧围拢,窗外如泻的阳光照射着佛像与壁藏之间形成的一条窄窄的甬道,信众们礼佛诵经于此,凝视佛祖,熏仰望上空,熏聆听着袅绕佛音,这正是建造者理想中将要达到的环境、气势与心理融合一处共同升华的意境。同时,西壁当心间明窗的设计非常科学,它不仅烘托天宫楼阁的凌空高悬气势,还具有室内外温度与湿度以及光照的调控功能。据佛教传说,佛灭后法藏隐于两处,一为龙宫海藏,一为天宫宝藏。华严寺天宫楼阁位于西向,恰与佛教的西方极乐世界之意冥冥契合。环境空间与心理空间的重叠,追求天人合一的至善至圣境界,达到了科学性、审美性与宗教性的高度统一。

承袭唐宋之制,创新当朝特色,是华严寺壁藏建筑艺术的又一特点。公元 916年,契丹族建立辽国。辽朝的统治者吸收中原文化,大量使用汉族工匠营造都城、宫室和佛寺。因此,辽代早期的建筑更多地保留了唐宋建筑的风格,如薄伽教藏殿壁藏的用材与结构大致与宋代的法式制度相符。此外,大同华严寺还是少数在保留契丹族原有习俗的基础上有所创新的佛寺之一。天宫楼阁龟头殿勾栏和当心间突出及平坐上斗子单勾栏的做法,与同时期独乐寺观音阁上层一致。檐柱头铺作皆七铺作重抄双下昂重拱,类似于独乐寺观音阁和奉国寺大雄宝殿。抹角拱自二层增至四层,则首次出现。在其他辽代遗构中常用的撩风和上翘的屋角、弯曲的檐端及鸱尾、悬鱼、正脊、垂脊等处,更多地保存了辽代建筑的风貌。

统一里求变化,造型中具匠心也是华严寺壁藏建筑艺术的特点之一。华严寺壁藏依大殿坐西朝东,以当心间西壁上的天宫楼阁为轴心,将壁藏分为南北两个部分。壁藏外观从平坐腰檐以下皆为一致,台基的上下边缘部分繁密叠涩的直线与曲线混饰。斗拱的变化运用和补间及转角铺作的配列更显示出建造者求新求异的匠心。壁藏的上下檐柱头铺作皆系七铺作重抄双下昂重拱造,计有柱头铺作1 种,补间铺作 6 种,转角铺作 10 种,共 17 种。即使对称的两壁也在对称中显示出不同的变化,使亘长 11 间的经橱不致单调乏味。其中北壁平坐施泥道拱柱头枋三层,补间斗拱三朵与下檐斗拱一致,南壁无泥道拱柱头枋四层,补间斗拱减为两朵,甚至补间铺作上层升高者因漫拱与邻朵连接,还出现了鸳鸯交手拱。天宫楼阁两侧挟屋的正面补间铺作使用五铺作重抄重拱造,平坐斗拱均六铺作卷头重拱造,顶部为普通人字形,升起处覆九脊和半九脊顶,呈三级递减形状。顶部每间列檐柱 37 枚,瓦 31 陇,坡度以腰檐为最低,仅 21°,上檐 27°,天宫楼阁最高 31°,其余皆在 28°以内。在长达 38 间的壁藏中,为避免呆板与雷同,腰檐平坐上的勾栏栏板纹样竟达 37 种之多,屋顶上活灵活现的脊兽雕刻,皆是大师们浪漫情怀的自然流露。各壁间分别设计的 6 组对称式的升起大屋顶,曲线优美的飞檐被低矮的重檐簇拥成一体,极大地增强了壁藏的造型艺术,仿佛使人置身于建筑的丛林之中。此外,壁藏的经橱中储存着一函函的佛经,上方的佛龛内供奉着一尊尊的如来以及殿中所汇聚的一堂佛菩萨塑像,象征着佛家弟子聚精会神听法诵经万众归心的场面。正是这种宗教氛围的营造不得不让人心驰神往,随佛而去。

建筑之美有雕塑型和结构型两种形式,薄伽教藏殿壁藏例属结构型,其精粹之处是天宫楼阁所展示的杂技式的建筑美。为了充分凸显这种结构的力量,华严寺的建造者们在重檐高屋的壁藏中央又特别设置了一座面阔五间的天宫楼阁,并将两端以纤弱的拱桥形式大跨度地与壁藏连接,在紧贴桥下又开辟一扇位置较高的明窗,其目的一是烘托天宫楼阁的安然稳健,强调结构的轻松与自如,二是充分强调天宫的空灵与深邃,形成由人间向圣境跨越的内在的宗教思想与形式上的浑然一体,使参拜者产生一种精神上的震撼和感情上的满足。这是华严寺壁藏建筑艺术的又一特点。

建筑艺术的一切构成因素如尺度、节奏、构图、形式、性格、风格等,都是从当时的审美心理出发,为人所能欣赏和理解的。辽代建筑从单体建筑到周围环境,从内部空间到外部序列,从色彩装饰到附属艺术,都特别注重环境的整体经营。华严寺在平面布局上沿袭了中国古代中轴线分割规制,以天宫楼阁为轴线,将壁藏一分为二,两边对称。在立体结构上,大殿矗立于高二十阶的月台之上,殿内佛像与菩萨群塑面相皆朝东,立于近 1 米高的佛坛之上,天宫楼阁又悬于佛像后上方 6 米高之处,如此一级级地递增,熏一步步地攀升直至 10 米的高度。难怪无论何人驻足于此,只有景仰之势,虔诚之心了。这种总体形象融于群体之中,平面布置与立体空间互相配合的建筑布局,可以说是华严寺壁藏建筑艺术的第四个特点。

总之,华严寺的壁藏建筑艺术,是我国古代建筑艺术宝库中一朵瑰丽的奇葩,是我国古代劳动人民智慧的结晶,也是古代民族融合体现在建筑艺术方面的一个典型范例。

参考文献:

[1](元)脱脱.辽史[M].北京:中华书局.

[2]梁思成,刘敦桢.大同古建筑调查报告[A].中国营造学社汇刊(第 2 卷,第 3、4 期合刊)[J].

[3]中国佛教协会.中国佛教(第 1 辑)[M].北京:知识出版社,1980.

大同华严寺薄伽教藏殿的辽塑及经橱

解玉保

（山西大同古建筑文物保管所，山西 大同 037004）

摘　要：大同下华严寺薄伽教藏殿的辽塑和经橱，是佛教雕塑向民族化、世俗化和人性化方向发展的重要里程碑，是中国古代按照《营造法式》完成的小木作实物的典范，代表了 11 世纪中国建筑与雕塑艺术的最高水平。它反映了东北亚地区佛教建筑文化的最高成就，是燕云地域文化与中原文化融合的杰出范例。其所储存的大量辽代传统文化信息，为后人研究已经消失的辽代佛教文化提供了难得而独特的实例。

关键词：华严寺；薄伽教藏殿；辽塑；经橱

山西大同是我国佛教雕塑艺术的发源地之一。举世闻名的云冈石窟以磅礴精美的北魏石雕享誉中外，大同城里绚丽多彩的寺庙塑像同样久负盛誉。在众多大同寺庙雕像中，下华严寺薄伽教藏殿的辽塑和经橱，以其独特的历史风格和高超的艺术水准，受到中外人士的广泛推崇，被公认为我国辽代彩塑和建筑艺术的精品和典范。

华严寺的建筑、塑像、壁藏、壁画、平棋藻井等，储存着大量辽代传统文化信息，为后人研究已经消失的辽代佛教文化提供了难得而独特的实物资料。特别是被誉为"辽代艺术博物馆"的下华严寺薄伽教藏殿，其精致的经橱和辽代彩塑更令中外学者叹为观止。

一、大同华严寺的历史变迁

北魏是中国佛教大发展的重要时期，北魏的京师平城（大同）自然也就成了当时中国北方的佛教中心。据记载，在北魏太和初年，全国建有佛寺 6400 余座，而京师平城就有 100 座以上，驰名中外的云冈石窟就是在那时开凿的。五代时，后晋石敬瑭将燕云十六州割让给契丹，从此，大同就划归辽的版图。辽兴宗重熙十三年（1044 年）改云州为西京，设西京道大同府，为辽之陪都。金代仍以大同为西京，直到元代至元二十五年（1288 年）"改西京为大同路"，大同遂为辽金两代陪都,称西京前后 200 余年。当时,大同扼西南要冲,是辽的边防重镇,"非亲王不得主之"。据《辽史·地理志》记载,清宁八年(1062 年)道宗巡视西京,遂建"华严寺,奉安诸帝石像、铜像"。这充分说明,此时的华严寺已不仅是参禅礼拜和储存经藏的敕建寺院,而且还具有契丹族皇室祖庙的性质。

在辽圣宗、兴宗和道宗三代(983—1100 年),佛教发展极盛。辽圣宗为加强其统治,降旨全国尊崇佛法,大力建造佛寺,抄刻经藏。兴宗继位,皈依受戒,铸造银佛像,编刻大藏经,并招请名僧到宫廷讲经说法。道宗皇帝通梵文,对佛教华严经尤有造诣,撰有《华严经随品赞》10 卷,使佛教尤其是华严宗因此而大为盛行。

辽统治者对西京大同特别重视,据《辽史》记载,辽历代帝王共巡幸、游猎大同10 余次。辽兴宗和道宗时期,辽皇室对武州山石窟进行了延续 10 年之久的大规模修整。辽兴宗重熙六年(1037 年)在大同西 7.5 公里的蛤蟆湾修建了观音堂,现寺内观音殿仍保存有高达 6 米的辽代石雕观音菩萨一尊及其他石雕佛像 19 尊。辽末保大二年(1122 年),金兵攻陷西京,寺内"殿阁楼观,俄而灰之,唯斋堂、厨库、宝塔、经藏泊守司徒大师影堂存焉。"这里所说的"经藏"是指现存的薄伽教藏殿,守师司徒大师影堂即 20 世纪 60 年代被拆毁的海会殿。金天眷三年(1140 年)乃有僧录大师等"仍其旧址,而时建九间七间之殿,又构成慈氏观音降魔之阁及会经、钟楼、三门、垛殿……其费十千余万"。元明之际,该寺再次受到战争破坏。明初,寺院被没收为官产,大雄宝殿"用为大有仓"。明代中叶各开山门,分为上、下两寺。1961 年,经国务院批准,公布上、下华严寺为全国第一批重点文物保护单位。1963 年,上、下华严寺合为一寺管理。

二、薄伽教藏殿壁藏的历史和艺术价值

薄伽教藏殿为华严寺现存最早的建筑,建于辽兴宗重熙七年(1038 年)。殿内当心间左侧四椽栿底的题记是:"推诚竭节功臣,大同军节度,云、弘、德等州观察处置等使,荣禄大夫,检讨太尉,同政事先门下平章事,使持节云州诸军事,行云州刺史,上柱国,弘农郡开国公,食邑肆千户,食实封建百户,扬又玄。"右侧椽底题记为:"维重熙七年岁次戊寅玖月甲午朔十五日戊申年时建",这是此殿始建年代的可靠依据。"薄伽"是梵语,为薄伽梵之略,又作婆伽婆,后又译为"世尊",是佛的十大称号之一。"教藏"指佛教的经典。薄伽教藏殿自辽中叶以来就是华严寺的藏经殿,现在殿内所藏的辽代佛经虽已散佚,但藏经用的经橱(壁藏)和天宫楼阁依然存在,它和大殿以及殿内的辽代彩塑,都是非常珍贵的历史文物。

薄伽教藏殿为下寺主殿,殿建于高台之上,面宽五间,进深四间,单檐九脊顶。殿内四周环壁排列着贮藏佛经的重楼壁藏 38 间,分上下两层,为楼阁式藏经木柜。上层设龛,供设佛像或功德主像,下层为藏经的经橱,每间开门两扇,柜内现存明清两代经书18000余册。经橱之上为腰檐，上层于平座上设佛龛，外设单勾栏，上覆屋顶、脊兽和鸱吻，与大型建筑物无二。壁藏上下两层斗拱共有17种，其中柱头铺作为双抄双下昂七铺作，是现知辽代斗拱中最复杂的一种。壁藏内部还保存有少量辽代彩画，其中勾栏栏板全为剔透雕刻，雕成各不相同的几何形镂空图案，共达37种，具有多样统一的艺术效果。

壁藏在后檐明间于门楣之上做成劵拱桥和天宫楼阁，使两侧壁藏浑然一体，更是独具匠心。整个壁藏又以当心间的前门和后窗为界，分为南北两部分。建筑形式也有区别：南部壁藏平座半拱无泥道拱，正中部分的佛龛当心间无壶门牙子，补间斗拱二朵，转角铺作有抹角拱，底腰檐下遮檐板上有彩绘。北壁壁藏平座斗拱有泥道拱，正中部分的佛龛当心间门中饰有壶门牙子，补间斗拱三朵，中间一朵出60°斜拱，转角铺作有抹角拱，腰檐下遮檐板无彩绘。其余部分也多有异同，可能当时为两班匠师制作，设计者力求富于变化，避免重复呆板。

这一国内唯一完好宏大的辽代壁藏，它不仅在建筑上具有高度的历史艺术价值，而且是一座规制严谨、剔透玲珑、雕刻精美的艺术佳品，也是一组《营造法式》中的小木作实物。我国著名的建筑学家梁思成先生曾誉之为"海内之孤品"。

三、薄伽教藏殿的塑像艺术

薄伽教藏殿的31尊塑像中，有29尊为辽塑，按照隋唐已成定制的"品"字形布局法摆放。殿内佛坛宽大，坛平面沿袭唐制，佛像布局和西安唐代大雁塔门楣雕刻的构图极为相似。坛上完整地保存着3组不同姿态的泥塑。佛像全部着色，面部和头冠贴金，经历了近千年的香火烟熏，已逐渐变为古铜色，更具有一种古色古香的自然之风。这些佛像既有唐代丰满圆润和端庄安详的风格，又有宋代塑像中生活气息浓厚和生动活泼的特色。佛坛中央端坐三尊主佛，即三世佛。以三主佛为中心，布置成三组说法的场面。佛坛四角各立一护法天王，文殊、观音、普贤和地藏分别座于两侧，其弟子伽叶和阿难、肋侍菩萨、供养童子等，或坐、或立、或蹲，呈现出各种不同姿态，衣饰舒展适体，飘带流畅生风，自然雅丽。这些塑像的特点是形象生动活泼，富有人情味和情节感，突破了佛教艺术那种净化、平淡、肃穆的风格，极具魏晋以来气韵生动格调脱俗的艺术审美取向。著名的史学家郑振铎先生在他的《西行书简》一书中曾赞美薄伽教藏殿内的塑像说："简直是一个博物馆，这里的佛像，特别是倚立着的几尊菩萨像，是那样的美丽。那脸部、那眼睛、那耳朵、那双唇、那手指、那赤裸的双脚、那婀娜的细腰，几乎无一处不是最美的制造品，最漂亮的范型。"南面一组的合掌露齿肋侍菩萨像，站在莲花之上，她把全身重心放在脚上，身子往右扭了一下，使她整个的身体有了运动过程，突出地表现了少女身材优美的线条。上身微袒，香颈稍斜，面容俏俊，神情典雅，双手合十，齿微露而含笑。尤其是她向上举着的右手与向右倾侧的头,动作配合得那样自然,与其说是一尊佛像,不如说这是一位栩栩如生、凝眸欲语、优美而可爱的少女。北部一组右边的胁侍菩萨立像,是一位窈窕淑女的形象。她站在莲台上,身体略略侧倚,头戴花冠,面容丰润,安详贤淑,眼睛下视,表情端庄,那虔诚地聆听佛祖讲经的神态,似乎表明她整个灵魂都进入了佛的境界。中间一组右侧坐着的普贤菩萨像,有着引人的魅力,这种魅力的由来,是造像本身流露着的那种细腻动人的感情,而这种感情是通过她微妙的动作传达出来的。她那挺拔的胸部、长颈和微微向左转侧着的头,使她的动作变得生动而有力,并且不减其女性温存的美,再加上她向前曲举着的右手,使整个动作的描写达到充分表现内心活动的高度。供养童子像高约 80 厘米,形象生动活泼,体形虽小却很引人瞩目。佛坛前面的两尊护法天王,塑造成两个神力无穷的"天国"卫道士,虎视眈眈,体魄强健,神态凛然,活像封建庭殿下的两员武将,造型粗犷豪放,夸张合理自然。

下华严寺薄伽教藏殿内的塑像,不但大胆描绘了人体肌肤的健康与优美,而且流露了人们的乐观精神。从一些塑像上看到的那种对现实生活的饱满情趣和欢悦之感,充分反映了当时人们对生活的追求和向往。当你置身于诸"神"之中,各菩萨的神情和体态,都会使你感到这是神化了的"人间",洋溢着浓郁的生活气息。这就是造型艺术的特殊魅力,真可谓是"无声胜有声"的感染力。

我们从薄伽教藏殿塑像中感到古代佚名工匠的惊人创造性,他们集历代名家所长,把佛教雕塑向民族化、世俗化和人性化方面发展推进了一大步。他们娴熟的技法,时出新意,为我们留下了宝贵的历史文化遗产。1964 年 7 月 5 日,郭沫若先生游览该寺后题词:"下华严寺薄伽法藏塑像,及九百二十六年前故物,比例合乎自然,表情特别生动,余以为较太原晋祠圣母殿塑像为佳,诚为不可多得之艺术作品,宜尽力加以保护。"

大同华严寺与辽宁奉国寺、河北独乐寺并称为辽代三大寺院。下华严寺的经橱和彩塑,具有鲜明的时代性与地区性,代表了 11 世纪中国建筑与雕塑艺术的最高水平,反映了东北亚地区佛教建筑文化的最高成就,是燕云地域文化与中原文化融合的杰出范例。梁思成先生在《大同古建筑调查报告》中赞誉其为"千年国宝、无上国宝、罕有的国宝",可以说,这个评价不仅是公允的,而且也是恰如其分的。

参考文献:

[1](明)宋濂等. 元史[M]. 北京:中华书局,1976.

[2](元)脱脱等. 辽史[M]. 北京:中华书局,1974.

[3]梁思成. 梁思成全集[M]. 北京:中国建筑工业出版社,2001.

[4]郑振铎. 郑振铎文博文集[M]. 北京:文物出版社,1998.

[5]陈达明. 营造法式木作研究[M]. 北京:文物出版社,1981.

[6]李淼,郭俊峰. 佛经精华[M]. 长春:时代文艺出版社,1998.

[7]张丽. 大同华严寺薄伽教藏殿的壁藏建筑艺术[J]. 山西大同大学学报,2007(2):53~55.

大同观音堂八大明王雕塑艺术分析

武建亭[1,2]

（1. 山西大同大学艺术学院；
2. 山西大同大学云冈文化研究中心，山西 大同 037009）

摘　要：大同观音堂八大明王雕像在石雕基础上加以彩绘，每尊雕像形象各异，造型生动，体现了辽代民间佛教石雕艺术的特点。

关键词：大同观音堂；八大明王；雕塑；艺术特点

一、大同观音堂八大明王雕像结构特点

按照佛教的说法，大日如来入三魔地，变法界为八辐轮，自坐其脐中，而现佛顶轮王像，又化出八方色轮八佛顶及七宝。在我国古代，唐以前的明王像都为坐像，而大同观音堂的八大明王雕像为辽代作品，它们均为立像。

观音殿东侧由北向南第一尊马头明王雕像，身体的比例为 1：4.5，整个雕像最宽处在头部两侧第一臂，该明王头形较长，第一臂的雕刻增加了头部所占的空间面积，使该明王像的肩以上部分与上身和下身所占的空间比例大致相等。马头明王上身前倾，第二臂将胸前的空间做了很好的利用。雕像最前端位置为第一臂的左手处，它与雕像臀部的最后端相呼应，身体重心稳定。

观音殿西侧由北向南第一尊无能胜明王雕像，身体比例为 1：5，雕像最宽处位于头部两侧。第二臂左右两手持斧，斧举于明王身体右侧，由于左脚向左侧伸，将身体的重心进行了很好的调整，整个雕像左右平衡。

观音殿东侧由北向南第二尊大笑明王雕像，身体比例为 1：6，雕像身体直立，左右对称，身体重心落于两脚。

观音殿西侧由北向南第二尊大威德明王雕像与大笑明王雕像整体结构基本相同，但大威德明王头顶上有竖起的怒发，身体比例为 1：5，头部高度高于大笑明王头部。由于该明王每只手的位置低于腰部，手中各持法器，使得身体重心因手中的重量感而下移，而右侧第一臂手中持有戟，戟头部分面积较大，又将整个身体

重心作了很好的调整。

观音殿东侧由北向南第三尊大轮明王雕像,身体比例为1:5.5,雕像最宽处为剑尖和金刚杵头之间的部分。整个造像左右平衡,上下协调。

观音殿西侧由北向南第三尊不动明王雕像,身体比例为1:4.5,左腿向左侧伸,整个雕像上下稳定,左右协调。

观音殿东侧由北向南第四尊降三世明王雕像,身体比例为1:4,整个雕像大致分为三部分,肩部以上的部分、肩至腰的部分和腰部以下的部分,所占空间比例基本相同,身体左右平衡。

观音殿西侧由北向南第四尊步掷明王雕像,身体比例为1:5,整个身体上下协调,结构合理。

二、大同观音堂八大明王雕刻特点

(一)大同观音堂八大明王石雕艺术表现手法

通过对大同观音堂八大明王雕像的实地考察,了解这8尊雕像为石雕造像,采用圆雕、浮雕、线刻和镶嵌相结合的手法进行雕刻,展现了辽代民间佛像雕刻的风格特点。大同观音堂明王雕像群整体为圆雕形式,它们构图单纯、动态鲜明,每尊明王像正面及头部雕刻细致,背部雕刻简单,其中的面部雕刻最为精彩。每尊雕像五官雕刻清晰生动,面部表情真实,眼、鼻、嘴、舌、牙及面部结构细腻。服饰雕刻较为概括,从现存的雕像上可见其服饰规整的雕刻特点。明王雕像的腿脚部位雕刻略显放松,由于腿脚处的包泥部分已脱落,现可清晰地看到刀刻的痕迹。

浮雕按表现的强弱立体度可分为高浮雕和浅浮雕。大同观音堂明王雕像群高浮雕主要表现在每尊雕像的发饰雕刻上,除大笑明王外,其余7尊明王的发饰呈火焰状高高隆起,形成强烈的立体视觉感。浅浮雕与高浮雕相比立体效果较弱,每尊雕像所着的天衣、巾带、裙和裤都用浅浮雕的手法来表现。从雕像上看,有衣服包裹身体的感觉,体现出雕像着装轻薄的质感。在石雕上运用镶嵌手法,主要用于雕像眼睛的表现,起"画龙点睛"作用。大同观音堂明王雕像的眼球用黑色嵌石镶嵌,使明王表情十分生动。

大同观音堂八大明王雕像群,将圆雕、浮雕、线刻、镶嵌等多种手法完美结合,极大地体现了中国石雕艺术的特点。

(二)大同观音堂八大明王石雕的风格特点

据大同观音堂碑文记载,观音堂为辽重熙六年(1037年)建造。这一时期正是辽兴宗在位期间,他皈依受戒、铸造佛像、编刻大藏经、让名僧说法、对僧人给以优厚的待遇等,这一系列做法在很大程度上提高了佛教的政治地位,同时辽代统治者的崇佛政策也极大地促进了佛教在民间的发展。虽然这一时期社会政治稳定,经济发展,但人民生活仍存在现实的苦难。据大同观音堂明代万历三十五年(1607)的碑文记载:"云中城以西越十五里之遥,有观音古刹,流传原地名蛤蟆石湾,怪物扰其民,民用不宁,道路阻塞。辽重熙六年六又九日忽大士现八丈金身,偕左右菩萨明王,从秦万佛洞飞往水门顶山头,从此妖魔降灭。"观音堂就是人们为纪念观音菩萨制伏蛤蟆精,使人们生活安定而修建。因此,在观音堂内观音菩萨背后塑有韦驮降伏蛤蟆精的雕像。这也与碑文上"由大众鸠工立寺"的记载内容相吻合。

大同观音堂八大明王为民间雕塑艺术,其雕像特点与这一时期的社会生活习俗紧密联系。辽代是以契丹族为主要统治民族的政权,八大明王雕像采用契丹族男子的髡发发式进行雕刻,以竖起的发型表现菩萨的愤怒形象。契丹族原以渔猎为生,为了保暖隔潮,他们的服装以袍式为主。观音堂八大明王下身着裙,与契丹袍的造型有相似之处。随着契丹族与汉族的接触,以捕鱼、狩猎、采集为主要生活方式的契丹族变为从事畜牧业,契丹人为了保暖在腰间系带,为了便于骑马喜穿靴。观音堂八大明王虽未着靴,但从未过膝的裤与腿脚裸露部分可以想到契丹人靴的长度。八大明王雕像特征与契丹人的外貌特征基本相同,从而体现了八大明王雕像的写实性特点。

三、大同观音堂八大明王彩绘特点

大同观音堂八大明王雕像是在石雕的基础上进行包泥彩绘,与距它几公里远的云冈石窟第五、六、七、八等窟的彩绘雕像在手法上有相似之处。从现存雕像的面部及上肢彩绘脱落处可以看到,这八尊雕像均为细沙岩石雕刻。面部和上身雕刻细腻,刀痕较少;下身,尤其腿部雕刻粗犷,刀痕清晰。雕像包泥较薄,手法细腻,五官及手指等细致部分清晰可见。

雕塑与绘画的关联甚为密切,观音堂八大明王雕像身体所绘的颜色与《大妙金刚经》中描绘的八大明王造像在色彩上基本接近,但服饰的色彩则以灰绿、灰蓝、赭黄等几种色调为主,这也与契丹人的服饰颜色有相通之处。每尊雕像的背部及腿部彩绘几乎完全脱落,从现存的彩绘部分可以看到彩绘的手法以平涂为主,色彩均匀、鲜亮。胡须以单线勾勒,体现了中国画中白描的特点。

四、结语

大同观音堂八大明王雕像运用写实的风格,将圆雕、浮雕、线刻和镶嵌表现手法相结合,它以辽代社会的思想意识形态为基础,生动细致地展现了辽代民间艺术的雕刻特点。

参考文献:

[1]吴立民,韩金科.法门寺唐曼茶罗之研究[M].北京:中国佛教文化出版有限公司,1998.

[2]黄震云.论辽代宗教文化[J].民族研究,1996(2):48-51.

[3]薛永年,赵力,尚刚.中国美术·五代至宋元[M].北京:中国人民大学出版社,2004.

[4]庄华峰.中国社会生活史[M].合肥:合肥工业大学出版社,2003.

[5]华梅.古代服饰[M].北京:文物出版社,2004.

大同观音堂壁画

邓星亮¹　尹　刚²

(1. 山西大同大学云冈文化研究中心,山西 大同 037009;
2. 山西彩塑壁画研究保护中心,山西 大同 037006)

摘　要:大同观音堂为雁北地区著名的观音信仰胜地,其观音殿中保留有清代壁画约 70 平方米。本文对观音堂画的内容、制作年代和价值进行分析,力图揭示观音堂观音信仰背后的文化内涵,彰显观音堂壁画的历史、艺术和科学价值。

关键词:观音堂;壁画;内容;年代;价值

观音堂,山西省大同市著名文物古迹景点。位于大同市城西丁崖和马武两山夹峙处,背依丁崖山,面临十里河,距大同市 8 公里,即省道 S339 之同云旅游专线段中段路北侧,大同市南郊区马军营乡小站村西北约 1.3 公里处。山西省人民政府 1996 年 1 月 12 日公布为省级文物保护单位,国务院 2013 年 5 月公布为第七批全国重点文物保护单位。

观音堂坐北向南,三进院落布局。南北长约 58.3 米,东西宽约 39.6 米,占地面积约 2300 平方米。现存建筑为清代遗构,主要建筑有三龙壁、山门、戏台、腰门、东配殿、西配殿、钟亭、鼓亭、东碑廊、西碑廊、观音殿和三清殿。其中,中轴线建有戏台、腰门、观音殿和三真殿,两侧建东西配殿、钟楼、鼓楼、碑亭和山门等。[1]

观音堂遗存文物除主体建筑外,现存辽代石雕像 21 尊,清代壁画约 70.39 平方米,明清时期碑刻 14 通,明代石雕宝瓶一对。其中,观音殿坐北朝南,为硬山式古建筑,面阔三间,进深二间,前有抱厦,后有玄关,是整个观音堂建筑群的主体建筑。其殿内东西山墙、后檐墙和玄关东、西墙壁的内壁上绘满壁画。

一、观音殿壁画内容

总体上来看,根据观音殿内壁画绘制技法的不同,观音殿壁画可以分为两种绘画形式,即水墨画和重彩工笔画。

(一)观音殿水墨壁画

观音殿内水墨壁画共有两部分,分别绘制在东、西山墙内壁上部呈三角形的区域内,形成东西对称的格局。东山墙的水墨画由 6 幅绘画组成,内容为山、水、梅、兰(图1);西山墙的水墨画也由 6 幅绘画组成,其内容为山、水、松、竹(图2)。

图 1　观音殿东山墙水墨画

图 2　观音殿西山墙水墨画

(二)观音殿重彩工笔画

观音殿内重彩工笔壁画由三部分组成,分别布置在东西山墙、后檐墙和玄关东西墙三个区域。从壁画的布局来看,东西山墙的绘画遥相呼应,后檐墙以墙体中部玄关门为界左右对称,玄关东西壁两两相对,总体呈现出一种对称、均衡和协调的格调。

第一部分重彩工笔壁画由东山墙、西山墙两面墙壁组成,分别分布在山墙下部呈长方形的方正区域内。每面墙壁的壁画由 12 小块构成,12 小块壁画分上、中、下三层,每层 4 块小壁画。小块之间以忍冬纹图案区别,整个壁画外面镶以黑色长方形边框,形成一种小块壁画界限分明、整个壁画和谐统一的布局(图3、图4)。

从东西山墙壁画的绘画内容和榜题来看,东山墙 12 幅壁画为后秦鸠摩罗什译《妙法莲华经》中第二十五品“观世音菩萨普门品”之偈颂部分的经变图,西山墙 12 幅壁画为观音菩萨十二大愿图,其具体内容见表1、表2。

图3 观音殿东山墙重彩工笔画

图4 观音殿西山墙重彩工笔画

表1 观音殿东山墙重彩工笔画内容表

		编号1	编号2	编号3	编号4
上层	榜题	盗贼转慈心	巨浪不能没	推击悬目寓	蛇驼闻声去
	布施	信心弟子 本城益泰成敬施	信心弟子 本城钱行敬施	信心弟子 本城布商敬施	信心弟子 申君诏、申君选敬施
	偈颂	或值怨贼绕 各执刀加害 念彼观音力 咸即起慈心	或漂流巨海 龙鱼诸鬼难 念彼观音力 波浪不能没	或在须弥峯 为人所推堕 念彼观音力 如日虚空住	蚖蛇及蝮蝎 气毒烟火燃 念彼观音力 寻声自回去
中层	榜题	毒龙无敢害	雷电感应散	毒药归自身	临刑刀断坏
	布施	信心弟子 本城钱行敬施	信心弟子 本城首饰行敬施	信心弟子 本城义成功敬施	信心弟子 孙继业敬施
	偈颂	或遇恶罗刹 毒龙诸鬼等 念彼观音力 时悉不敢害	云雷鼓掣电 降雹澍大雨 念彼观音力 应时得消散	咒诅诸毒药 所欲害身者 念彼观音力 还着于本人	或遭王难苦 临刑欲寿终 念彼观音力 刀寻段段坏
下层	榜题	火坑现莲池	枷锁脱囹圄	恶兽回身走	逢凶逐落山
	布施	信心弟子 本城天福斋敬施	信心弟子 本城义承永敬施	信心弟子 …	信心弟子 …
	偈颂	假使兴害意 推落大火坑 念彼观音力 火坑变成池	或囚禁枷锁 手足被杻械 念彼观音力 释然得解脱	若恶兽围遶 利牙爪可怖 念彼观音力 疾走无边方	或被恶人逐 堕落金刚山 念彼观音力 不能损一毛

（注：表中"偈颂"指鸠摩罗什译《妙法莲花经》之"观世音菩萨普门品"中偈颂）[2]（九册，P57）

表2 观音殿西山墙重彩工笔画内容表

		编号1	编号2	编号3	编号4
上层	榜题	终果入恒沙	东土送西天	引善度金桥	慈航渡有缘
	布施	信心弟子 本城恒盛良敬施	信心弟子 吏部郭恒辰敬施	信心弟子 本城义兴辅敬施	信心弟子 申顺敬施
	十二愿内容	12.果修十二愿 舍身引进去出家 修行证道似恒沙 五湖四海功成就 头戴金冠入红霞	11.弥陀受记愿 洛伽佛国在西天 朝朝花蕊结成莲 东土有个善男子 送在西方净土天	10.接引西方愿 幢幡宝盖乐逍遥 西方路上有金桥 观音菩萨来接引 接引众生上金桥	9.度尽众生愿 菩萨造下一只船 拴在挲婆海岸边 观音菩萨为船主 不度无缘度有缘
中层	榜题	虔心脱锁难	救灭涂狱	因果须看经	一洒火变莲
	布施	信心弟子 邹毓凤敬施	信心弟子 袁宗唐敬施	信心弟子 王缓敬施	信心弟子 本城当商敬施
	十二愿内容	8.枷锁解脱愿 犯法遭刑在狱中 身连枷锁苦难行 志心持念观自在 自然枷锁解脱身	7.誓灭三涂愿 奈河里面苦南行 铜蛇铁狗尽来侵 观音菩萨来救苦 永灭三涂地狱门	6.常行平等愿 不信因果不看经 为人贪财又贪名 弥陀加持常有念 随似观音平等心	5.甘露洒心愿 火炕腾腾起黑烟 众生里面叫声冤 观音忙把甘露洒 一洒火炕化成莲
下层	榜题	风波释危险	常持讽救苦	诸佛礼南海	发愿度阎浮
	布施	文字湮灭不清	文字湮灭不清	文字湮灭不清	文字湮灭不清
	十二愿内容	4.能除危险愿 五湖四海因似风 东南西北来相逢 众生多有危险难 一心称念观世音	3.寻声救苦愿 为人得病卧高床 不请明医点药方 志心念念观自在 自然身体得安康	2.常居南海愿 大海洪波万丈深 洛伽山高起青云 诸天圣众共围绕 逍遥自在礼观音	1.广发弘誓愿 广发弘誓大愿心 度尽阎浮世上人 有缘千里来相会 无缘对面不相逢

（注:表中观世音菩萨十二愿内容来自电子公告）[3]

　　第二部分重彩工笔壁画分布在后檐墙壁上,由三幅画面构成。其一为后檐墙东壁,其二为后檐墙西壁,其三为后檐墙中间玄关门门楣。玄关门门楣上壁画为二龙戏珠图,二龙对飞,中间为宝珠,栩栩如生,空灵活泼(图5)。其后檐墙东壁、西壁合起来构成十八罗汉渡海图,海面波涛汹涌,海族翻腾,空中云雾缭绕,龙王显真身襄助,宏伟壮阔,气势磅礴,众罗汉皆古貌苍颜,广袖飘舞,手持法器,潇洒自若,生动形象地展示出罗汉鲜明的气质神韵、修行的虔诚和渡海的神通(图6、图7)。

图5　观音殿玄关门门楣壁画

图6　观音殿后檐墙东壁壁画

图7　观音殿后檐墙西壁壁画

　　第三部分重彩工笔壁画由玄关东壁和玄关西壁两组壁画组成。玄关东壁为观音菩萨二胁侍之一的龙女作法图（图8），玄关西壁为观音菩萨二胁侍之一的善财参明智居士图（图9）。

图8 观音殿玄关东壁壁画

图9 观音殿玄关西壁壁画

二、观音堂壁画的创作年代

作为宗教胜地观音堂的崇拜中心,观音殿内除布置观音本尊和十大明王雕像外,其殿堂内壁还绘制有诸多壁画。殿堂内部的这种布局,一方面为信众提供庄严肃穆的宗教氛围,增强信众的宗教信力,壁画于其中起到装饰作用;另一方面,为信众介绍观音菩萨的深重愿力,普及观音的信仰知识,壁画于其中达到宣传作用。按上述道理分析,观音堂建立之初,其殿堂内就理应绘制有关观音信仰的壁画。然而,无论是从观音殿现存壁画状况,还是从观音堂保留的碑刻及相关方志文献来看,都找不到观音堂建立之初就于殿堂内绘制壁画的依据。

观音殿堂内的重彩工笔壁画是由玄关东西墙、后檐墙和东西山墙下方方正区域内的三组壁画组成。三组壁画上都落有布施人的款识,各款识都分布在一个类似牌位的长方框里面。由款识牌的形制、绘制技法和字迹来看,三组壁画中绘制款识框、书写题款的作者显然不是同一人,自然三组壁画也不会出自同一画匠之手(图10),进而可以得出这样的推想,即这三组壁画很可能不是同一时期的作品,因为观音堂修缮的主持人在同一时期,就面积不是太大的壁画制作工程,会同时请三批画匠来完成,这种做法于情于理都不通。

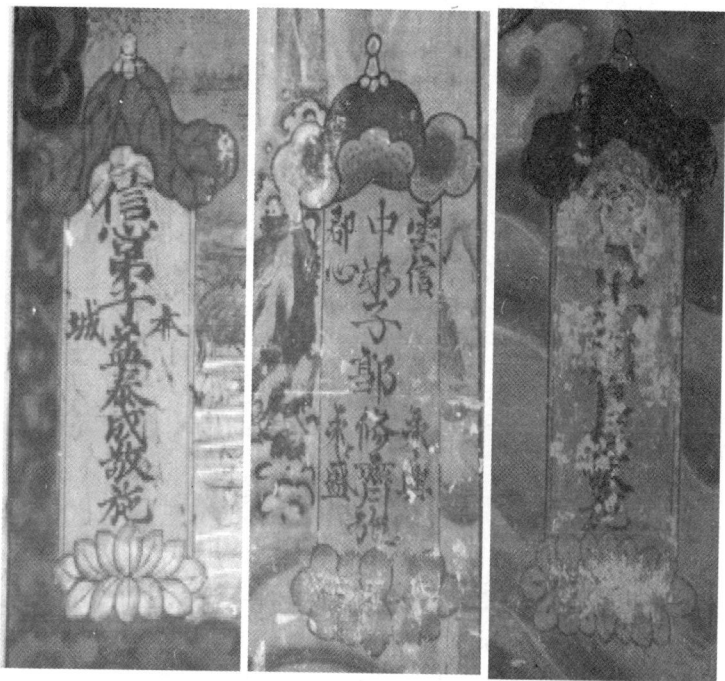

图10　东西山墙、玄关东西墙和后檐墙壁画中的款识

观音堂现存碑刻14通,碑刻文献中提供了观音堂修缮史上有关壁画制作的信息。从这些信息来看,观音堂修缮史上曾经有过三次壁画制作,现做表3显示其具体内容。

表3 观音堂修缮史上壁画制作信息表

年代	碑刻正文	碑刻正文后工程开销明细	碑刻正文后画作姓名	碑刻名称	碑刻位置
乾隆三十年（1766年）	……士商倡首，同云城内并□□□□□□□□□□，为今日之旧寺重新，彩焕梵宇，群瞻贝叶……	无	……木作邓发祥施银二钱，泥作苗荣施银二钱，土作……油画作邓从祥、李文靖、王国宾，塑作冯珠，石作……	重修观音堂碑记	观音殿前檐西边
道光九年（1829年）	……十六年，突有申君诏自外营归……遂访议重修……孙缵绪更约同人……经始于（嘉庆）十七年秋，越来岁，残缺虽振而金碧未彰。延及二十二年，又各捐资募化，始得金身燦然，但正殿败瓦渗漏，急宜振新，乃工资不给，意中止矣。道光六年，孙缵绪……独往西口募大钱二百余千，将欲修茸，偶睹殿内栋宇几于折陷，觅材更易之际，输金已罄，而所需尤多……适和硕亲王路经瞻拜……随捐银五十两，且携缘代化众善士大钱二百七十千零……九年，工作复，与鸠工众士同力经营，至九年秋，殿宇内外无弗改观而落成焉。始末兴工六次，共费千金……	嘉庆十七年至二十二年：一宗油塑作颜料工饭钱三十一千六百文……道光五年至八年：一宗油作颜料工饭钱二十七千文……道光十年：一宗油作颜料人工钱九十一千文……		重修观音堂碑记	鼓亭碑廊
宣统三年（1900年）	观音堂创建以来，屡经修补，均有碑考。兹祠内殿宇年远，风剥雨蚀，垣墉倾圮，既未以妥，神灵亦恐耽延日久。工程浩大，兼后院旧筑平顶，神殿数间，尚未高峻，不足雅观。于是新建楼殿五间，彩画佛像以报。神庥阁行公议，众皆认可……	计开：……一宗木泥作工钱贰百五拾叁千四百五拾文，一宗石油画作工钱四拾八千八百叁拾文，以上八宗共花费钱九百捌拾七千零五十一文。	木作张永盛石作庆和石铺泥作杭海福油作许忠画作妙莲师	重修郡城西观音庙堂碑记	钟亭碑廊

　　根据以上信息，基本可以得出这样一个结论，即观音堂现存壁画应该是清代作品，不可能是明代作品，因为观音堂现存明代碑刻对壁画制作都只字未提，而清代碑刻对壁画制作情况有比较详细的记载。

　　在这个前提下，根据现存壁画款识和碑刻文献中有关壁画的制作信息，尝试对观音堂玄关东西墙、后檐墙和东西山墙三个区域的重彩工笔壁画的制作年代作出下述判断。

（一）玄关东、西墙壁画的制作年代

玄关东西墙上壁画的创作年代很可能是乾隆三十年（1766年）。

玄关东西墙上壁画分别留有款识牌两个，东边款识牌为布施人和制作年月，西边款识牌只有布施人（图11）。东边款识牌中的款识为"本郡盛木作□□□施□丙戌年成造"，其"丙戌年"的干支纪年对应到清代年号上，只有顺治三年（1646年）、康熙四十五年（1706年）、乾隆三十年（1766年）和道光六年（1826年）。

从观音堂现存清代碑刻来看，最早为顺治八年佟养量所立，康熙年间只有四十七年《修路碑记》和五十二年《重修观音堂山门记》，故上述款识牌中"丙戌年"可以排除顺治三年和康熙四十六年。由表3所示信息分析，只有乾隆三十年和道光六年最符合和最接近款识牌中的"丙戌年"。但是，玄关东西壁上的布施人郭永兴、郭修齐、郭永盛（俱为西墙布施人，东墙布施人漶灭不清），在鼓亭碑廊那块道光九年《重修观音堂碑记》中不能发现，以这两块壁画所需费银看，其布施人当然应该位居功德名列。因此，玄关东墙款识牌中的"丙戌年"只能是乾隆三十年。换句话来说，玄关东西墙上壁画的创作年代很可能是乾隆三十年。

图11　观音堂玄关东西壁款识牌

这种判断比较合理和可信，因为它不仅同表3所列观音殿前檐西边《重修观音堂碑记》中记载的信息最接近，而且由于该《重修观音堂碑记》大部分碑文漶灭看不清功德人姓名，为我们确定郭永兴等4人应该位居该碑功德名录留有很大想象空间。

（二）东西山墙重彩工笔壁画的制作年代

东西山墙上的重彩工笔壁画的制作年代为道光九年（1829年）。

东、西山墙壁画内容分别为《妙法莲花经观世音菩萨普门品》经变图和观音菩萨十二大愿图。其中，东山墙留有款识牌12个，清晰可辨的布施人姓名和商行名称只有11个，分别为申君诏、申君选、孙继业、刘尚荣和益泰成、钱行、布商、首饰行、义成功、天福斋和义成永；西山墙壁画款识牌12个，可辨认的布施人姓名和商行名称有8个，分别为申顺、郭恒辰、邓毓凤、袁宗唐、王缓和义兴辅、恒盛良和当商。这9个人名和11个商行名，全部都可以在道光二十三年（1843年）所立《重修观音堂碑记》中功德名单上找到。

此碑记录了孙缵绪等人从嘉庆十六年（1811年）到道光九年（1829年）间六次重修观音堂的始末。六次重修中，有三次于工程开销明细中提到油作颜料开销，分别为：嘉庆十七年（1812年）至二十二年（1817年）"一宗油塑作颜料工饭钱三十一千六百文"；道光五年（1825年）至八年（1828年）"一宗油作颜料工饭钱二十七千文"；道光十年（1830年）"一宗油作颜料人工钱九十一千文"。

比对这三次的油作颜料开销数目，参照碑文原文内容（见表3），考虑东西山墙壁画多达56平方米的绘制工作量，则道光十年（1830年）"一宗油作颜料人工钱九十一千文"的支出记录最能接近东西山墙壁画制作的开销需求。同时，根据碑文中"至（道光）九年秋，殿宇内外无弗改观而落成焉。始末兴工六次，共费千金"的内容，考虑工程结算在工程完成之后的常识，则东西山墙壁画的制作年代一定是道光九年（1829年）。

（三）后檐墙壁画的制作年代

后檐墙壁画的制作年代很可能为宣统三年（1900年）。

后檐墙十八罗汉渡海图由东、西两块壁画和门楣上二龙戏珠壁画组成，东、西壁画上留有两个款识牌，西墙早已漶灭不清，东墙尚可辨认出"信心弟子刘良柱敬施"字样（图10）。

根据表3所列"重修云郡城西观音堂庙碑记"和东墙款识牌的内容分析，至少可以得出以下三种推论：其一，碑后并列"木作张永盛，石作庆和石铺，泥作杭海福，油作许忠，画作妙莲师"的情况说明，宣统三年确实在重修观音堂时绘制过壁画；其二，款识牌中的"刘良柱"，在道光二十三年（1843年）所立《重修观音堂碑记》中功德名单上没有发现，这和东西山墙壁画上的功德主都可以在该碑功德名单中找到的情况不符合，因此后檐墙壁画创作年代不太可能是道光九年（1829年）。当然，在宣统三年所立"重修云郡城西观音堂庙碑记"的功德名单上也没有发现"刘良柱",这有可能是如此情况,即刘良柱是某一商行业主或成员,款识牌虽然题有刘良柱姓名,但在功德名单上却只写其所在商行名称;其三,宣统三年(1900年)离现时最近,观音堂壁画中除有明确制作年代的壁画外,剩下没有标明年代的壁画就最应该被确定为宣统三年的作品。所以,后檐墙的"十八罗汉渡海图"很可能是宣统三年(1900年)的作品。

(四)东西山墙水墨壁画的制作年代

上述重彩工笔壁画之外,东、西山墙三角区域内12小幅水墨画的创作年代,因为没有具体的款识可以辨认,也没有相关的碑文记载支持,所以无法确定。大概来说,它的创作年代不外乎以下三种情况:一,其年代早于东西山墙重彩工笔壁画的创作年代;二,其年代和东西山墙重彩工笔壁画的创作年代一致,即道光九年(1829年);三,其年代为宣统三年(1900年),因为道光九年以后,除宣统三年有过壁画制作的记录外,其他时代没有相关记载。但是,如果以东西山墙壁画的整体布局情况,以及清嘉庆二十二年到道光十年重修观音堂六次的历史来看,这12小幅水墨壁画的制作年代最有可能是道光九年(1829年),即和东西山墙的重彩工笔壁画属于同一时间的作品。

三、观音堂壁画内容所体现的价值

观音殿现存壁画约70平方米,属于中国壁画三大类型中寺观壁画的典型代表。作为建筑物的附属部分,壁画以其装饰和美化功能使它成为一种独特的环境艺术。观音殿壁画是观音殿佛教艺术中不可缺少的有机组成,一方面它作为观音殿的附属部分起到装饰和美化的功效,另一方面它对虔诚信众起到宣传和膜拜的功用,它同殿内石雕造像及其他文物一起集中体现了观音堂观音信仰的传承、发展和演变。以文物保护的眼光来看,观音殿壁画自然具有不可替代的历史、艺术和科学价值,而这些价值又是通过观音殿壁画的内容、布局、技艺和赋存环境具体地体现出来。

(一)观音堂壁画内容所体现的价值

第一,玄关东西壁的善财龙女图。

观音殿玄关西壁壁画为善财图,壁画图案由海岛上紫竹山岩下观音、老者、石上鹦鹉及下方呈参拜状的男童等形象共同组成。图面中的紫竹、大海、观音和鹦鹉等元素是描述南海观音的显著特征,[4](P31)令人迷惑的是在南海观音图中又加有长者形象。根据唐代实叉难陀译《大方广华佛华严经》中的"入法界品"所述善财童子参拜53位善知识最终证入法界的故事,可知其第14参合第27参的对象分别为明智居士和观自在菩萨。[2](第九册,P689-770)结合西壁图画内容,可以大致判断该图面为善财53参缩略图,即在有限的画面上仅用明智居士和观自在菩萨两个形象来代表善财童子的53参故事。同历史上善财童子53参图详尽画出每一个参拜对象的情况相比,观音殿玄关西壁的善财图可谓别出心裁,独树一帜。

观音殿玄关东壁疑为龙女作法图,由脚踏莲花手持宝剑作降服状的女童、蛤蟆、大海、山岩、海岛等形象构成。此图所表现的情景,正是在描述有关观音堂建寺缘由的一种传说。观音堂内万历三十五年(1607年)《云中城西十五里观音古刹碑记》记载:

> 云中城以西越十五里之遥,有观音古刹流传,原名蛤蟆石湾,怪物数扰其间,民用不宁,道路阻塞。金重熙年之六月又九日,忽大士现丈六金身,偕左右菩萨明王,从秦万佛洞飞往水门头顶山头,从此妖魔降灭,地方宁谧。父老聚族而议,山势峣屼不便修庙貌,请得移平地。便旋,像神显灵异,顿从坦途,繇是大众鸠工立寺。

碑文中传说,当时观音大士偕左右菩萨明王降服蛤蟆石湾中怪物,没有提及龙女。然而,后人根据这一传说,结合大士声旁善财、龙女的故事,将降服怪物的主角移接到龙女身上,既记载观音堂的历史传说,又满足善财、龙女呈左右对称的壁画布局要求,实在是民间画师的匠心独运。这种作法状的龙女形象,在历代表现观音胁侍的绘画作品中非常罕见(参见马书田《全像观音》中关于龙女形象的研究,[5]即可获得这种判断)。

玄关东西壁中有关善财和龙女形象的独特创作,对于观音胁侍中左右二童子形象确立、发展和演变的研究具有重要参考价值。

第二,观音殿后檐墙壁的十八罗汉渡海图。

后檐墙壁画为十八罗汉渡海图,由玄关门分割成东、西二壁与玄关门檐三个区域。东壁图案由大海、九位罗汉、宝塔及罗汉身边的老虎等形象构成,西壁图案由大海、九位罗汉、僧人参拜寺观及罗汉下方的恶龙等形象组成,玄关门檐的图案为二龙戏珠。

十八罗汉原只有十六罗汉,都是释迦牟尼佛的得道弟子,据唐玄奘译《大阿罗汉难提蜜多罗所说法住记》记载,分别为宾头卢突罗奢(坐鹿罗汉)、迦诺迦伐磋(喜庆罗汉)、迦诺迦跋厘惰奢(举钵罗汉)、苏频陀(托塔罗汉)、诺矩罗(静坐罗汉)、跋陀罗(过江罗汉)、迦理迦(骑象罗汉)、伐奢罗弗多罗(笑狮罗汉)、戌博迦(开心罗汉)、半托迦(探手罗汉)、罗怙罗(沉思罗汉)、那伽犀那(挖耳罗汉)、因揭陀(布袋罗汉)、伐那婆斯(芭蕉罗汉)、阿氏多(长眉罗汉)、注荼半托迦(看门罗汉)。[2](第四十九册,P12)在十六罗汉的基础上,后来发展成十八罗汉。关于十八罗汉后来补上的两位罗汉,说法不一:一说是著《法住记》的庆友和尚与译经和尚玄奘。

前蜀张玄和五代僧人画家贯休分别画了十八罗汉图,宋代苏东坡分别为上述的画赋诗题赞,认为十八罗汉中的第十七尊罗汉是"庆友尊者",第十八尊罗汉是"宾头罗尊者";[6]一说是伽叶与布袋和尚;清朝皇帝乾隆则定十七罗汉为降龙罗汉(即伽叶尊者),十八罗汉为伏虎罗汉(即弥勒尊者)。[7]由后檐墙西壁上一位罗汉手持宝钵降服恶龙的形象,以及东壁上一位罗汉调伏猛虎的形象,可以明确判断,这组壁画中的十八罗汉为乾隆之后社会各阶层确认的十八罗汉形象。

十八罗汉与观音菩萨之间的渊源,据冷华《观世音及观世音文化现象》所记"观世音点化十八罗汉"的传说,隋代时晋王杨广承智者大师遗愿,于浙江天台山创建国清寺。国清寺中有18个长工,年轻好胜,喜欢争气斗勇,于是观音菩萨化为寺内做饭老婆婆广施灵验,将他们逐一点化并收他们为徒。[8](P220-223)观音殿后檐墙东壁右上角的僧人跪拜的形象和西壁左上角的宝塔形象说明,此十八罗汉渡海图与观世音点化十八罗汉的传说有一定的渊源或传承关系,十八罗汉渡海的目的很可能就是前往南海普陀山参拜观世音大士。

以观音殿后檐墙上壁画内容和形象来看,它一方面继承了观音点化十八罗汉的民间传说,另一方面结合观音解危救苦的特质安排了二龙戏珠所包含的祈雨意蕴,在历代有关观音信仰的艺术品创作中非常少见,显示了作者匠心独运、天马行空的创作旨趣。

第三,观音殿东壁的观世音菩萨普门品经变图。

观音殿东壁壁画,为12幅彼此独立的小幅壁画构成一幅整体统一的大壁画,其内容为观世音普门品经变图,各个小幅壁画的具体名称见表1。

自鸠摩罗什翻译之《妙法莲花经》问世后,在观音信仰兴盛的年代里,其中的第二十五品"观世音菩萨普门品"被信徒抽出单独行世,对观音信仰的实践和相关艺术品的创作一直起到指导作用。观音殿东壁的这12幅表现观音解危救苦形象的艺术品,正是对《妙法莲花经》中第二十五品"观世音菩萨普门品"偈颂部分的艺术表现。明清以来,在表现"观世音菩萨普门品"的绘画艺术作品中,最常见最多的当是体现"观世音菩萨普门品"中长行部分所描述的观音菩萨三十三应身的图像,代表作品如清绘本《观世音应化灵异图像》。[9]

观音殿东壁壁画内容所体现的价值,一方面单就表现"观世音菩萨普门品"偈颂部分的作品而言,可能是目前唯一发现的作品,世所罕见;另一方面,就体现"观世音菩萨普门品"全文的绘画艺术作品而言,它具有重要的补全作用,对全面把握反映"观世音菩萨普门品"的艺术作品具有重要的认知价值。

第四,观音殿西壁的观世音菩萨十二弘愿图。

从内容安排上讲,观音殿西壁同东壁一样,也是由12幅彼此独立的小幅壁画构成一幅整体统一的大壁画,表现的是观世音菩萨十二大弘愿的图像,各小幅壁画的具体名称见表2。

佛教传入中国以来,在中国化的历程上产生众多的佛菩萨信仰,其中有关佛菩萨弘誓大愿的愿力信仰一直为信众所坚信,如地藏菩萨著名的以"地狱不空,誓不成佛"本愿所统领的十二大愿、药师佛十二大愿、弥陀佛四十八愿、普贤菩萨十愿等。关于观音菩萨的十二大愿,以肖武男《观音菩萨经典》中所罗列的有关观音的 17 部佛教经典来看,并没有一部经典详细指明所谓的观世音菩萨十二大愿。[10]早期的佛教经典,如姚秦鸠摩罗什译《妙法莲华经》中只有"弘誓深如海,历劫不思议;侍多千亿佛,发大清净愿"等数语提及观音菩萨的弘誓大愿。不过,清代灵耀在《观音经普门品肤说》中解释这四句偈言时提到"誓愿如十六愿、十二愿",说明清代时有关于观世音大愿的十六愿和十二愿两种说法。[11](第三十五册,P171)

关于观世音菩萨十二大愿的说法,目前有两种。

第一种说法据普通编注的《观音菩萨传》中所称,不知所据,详细为:1、广发弘誓愿"广发弘誓大愿心,度尽众生消烦恼";2、常居南海愿"泛海救迷度有情,善念南海观世音";3、寻声救苦愿"为人诸病卧高床,诚念大士得安康";4、能除危险愿"千处祈求千处应,苦海常作度人舟";5、甘露洒心愿"观音慈把甘露洒,烦恼于是化成莲";6、常行平等愿"弥陀加持常有念,随似观音平等心";7、誓灭三涂愿"观音菩萨救苦声,愿度三涂除诸障";8、枷锁解脱愿"志心持念观自在,枷锁苦痛得解脱";9、尽众生愿"有情众生誓愿度,旷劫精勤慈悲海";10、接引西方愿"虚空之中引净土,至心诚念观世音";11、弥陀受记愿"观音精勤宏愿力,弥陀受记下世佛";12、果修十二愿"十二大愿弘誓深,有情共证无上道"。[12](P12-13)

第二种说法为好搜百科所说,有人说来自《观音赞》,但也不知所据。详细为:1、广发弘誓愿"广发弘誓大愿心,度尽阎浮世上人。有缘千里来相会,无缘对面不相逢";2、常居南海愿"大海洪波万丈深,洛伽山高起青云。诸天圣众共围绕,逍遥自在礼观音";3、寻声救苦愿"为人得病卧高床,不请明医点药方。志心称念观自在,自然身体得安康";4、能除危险愿"五湖四海因似风,东南西北来相逢。众生多有危险难,一心称念观世音";5、甘露洒心愿"火炕腾腾起黑烟,众生里面叫声冤。观音忙把甘露洒,一洒火炕化成莲";6、常行平等愿"不信因果不看经,为人贪财又贪名。弥陀加持常有念,随似观音平等心";7、誓灭三涂愿"奈河里面苦南行,铜蛇铁狗尽来侵。观音菩萨来救苦,永灭三涂地狱门";8、枷锁解脱愿"犯法遭刑在狱中,身连枷锁苦难行。志心持念观自在,自然枷锁解脱身";9、度尽众生愿"菩萨造下一只船,拴在挲婆海岸边。观音菩萨为船主,不度无缘度有缘";10、接引西方愿"幢幡宝盖乐逍遥,西方路上有金桥。观音菩萨来接引,接引众生上金桥";11、弥陀受记愿"洛伽佛国在西天,朝朝花蕊结成莲。东土有个善男子,送在西方净土天";12,果修十二愿"舍身引进去出家,修行证道似恒沙。五湖四海功成就,头戴金冠入红霞"。

以观音堂西壁壁画上面的榜题内容来看,它与上述第二种关于观音菩萨十二大愿的说法一一对应,严丝合扣,正是表现观音十二大愿的绘画作品,可能是表现该主题的绘画作品中的存世孤品。从上述十二大愿的文献内容看,不见于佛教藏经,它极可能是在观音信仰普及过程中,因为受中国其他几个菩萨如普贤、地藏、文殊等在佛典中都有各自大愿之详细内容的影响,由信徒根据对经典的体会和对观音信仰的体验而概括出来的,且时间不会太久,很可能是清代。结合此文献内容来分析西壁壁画,则可以发现,它们既有纯粹观音信仰的成分,也有民间传说的附会,还有中国死亡观的体现,集中体现了观音信仰在世俗化的历程中所具有的包容性、吸纳性和丰富性,由此更彰显了西壁壁画对研究明清时期观音信仰的发展演变史所具有的重要价值。

总体来说,观音堂观音殿中所保留的壁画,同其他7处反映观音信仰的全国重点文物保护单位保留的文物相比(迄今为止,全国4295处重点文物保护单位中,反映观音信仰的文物遗迹共有8处,分别为:山西大同观音堂、山西长治观音堂、山西临汾霍州观音庙、四川新津观音寺、四川阆中观音寺、湖北鄂州观音阁、浙江温州观音寺石塔和云南丽江观音阁石刻造像),由于其壁画内容的独特性和丰富性,它具有十分重要和独特的历史价值,奠定了它在众多保护单位中不可替代的历史地位。

(二)观音堂壁画布局所体现的价值

观音堂所有建筑,除山门和三龙照壁由于地理位势的限制外,全体布局均遵循中国建筑史上所传承的"中轴线对称"原则,甚至连观音殿中石雕造像和壁画的布置也同样如此。

如果从观音殿壁画类型的分布来看,山墙东西壁顶上的水墨画左右对称,山墙东西壁、后檐墙东西壁、玄关东西壁的重彩工笔画同样左右对称,就连玄关门楣上的二龙戏珠重彩工笔画也正居门楣中央而形成左右匀称的局势。

若从这些壁画的内容上来分析,也同样采取"中轴线对称"的原则进行内容上的布局。山墙东壁顶部为梅兰山水图,西壁顶部则对应为松竹山水图;山墙东壁为十二幅经变图,西壁则对应为十二幅弘愿图;玄关西壁为善财图,则西壁对应为龙女图;后檐墙壁画尽管表现的是一个完整"十八罗汉渡海"的主题,但考虑"中轴线对称"的原则,依然将之分为东、西两壁,东边9个罗汉,对应地在西壁壁面上也安排9个罗汉与之相对称。

观音殿壁画上述各种形式的"中轴线对称"布局,一方面,它反映清代艺术家在进行艺术审美过程中的审美意识,体现清人的艺术审美观;另一方面,也反映清人在建筑和绘画两个领域上所进行的审美互动,体现不同艺术领域之间审美观和审美意识的融摄。

(三)观音堂壁画技艺所体现的价值

所谓观音堂壁画技艺,包括壁画绘制技法和壁画制作工艺两个方面。

从观音殿壁画绘制技法来看,有三个方面的特质:其一,观音堂所有壁画中的山水人物和花鸟虫草形象,都带有典型的"芥子园风格"。自康熙十八年(1679年)至嘉庆二十三年(1818年),《芥子园画谱》初集、二集、三集和四集陆续出版,由于它是在归纳总结中国历代画风的基础上形成的,其程式化的总结具有教科书的作用,对清代画风有相当的影响。观音堂壁画的绘画技巧,对研究《芥子园画谱》的形成与传布,甚至对研究清代画风具有重要的实证价值;其二,观音堂东西山墙壁画画面的分割带有典型的连环画特征。即在每面墙壁上绘画时,不再依照传统的绘制方法,将包含有多个主题的内容不加区别仅仅按照顺序布置在整幅画面上,而是用忍冬纹的长条图案将各个主题进行区别,并且在画面上方标注故事主题,进而形成一种连环画式的展示效果。这种做法,明显是受到明清时期绣像本小说中情节与画面对应做法的影响。如此,则观音堂壁画对研究明清绣像本小说的影响,以及对研究后世连环画本的形成都具有重要的实物价值;其三,观音堂壁画在空间处理上带有典型的西方透视法的技巧。中国传统绘画在体现空间感时,通常利用线条和色彩的疏密与浓淡处理来达到空间效果。相对来说,西方绘画通常采用远小近大的绘制技巧来达到空间效果。这样看来,观音堂壁画在研究西方画风对中国画风的影响方面,甚至在研究中国绘画史方面都有相当的实物价值。

从观音堂壁画的制作工艺来看,它符合典型寺观壁画的全部制作工艺,无论是在壁画的结构方面,还是在绘画的颜料方面,都可以说是传统壁画制作工艺的代表。因此,观音堂壁画所体现出来的制作工艺,对研究中国壁画制作工艺具有一定的参考价值。

(四)观音堂壁画赋存环境所体现的价值

从壁画的赋存环境来看,观音堂壁画也非常具有自己的特色。

从观音堂所处的地理位置和气候环境而言,大同地处北临蒙古大草原的黄土高原盆地中,常年多风,昼夜温差大,且降雪量和降水量波动较大,从而引起四季之间的湿度变化也非常大。在如此条件下,观音堂壁画整体来看保存比较完整和清晰,相对来说病害比较少和轻,这对研究本地区和其他地区的壁画保护来说,具有极好的科学参考价值。

此外，观音殿山墙西壁壁画的破裂处，明显留有早期的壁画残存，这说明西壁中存在重层壁画。它一方面印证了观音堂碑刻文献中记录的绘制壁画的历史，对研究观音堂壁画的历史沿袭性提供了佐证；另一方面，对观音堂重层壁画保护原则和措施进行思考，相信一定会为其他地区重层壁画的保护提供借鉴。

四、结语

所有遗存文物表明，观音堂在明清时期是雁北地区著名的集僧人禅修、文人宴游、观音信仰和世俗信仰为一体的宗教圣地。综合来看，无论是从古代建筑上，还是从年代久远的石雕造像上，无论是从现存碑刻的众多事实方面，还是从现存壁画的独特方面，观音堂在众多全国重点文物保护单位中都算得上独树一帜，是关于中国观音信仰之文物古迹的重要代表，也是中国观音信仰的微型博物馆，具有异常重要的历史、艺术和科学价值。

参考文献：

[1]高晓凤.观音堂和明清时期大同地区的观音信仰[J].山西大同大学学报(社会科学版),2009(05):35.

[2](日)高楠顺次郎,渡边海旭,小野玄妙等编.大正新修大藏经[M].东京:大正一切经刊行会,1924-1932.

[3]好搜百科.观音十二大愿[EB/OL].

[4]周秋良.观音本生故事戏论疏[M].北京:中国戏剧出版社,2008.

[5]马书田.全像观音[M].南昌:江西美术出版社,2006.

[6](宋)苏轼著,孔凡礼点校.苏轼文集[M].北京:中华书局,1986.

[7]钟葵.乾隆钦定十八罗汉(图)[EB/OL].

[8]冷华.观世音及观世音文化现象[M].成都:巴蜀书社,1997.

[9]江海闲人收藏.观世音应化灵异图像[EB/OL].

[10]肖武男.观世音菩萨经典[M].北京:华夏出版社,2007.

[11](日)前田慧云,中野达慧等编.大日本续藏经[M].东京:京都藏经书院,1905-1912.

[12]普遍.观音菩萨传[M].北京:文化艺术出版社,2012.

观音堂和明清时期大同地区的观音信仰

高晓凤

（大同市古建筑文物保管所，山西 大同 037000）

摘 要：观音堂是大同市现存始建年代最早的专门供奉观音菩萨的佛教寺院。从该寺院现存的明清时期的碑刻中，不仅可以了解观音崇拜在我国古代的演变过程，而且也可以看到明清时期大同地区观音信仰的普及、特点以及深入民心的原因。

关键词：观音堂；碑刻；信仰

—

观音堂位于大同市城区西南 8 公里的蛤蟆湾，寺院建于武州山北麓的一座山岗上，面临十里河，随地形高下形成两处院落，整体建筑坐北向南，占地面积约2000 平方米。在寺院的中轴线上，依次建有山门、对台、腰门、观音殿和三真殿，自前向后排列有序，迭层升高，总体布局紧凑合理。山门设在中轴线东侧，而且低于寺院平地，其位置不同于一般寺院布局，独具匠心。

观音堂始建于辽重熙八年（1035 年），辽末保大二年（1122 年）毁于兵火，以后历代均有重建。现存建筑系清顺治八年（1651 年）由时任宣大总督的佟养量主持重修。寺内现有雕像均系石雕，正中观音立像高达 6 米，彩饰贴金，完好无缺，神态端庄秀丽，头饰花冠直达层顶。左右立着胁侍菩萨各两尊，高 2.8 米，面貌丰满圆润，衣纹流畅，均为辽代遗物。东西两侧仁立着 5 尊明王，又称十大金刚，各高2.5 米。古代的工匠们以精湛的雕刻技巧，雕塑出多头多臂，一头多面，多目露齿的可怖形象，个个怒目握拳，手持各种法器，威武雄壮，显示着护法神的威严。寺内现存碑刻 9 通，其中时间最早的为明万历三十五年（1607 年）由原山西提学副使陈所学所撰的《云中城西十五里观音古刹碑记》（以下简称"万历碑"），其次则为清顺治八年（1651 年）宣大总督佟养量所撰之碑（以下简称"顺治碑"）。这两通碑刻在清顺治九年（1652 年）由阳和知府胡文烨编撰的《云中郡志》中并无记载，特照录如下，以飨读者。

"万历碑"全文如下：

云中城西十五里观音古刹碑记

盖西方十万亿国土有佛名阿弥陀,其佐阿弥陁(陀)而行化若宰执储贰然者,曰观世音大士,又曰光世音,称号不一,要以缘德标彰显无方之用,其义固一也。我大士之得道也,实始於无央数恒河沙劫前一世尊,亦号观世音者,度而教之,从闻思修入三摩地,繇三空智尽灭谛理,因而超越世界,获二殊胜上,合十方诸佛之觉,同一慈力,下彻六道,众生之异境同一悲仰,自是而成三十二应,入诸国土,变化显现,周满婆娑。自是而令众生获十四种无畏功德,一切兵戈水火险盗狂鬼之害,以致寿考富贵子女之求,莫不罄我愿力,俯顺兆情,是以道成,而世尊默许。为放五体宝光,远灌十方微尘,又为之印证,俾同师号,曰观世音,助以禅法,扬化我大士,乃巍巍乎,皦皦乎!若鹫岭之标,众峰望月之夺列宿,而此阎浮提之界,四光天之下,一切含识窍而负血气,莫不知尊且亲者,其神明之奚啻人臣之於大君,其怙恃之奚啻赤子之於慈父母,匪偶然也。云中城西越十五里之遥,有观音古刹,流传原地名蝦蟆石湾,怪物数扰害其间,民用不宁,道路阻塞。金重熙年(应为辽——笔者注)之六月又九日,忽大士现丈六金身,偕左右菩萨明王从秦万佛洞飞往水门顶山头,从此妖魔降灭,地方宁谧。父老聚族而议,山势峣屼,不便修庙貌,请得移平地便。旋蒙神显灵异,顿徙坦途。繇是大众鸠工立寺,每逢六月之十九日,遐迩男女,顶礼朝谒,肩相摩於道。盖所传即未谂尽确,而大士之方便拯救刹那显化,政其慈力悲仰之昭彻,处理或有然者。第时久事湮,勒石漶灭不可考。余备兵云中四载奇,不时从二三君子瞻谒其下。一日,众王孙来求为记,垂示永永,业已心许,而偶缘南移未果。呜呼!妙音观世音,梵音海潮音,倾耳而聆之,亡闻也,然不敢以亡闻议也。八万四千烁迦罗首,八万四千母陀罗臂,八万四千清净宝目,抉睫而察之,亡见也,然不敢以亡见议也。观不取色,音不受听,圆通广大,变化灵应,是故谓之观世音,谓之观自在,谓之光世音也。若夫拯难救灾,特其一端耳!余窃不揣,聊因众王孙之请而备及之,以示夫皈心供奉者同志,则先民部今观察杨公名一葵,闽之漳浦人,元戎焦公名承勋,本里人。万历三十五年丁未岁孟春月吉旦,赐进士第、通奉大夫、福建布政使司右布政使、前奉敕分巡冀北兵备道、山西右参政、提督学校副使、云杜陈所学顿首拜撰。

"顺治碑"全文如下:

观世音菩萨以声闻大觉,普济大千世界,遍五顷练(?)四大海离诸苦恼,众生口念大慈悲宝号,随声解厄,不爽毫厘,若千百亿身然。故苏文定公云,非千万亿之身无以示无身之至,故散而为千万亿身,化而为八万四千,虽一身不能成二佛，而一佛能以遍沙河诸国，非有他也，触而□感而能应，所以然者，亦不外乎大极之理而已，又何疑乎！是以我佛如来赞叹观世音菩萨感力弘大，人当供奉，福德不可思议，诸如普天大地之间，并建行宫皈命顶礼者，良有以也。如大同西距十五里蝦蟆湾，旧有观音菩萨及十大明王像。叩之土人云，像自秦之万佛洞飞来，缘此地妖孽为害，岁響而至，崇即寝灭，斯非千万亿化身以声闻大觉者乎！然庙创於拓跋氏，迄今兴废洊臻而法像犹存，似不能与世摧移也明矣。余自兴朝定鼎以来，戌子授间书以平逆乱，总督三云，瞻仰胜迹，见其貌倾圮而法像亦稍为风雨所侵，倘因循久之，既不能以妥神灵之威仪，而名山大观恐亦随之而堕，如是目仰而心动，在一瞻拜之间，若有不容已也。遂兴念重修，为众生造福之本，以广善果，因而捐资鸠工。幸所属诸员忻然乐助，随告成兹殿。虽造影(?)装像为肖陋小，不过踵前人之迹，不使废弛，犹可为大士降趾之地，使众生得所瞻仰皈依，是虽火(?)宅(?)□清凉之一梯，非敢妄□□□论也。惟惜殿后之倾颓者，力不及志，留俟后□同志，□大清顺治八年岁次辛卯仲夏之吉，钦命总督宣大山西、兵部右侍郎佟养量谨撰，阳和兵备道陈弘业，督标中军副将范麟 此字原碑漫漶不清，此据《云中郡志》卷五"秩官志"补——笔者注)，协守阳和副将彭有德，阳和府知府胡文烨，大同知县王度，众信(共 57 人，姓名略)。

除此以外，寺内现存比较重要的碑刻尚有：清乾隆二十八年碑、清道光二十三年碑和清光绪二十六年碑等。碑刻的时间跨度从 17 世纪初直到 20 世纪初，涵盖了明代后期和整个清代，时间长达 300 余年。虽然这些碑刻绝大多数为小规模维修时善男信女们捐资助力布施的记录，但我们还是可以从中看出，当时人们对于观音菩萨的崇敬和信仰之情。

二

"观音"原名"观世音"，是梵文 Avalokitesvava 的音译，亦译"光世音"和"观自在"。据佛经说，观世音原为印度一位国王的长子，名叫不眴。他们父子三人合成为"西方三圣"。根据《法华经》记载，不眴之所以改名，是因为他"苦恼众生，一心称名，菩萨即时观其音声，皆得解脱，以是名观世音。"可是到了唐朝，唐太宗的名字叫李世民，观世音同他重了一个"世"字，尽管观世音是佛教"西方三圣"之一，但因为李世民是人间的皇帝，于是不得不避讳，改名为"观音"。

观世音是什么时候由男变女的呢？在唐初史学家李百药的《北齐书》中，已经提到南北朝时北齐武成帝高湛卧病期间,曾梦见观世音是位亭亭玉立的美妇人。且不论高湛是否真的做过这个梦,但在唐代以前,将观世音绘成女身的画像已经见于民间。因为在佛教信徒看来,阿弥陀佛的地位似乎太高了一些,不利于信徒与他直接对话,同时从汉族的佛教信徒来讲,也需要有一个懂得汉语的菩萨,以便能直接将汉族民间的苦难和功德向阿弥陀佛汇报,使得阿弥陀佛的接引安排也能"毫发不爽"地精确。这样,观世音的国籍、民族,甚至性别,就按照汉民族信徒的愿望发生了彻底的变化。

南北朝时,佛教在中国有了迅速的发展,比丘尼(受戒的尼姑)和优婆夷(指一切接受五戒的在家女居士,亦通称一切在家的佛教女信徒)人数骤增,北魏的灵太后等都笃信佛教。在这种现实情况下,为了适应妇女也能实现通过修行到达"西方极乐世界"的愿望,菩萨中就出现了一个"妇女代表",这个菩萨名号就是"南无大慈大悲救苦救难观世音菩萨"。

随着观世音女身形象的出现,有关观世音来历的神话传说也在发生相应的变化。到北宋年间,观世音菩萨的"前身"已被传说成春秋时期楚庄王的三女儿妙善。妙善从小孝顺父母,父母爱她如掌上明珠。后来,楚庄王得了重病,虽然请名医诊治,但仍旧日见沉重,毫无起色。妙善为了救父,不惜牺牲自己的生命,终于治好了楚庄王的病。楚庄王痛惜心爱的女儿,就封妙善为"大悲佛",后来也就成了大慈大悲救苦救难的观世音菩萨了。

宋朝以后,随着我国封建伦理纲常观念的日益加深,在信佛的妇女闺房里供上一个男性的菩萨,显然不符合"男女授受不亲"的封建观念。因此,女性的观音就成了女信徒们虔诚供奉的一尊慈祥可亲的偶像了。

三

从上述观音菩萨的演化过程,我们可以清楚地看到,观音信仰的形成也和佛教在中国流传并日渐与中国传统文化互相融合的过程大体一致,即在保留佛教经典中有关观音菩萨的若干基本特征的基础上,融合了汉民族文化中的优良传统,如乐善好施、勇于助人、互相帮助、扶危济困等等。尤其是观音菩萨形象上的变化,更加适应了中国民众的心理,从而使广大民众更加容易接受并进而形成包罗万象无所不能的观音信仰。那么,观音信仰究竟应当包括哪些方面的内容呢?

首先,降妖除魔是观音信仰的第一个,也是最重要的内容。据"万历碑"所载,修建观音堂的地方原名蛤蟆石湾,由于"怪物数扰害其间",以致"民用不宁,道路阻塞",只是因为观音菩萨"现丈六金身",从此"妖魔降灭,地方宁谧"。可见,正是由于观音菩萨的出现,才使得原先在这一地区祸害百姓的妖魔鬼怪销声匿迹,百姓得以正常生活。这不仅成为修建观音堂的最初动机,也成为日后观音堂在明清两代300多年间一再修葺的重要原因之一。

其次,护佑众生,拯难救灾是观音信仰的另一个重要内容。在大同观音堂现存的众多碑刻中,无论是"万历碑"还是"顺治碑",抑或乾隆、道光、光绪乃至宣统时的碑刻,在谈到树碑或捐资维修的原因时,几乎无不提到观音菩萨"方便拯救""随声解危"的无边法力。因为在这些人看来,他们所遭受的种种苦难,不管是来自自然界的,还是来自社会的,都可以通过对观音菩萨的祈祷而得以解脱,实现其消灾避祸的目的。

第三,观音菩萨还可以帮助人们实现"发财致富"的梦想。在观音堂现存的清道光二十三年(1843年)的《重修观音堂碑记》中记载,清嘉庆十六年(1811年)时,"有申君诏自外营归,祷于斯而有应也",遂"捐大钱五十五千"作为维修观音堂的费用。从这则记载中我们可以看出,这个姓申的捐资者恐怕只是一个小本经营的商人。按照当时的银钱比价,一千铜钱大约折合一两白银。这位商人捐出约折合55两白银的铜钱,对他来说恐怕不是一个小数目,但他之所以这样做,是因为"祷于斯而有应也",即他得到了观音菩萨的保佑,实现了他小小的"发财"梦想。关于这一点,镌刻于清光绪二十六年(1900年)的《重修观音堂碑记》中所附的《新创修财神殿碑记》中说得更加清楚。据该碑文记载,当时大同城内"德兴永铺伙勤俭求财,得蒙神佑",遂于"观音堂庙内西南角创修财神殿,以报神庥"。

除此之外,人们在生育、保健等方面有所期望,也要求诸观音菩萨,正如"万历碑"中赞颂观音菩萨的无边法力时所说的那样,"一切兵戈水火险盗狂鬼之害,以至寿考富贵子女之术,莫不罄我愿力,付顺兆情"。这就是说,不管人们有什么愿望和要求,在观音菩萨那里都可以得到满足。这就使我们不禁要问,为什么观音信仰会在大同地区乃至全国范围内远远超过其他自然的或人为的神灵,形成"唯我独尊"的信仰崇拜呢?

首先,这和明清时期各级封建政府的倡导有密切的关系。在明代,观音信仰和对观音菩萨的祭祀是被封建统治者确认的列入祀典属于正神范畴的祭祀对象,与关帝、真武大帝和碧霞元君为香火最盛的神。然而,在大同地区,根据明正德八年(1513年)张钦所撰《大同府志》卷四"寺观"所载,在今大同市城区及周边地区,除观音堂之外,并无关帝、真武和碧霞元君的寺庙。由此可见,观音崇拜在大同地区已经远远超过了其他神灵。这正如明末清初著名学者刘献延在其《广阳杂记》卷四中所说:"举天下之人,下逮夫人孺子,莫不归心向往,而香火为之占尽。"

其次,明清时期大同地区观音信仰的兴盛还与自然环境有着密切的关系。大同地区地处黄土高原的北部,常年干旱少雨,无霜期较短。这种气候特点,对于以农业生产为主要经济形态的大同居民来讲,风调雨顺就意味着生存有了基本保障。然而,对于生活在封建统治之下的贫苦农民来讲,他们的这种期望不可能寄托于各级封建官府,故而只能将其寄托于虚幻缥缈而又在他们心中充满无限希望的观音菩萨身上。

复次,大同地区战略位置十分重要,历来为兵家必争之地。特别是自明代以来,大同及其周边地区经常成为来自北方草原地区的游牧民族南下掳掠的目标,明王朝中央政府为此采取了很多措施,但都收效甚微,双方的对峙持续了将近两个世纪。尽管这种敌对状态是由于多种因素造成的,但战争对于普通民众而言,尤其是生活和居住在大同地区的普通民众而言,则意味着杀戮和死亡的威胁时刻笼罩在他们周围。他们在呼天天不灵,呼地地不应的无可奈何的状态下,只好把自己和家人的生命交给大慈大悲的观音菩萨了。

最后,还要特别指出的是,作为我国古代民族融合的中心地区之一的大同,观音堂也是历朝历代民族融合的历史见证。因为无论是"顺治碑"所说的大同观音堂"创于拓跋氏"也好,还是"万历碑"所说的"辽重熙年"也好,都认为大同观音堂的观音菩萨是从"秦之万佛洞飞来"。"秦"是我国古代对西北地区的简称,而西北地区自古以来就是华夏族以外的其他民族活动的主要地区之一。因此,这个由"秦之万佛洞飞来"的观音菩萨,必然或多或少地携带了少数民族文化的气息。因此,在它建成之后,参拜它的不仅有生活和居住在大同地区的广大汉族各阶层的民众,而且还有其他民族的各阶层人士。关于这一点,"顺治碑"领衔并带头捐资维修的清宣大总督佟养量,不仅是当时大同地区的最高军政长官,而且也是一个满族贵族。此外,在清道光二十三年(1843 年)的《重修观音堂碑记》中,还记载了当时任御前行走的阿拉善和硕特额勒特扎萨克、和硕亲王玛合巴拉及其子、贝子职衔头等台吉囊都素布隆在进京途中"路经赡拜",捐资白银 50 两,并"代化众善士大钱二百七十千"的经过。可见,观音菩萨在蒙古族各阶层民众中也具有极高的知名度和众多的信众。由此我们不难看出,大同的观音堂实际上是一个融合了各民族文化和宗教信仰情结的历史见证人。

参考文献:

[1](明)张钦. 大同府志[M]. 大同市地方志办公室,1986 年重印本.

[2](清)胡文烨. 云中郡志[M]. 大同市地方志办公室,1988 年重印本.

[3]陈宝良,王熹. 中国风俗通史(明代卷)[M]. 上海:上海文艺出版社,2005.

[4]林永匡,袁立泽. 中国风俗通史(清代卷)[M]. 上海:上海文艺出版社,2001.

[5](明)申时行. 明会典[M]. 北京:中华书局,1989.

应县木塔秘藏《大乘杂宝藏经》变文研究

杜成辉

（山西大同大学辽金文化研究所，山西 大同 037009）

摘 要:应县木塔秘藏中的《大乘杂宝藏经》变文，素材多来源于现实生活，文字生动形象，比喻也十分精当，为听众所喜闻乐见。与后来的说唱戏曲艺术关系密切，是研究辽代讲唱文学的珍贵资料。

关键词:应县木塔；辽代秘藏；俗讲；变文

应县木塔辽代秘藏重显于世已有 30 多年，前辈学者在整理研究方面成就斐然。在木塔秘藏中，除了举世闻名的《辽藏》外，尚有许多俗讲和变文等讲唱类俗文学资料以及变相作品。这些珍贵的资料，对于研究中国文学史、戏曲史、佛教史和美术史都具有不可估量的价值。

木塔秘藏中的文学资料种类较多，有讲唱类、诗赋类、话本类、小说类、散体文类和杂著类等，而且有相关活动的记录，如在《杂抄》中就有"今众生多爱谈经打俗、讲唱词说，譁有笑有乐人顺心。"[1]大体而言，谈经打俗即俗讲，讲唱词说即变文。木塔秘藏中的《大乘杂宝藏经》讲经文是一篇基本完整的变文，只开头和结尾部分稍有残缺，从中我们可以窥见辽代俗讲之一斑。

一

俗讲是唐代流行的一种寺院讲经形式。随着佛教的传播，印度佛教徒在诵经中讲说和歌唱并用的方式也传到中国。唐朝僧侣将佛经译成文雅的经文，又把其中的动人故事编成通俗文字加以演唱，先用说白散文叙述事实，然后用歌唱（韵文）加以铺陈渲染。这种演唱佛经的形式称为"俗讲"，即通俗讲经之意。我国古代长篇乐府诗《孔雀东南飞》和《木兰辞》等，已具有说唱的雏形。民间的这种传统和佛教的唱经结合起来，逐渐形成了俗讲这种说唱艺术。讲经文就是唐、辽、宋时期寺院中俗讲僧进行俗讲时使用的底本。

佛教传入我国后,为了宣传教义,争取信众,除译经建寺斋会讲经外,还利用音乐、绘画、雕塑、建筑、文学等手段,广泛布道化俗,其中面向世俗大众通俗讲解佛经经文的俗讲便是其中之一。俗讲乃相对于僧讲而言。佛教讲经,因听讲者不同,而有僧讲与俗讲之别。木塔秘藏中的俗文学资料以讲经文和变文居多,骈文和韵文结合,如其中的《大乘杂宝藏经》讲经文,内容为俗讲底本。开首介绍讲授内容:

> 初分为五段,且第一摄持义,摄众生□□□□□无外。第二贯穿义,花穿白线,风吹阵阵□□,□贯红绳,手捧而时时那(哪)散。第三绳墨义。第四□□义。第五经径路义。此是名为五义□□。□□所学是是学,不随顺学放□鳖。

此段相当于敦煌讲经文中之押座文,但篇幅较短。接着进入正题,开始讲唱,多为骈文和韵语:

> 痴心造业,原长夜变作千年;暂耳闻经,恨遭宵而不为一念。受戒传经,遮头拊面;赊买酒肉,何曾羞作!

> 做□修行里不通,须知诸□在中心。阿含经内分明说,平等王前有业踪。

“业”乃佛教名词,亦称“羯磨”,为梵语 Karman 的音译,意为“造作”,泛指一切身心活动,一般包括身、口、意三个方面,故称“三业”。身业和口业各有两种性质:一是由言论和行动所表现出来显而易见的,叫“表业”;一是只有潜在思想,未在言行方面表现出来,不能用感官观察和理解的,叫“无表业”。意业的体性是“思”,即思想活动。“业”又分为善、不善、非善非不善三种。佛教认为,“业”发生后不会消除,将引起善恶等报应,为佛教因果报应说的理论依据。平等王为阎罗王之别称,为神话与民间传说中阴间的主宰,掌管人的生死和轮回。中国古代的僧人翻译佛经,有时也把阎罗王意译为平等王,认为阎罗王可以赏善罚恶,处事公正,待人平等。后来平等的说法和因果报应的说法结合起来,成为中国古代最有影响的民间信仰之一。《阿含经》为原始佛教基本经典,意译为“法归”,指此类基本经典为佛陀教说之所持、所归、所聚。中原地区自隋唐以来,学佛者只宗大乘佛教,视小乘为低下,不受重视,使《阿含经》束之高阁千年之久。而辽朝和西夏则不然,在木塔秘藏中就发现有收入《辽藏》的《中阿含经》刻本。

> 燃一盏灯,破千年之暗室。点一九仙药,变万两顽铜。孝血寻杆,誓明狗头之报;慈乌有反,报恩蜘蛛有分母之酬。天听两寺之钟,因波中丧命;夫听

二妻之意,盖令丧其两目。

年年辛苦就中多,寒热之时且用他。行是为家兼为国,却交桃李听笙歌。

暗积多财,父亡且徒自在;偏修少善,望妻子永得延长。坚牢大地,火起上(尚)自成灰;幻化空身,限满而风飘令落。猿搭水月,智不了而亡躯;熊攀戏树,□遇情而丧命。秋蟾流霞,盗贼怨恨;慈龙降雨,商人嫌怔。羊群虽众,负命刀而各各随身;眷属虽多,负死刀而终难子劳。

所举事例多来源于现实生活,说明世上万物皆有生死,财产和眷属都最终难保,因而有较强的说服力。"秋蟾"即月亮,"嫌怔"意为厌恶惶惧。在月光明亮的夜晚,盗贼容易被发现,所以盗贼害怕月光;在风调雨顺的年景,商人难以囤积居奇,获取暴利,所以商人不喜欢降雨。此后之讲唱多有字体稍小的题名,有的在说词前,有的在唱词前:

〔赵令哥〕金理粪内,不知而何曾生敬?佛种在身,不悟而岂显真性。男擎红扇,无风中扇得有风;安(女)执簸箕,有化中其成无化。乾令玉偈,勉杜圣之殃;帝烛今容,越金刚之具敕。拈车上体,脱天纸燕;风停月漾,离佸淀戏;木人断线,而花回令落。

病苦到,难闪避,无常若至又难推。不论富贵名高者,总同成聚一堆灰。

"佸"意为相会。《诗·王风·君子于役》:"君子于役,不日不月,曷其有佸?"郑玄注:"行役反无日月,何时而有来会期。""金刚"即金刚石,因其极坚利,佛家视为稀世之宝。《大藏法数》卷四一:"梵语跋折罗,华言金刚。此宝出于金中,色如紫英,百炼不销,至坚至利,可以切玉,世所稀有,故名为宝。"引申喻如来之智慧。唐一行《〈大日经〉疏》卷十二:"金刚喻如来之秘密慧也。金刚无有法能破坏之者,而能破坏万物,此智慧亦尔。""无常"乃阎罗的魔卒,据佛经说,有夺魂、夺精、缚魄三鬼,专事勾摄生魂。在旧时迷信中,将无常说成是人死时勾摄生魂的使者,是来接阳间死去之人的阴差,《红楼梦》中就有著名的《恨无常》一曲。人生总难脱离生老病死,即使是富贵名高者也在所难免。这里也涉及辽人的一些娱乐活动,如放风筝、皮影戏和傀儡戏等,显示出讲经文和变文与戏曲的关联。此为第一段。

二

第二段开首一段也为解说性的骈文,宣扬听诵佛法的好处:

大林有木,不斫而定不成方;研不(盂)容金,不拣终非是虚。听诵之人,各耳上生莲花。铤刀无刃,欲非霜而岂利石乎?昏镜非辉,须色宁逃匠手?
蕉花落地,终无反树之期;细雨离天,岂有归云?瓶器异而水总一,灯虽盏异
光不殊。

从埃及到日本的众多世界伟大文明都把莲花视为神圣的象征,并将其广泛地
融入艺术和建筑之中。佛教徒也以莲花为佛教的主要象征,相信莲能反应修行程
度,认为高僧诚心念佛,则西方七宝池中即生莲花一朵,若能精进,则其花渐大,倘
或退惰,则其花萎落。接下来为唱词,且有词名:

〔贫僧说法无人听〕蟹咸(感)龙怜,于波澜之下;蚊坐凤翅,直至铁鑛
(锁)世界。

〔采抄人的话〕拟上高危峰,复假一根主(拄)杖;欲渡大海,须藉六士
方舡。

净扫堂前地,平持屋内坑。法水来浇灌,菩提自然生。

"舡"即船,《商君书·弱民》:"背法而治,此任重道远而无马牛,济大川而无
舡楫也。""法水"指佛法,谓佛法能消除心中烦恼,犹如水能洗涤污垢,故称。《无
量义经·说法品》:"法譬如水,能洗垢秽……其法水者,亦复如是,能洗众生诸烦
恼垢。""菩提"译自梵语 Bodhi,意为"觉""智""道"等,佛教用以指断绝世间烦恼
而达涅槃的彻悟境界,又指觉悟的智慧和觉悟的途径。

日月虽明,不照覆盆之下;天之甘雨,不入侧瓶之内。蝇随遇马,得达千
里之途;藤(藤)罗松树,得出九霄云外。闻道听经受戒,缩头似鳖;道著作乐
哥(歌)欢,舒项如鹅。

〔斋俗得葫芦话〕流身虚度信蹉跎,一向贪生造业多。功德不修忙不去,
无常难进念摩诃。爱诤无明三寸气,大限追来一刹那。莫道此个英雄者,总
交地符见阎罗。

"摩诃"为佛教名词,意为大、多、胜,禅门课诵于楞严咒之尾常念摩诃般若波
罗蜜。"大限"指寿数,亦指死期。"无明"为烦恼之别称,泛指无智和愚昧,特指
不解佛教道理之世俗认识。"阎罗"为梵语阎魔罗阇的略称,亦译焰魔罗王、阎罗
王、阎王、平等王等,原意为地狱的统治者或幽冥界之王,为印度古代神话中管理
阴间之王,能判人生前善恶,加以赏罚,佛教沿用其说,称为管理地狱之魔王,中国
民间传说中的阎罗王即源于此。

像(象)马银鱼,有似水底清天;庄园眷属,频同风前之烛。忽闻人死,惊
忙恨不修持;却得身安,懒怠谁观后世?庄严身相,如菩萨容仪;腹内毒蛇,似

约(药?)狼心手。身无牢癸,恰似精零;暂尔闻经,如月晖搦。

[五温山中霞空]错倒唶唶空自忙,何曾得米济饥肠? 穷吟切切崔人只,已度戒衣遮露体。

"象马"指骑乘,一说指财富。北魏杨衒之《〈洛阳伽蓝记〉序》:"王侯贵臣,弃象马如脱屣;庶士豪家,舍资财若遗迹。""银鱼"即银鱼袋,唐制,五品以上穿绯衣者用,内装鱼符。"戒衣"为僧尼穿的法衣,"唶唶"为象声词,形容管弦之声或鸟鸣之声。佛教认为,世界上一切都是空虚的,车马高爵、庄园眷属都会转瞬即逝。

身生疥癣,手抓而日日增多;体污尘泥,水洗而时时减少。红绫密扇,可引凉风;黄尾骒罗,难成甘露。持戒三种,同莲花出水。

[智惠两猷者福智]一种严庄,喻日月除昏晃朗。欲耕荒地,须籍好犁;欲斫硬木,须乎好斧。喻如病蚕,虽广下食,终不成茧;似耕荒地,虽广下子,终不能收。小鼠穴,岂惧猫伤? 羊羔弄影,不知屠割。悬明镜于高堂,陋容淹面挂。秋蟾朗逺,鬼魅逃(逃)形。迷则六趣巡逻之蚁,悟则三涂向出圣利。平渺贱草,霜摧而当下调残(诸人等喻);瘦枯老松,雪洒而转添青翠。楼间击鼓,四方闻唶而以咸欢;寺内鸣钟,八表听而不去。

贪名逐利走东西,重即轻微岂觉知? 爱色喻如蝇见血,贪财恰似燕争泥。渴鹿逐阳虚望水,蛾扑灯光一段痴。直大(待)业绳牵入狱,才始知道落便宜。

"持戒"即受持佛所制的戒律。"六趣"为佛教名词,乃众生由业因之差别而趣向之处,有六所,谓之六趣:一地狱趣,二饿鬼趣,三畜生趣,四阿修罗趣,五人趣,六天趣。"三涂"又作三途,一为火途,地狱趣猛火所烧之处;二为血途,畜生趣互相食之处;三为刀途,饿鬼趣以刀剑杖逼迫之处。"渴鹿逐阳虚望水"乃佛教典故,《楞伽经》二云:"譬如群鹿,为渴所逼,见春焰时,而作水想,迷乱驰趣,不知非水。"比喻世人愚痴无明,妄想执着,有如渴鹿见到阳焰,以为是水,拼命前奔,结果白忙一场。

赐珠在带,不知而久受贫寒;佛性田心,非修而长却受苦。

口中说法甜如蜜,心里疮疣苦如艾。如是之人堕泥梨,一念相违沉苦海。

终日诵禅经,心中刀刃出。竞相以相违,死入地狱疾。

"泥梨"亦作"泥犁""泥黎",梵语,意译为地狱。《翻译名义集·地狱篇》:"地狱,此方名。梵称泥梨。"地狱译自梵语 Naraka,意为"苦的世界",为佛教六道之一,处于地下。据《俱舍论》等载,有八寒、八热、无间等名称。佛教认为,人在生前做了坏事,死后要堕入地狱,受种种苦。

国王虽居尊重，未有出世之期；父母纵有深恩，非是超凡之本。修高人福得，恨不刹那归去。愚心不止，似犬投臭恶之食；痴恋情深，如鱼逐钩头之肉。禽头竞气，食毒药一身之亡；九蛇尾争，先遇火坑而丧命。

众生颠倒颠，背善向恶缘。念佛懒开口，厮骂出多言。

佛教之出世指跳出世间不再受生死轮回，入于涅槃。如不信佛修行，就连国王也没有出世的时候，可见辽代僧人讲经十分大胆。此文说辞和唱词多有词名，亦可看出后来《诸宫调》等词曲艺术的雏形。

三

第三段为诸戒条、酒有三十六失，其后也有骈文和"野干说法""昙摩钳太子求法"的故事。第四段全为骈文，事例多来源于世俗生活，如"常衣素面，迎人绝多少惭惶；带角披毛，在世招何羞耻！食减衣抽，待积天而要富；罪多福少，不修行以作贵人。寺内供佛，假香买三五文；宅里斋僧，净戒谁排一两个。为爱五尘幻境，恒似蟒蛇；不愁八苦业因，常途迷醉。倒编截尺，当面活剥人皮；轻秤小斗，都目割人心髓。""见善则如手探汤，百无一窥；见恶则如蛆混翅，争头竞入。三春阳炎，见有还无。堂内广置风灯，才生即灭。恋酒难休如猩猩，宁知命丧；耽内不舍似雕鼠，起觉身亡。晴干开水道，霁天而何忧？无事识官人，有事何怖！"事例也多来源于世俗生活，富有情趣。第五段为华严大疏抄疏序细科。此后为《大方广佛华严经随疏演义钞》变文，兹不赘述。[2]

《杂宝藏经》属"阿含藏"系统，由北魏吉迦夜、昙曜译，集缘起故事一百二十一则，为述缘起最多的一部经著，为佛经说唱提供了丰富的题材。[3]全经的内涵主要为阿含藏教派思想，藉由因缘譬喻的寓言故事来阐释佛教的因果轮回思想，其中特别强调孝养、施舍、教化等诸种原始佛教的道德观，是研究佛教教义及轮回观念不可缺少的经典。讲经文大概是讲唱体俗文学中最早出现的一种作品，对其他俗文学影响很大。[4]敦煌藏经洞发现的讲经文，从体裁结构上看和变文一样，都是散韵结合说唱兼行的通俗文学作品，因此有的学者认为二者没有什么不同。《大乘杂宝藏经》讲经文素材多来源于现实生活，文字生动形象，比喻也十分精当，为听众所喜闻乐见，呈现出向变文过度的特点，也属于广义的变文之列，开后来说唱戏曲艺术之先河。

应县木塔秘藏是继敦煌文书发现之后，同类文物的又一次重大发现。木塔秘藏中蕴藏着丰富的语言和文学资料，特别是变文类作品，目前仅发现于敦煌文书和木塔秘藏中,对于研究中国语言文字的发展演变和中国文学史、戏曲史意义重大。木塔秘藏讲唱文学作品的发现,为我们提供了辽代讲唱文学的珍贵资料,极大地丰富了辽代文学艺术的研究内容。

参考文献:

[1]山西省文物局,中国历史博物馆.应县木塔辽代秘藏[M].北京:文物出版社,1991.

[2]杜成辉.应县木塔大乘杂宝藏经劝善文变文浅析[J].山西大同大学学报(社会科学版),2011(4):30 – 34.

[3]张鸿勋.敦煌俗文学研究[M].兰州:甘肃教育出版社2002.

[4]荣新江.敦煌学十八讲[M].北京:北京大学出版社,2001.

应县木塔辽代秘藏之佛画研究

杨俊芳[1,2]

（1. 山西大同大学艺术学院；
2. 山西大同大学云冈文化研究中心，山西 大同 037009）

摘　要：应县佛宫寺释迦塔四层佛像内发现的辽代秘藏中有许多佛画，其中包括卷轴画、彩印版画、黑白木刻卷首画和佛经装饰图案。《采药图》的绘画风格有着明显的宋人痕迹，是辽代绘画中的精品之作；另外六幅彩印版画在中国版画史上具有里程碑的意义；黑白木刻插图卷首画是中国明清连环画的前身，代表着辽代黑白木刻版画的最高水平。

关键词：应县释迦塔；秘藏；佛画；彩印版画；木刻

一、应县木塔辽代秘藏之佛画概述

应县佛宫寺释迦塔即应县木塔，于 1974 年在第四层佛像背后凹槽内意外发现了一批弥足珍贵的辽代佛教文物，称辽代秘藏。这批秘藏包括经藏、佛画、七珍与舍利佛牙共 160 件，其中《契丹藏》刻经 12 卷、单篇刻经 35 卷、写经 8 卷、杂刻杂抄 28 件、佛画 7 幅、七珍与舍利佛牙银盒两组。7 幅佛画分别是一幅纸本设色和 6 幅彩印版画，另在刻经扉页也有许多黑白木刻卷首画，皆是与佛教经义相吻合的变相画。

二、应县木塔秘藏佛画分类

（一）纸本设色卷轴画

《采药图》是应县木塔辽代秘藏中唯一一幅手绘珍品，纵 70 厘米，横 38.6 厘米，原为条幅，有竹篦天杆，麻纸设色，与《契丹藏》十二单卷同处于四层主像竖槽上端。该画画面古朴，兼工带写，构图简略，人物突出，作为背景的山石采用山水画常用的勾皴染点等技法，笔墨粗简，浓淡相宜（见图 1）。辽代正是我国传统绘画由人物画为主转向以山水画为主的时期，从这幅画中我们也可一窥辽代人物画与山水画之一斑。画中人物，面相丰腴，束发，赤膊，裸足露腹，肩披兽皮，腰裹叶裳，胯侧悬挂一撂经卷，衣带飘起，下着短裤，背负竹篓及盘根木杖，篓内盛满灵芝

仙草、杖首悬竹笠、拂尘和葫芦,左手挟锄,
右手捧灵芝,行走在山间。[1](P64)人物采用
钉头鼠尾描和兰叶描,这种绘画技法首创
于北宋时期的武洞清。此图麻纸设色,人
物比例尚不精当,但无论线条、设色,还是
山石,都兼具宋代人物画和山水画的诸多
特点,上承唐代画圣吴道子之仙风,兼融五
代北方山水画之苍茫,一种疏阔简淡之韵
味跃然纸上。其绘画风格与宋代中原绘画
颇多渊源,其人物面部表情不及李唐《采
薇图》精妙,但笔法和衣纹转折却诸多相
仿;叶裳线条又属于北宋道释画家武洞清
之钉头鼠尾描;人物形象虽不及梁楷放荡
简约,却也突破了宋代院体画的精细而更
显简单自然。画面设色淡雅,色调和谐,将
一种旷达自在、赤足行走于山林遍采灵芝

图1　应县木塔辽代
秘藏之《采药图》

仙草的道家人物形象表现得淋漓尽致。辽代卷轴画遗存极少,此幅画的面世无疑
为我们了解辽代绘画以及和宋代绘画的相互影响提供了弥足珍贵的可视资料。

（二）木刻彩色版画

秘藏中发现六幅彩印木刻版画,分别是:单幅皮纸墨线三色《炽盛光佛降九曜
星官房宿图》,两幅皮纸同版双色版画《药师琉璃光佛》,三幅绢本同版彩印三色版
画《释迦说法相》。其中三幅《释迦说法相》盛于花式银盒内,置于主像释迦像内
槽心间部位。这六幅版画是我国目前发现最早的彩色套印版画,在世界文化史上
具有重要意义。从这六幅早期的彩色版画中我们可以看到中国版画发展的诸多
轨迹,下面分述之:

《炽盛光佛降九曜星官房宿图》,皮纸,立轴,纵94.6厘米,横50厘米,佛像着
半披右肩袈裟,结跏趺坐于莲台上,网目纹项光和背光,双手托法轮,莲台下设长
条几案,上置摩尼宝珠。佛像左侧有太阳、木星、水星侍立,右侧有太阴、金星、火
星侍立,佛像前为土星和地母,左下角为手托日月驾驭蛟龙的罗睺,右下角是手托
日月骑神牛的计都。各星君旁侧皆有榜题,部分残损。佛像光内绘金乌、天蝎、巨
蟹和金牛,上下两角云端绘八天众。这种构图在佛教绘画中非常普及,既突出主
体又体现出一种无限的环度空间观念（见图2）。

　　两幅同版的《药师琉璃光佛》,均为皮纸,立轴,其中一幅(甲)纵87.5厘米,横35.7厘米,另一幅(乙)纵89厘米,横36.7厘米。尺幅虽略有出入但画幅相同,属于因印版时皮纸放置有出入所致。药师佛结跏趺坐于莲台上,上有华盖,华盖正中墨书榜题"药师琉璃光佛"。主尊左手下垂,右手作与愿印,火焰纹项光和背光,莲台下置摩尼宝珠。佛左右胁侍迦叶和阿难,上为药师十二大愿相,各有榜题,第八愿相右侧跪坐一供养人像。下为十二药叉大将。两幅木刻同版彩画,线条采用阳刻,华盖、莲台、跪毯的装饰花纹采用阴刻,刀法明显,转折劲挺流畅。木板墨印后填色,甲幅中填朱膘和石绿两色,以朱膘为主,乙幅中则主要是朱膘色,隐约可见石绿色,整体设色还属于明显的尝试阶段,填色与墨线多有出入,且色彩应用还不够和谐,画面大量留白,属于不完整的彩印版画(见图3)。

图2　应县木塔辽代秘藏之
《炽盛光佛降九曜星官房宿图》

图3　应县木塔辽代秘藏之
《药师琉璃光佛》(甲)

　　三幅同版《释迦说法相》则属于比较完整的彩印版画。《释迦说法相》(甲)纵66厘米,横61.5厘米,绢本;《释迦说法相》(乙)纵62.5厘米,横62厘米,绢本;《释迦说法相》(丙),纵65.5厘米,横62厘米,绢本。三幅《释迦说法相》内容相同,尺寸相近,属于同版彩印绢本版画。辽代以前版画均系单色纸印,已属名贵。

此幅辽代绢本三色彩印,在我国尚属首次发现,在印刷和印染史上有重要科学研究价值。三幅绢地彩印版画采用了夹缬镂版漏色后,脸部和四肢采用墨色和赭石色线勾勒晕染描绘的方法,可以说属于丝织印染工艺、木刻雕版印刷和墨线勾勒相结合的产物,既是丝质印染制品,又是木刻彩色雕版画,又具备传统线描和晕染的特点。这种不拘一格融多种绘画工艺为一体的创作方法值得我们借鉴和学习。画面设色以红色为主,佛像项光、莲花座和华盖上间染石青色,榜题和许多花纹染黄色。三幅版画皆中轴左右对称,佛像右侧"南无释迦牟尼佛"为正文,佛像左侧"南无释迦牟尼佛"为反文,是夹缬对折印制的证据。通过对三幅画面染色的仔细对比可以推断,这三幅版画使用三副对称的母版,一副是漏红色的版,一副是漏蓝色的版,一副是漏黄色的版,而且漏版的顺序依次应该是红色、蓝色和黄色。画面由于多次漏版以及丝织物在夹版时有出入而出现了混色,蓝色和红色混成深红色,黄色和蓝色混成了绿色,黄色和红色混成了橘黄色,从而形成了同版但色彩却不完全相同的情况。从三幅版画上我们看到了中国彩印雕版版画的萌芽和发展历程,它汲取了丝质工艺中夹缬的印染方法,创造出了多版漏印的彩印技术,还恰到好处地运用中国卷轴画墨线勾勒和晕染的方法,从而创造出这幅具备多种工艺和绘画特点的史无前例的优秀作品(见图4)。

图4 应县木塔辽代秘藏之《释迦说法相》(乙)

(三)黑白木刻变相卷首画

应县木塔秘藏的经卷中还有大量的经变卷首画。这些卷首画都是非常精美的木刻版画,内容丰富,构图独特,既有辽金佛教绘画典型体例的中心扩散式,还有多主题多空间相融合的多维度连环画构图,是中国乃至世界版画中不多见的佳作。

(四)佛经中的装饰图案

在秘藏的许多经文中,尤其是刻经上,在边框、文尾或文首装饰有许多图案,主要有三大类:一种是金刚杵,一种是花卉纹,一种是佛像,尤以金刚杵数量为最多,其形制有三种,佛像形制有四种。金刚杵和花卉纹基本上都出现在经文的边框里,坐佛装饰在经文文尾。这种装饰图案一方面起着美化作用,另一方面有一定的象征寓意,金刚杵象征对佛的虔诚和坚定,莲花和佛像则象征对佛的敬仰和怀念(见图5)。

三、应县木塔辽代秘藏佛画的价值

应县木塔辽代秘藏的发现是中国文化史上的一大盛事,填补了许多方面的空白,成为我们研究辽代宗教的一把钥匙,为研究辽金时期民族、文化、宗教、艺术、经济和政治等多方面提供了重要资料。秘藏中发现的七幅佛画,虽数量不多但涵盖的信息量却非同小可。

首先,它标志着我国彩印版画的诞生。六幅版画的面

图5　应县木塔辽代秘藏之佛经装饰图案中
《妙法莲花经》卷第三的四种佛像装饰

将中国彩印版画的历史由元代向前推进了200余年,虽然不能说应县木塔辽代秘藏的版画是当时水平最高的,但它却以实物的形式向世人证明,早在辽代就出现了彩印套色版画,标志着彩印版画在中国的诞生。

其次,大大促进了辽代佛教的广泛传播。版画的出现大大促进了文化和宗教的传播与交流,印刷术的发明为宋代文化的发展推波助澜,成为中国文化史上的一个高潮。辽代的契丹族与金代的女真族借北魏都城平城佛教文化之余韵,通过与宋的战争和交流,大大发展了自己的文化和宗教,西京大同因地理位置和历史政治的原因成为与宋对峙的辽金宗教文化核心区。应县木塔辽代秘藏的佛画充分反映了西京文化技术所达到的高度和宗教传播的广度和深度。

参考文献:

[1]山西省文物局,中国历史博物馆.应县木塔辽代秘藏[M].北京:文物出

版社,1991.

[2]孙建华.内蒙古辽代壁画[M].北京:文物出版社,2009.

[3]柴泽俊.山西寺观壁画[M].北京:文物出版社,1997.

[4]程乃莲,张敏.应县佛宫寺释迦塔艺术探微[J].山西大同大学学报(社会科学版),2010(6):31-33.

从应县木塔秘藏看辽代西京地区雕版
印刷业的兴盛原因

侯秀林

（山西大同大学云冈文化研究中心，山西 大同 037009）

摘 要：应县木塔辽代秘藏的发现，给辽代雕版印刷研究提供了有力的实物证据。归纳辽代西京地区雕版业兴盛的原因，主要有五个方面：一是西京大同曾是北魏国都和辽代行都，文化传统深厚；二是辽代推行尊孔崇儒国策，大力发展文化教育；三是北魏至辽代信奉佛教，佛经刻印盛行；四是西京地区农牧业和手工业发达，经济相对发达；五是西京地区交通便利，人口密集，便于书籍流通。以上因素造就了辽代西京地区发达的雕版印刷业，为金元雕版业走向繁荣打下了坚实基础，也为中华多元文化的融合和发展作出了贡献。

关键词：应县木塔；辽代秘藏；雕版印刷业；西京

雕版业自唐末五代兴起，至两宋达到鼎盛，已成学界共识。但是，与北宋同期的辽代雕版刻书业长期得不到学界应有的重视，辽代雕刻印刷品以及刻书业研究一直少有人关注。1974 年，山西应县佛宫寺释迦塔（俗称应县木塔）发现了辽代刻本佛经、刻书、杂刻和版印佛经等文物 61 件，其中《辽藏》（也称《契丹藏》）12 卷，单编刻经 35 件，刻书 2 件，杂刻 6 件，版刻佛画 6 件。这些隐秘了上千年的辽代印刷品一经面世，引起史学界巨大轰动，颠覆了学界对辽代刻书业的错误认识。可以说，应县木塔发现的辽代秘藏恰恰反映了当时雕版业的繁荣发展。本文拟从应县木塔辽代秘藏入手，尝试探索造就西京（今山西大同）地区雕版刻书业兴盛的真正原因，以求教于方家。

山西应县木塔发现的重要佛经《契丹藏》，雕刻于辽兴宗（1031—1055 年）统治时期。当时，辽代兴宗皇帝钦慕宋太祖赵匡胤于开宝四年（971 年）在益州（今四川成都）雕造的中国第一部官版大藏经《开宝藏》的功业，决定编印一部同样规模的《契丹藏》。该经在宋版《开宝藏》天禧修订本的基础上，增收了《华严经随品赞》《一切佛菩萨名集》《随远往生集》等当时流传于北方的特有经论译本，历时 30

余年完成,共计 579 帙约 6000 卷。《契丹藏》底本优秀,校核精当,为后世称道。应县木塔所藏《契丹藏》共 12 卷,皆是卷子本,有千字文帙号,款式为硬黄纸卷轴装,完整者轴、杆、缥带、别子俱存,其中 5 卷有卷首画,3 卷见有藏经戳记。此前,《契丹藏》在世间不见传本,一直被称作"虚幻的大藏经"[1]。而应县木塔辽代秘藏的发现,使这一重要经藏重见天日,不仅为学界重新认识辽代雕版印刷业提供了重要的新材料,而且告诉我们,辽代不仅拥有一批著名的书法家、雕刻家和书坊,而且印刷业的组织管理制度同样健全高效。换言之,辽代能够完成如此卷帙浩繁的《契丹藏》,说明当时的雕版印刷业已经相当发达。

应县木塔所在的西京地区,地处辽国南部,是契丹人的边防重地,也是游牧文化和农耕文化的接壤地。辽代雕版业之所以会在西京地区取得长足发展,一方面得益于辽代统治者尊孔崇儒,重视典籍,推崇官私学校教育,另一方面得益于西京独特的历史文化和佛教文化。归纳起来,原因主要有五个方面。

一、深厚悠久的文化传统

西京地区文人辈出,文化发达,为雕版刻书业营造了良好的氛围。秦汉以来,西京大同地区一直是中原政权抵御北方游牧民族南下的军事要塞,是历代兵家必争之地。公元 386 年,道武帝拓跋珪定都平城,成为西京地区文化和教育发展进入黄金时期的重要标志。《魏书》卷 84《儒林传》记载:"太祖初定中原,虽日不暇给,始建都邑,便以经术为先,立太学,置五经、博士生员千有余人。天兴二年春,增国子太学生员至三千。"[2](P1245)北魏朝廷发展文化教育的规模可见一斑。《资治通鉴》第 111 卷曰:"命郡县大索书籍,悉送平城。"[3](P3488)之后,明元帝拓跋嗣"改国子监为中书学,立教授博士"。始光三年春,太武帝拓跋焘"别起太学于城东,后征卢玄、高允等,而令州郡各举才学,于是人多砥尚,儒林转兴"[2](P1245)。北魏平城时期推行的诸多文化教育举措,反映了北魏统治者对儒学教育的重视,也大大推动了西京地区文化教育的发展进程,为奠定西京地区深厚的历史文化底蕴打下了扎实的基础。

二、发达的教育事业

辽代建国之前,可谓"本无文记,惟刻木为信"[4](卷29,《契丹》,P349)。建国之后,太祖阿保机努力"变家为国",[5](卷23,《族姓原始》,P221)在崇尚武功的同时,更清楚"武能安邦,文可定国"的道理,从而确立了"尊孔崇儒"的文教政策。神册三年(918 年),在上京临潢府(今辽宁省巴林左旗以南)设立了国子监及下属的国子学,诏立孔子庙,亲祭孔子。太宗即位后,因势利导,"以国制治契丹,以汉制待汉人",[6](卷45,《百官志一》,P417)适时推行"因俗而治"的基本国策。这种"一国两制"的大政方针非常适合当时的辽朝国情,使得辽朝疆域内的契丹、奚、渤海、室韦和广大汉人很快安定下来,开始全力建设自己的家园。不仅如此,辽太宗还特别重视搜求中原的文化典籍。947 年,辽太宗灭后晋北归,"取晋图书、礼器而北",[6](卷103,《文学上》,P985) 耶律倍曾"市书至万卷,藏于医巫闾绝顶望海堂"。[6](卷72,《宗室》,P824) 有关契丹族人对中原典籍的搜求概貌,北宋大文豪苏辙在《北使还论北边事札子》中说得尤其清楚:"本朝民间开版印行文字,臣等窃料北界无所不有。"[7](卷42)

在辽朝历代统治者"尊孔崇儒""因俗而治""重视典籍"的背景下,辽朝文教事业和雕版印刷业获得迅速发展。为了培养效忠朝廷的治世人才,辽代统治者仿照中原政权的文教制度,开国之初就在国都上京建立了国子监,中后期还在中京和西京地区设置了国子监,大大促进了西京地区文化教育事业的进步。辽兴宗重熙十三年(1044 年),是云州(今山西大同)历史上值得纪念的重要一年,这一年辽朝升云州为西京,成为辽朝陪都。于是,西京不仅建立了一整套的国家机器,而且设立了朝廷的最高学府——国子监,这对西京地区的教育事业来说意义重大。清代《山西通志》记载:"辽西京国子监在大同府治东南。"张起岩在《崇文堂记》里陈述曰:"云中在辽为陪都,学即辽国子监,宏敞静深冠他所。"[8](卷32,《金人兵起》) 西京国子监的设立,培养了一大批名垂青史的历史名人,诸如邢抱朴、邢抱质、康公弼、虞仲文、边贯道、孟唐牧、魏鉴、沈璋,等等,他们或以经术显赫,或以高官扬名,成为有辽一代的中流砥柱。除国子监以外,西京地区还建有西京学和州学、县学等地方性教育机构。《辽史拾遗》载曰:"道宗诏设学养士,于是有西京学,有奉圣、归化、云、德、宏、蔚、妫、儒等州学,各建孔子庙,令博士、助教教之,属县附焉。"[9](卷16,《补选举志》) 西京学和州县学的设立,对西京地区的文化教育尤其具有重要意义,使得当时许多有条件的西京士子都有了接受儒家文化教育的机会。除了以上官学,西京地区私学也很盛行。《山西通志》载曰:"应州学旧在城西北隅,辽清宁中建","龙首书院在应州西南,辽翰林学士邢抱朴建,今儒学即其故址"。当时的龙首书院就是较为典型的私学之地,它不仅是文人儒士讲学治学的场地,同时兼有出版印刷图书的职能。此外,应县木塔杂刻中还发现了儿童读物《蒙求》,这些刻本证明了辽朝对儿童启蒙教育的重视。《蒙求》是唐人李翰编的一本儿童读物,分上、中、下三部分,四字一句,讲的都是古代故事,对儿童很有教育意义。正因为官私学校在西京地区的普及,辽朝科举考试涌现了大量举子。辽圣宗统和六年(988 年)"开贡举,岁放进士二、三人及第。……汉人由进士至大官者甚众"。[9](卷16,《补选举志》)

教育的勃兴,带来了一系列产业链的发展,雕版业即是其中之一。当时,发达的官学和私学需要大量的学生教材,科举考试也需要大量的应试书籍,这些社会需求客观上成为雕版印刷业兴盛的源头之水。正因如此,辽代西京道云州(今山西大同)和应州(今山西应县)很快发展成为西京地区的刻印中心。此期刻印的书籍内容广泛,涉及经、史、子、集四大部类。经部有《五经传疏》《蒙求》和《续一切经音义》等,史部有《史记》《汉书》《五代史》《贞观政要》《通历》和《焚椒录》等,子部医家类有《肘后方》《脉诀针灸》《方脉书》和《精选百一方》等,释家类有《契丹藏》《金刚经》《妙法莲花经》《大般若经》等,还有《星命总括》和一些卜筮书,集部有《清宁集》《大苏小苏》和《白氏讽谏集》,等等。繁荣的印刷出版业既促进了辽朝文化知识的普及,也使得西京地区文化积淀更为深厚,文人学士可谓风云际会。

三、浓厚的佛教氛围

北魏以来,西京所在的平城地区无论僧侣还是官民大多笃信佛教,集资雕印佛经是非常普遍的现象。在佛教信徒眼中,书写、刻印、讲诵、传布佛经都是无尚功德,可以给自己和家人带来福祉。应县木塔发现的 35 篇单编刻经中,雕印时间最早的是统和八年(990 年)刻印的《上生经疏科文》,纸幅最长的是《涅槃义记第八》,由 80 张原纸接起而成。这些辽代秘藏,除了《辽藏》为官方出资雕印外,其余佛经均为皇室成员、朝廷命官、僧尼和民间信徒个人出资雕印而成,例如应县木塔所藏《法华经玄赞会古通今新抄卷第二》卷尾题记云:"四十七纸,三司左都押衙南肃二十二纸,孙守节等四十七人同雕。"《法华经玄赞会古通今新抄卷第六》卷尾题记云:"五十六纸,云州节度副使张肃一纸,李寿三纸,许延玉五纸,应州副使李胤两纸,赵俊等四十五人同雕。"题记中所称"云州",标明的正是雕刻地点。题记中出资人和纸张数、雕工和人数记录翔实,显示此经为当地官员和信众共同施资雕造,可见当时西京地区参与佛经刊刻的人众涉及阶层非常广泛,说明有辽一代佛教对雕刻业的推动作用。更为可贵的是,此经为研究当时的佛教经籍刊印情况和书坊规模提供了非常可靠的数据资料。

辽朝西京大同府统 7 县,辖军、府、州、城 17 个,其区域大致相当于今天的山西北部、内蒙古南部与河北西北部。由于辽朝 9 帝都不同程度信奉佛教,所以佛事兴盛。时至今日,大同以及周边地区辽朝所建,列为国家级文物保护单位的就有 5 处:天镇县慈云寺、灵丘县觉山寺砖塔、大同市华严寺、善化寺和应县佛宫寺释迦塔。其他扩建和补雕补塑的有云冈石窟、大同焦山石窟、大同武周山观音堂内的辽朝八大明王雕塑,等等。辽朝西京的佛事之盛,绝非今人所能想象。大同华严寺初建于清宁八年(1062 年),寺庙建成后,"奉安诸帝石像、铜像",说明当初修建华严寺也兼有宗庙的性质。下寺著名的"薄伽教藏",建成之时就收藏了《契丹藏》,还收了道宗皇帝的《华严经五颂》和《华严经赞》。可见上、下华严寺是辽朝皇家崇奉佛教和典藏佛经的神圣殿堂。《契丹藏》卷帙浩繁,雕印精美,对于辽朝西京地区印刷业的发展起到了里程碑的意义。其次,辽朝西京地区的版画刻印,同样以佛画为主。应县木塔所出独幅雕版佛画共有 6 幅,皆为美轮美奂的杰作,其中《炽盛光佛降九曜星官房宿图》和两幅同版所出的《药师琉璃光佛》,纵87.5 厘米,横 35.7 厘米,均是我国古版画遗存中规制最巨的作品。两幅雕版佛画构图饱满,气势宏阔,组织缜密,刀刻凝重厚实,有很强的艺术感染力。从图版形式来看,都是木版雕印的墨线白描图画,雕印完工后用笔彩着色,最终形成彩图,这在中国雕版印刷发展史上具有重要意义,也真实反映了辽代西京佛教对印刷业的巨大影响。

四、发达的农牧业和手工业

从书写字体、纸张质量、刻印风格来看,应县木塔发现的辽朝所刻经文和书籍,与北宋刻本基本相同。这些印刷品雕版工整,字体隽秀,墨色精良,印刷优美,纸质光洁坚韧,最早的距今已逾千年,却无虫蛀痕迹,可见入潢避蠹功效之高。我们知道,雕版印刷是个工艺复杂的行业,无论雕版选材、成型、防裂浸作、雕刻、印刷,还是纸张选料、制作、防蠹入潢,甚至书籍编辑、校正等,既需要一批各行业的能工巧匠,还需要一批学问高深的文人学士,其间涉及的一系列工作说明辽朝西京地区手工业已经高度发达。

辽朝西京地处农耕和畜牧经济的交接地带,草壮宜牧,土肥宜农,经济相对发达。早在 947 年,契丹族征服占领后晋都城开封时,就已诏令"晋诸司僚吏、嫔御、宦寺、方技、百工、图籍、历象、石经、铜人、明堂刻漏、太常乐谱、诸宫县、卤簿、法物及铠仗,悉送上京"[6](卷4,《太宗下》,P42)11 世纪,对于辽朝人来说是一个相对安定的时期。此时宋辽"澶渊之盟"签订,辽朝国内"刀枪入库,马放南山",西京地区也同样迎来了百年祥和的安定生活,商业发展,市井繁荣,百工各司其业,农、牧、手工业均获得长足发展。史书记载,宋朝使臣包拯出使契丹归来时,曾向宋朝皇帝上奏曰:"兼闻代州以北,累年来蕃户深入南界,侵占地土,居止耕田甚多。"又曰:"自创云州作西京以来,不辍添置营寨,招集军马,兵粮积聚不少。"[10](卷1,《论契丹事宜》)正是由于西京地区发达的农耕和畜牧经济提供的经济保障,辽朝刻书业才有了发展繁荣的可能。

五、优越的地理环境

西京大同城广袤 20 里,9 万 8 千余户,32 万余人。辽代有六帝二后一王在西京设置斡鲁朵(宫卫)。可以说,西京所在之地,北控茫茫大漠,南据雁门、宁武之险,西接黄河,东至倒马、紫荆两关,既是"汉与胡古今所共出入之路",[10](卷1,《论契丹事宜》)也是贸易往来和中原儒家文化、生产技术北上的重要通道。这种特殊的地理位置,同样为西京雕版刻书业创造了极为便利的条件。尤其辽朝中后期发生的两件大事,更加促进了西京雕版印书业的发展,一是兴宗"升云州为西京",[6]（卷37,《地理志一》,P300）二是天祚帝保大二年(1122年)为避金军逃奔西京,大同成为天祚帝的行都。至此,西京大同用为重地,非亲王不得主之。[6]（卷41,《地理志五》,P344）《辽史·百官志》曰:"上京为皇都,凡朝官、京官皆有之;余四京随宜设官,为制不一,大抵西京多边防官。"[6]（卷48,《百官志四》,P483）重要的地理位置,加上交通便利,人口密集,需求庞大,所有这些因素,在加速书籍流通的同时,更促进了印刷业的繁荣。

综上所述,正是因为辽朝统治者推行尊孔崇儒、重视典籍的国策,推动了西京地区的文教事业,加上浓厚的佛教氛围、精湛的手工技艺、繁荣的农牧经济以及特殊的地理位置等诸多因素,最终形成了辽朝西京地区雕版印刷业的兴盛局面。应县木塔辽代秘藏的发现,为此提供了难得的重要物证。辽朝西京地区雕版印刷业的发展,为金元雕版业走向繁荣打下了坚实的基础,也为中华多元文化的交融和发展作出了重要贡献。

参考文献:

[1]山西省文物局与中国历史博物馆合编. 应县木塔辽代秘藏[M]. 北京:文物出版社,1991.

[2](北齐)魏收. 魏书[M]. 北京:中华书局,1999.

[3](宋)司马光. 资治通鉴[M]. 北京:中华书局,1956.

[4](宋)王溥. 五代会要[M]. 北京:中华书局,1998.

[5](宋)叶隆礼. 契丹国志[M]. 上海:上海古籍出版社,1985.

[6](元)脱脱. 辽史[M]. 北京:中华书局,1999.

[7](宋)苏辙. 栾城集[M]. 四部丛刊景明嘉靖蜀藩活字本.

[8](清)李有棠. 辽史纪事本末[M]. 清光绪二十九年李杼鄂楼刻本.

[9](清)厉鹗. 辽史拾遗[M]. 清文渊阁四库全书本.

[10]杨国宜. 包拯集校注[M]. 合肥:黄山书社,1999.

04

大同地区民俗及民间文艺研究

大同地区祈雨仪式与权威的建构

张月琴

（山西大同大学云冈文化研究中心，山西 大同 037009）

摘　要:清末至民国时期,在大同北部长城沿线村落中每逢旱季上演的祈雨仪式,是村落中最为普遍,也是影响最大的仪式。这种仪式的规模在很多时候超出了一个村落的范围,是在长城沿线城堡带动下的几个甚至十几个村落的集体行动。长城沿线城堡作为地区文化中心的地位,也在仪式中凸显出来。城堡在仪式中不仅是参与者,而且承担着组织者、规范者和主祭者的重任。城堡的权威也在祈雨仪式实施的过程中建构起来。

关键词:长城沿线村落;祈雨仪式;城堡

作为一个社会或族群主要的文化模式,仪式广泛存在于大同北部长城沿线村落居民的日常生活之中,成了与生产密切相关的一项活动。清末至民国时期,村落中每逢旱季就会上演一种仪式——祈雨。祈雨仪式犹如活化石,是地方性知识场景的集中,村民们用它表达着自己的生活方式和精神世界。同时,祈雨仪式也是一个权力的舞台,祈雨组织内部大量的经济关系、政治关系和社会关系通过仪式集中展现。有的学者指出:"人类学者常把乡土社会的仪式看成是'隐秘的文本'……文本只能给予我们了解思想史的素材,而作为'隐秘的文本'的仪式却是活着的'社会文本',它能为我们提供了解、参与社会实践的'引论'。"[1]本文试图先对清末至民国时期长城沿线村落中的祈雨仪式的对象和步骤展开详尽的描述,进而探讨仪式场景下城堡权威的建构。

一、祈雨的对象:龙王及其他

大同北部长城一带夏季天高地燥,庄稼经常会因无水而遭受灭顶之灾。在这种情况下,人们只能将自己的一切托付给他们信赖的神灵。龙王是村落中最为常见的祈雨对象。中国人很早就有龙能致雨的观念。龙王是中国农业社会的一位尊神,"农人尤虔龙神,春祈秋报必醵钱献牲演戏。"[2]每遇旱灾,人们便会很自然地想到龙王,并相信通过虔诚的祈祷,便能打动龙王的善心并得到龙王的恩雨。大同北部长城沿线村落中龙王庙所祀龙王数目不等,从一位到五位甚至多达十位的神灵都可以看到,最为普遍的是类似于宏赐堡龙王庙的祀神结构。在宏赐堡的龙王庙里,龙王殿主神像是龙母,五位龙王和雨师配祀两旁,它们分别是风龙、土龙、火龙、青龙和黑龙。五位龙王身着与脸色相同的衣冠,手拿当地人称为雨棒的笏板。雨师的脸是白色的,其功用是帮助龙王降雨。龙王庙祀神最少的是得胜堡。得胜堡龙王庙在堡外,供一个龙王。龙王是和人脸色相同的本色脸,手拿雨棒。镇川堡龙王庙有十尊塑像,有二尺半到三尺高,除了泥塑的,还有木刻的,十位龙王脸色也不尽相同。

　　除了龙王以外,玉皇大帝、大王、胡神、湖神等,也在祈雨的过程中出现。俗信玉皇大帝是诸神中最高的统治者,执掌人间一切事务。每逢天旱,镇鲁堡的居民便会到祀奉有玉皇大帝的玉皇庙去祈雨。在他们看来,玉皇大帝是最大的,他可以派龙王去下雨。助马堡的龙王庙中有一个大王殿。相传大王最初供奉在城堡对面山上的大王庙里,人们常到庙里向大王求雨。一年夏天,一个叫花子把大王塑像偷去卖到了内蒙古的十八台村,大王后来托梦给守庙人,助马堡的人们就到十八台把大王请了回来,放置在龙王庙的东偏殿。此后,助马堡的居民每年都要到内蒙的十八台村请大王回来看戏。回来时和风细雨,看戏结束后,十八台村民依旧将大王接回,回去时一路冰雹。得胜堡的居民除了向龙王祈雨外,还到二里地外的长城脊梁上的胡神庙里去请求胡神降雨。胡神庙中的胡神塑像高大,脸呈黑色。据村民说,胡神爷是和第一任参将一起来得胜堡上任的,走到得胜堡南面一个叫六亩地的村庄,那儿有个湾,胡神说累了,要在那里休息,就不走了。参将没有休息,赶到了得胜堡。参将到任后三四天没见胡神来上任,就派人访问,结果发现胡神已经在长城上坐化了。得胜堡参将就组织周围十八个村给胡神盖了个庙。镇羌、五台洼、沟门、圪塔、山岩、榆树湾、小黄土沟、俞家黄土沟、宋家黄土沟、磨复其湾、四台沟、三台道、小庄旺、黑圪塔洼、杨里窑、里场沟、四道沟和二道沟,每到农历五月十八都来领牲。在唱戏祈雨时,宏赐堡村民为了确保能下雨,还要邀请胡神来看戏。胡神庙在宏赐堡东门外饮马河的东岸,相传胡神是龙母的女婿。唱戏时,会首领两个人,一人敲锣一人打鼓,请龙母的女婿来看戏,请来后,将胡神的神像放在龙母旁边。

二、祈雨的步骤:唱戏、祷雨、取水、出马

　　在确定了祈雨对象以后,村民就开始实施祈雨了。祈雨大体分为祷雨、唱戏、取水和出马四个步骤。在大同北部长城沿线的村落中,这四个步骤并不一定全部实施,究竟走几步,要看是否下雨。如果年份很好,雨水充足,那只需要唱戏酬神就可以了。

龙王庙的戏是在固定的日子唱,当地居民称为"死日子"。每个村落龙王庙过庙会唱戏的日期都不一样,大体集中于农历六、七月间。得胜堡和宏赐堡是六月六,拒墙堡是农历五月二十五,破鲁堡是农历六月二十三。在龙王庙上演的戏剧一般有两种,一种是当地人称为"大戏"的北路梆子,另一种就是"赛戏"。敬龙神是一件很庄重的事情,地方小戏是平时乡民用来娱乐的,登不得大雅之堂,在龙王庙上演地方小戏会迁怒龙神。得胜堡至今还广泛流传着唱地方小戏惹怒龙王的旧事。在塞外乡民之间流唱的小剧种,如秧歌、耍孩儿、二人台和道情,只能用在正月十五的红火或农闲的娱乐,正所谓弦、罗、赛、梆,敬神相当;秧歌、耍孩,请神不来。

五、六月龙王庙唱大戏的时候,也正是庄稼被骄阳烤得无法抬头的时候,唱戏往往并不能解决干旱给庄稼带来的苦难和给村民带来的恐慌。为了减缓心理压力,村民开始筹划下一步的行动。村中的男性长者或龙王庙的会首是祈雨仪式的组织者。求雨时,会首带领人们在庙里跪,头上顶盘,里面放三个纸阎,分别写着领牲、唱戏和打醮。旱情初发时,人们一般只使用领牲、唱戏和打醮的方法,试图通过丰盛的宴席、动听的戏文和虔诚的祷告来打动龙王的怜悯之心。领牲前,龙王庙会首先要挑选村中未满12岁的小男孩跪香。跪香祷雨应验后,就给龙王爷领牲。领牲用的是黑色的头角齐全的公羊。将黑羊牵到龙王庙,用水浇羊,羊摇掉身上的水就表示龙王爷领牲了,接受了供献。领牲后的黑羊被杀掉,将羊胸前的剑突部分和睾丸供献在龙王面前的香案上,羊肉被众人分食。打醮,一般由龙王庙的道士或懂祈雨的男性长者主持,在龙王庙设坛,主持者用祈请的言辞向龙王表达村民的愿望。因为是向神灵祈请,可以不出声在心中默念。如果打醮应验,主持者要致谢下雨的祝文,祝文要大声读出,以示感谢之情。

若唱戏、领牲和打醮祈雨无应,人们就会再尝试着请龙王或偷龙王,祈求从外面请来或偷来的龙王布雨。所谓的偷龙王并不是真正意义上的偷取。在到某个村落请龙王时,害怕惊动了坏神,致使龙王不能降雨或加害于祈雨人。请龙王要暗中进行,所以叫偷。事先联系好以后,会先挑选几个精明能干的小伙子,在天未亮时到龙王庙,烧香烬裱后用准备好的布袋将龙王的神像"偷"到庙门外,到门外就放入四角插着柳条的雨轿中抬回。倘若"偷龙王"或请龙王还没有应验,人们就会走向龙潭,通过神秘的"取水"仪式,得到久违的雨水。他们常将泉或井想象成龙的居所。在镇川堡,人们祈雨取水时最常去的地方之一就是井边。拒门堡取水到弥陀山水罗殿(庙名)旁的泉水处,拒墙堡取水到杨州窑附近的泉水处,镇河堡取水到水泉的榆林湾和九龙湾。

出马在大规模的祈雨仪式中才能见到。在旱情严重的情况下，村落中的年长者就会提议出马。龙王庙的会首一般由村中有土地但不是最殷实的家庭中的热心肠的男性担任。祈雨要花费相当的财力，如果主持时间长又没有下雨就会遭人埋怨。但当村中的长辈提出出马时，会首就会积极响应，召集年轻男子准备。首先，会首要选择未满 12 岁的男孩，头裹黑布，在龙王庙龙母的香案前跪香，同时在附近有泉水的地方用水瓶取水，取回水以后供奉在龙王的香案前。布置出马时，派年轻人伐树做大旗杆。砍伐旗杆树时，因为是用来祈雨，不论选中了谁家的树，都会无偿捐献。旗杆树砍好，剥掉皮，用麻绳捆好，上面要绑一株柳树，柳树不用剥皮。在旗杆树和柳树交接的地方插一面龙旗或黑底白边北斗七星旗。在旗下四五米的地方拴三根麻绳，大旗就算做成了。如果主持祈雨的是城堡，在城墙四周要插上柳枝，意思是告知城堡以外的人们要举行祈雨，特别是不让做买卖的来往。雨轿的多少不一，要看出马的龙王数目而定。在准备工作就绪后，村落居民要斋戒三天，在三天内不吃荤、不动烟火、不吃生食，三天后出马。

出马的方向和经过的村庄是确定好的。出马时，大旗在前，锣鼓次之，再次小龙旗和仪仗，接下来是水瓶（有时放入一抬专门的小轿中，有时是人拿着）、雨轿、龙王庙的会首和"跑雨"。扛大旗的任务由年轻男子担任。扛旗时一人把旗的最下端放到肩膀上，其余三人每人持一股大绳，从三个不同的方向用力，拉旗人和扛旗人要保持相当远的距离，以保持大旗的平衡。"跑雨"时每家出一人，必须是男性，光膀赤脚头戴柳条帽。在经过预定的村庄时，"跑雨"可以休息喝水，人们抬着放有龙王像的雨轿去拜庙。拜庙时，抬轿的人不能将轿子放下，还必须颤动着。周围欢迎的人们用水洒向抬轿的人。拜庙一般只在经过村庄的龙王庙举行。如果旱情严重，唯恐礼节不周会触怒神灵，在村中的每一座庙都要拜谢一番。拜庙结束后，继续按预定的路线进发。

大规模祈雨的路线很长，经过的村落较多。宏赐堡龙王出马要到距离大同城西北 15 里的雷公山上的润济侯庙。因路途遥远，中午经过李花庄时，李花庄要招待祈雨的人们吃饭。原来宏赐堡某一年祈雨时，经过李花庄，正好下了一场大雨，李花庄的人们很感激，以后每逢宏赐堡祈雨经过李花庄都要招待一番。

三、祈雨仪式背后：权威的建构

"水灾一条线，旱灾一大片"，干旱造成的受灾面积远非几个村的领地所能比，因此祈雨几乎成为长城沿线城堡和周围村落的共同意志。在共同的困难面前，有着同一龙王信仰的村落，便会和城堡一起结成一个更大的群体，以共同对付自然的敌人。破鲁堡举行祈雨仪式时，用雨轿抬上龙母，到水泉湾取水，回来时要经过高向台、裴家窑和刘家窑。到他们村的龙王庙去休息，村民很欢迎。长城附近的城堡同周围的村落比较起来,最初是政治上的优势使他们承担起了祈雨仪式的组织者和主祭者的重任。这些曾经在兵荒马乱的年代给周围的乡民带来些许安宁又有着特殊的政治优势的城堡,在战争结束以后,很容易在重大举措中被认同。城堡居民普遍认为城堡内部的居民要高贵些。为保持这一品质,他们甚至鄙视外部其他村落的居民,不与通婚。到了近代,其他村的女子要嫁到堡里,必须是大户人家的女儿才行,家里得有五六套牛犋,不是谁想嫁就能嫁来的。所谓"牛犋",就是指由两头牛一副犁配成的一套耕作工具。从表面来看,评估标准所看重的似乎是两头牛和一副犁的价值,但实际上它所依据的则是一家一户对土地的持有量。牛犋多则相应地家中土地多,财产也多。城堡以外其他村落的居民,只有拥有了相应的财产,才能和城堡居民的身份相匹配。

大规模的祈雨仪式并非每年都举行,也不是有龙王庙的村落每逢干旱就要组织祈雨。干旱无雨,容易引起农民恐慌,在这种情况下,要尽量节约以备荒年。祈雨要耗费一定的财力和人力,经济能力差的村落只能在祈雨中充当小角色,他们试图维护同周围村落的关系,以求在仪式中获得一定的恩惠。在地方社会,能够实施维持制度和礼法是一种权力的象征,掌握这种权力则对社会秩序的建构起着较为重要的作用。在历史演变的过程中,城堡因其特殊的地理位置和政治军事上的优势拥有了实施维持制度和礼法的权力,而这种权力演化成了无形的象征资本。皮尔·布迪厄认为,"象征资本"就是通过"象征符号"展现出来的一种无形的宰制力,当"象征符号"被知晓或认知之前,当它通过被强加的感知范畴所认知之前,它还是一无所有。但是,一旦"象征符号"被受动者所认同,它便会通过自我复制的方式裂变性地产生其预期的宰制力。得胜口税厅是清代得胜堡附近较有经济实力的一个机构,在得胜堡组织胡神庙修筑的时候没有交纳摊派的银两。税厅的官员在夜里睡觉时,不知不觉就掉到地上不省人事。这个官员手下的差人就向胡神祷告许愿,官员醒来后亲自走一步磕一个头,到胡神坐化的地方请求胡神的原谅并且交纳摊派的银两。这一事件在向民众显示胡神的灵验时,也向周围的村落表明得胜堡组织修建的胡神庙是理所当然的信仰中心。每年农历五月十八,由得胜堡组织周围村落参与的胡神庙的领牲活动,一方面是在祈求上天怜悯百姓,而另一方面则是通过这一活动强化得胜堡的区域中心的地位。

"由于符号资本的合法化的效果,社会空间就像被施行了魔法,社会成员在魔法或巫术的作用下形成共同'信仰',或共同的'误识',共同生产或维护不平等的社会结构"。[5](P175)布尔迪厄的论述清楚地告诉我们,也许对于一个旁观者来说,城堡在祈雨仪式时空中的象征符号没有什么具体意义,而对于一个设身处地地参与者而言,祈雨仪式中的象征符号以强而有力和不断复制的方式深刻地影响着他们对符号制造者的态度。在长城沿线村落看来,城堡是地方文化实施的权威。正是由于这种观念存在于他们的心目中,城堡不再是简单的砖木建筑,城堡祈雨的队伍也不再是简单的肉身之躯,而是仪式的组织者、主祭者和规范者。从另一方面讲,为了弥补天干地燥,即或有雨也难普润所有村庄的缺憾,长城附近城堡作为当地祈雨仪式的主祭者也开通了一条人为的祈雨路径,使周围村落从中得到实惠,进而维系共同信仰的权威,树立起其在长城沿线村落中的威信。

以上主要分析了牵动长城沿线村落所有居民并且对周围村落影响极大的祈雨仪式。祈雨作为一种有组织的仪式活动,需要调动长城沿线村落内外的多种力量共同参与。龙王信仰的强大包容性将各阶层人士聚合在一起。同时,城堡的权威也在祈雨仪式的实施过程中建构起来。

参考文献:

[1][法]皮埃尔·布迪厄等著,李猛等译.实践与反思[M].北京:中央编译出版社,1998.

[2]黎中辅等.点校本大同县志[M].大同史志办,1992.

[3]乌丙安.中国民间信仰[M].上海:上海人民出版社,1996.

[4][美]杨庆堃著,范丽珠等译.中国社会中的宗教[M].上海:上海人民出版社,2007.

[5]张意.文化与符号权力——布尔迪厄的文化社会学导论[M].北京:中国社会科学出版社,2005.

明清时期雁北地区的龙王信仰与民俗活动

王鹏龙　李富华　陈纪昌

（山西大同大学云冈文化研究中心，山西 大同 037009）

摘　要：明清时期，雁北地区龙王信仰的兴盛展现了该区域特殊的地理环境，显示出这一时期社会环境变动对民众生活的影响。对该区域龙王信仰兴盛缘由、分布区域和相关民俗活动的探讨，对研究该区域环境与信仰之间的关系有重要意义。

关键词：明清；雁北；龙王信仰；民俗活动

雁北原是对山西雁门关以北区域的概称，新中国成立后曾一度作为行政区划，现划分为大同和朔州两市。自明代以来，该地区备受关注。就政治而言，这里是边防重地，驻扎了大量军队；就经济而言，围绕军需供给，这里形成了巨大的商业市场；就文化而言，雁北属于北方古文化区系，是中原农耕文化与北方游牧文化的交汇区。恶劣的自然环境使当地百姓长期依附于土地，或从事农业，或从事畜牧业。在明清时期，政府所采取的奖励垦荒和移民屯田的政策又促使当地更加注重农业生产，与农事密切相关的龙王信仰在这种历史背景下获得兴盛发展。本文依据现存的方志资料与文物资料，就明清时期该区域的环境对龙王信仰及民俗活动的影响作一概述。

一

雁北地处黄土高原，丘陵纵横，左云、右玉、平鲁等区县皆山丘连绵，只有应县、山阴、朔州土地较平衍。然而，从整个区域来看，地处高寒，土地贫瘠，干旱少雨，农作物产量不高。因此，在方志中大量记载了该区域恶劣的状况，如阳高县"地处北塞，沙碛犹甚，高土黄沙满目，低土碱卤难耕，是以地虽阔而居民稀，土虽多而耕者少"。[1](P70) 天镇县"地临边塞，人情朴鲁，机械不生，男务耕牧，女不纺织，天寒地瘠，春冬坐食，民多贫困"，且"奇寒酷冷，地瘠民贫，变产难售，称贷惟艰,室家鲜保,门户罔顾,舟车商贾不通,仰事俯育无资,故凶年难免于流离也".[2](P512~513)广灵县"山多无材木,水多无鱼虾,产值千金者即推巨富,故素有穷山穷水穷财主之嘲,大抵黄糕供老疾,少者餍糟糠,瘠疲亦甲天下矣".[3](P93)应县"在雁门以北,其地盐,其泉碱,无桑麻之饶、陶埴之利,又多凶旱水溢之苦。民贫特甚".[4]山阴县"地脉沙碱,风猛早霜,无一奇产".[5](P12)因此,明清时期,雁北当地恶劣的自然环境严重制约了当地农业生产。靠天吃饭的生存环境自然使得人们将丰收的希望寄托在神灵身上,百姓对神灵更加具有依赖性,特别是对与农业生产密切相关的龙神。诚如广灵县罗家疃村龙王庙现存《移地重建龙神庙碑记》所述:

尝闻天生蒸民,莫不赖五谷以养;育苗而秀实,要必借雨露以滋荣。静焉思之,苟无雨露,何有五谷? 苟无五谷,何有民? 斯民赖五谷,而实赖雨露也。况龙神乃行雨正神,护国裕民,诚为君民之所共仰也。

再如山阴县贺家窑村现存的清光绪年间的《重修龙神庙碑记》所述:

尝闻启建庙宇,安供神灵,为佑生民之设,万古不易。春焉而祈,秋焉而报,蒸尝祭祀之仪,谁敢废时,盖各村各乡未有不遵古而建被佑也。况我贺家窑村虽户鲜庶稀,亦建启龙神庙,即为社稷坛。庙貌威严,神灵赫濯,农人之祈甘雨介黍稷谷,我士女者莫不赖此。神灵默佑,御灾捍患,永登丰年而共享安乐者也。

从这些记载中可以清楚地看到地域环境对神灵选择的决定性作用。

明清时期,雁北又是一个特殊区域。明代九边重镇,太原府、大同府占其二。其中大同府辖四州、七县、十三卫所,四州即朔州、应州、浑源州、蔚州;七县即大同县、怀仁县、马邑县、山阴县、广灵县、广昌县、灵丘县。十三卫所即大同前卫、大同后卫、大同左卫、云川卫、大同右卫、玉林卫、阳和卫、高山卫、天成卫、镇鲁卫、平鲁卫、威远卫、井坪千户卫,其中蔚州即今河北省蔚县,广昌县即今河北涞源县。尽管清代改卫为县,但仍具有战略意义。从明初开始,政府即采取了奖励垦荒、移民屯田的政策。洪武四年(1371年)开置大同都卫,八年(1375年)又改为山西行都指挥使司,二十五年(1392年)徙治大同。同年,朱元璋命"冯胜、傅友德帅开国公常昇等分行山西,籍民为军,屯田于大同、东胜,立十六卫。"[6](卷3,P50)在这种背景下,雁北所属州县形成了民屯与军屯相结合、军事与地方为一体的社会状况。清代延续了明代的一些政策,依然鼓励包括雁北在内的边关一带垦荒。当初雁北的驻军及其家眷,随着社会的变化逐渐分散到各个屯、堡、寨、村中,并开始努力从事农业生产。在这样一个特殊的区域,十年九旱的自然环境使社会各阶层对龙王的崇祀达到了极致。屯、堡、营、寨、村在明清时期大都带有半军事半地方性质,其文化建设也受到影响,其表现之一即是列于官方正祀范畴的龙王庙,其修建和祭祀通常表现为官民、士庶或军民共同参与。

二

明万历年间以后,雁北地区社会相对安定,人口增长,村落增加。由于农业生产得到恢复与重视,所以祭龙神和祈雨活动逐渐成为人们日常生活的一部分,与水有关的神庙日渐增多。

首先,山丘地带多建有龙王庙。龙王庙在山丘地区大都依山傍水,自然风景优美,自然形成的"神泉""龙泉"和"龙池"成为邻近民众祈雨之处。浑源县内恒山是整个大茂山的主峰,当地就有龙山之称和龙脊之说,《元遗山集》中还有《游龙山》一诗。广灵县南村镇与梁庄乡交界的山上有老龙王堂,始建于明代,其"上覆巉岩,极其耸翠;下临绝涧,极其溟深。前照后依,抱两镇□□,北峙南泉,据壶源之本根。萃精毓秀,四方仰沾,诚胜地亦仙境也"。左云"在县西北孤山之阳,左建龙神祠,时有小蛇出入,人以为龙。土人卜此,以为雨侯,泉水□流。进士萧汉有碑文"。[7](P65)怀仁县石井村与周围村落"三五为邻,傀山足而居,势若半环,稍南渐高。而东旧有龙神庙,……每朔旦焚香以至献戏酬蜡于春秋,少长咸会,率以为常"。

其次,平川地区也广建龙王庙。军堡和民堡是雁北地区在明清特定社会历史背景中形成的一种状况。北部沿长城一带的屯堡,大都修筑于明中后期,带有军事性质,而平川地区多民堡,其修建多出于保护村落的目的。由于明清两代施行屯田政策,其聚落中的民众也努力从事农业生产,故而屯堡中多建有龙王庙。如大同北部的宏赐堡、得胜堡、助马堡、镇川堡、破虏堡等在堡内外均建有龙王庙。

实际上,明清时期,在平川地区的村落中龙王庙更为普遍,其祭祀活动也最为频繁。其原因在于,一方面雁北农业生产严重受自然条件制约,农业的恢复与发展与水密切相关,主管行云降雨的龙王自然受到崇奉;另一方面,地处平川中的龙王庙在分水及治理地方水案中承担着一定功能,如应县吴庄龙王庙中所存的《六成渠使水规条二十则》碑,记录了东辉耀、西辉耀、哑嘈庄、五里寨、杨庄、吴家庄等六村使用水的详细规则及处罚办法,而应县望岩村原立于龙王庙中的《分水碑记》,则记录了大西头、望岩两村之间因使用渠水所引起的纠纷。

三

祭赛是龙王信仰及其活动的重要组成部分。龙王庙的修建乃是"乡民所以报赛田事而仰答神庥者也",而且祭赛往往也是神人沟通的最好途径,诚如山阴县东察罕铺村龙王庙现存《大清国代郡雁北察罕屯重修龙王庙乐楼禁止庙后取土碑记》所载:"亘古天地之气化人以祈,其报神功以显其功,是神□人交相须者也。"因此,春祈秋报的活动也通常在龙王庙中举行。

明清时期,雁北龙王祭祀有定时的固定祭与不定时的临时祭两种。由于各县区的气候和所种植农作物的种类稍有差别以及其他方面原因,固定祭期通常各县有所不同,例如广灵城一地即有龙王庙四座,其中社台山龙王庙还定期组织庞大的祭祀活动,每年"六月十三日,社台山祭赛龙神,凡三日"。[3](P27) 怀仁县西南十五里有五龙海,"在县西南十五里,广亩馀,深不可测,菱芡青葱,鳅鲤潜跃,旁建五龙王蜡庙,祷雨辄应,每岁五月十八日,报赛游人甚众"。[8](P271) 在广灵县南村镇与梁庄乡交界处的老龙王堂,每年附近南村、梁庄、莎泉、北土岭、白庄、黄龙村、南坪村、赵家坪等"八村八年轮流而经理,六月六日献戏酬神"。有时,在相似的地域环境中,临近堡子或村落的龙王庙祭祀日期也有所不同,如大同北部的拒墙堡是农历五月二十五,宏赐堡和得胜堡是农历六月初六,破虏堡是农历六月二十三。临时的祭期则更多选择在干旱少雨的春季或夏季,正如《朔平府志》"乌龙洞祷雨文"所载:"当小满前后,正是青苗命脉,春夏无耕,秋冬何获,早一刻尚邀一日之昭苏,迟一时便深一年之憔悴。"[7](P417)

雁北的龙王祭祀虽有固定祭与临时祭之分,但有时又交叉进行。右玉县杀虎口乡马营河村有五圣庙,五圣庙始创年代不详,殿内主神,据老乡回忆,有太上老君、关帝、龙王、河神、送子娘娘等,可能即其崇祀的"五圣"。正殿脊枋尚存题记两条,一曰"大清康熙岁次癸巳年(1713年)仲月壬子日崇修殿宇,正蓝旗协领六十,监功官拖逻、拨什库、□达子、□达子,兵丁特黑纳、廊兆、□黑谷楞,住持僧人明宗、明心"。一曰"大清乾隆四年(1739年)岁次己未季夏,正蓝旗协领关福,会首、信官哈达,五住儿,三住儿,孟都宋,信士招得把、陀陀户、牙起、观音保、龙住、常五、六十四"。[9](P88~89) 冯俊杰先生据此推断,这是一座由满族驻军主持修复的明代神庙和戏台。"马营河五圣庙除了正常的一年一度的零祭即庙会而外,旱情严重时还要举行临时性的大雩活动。其大雩传统比较特别,以'偷神'代替请神。如果连续若干天不雨,会首就指派几个青年男子,夜间到邻村一座龙王庙里将神台上的龙王小神像偷回来,安放在五圣庙中,然后在庙里庙外的窗台上插上树枝,再

用脸盆在地上洒水。翌日,全体村民头顶木棒,齐集于小龙王神像前,跪拜求雨"。[9](P96)

四

庙会与演剧是龙王信仰及其活动的又一重要组成部分。明清时期,在雁北地区举办的龙王庙会与当地其他地区庙会有相似之处,在宗教功能之外也存在经济功能。如清雍正十一年(1733年)所刊的《广灵县神水堂龙母香火地亩碑记》载:

> 每年六月十三日,龙母圣诞之辰,里民献戏。因而商贾咸集,其会颇盛。然客商犹苦课税之征,每有裹足不前。今遇邑侯韩公抚恤远商,免征课税,谕令各商,随意捐输,以充常住公用。遐迩闻之,莫不感颂二公之功德。自此以往,圣会日隆。

再如清雍正十二年(1734年)所刊的《鼎建宝塔碑记》载:

> 朔邑东坪乡北山岛屿之中,其麓有天然一石穴,顶罅涓水盘曲,溢流悬崖,如喷珠溅玉,风动晶帘,常有云气出没,时见神物,状如青蛇,因名乌龙洞。岁遇旱魔为灾,远近取水祷雨,必沛甘霖。土人以其灵妙,鼎建殿宇,劳筑精舍,为焚修藉赖。……由是于每年中秋望后十日,起建香火大会,并以彰神德,并阐元风,四方商贾,遐迩善信,络绎弗绝。[10](P24)

"商贾咸集""其会颇盛""四方商贾""络绎弗绝"正是明清时期庙会中经贸活动盛况的一个简单概括。经贸繁盛的缘由,也正如前述,虽然明清两朝都进行了大规模的移民,但人口流动较大,人口密度也较山西南部及其他地方要小得多,许多村落中人口较少,百姓们更是仰仗着一年中的几次庙会来为他们提供生活和生产所需。

献戏演剧是村落民众酬报龙神的一项重要活动。记载龙王庙庙会演剧状况的文献与碑刻相对较少,然而在现存碑刻中,许多都提到了龙王庙中乐楼的创建或重修。从现有文物资料来看,雁北地区在明代就建有乐楼。如朔州市下团堡乡刘家口村大庙《移建增修补修碑记》碑载:"余乡始洪武初有古刹一所,龙宫、乐楼南北各三楹。"清嘉庆十一年(1806年)所刊《龙王三元圣母重修碑记》载:"朔郡城壤下面高村,旧有宫殿三间,创自大明,不知何帝之时,据香亭考之,乃正德十二年也。……以及乐楼三间。"[10](P54)乐楼作为祭祀演出的重要场所,说明即使过去作为兵家必争之地的雁北,在相对安定的社会环境中,也特别重视用歌舞来娱神。清代雁北所辖州县卫所堡寨及村落中的龙王庙及乐楼的数量更是倍增。

乐楼的兴盛是以本地剧种的繁荣为前提条件的,明清时期,梆子戏、罗罗腔、秧歌、道情、耍孩儿等多个剧种活跃于雁北。据专家学者们考证,明清时期雁北一带有一种古老的戏剧形式——赛戏,曾经流布于雁北地区的阳高、浑源、应县、山阴、朔州以及忻州地区的五台、岢岚、宁武等地。赛戏属于祭祀戏剧范畴,它的演出也是与祭赛龙王密切相关的,通常伴奏只有鼓、锣等打击乐而无弦乐,并采用吟诵的方式。在祈雨活动中进行表演,必演的剧目就是《斩旱魃》。旱魃是中国古代神话中干旱的始作俑者,《诗经·云汉》即有云:"旱魃为虐,如惔如焚。"足见,雁北许多民间信仰与祭赛活动都与当地的自然人文环境密不可分。

尽管祭祀龙王、祈雨、演剧等习俗像大多数已经或正在消失的民俗事项一样,由于失去了其存在的社会基础而逐渐退出了日常生活的舞台,但在明清时期,雁北地区的龙王信仰及相关习俗却在普通民众的日常生活中占据着重要位置。

参考文献:

[1](清)房裔兰,苏之莱.雍正阳高县志[A].编委会.中国地方志集成(山西府县志辑)[C].南京:凤凰出版社,2007.

[2](清)洪汝霖,鲁彦光.光绪天镇县志[A].编委会.中国地方志集成(山西府县志辑)[C].南京:凤凰出版社,2007.

[3](清)郭磊.乾隆广灵县志[A].编委会.中国地方志集成(山西府县志辑)[C].南京:凤凰出版社,2007.

[4](清)吴炳.应州续志[A].编委会.中国地方志集成(山西府县志辑)[C].南京:凤凰出版社,2007.

[5](明)刘以守.崇祯山阴县志[A].编委会.中国地方志集成(山西府县志辑)[C].南京:凤凰出版社,2007.

[6](清)张廷玉等.明史[M].北京:中华书局,1974.

[7](清)刘世铭,王雨旸.雍正朔平府志[A].编委会.中国地方志集成(山西府县志辑)[C].南京:凤凰出版社,2007.

[8](清)李长华等.光绪怀仁新县志[A].编委会.中国地方志集成(山西府县志辑)[C].南京:凤凰出版社,2007.

[9]冯俊杰,刘梅.长城要塞杀虎满族驻军修复的明代乐楼[J].中央戏剧学院学报,2007(3):86-97.

[10]范和平等.平鲁石刻图志[M].太原:三晋出版社,2009.

清代大同府关帝信仰考略

刘兴利

（山西大同大学文学院，山西 大同 037009）

摘　要：清代大同府关帝祭祀以五月十三最为普遍。一方面源于明嘉靖国家祀典定制，另一方面亦与民俗节日有关。对关羽的称谓亦有所差异，如关壮缪、关王、关帝、伏魔帝君、关圣等，原因即在于中国历朝历代对于关羽都有不同的封号。大同关王庙是本地区最具代表性的关庙之一。关帝庙会多在每年祭祀时举行，流传于近世的有两个庙会。

关键词：关帝信仰；大同府；考略

在中国，对关羽的崇拜深深地根植于民间信仰之中，几乎比肩儒家学派创始人孔子与佛教的观音菩萨，并逐渐演化为一种独特的华夏文化现象。关帝信仰既有共性又各具地方特色，对清代大同府关帝信仰的研究，可达到凸显地方文化之目的。

一、关帝祭祀及称谓

祭祀是人们对所尊崇的神祇表示虔诚意愿的一种行为仪式，是信仰民俗重要的表现方式。[1](P411)关帝信仰，最典型的标志是将关羽予以神化，建庙宇以祭祀。清代大同府关帝祭祀一般于每年的五月十三日举行，这从明嘉靖年间起已成定制。

> 明嘉靖年间，定京师祀典，每岁五月十三日，遇关帝生辰，用牛一、羊一、猪一、果品五、帛一，遣太常官行礼。四孟及岁暮，遣官祭，国有大事则告。凡祭，先期题请遣官行礼。[2](P78)

而遍查清代大同府诸方志，却发现关帝祭祀之日，并不以五月十三为唯一，主要有四月初八、五月十三、六月二十三、九月十三等四种说法。以下试作辨析。

四月初八，是佛教节日，又称洗佛节，亦称浴佛节、佛诞节。俗传四月初八是佛教创始人释迦牟尼生日。佛教天台宗隋朝智𫖮大师在当阳玉泉山建立精舍，传说关羽请求受戒,寺成后关羽成为该寺伽蓝(寺庙护法神)。这种说法在宋代开始流行,以后各寺院争将关羽列为本寺护法神。[3](P245)显然,四月初八的关帝诞辰之说与其司职佛教伽蓝护法神有关。

清人宋荦《筠廊二笔》载冯景所记解州断碑之事,谓壮缪生辰世皆以为五月十三日,不知乃其子关平生日,认为关羽的诞辰应该是六月二十四日。

> 康熙十七年戊午,解州有常平士于昌者,读书塔庙。塔庙,侯故居也。昌昼梦侯授以"易碑"二大字,惊而寤。见浚井者得巨砖碎之,砖上有字。昌急合读,乃纪侯之祖考两世、讳字、生卒甲子大略。……记中载侯祖石盘公,讳审,字问之。和帝永元二年庚寅生,居解州常平村宝池里。公冲穆好道,以《易》《春秋》训其子。卒于桓帝永寿三年丁酉,享年六十八。子讳毅,字道远,……于桓帝延熹三年庚子六月二十四日生侯。侯长娶胡氏,灵帝光和元年戊午五月十三日生子平。其大略如此。[4](卷上)

明人张镇编撰的《解梁关帝志》中说:"关帝,亦称关公,名羽,字云长,号长生。河东解梁(今山西运城市常平村)人氏。东汉延熹三年(公元160年)六月二十二日出生。"[2](P1)又说:"解州庙祭,以四月八日、九月十三日为祀期。"[2](P78)

由上可见,关于关羽的诞辰诸般说法,皆有出处,未可遽断。但五月十三,却是最为普遍。一方面源于明嘉靖国家祀典定制,另一方面亦与民俗节日有关。在中国传统节日中,农历五月十三又被称为"雨节","岁之五月十三为单刀会,是日多雨,谓天赐磨刀水云"。[5](P20-21)由于自然环境恶劣,清代大同府诸州县普遍地瘠民贫,有"十年九旱"的说法。对甘霖的渴望,折射出民众在恶劣的自然环境面前的无助,为了消弭现实生活中的苦难,便只好将希冀托付给虚幻的神灵,祈盼能够庇护自己。"五月十三"作为关羽的诞辰之日,也就有了现实依据。

从大同府各地祭祀关帝活动中,发现对于关羽的称谓亦有所差异,如关壮缪、关王、关帝、伏魔帝君、关圣等,原因即在于中国历朝历代对关羽都有不同的封号。

"关壮缪"的封号是汉后皇帝景耀三年(260年)九月,追封故前将军关羽壮缪侯。[2](P65)清人宋荦《筠廊二笔》中冯景所记解州断碑之事曰:"商丘宋公尝言壮缪恶谥,当易以嘉名。"[4](卷上)明代程敏政则认为:"至于谥法武功不成曰缪,而'缪'、'穆'古通用。若秦穆公、鲁穆公,在《孟子》汉穆生晋穆,彤在史,皆为缪。盖伤某之死国,故以壮缪节惠。而宋岳飞谥武穆,意与此同。今乃讳之以为恶谥,岂理也哉?"[2](P120)对改谥的主张予以否决。

称关羽为王则是从宋代开始。宋徽宗大观二年(1108年),加封武安王。宋徽宗宣和五年(1123年),敕加义勇武安王。宋高宗建炎二年(1128年),加封壮缪义勇武安王。宋孝宗淳熙十四年(1187 年),加封壮缪义勇武安英济王。元文宗天历元年(1328 年),加晋封号显灵义勇武安英济王。[2](P66)可见,关羽称"王"主要在宋、元两朝间。

关羽被封帝号,始于明神宗万历四十二年(1614 年)十月,加封"三界伏魔大帝神威远震天尊关圣帝君"。最终在清顺治九年(1652 年)四月,礼部奏准,关帝封号宜有加崇,请如明万历旧典普称帝,奉敕封"忠义神武大帝"。[2](P67-68)至此,关羽俨然已成为一尊护国之神。

至于称关羽为"关圣",则是与孔子之"文圣"并称之故。

二、大同关王庙

清代,大同府关庙林立,有的一个县里竟有四座。[6](P287)难怪清人刘献廷言道:"予尝谓佛菩萨中之观音,神仙中之纯阳,鬼神中之关壮缪,皆神圣中之最有时运者,莫知其所以然而然矣。举天下之人,下逮妇人孺子,莫不归心向往,而香火为之占尽,其故甚隐而难见,未可与不解者道也。"[7](P192)大同关王庙是大同府最具代表性的关庙之一。

据《大同县志》载:

> (大庙)在鼓楼东街,创建无考。元泰定间敕降封号,紫石小碣今不存。明景泰、隆庆、嘉庆、万历间相继增修,俱有碑记。国朝康熙三十二年重修。乾隆二年知府屠嘉正、知县李柏骧增建缭殿。三十八年知府吴辅宏、知县虔礼宝重修。壁间有明巡抚翟鹏谒庙诗碣,道光九年重修。[8](P61)

由此可知,此庙最迟应建于元泰定(1328 年),距今至少已有 682 年,现仅存正殿,殿前献亭为清代补建。

献亭,卷棚歇山顶,面阔三间,进深两间,四面敞朗。琉璃剪边。外檐斗栱正面 12 朵,山面 8 朵,各出三跳。斗栱华丽繁密,用材纤细,檐下额枋与柱端施雕花雀替,强调装饰功用,为典型清代形制。

正殿通面阔三间,通进深三间,明间 5.45 米,次间 5.06 米,明、次间均施六抹隔扇门。单檐歇山顶,上覆孔雀蓝色琉璃瓦,正脊为黄、绿、蓝三色琉璃脊饰,两端鸱吻造型生动。外檐斗栱五踩单翘单下昂。柱头科斗栱二朵,平身科斗栱六朵,昂嘴扁平,用材较大,风格古朴粗犷。老角梁、仔角梁前端均有铁马,仔角梁套兽,戗脊顺置走兽三个,最前端为骑鸡仙人。殿内梁架为清代增置天花遮挡,藻井绘龙形图案。大殿内后端置内柱两根,柱间各置雕刻精细的木质神龛一个,结构为重檐,为古建筑中小木作中之上乘之作。山墙收分明显。东侧山墙嵌有大明万历三十四年(1606 年)《重修义男圣贤庙记》壁碑一通。正殿前原有铁经幢一座,毁于 1959 年。

关王庙隔街与庙门相望原建有三面观戏台一座,为大同最早的元代戏台,曾于明、清两代多次修葺。明隆庆年间(1567—1572 年)代恭王朱廷琦在戏台后墙上增建龙鳞照壁一座。据《大同县志》载:

> 隆庆年间,代恭王心许关帝庙外照壁石妆花屏壁一座,寻制以砖。工将竣,壁忽自动前后仰伏,状如挥扇,观者罢市。恭王惧,急跪于神前叩祷,汗流浃背。逾时,墙稍定。王自是事神益谨,且每年加修葺。至今乐楼后砖壁犹存。[8](P374)

此龙鳞照壁新中国成立后仍在戏台的中墙壁上,完好无缺。戏台规模宏伟,台基长、宽各五丈,飞檐大柱,雕梁画栋,镌刻精美,古色古香,椽前作卷棚歇山顶。台前、台左、台右均有空地,人们可以从三个方向观戏。大庙正门台阶高且宽敞,台基上可容纳数百人,是极好的看台,惜毁于 1959 年。

现在庙前的戏台系大同市城区原皇城街戏台,于 2008 年 5 月 24 日至 6 月 8 日由代王府崇信门原址落架迁至该处重建而成。直到今天,这座戏台仍然保持着活力。如 2011 年 10 月 4 日、5 日、9 日、10 日,大同市北路梆子剧团就曾在这里演出四场敬神还愿戏,剧目均为北路梆子传统剧目,分别是《王宝钏》《穆柯寨》《血手印》《沈理舍子》。

三、关帝庙会

庙会,又有货会、山会、庙市等称法,它的出现与古代寺庙在宗教活动之外亦参与一定的经营活动有密切关系。[1](P351)清代大同府地区的关帝庙会多在每年祭祀关帝时举行,流传于近世的主要有以下两个庙会。

(一)阳高六月"迎供"庙会

阳高农历六月二十三至二十五祭祀关帝的庙会叫"迎供",会期三天。仪式如下:

> 关帝的全副銮驾仪式,十二座"供楼",檀香,对子马,鸣锣开道,鼓乐喧天,还有鞍鞴齐备的枣红马一匹,扮马童的二人左右拢着,作为关羽的坐骑,中间八人大轿抬着关羽泥塑。抬阁八架(内容有:张生戏莺莺、洞宾戏牡丹、断桥、狮子洞、张三跑马、鹿鹤同春、小姑缘磨、麒麟送子),背阁十二架,内有两架双背阁。参加表演的都是七八岁的男女儿童,加上装饰奇特,引人入胜,逗人喜欢。此外还有寿星斗狮子、竹马、穿心官等,整个队伍约有三百米长。二十四日为正日,四大街、八小巷、七十二个面面巷,凡能通过的街巷都要走遍,前后两天活动内容有所减少,游行队伍路线也较短。

"迎供"也是进行物质交流、繁荣商业的好时机。每逢"迎供"前的一个月,商会就会发出信息,妇女、儿童一般都要添置新衣。因此,棉布、绸缎行的生意成倍增长。届时,四面八方的人汇聚城内,亦带动了饮食业的空前兴隆。

(二)浑源五月十三关帝庙会

俗称五月十三为"大请神",是专为纪念关帝诞辰之日举办的庙会。关帝庙俗称"老爷庙"。届时,庙会由县城西关街银、商两行筹款举办,以请神、唱戏和商贸为主。庙会期从五月十三至十六,共四天,其中最为热闹的一天就是"请神"。

"请神"仪式由数队排列而成。第一队由戏班演员扮成周仓,手拉一批备好鞍蹬的骏马走在前面,后跟数名演员装扮的兵将;第二队是"执事"人员头戴红帽,身穿差衣,伴随着12对銮驾,鸣锣开道;第三队是数十名青年扛着彩旗、马伞、龙凤扇,拥着一个用布料制成的神楼;第四队是众人抬着一个铜香炉,炉内焚香,并有4个身着黄马褂的童子,每人手捧香盘,伴随在香炉两侧;第五队是12张四脚高桌,桌上摆着各种供点,每点由4人抬着,一个接一个地行进;第六队是各商号的会首身穿长袍,虔诚端庄地缓缓而行。队伍从西关出发,行进至木市街老爷庙前停下,会首们进庙焚香烧表叩拜后,将关圣帝君的神牌请到布制神楼内,三声铁炮,仪仗队启程,绕过南关,穿过东门,进入城内,回到西关。这时,唢呐高奏,鞭炮连响。仪仗队进入西关后,会首们将神牌请在神棚内,再次焚香跪拜,设供点,鸣鞭炮,开唱安神戏。

五月十三的神戏,其特点是戏台用各种布匹精制而成。从正月灯节后起,就开始动工。关门东是布制神棚,神棚西是布制戏台。神棚和戏台都高约数丈,四梁八柱,五脊六兽,神座隐屏,拦墙隔扇一律用布结成。一切图案花卉,无不精致逼真。特别是棚前的一双布旗杆,宝座花斗,高插云霄。旗杆前立有神马一对,马童两个,雄姿英武,栩栩如生,全都用布料制成。邀请的戏班,也都是从关南高价请来的头等戏班子,戏班成员多是省内的名艺人。

此庙会现已失传。

明清时期商品经济日趋繁荣,特别是明中叶以后,寺庙经济也呈现出日益活跃的特点。关帝信仰得以广泛传播,反映了当时社会中商人们在认同封建伦理道德秩序的同时,普遍标榜以诚待人、以信接物、以义为利的经营原则,有的还提倡"轻货财,重然诺",以蹈道守礼的姿态将经营活动融入传统的儒家思想的轨辙之中。统治者更是充分利用这一信仰资源,来强化封建礼教思想。

结语

关羽,作为华夏民族的人格神,其形象被定格为平乱驱害、保护一方的善神,忠义、勇武几乎成了关羽的专利。清代遍布大同府各地的祠庙,令人神往的传说,从人到神,从生前的英武将军到死后被累封为帝王,关羽成功地演绎了一段传奇。随着时间的流逝,关帝信仰以一种集体无意识的思维方式,凝定在民众心中,成为一种永久的信仰标识。

参考文献:

[1]林永匡,袁立泽.中国风俗通史(清代卷)[M].上海:上海文艺出版社,2001.

[2](清)张镇编撰,宋万忠,武建华注释.解梁关帝志[M].太原:山西人民出版社,1992.

[3]燕仁著.中国民神[M].北京:三联书店,1990.

[4](清)宋荦著.筠廊二笔[M].清康熙间刻本.

[5](清)潘荣陛著.帝京岁时纪胜[M].北京:北京出版社,1961.

[6](清)吴辅宏纂辑.大同府志[M].南京:凤凰出版社,2005.

[7](清)刘献廷著.广阳杂记[M].北京:中华书局,1957.

[8](清)黎中辅纂辑.大同县志[M].南京:凤凰出版社,2005.

从阳高青云寺看山西民间狐神信仰的历史与现状

李富华　陈纪昌　王鹏龙

（山西大同大学文史学院，山西 大同 037009）

摘　要：狐神信仰是山西及其周边地区的一种特殊的信仰现象。本文试图通过对阳高青云寺及其狐神信仰的考察，探讨这一信仰对当地百姓的精神和生活的相关影响，进而对山西当今民间信仰的现状进行思考。

关键词：青云寺；山西民间；狐神信仰

一、山西狐神信仰的由来

狐神信仰是山西及其周边地区的一种独特的文化现象，从笔者对山西地方志的查阅及田野调查情况看，有明确记载或至今仍有相关留存的县市就有交城、清徐、文水、太原县、阳曲、祁县、平定、乐平、太谷、兴县、榆社、沁源、武乡、定襄、寿阳、阳高、天镇、万全、洪洞等。

狐神，在很多书籍中又写作胡神，其原型为春秋历史人物狐突。根据记载，狐突为晋国大臣，女狐姬嫁晋献公，生公子重耳。骊姬之乱，狐突之子狐毛和狐偃从重耳逃亡于各国。晋怀公上台后，为削弱重耳的实力，命令众臣"无从亡人"，令狐突召回二子，而狐突却以"一臣不事二主"为由不赴召，结果被杀。此后的几千年间，狐突被晋人祭祀并逐渐神化，由历史人物一跃成为神明，传播到整个山西及周边地区，"俗传神祀水雹，故雁门以北，祠宇相望，而太、汾二郡亦无县不祀。"[1](P5084)

现在见到关于狐突被正式立庙祭祀的最早时间为唐朝。明韩祐《碑亭记》云："神为却波故城人，墓在马鞍山，立祠已久，唐长史王及善徙山南遗祠于县北，屡著灵应。"[2](P86)北宋时期朝廷正式承认并赐额狐神庙，据《宋会要辑稿》："狐突庙在交城县，徽宗大观二年(1108 年)五月赐额忠惠。"[3](P776~777)金元在占领山西后明显沿用了宋朝的政策，继续支持鼓励百姓对狐突的崇拜，狐神信仰开始大规模传播开来。明清时期狐神信仰达到高潮，这一段时间山西虽然只创建了两座狐神庙："狐大夫庙……一在县东二十里东城都，洪武初建。"[4](P228)"雹神祠，在南洋河北,祀晋大夫狐突。乾隆十七年知县张坊建"。[5](P139)同时,各地也纷纷开始对狐神庙进行重修,今天遗留下的狐神庙建筑绝大多数为明清建筑风格即为明证。另外一个特别突出的表现是政府官员亲自主持祭祀狐神庙的记载开始频频见于各种文献记载。如"在交城县北一里狐突山,……国朝岁以七月十五日有司致祭。"[6](P185)阳曲"狐大夫庙在南关小木桥门外……二月十五日知府主祭"。[7](P185)祭祀费用也开始由政府负担,"永乐中加香烛价米三石六斗。"[8](P86)到光绪四年,狐神地位再次被提升,其封号重新得到加封,"晋省大宪以求雨普泽,奏请敕加封灵弼忠惠利应侯,遣官诣马鞍山致祭"。[1](P5083)

关于山西的狐神信仰,我们还可以从明清时期的文人诗词中窥见一斑。明人乔宇曾写诗纪念狐突:"晋家争立衅谁开,霸业中衰未可回。诸子为君从患难,当时谋国总贤才。丹青遗像忠魂在,香火空山祀典来。自古英雄常死节,不须重起后人哀"。[7](P1366)清人柯嶟则写道:"闲来孤突祠,剔藓读残碑。创建知何代,荒凉适此时。苔封松径少,僧寂鸟声迟。亮节千秋在,遗忠立晋基。"[8](P1364)

民间也围绕狐神形成了一系列信仰活动,如祈雨、防雹、过庙会等等。交城在明朝时"岁中元土人以神诞报赛";[8](P86)"七月十五日,为中元节祭墓,报赛灵弼忠惠利应狐侯庙";[8](P75)"夏历七月十四日,北门外狐神庙庙会";[8](P742)太谷"七月初五,狐公庙会",万全"相传七月朔为神诞辰,土人演剧酬神,远近毕至,男女焚香膜拜三日而已。"时至近代,在祁县贾令一带,每逢大旱之年,夏末秋初,贾令的社首与一些长老中的好事者依照前例,先和邻近村庄联系,达成到交城孤爷山祈雨的协议。

由此可见,狐神信仰之所以能够得以保留并在社会中产生悠久的影响,固然和统治阶级的认可和推崇有着密切的联系,但一种信仰的传承是绝对离不开普通民众的。他们中的大部分人几乎没有读过多少书,心目中也没有神灵信仰是荒谬的观念,他们信奉的是完全的实用主义的观点。只要对他们生活有帮助的事物,都会毫无保留地采纳信奉,他们不会像知识分子那样寻根究底,关心的只是灵验与否。比如狐神,百姓之所以崇拜,并不在于狐突的历史人格,其中一个很重要的原因是自然环境及生存需要导致的。我们知道,历史上的干旱灾害给山西人民造成的灾难极其严重。如明崇祯七年至九年(1634—1636 年)山西连年不雨,饿殍遍野。清光绪元年至四年(1875—1878 年)山西连续四年大旱,颗粒无收,死者不计其数。

冰雹是山西仅次于干旱灾害的第二大气象灾害。据统计,山西有灾冰雹占总降雹次数的58%,尤以雁同地区、晋中的东山地区及河曲、五寨等县较重。史料记载,从东汉建武十二年(36 年)至"民国"三十七年(1948 年)的 1913 年中,记载有雹灾的达 409 年。大量史料中都形象生动地记载了冰雹及其危害,如雹大"如卵""如拳""如杯""如盂""如斗",甚至"如柞""如卧牛",造成的灾害更是"毁屋舍""毙人盲""麦无遗茎""野无青草""树无遗枝""地为之白""望如冬景"等等。"力不足则求神",人们在现实中找不到解决的办法时,只好寄希望于神灵了。

然而,我们必须指出,在文化的产生发展过程中,环境仅仅是诱因之一,并不具备决定力量。民间何以把这一职能赋予狐突,由于历史久远和相关资料的缺乏,我们很难找到一个完整的证据链条。不过,零星的文献记载也许能给我们一些启发:"交城北门外的狐突大夫庙内有'狐神井'遇旱祈雨极为灵验。狐突成为雨神,出处就在这里。"纪晓岚在山西太谷白村曾发现一座"糊涂神祠",经他从语言学的角度考察,发现这实际上是一座狐突庙,因为"狐糊同音,北人读入声皆似平,故突转为涂也"。当地百姓也只知道"如是奉神稍不敬,辄至风雹",故"奉事之甚严"。尽管我们无法确定狐突何以司雨雹,但山西百姓对狐突这一功能的崇拜和信仰却源远流长且流传至今。

二、青云寺现状

青云寺位于阳高县罗文皂镇许家园村,坐落于阴山山脉的十三沟与十八沟处,位于我国农牧交界带上。前有阴山,后有长城,村内现有居民 230 多户,1992年人口普查时达到 926 人,但现在实际常住人口数量为 400 多人,且大都为老人。据老人们讲,村子里原来有两座庙,一为东庙,二为现在的青云寺。东庙要比现在的青云寺还要早些,但遗憾的是东庙除现在的旧地基之外,就只剩下老人们回忆中的碎片了。青云寺则存留了许多明代建筑,虽然现存的很多建筑是近几年重新修复的,但基本上是在维持原状的基础上进行的,与原状基本相符。现存建筑坐北朝南,有过殿、玉皇阁及东西配殿,占地面积约 3000 平方米。庙内现存清雍正十二年(1374 年)重修胡神庙碑和嘉靖十一年(1806 年)修边墙布施碑各一通。

据老人回忆,原始庙分布状况虽然与现存面貌基本相符,但由于自然损毁和保护不力等缘故,仅有二层明间歇山顶抱厦基本保留完整,其他的建筑都是后来补修的。原庙山门前有九龙壁一座,除材料不是琉璃的以外,其他的与现在全国仅存的三座九龙壁是一模一样的。老人们特别强调说,上面的龙都是四爪龙。山门为二层,名曰望云楼,东西各有一门,东门楼上有钟一口,名曰晨钟,西门楼上有鼓一架,名曰暮鼓。望云楼对面为东西配殿,东为社房,供僧人和善男信女使用;西为官厅,供县官和县官以上官职的官差享用;中间为栏架厅,栏架厅的正面挂有"好雨知时"的字样,而背面挂有"上天知载"的字样,具体为何人何时所题,已经无从知道了。配殿之后是四明厅,又曰抱厦厅,是由 16 根柱子撑起的。在厅的正面挂着"泽被晋疆"的字样。厅的背面挂有"感应"二字的字样。抱厦厅左面是青龙厅,右面是白虎厅。过了抱厦厅是三官殿,殿门上挂着"有求必应"的字样,殿内正堂塑有尧舜禹三帝,左面是胡神。三官殿后面有二层明间歇山顶,曰昊天阁,供奉着玉皇大帝。

该庙现名虽叫青云寺,其实原来叫胡神庙,又叫胡爷庙。庙内主神,据当地的百姓说,应是胡神。但如上文所述,胡神并不居三官殿正堂,而是侧面,这样的神位布局在其他的寺庙中很少见到。经笔者向当地百姓多方打听,该庙原来是一座纯粹的道观,在庙中发现有两通清朝碑文:一为清咸丰元年重修狐神庙碑,上有自明万历到清道光年间人们对狐神的景仰及对庙宇的修缮情况;一为清嘉庆年间的公颂三十六村总乡约功德碑。从中可以看出,自明万历到清嘉庆年间狐神在许家园村及其周边广大地区的影响以及人们对它的虔诚供奉。

胡神信仰在长期的流传过程中,还产生了很多与之相关的传说,其中最引人注意的是关于小白龙的故事。该故事说,胡神本名小白龙,是天龙八部之一,专管人间降雨。后被张天师派回山西,小白龙非常高兴。得意之余,竟忘乎所以,把他的本领竟毫无控制地发挥起来,结果一路乌云密布,狂风大作,冰雹漫天,沿路的庄稼都被他打了个精光。百姓们看着到嘴的粮食颗粒无收,个个抱头痛哭,连连骂喊。小白龙自知闯下了大祸,危害了黎民,便琢磨着如何赔偿百姓损失,以赎千古之罪。可是仲夏已过,立秋即到,种植大田庄稼已经没有指望了。小白龙心想,如果有一种下种迟,收得早的庄稼那就好了。忽然,他想起有一种小麦,日期短,收获早,吃起来也非常适口,何不以此赔偿。阴历七月初三日,他就把麦种赔偿了乡亲们,并起名赔麦。没多久,赔麦成熟了。百姓们个个喜气洋洋地收获着丰收果实。自从那次冰雹灾以后,小白龙时时记在心上,记取教训,念念不忘为民造福。从此以后,这一带每年风调雨顺,五谷丰登。人们为了感谢和纪念他,在许家园盖了一座庙宇,起名胡神庙,并在每年七月初三日为他唱戏,过庙会,以示祭祀。这种生长期短适应性强的麦子就是现在的荞麦。

三、狐神信仰得以存在的原因分析

我们知道,任何一种民间信仰之所以得以延续,必须有一群忠实的信众。据笔者实地调查,庙中僧人是佛教徒,对胡神的态度有点模棱两可,经常上庙烧香的则主要是来诵经的,和胡神没有关系。当地百姓对胡神的态度也截然不同。一部分人对胡神的信仰比较虔诚,理由是胡神有求必应。还有许多村民对胡神的态度是不反对、无所谓,还有一部分村民对胡神的功能存有异议,理由是该村附近连续三年大旱而胡神并未显灵,使主张胡神灵验的村民无言以对。

从上述的描述中大致可以透视出当今百姓对胡神信仰的现状。中国民众对神灵的信仰完全是实用主义目的,他们一般不会对神的来历寻根究底,官方的赐封也只是为自己的神灵崇拜寻找一个合法的依据,政府的倡导对他们并不起太大的作用。他们常常根据自己的意愿去想象神的功能,同时呈现出巨大的包容性和多神信仰以及世俗与信徒不分家等特色。他们对神灵的态度往往是无事冷漠化,遇事特虔诚。本寺常住的白姓僧人给我们解释说,道神关注生前的长寿和自我完善,佛祖关注今生的安宁和死后的灵魂去向,胡神掌管世俗事务,他们互不干扰而安然相处,构成了一个众神组成的大家庭,这大概就是当今社会民间信仰的普遍现象吧。同时我们也可以看到,宗教的世俗化是其保持生命力的重要因素。在今天,人们往往不惜花费大量的人力物力去修建宏伟壮观的宗教寺观。尽管如此,真正的佛教徒并不占很大比例,拜佛的民众同时兼拜其他神灵,他们中的大多数并不去分辨自己顶礼膜拜的是佛还是其他神灵,也并非是专供佛教神祇的寺庙才有僧人住持。在此,佛教、道教和民间信仰存在着一种共生关系,并全面介入现实生活,从而具有较强的世俗性和民间性。

我们判断,围绕某一所寺庙所进行的信仰活动属于何种类别,通常要看所供奉的神祇所属的系统,要看所举行的是何种宗教仪式,要看信众和神职人员的身份。而青云寺的信众却具有很大的灵活性,这和五台山佛寺中不可能有道教神祇,武当山道教寺观中也难有佛教神祇形成了鲜明的对比。而且越是在基层乡村,越芜杂混乱,人们也不以为怪,这充分体现了下层人民对现实生活的适应和灵活性。民间信仰在百姓心目中可以随意使胡神这一与佛教本无渊源,与道教也无干系的神祇跻身于佛教和道教庙宇,共生于同一空间之中,佛道二教也为了自己的世俗化和民间化而充分利用了民间文化资源,并对后者加以改造。因此,无论是佛寺、道观还是民间的各种庙宇,都在中国传统社会的民间文化中扮演着重要角色。

参考文献:

[1](清)王轩等.山西通志[M].北京:中华书局,1990.

[2](清)觉罗石麟等.山西通志(四库全书本)[M].上海:上海古籍出版社,1987.

[3](清)徐松加.宋会要辑稿[M].北京:中华书局,1957.

[4]安捷等.太原府志集全[M].山西:山西人民出版社,2005.

[5](清)杨笃.天镇县志[M].1984年重印本.

[6](明)李侃修,胡谧等.山西通志[M].北京:中华书局,1998.

[7]李培谦等.道光阳曲县志[M].民国铅印本,1941.

[8]交城县地方志编纂委员会.交城县志[M].太原:山西古籍出版社,1994.

从女性祀神体系看近代大同地区的社会形貌

（山西大同大学云冈文化研究中心，山西 大同 037009）

摘　要：女性祀神体系是神灵体系中一个重要的组成部分。从大同地区民间信仰中的两大以女性作为主祀神的神灵体系可以看出，大同地区社会生活受游牧民族影响深刻。现实中的性别比例失调导致女性地位较高，频繁的战争对人口的消耗，促使女性承担起生产和生活的重任。妇女从事社会生产劳动，在经济领域中便拥有相对的独立性与自主性，这一生活中的现象在精神上的反映就是神灵们组成了一个以女性为核心的家庭。

关键词：女性祀神；女性地位；社会形貌

大同地区地处长城沿线，接近中国农业耕作区的北限地带，是漠北游牧民族向中原发展时的必经之地，也是中原农耕社会的留守之地。特殊的地理环境造就了特殊的社会风俗和文化形貌。"神灵信仰和仪式构成了文化的基本特质，也构成了社会形貌的象征展示方式"。[1](P89) 本文试从剖析大同地区民间信仰中的两大祀神体系，即与农业生产相关的司雨之神体系和与生活密切联系的奶奶庙祀神体系中的女性神灵的地位入手，来看村落民间信仰文化中反映的近代大同地区的社会形貌。

一、司雨众神与龙母

在大同地区村落中常见的司雨之神有龙王、玉皇大帝、大王、胡神、湖神等，其中最常见的是龙王。中国人很早就有龙能致雨的观念。龙王是中国农业社会的一位尊神，"农人尤虔龙神，春祈秋报必醵钱献牲演戏"。[2](P卷8,P154) 龙王庙所祀龙王数目不等，从一位到五位甚至十位的神灵，都可以看到。一般以祀奉五龙的情况最为常见。五位龙王是风龙、土龙、火龙、青龙、黑龙。五位龙王身着与脸色相同的衣冠，手拿笏板（当地人称雨棒），配祀有雨师，其功用是帮助龙王降雨。除了龙王外，龙王庙里还祀奉有其他与农业相关的神，如八腊、蚂蚱和马王。龙王庙司雨之神多为男性，他们却接受一位女性神灵的领导，她就是龙母。笔者在大同市新荣区镇羌堡采访的过程中,一位老者道出了龙王庙众神排列的顺序:龙母居中,土龙、风龙、青龙、火龙、黑龙和雨师顺次排列于龙母两侧,土龙在龙母左一,风龙为右一,青龙左二,火龙右二,黑龙左三,雨师右三。由此可见,在龙王庙祀神体系中,龙母是最为显要的,常被安置在神台中间。"她既是一个视觉中心,也是一个以血缘关系为纽带建立起来的龙王家族的权力中心。"[3]在大同地区的大多数村落得雨后的出马仪式,要带上龙母,并将她的轿子排放在最前面。人们相信,说动龙母,比说动龙王还管用。五龙的父亲即老龙王,不少村民认为是泾河龙王。泾河龙王下雨时擅改时辰,克扣点数,触犯了天条,理应处斩。龙王在死前曾向唐太宗求情救他一命,结果没有成功,被魏征在梦中处斩,死后成为厉鬼,即大同人常说的"孤和爷"(孤魂爷)。在大同地区,孤魂爷被祀于龙王庙前或者村外的孤魂庙之中。

在大同地区的龙王庙中体现女性祀神地位的还有一个现象,就是龙母的女婿备受重视。在调查中,龙女是否也在龙王庙供奉,村民们没有明确的回答,但是龙母的女婿,即雨师爷却同其他几位龙王一起接受村民的供奉。雨师是帮助龙王下雨的,在大规模祈雨仪式中,雨师是随同龙母出行的必要神灵之一。在宏赐堡的采访中,有人认为,堡外湖神庙的湖神是龙母的女婿。宏赐堡在祈雨时为了确保能祈下雨,龙王庙唱戏时必然邀请龙母的女婿湖神来看戏。

二、奶奶庙众神和曹奶奶

曹奶奶是大同地区普遍信仰的生育之神,主管生育和妇女儿童平安。曹奶奶的信仰在大同地区流传很广,民间信仰中又称白花夫人,主生育男孩。在很多地方,奶奶庙会还花时,生育男孩的人家要还白花。大同地区战乱较多,自然期盼多生男孩。笔者2007年在新荣区破鲁堡四月初八庙会上得到一张奶奶纸,这张神纸上刻画出了奶奶庙众神的形象。据村民说,这是按照以前流传下的样式刻印的。从众神的服饰来看,这张神纸图案的旧版大约是清末民初。可以看出,曹奶奶是奶奶庙的主祀之神。为了完备奶奶庙的各项职能,这张神纸上配祀有子孙娘娘、雪山圣母(疑为血山圣母之误)、奶母娘娘、九天圣母、催生哥哥、送子哥哥、麻豆哥哥、宋瘟神、四太尉、青师大郎等十位神灵。另外,还有一位就是曹爷爷。在问及曹爷爷的功用时,村民们认为有曹奶奶就应该有曹爷爷。"宗教神圣性从外表来看只是社会需要的伴生现象。"[4](P93)在村民眼中,曹奶奶对于人口的繁衍和生存有很大的权力,送子、生养、哺育、治病以及平安赐福,其中最主要的功能是送生。出于对曹奶奶的敬畏和崇拜,他们按照人间的模式给她组合了家庭。很显然,奶奶庙祀神体系与传统社会男尊女卑的看法截然不同。奶奶庙中七位男性神灵在曹奶奶的领导之下,承担起了送生、养生和保护妇女儿童的重任。

恩格斯曾经说过:"根据唯物主义的观点,历史中的决定性因素,归根结底是直接生活的生产和再生产。但是,生产本身又有两种:一方面是生活资料即食物、衣服、住房以及为此所必需的工具的生产;另一方面是人类自身的生产,即种的繁衍。"[5](P2)可见,生存和种族延续是人生面临的两大问题,特别是在动荡不安的年代,同样也是困扰村民的两大现实问题。在这样的历史背景与生存环境下,人口的出生,特别是男性人口的出生,不仅意味着增强了抵抗外来入侵的能力,而且增加了抵抗自然灾害的能力。人口的出生意味着增加了伙伴,减少了势单力薄带来的恐惧。但是在过去环境极为封闭,缺医少药的条件下,特别是近代大同北部疫病流行、战争频繁,婴幼儿的出生显得尤为重要。能够生育成为社会衡量妇女的标准。对于不生育者甚至没有男孩的家庭,要举行仪式,祈求神灵赐予儿女。每年农历四月初八是奶奶庙的庙会。为了添丁生子,婚后数年不育或其他原因无子女的已婚妇女,在丈夫或婆婆的陪同下,到奶奶庙许愿。她们从神像前的泥娃娃中挑一个中意的,用红线拴在泥娃娃的脖子上或者做好记号,口中念念有词:"我是某姓家中人,家住某街某道巷,奶奶一定记住了,送子送到家门口。"在求子的同时并许下诺言,如果应验就必须来还愿。对于还愿的礼品或酬神的供品可以根据家庭情况,许愿人自愿选择。用村民的话说,就是"曹奶奶爱吃荤,有钱的许只真鸡,没钱的许只假鸡(用面蒸的供品),再没了许只纸鸡(用纸糊的鸡)"。村民借助于神灵来成全他们生生不息的衍长。此外,不管生了男孩还是女孩,在12岁的时候要扫寺。在笔者的采访对象中,70岁以上的老人都进行过这一活动。扫寺时,家长要带上给曹奶奶的礼物:一个活公鸡和供献的神纸、香烛等物品,还要拿一把笤帚。到奶奶庙去,家长先焚香、烬纸和磕头,对曹奶奶在12年中对孩子的照顾和看管表示感谢,然后孩子拿起笤帚在每一尊神像前象征性地扫一下。在孩子扫完后,和尚拿起笤帚在孩子头上打三下,表示曹奶奶已经不管了,将孩子的生命交给了城隍爷。在宏赐堡,扫寺也叫替寺。扫寺以后,就意味着孩子长大成人了,可以取一个正式的名字代替儿时的乳名。

三、女性祀神体系反映的社会形貌

神灵体系的排列正是现实生活的生动写照。从众神中女性神灵的权威位置和祀神成员中体现的神灵女系亲属较受重视的情况来看,女性神灵在村落神灵中地位相对较高。在整个传统文化的结构中,就男女关系来看,宣扬的是男尊女卑、男贵女贱,不仅上层文化给女性带来巨大的压力,而且各种约定俗成也对女性有了越来越多的束缚,甚至要求她们"行不露足""足不出户""笑不露齿"等等,即日常生活中的言行举止也都被束缚。女性往往成为自身即是不洁的危险对象,在社会生活中遭排斥、受欺凌。那么,在近代大同地区民间信仰祀神体系中的女性祀神的地位反映了怎样的社会形貌呢?

第一,近代的大同地区社会生活受游牧民族影响深刻,女性神灵的地位是历史上游牧民族的女性的社会地位在精神世界的反映。匈奴、乌桓、鲜卑、突厥、柔然、契丹等游牧民族都曾经活跃在今天的大同地区,特别是公元 398 年鲜卑族在此定都,开始建立标志拓跋鲜卑趋向文明的第一个城市文化。在近一个世纪的时期内,大同(时称平城)成为当时中华民族文明的象征,成为一个各游牧民族和外国移民聚居的新国际都市。此后,20 余年的太后临朝也造成了女性地位较高的社会影响,如云冈石窟中太和十三年(489 年)比丘尼惠宗造像和第 20 窟景明四年(503 年)昙媚造像,说明了女性祀神在平城的普遍性。辽金元明时期的大同也是游牧民族活动的舞台,在社会生产及政治生活中发挥着重要作用。"一种民俗一旦形成之后,就会以一种特定的思考原型和重复出现的行为模式,在民俗圈内产生强大的内心力和凝聚力,使生于斯、长于斯的民众,有意无意地整合接受具有共同心意民俗的规范。"[6](P31)

第二,大同地区人口中女性比例较低。大同地区人口比例的失衡与大同在军事上的地位有着密不可分的联系。以明代为例,据《三云筹俎考》记载,大同镇的驻军编制为 831,44 人,战马 36,888 匹,还不包括增援部队和临时招募的士兵。战争最紧张时,大同的驻军曾达到 13 万人,时有"大同士马甲天下"之称。以大同北部堡寨聚落在明时的驻军来看,总数达到 7,135 人。其中得胜堡 2,448 人,宏赐堡 607 人,镇羌堡 1,053 人,镇房堡 245 人,镇河堡 333 人,镇川堡 679 人,拒羌堡 420 人,拒门堡 487 人,助马堡 643 人,破虏堡 320 人。明代大量的军户入驻,改变了当地人口的性别比例,女性人口相对稀少,因而女性在生活中的地位相应要比其他地区略高。

第三,频繁的战争对人口的消耗,导致女性承担起生产和生活的重任。终明之世,大同北部战争不断,在清初的姜瓖之乱以后才稍事稳定。战争使男性人口减少,女性则不得不面对战后的重建问题。司雨之神体系正是反映了男性家长在战争中身亡以后,女性承担起管教儿女和经营生活的重任。正由于妇女从事社会生产劳动,在经济领域中便拥有相对的独立性与自主性。这一生活中的现象在精神上的反映就是在女性神灵领导下组成了一个以女性为核心的家庭。

四、结论

近代大同地区女性祀神的状况,是该地区历史文化在信仰世界的反映,隐含着该地区民众的生活史。龙母和曹奶奶的信仰在该地的流布、神灵家庭的组成情况以及由此而生的众神的功能分配,从民众心理来看,是中华民族自古有之的母性崇拜观念的积累和升华的结果,但更重要的是该地区长期民族交往和文化融合的体现,也是现实生活中女性的地位和作用在民间信仰中的反映。从某种意义上讲,民间信仰是我们探究乡村社会的一个视角,透过民间信仰在乡村社会的生存状态,我们可以看到在近代,甚至更远时间内乡民的生活,理解他们这样或那样处理事情的方式。

参考文献:

[1]王铭铭,潘忠党.象征与社会:中国民间文化的探讨[M].天津:天津人民出版社,1997.

[2](清)黎中辅.大同县志[M].太原:山西人民出版社,1992.

[3]苑利.华北地区龙王庙配祀神祇考略[J].西北民族研究,2002(2):158-168.

[4](德)格奥尔格·西美尔著,曹卫东译.宗教社会学[M].上海:上海人民出版社,2003.

[5]马克思恩格斯选集(第四卷)[M].北京:人民出版社,1972.

[6]陈勤建.中国民俗[M].北京:中国民间文艺出版社,1989.

晋北民俗对民歌的影响

彭栓红

（山西大同大学云冈文化研究中心，山西 大同 037009）

摘　要：民俗生活是歌手的生存环境。晋北独特的民俗生活成为歌手滋生创作灵感的重要源泉，直接影响了晋北民歌的内容构成。晋北民歌所表述的情感和思想以民俗生活为载体，得以形象化和生活化，具有历史性、时代性和地域性，并且获得了意义张力。

关键词：晋北；民俗；民歌

民俗是民众日常生活的模式化，晋北独特的民俗生活直接影响了晋北民歌的内容构成。晋北民歌所表述的情感和思想以民俗生活为载体得以丰富，亦更为形象化和生活化。

一、民歌中的晋北物质民俗生活意象

晋北多山岭，土地贫瘠，干旱少雨，高粱、莜麦、山药蛋等抗寒耐旱的农作物种植较多，如"莜麦芒芒咬人浑身痒，人想人像圪针扎心上""莜麦开花吊穗穗，多会儿也忘不了小妹妹""山药蛋开花一溜溜白，天底下数哥哥好人才""荞麦开花一片片白，哥哥一表好人才"。相应的饮食民俗就有了"半斤莜麦面推窝窝，挨打受气为哥哥""莜面鱼鱼豆青青碗，哥哥坐在我眼跟前""高粱面窝窝就上根葱，一霎时想起了心上的人""我炸油糕包白糖""半碗黄米吃软糕"等。由于晋北历史上地处边地，爱情民歌也受游牧民族豪爽民风的影响："手提着羊肉怀揣着糕，一路唱上往你家跑""火炖羊肉满锅油，说起为朋友肉眼眼抖""火炖羊肉锅扣锅，实心实意你和我"等。晋北人饮食几乎离不开山药蛋，吃法上也花样繁多。河曲民歌唱到："烧山药也是妹妹的香""大圪旦山药煮满锅""拔丝山药拉不断""山药丸子生金金锤""山药蛋烩菜糜米饭，临走时拿上煮鸡蛋"等等。此外，晋北的河曲、保德等地靠近黄河，可以行船打鱼，当地人还爱吃酸捞饭："大米捞饭开河鱼，你眊妹妹亏待不了你。"从整体上看，晋北气候寒冷，干旱少雨，饮食上多以抗寒、耐旱、耐饥的食物为主，民歌真实地再现了民众饮食习俗。

晋北大部分地区天气寒冷,在山西民歌中只有晋北民歌大量出现"油浸皮裤打补丁""身穿哩皮袄毛朝外""烂大皮袄捆铺盖"这类对皮衣、皮裤、皮大衣等防寒服饰的描述。在旧社会,晋北人常抽旱烟,于是女方给心中的情人最好的礼物就是缝"烟兜兜":"白灵灵胳膊俏灵灵手,你给哥哥缝上个烟兜兜。烟兜兜戴在脖子上,顶如你和哥哥相跟上""小妹妹长了一双巧手手,你给哥哥缝上个烟兜兜。四面绣上些绿草草,当中中扒上个兔脑脑"。晋北服饰的历史痕迹在民歌中也多有体现:"你给哥哥做上一对牛鼻儿鞋,哥哥穿上得得劲劲眊你来""四开帽子皮底底鞋,搭上那毛巾眊妹妹来""羊肚子手巾脖子上围,远远瞭见就是你"。

晋北民居民俗在民歌里可以看到窑洞、四合院、平顶房等样式,如"圆洞洞大门四合院,跑烂一双大底鞋没见上面""土窑窑房房花栏墙,人好不在那打扮上""半崖上掏窑没有个院,搂在你怀里还觉着远"。除了对房屋形制的描述,民歌对窗户、院墙以及屋门特别关注,如"白泥墙上画人人,不说实话尽哄人""红油大门砖砌墙,寻下个男人跟鬼一样""碎石头垒墙比山高,半月我跑了十五遭""单手手推开双扇扇门,炕上睡的个活死人""黑窟窿房房四堵墙,单扇扇门门独眼眼窗""三十六眼窗窗朝南开,你没老婆常坐来"等等。民歌之所以对门、窗、墙予以聚焦性关注,笔者以为,对于热恋中的情人,门、窗、墙不仅仅是视觉上的常态存在,而且是阻隔情人联系的空间性界限标志,如"听见哥哥脚踪大门外响,二妹妹急忙扑在窗台上";或成为促成情人之间联系的空间性界限标志,如"穿上红鞋大门上站,你把哥哥的心扰乱""再不要唱曲儿打哨哨,摇一摇门环我知道"。由此可见,民歌中的门、窗、墙不再是单纯的物理空间概念,往往还具有情感化的特殊意义。

晋北多山地,交通不便,旧时出行多以毛驴、骡子和牛车为主。"白马青鬃银蹄蹄,你搬妹妹回口里""二呼啦啦轿车车灰毛驴儿拉,一辈子也没坐过好车马""一出大门朝南瞭,哥哥赶的个四大套"。靠近黄河的也有坐船出行,"哥哥搭了只顺水水船,越瞭越远越辛酸"。通过民歌,我们可以了解旧时代晋北交通民俗的真实状况。当然,民歌也记录了新社会的交通:"通天道上好热闹,一辆辆汽车嘟嘟跑"。民歌对新旧社会交通工具的歌唱,让我们看到了民众对新旧社会不一样的感情。

物质民俗生活是民众最基本的生活,晋北民歌对物质民俗的反映更多的是对于艰难生活的历史记忆。反过来,晋北物质民俗生活在丰富民歌内容的同时,也赋予民歌一种忧郁沉重的基调。

二、民歌中的晋北精神民俗生活意识

晋北人对红色情有独钟,像红太阳、红灯笼、红肚兜、红裤带等等。"正月里正月正,正月十五挂红灯""红油大门砖砌墙""穿上红鞋大门上站,你把哥哥心扰乱"。红灯笼和红油漆的大门在晋北备受青睐。如此喜欢红色是和晋北人对红色的古老信仰有关,认为红色给人以温暖,是喜庆吉祥的色彩,可以避邪。阳高民歌就唱到:"穿上了(那个)红衫(呀)吉(哎)气(呀)多(哎嗨哟),又避(么那)妖来又(呀)避(呀)邪。"晋北人"逢九"年,全身上下一身红,甚至佩带红色避邪饰物。

晋北水资源匮乏,旱情频繁,河曲用"叫雨杆杆"来求雨:"杆杆本是一根柴,长在灵山黄土崖。叫雨杆杆三尺长,请龙叫雨把雨降。五碗供菜五朵云,供奉五龙神水领。五碗供菜求天神,普降喜雨接神灵。"[1](P154)民歌中求雨的神灵往往是老天爷、龙王、河神等,因此反映此类仪式的民歌在歌唱时是严肃神圣的。从清朝后期山西历次发生的旱情看,晋北往往受灾严重,关系到生死存亡,百姓恐惧感强,渴求雨水的心理更急切,甚至有原罪意识:"敬上一炉香呵,跪倒在拜水场,可怜旱民遭苦罪呵,身负重刑来赎祸殃。善愚我丧天良,做事理不当。我犯天神律呵,才遭这旱天长……供上三炉香呵,我肩膀上燃黄香呵,小刀刺骨满肩伤,跪拜水神晒毒阳呵,苦求滴滴佛水来,跪拜三天两夜长呵,阿弥陀佛水龙爷。"[1](P153-154)直到现在,大同县和左云县等地天旱时仍然有求雨习俗活动。

晋北历史上战乱频繁,土匪出没,民风尚武,崇拜面如重枣的关公:"想哥哥想得没办法,关老爷庙上去打卦。"民间相信月老常用红线拴住有情人促成婚姻,民歌把红线演变成"牵魂线":"走三步来退两步,牵魂线把我心揪住""牵魂线能长又能短,缠住亲亲走不远"。再如河曲:"四月想你四月八,娘娘庙上把香插,人家烧香求儿女,我和哥哥为抱娃娃。"宁武:"我送大哥庙门前,山神庙前来求仙,人家求仙为儿女,我和哥哥求姻缘。"民歌透露出敬神求儿女、求爱情婚姻的现实功利性。民歌中的关老爷庙、娘娘庙、山神庙、城隍庙、龙王庙等语汇的频繁出现,也可以看出晋北民众庙会民俗的丰富性。

大同云冈石窟的佛教文化对当地民众的影响是潜移默化的。大同民歌唱到:"文殊菩萨骑狮子,普贤菩萨坐象王。观音瓶插杨柳枝,如来佛高坐九莲台。"阳高《十鼓歌》更是对超脱俗事红尘的佛义进行了宣扬:"道友亲,真个亲,龙华山会一家人,有朝一晌团圆了,龙华山会愿相逢。"[2](P426)农历四月初八俗称佛诞节,也是浴佛节的时间。《魏书·释老志》载:"于四月八日,舆诸佛像,行于广衢,帝亲御门楼,临观散花,以致礼敬。"[3](P3032)梁代宗懔《荆楚岁时记》载:"四月八日,诸寺各设斋,以五色香汤浴佛,共作龙华会,以为弥勒下生之征也。"佛教传说弥勒佛成道时将于龙华树下三会说法,又称龙华会或弥勒三会,度脱上、中、下三种根基的众生,这也是佛教寺院形成龙华会的渊源,佛教徒也以能参加龙华圣会为幸。民歌歌唱佛教"龙华会",恰恰表现了民众对佛事的熟悉和弥勒佛信仰的虔诚。

对"仙"的崇拜也是民众超脱现实苦难,走向极乐世界的另一种理想选择。恒山道教在历史上颇有盛名,北魏北天师道创始人寇谦之改革道教,在平城宣扬新教义。有学者认为,《魏书》中所载太和十五年秋移道坛于"都南桑乾之阴",即今之恒山悬空寺。[3](P3055) 全真七子之一的丘处机在北方宣传教义时,直接或间接地对八仙的形成作了阐释,而传说八仙之一的张果老在恒山修行留下的遗迹便成了旅游胜景。晋北正是有这样一个道教发展的变迁和对八仙的文化积淀,民歌中才会出现大量的八仙唱词。阳高《八仙歌》就有对八仙故事的歌唱:"头洞神仙汉钟离,怀抱仙桃赴瑶池,蟠桃会上我要去,我是神仙头一名。二洞神仙吕洞宾,身背宝剑下凡尘,斩尽世间妖魔鬼,我与主家定太平……"

总体上看,晋北人是多神信仰,蒙、汉、满、回等民族在此杂居,道教、佛教、基督教和伊斯兰教多宗教并存。之所以出现多神信仰和多宗教并存的状态,这应该与晋北多山干旱独特的地理生态环境以及动荡的历史、多灾多难的民生和复杂的民族融合有关。

三、民歌中的晋北社会民俗生活情愫

晋北人多彩的社会民俗生活也影响了晋北民歌的构成。晋北人性格直爽,爱情民歌往往直截了当:"愿意了愿意不愿意了罢,你给咱说上句痛快话"。历史上晋北生存条件恶劣,由于贫困,金钱导致畸形的婚姻形式:"大大妈妈把银钱爱,硬把我当成牲口卖"(河曲)、"小奴家今年一十七,你老鬼今年六十一。想当年结亲奴不情愿,你拿上银钱把人骗"。童养媳婚姻也常见,一曲《童养媳活不成》唱出了童养媳的痛苦:"十三上到了婆婆家,麻绳绳捆住火柱打。婆婆咬牙女婿笑,大姑子糟踏我活不成。"再加上晋北土地贫瘠大旱频发,很多人打光棍娶不上媳妇,于是产生了"为朋友""打伙计"的畸形恋情:"人家骑猪我骑狗,越活越气越老羞。人家骑狗我骑羊,活得不如喂了狼。人家骑羊我步行,仔细盘算活不成。有朝一日交好运,打个伙计救救命。""为朋友为上个老农民,有点点营生不求人。"

民歌中对人生仪礼民俗记录最多的是婚俗。如河曲《出嫁歌》从定亲到洞房花烛,依次描绘了当地的婚俗。这里摘录一节:"骡轿雇一乘,鼓匠后边跟。二红连响三声,来到娘家门。轿到娘家门,亲戚忙接迎。女儿梳妆齐,盖上埋头红。盖上埋头红,送亲绕出门。上轿穿黄鞋,鞋底不粘尘。花轿一起身,鼓乐一齐鸣。绕大街,穿人群,娶亲上路程。"[4](P535)

民歌中的娱乐习俗有放风筝、荡秋千等。灵丘《放风筝》:"三月里哟嚎又来了是哟清明,姐妹二人去探亲,随带着放风筝。"娱乐活动与男女情爱往往相伴相生,晋北民歌这样描述:"你打秋千我瞭你,你好比五加河上捞鱼鸟鸟飞。"旧社会农村还流行玩一种由黑白两色组成的细长条形状的特殊纸牌:"想亲亲想得眼花乱,二皮子认成个八万贯。"民歌中的二皮子和八万贯就是这种纸牌中的两张。

节日民俗在民歌里以春节、元宵节、三月三、端午节、七夕节和中秋节等传统节日为主,如灵丘《阳春花儿开》:"正那么月就里来呀嗨正月正呀正呀咿呀咿呀正呀呼儿嗨,正月十五就闹花灯哼嗨哟不拉拉拉赛,杨柳青呀么不拉拉拉赛那个但不知道哥哥他来呀来不来呀呼儿嗨。"[5](P732)阳高《毛女观灯》还详细描写元宵节的踩高跷等社火活动。

晋北人对走口外的历史记忆深刻:"盘算起亲亲走口外,泪蛋蛋扑啦啦滴满怀。树上的鸟儿成双对,口里头留下孤妹妹。山在水在石头在,人家都在你不在。山高路高云头高,人家都在你走了。你出去包月揽了工,想眊妹妹万不能。平平的大路水刮断,好好的夫妻被拆散。"[6](P134)在蒙晋陕流行的《走西口》更是饱含辛酸与离别之情。

总之,晋北民歌中的社会民俗生活既有传统文化的因素,具有山西民歌的共性,也有独特的地方个性。晋北民歌通过歌手的演唱构建的是民众的口述史;民众对特殊时段的节日情有独钟,表现的是平凡生活中的不平凡渴求。

四、民歌中的晋北语言民俗生活元素

方言乡音是地方性的突出标志,晋北语言民俗既有游牧文化的影响,也有中原文化的痕迹。

晋北方言中古代代词"甚"在句中和句尾多有运用,如"人留儿孙草留根,光棍一个能留下甚"。这种古语现象在民歌中的出现,不能排除带有中原文化的印痕。晋北人也喜欢用"奴"字,用法多样,可以作第一人称"我(女子自称)",如大同《十里墩》:"送郎奴送在(哼哎咳哟嚎嚎)一里子(子)墩(呀那么哼咳哟),有一盘桃果(亚古一儿古青)送给情人(呀哼哎哎咳哟)……"[7](P128)也可用来表示男子对女子的称呼,相当于第二人称"你":"因为甚和妹妹为朋友,奴话话解了我心之愁"。在晋北还有一类独特的用法,形容人长得"漂亮""好看"的意思,例如"因为甚和妹妹为朋友,就因为妹妹你长得奴"。从大同出土的瓦文以及文献和考古资料来看,晋北民歌中的"奴"应该不是官奴之"奴"。晋北民歌如此丰富的"奴"用法,使得中原文化的带有等级标志的"奴"延伸出"漂亮、好看"的新意,很可能与历史上被没为奴的少数民族对自我身份的重新定位和自我美化有关,是晋北历史上地处边塞,胡汉文化长期碰撞交流和民族融合的结果。

晋北地理上与蒙陕接壤,加上历史上走西口的人大多通蒙古语,民族融合使得晋北语音和词汇更加丰富。在民歌中,衬字和衬词也更富于变化,如河曲有"哎嗨恩嗳咿儿哟""亚古一儿古青""力""哎啦"等衬词的运用。另外像"你是哥哥的三白奴""沙巴拉尔有高也有低,六十天旱路见不上水"等民歌在汉语的叙述中还嫁接了蒙语。"三白奴",蒙语译音即"好",在情歌中用来表示对爱人的亲切称呼,有时也作"塞北挠""塞音白奴""塞音白挠"。"沙巴拉尔"即蒙语地名"后营"。

　　方言土语的大量运用，给民歌带来了浓郁的乡土气息。河曲民歌王辛礼生指出，民歌最大的不同是方言上的差异。方言的运用首先体现在日常生活语言的个性化表述，如晋北"阳婆一落搂回柴，难活就在黑将来"。"阳婆"在河曲、保德等地指太阳，"黑将"在雁北、忻州地区指"傍晚"。"烧炭短不了一把柴，眊妹妹全凭黑着来"。"短不了"就是"少不了"的意思，"眊"是"看望"的意思。"站在门圪牢吃了个嘴，一肚子怨气化成水"，"门圪牢"意思是"门角落"。"想亲亲得了个扣心心痨，满嘴胡话尽鬼嚼"，"鬼嚼"指"说胡话"。"手扳住磨把丢了个盹，灰鬼们说俺想情人"，"灰鬼们"是大同、河曲等地的人们对人品不好的人的一种称呼。这类当地方言的运用使得民歌乡土气十足。其次，民歌中的方言歌唱时体现在发音上的地区性。晋北方言与普通话相比较，在发音上卷舌音与不卷舌音混淆，个别字词出现声调错位现象，如"脚踏住梯子手扳住墙，打清早瞭到你后半响"，"打清早"应为"大清早"。"拿上扫帚不扫炕，仄楞起耳朵听哥哥唱"，"仄楞起耳朵"应为"直楞起耳朵"。此外，发音上晋北方言在前鼻音与后鼻音的运用方面与普通话也有差异。总之，晋北语言民俗使得民歌在音高、音色、衬字、衬词和乡土特色上有了历史性、边地性和多元性，感性审美上具有了几分野性和自由的脉动。

　　总之，晋北丰富多彩的民俗生活成为歌手滋生创作灵感的重要源泉，民俗不仅仅是歌手表达情感和思想的重要载体，而且还使得民歌内容更加生活化和乡土化。民歌也因民俗的介入，表现出历史性、时代性和地域性，并且获得了意义张力。对晋北民歌的研究理应建立在对晋北民俗的熟悉和了解上。唯其如此，才能对民歌文本中的民间思想和情感有更深的体会。

参考文献：

[1]贾德义.大河西口古渡——河曲民歌[M].太原：北岳文艺出版社，2003.

[2]李茂忠.阳高县民间文学集成[M].太原：山西省新闻出版局，1992.

[3]魏收.魏书[M].北京：中华书局，1974.

[4]于秀芳.山西民歌[M].太原：山西人民出版社，1991.

[5]张田.灵丘民间故事歌谣谚语集成[M].太原：北岳文艺出版社，1991.

[6]贾真.小曲儿一唱解心宽：晋北民歌精华[M].北京：作家出版社，2004.

[7]山西音乐舞蹈研究所.山西民歌300首[M].太原：北岳文艺出版社，1987.

大同民间艺术产业化的现状与发展前景

石凤珍[1] 李 佳[2]

（1. 山西大同大学云冈文化研究中心，山西 大同 037009；

2. 山西大同大学文史学院，山西 大同 037009）

摘 要：悠久的历史积淀赋予了大同丰富的民间艺术资源。这些绚丽多姿的民间文化成为记录城市文化信息和见证城市发展的载体。在古城保护和复兴政策的倡导下，大同民间艺术受到了前所未有的关注和重视。如何把宝贵的民间文化遗产得以继承和发展，如何更好地展现民间文化真正的价值，如何把文化和市场结合起来，使民间艺术健康地发展，是我们需要继续努力探索的关键问题。

关键词：大同；民间艺术；产业化；发展前景

文化产业是繁荣发展社会主义文化的重要载体，是满足人民群众多样化、多层次、多方面精神文化需求的重要途径，也是推动经济结构调整和转变经济发展方式的重要着力点。党的十七大明确提出，要积极发展公益性文化事业，大力发展文化产业，激发全民族文化创造活力，更加自觉和主动地推动文化大发展大繁荣。"民间艺术的属性是文化的，她凝聚着中华民族的共同心愿，反映着我们的思想情感、道德观念、信仰意识、价值取向、风土人情和民俗文化，寄托着老百姓对理想生活的美好追求，是历史的积累和文化的积淀。"[1]大同作为两汉要塞、北魏京华、辽金陪都和明清重镇，两千多年的历史积淀赋予了这座城市丰厚的民间艺术基础。1982年，大同被国务院确定为中国首批历史文化名城。大同民间文化是生息在大同地区劳动人民的文化，它记录贮存着城市的信息，承载着历史的灵魂。然而，作为重工业城市，对煤炭资源的依赖依旧渗透在城市的方方面面。如何做到从对依赖能源的开发利用过渡到振兴文化产业的道路，将是我们面临的关键问题。

一、大同民间艺术的种类及产业化现状

据大同市非物质文化遗产保护项目名录提供的资料显示，目前大同的民间艺术有国家级项目7种:雁北耍孩儿、灵丘罗罗腔、恒山道乐、晋北鼓吹、广灵剪纸、左云楞严寺寺庙音乐和北路梆子;省级项目15种:碓臼沟秧歌、阳高二人台、广灵秧歌、大同铜器、大同折纸、大同数来宝、踢鼓秧歌、地秧歌、灵丘大洞道情、鳌石赛戏、阳高布艺、浑源凉粉制作技艺、灵丘黄烧饼制作技艺、浑源传统铸钟制作技艺和北岳道乐;市级项目18种:云冈大锣鼓、灵丘白氏剪纸、老大同故事、五音联弹会、广灵大号、弦子腔、浑源扇鼓、康氏娟人、大同木雕、天镇黑龙王豆腐干制作技艺、王氏京杏脯制作技艺、平安灯、九曲黄河灯、云中吹打、小寨耍孩、左云秧歌、腰站秧歌和灵丘红石楞秧歌。这些民间艺术涵盖了通过语言、舞蹈、韵律和肢体动作表现的具有表演性质的艺术形式,民间手工艺技能创造的艺术形式和传统地方戏曲等种类。在这些众多的"非遗"项目中,有些是被人们熟知传承的,如雁北耍孩儿、灵丘罗罗腔、北路梆子、大同数来宝等,而大部分民间艺术只是作为非物质文化遗产得到保护,并没有得到充分的发掘和整理传承。

　　传统地方戏曲演出和传播的途径主要以舞台为主,包括各种调演和汇演,生存的市场有四种情况:民俗时乡下演出、商贸时节交流会演出、个别日子门市演出和城市茶园演出,例如耍孩儿和罗罗腔。目前,国营剧团与民间业余剧团的发展情况明显发生分化。国营专业剧团规模设备和资金、人员素质较业余剧团雄厚,业余剧团作为民间艺术传播的主要力量却因为资金不足,演员生活得不到保障而面临着空前的生存危机,一些珍贵的民间艺术资源处于一种被闲置甚至无人问津的境地。尤其是在民间音乐、舞蹈和戏曲等方面,由于其传授方式是口传心授,不易保存,并且随着时代的变迁,有些艺术形式面临着消亡的境地,如鳌石赛戏、浑源扇鼓等,如不进行及时的挖掘和发展研究,这些珍贵的文化艺术将会逐渐灭绝。由此我们可以看到,大同有着丰富的民间艺术文化资源,但产业化程度却相对薄弱。

　　2010年,第八届中国民间艺术节暨第九届大同文化艺术节期间的重头戏,五幕歌舞剧《想亲亲》的出现,让我们看到了大同民间文化发展的潜力,看到了民间文化产业的未来。《想亲亲》以一个美丽动人的爱情故事为主线,把恋爱、娶亲、忙婚、出门儿、洞房、离别、团圆等极具爱情标识和民俗特征的内容贯穿起来,全剧共8个场次,每个场次都由一段柴氏兄弟的《大同数来宝》开场、二人台、北路梆子、耍孩儿、罗罗腔、晋北秧歌、晋北民歌、晋北吹打乐、大同数来宝、广灵剪纸……众多的大同民俗文化元素都在剧中得到了表现,在唯美的风俗故事中融入幽默欢快的风格,让观众始终处于轻松愉悦的观赏氛围中。[2]《想亲亲》的表演诙谐生动,质朴自然,充满喜气,能够让观众的情绪参与到演出中,产生强烈的呼应与互动,在欣赏剧情的进展中,充分调动人体感官并给以美的享受。传统的民间艺术大多是以一种艺术形式独立演出的,这部由柴京云总导演的大型歌舞剧把众多民间艺术融合在一起,极大地扩展了各种民间艺术的价值和生命力,为宣传大同的民间艺术,推动大同旅游事业的发展起到积极的作用。不仅如此,它还使我们对民间艺术的发展有了新的认识和思路:民间艺术不是孤立的和单一的,艺术的互补和融合将会发挥它们更大的潜质。

三、大同民间艺术产业化的发展对策

2008 年,大同市人民政府作出整体保护历史文化名城的决定,大同市人大常委会也作出实施历史文化名城保护的决议,大同名城保护和复兴进入了一个新的历史阶段,也标志着大同民间艺术文化发展进入了新的阶段。对历史名城的保护最大限度地保护了文化遗产信息,从对历史遗迹的保护扩展到对民间文化的保留与传承,使二者紧密结合成为有机的整体的保护理念,引导着民间艺术文化产业化的健康发展。[3]

(一)让民间艺术真正走向民间

民间艺术的本色是民间的,它们生于民间,长于民间,如何在保护的同时真正让艺术走向民间,是民间艺术产业化要解决的首要问题。我国著名舞蹈家杨丽萍编导的大型歌舞《云南印象》已开辟了先河。这台大型歌舞汇集了云南原创乡土歌舞与民族舞,以原生态的大型歌舞为载体,从多个角度展现了云南的民间艺术,保留了濒临失传的云南民族民间艺术臻宝。在全国的巡回演出不仅大大提高了剧团的知名度,同时也带来了巨大的经济效益。作为旅游城市的一张名片,为当地和外地游客的演出,真正让民间艺术回归了本土,成为活的艺术。《想亲亲》以及大同民间文化的发展同样可以借鉴云南的宝贵经验。大同拥有丰富的旅游资源,但缺乏文化服务,旅游项目单一,游客在对大同灿烂的历史文化满怀景仰赞叹之时,却无法对大同丰富多彩的地域文化产生更多了解与共鸣,而《想亲亲》就是一部能够真正鲜活表现大同地域文化的舞台艺术精品。但是,我们应该看到存在的问题:一是目前《想亲亲》的演出只是局限在大剧场演出,没有固定的演出时间,受众面较窄,造成了提起《想亲亲》无人不晓,但真正看过的老百姓却寥寥无几的局面;二是演出制作成本高,规模运作基本靠政府投入;三是演员平时难以聚集,不能进行经常性演出。这是《想亲亲》面临的问题,也是大同民间艺术面临的问题。如何把大剧场的模式与民间剧场结合起来,让更多的人了解大同民间艺术,如何能利用品牌效应提高收益,使文化与市场接轨做到双赢,是今后要继续探索的问题。在今后的市场运作中,我们应该拓宽思路,想办法从适合演出的民间小剧目入手,选择固定的场地和固定的时间进行商业演出,并逐渐推广到各个县区乡村进行流动演出。平日主要面向广大市民,丰富他们的业余生活,提高他们的审美情趣,在旅游旺季可以组织各大旅游团体进行观摩,向中外游客宣传大同民间文化。无论历史悠久的耍孩儿艺术,还是大同数来宝和阳高二人台,我们看到的是大同人的诙谐和幽默,领会的是植根于这片土地的民族思想和情感。

(二)建立传承人的保护与监督机制

目前,各省市文化部门建立了以非物质文化遗产项目和传承人为核心的非物质文化遗产保护和传承机制。大同市也陆续公布了非物质文化遗产的传承人名单,以便于更好地保护民间文化。但我们需要清醒地认识到,传承人的确立不是根本,如何建立健全传承人的监督机制,让传承人发挥积极作用,把民间文化真正回归民间是当前应该解决的问题。当地文化局应当制定一定的考核制度,鼓励传承人进行艺术创作,培养接班人,定期进行艺术汇演和展示,参与各种文化活动演出的策划,导演新剧目,让他们真正加入民间艺术传播的产业化进程中来。

(三)把民间艺术引入高校课堂

目前,非物质文化遗产的保护意识已日益深入人心,社会公众特别是青年一代参与保护的程度,从根本上决定着非物质文化遗产的未来命运。让民间艺术进课堂,就是让年轻人成为民间艺术的真正接受者和传承人,使他们自觉地参与到民间艺术的保护中。可以以大同大学为主体,开展关于民间文化的宣传活动,包括邀请知名专家、教授、学者和民间艺术家定期举办文化讲座;以专题的形式介绍大同民间文化和历史古迹;参观民间艺术博物馆和采访传承人;开展地方民俗和民间艺术的专业研究等,全方位、多层次地对民间文化进行关注和研究。

(四)顺应市场,打造品牌

在市场经济条件下,文化产业是正在兴起的朝阳产业,如果将民间艺术与市场经济进行有效链接,会获得巨大的文化效益和经济效益。在这方面,大同数来宝已经走在了前面。从最初的基层演出到频频参加各种曲艺大赛,从兄弟二人的单独表演到串场大型舞剧《想亲亲》,大同数来宝的每一步都走得从容而又坚定。从20世纪90年代末至今,山西音像出版社和中国文联音像出版社连续出版发行《柴京云柴京海大同数来宝精选》磁带4集、VCD2集、CD5集,共20余万盘,出现了"满街争听数来宝,处处皆闻二柴声"的热烈效果。

如果说大同数来宝的成功是民间市场运作的结果,那么《血溅乌纱》便是剧团精心打造的品牌。我们可喜地看到,继《天下云冈》和《想亲亲》之后,又一精品剧目呈现舞台。这部新编历史戏是耍孩儿移植剧目之一,并在山西省廉政文化精品剧目展演中获优秀剧目奖。大同市耍孩儿剧团在传承和发展方面获得了品牌连锁效应:2004年4月13日,耍孩儿被列入中国民族民间文化遗产保护工程试点单位;2006年5月20日,耍孩儿正式入选首批国家级非物质文化遗产保护名录;

2007年5月,耍孩儿被评为"大同市十大城市名片"之一;2010年12月,耍孩儿经典剧目《扇坟》被评为"山西省十大文化品牌"。它的成功又一次启示我们:民间艺术的传承需要生动展现,而这种展现需要和现实找到完美的契合点,成功的品牌效应又会壮大民间艺术的力量。

目前,在恢复大同古城打造旅游城市的建设中,民间艺术正处于发展壮大阶段,它们本身也是城市的名片,有一定的影响力和号召力。每年的云冈旅游节既是旅游的盛会,更是民间艺术的盛会。游客们在游览名胜古迹的同时了解了植根在这片土地上的民间文化艺术,这将对推动大同旅游事业的发展起到积极的作用。

(五)政策引导,科学规划

目前,大同民间艺术面临的问题仍然是缺乏科学的保护意识,重申报、重开发、轻保护、轻管理,甚至出现超负荷利用和破坏性开发,背离了保护工作的根本出发点。[4]在市政府古城保护的先进理念,坚持文化遗产的主体地位,一切以保护文化遗产为纲的总体思路下,我们应该树立科学的保护观念,对民间艺术发展做合理规划,站在文化发展的高度看待文化遗产保护与城市发展的关系,以文化资源决定城市发展的战略,以文化特色创造城市发展的价值。

保护民间艺术不是为了留住历史,也不是为了回到过去。民间艺术产业化的发展是可以同时获得良好的社会效益和丰厚的经济效益的。我们相信,在市政府保护古城遗址,创建旅游城市的政策指引下,大同的民间艺术将会和大同的历史古迹相得益彰,为这座历史文化名城增光添彩。

参考文献:

[1]罗杨.民间文化的本色不能丢[N].中国社会科学报,2010 - 09 - 14.

[2]石凤珍,李佳.大同柴氏兄弟数来宝艺术的文化研究[J].山西大同大学学报(社科版),2011(6):42 - 45.

[3]耿彦波.积极探索和实践名城古都保护复兴之路[N].中国社会科学报,2010 - 09 - 14.

[4]王文章.增强"非遗"保护的文化自觉[N].中国社会科学报,2010 - 09 - 14.

晋北道情的生存状况及发展前景

宫文华

（山西大同大学云冈文化研究中心，山西 大同 037009）

摘　要：晋北道情是一种活跃在山西北部的地方戏曲剧种，曾经演出繁盛，但目前却由于种种原因，处于其艺术生命的低迷状态。本文试图从客观社会原因和艺术自身发展的因素出发，阐明晋北道情的生存状况及其发展前景，以期对当前的中国戏曲改革有所助益。

关键词：道情；语境；生存状况；前景

一、晋北道情的生存现状

晋北道情是活跃在山西北部的一种地方戏曲剧种，它从产生发展到壮大成熟，前后经历了大约200多年的历史。在200多年里，它既有过清末民初和20世纪五六十年代的辉煌时期，也有过"文化大革命"中的不幸遭遇。一路走来，直到现在，受客观社会环境变迁的影响和流行文艺的冲击，晋北道情遭遇了其艺术生命的低迷状态。

（一）戏班面临生存困境

曾是晋北道情班社中演员阵容最强大、设备最齐全、影响最广泛的专业剧团已名存实亡。右玉道情剧团于1993年从业余班社中挑选演员，扩充阵容，但由于管理不善，演员稀少，剧团收入有限，再加上人事纷争，剧团基本上处于瘫痪状态。面对团内的人心涣散，团长无能为力，只好听之任之。神池道情剧团则由于其团长的违法行为，戏箱被法院查封，演员纷纷下海另谋职业，于20世纪90年代末基本上停止演出。民间自乐班由于难以筹集资金，缺乏专业人员的指导，更重要的是很少有人热衷参与这种不计报酬而纯粹娱乐的活动，因此近年几近销声匿迹。比起以前，班社在数量上减少了许多，目前活动的班社主要是业余戏班。以2004年笔者在神池县的调查为例，当年年初共成立了4个班社，以神池县大磨沟班的影响最大。当时大磨沟班的戏箱数量为24个，演员31人。与道情演出盛行的1985年相比，不仅行头设备减少了，演员阵容也明显减弱。戏班的行头和戏箱的数量，设备的好坏以及演员阵容的强弱在一定程度上会影响班社的演出场次和酬

金收入。下面以 1985 年和 2004 年大磨沟班 1 月份的演出为例,作一对比:

表 1　1985 年大磨沟戏班 1 月份演出情况表

演出地点	演出天数	戏金收入 (元)	演出地点	演出天数	戏金收入 (元)
太平庄	4	3200	冯庄子	5	3500
南辛庄	4	2800	大赵庄	4	2300
小磨沟	4	2700	小赵庄	4	2400
靳庄子	4	2800	西口子	4	2700

表 2　2004 年大磨沟戏班 1 月份演出情况表

演出地点	演出天数	戏金收入 (元)	演出地点	演出天数	戏金收入 (元)
大磨沟	4	1400	冯庄子	5	1500
板　井	4	1300	余庄子	4	1200
小磨沟	4	1200	长城梁	4	900

两表对照可以看出,神池县大磨沟戏班 1985 年 1 月份共演出 8 个台口,每个台口的平均收入为 2800 元,而 2004 年同期的演出台口为 6 个,每个台口的平均收入为 1250 元。不仅演出场次减少,戏金收入也明显降低。业余班社是一个通过演出活动来谋生的社会集体,它的一切活动都是为了取得和增加经济收入,维持和改善戏班班主及其成员的经济状况和生活水平。所以,从班社来说,经济收入的多寡仍是其经营演出成功与否的关键所在。演出收入的下降,直接导致了业余班社的不景气状态。

(二)剧本的流失和戏台的被破坏

目前,晋北道情的剧本缺乏保护,流失居多。山西省戏研所在 20 世纪 50 年代曾经根据老艺人的记忆,收集整理过晋北道情的剧目,留下了部分剧本,但也不全面。20 世纪 70 年代,杨建华担任神池道情剧团团长的时候,也曾经整理过晋北道情的剧目,留下了 73 个剧本,成为晋北道情最可宝贵的资料。此外,就是老艺人王占帮女婿王政保留有十几个剧本。总共算起来也只有 80 多个,与《神池县志》上列举的 130 多个剧目比起来,还相差甚远。另外,戏台被破坏的程度也空前严重。据《神池县志》记载,20 世纪 80 年代初,神池县境内尚有戏台 305 个,差不多是村村有戏台,有些村庄甚至不止有一个戏台。但到 1999 年就只剩下 185 个,其中有些戏台也因为常年不演戏而被闲置。

（三）观众的分流

受流行文艺的影响,戏曲观众出现了分流,晋北道情则尤其严重。2004 年端午节,笔者在对神池县一年一度的交流会上各种文艺形式的观众情况进行调查中发现,在农历五月初六日下午,整个广场（包括旧广场和新广场）的观众不下 5000 人,其中看歌舞演出的为 1000~2000 人次,看马戏及各种杂技表演的有 500~1000 人次,看戏的则仅有 700 多人次,其中还包括看晋剧的 400~500 人次和看道情的 200~300 人次,其余的则在广场内闲逛或等候观看演出。

戏曲班社是戏曲本身存在和发展的重要载体,剧本、舞台和观众又是一种戏曲形态赖以存在和发展的基础。所以,班社运作得景气与否,剧本和舞台保存得完好与否以及观众数量的多寡,就成为衡量一个戏曲剧种生存和发展状况的重要标准。晋北道情班社运作的不景气,剧本和舞台的遭破坏以及观众的分流,直接导致了道情戏演出陷入低迷状态。

二、客观社会环境的变化

要寻找晋北道情走入低迷状态的原因,我们还有必要对晋北道情的整个发展过程作一梳理,对其中的一些现象作一阐释。

在晋北道情的发展过程中,曾经出现过两个高峰时期:一是清末民初。这个时期的社会特点是政权更迭频繁,社会动荡不安,人民生活得不到保障,迫切要求寻找精神上的依托,于是一时间宗教大兴,佛教和道教纷纷创立门户,宣传自己的教义,庙宇道观林立。据 1999 年版《神池县志》记载,民国时期,仅神池县城内就有玉皇庙、火神庙、关帝庙、龙王庙、上帝庙、兴华庙、财神庙、马王庙等各种庙宇,岁时庙会更是层出不穷。这种庙会多由民众娱神许愿和春祈秋报形成,因此被晋北民众视为"神戏"的道情戏自然成为其上演的主要戏剧样式。二是 20 世纪 50~60 年代。这个时期的社会特点是新的社会制度刚刚建立,人民生活趋于安定,在很大程度上解决了温饱问题的晋北民众,精神文化生活的满足成为急需。在政权机构的强势作用和计划经济的强力支持下,专业性的道情剧团宣告成立,以从前的业余戏班所没有的行头设置和演员阵容影响着晋北地区的广大乡村城镇。一时间唱道情戏成为各个村镇的行政任务,有经济实力的村庄自然要唱,没有经济实力的由政府出钱支助也要唱,有条件的村庄甚至一年要唱七八台戏不等,几乎是"每有农闲,必要唱戏"。有时候专业剧团忙不过来或者是有的村庄由于经济实力所限请不起规模较大的专业剧团,则由民间业余戏班来弥补。神池道情剧团在 20 世纪 50~60 年代演出情况如下表:

表3　神池道情剧团50、60年代演出情况一览表

年份	人　　数		上演节目数	演出场数		演出收入(元)
	合计	女演员		合计	农村	
1954	32	2	10			
1955	34	2	13			5800
1956	36	7	15			13800
1962	56	14	19	365	313	33765
1965	60	12	11	230	200	15718

这种状况一直延续到"文革"前,20世纪80年代曾一度得以恢复,但迅速涌起的经济大潮又把道情戏推向了整个社会文化的边缘。

从以上晋北道情发展过程中的"高峰现象"得知:道情戏是有其固有的生态环境和社会基础的,它们构成了晋北道情存在和发展的外部原因。归纳起来,主要有如下几个方面:

首先是经济的因素,主要可以从演员和观众两个方面来说明。从前者来说,演员从事戏曲活动的主要动因仍然是经济的诉求,而20世纪80年代的改革所带来的一个直接后果就是资金流动的极端趋利化。当社会有限的经济资源更多地被投入利润大见效快的行业时,戏曲这种不能立竿见影的文化产业日益被边缘化也就成为一种势所必然。以神池县为例,2003年县财政编制下的人员平均工资为600元~700元/月,但曾经在道情剧团就职的职工的月工资仅有300元左右,而且常常不能兑现。从后者来说,20世纪80年代的改革给人民生活带来了巨大的变化。国家统计局1990年第10号统计报告显示,1978年我国农民的人均收入为133.75元,1985年为397.6元,到1989年已达到602元。富裕起来的晋北人民,在精神文化生活上更追求流行,追求高雅,他们对家乡以"悲苦"为特点的道情戏渐渐地失去了兴趣。

其次是庙会文化的被毁坏和民众庙会文化意识的淡漠。戏曲是一种文化样式,它的生存和发展有赖于一定的文化生态环境,而庙会文化无疑是中国戏曲,尤其是民间戏曲所特有的生存环境。这种现象由来已久,主要表现为迎神赛社的戏曲演出。据武艺民考证,在山东莱州市至今上演着道情的一种原始形态——蓝关戏。多少年来,这种戏曲样式一直没有发展壮大,也没有消亡,究其原因,是"它与人们的信仰或崇拜有关,因为只有这种力量,才能使人们把一种古老的、简单的,甚至是落后的艺术看成是神圣的东西加以珍爱和保护,并以此形成一种传统意识,辈辈传承下来。"[4](P177)因此,庙会文化无疑是保持和加重这种传统意识的重

要的甚至是唯一的文化形式。但是在晋北各地,自20世纪30年代以来,庙会文化受到了前所未有的冲击和破坏。在抗日战争时期,神池县的神庙建筑大部分被毁,20世纪后期一场史无前例的"文化革命"更是给庙会文化以前所未有的打击。随着庙会的被毁坏,晋北民众的庙会文化意识也日渐淡漠。时至今日,从前的庙会已大部分变成了物资交流会,虽然演戏的传统被保留了下来,但人们已记不起演戏的目的和意义,作为"敬神戏"而存在的晋北道情更是如此。

再次,政府干预作用的减弱。改革开放以来,为了给经济的发展创造一个相对宽松的政治和社会环境,政府更多地从市场的现实运作中退身出来,把企业推向市场,把戏剧也推向市场。这样,作为晋北道情重要载体的戏班或剧团就成了一个纯营利性的经济实体,它们的演出活动也变成了纯商业性的演出。农村中集体经济的解体和基层政府机构的疲软又造成了乡村社会的群龙无首。开始的时候,出于民俗文化传承的惯性,乡村中还有一些德高望重的老者或有声望的年轻人负责管事,但渐渐地这种惯性的力量就会减弱以至消亡。

最后,流行文艺的冲击和民众对戏曲兴趣程度的降低。20世纪80年代以后,电视机、录像机、VCD、DVD等现代多元娱乐媒体纷纷走进晋北乡村城镇的千家万户,它们以其快速的节奏、现实的内容和高雅的艺术迅速地吸引了大批的观众,尤其是青少年观众。相比之下,晋北道情则因其设备简陋、节奏缓慢和演唱内容远离现实而相形见绌。电视机和网上戏曲频道的开通,使广大的戏迷朋友可以足不出户而欣赏到世界上最精彩的形态多样的戏曲演出,道情戏又显得笨拙质朴。交流文化影响的日益广泛和深远使舞台演出的现场文化意义逐渐减弱,经济收入的降低又使演员和观众对道情戏日益失去兴趣和信心,即使偶有爱戏者也只好把这种爱好深藏于心,趁没人的时候哼上一段。

三、自身存在基础的丧失

如果说社会环境的变迁和流行文艺的冲击是今天的晋北道情日益走向低迷的社会原因,那么出现这种现象有没有其内部的一些因素呢? 就此,笔者在2003年暑假和2004年11月下旬分别对神池道情剧团老艺人杨建华、武兆鹏、任满义和右玉道情剧团老艺人梁泰、聂文斌、曹效成、傅勋瑞等人进行了走访。从他们的言谈和认识中,我们可以就影响其现存状态的内部因素作一归纳:

第一,戏班的生存艰难。戏班是支撑一个剧种存在和发展的生命线,所以戏班的良性运行是戏曲生存的必备前提。但我们必须清楚地认识到,戏班的生存和发展不等于戏曲的生存和发展,在没有外部压力或强大的经济基础作支撑的条件下,戏班的运作只能以自身的生存及其内部组成人员的生存为前提。这就造成了戏班(包括时下的专业剧团)生存和运作的一个首要的基本原则——经济。在条件允许的情况下,戏班班主(或剧团团长)会尽可能地简化设备,精简人员。这样做的直接结果就是民间班社的设备简陋,演员行当不全,主要演员可能身兼数职。在具体演出的过程中,他们的戏往往是最多的,所以他们没有足够的时间去练戏,去扎实自己的基本功。在一个高度专业化的社会中,他们显然是落后于时代的。与一些大剧种的演员比起来,他们的基本功和演技显然是很差劲的。主要演员如此,其他演员就更不必说了,而且时下道情戏班的演员严重缺乏,出现了青黄不接的现象。这样,戏班的生存相当艰难,班主尤其难当。

第二,剧目落伍,唱腔落后。剧目、音乐(唱腔)和舞台美术是构成一个剧种特色的主要标志。诚如前述,晋北道情的舞美设计由于发展比较缓慢,更多地向其他大剧种借鉴学习,特色不太明显,所以我们这里不去谈及。就剧目和音乐而言,最能代表晋北道情剧目特色的是神仙道化戏和修贤劝善戏。神仙道化戏主要讲述道人出家成仙故事,更适合说唱道情演出,搬上舞台后虽几经有关人士改编修订,但收效不大。这部分剧目大多脱离现实生活,不能满足现代观众的欣赏趣味和审美要求,而修贤劝善戏又与时下流行的意识形态格格不入。目前上演最多的是生活戏和历史戏,但它们都不能代表晋北道情所上演剧目的最高水平。生活戏多为少矛盾冲突和无矛盾冲突的简单故事情节,社会生活中那些重大激烈的矛盾冲突在晋北道情中则很难见到。这种情节安排的弊病使它很难与成熟完善的大剧种相争媲美。有些道情戏剧目既可以通过人物装扮代言故事,也可以从中抽取几段,以清唱的方式代为民歌,《小放牛》即属此类。历史戏虽然有重大的矛盾冲突,但往往场面较大,净角戏颇多。限于条件,晋北道情在演出过程中表现起来未免吃力。道情拉长的声调也使以后嗓子为主进行演唱的净角唱起来很费周折。

音乐上,以曲牌联套为主曲体的晋北道情虽然保留了大量的中国古典戏曲曲牌,为研究中国古代戏曲的音乐形态留下了极为宝贵的资料,但在时下以板腔体音乐为戏曲音乐主流的背景下,晋北道情音乐又显得陈旧简陋,不能为普通的观众,尤其是青年观众所欣赏接受。迫于生存的压力,晋北道情也从周围的大剧种中多方面吸收借鉴,像从晋剧中借鉴过来的"滚白""流水""介板",但在与道情音乐结合相融的过程中,效果并不甚好。对此,几代道情艺人也进行了艰辛的探索。杨建华就提出,我们要有道情自己的"滚白""流水""介板"。武兆鹏更是对晋北道情的音乐发展作出了重大的贡献。由于他懂音乐,所以在他担任神池道情剧团团长期间,对晋北道情的音乐从曲牌唱腔、念白唱词和乐器设置等方面作了大量的改革,取得了可喜的成绩。但这样的改革往往又会造成另一种不利的后果,那就是一种普遍的"失重"现象,即作为一种地方小戏,晋北道情在日益走向城市的过程中,一味地向大戏学习靠拢所导致的自身特色的丧失。在调查的过程中,从老艺人王青花的口中得知,晋北道情演出最具特色的乐器"渔鼓"现在已为所谓的西洋"架子鼓"所代替,唱腔也根据北路梆子和晋剧多有改革。此外,还有演出剧目的朝代戏化和舞台设置的现代化,甚至连吐字发音也日益普通话化。这是民间小戏发展过程中的一种两难境地:变迁则容易"失重",固守则没有市场。

第三,相关研究人员的缺乏。一个剧团要想生存和良性运转,并不断发展壮大,不仅要有良好的设备和强大的演员阵容,而且要有相关的研究班子,这也是民间戏班在发展过程中长期不能壮大自身的原因之一。据说目前的民间戏班冬天停演的时候,也要请外面的导演来排戏。神池道情剧团在演出繁盛时期是有其自己的研究队伍的,像编剧秦进贤、郭正一,剧研杨建华,作曲武艺民、徐继业,导演王钧以及兼编剧和导演于一身的梁泰等等。据杨建华回忆,20世纪90年代神池道情剧团还专门从山西大学艺术系找了一个大学生来团搞舞美设计,但由于种种原因没有留住。这就从另一个方面说明,一个剧团要想生存发展,必须有一个强大的经济基础作支撑。但是作为一个县级剧团,县域经济的极端有限造成了剧团经费的极端紧张。在财力物力相对困难的情况下,剧团不可能养活这么庞大的演员和研究队伍,也不可能去考虑晋北道情作为一个剧种本身的存在和长期发展,相关的研究人员的缺乏就成了理所当然。

第四,文化部门管理的混乱。正像企业的运作需要规范的市场秩序一样,戏班或剧团作为一个文化实业团体,它们的运行也需要一个健全的文化市场管理体制。在改革开放初期,政府和文化部门对晋北道情的发展是持积极地参与态度的,它们不仅重视晋北道情的剧目和唱腔等方面的改进,而且还注重对后备人才的培养。由政府部门出资,神池县道情艺术学校和雁北地区艺校相继成立,并招收培养了一大批道情专门演出人员。但是,目前晋北道情剧团的上级主管部门——神池县文化局和右玉县文化局对晋北道情的管理并不到位。虽然它们也意识到晋北道情目前的不景气状况,但没有在这方面真正投入。面对晋北道情剧团前几年名存实亡的事实,文化局并没有着手重新组建,而是听之任之,只是在省、市戏曲会演时才召集原剧团中的有关人员临时排练,应付了事。对待业余班社则从来不闻不问。从前组建业余班社时,须向文化局提出申请,拿到"营业性演出许可证"后方可成立班社进行演出,而现在只要你有能力、有资金、有行头、有演员,无须向文化局报告即可以直接演出。至于业余班社,则对文化局是既爱又怕:一方面希望它关注自己,支持演出;另一方面又害怕它的关注,担心文化局会乘机收费,扰乱他们的演出。在晋北道情班社的演出过程中,因事先没有向文化局打招呼而被罚款的事屡见不鲜。一位艺人调侃:"我们是后娘养的,它们(文化局)给钱的时候就忘了我们,缺钱的时候就想起我们了。"很显然,文化部门与目前的演出团体——业余班社之间存在隔膜,没有达成共识。文化部门认为业余班社是小打小闹,没多大意思,不值得去管理,而业余班社虽然承认自己的演出规模小,但还是很重视自己的演出,并希望得到上级部门真正的支持和帮助。

作为一种地方小戏,晋北道情的生成和发展有着自身的规律,但这不等于说在它兴衰沉浮的演变过程中,政府和文化部门的意志无足轻重。在我国目前还缺乏健全的文化市场秩序的情况下,在晋北道情自我生存和保护的能力还相对较弱的情况下,政府和文化部门应当充分地保护和扶持它,而不能采取让它自生自灭、生死由之的不负责任的态度。

四、前景

不可否认,时下的晋北道情确实走入了其艺术生命的低迷状态。这有其客观社会环境变迁的影响,也是自身在发展过程中的一些滞障性因素使然。但是否可以就此说晋北道情已经衰落,再没有振兴的希望呢? 我们的回答依然是否定的。之所以这样说,有其现实的根据可寻。在调查的过程中发现,20 世纪 90 年代以后,随着专业剧团的不景气以致解体,一大批知名艺人正在走向民间。他们要么自组班社,另立山头,成立新的戏班;要么受聘于已有的民间戏班,成为其中的顶梁柱,为其带来可观的经济效益和社会效益。也就是说,晋北道情的演员没有减少,其演技也没有降低。这是晋北道情不能衰落的原因之一。

原因之二,由于人口的增加,晋北道情观众的绝对数量并没有减少。笔者去年寒假在河曲县五花城的一次调查中发现,一个人口不足 500 人的山区农村,正场演戏那天的观众却要逾千,方圆 5 公里左右村庄的农民都来看戏。还有嫁出去的女儿,远在他乡的亲戚都要携其全家来此看戏,可谓盛况空前。

原因之三,相当数量的独有剧目和音乐曲牌的存在,是晋北道情振兴和发展的良好资源。

因此,只要我们的政府和文化部门积极参与,投入足够的人力和物力,晋北道情的振兴绝对是有希望的。针对前面述及的不足之处,我们考虑拟做以下几个方面的工作:

(一)提高艺人素质,培养道情后备人才

从最初的道情从艺人员来看,由于群众生活艰苦,演唱道情的人一种是信仰道教的乡贤居士,另一种是为了谋生的职业和半职业人员。目前晋北道情的艺人也大多来自农村,多半是当地的农民,没有很高的文化,不识乐谱,技艺的传承大多停留在口传心授上。由于整体文化和音乐素质较差,艺术发展有相当的局限性。因此,办道情学校和道情培训班是解决人才短缺和快速提高艺人素质最直接的有效办法,各地县也曾尝试过,但由于种种原因没有坚持下来,出现了人才断档。此外,由于女演员较晚进入道情艺术领域,使女性人物的刻画还不够成熟,由男演员扮演的女性形象长期以来使舞台缺乏活力,这种失真和粗糙成为当前剧种发展的严重障碍。鉴于以上原因,提高艺人素质,培养新人成为时下晋北道情发展的当务之急。

(二)发展唱腔体系,丰富伴奏音乐

晋北道情音乐在吸收板腔体的创腔手法时,曲牌体的部分板腔化是改革较成功的,如依据七字句和十字句与板腔体齐言句式相同的特点,进行各种板式的变化,是应该借鉴的。但是,为了弥补道情自身音乐表现力的不足,在某曲牌的前面或后面直接加一段梆子戏的流水或介板作过门,没有进一步融合消化,没有形成自身的体系,未免有失简单。在伴奏方面,晋北道情使用的乐器有古琴、笙和箫,但现在的文场为4人操5件乐器,显然是出于经济上的考虑。虽然这样有利于维持班社艺人的生计,但它也带来了乐队表现功能的局限性。因此,为了提高乐队的表现能力,可以根据乐队的实际情况进行扩充。

(三)以旅游为手段,适度发展庙会文化

被晋北民众视为"神戏"的晋北道情,庙会始终是其安身立命的重要基础,也是其存在和发展的最具稳固性的民俗生态环境。时下,伴随着旅游业的兴起,各地的庙会文化虽然在一定程度上有所恢复,但发展颇为缓慢。因此,适度发展庙会文化,无疑也是晋北道情发展繁荣的重要手段之一。

总之,晋北道情音乐曾经是开放的,兼收并蓄的。这使其本身的音乐素材丰富多彩,但在初步定型后,却没有更广泛而深入地开放引进,特别是没有在引进后变异提升。如散板,始终没有与梆子的节奏语汇真正融合而形成自己的音乐语汇,始终都未演化出晋北道情的散板来。从唱腔、乐队等方面看,晋北道情还停留在简陋、粗犷的原生态中,较少随时代的更新而调整,品位没能得到提升。

参考文献:

[1]神池县志编纂委员会.神池县志[M].北京:中华书局,1999.

[2]车文明.20世纪戏曲文物的发现与曲学研究[M].北京:文化艺术出版社,2001.

[3]李少兵.建国以来乡村居民物质生活变迁问题研究[J].党史研究资料,2001(9):13-16.

[4]武艺民.中国道情艺术概论[M].太原:山西古籍出版社,1997.

[5]徐建国.阳高二人台的历史与现状[J].山西大同大学学报,2009(4):40-43.

论晋北赛戏的性质和特点

梁晨霞

（山西大同大学文史学院，山西 大同 037009）

摘　要：赛戏是流布于山西省北部的一个古老奇特的剧种。它是由民间祭祀、广场社火、舞台表演、民乐吹奏、说书讲史等几个重要部分组成的一种大型活动。由于时代的变迁，赛戏退出了舞台，趋于消亡。但它作为民族民间非物质文化遗产之一，仍具有重要的研究价值。

关键词：赛戏；古老性；特性；俗性

一、赛戏名称的由来

赛戏是流布于山西省北部大同、朔州、忻州一带的古老剧种，通常被称为晋北赛戏。关于赛戏名称的由来，在该剧种流布地区的民间说法颇多，常见的说法有三种：

第一，民国前，赛戏演出时，看戏的妇女都要露出三寸金莲，意在比赛谁的脚更小，谁的弓鞋花样绣得更精巧，所以叫"赛"。

第二，赛戏开场前，赛戏班社的女演员浓妆艳抹"坐台子"，意在比赛谁更俊美，所以叫"赛"。

第三，赛是古代的祭祀活动，意在酬报神祇，祈求平安。这种酬神表演由于是祭祀活动的组成部分，所以也叫"赛"。

以上三种说法中，前两种说法的内容与演出活动的内容并无直接关系，当属讹传；第三种说法比较符合中国戏曲演变规律。《汉书·郊祀志》中的祭祀活动就叫作"塞"，六朝以后从贝作"赛"。而历史上的晋北地区常常是十年九旱，祈求风调雨顺、驱鬼逐疫、追斩旱魃的赛祀活动很多。在举行赛祀活动的过程中，伴随着一种特殊的戏剧表演，这种特殊的戏剧表演活动与赛祀活动混称为"赛"。在漫长的发展过程中，人们的着眼点逐渐从酬神转向娱人，关注更多的不再是赛祀活动本身，而是戏剧表演活动。这样，"赛"就从赛祀概念转化为剧种概念。尽管如此，赛戏在过去的演出过程中，一直保留着祭神的性质，所以，民间也把它叫作"神赛”戏。

二、赛戏的古老性

赛戏的形成时间较早,确切年代虽无史料记载,但从它演出的诸多环节中,明显看出其中国戏曲初级阶段的状态。比如:

第一,中国古代戏曲经历了从原始歌舞到唐代参军戏的萌芽时期,宋代杂剧、院本以及诸宫调的形成时期,元代杂剧、明清传奇的成熟时期。唐代参军戏演出时只有两个角色,一名参军,一名苍鹘,他们在相互问答之间,作些即兴滑稽表演,这种参军戏显然没有龙套把子。宋金时期的诸宫调更是一种由一人表演的说唱艺术。宋杂剧和金院本虽然有了很大的发展,但演出仍很简单,每场只有4人或5人,且看不出有龙套把子的迹象。而早期赛戏演出时,不设龙套,没有把子,且有“一人主唱”的倾向,这些显然都是戏曲初级形态的反映。

第二,中国戏曲在初级形态时有“引事”这一角色。一出戏由“引事”介绍剧情背景而开场,引出全剧故事,并在演出过程中时而进入戏中充当角色,时而跳出戏外担任解说。随着戏曲的不断成熟发展,这一角色逐渐在演出中消失。而赛戏却将其保留到20世纪30年代,最后伴随着赛戏的整体一同退出了戏剧舞台。

第三,中国戏曲行当中的丑行,其正式命名是元代才有的。而早期赛戏的角色行当只有生、旦、净,没有丑行。早期赛戏的角色行当的这种不完备性,正好说明它是处于戏曲形成的初级阶段。后来,赛戏逐渐吸收和发展,形成了生、旦、净、丑行当齐全的角色体制,但丑行的界限仍然处于不太清楚的状态。

第四,宋、元时期的戏班演戏时,女演员都要坐在台上以显示阵容。金末元初散曲家杜善夫的《庄稼不识勾栏》中写道:“……见几个妇女向台上坐,又不是迎神赛会,不住的摇鼓筛锣。”这里说的是勾栏演戏的情况,它与赛戏演出有惊人的相似之处,特别是“见几个妇女向台上坐”,酷似赛戏一直保留下来的女演员“坐台子”(俗称压板凳)的演出习俗。随着戏曲艺术的发展,这种习俗与宋、元杂剧一起消亡了,但赛戏却把这一习俗一直保留到抗日战争的前夕。

第五,在实际的演出过程中,赛戏是一种广场表演与舞台表演相结合的形式。例如,其主打剧目《调鬼》是在舞台下的广场上进行演出,《斩旱魃》则是从舞台演到广场,再从广场演到舞台,这种台上台下相结合的演出方式,使演员与观众形成了互动。从戏曲发展的角度看,它保留了戏曲从原始的广场艺术向舞台艺术过渡的痕迹。

第六,赛戏的剧目大体上分两大类,一类是祭祀仪式性的必演剧目,另一类是一般演出剧目。祭祀性的必演剧目如《调鬼》《斩旱魃》等,是各个赛戏班社的共有剧目,一般性的演出剧目则不尽相同。各个赛戏班社都有自己的一套剧目,他们叫"总纲"。从各赛戏班社的剧目"总纲"看,竟没有反映南宋、元、明、清各代的戏,反映时代最晚的戏是北宋的事。根据中国戏曲发展史上的惯例——本朝人一般不演本朝戏,那么赛戏的形成应该不在金、元之后。这只是一个推断,并无史料可考,还有待进一步考证。

三、赛戏的独特性

赛戏是一个非常奇特的剧种,但也是一个不完备的地方剧种。

第一,赛戏演出与民间祭祀关系密切。过去晋北地区的酬神剧种很多,当地有戏剧谚语云:"弦、罗、赛、梆,敬神相当;秧歌、耍孩,敬神不来。"这就是说,过去晋北地区的酬神演出除了赛戏之外,还有弦子腔、罗罗腔、梆子戏。但它们与祭祀仪式没有必然的联系,即演出归演出,祭祀归祭祀,两者互不搭界。赛戏则不然,它的特有剧目《调鬼》《斩旱魃》本身就是一种祭祀仪式,就是酬神祈福、驱鬼逐疫、追斩旱魃,每到一处必须演出。

第二,赛戏的剧本由道白和道诗吟诵两大部分组成。道白一般用于自报家门和人物对话;道诗吟诵相当于唱词。赛戏不唱而吟诵,声调抑扬顿挫,中间配以锣鼓击乐以断句和烘托气氛。这样,赛戏就缺失了戏曲的唱腔和唱腔音乐要素。

第三,赛戏的演出有特殊规定。它的演出有三个固定,即固定的台口、固定的赛日、演固定的剧目。固定的台口一般是指赛台,是专演赛戏的台,也叫赛坛。五台县城内曾有明代所建的赛台一座,比一般戏台高,台口两侧无山墙,故三面皆可站立而观,现已毁;大同市城西和广灵县,原各有赛台一座,现已毁。这些赛台是专供赛戏演出的,一般剧种不在此台演出。固定的赛日,即各地举赛的日期,这种日期多年不变。晋北各地的赛日不尽相同,大致在四月至七月之间。赛戏班于农历四月初八开赛出台,在各地巡回演出,赛日从不更改。也有个别地方在农历正月十五起赛,预求一年的平安,但这种情况是比较少的。阳高县鳌石村"和合班"的赛戏演出一年有两次,第一次是每年的农历正月十四日至十六日,这是结合元宵节活动祈求一年风调雨顺、村镇平安的演出;第二次是每年的农历二月十九日至二十一日,这次演出是当地的观音庙会的酬神演出。固定的剧目是指赛戏每一台口必演的祭祀性剧目,实际上必演剧目如《调鬼》《斩旱魃》等本身就是祭祀仪式,就是"赛",这些固定剧目不能缺少,不可更换,这是与其他剧种酬神演出时的最大区别。

第四,赛戏是女角登台较早的地方剧种。在我国的封建社会里,戏曲艺人被视为下九流,倍受歧视,因此,一般的良家妇女是不从事这种职业的,所以,很多地方剧种里没有女角,戏剧中的旦角,都由男旦扮演。清代,在赛戏流布地区的其他地方剧种,如罗罗腔、耍孩儿、弦子腔、秧歌等,都没有女角登台的先例。而赛戏,因其班社系乐户人家组成,在当时,他们的社会地位男女一律低下,乐户家的女儿不能和普通人家通婚,也不可能从事其他职业,因此,便登台演赛戏,使该剧种成为晋北最早有女角登台演出的剧种。晋北乡间在春节时有贴窗花的习俗,窗花里有戏曲里的旦角人物,民间不叫她戏女,而叫"赛女",即赛戏女角之意,习俗认为,贴上"赛女"可保家人一年平安。这一习俗,说明只有赛戏中才有真正的戏女,而其他剧种中的戏女难免有男扮女装之嫌了。

四、赛戏的民俗性

赛戏不但拥有中国戏曲研究所需的宝贵资料,而且还是晋北民俗的展示和民风的反映。

第一,赛戏由民间的传统祭祀活动而得名。历史上的晋北地区是一个风多雨少、战火连天的地方,当地的人民群众为了祈求风调雨顺、四方平安,经常举行各种形式的祭祀活动。在这些祭祀活动中,驱鬼逐疫、追斩旱魃的祭仪为最盛,这种形式在当地被称作"赛",因其活动中包涵了大量的戏剧因素,所以,这种"赛"也被称作"赛戏"或"赛赛"。过去"赛"在晋北人民的心目中是非常重要的,每年都有规定的赛日。他们把"赛"看作是一种最庄重、最神圣的重要活动,甚至把一年的平安、福运、吉祥都寄托在了"赛"的活动中,可见当时这一地区的人们对神灵的虔诚程度,同时也反映出当地民风民俗的古老特色。

第二,赛戏演出习俗中的"抓集",也是当地纯朴的民风民俗的具体表现之一。所谓"抓集",就是演出赛戏固定剧目《斩旱魃》时,"旱魃"被四大天神从舞台上追杀到舞台之下,"旱魃"手端一碗羊血挥洒开路,在人群的呐喊声中夺路而逃,四大天神与台下观众尾随追拿,"旱魃"则满场逃跑,跑到卖吃食的摊位前可以随便抓取摊位上的食品,并抛向追赶他的观众,形成表演者与观众的互动。久而久之,这种演出习俗,就成了当时该地区的一种民俗。每当有"赛祀"活动时,卖小食品的摊主们事先都把较好的东西放在摊位的前端,专等"旱魃"来抓取抛撒,以图吉利。摊主们认为,谁的摊位被"旱魃"抓过集,便会一年生意兴隆。"旱魃"所拿的食品,不是自己吃,也不是拿给台上的演员用,而是抛向观众。"旱魃"抓拿摊位的东西,摊主不但不烦恼,还十分乐意,这种奇特、纯朴的风俗习惯是十分少见的。

第三,赛戏的砌末"竹帚",是一把系了红绸子的用一根稍粗的竹子将一端打裂,或用几根毛竹扎在一起一端打裂成扫帚状的"竹扫帚",民间称它为"独帚"。这只是赛戏的一个道具,但在演出《调鬼》和举赛前"刮街"时就成了"法器",意在扫除一切妖魔鬼怪,因此,老百姓把它看作是一件驱鬼逐疫的"法宝"。赛戏封箱时,"竹帚"不能随意使用,这时,有的赛班就用一束"干草"(即谷子的秸秆)系条红绸子代替竹扫帚,到商号化粮募钱,各商号见到"竹帚",便会拿出犒赏来。商号认为赛班的"竹帚"可横扫一切鬼魅,保佑商号一年平安。这种形式与晋北一些地方的另一种民俗非常相似,就是人家生儿育女时,便把一束系了红绸子或红线绳的"干草"插在大门上,一来告知此家已生小孩,陌生人不能随意出入,并从门头上所插"干草"的位置,告知是男是女(男左女右);二来意在驱邪镇魔,保佑大人小孩平安。此种民俗与赛戏里"竹帚"的用途有着异曲同工之妙。是巧合,还是相互吸收和借鉴,有待进一步考证。

赛戏是一个特色鲜明的古老剧种,它把戏剧活动与民间祭祀活动融为一体,把广场艺术和舞台艺术组合起来,把戏剧演出和民俗紧密联系在一起。所有这一切,都引起了专家们的关注。虽然赛戏的演出活动在 20 世纪 80 年代就已基本消亡,但它在中国戏曲形成和发展的探讨中,在对晋北地区的民风民俗的研究中,仍占有一定的地位。

参考文献:

[1]中国戏曲志·山西卷[M]. 北京:中国戏剧出版社. 1986.

灵丘罗罗腔文化特征的解读

张安娜　　王鹏龙

（山西大同大学文史学院，山西 大同 037009）

摘　要：罗罗腔是灵丘区域特色和区域文化的重要标志，不仅为戏剧的传承和发展起了重要的作用，同时也成为灵丘本土文化的基础和重要载体。罗罗腔在发展的过程中，逐渐呈现出独特的文化特征，主要体现在独具特色的台步、原汁原味的乡音以及亦庄亦谐的剧情上，从而对传承和弘扬本土文化起着不可忽视的作用。

关键词：罗罗腔；文化特征；传承；弘扬

灵丘有着独特深厚的文化底蕴，而灵丘罗罗腔的精髓又与此有着密切的关系。在第五届核桃采摘旅游文化节上，灵丘罗罗腔剧团演出的《唐河韵》，就是在这一片古老而有着深沉文化积淀的土地上所开出来的奇葩。

一、罗罗腔与灵丘结缘

追溯罗罗腔的渊源，近代戏曲研究工作者们大致提出如下几种说法：第一种观点是根据清代刘廷玑《在园杂志》中的记载，认为罗罗腔系由古弋阳腔衍变而成。第二种观点则据宋金诸宫调、元代杂剧散套中之"耍孩儿"和明清俚曲中之"耍孩儿"推测，罗罗腔即北曲中的"耍孩儿"调。第三种观点则据清李调元《剧话》中的记载，认为罗罗腔源出于北方弦索腔。[1](P1~P5) 从以上论证中可见，罗罗腔的起源和兴盛都不在灵丘，而是在三百多年前的河北。清朝中叶，官方、民间、南北剧团都响彻着罗罗腔的声音，湖广一带及北京更加盛行。有清代李斗《扬州画舫录》的记载为证："迨五月，昆腔散班，乱弹不散，谓之火班。后句容有以梆子腔来者，安庆有以二簧调来者，弋阳有以高腔来者，湖广有以罗罗腔来者，始行之城外四乡，继或于暑月入城，谓之赶火班。"[2](P75) 清末，由于剧种本身在艺术求新求变过程中过于保守以及战乱的原因逐渐衰落，才从城镇退到村寨，从平川退到山区。及至现在，罗罗腔的流布范围主要集中在灵丘及周边的一小片天地，成为当地及周边地区最具代表性、最富有民间特色的剧种。由于清末民国以来，罗罗腔不断呈现出衰微之势,新中国成立之后政府采取了一系列强有力的措施来保护和传承这一剧种,灵丘罗罗腔逐渐焕发出了自己的生机,并与灵丘这一方土地及浸润于这一土地中的本土文化水乳交融,散发着独特的艺术魅力。

二、灵丘罗罗腔的本土文化特征

(一)独具特色的台步

灵丘罗罗腔角色行当分生、旦、净、末、丑,表演上讲究"四功五法",表演程式如"起霸""走边""趟马""登殿""坐帐"等也都规范成套。此外,还从山西北路梆子中吸收了走"花梆子""踩畦子"的步法。小旦台步中的"踩畦子""走花梆"是从当地妇女在采摘、插秧等劳动中提炼出来的表演程式,载歌载舞,具有浓郁的生活气息。小旦在舞台上双手先做成"旦行掌式"或持扇、或握手帕、甩辫子,两臂做成左"顺风旗"式,正步站立,以脚掌点地,脚跟踮起,目视左侧,挺胸,立腰,微笑亮相,然后起步。若往左行,左脚掌向左侧点地移步,右脚掌随即跟上,然后以右脚掌催赶左脚掌向左行进。移动时以小而碎的步子侧身行进,上身保持平稳,不可乱晃,两手根据剧情选择适当的动作。花梆子步在舞台表演中是专门表现少女的天真、活跃、充满朝气的台步形式,如《小二姐做梦》中王翠娥的扮演者,出场介绍自己的家庭:"小二姐我一家人,对岸上住,打柴种地过生活,一母所生我兄妹四个。"小旦的表演形式即用"踩畦子",载歌载舞,幸福和美之情表达得淋漓尽致。当唱及姐姐早嫁,哥哥早娶,而自己"今年二十整""为什么不给我找个婆婆"时失落及向往之情亦溢于言表,再加上小旦的台步,新颖独特,很有当地民间歌舞的特色。这种台步形式与《毛诗序》中所记载的"情动于中而形于言,言之不足,故嗟叹之,嗟叹之不足,故咏歌之,咏歌之不足,不知手之舞之足之蹈之也"[3](P68)的精神应是不谋而合的。

(二)原汁原味的乡音

中国戏曲是集唱、做、念、打为一体的综合艺术,念白是一种诗歌化和音乐化的戏曲语言,这种语言有"音乐"与"语言"两个要素。在艺术的长期发展过程中,各地方言都会对戏剧语言产生不同影响,罗罗腔也一样,在长期的演出活动中,唱腔念白里糅合了灵丘的地方色彩。

首先,从语音上来讲,灵丘话与普通话典型的差异就是平翘舌音不分;从调值上来看,也与普通话存在较大差异。灵丘方言属晋语朔方分区,其四声的调值是:阴平上[44]、阳[312]、去(53)、入(4)。普通话则是:阴平(55)、阳平(35)、去(214)、入(51)。相比之下,灵丘方言整体呈现降调趋势,显得浑厚有力。语调中,灵丘方言前后鼻音不分,如"un""ong"和"in""ing"等不分。在传统剧目《喜荣归》中,赵廷玉唱词中有"只恨岳母嫌贫爱富,几次逼我退婚","婚"字发音为

"哄",很明显是灵丘方言。

其次,灵丘方言俗语与普通话差距更大,比如"巷道"用"黑廊道",说"上午""下午"用"前晌""后晌",说昨天用"夜儿个",说"散步"用"各转",说"安慰"用"央起",说"去年"用"年省",说"学校"用"书房",说"玩"用"要"。如现代戏《朝阳沟》里二大娘的一句念白:"看看,你的媳妇就不能到俺家吃顿饭了?闺女,俺家离这儿可近啦,出了门,上个坡,下个坎,过了小河拐个弯就到了。"用灵丘方言韵白为:"看看这哇,到哪儿不一样,到俺们家吃顿饭咋啦,俺们家就在这摊儿个咧,出了这个门,上了那个坡,下了那个疙瘩,过了那个河漕拐个弯就到了。"再如用娃子调所伴奏的《拜大年》中的唱词:"过罢大年头一天,我和连城哥哥去拜年。一进门,把腰弯,什么饭,下挂面,滴鸡蛋。那什衣吃嗨,我和我的连城哥哥手拉手……"演唱念白中的乡土乡音,让人既感亲切,又似身临其境。

再次,俗语的运用。如《小二姐做梦》中,用"她十八个也比不上我"来表达小二姐对自己容貌的自信。《喜荣归》中"作要,作要""姑娘的眼睛长得是地方""一日夫妻百日恩",或是谐戏之词,或是善意的讽刺,或是真诚的表白,皆来源于民间,也最贴近老百姓的生活。

灵丘罗罗腔的伴奏方式较为特别,唱时不伴,乐器过门在每句的尾音处进入。这种伴奏方式使演唱特别清晰,而且让表演者的发挥更为自由,同时也让灵丘方言在演唱中更具韵味。灵丘罗罗腔更大的一个唱腔特点是"背宫音",假嗓要腔,这种欢快活泼的旋律,似乎更适合用乡音乡韵的罗罗腔来表达。

(三)亦庄亦谐的剧情

灵丘罗罗腔虽是民间小剧种,但剧情内容丰富,能反映社会生活的各个层面,既具有尖锐矛盾冲突的征战戏和宫廷戏,也有矛盾冲突弱化,甚至没有矛盾冲突的家庭戏和爱情戏。这些戏多数取材于古典小说和民间传说,它们蕴涵了劳动人民朴素的思想感情,歌颂了忠义之士、廉洁之官和劳动人民的忠贞爱情,揭露和鞭笞了奸佞权贵和贪官污吏,寄托了人民惩恶扬善的美好愿望。如《芦花》演绎的是孔子门徒阂损的故事。阂损是孔子的得意门生,是古代"二十四孝"中最受尊崇的大孝子之一。阂损常受后母虐待,却始终怀有忠恕之心。一次,其父带阂损及二弟坐牛车出门探亲,行至萧国一山村旁,大雪纷飞,车上的二弟未显丝毫寒意,阂损则冻得瑟瑟发抖。其父见状,怒用鞭打,刹时间阂损的袄烂而芦花翻飞,其父再看幼子的棉衣则裹着丝绒,始明真相。其父立即赶车返家,愤怒休妻。阂损则跪地替母求情:"母在一子单,母去三人寒。"后母感动认错,一家人复又和好。全剧着重刻画了阂损深明孝悌大义、以德报怨的艺术形象。这个人物形象集中了儒家文化中伦理纲常的要义,而承载这一要义的载体是家庭,并借日常生活琐事来敷衍故事情节,其剧情所体现的思想、观念、精神与老百姓息息相关。剧中最有特色的是阎损之父阎德请来岳丈岳母时的唱段。唱词以十字格为主,一韵到底。唱段借鉴了叙事抒情诗的手法,将借事抒情的手法运用于戏曲,经过戏剧化,演变为戏剧诗人运用诗的手段,通过描写剧中人在特定情景中对特别事件的反应,抒发了剧中人的感情,使得此剧更是别有一番韵味。

再如传统剧目《小二姐做梦》,描述的是古代农村少女王翠娥,因向往爱情而春心萌动,于是入梦,梦见自己当了新娘,坐彩轿,拜花堂。通过一连串的表演、演唱,反映出了她向往爱情、追求幸福的愿望。

这个剧目是个独角戏,一角多扮,通过不同的唱腔,不同的表演塑造出几个不同行当的舞台人物形象,时而小旦,时而小生、青衣、老旦;全剧一唱到底,不加道白,有着浓郁的地方特色。

在这些剧目中,不管是庄严肃穆的剧情,还是平淡自然的剧情,都能够使舞台上的表演满台生风。在这些剧目的唱腔中,不管是用清爽流畅、委婉动听、善于叙事抒情的数腔系列来演唱,还是用曲调活泼明快、风趣热烈、跳动性大的娃子系列来演唱,都能够使观众神情为之迷醉,精神为之震荡。

总之,将灵丘罗罗腔置于灵丘文化,继而是塞北文化,更甚是中国文化的背景之下来解读,它既蕴含着中国文化的崇尚道德观念和兼容并包观念,也蕴涵着灵丘本土文化的坚强不屈和锐意进取的精神。罗罗腔沉淀了灵丘地域的整体文化精神,是灵丘乃至晋北人民生存状态的体现,也始终会成为优秀传统道德、优秀传统文化继承和弘扬的重要载体。

参考文献:

[1]孙大军,杨成万.塞北梨园——罗罗腔[M].北京:中国文联出版社,2005.

[2](清)李斗著,王军评注.扬州画舫录[M].北京:中华书局,2007.

[3]郭绍虞.中国历代文论选(一)[M].上海:上海古籍出版社,1979.

大同柴氏兄弟数来宝艺术的文化研究

石凤珍[1] 李 佳[2]

(1. 山西大同大学云冈文化研究中心,山西 大同 037009;

2. 山西大同大学文史学院,山西 大同 037009)

摘 要:大同数来宝作为一种地方性曲艺品种一直拥有众多的爱好者。它的方言表达风趣幽默,内容移风易俗,寓教于乐,把是非长短潜移默化于谈笑之中。艺术上的创新使得它的听众越来越多,影响越来越大,而受众面之广在某种程度上决定了它持久的生命力。在对传统的继承与发展、对时代题材的创新与延伸、对民间艺术的融合与包容等方面柴氏兄弟无疑走出了一条新路,这些都是传统曲艺以及其他民间艺术需要借鉴与思考的。

关键词:柴氏兄弟;大同数来宝;艺术特色;光辉未来

大同数来宝是在大同快板的基础上,借鉴相声、数来宝和小品的表现手法创新的一种现代曲艺形式,起源于 20 世纪 70 年代末。有人这样说,大同三件宝,煤炭大佛数来宝,这足以说明数来宝在民间深厚的群众基础和它的艺术魅力。近年来,大同数来宝作为一种地方性的曲艺品种一枝独秀,一直拥有众多的爱好者,且影响越来越大。在对传统的继承与发展和对时代题材的创新与延伸以及对民间艺术的融合与包容等方面,大同数来宝无疑走出了一条新路,这些都是传统曲艺以及其他民间艺术需要借鉴与思考的。

一、风趣幽默的方言展示

方言本身蕴含着无尽的幽默资源,柴氏兄弟凭着多年来扎根本地的研究,已经能够纯熟地驾驭大同方言,把大同人的日常用语提炼成艺术的语言。语言的认同感和亲切感使他们的作品在大同乃至周边一带有了扎实的群众基础,就连常年在外的大同人也会从他们的磁带或光盘中寻找乡音。像"瞧小伙儿打扮得圪整整""有啥问题您儿圪沓""咋整戳你也甭烦恼"(《喜事新办》),字里行间都是大同人耳熟能详的方言。在作品中经常出现的大同方言还有"眊""耍""猛""寡""您儿""摸脱""扎愣""咋唬""逼低""没吊""戳鬼""灰鬼""日怪""日玄""日能""呱啦""杀生""日脏""合怕""圪磨""圪瘾""灰拦相""二格半""没人尿""家巴雀""别愣瞪""老没吊""烟熏气""讨吃货""妨主货""瞎眉处眼""失姿赖

害""小家瓦器""脓带棒儿"……这些乡音乡韵方言土语使家乡父老乡亲感到亲
切,也让他们在笑声中感受艺术的真实。

柴氏兄弟大同数来宝的包袱多,也是它在群众中广为流传的原因之一。所谓
包袱,就是引人发笑的笑料。包袱的穿插,是造成捧逗关系的重要手段,深刻的思
想,往往寓于包袱之中。数来宝的包袱,在结构上较相声的包袱简单,不需要铺垫
几个步骤,常常一两句话就把包袱抖响了。比如《老婆的外遇》中"叫大哥阁人真
没岔儿,啥年代了还打快板儿? 梆儿梆儿的真失笑,我以为碰上卖蟑螂药的了"。
再如《打麻将》整个段子中大包袱小包袱接连不断,观众的笑声和掌声也不断。
"红火跟红火不一样,阁人那耍的就是棒! 哄上家儿,顶下家儿,捏住那风头坑对
家儿,又抠鼻子又撇嘴,抓耳挠腮尽是鬼,三四口牌您不要,记住杆子耍单调,忽闪
的人们尽误牌,您是杠底开花顺手来,等人们发现上了当,您装上票票早就逛了!"
"上班上班儿谁不上,去了哇不是个穷圪晃! 发上顿牢骚起上顿混,正经工作又不
急问,哪如摸上几圈助助兴,也显得单位挺安定! 咿呀! 阁人可是单位的老麻将,
这阵出啥贼相了! 是不是嫌我们耍的小,那……你说多少就多少!"

大量的排比使数来宝朗朗上口,增强了语言的感染力,让听众忍俊不止,经典
的段子大家都会模仿上几段。单句排比的有《下岗》中"一出生赶了个大跃进,一
上学赶了个'大革命',一毕业赶了个下农村,一分配赶了个合同工",《动手术》中
"要么儿变得没感情,要么儿变得愣愣惶,要么儿打摆子出虚汗,要么儿吓得腿圪
颤",《好大大》中的"她对不住那两瓶果子汁儿,她对不住那三两青红丝儿,她对
不住那四斤胡萝卜,她对不住那五盘烂腌菜,她对不住那六把高粱饴,她对不住那
七块果丹皮,她对不住那八串糖葫芦儿,她对不住那九斤酸毛杏"。双句排比的有
《外门经理》中的"明明他买了个玩具猪,可他硬让你开成本工具书;明明他买了个
缎被面儿,可他硬让你开成个电配件儿;明明他买了把切菜刀,可他硬让你开成个
公文包;明明他买的是大麻炮,可他硬让你开成大同报",《下岗》中的"人家早就
安顿让往出调,可咱两眼墨黑四没靠;人家早就经优让送送礼,可咱小家瓦器又送
不起"。这些排比铺集中展示了大同方言,也成为数来宝的艺术灵魂。

二、移风易俗,老少皆宜

艺术的受众面在某种程度上决定着它的生命力,大同数来宝的发展印证了这
一事实。柴氏兄弟的演出不受道具和舞台的限制,内容广泛,老少皆宜。他们深
入生活,仔细地观察和分析生活,切准群众脉搏,反映群众心声。毛泽东1942年
《在延安文艺座谈会上的讲话》中指出:"我们的文学艺术都是为人民大众的,首先
是为工农兵的,为工农兵而创作,为工农兵所利用的。"江泽民在十五大报告中指
出:文艺要"坚持为人民服务,为社会主义服务的方向"。柴氏兄弟创作的数来宝

坚持"二为"方向,紧扣时代脉搏,贴近人民群众现实生活与关注焦点,多方面表现积极向上的主题思想。纵观他们二十年来创作的数来宝,无一不是选材于民众的生活常事,多数还是大众关注的热点、焦点和难点问题。

《怨谁》批判了林彪和"四人帮"误人子弟,破坏教育革命的罪行,提出教育必须要革新,要"为实现四个现代化,携手并肩大步跨"。《人浮于事》和《合并与毛病》是宣传机构改革,精简人员的;《动手术》和《好大大》反映"天下第一难"的计划生育问题。还有反映交通安全问题的《借摩托》,有反映请客送礼问题的《喜事新办》和《出门儿》,还有反映假冒伪劣商品问题的《防不胜防》,有关于治理脏乱差问题的《家丑外扬》,反映家庭问题的《老来俏》《婆媳之间》和《亲子鉴定》,还有下岗失业再就业问题,教育问题,腐败问题等等。柴京云说:"人们想什么,咱就写什么。"他们的这些创作轻松幽默,寓教于乐,竟把是非长短潜移默化于谈笑之中。[2](P263)喜爱他们的听众往往上至七八十岁的老人,下至八九岁的小学生,听罢之后久久回味,在茶余饭后学上几段引众人捧腹大笑才叫过瘾。从中我们看到文化和市场成功的结合,受众面广,内容贴近现实的优势给数来宝带来了巨大的市场效益,而积极向上的主题起到了鼓舞人、引导人和教育人的社会效益。它的双重效益为其他民间艺术的发展提供了宝贵的经验和实践的依据。

三、融合多种艺术,表演出神入化

长期的舞台表演使柴氏兄弟熟悉和掌握了数来宝艺术风格,比如见景生情、即兴编唱、夹叙夹议、诙谐幽默、上下合辙、声调一律等等。在说唱基本功上,他们学会了运用吐字、传神、使噱、变口、贯口、批讲、口技等表演技巧,并大量运用到新创作的作品中。熟练地以数来宝为基本艺术载体,又融合了对口相声二人捧逗的表现手法,再以大同方言为语言元素嫁接融合再生,从而产生了一个新的艺术品种。[3](P304)

多方位的借鉴使数来宝突破了传统的方言快板儿,比如小品的角色少、情节进度快,相声里的捧、逗和学、唱,戏剧里的独白和旁白等。传统的大同方言快板儿节奏单一,也较缓慢,柴氏兄弟的表演节奏有了明显的变化,有块有慢,有时急促,有时舒缓。句式变化增多,以韵白为主,有时插入一些简短的散白。每个段子都有几部分排比句,在表演上起到了贯口的效果。

深厚的舞台功底加上出神入化的表演,使数来宝有了极大的艺术观赏性。柴氏兄弟演过小品和话剧,他们基本功扎实,在舞台上说、学、逗、唱运用自如,闪、垛、却、叠恰到好处。京云老成持重,风趣善良,会铺垫;京海反应灵敏,幽默大方,节奏感强,包袱抖得恰到好处。哥俩在舞台上早已形成固定的角色,京云总是"捧",扮演正方,京海总是"逗",扮演反方。他俩一捧一逗,搭配默契,说学表唱,不温不火,妙语连珠,包袱叠起,雅俗共赏。在表演中,他们刻意追求口语化,就如同两个人拉家常一样,快慢结合,娓娓动听,把数来宝升华成无表演的"表演"。

四、成功背后的思考

上晚会,出专辑,市场的走俏似乎把大同数来宝推到了一定的高度。是否按现有的路子走下去? 2010年第八届中国民间艺术节暨第九届大同文化艺术节期间的重头戏五幕歌舞剧《想亲亲》的出现,让我们看到了大同数来宝的潜质,看到了民间文化辉煌的未来。

《想亲亲》以一个美丽动人的爱情故事为主线,把恋爱、娶亲、忙婚、出门儿、洞房、离别、团圆等极具爱情标识和民俗特征的内容贯穿起来,全剧分为《打樱桃》《挂红灯》《蒸喜糕》《拜天地》《闹洞房》《走西口》《故乡情》和《尾声》共8个场次。每个场次都由一段柴氏兄弟的《大同数来宝》开场,接下来,一幅幅生动唯美的风俗画上演,二人台、北路梆子、耍孩儿、罗罗腔、晋北秧歌、晋北民歌、晋北吹打乐、大同数来宝……众多的大同民俗文化元素都在剧中得到了表现。它们的出现并不生硬,而是完全融入了剧中,以出色的艺术策划和整合,让它们散发出特别的艺术姿彩,给人以非凡的艺术享受。

在第一场《打樱桃》中,柴氏数来宝用故作结巴而夸张的语言说道:

> 听说——
> 我爷爷的爷爷小名叫个钱贵贵,
> 彻小小就看对我爷爷的奶奶二妹妹,
> 我爷爷的奶奶长的那可真是毛眼儿一对对,
> 没做的两人在那樱桃树底下还常会会,
> 我爷爷的爷爷还假眉三道的打樱桃,
> 爬到树上不住气儿的偷看人家二妹妹这儿摊儿的那道壕,
> 我爷爷的奶奶还成里巴色的硬往上瞧,
> 让我爷爷的爷爷乘机摸捞了下后脑勺,
> 我爷爷的奶奶有一天在井边儿洗衣裳,
> 我爷爷的爷爷他不好好打水硬撩敞,
> 遛石头、吓唬人还把衣裳到处藏,
> 让我爷爷的奶奶一盆凉水泼了个透心凉。

第二场《蒸喜糕》串场词:

> 爷爷的爷爷那灰猴的手脚真叫快,
> 从正式提亲到娶亲拢共不到俩礼拜,
> 办事那天蒸糕、压粉可拌了些地皮菜,

贴对子、扫院、捭攉家具把那人忙坏了，

大同人办喜事就好吃油炸糕，

吃了糕才保估你步步能登高，

二老板罗面小媳妇摅糕楞后生把火烧，

小孩子偷糕躲进了炭圪捞……

每场串场词既是对舞蹈的诠释，又有自己独立的表演空间，在唯美的风俗故事中融入幽默欢快的风格，让观众始终处于轻松愉悦的观赏氛围中。可以说数来宝在《想亲亲》中的串场更增添了歌舞剧的地方色彩，它和其他民间艺术一起造就了《想亲亲》的成功。它们既是独立的存在，又是融合的整体，共同构成了舞剧不可或缺的元素，但又有着各自鲜明的艺术特点。在市场经济条件下文化产业如何健康发展，大同数来宝的成功给民间艺术的发展提供了新的思路：

（一）立足本土，开拓创新

越是民族的东西越有生命力。大同方言涵盖晋、冀、蒙地区，能听懂大同方言数来宝的人起码有数百万。在一个特定地区由它形成的某种认同氛围是其他艺术手段所无法取代的，兄弟俩在学习、收集、研究和运用方言时，多用反映时代特征的方言，多用较大范围民众能懂的方言，而没有一味去搜寻挖掘僻语老词，以免走进死胡同。在此基础上，有选择地改为"同普话"，让不懂大同方言的观众也能捧腹大笑。2001 年在广州举办的全国第十一届"群星奖"曲艺大赛中，柴氏兄弟创作表演的大同数来宝荣获金奖，得到专家评委一致好评，为大同数来宝走向全国迈出了可喜的一步。由此可以看出，民间艺术既要保持自己的原汁原味，起到宣传本土文化的作用，还要根据市场的变化灵活变通。数来宝如此，大同其他的民间文化更是如此。

（二）顺应市场，打造品牌

在文化产业日益发展的今天，传统民间艺术受到极大的冲击，大同数来宝的成功还在于他们强烈的品牌意识和大众的认同感。从最初的基层演出到频频参加各种曲艺大赛，从兄弟二人的单独表演到串场大型歌舞剧《想亲亲》，大同数来宝的每一步都走得从容而又坚定。他们追求的不是眼前的得失，而是放眼民间艺术的大舞台。以数来宝为载体，宣传大同，让人们了解大同，进而弘扬晋北文化。每年的云冈旅游节既是旅游的盛会，更是民间艺术的盛会，游客们在游览名胜古迹的同时也了解了植根在这片土地的民间艺术。在这里，民间艺术给大同带来无限商机，大同的发展也推动了民间艺术，真正做到了"双赢"。20 年来，柴氏兄弟表演场次数以百计，其中在中央和省市电台、电视台播放的节目有 30 多个，在各级报纸刊物发表的作品 200 余篇,荣获创作演出的大奖 40 多次,中央电视台和《中国日报》等国家级新闻媒体作过详细报道,这些为数来宝创造了一定的名牌效应。从 20 世纪 90 年代末至今,山西音像出版社、中国文联音像出版社连续出版发行《柴京云柴京海大同数来宝精选》磁带 4 集、VCD2 集、CD5 集,共 20 余万盘,出现了"满街争听数来宝,处处皆闻二柴声"的热烈效果。在曲艺和戏曲演出市场萎缩的今天,这不能不说是创造了一个奇迹。

(三)政策扶持,领导关怀

在取得一系列轰动效应之后,大同数来宝没有满足现有成绩,而是积极地把这种艺术形式推向更高的层次。为了保护和推动这一民间艺术形式,大同市先后召开了两次柴氏兄弟大同数来宝专题研讨会,邀请有关专家学者、文艺工作者和热心听众开展研究与探讨,并出版了《柴氏兄弟曲艺选》,为宣传和普及这一民间艺术起到了理论推动作用。2005 年,大同数来宝作为大同文化的一个品牌已写入《大同市政府工作报告》中,成为今后几年政府在文化建设上重点扶持的项目。2010 年,在市政府的大力支持下,大型歌舞剧《想亲亲》呈现在大同观众面前。这部由柴京云总导演的大型歌舞剧把大同数来宝作为串场的重要元素,融合了众多民俗文化元素,使我们对民间艺术的发展有了新的认识和思路。民间艺术不是孤立的和单一的,艺术的互补和融合将会发挥它们更大的潜质。《想亲亲》在各地的巡回演出为宣传大同民间艺术,推动大同旅游事业的发展起到积极的作用。

五、结语

纵观大同数来宝的发展,可以说它的成功不是偶然的。柴氏兄弟将大同民间艺术数来宝和市场经济进行了有效链接,让我们认识到优秀的民间艺术是可以同时获得良好的社会效益和丰厚的经济效益的。大同数来宝的成功不仅可以为文化产业化提供实践依据,也为文化产业化提供理论参照,这些都将为繁荣和发展大同市的文化产业提供宝贵的经验。

参考文献:

[1]柴京云,柴京海. 柴氏兄弟曲艺选[M]. 北京:中国戏剧出版社,2007.

[2]李金. 山西曲艺崭新的品种——论柴氏兄弟大同数来宝思想性与艺术性的统一[A]. 柴京云,柴京海. 柴氏兄弟曲艺选[C]. 北京:中国戏剧出版社,2007.

[3]王颂. 大同数来宝的艺术价值和地位[A]. 柴京云,柴京海. 柴氏兄弟曲艺选[C]. 北京:中国戏剧出版社,2007.

[4]马文忠. 继承借鉴,推陈出新——柴氏兄弟大同数来宝探析[A]. 柴京云,柴京海. 柴氏兄弟曲艺选[C]. 北京:中国戏剧出版社,2007.

05

大同地区墓铭碑刻研究

北魏平城砖瓦文字简述

殷　宪

（山西大同大学云冈文化研究中心，山西　大同 037009）

摘　要：北魏平城时期是我国历史上继汉代之后又一个吉语瓦当高峰期。皇家建筑遗址出土的大量瓦文，原汁原味地展示了当时人们的文化水准、书写能力和书体运用情况。近年在大同地区出土的并不算多的北魏砖铭充分证明，在拓跋氏建都平城时期，所有墓中瘗文字砖者，无一不是来自南朝的贵族以及西来东至的秦凉和两燕的"投化客"。拓跋氏帝室和近族胡（纥骨）、周（普）、长孙、奚（达奚）、伊（伊娄）、丘（丘敦）、亥（侯）、叔孙、车（车焜）等九姓以及"太祖已降，勋著当世，位尽王公"的陆（步六孤）、贺（贺赖）、刘（独孤）、楼（贺楼）、于（勿忸于）、嵇（纥奚）、尉（尉迟）八姓，连如此简单的砖铭都没有。但是，公元494年，孝文帝迁都洛阳之后，不仅在洛阳大量出现元姓宗亲和其他代姓贵族的大量墓志，而且在平城也出现了"尉娘""苟黑"等代人墓砖。

关键词：北魏墓砖；吉语瓦当；瓦刻文字；书法；墓主人

公元4世纪初至5世纪末，在差不多两个世纪当中，现在的大同地区一直是鲜卑拓跋政权的主要活动区域，著名的云冈石窟以及平城遗址、北魏明堂遗址、灵丘道御射台和方山永固陵，包括近年来在大同一带发现的诸多北魏贵族墓葬，便是这一时期的重要历史文化遗存。现在，在大同地区发现的北魏早期铭刻书迹，包括在此期间派官员、文士和工匠在外地创立的一些重要碑石，数目越来越多，也越来越受到当代书法界的关注。然而，北魏平城时期贵族墓葬中出土的志墓砖以及皇字号建筑遗址出土的文字瓦当和瓦上刻文却相对较冷门。文字瓦当和砖瓦刻文，不是说其他朝代别的地方没有，但是像北魏平城时期这样集中而丰富多彩，却是其他朝代和地区少有的。这篇短文，就是要对1500多年前的平城砖瓦文进行一些专题研究和介绍。

一、北魏平城砖瓦文及其书法

大而分之,北魏平城砖瓦文字无非属两大类:一是砖文,二是瓦文。细而类之,砖文和瓦文又各可分为模制和铭刻两种。兹分述之。

(一)砖文模制类

这种文字主要发现于北魏太和年间的贵族墓的砖壁上,迄今已经发现的有两种,一种系 1965 年出土于大同市区东南 6 公里石家寨村的司马金龙墓的太和八年(484 年)司马金龙与其妻钦文姬辰的合葬墓的带字墓砖,砖长 33 厘米,宽 16.5厘米,厚 6 厘米。文字一律在砖的小侧面上,长 16.5 厘米,宽 6 厘米。此墓墓壁凡有文字处皆以丁砖垒砌,砖文为"琅琊王司马金龙墓寿砖"10 字。所见几例,可分为三种格式:一是横式右起,二是横式左起,三是竖式右起。这几种格式大抵因砌砖时或卧或立而异,亦因其在墓室中所处位置不同而异。立式者有无左起者,因未睹实物,不敢妄断。另外一种模制类砖文是 1993 年在大同市西南 32 公里的怀仁县北七里寨村(现属朔州市)的丹阳王墓发现的。这是一处一正室、二侧室和一前室的豪华型砖构墓葬,墓道饰以壁画,地面铺以双虎团莲纹和花草纹砖,这种纹式的砖也有立表于墓壁者。墓室则多以胡服供养排俑、忍冬纹、龙雀纹等各种纹饰的墓砖砌之,文字砖只是其中一种。此砖长 36 厘米,宽 18 厘米,厚 5.5 厘米,砖文皆为"丹扬王墓砖"5 字。这两种模制砖文都是肃穆峻整的隶书,唯"琅琊王司马金龙墓寿砖"起落处多用方笔,更显厚重,"寿"字的写法更是令人称绝。此砖似与《司马金龙墓表》《墓铭》出自同一书家之手。丹扬王墓砖则以圆笔为主,"墓"字的开张,"砖"字末笔的左斜和方折楷化都有可取之处,惟在整体上显得僵直了些。

(二)砖文铭刻类

这几年在大同市见到的有 7 种(不包括砖志),计有"宿光明冡""王羌仁冡""王礼斑妻舆""王斑"残砖、"尉娘"砖、"苟黑"砖和"赵胡"砖,出土地大抵都在距今大同城 3—4 公里的南半圈,西起电焊器材厂,南到冯庄和智家堡,东迄沙岭村。从时间上又可分为前期和后期两组。在前期组中,"宿光明冡"砖长 28 厘米,宽15.5 厘米,四字上顶下空,随意为之,每个字大小比较均匀,笔道也算整齐,多以复刀作圆笔;"王羌仁冡"砖比"宿砖"略小,长 26 厘米,宽 13 厘米,四字竖排,上松下紧,愈下愈大,"王"字缩手敛足,"冡"字可边可沿,"羌"字则无拘无束。此砖刀法粗疏,首尾不回不护,山野气十足。比之以上两砖,"王礼斑妻舆"要算是精心之作了。砖长 27 厘米,宽 13.5 厘米,大小与"王羌仁冡"砖相仿佛。此砖无论书手还是刻工均在前两种之上,书体应是隶书,点画浑厚沉稳,"礼"用别体,"示"旁信手添笔为"衣","舆"之末笔变捺为挑,妙趣自见,尤其是"礼""斑""妻"等字的几个原有的或添加的点,刻意猭圆,极具装饰效果。"王斑"残砖,宽达 16 厘米,长不可测。此砖与"王礼斑妻舆"砖当为同圹中物,但却是更具急就意味的不经意之作。关于"王礼斑妻舆"和"王斑"残砖,我已专文考证其砖成文于明元帝永兴元年(409 年),墓主为乐浪王氏。[2]这一类铭刻墓砖文大多是急就而成,可谓砖不择精,文不思工也。书体大多以楷隶为之,书风高古朴茂,野趣横生,当是北魏文成帝之前物。在后一组中,"尉娘""苟黑"和"赵胡"三种墓砖都是 2006 年在城东南 4 公里的沙岭新村工地出土的。墓砖大小在 30—31 厘米×15.5—16 厘米×4.5—5 厘米。"尉孃"为魏楷书体,其书宽博雍容,铁画银钩,存篆籀笔致,筋骨劲健,血脉通达,有"郑文公碑"风骨。以书风观之,此砖应为魏孝文帝太和十八年(494 年)迁都以后所刻,墓主人尉娘姓氏已由尉迟改为尉。"苟黑"为民间俗隶,草率稚拙,其功用惟在志墓耳。苟姓应为代姓若干氏所改,时间应与"尉娘"砖相仿,下方自左至右不规则的刻文为:"廿""四月"和"四日",极有可能是太和二十年(496 年)四月四日,应是此苟黑的入窆时间。"赵胡"二字中,"赵"近楷书,"胡"为不带波磔的隶书,书体率意而不苟且,令人生爱。墓砖右下部相迭的六横,以一中竖直穿,第一横加竖为"十",第二横加竖与左右两点为"六",下四横加竖与最上部左右两点为"年",总起来可辨读为"十六年"三字。左下之"口申"似为"壬申"纪年的缩写。太和十六年(492 年)正是太岁壬申,可见辨识不谬。

(三)瓦文模制类

大同地区发现的北魏平城时期模制瓦文有两种:一种是文字瓦当,一种是戳记瓦文。文字瓦当已发现十多种。方山永固陵计有文明太后永固陵前的"万岁富贵""忠贤永贵""长乐富口""福"字残文当和"流"字残当。孝文帝虚宫有另一式的"富贵万岁"雀羽格四字残当。云冈石窟上方遗址屡见有"传祚无穷"瓦当。2002 年以后,大同操场城北魏宫城遗址陆续出土有"大代万岁""皇魏万岁""皇万岁年""长寿永口""皇祚永延""寿贵"等吉语瓦当。这些瓦当上可以辨认的文字大多是隶书,有的稍用篆法,有的略呈楷意,与汉代的此类瓦当文书风一脉相承。"富贵万岁"瓦当是平城太和中文字瓦当的大宗。在大同附近一处北魏瓦窑遗址,我们看到的"富贵万岁"瓦当的形制、大小和书风因模而别。永固陵前的"忠贤永贵"瓦当,直径 16 厘米,字体属隶书而用篆法者,其中的"永"字本来就是篆书,"贤"字也呈篆书笔意。操场城西街的"皇魏万岁"瓦当也颇显篆意,而"寿贵"当则全为李斯法了。"福"字残文瓦当书风与"忠贤永贵"大体相同。2000 年,我在方山孝文帝虚宫发现的雀羽格四字残文瓦当,直径 14 厘米,模制时已脱去表层,依稀可辨一个"皇"字。直至 2004 年 5 月"皇魏万岁"瓦当在操场城西街舒欣园建筑工地面世,方知此当与出自操场城东街北魏 1 号遗址的"皇口口岁"残当都是

"皇魏万岁"四字,唯凤尾界格或三条或二条略有不同。"传祚无穷"瓦当,直径为15.5—16厘米,书体简洁生动,为北魏平城瓦文中的上乘之作。大同市这几年已难见完品,但在一些有关著作中,尤其是日本学者的著作中却多见著录。[3]幸好2008年秋,山西省考古所又在云冈石窟窟顶上方的考古发掘中发现几枚完好者。"大代万岁"瓦当是北魏平城瓦当中的精品,其直径有20.5厘米,字体整肃大方,横笔左方右挑之势颇类似阳高县出土的延兴六年(476年)的陈永夫妇墓砖铭风格。它的宽博大度令人感受到了都城文化的气息,更反映了北魏平城时期的盛世气象。这种瓦当虽在操场城街多次出现,但皆残缺不全,完整者只有大同市考古所张畅耕先生收集的一枚。北魏窑场有一残块,是笔者从现场收集的标本,中央乳钉改为团莲,字格大小和制作精良程度皆不逊于前者,可惜只存一"大"、一"莲"、一"钉"了。

戳记瓦文,是指1995年至1996年在北魏明堂遗址出土的板瓦瓦面和筒瓦扣尾上模印的戳记。在明堂的两处遗址发现这样的戳记瓦文共有三种,"皇"字戳和"莫问"戳表示工程的性质和机密程度,"范太"戳为工匠范太、范黑太的签名戳。戳文或为篆书,如"皇"字,或为楷化隶书,如"范太"。此类戳记书风雄强厚重,同样透露着一种时代精神。2003年,操场1号遗址也出土过一枚带有戳记的瓦块,但由于照片失真,难辨为何字了。

(四)瓦文铭刻类

此类仍以北魏明堂瓦刻文为代表。关于明堂瓦刻文字,笔者已作过专门介绍,此处仅择要言其大略。在明堂发掘过程中,笔者看到的瓦文有一二百种。这些刻文的时间当在太和十年(486年)到太和十五年(491年),其书体可谓隶、楷、行、草诸体皆备。隶书有"李""侯""勋""子""受""定""阿仁"等;楷书有"丰""卅""保奴""范黑太"等;行书有"廿二""买德""永德""天牛"等;草书有"根""科""七桃"以及个别"李"字。以书手之优劣看,有原本是书法能手而沦为工匠的,如"子""勋""道""廿二""人"等字的书者;有才气很高的民间书手,如"奴""侯""兴""知""根""定""受""香卢""阿仁""阿兴"等字的书者;也有几不能成字者,如"察"字的书者。以其书写工具看,有用铁木等硬锐器刻划者,如"侯""李""范黑太"等;有用手指直接刻写的,如"根""兴""生"等。以其功用看,有作为工程性质及密级标志的,如"莫问"手写体;有记工匠名姓以明确责任的,如"侯""李""道""根""奴""兴兵""七桃""天牛""买德""阿仁""阿兴""香卢""孙贵"等;有记数的,如"廿""卅""七头""十头""十七头""百又十九"等;有表验收把关的,如"知""定""受"等。2003年,操场城东街1号遗址出土的则有"高""茹""成""次""田""万"和"兰""文""齐""常""杨""阳""洛""弘""虎"

"拔""护""及""得""午""侣""德""清""众""少""冬""""市""生""荃""奴""僵""僧""自""受""俟""鸟""伏""伏盖""天""天保""伯龙""买尔""六日""1个""非"（或三刂三）、"Ⅲ三"等等。显然，前面部分是制瓦工匠之姓氏，其中高姓和齐姓已见于明堂遗址。值得注意的是，"和""兰""文""茹"等应为"文（勿）忸于""素和""乌洛兰""普陋茹"等代北姓氏的简写。中间部分或全或简，都是工人之名，而"伏盖""受洛拔""惠也拔"等也皆为胡名。后面部分记数者已见于明堂，而记时者则为首见。

二、平城墓砖主人入魏前所事政权及籍里

在大同附近出土的北魏墓文字砖所涉墓主人，来自南朝可断为晋宋宗室贵族的两人，即刘昶和司马金龙。刘昶是刘宋皇室，彭城县绥舆里人，萧齐代宋后入魏。司马金龙，据《魏书》和《北史》记载，其父是司马楚之，"晋宣帝（司马懿）弟太常馗（司马馗或司马仲馗）之八世孙"，"太宗末（422年），山阳公奚斤略地河南，楚之遣使请降。"[1]（卷三十七，P854~855）又据《司马金龙墓表》《墓铭》和其妻《钦文姬辰墓铭》，其为"怀州河内郡温县肥乡（钦文姬辰铭作"倍乡"）孝敬里"人，钦文姬辰则为拓跋宗室源贺之女。

可确定为辽东入魏的慕容燕和冯燕旧臣的有王礼斑夫妇。据于右任先生《鸳鸯七志斋藏石》及赵万里先生《汉魏南北朝墓志集释》所收延昌四年（515年）的《魏故恒州治中晋阳男王君〔祯〕墓志铭》载，王礼斑为"乐浪遂城人也，燕仪同三司武邑公波之六世孙。高祖礼斑，散骑常侍，平西将军，给事黄门侍郎，晋阳侯。"[6] 王礼斑亦名王斑，本慕容燕旧臣，道武帝皇始初入魏。

另外，盖天保亦应为东夷盖氏。据《魏书·孝文昭皇后高氏传》，高氏之"父飏，母盖氏，凡四男三女，皆生于东裔。"[1]（卷十三，P335）盖氏为高丽著姓，《元和姓纂》云："盖延，代居渔阳。"《魏书》中无一例盖氏人物是西来的，包括任城王云之母景穆太子盖太妃等。因此，可以推测盖天保和盖兴国父子亦来自东土，即"两燕"。此盖氏不可能是《魏书·官氏志》所云"盖楼氏，后改为盖氏"的盖氏，因为盖楼氏改盖氏是太和末的事，太和十六年的盖天保自不属代北盖楼氏。

可以确认为西来的人物有：

1. 宋绍祖。据其墓砖"大代太和元年岁次丁巳幽州刺史敦煌公敦煌郡宋绍祖之柩"可知为敦煌人，来自沮渠氏之北凉。根据宋绍组的族望和人骨测定享年50多岁的情况，张庆捷和刘俊喜先生认为，他当与北魏太武帝拓跋焘平北凉后由敦煌迁徙至平城的宋繇一族有密切关系。

2. 长安叱干渴侯。从其砖志"长安人京兆郡长安悬民叱干渴侯冢铭"可知，叱干渴侯为北方民族而占籍长安者。叱干氏太和中改为薛氏。叱干氏是西部鲜卑的一支,或为久居代北的杂胡(抑或西部高车)部姓,世居三城(今山西省西北部之偏关、神池一带)。在代魏立国之前受制于苻秦和姚秦,与匈奴铁弗部、西部高车、拓跋鲜卑共处阴山南北。此叱干渴侯自称长安人,当为先归姚秦,并经赫连昌破秦入长安,终在后魏灭赫连夏后归拓跋魏者。关于此砖,笔者曾有专文考述。[7]

3. 陈永。其铭文有"元雍州河北郡安戎县民,尚书令史陈永并命妇刘夫人之铭记"语,《魏书·地形志下》秦州条略阳郡有"安戎县,汉曰戎邑,属天水,后汉、晋罢,后改属"略阳,[1](卷一百六下,P2610)在今甘肃秦安县东。此地原属雍州,故为"元雍州"。太和十一年之河北郡则属陕州,所领北安邑、南安邑、河北、太阳等四县,为古河东,即今运城市南部地,而芮城县称安戎县已在西魏了。如此说来,陈永也可能是凉州民。

4. 宿光明。宿光明冢墓砖,出土于大同城西南金属镁厂工地,同墓区还出了"居姑藏也"残志,似可证宿光明之籍里。

5. 王羌仁。郡望籍贯不明,然"羌仁"二字似已暗示其西羌的族属。这些人都应是苻秦、姚秦、赫连夏入魏臣民的后代。

6. 屈突隆业,亦不见于史传。《晋书·苻坚载记下》与《魏书·徒何慕容廆附暐弟冲传》皆载前燕亡国后,随慕容暐寄身于苻秦的慕容燕旧臣屈突铁侯。据《元和姓纂》载,屈突氏,"本居玄朔,徙昌黎,孝文改为屈氏,西魏复之。"此屈突隆业应是前燕亡而入苻秦,或留居长安或东归后燕最终投魏者。到这里,我们就知道在北魏平城时期只有南来贵族、东入、西入汉族士人以及久居东部的慕容燕、西部的秦、凉政权的北方民族官员方有砖铭随葬。

7. 赵胡。从《魏书》所载"赵逸,籍天水,赵柔,籍金城,赵黑,本凉州隶户,以及赵天安,凉州人,凉州军户赵苟子"等,可见其时赵姓多来自西部的秦凉地区。

参考文献:

[1]魏收. 魏书[M]. 北京:中华书局,1974.

[2]殷宪. 从北魏王礼斑妻舆砖、王斑残砖说到太和辽东政治圈[J]. 中华文史论丛,2006,(4):129-160.

[3]赵丛苍. 古代瓦当[M]. 北京:中国书店,1997.

[4]殷宪. 大同北魏明堂瓦刻文述略[J]. 书法丛刊,1999(1):40-42.

[5]于右任. 鸳鸯七志斋藏石[M]. 西安:三秦出版社,1995.

[6]殷宪. 盖天保墓砖考[J]. 晋阳学刊,2008,(3):25-28.

[7]殷宪. 叱干渴侯墓砖考略[J]. 中国书法,2006,(9):84-87.

[8]殷宪. 近年所见北魏书迹二则[J]. 书法丛刊,2005,(3):14-16.

北魏平城长庆寺造塔砖铭考略

王银田[1]　殷　宪[2]

(1. 暨南大学历史系, 广东 广州 510632;

2. 山西大同大学云冈文化研究中心, 山西 大同 037009)

摘　要: 北魏神麚四年(431年)平城长庆寺《造七级舍利塔砖铭》,为王银田教授 2005 年 12 月于日本京都人文科学研究所中村不折书道博物馆所见。此石入藏后并无拓本流行,更未在日本或中国国内作过任何形式的介绍。此次不仅照录了铭文,而且阐述了作为皇家寺院的平城长庆寺的大致情况。铭文所记北魏平城长庆寺劝缘兼作铭记的僧人永慈、建造佛塔的僧人恬静、译大藏经 30 部并置之入塔的僧人亘倩和昙云,则对北魏平城时期的高僧有了新的认识。《长庆寺造塔砖铭》本身又是一件不可多得的北魏早期书迹,其隶楷即楷书而带有隶意的面目,又揭示了北魏平城时代这一特殊时期的特殊文化现象。这就是北魏早期的碑版书即铭刻书,或楷隶,或隶楷,起决定作用的并不全在于时间的早晚,而很大程度上是决定于碑石自身的规格,同时也取决于书手对各种书体的掌握能力。

关键词: 北魏平城;长庆寺;造塔砖铭

北魏神麚四年(431年)《造七级舍利塔砖铭》,为 2005 年 12 月王银田应日本国立京都大学人文科学研究所冈村教授之邀,在出访期间学术交流之余,于日本著名书法家、收藏家、油画家中村不折先生(1866—1943 年)生前创办的东京书道博物馆所见。该馆主要收藏中国历代书法文物,包括甲骨、青铜器、陶器、玉器、石碑、造像、古砖、瓦当、玺印、封泥、镜铭、法帖、墨迹、经卷文书等珍贵文物。晚清甲午战争期间,中村曾作为战地记者在中国土地上广泛搜集金石碑刻,庋藏宏富,馆藏文物中即有难得一见的熹平石经、正始石经等珍品。《北魏平城长庆寺造塔砖铭》,刻在北魏常见的青砖上,砖长 16.1 厘米,宽 15.5 厘米,厚 4.3 厘米。砖面刻画方界格,铭文 7 行,每行 9 字,凡 63 字,书体为楷隶。据该馆负责人介绍,此石入藏后并无拓本流行,更未在日本国内或中国公开发表并作过任何形式的介绍。此次应允拍照,并得允许在一家杂志发表,也是签了协议的。其文云:

神麚四年辛未二月朔,/造舍利塔七级,平城长/庆寺。万岁昇平,年丰民/乐。苴倩昙云译大藏真/经卅部,香泥木石,其固/若山,以镇太平。结塔僧/恬净,劝缘僧永慈为记。[1]

一、《北魏平城长庆寺造塔砖铭》的书法

造塔刻石于太武帝早期的神麚四年(431年)二月,依理说这是一个铭刻体书迹的隶书年代,但是从整体上看,这件作品却属于楷书面目,其结字基本属于方形,但字势由隶书的横平竖直转为略向右昂,已具备了碑版楷书的基本特点。此作中"年""辛""倩"等字的横画起笔不做藏锋,收笔以楷法回护顿笔;竖画尽皆方起,而"卅""部"等字的收笔左挑出锋;"未""长""木"等字的捺脚全是楷法,"其""真"等字的短撇和右点也全是楷意;"万""昙""固""僧"等字的右上角折笔呈方势,"寺""倩""净"等的钩笔全是楷书硬折,而"泥"字的外钩亦作楷法。再如"利""香""级"等字的化画为点,也是楷书时代的产物。草法上石的情况随处可见,如"塔"之草头、"劝"之左旁即是。砖铭中的"大"字、"太"字竟酷似百多年后褚遂良的《雁塔圣教序》气象,这当然是横画作楷,撇重而上出,捺笔从容饱满所致。我们从此毕竟还是可以窥见隶书的遗痕,如"平""年"等字的中锋,自是唐楷的特点,同时也是隶书的遗构,"舍""镇"等字的"人"字头右撇浓重,且撇笔下端向左上造势,近乎隶法;"舍""塔""固"等字的口字,或小或大,多为上小下大,可见隶法;"岁""藏"等字的戈法,隶意浓重;而"石""永""以"等字则全是隶书结字。

中国书法史上的经典作家,如康有为、罗振玉之流,在介绍中国北魏早期的书法形态时,总是说其书体在楷隶之间。康有为描述北魏《中岳嵩高灵庙碑》《吊比干文》《鞠彦云志》《惠感》《郑长猷》《灵藏造像》是如此,罗振玉介绍《代王猗卢之碑》也是如此。康氏谓魏初诸碑及稍后的造像题记为楷隶,罗氏谓拓跋氏之猗卢碑为隶楷。前者重在隶,即隶书中有楷法;后者重在楷,云楷书中有隶意。这里说的都是碑版文之书体,并非是就北魏书法整体而言的。就魏初书体的整体面目而言,太武帝始光二年(425年)初"造新字千余诏"讲得十分清楚,就是自从仓颉造字,历经三代,乃至先秦、两汉,至于魏晋南北朝,"随时改作,故篆隶草楷,并行于世。"[2](卷4上,P70)

北魏平城时期碑石中,隶书面目者有《代王猗卢之碑》残拓、《皇帝东巡之碑》《嘎仙洞祝文刻石》《孙恪墓铭》《邸府君碑》《钦文姬辰墓铭》《贾兴墓砖》《吊比干文》等;楷书面目者有《中岳嵩高灵庙碑》碑阴、《司马芳残碑》《韩弩真妻王亿变墓碑》《光州灵山寺舍利塔下铭》《定州石函盖铭》、云冈《邑师法宗等五十四人造像

题记》《晖福寺碑》等;其余则处于中间状态。从此可以看出,北魏早期的碑版书即铭刻书,在很大程度上与时间早晚关系不是很大,起决定作用的像是碑石自身的规格。凡属皇家碑铭,多用隶书,余则自由度较大。另外,以何种书体上石,在多数情况下是决定于书手对各种书体的掌握能力。在当时士人的心目中,既称碑,就要用汉隶书写。因此在碑石书写过程中,他们会尽可能体现出汉碑的特点。上世纪 80 年代,殷宪曾撰文评述《申洪之墓铭》:"前六行基本上是楷隶,而中间从第七行到第十行则成了相当纯正的方笔魏碑,后面的三行大字后记却是十分洒脱而茂密的隶意楷书"。[3]这种现象揭示的正是这一特殊时期的特殊文化现象。

北魏早期的情况是,一般的士人已经与汉隶渐行渐远,即使是书碑也不免会拿出自己的手写体看家本事。这样就出现了《北魏平城长庆寺造塔砖铭》及《中岳嵩高灵庙碑》碑阴等以楷书上石的情况。笔者在阅读《魏书》时,发现《魏书·任城王云附彝兄顺传》所载一则资料:拓跋顺"初书王羲之《小学篇》数千言,昼夜诵之,旬有五日,一皆通彻。"[2](卷19中,P481)任城王拓跋云,是景穆太子拓跋晃之子,拓跋顺即拓跋云的长子,与孝文帝同为景穆太子之孙。由此可知,他们主要活动于北魏平城时期。北魏平城时期的宗室子弟尚以王羲之书为范本,何况是一般士人呢!有了他们的引领,平城的士子们一定会向道武、明元、太武朝的崔玄伯学习,"尤善草隶行押之书",因为"玄伯之行押,特尽精巧",是故"为世摹楷"。[2](卷24,P623)除却其父的行押书之外,其子崔浩的书法也是大家学习的榜样。《魏书·崔浩传》说:"浩既工书,人多托写《急就章》。从少至老,初不惮劳,所书盖以百数……浩书体势及其先人,而妙巧不如也。世宝其迹,多裁割缀连以为模楷。"[2](卷35,P826)北魏平城时期书法推重崔、卢两家,"玄伯祖(崔)悦与范阳卢谌,并以博艺著名。谌法钟繇,悦法卫瓘,而俱习索靖之草,皆尽其妙。谌传子偃,偃传子邈,悦传子潜,潜传玄伯,世不替业。"[2](卷24,P623)崔浩书法继承家学,以索靖及《急就章》为师,学而有成。有了这样的榜样,便有了刘芳"撰《急就篇续注音义证》三卷",[2](卷55,P1227)刘兰"年三十余,始入小学,书《急就篇》",[2](卷84,P1851)陆"曋拟《急就篇》",[2](卷40,P906)也便有了李思穆工草隶,王世弼善草隶书,世弼子王由尤善草隶,刘芳从子刘懋善草隶书,裴敬宪工隶草……无论是草隶还是隶草,应与崔浩所书百多件《急就章》相去不远。这说的是北魏的通行书迹,而不是碑版书迹。

北魏平城时期的墨书,首推司马金龙墓木板屏风题榜,那是楷书。2005 年出土的破多罗漆皮题字,则带有浓重的《急就章》意韵,那是太武帝太延元年(435年),正是崔浩的时代,他的书风不可能对这件作品不产生影响。去年发现的文成帝和平二年(461 年)梁拔胡墓的题壁书是行楷,世纪之初出土的永安二年(529年)的《四爷爷骨》棺盖墨书是带章草味的行楷书,而从上世纪末到本世纪初大量出土的北魏明堂遗址和皇城瓦刻文字却是真草篆隶俱全,而以行草书为主。看来,北魏平城时期的手书体也与东晋及南朝宋齐相仿,这已为上述墨漆书和手书体所证明,也为敦煌文书当中的太和三年(480年)的《冯熙写经》所证明。试想,北魏崔"玄伯自非朝廷文诰,四方书檄,初不染翰,故世无遗文"。[2](卷24,P623)那么,他肯于"染翰"的"朝廷文诰""四方书檄"是何种书体呢? 十分讲究的碑版体,抑或比较工整潇洒又简便易行的行押书? 当然是后者。又《魏书·李修传》说,李修在代京做太医时,朝廷曾"集诸学士及工书者百余人,在东宫撰诸药方百余卷,皆行于世"。[2](卷91,P1966)所抄的这么多药方也一定会是手写体,即所谓行押书,而不是费时费力难以掌握的铭刻书。

二、《北魏平城长庆寺造塔砖铭》带来的对平城时期寺、僧、经的新认识

由于北魏《平城长庆寺造塔砖铭》从未进入过研究者的视线,因而它今日的出现,无论是对平城时期北魏的寺院,还是僧人,抑或译经的冲击都是无可估量的。

(一)北魏平城时期的寺院

史料显示,北魏平城构建最早的寺院是五级佛图及须弥山殿。《魏书·释老志》载:"天兴元年(398年)……始作五级佛图、耆阇崛山及须弥山殿,加以缋饰,别构讲堂、禅堂及沙门座,莫不严具焉。"[2](卷114,P3030)这是北魏道武帝拓跋珪建都平城伊始所建寺院,也是平城时期最早兴建的寺院。从字义看,该寺似建于平城附近被称作耆阇崛山和须弥山的地方,因此有人即指为武州山。该寺包括耆阇崛山殿和须弥山殿、五级浮图以及讲堂、禅堂及沙门座。初建时便"加以缋饰",各种宗教设施"莫不严具焉"。这里很可能是道武朝高僧法果的居处地。紧排其后的便是神䴥四年(431年)的长庆寺了。依《长庆寺造塔砖铭》可知,魏都平城在太武帝神䴥四年(431年)曾有过一所官方寺院长庆寺,寺内除佛殿外,还建有一座高七层的舍利塔。在这之前,我们只知道北魏平城最早的寺院是耆阇崛山和须弥山殿,最高的塔是建于天安二年(467年)的永宁寺七级浮图,其高三百余尺,基架博敞,为天下第一。殊不知早于永宁寺七级浮图36年,平城已有长庆寺七级浮图。永宁寺的七级浮图是三百余尺,亦即三十余丈(魏制)。《水经注》记载洛阳永宁寺塔"基方十四丈",实际发掘所见塔基呈正方形,每边长38.2米,每尺折合0.27286米,300尺为82米,如果塔刹是10米,则层高为7米多。长庆寺七级舍利塔的高度也不会比永宁寺七级塔低多少,也能有七八十米,可谓是京城的一处标志性建筑了。据《佛学大辞典》载,"舍利塔即堂塔,系安置佛舍利之宝塔也。"因此,长庆寺之舍利塔,下必有佛或高僧舍利在。从后之八角寺原瘗有高僧惠始之骨可知,长庆寺在神䴥四年(431年)前也瘗有一位高僧的灵骨。

在长庆寺之后,魏都平城尚有如下一些寺院,借这个机会,逐一梳理于后:

1. 八角寺

《魏书·释老志》讲了一个故事,明元帝泰常二年(417年)八月,刘裕灭姚泓后,赫连勃勃追杀刘裕子刘义真,坑杀道俗甚众。有清河籍俗姓张的惠始和尚,身逢白刃而肢体不伤。勃勃闻之大怒,唤惠始于面前,用手中利剑击杀,同样丝毫无损,他见状大惧,千不是万不是地当场谢罪。始光四年(427年)七月,太武帝打败盘踞于统万城的大夏第二代皇帝赫连昌,在统万城礼待了惠始和尚。当年姚秦高僧鸠摩罗什有新经典译出,惠始听说后便亲谒于长安白渠北的禅堂,昼夜不倦地听他讲经。第二年,即神䴥元年(428年),惠始随统万降民东迁京都平城,对僧俗人等"多所训导,时人莫测其迹。世祖甚重之,每加礼敬。始自习禅,至于没世,称五十余年,未尝寝卧。或时跣行,虽履泥尘,初不污足,色愈鲜白,世号之曰白脚师"。[2](卷114,P3033)太延中,终于平城八角寺,并瘗于寺内。太平真君六年,即公元445年,制城内不得留瘗,乃葬于南郊之外。后来又在惠始冢上建立石精舍,图其形象于寺中,高允还为其作传,歌颂功德。

2. 五级大寺

《魏书·释老志》云:"兴光元年(454年)秋,敕有司于五级大寺内,为太祖已下五帝,铸释迦立像五,各长一丈六尺,都用赤金二十五万斤。"[2](卷114,P3031)五级大寺之名,有两个含义:其一,寺院规模很大;其二,寺内有五级浮图。有人认为,五级大寺即道武帝天兴元年所建五级佛图、耆阇崛山及须弥山殿。也有人认为另有所指,是魏都平城内规格很高的皇家寺院,不然不会在文成帝复佛法之初,便在寺内为太祖已下五帝铸了五尊"各长一丈六尺"的释迦黄金立像,是体现皇帝"即当今如来""我非拜天子,乃是礼佛耳"的教义。

3. 永宁寺

《魏书·释老志》云:天安二年(467)"高祖诞载,于时起永宁寺,构七级佛图,高三百余尺,基架博敞,为天下第一。"[2](卷114,P3037)知此塔为庆贺孝文帝拓跋宏降生而建,是当时京都平城最大的佛寺和官寺。《水经注》在记述如浑水"夹御路南流蓬台西"后云:其水"又南迳皇舅寺西……又南迳永宁寺七级浮图西,其制甚妙,工在寡双。又南远出郊郭。"[4](卷13,P252)以此观之,北魏的永宁寺在平城东南隅。据《释老志》,"承明元年(476年)八月,高祖于永宁寺设太法供,度良家男女为僧尼者百有余人,帝为剃发,施以僧服,令修道戒,资福于显祖。……太和元年(477年)二月,幸永宁寺设斋,赦死罪囚。三月,又幸永宁寺设会,行道听讲,命中、秘二省与僧徒讨论佛义,施僧衣服宝器有差。"[2](卷114,P3039)注意,承明元年(476年),高祖孝文帝是11虚岁,太和元年(477年)是12岁。这些活动应当都是临朝称制的文明太后冯氏主持的,只是记在孝文帝名下罢了。正因为永宁寺七级浮图已成为平城的一处显赫建筑,也因为永宁寺是当时帝后进行佛事活动的主要场所,所以迁都后又在洛阳建永宁寺,乃"熙平元年,灵太后胡氏所立也。在宫前阊阖门南一里御道西","佛图九层,高四十余丈,其诸费用,不可胜计。"[2](卷114,P3043)

4. 天宫寺

据《魏书·释老志》,天安二年(467 年)建永宁寺后,"又于天宫寺造释迦立像,高四十三尺,用赤金十万斤,黄金六百斤。"[2](卷114,P3037)可见,天宫寺建于永宁寺与献文帝皇兴中(467—471 年)之前。天宫寺释迦立像高 43 尺,合 11.73 米。此高度与云冈石窟中的第一大窟,即第三窟的主佛(10 米)和第十三窟主佛(13 米)接近,其规模之大可观。

5. 三级石佛图

建于献文帝皇兴中(467—471 年年),于永宁寺及天宫寺之后,"皇兴中,又构三级石佛图,榱栋楣楹,上下重结,大小皆石,高十丈,镇固巧密,为京华壮观"。[2](卷114,P3038)

6. 鹿野佛图

献文帝拓跋弘当政期间(466—471 年)建成,官寺,现存遗迹位于大同市马军营乡小石子村大沙沟北 1.5 公里处,东南距大同宫城建筑遗址 7.16 公里。现存为开凿于山崖南侧的一组小型石窟,东西长 30 米,尚存洞窟 11 个,包括居中的造像窟和分列其左右两侧的 10 个禅窟。崖面遗留的梁孔显示,窟前曾有过木构建筑。该佛寺因建于平城北苑(又称鹿野苑)而得名。据《魏书·显祖纪》载,皇兴四年(470 年)"十有二月甲辰,幸鹿野苑石窟寺。"[2](卷6,P130)则该寺建于皇兴四年(470 年)以前。《释老志》曰:"高祖践位,显祖移御北苑崇光宫,览习玄籍,建鹿野佛图于苑中之西山,去崇光右十里,岩房禅堂,禅僧居其中焉"。[2](卷114,P3038)"岩房禅堂"的记载与现存的石窟吻合。北魏大臣高允有《鹿苑赋》,其文云:"命匠选工,刊兹西岭。注诚端思,仰模神影。庶真容之仿佛,耀金晖之焕炳。即灵崖以构宇,竦百寻而直正。緪飞梁于浮柱,列荷华于绮井。图之以万形,缀之以清永。若祗洹之瞪对,孰道场之涂回,嗟神功之所建,超终古而秀出,实灵祇之协赞,故存贞而保吉。凿仙窟以居禅,辟重阶以通术。……尽敬恭于灵寺,遵晦望而致谒。"[5](卷29上)

7. 建明寺

据《魏书·释老志》,"承明元年(476 年)八月,高祖于永宁寺设太法供,度良家男女为僧尼者百有余人,帝为剃发,施以僧服,令修道戒,资福于显祖。是月,又诏起建明寺"。[2](卷114,P3039)此寺应在平城内,余外不见任何其他有关文献。

8. 皇舅寺

寺为文明太后兄冯熙、冯晋国所造,时当冯太后当政的献文、孝文之时。因冯熙的身份,故名皇舅寺。太武帝朝,冯太后父冯朗被杀后,冯熙流落民间。冯太后临朝后,冯熙一门皆贵,封爵昌黎王。冯熙曾以洛州刺史长期居于洛阳,他"信佛法,自出家财,在诸州镇建佛图精舍,合七十二处,写一十六部一切经。"[2](卷83,P1819)《水经注》云:如浑西水"西出,南屈入北苑中……迳平城西郭内……其水又南,屈迳平城县故城南……又南迳皇舅寺西……又南迳永宁七级浮图西……又南远出郊郭"。[4](卷13,P252)可知该寺同样位于平城东南隅,在永宁寺之北。另据《水经注》记载,皇舅寺也是以五层佛塔为中心的布局,装饰奢华,"其神图像,皆合青石为之,加以金银火齐,众彩之上,炜炜有精光。"[4](卷13,P252)皇舅寺有法师僧义,"行恭神畅,温聪谨正,业茂道优,用膺副翼,可都维那,以光贤徒。"[5](卷24)这是说,僧义曾任该寺都维那,统理僧众诸事。

9. 思远寺

建于太和二年至三年(478—479年),官寺,位于平城北郊方山(亦称西寺梁山)上。1981年曾对永固陵前二级台地一处北魏寺院遗址进行了发掘。该遗址平面呈南北向,长方形,坐北朝南,包括上下两层平台和踏道,实心体回廊式塔基位于遗址近中央处,塔基北侧为佛殿、僧房基址,山门基址在上层平台南端。自此,论者咸云此即思远寺遗址。但是,2006年秋山西省考古研究所张庆捷研究员等人在发掘调查时却发现,在永固陵西南沿墙另有一处佛殿,佛殿遗址内出土了为数不少的陶质小佛像躯体。联系《水经注》有关思远佛寺的记载,"院外西侧有思远灵图,图之西有斋堂。南门表二石阙,阙下斩山累结御路,下望灵泉宫池,皎若圆镜矣"。[4](卷13,P252)意永固陵南之佛寺遗址并非《魏书·释老志》和《水经注》所记载的思远寺,而西南部沿墙的佛教建筑才是思远寺的所在。《魏书·释老志》在太和元年二月记载帝后幸永宁寺设斋,又幸永宁寺设会后,接着说:"又于方山太祖营垒之处,建思远寺。"[2](卷114,P3039)而《魏书·高祖纪》却说,太和三年秋八月"乙亥,幸方山,起思远佛寺。"[2](卷7上,P147)《北史》所载与《高祖纪》同,不知孰是。

思远寺曾是帝后幸方山进行佛事活动的重要场所,也是继昙曜做北魏沙门统的僧显的禅寺。据《广弘明集》载,有"孝文帝以僧显为沙门都统诏",[5](卷24,P282)又《魏书·释老志》有"高祖时,沙门道顺、惠觉、僧意、惠纪、僧范、道弁、惠度、智诞、僧显、僧义、僧利,并以义行知重"的记载,[2](卷114,P3040)知僧显为孝文帝和文明太后时高僧,曾任思远寺住持。思远寺为太后临朝时所建,又是建在冯太后特别喜欢后来又为自己选为陵区的方山上。从"思远"二字,不能不令人想到思燕浮图。文明太后走红后,先是在长安为屈死的父亲冯朗(北燕皇子)立文宣王庙,后又在北燕都城龙城立思燕浮图。无所顾忌地打出"思燕"的旗帜。而在几千里外的平城东北山上建思远浮图,与龙城之思燕浮图似有异曲同工之妙。

10. 方山佛寺

《魏书·高祖纪》载,太和八年(484年)"秋七月乙未,行幸方山石窟寺"。[2](卷7上,P154)有的论者以为"方山石窟寺"五字,应分读为"方山"和"石窟寺",即平城东北向的方山和西向的石窟寺,是有道理的。也有人认为,方山与武州山石窟寺相去50km,一日中难以兼幸,故方山另有石窟寺。上面我们在思远寺条已谈及方山有两座寺院,一在永固陵南的二级台地,一在永固陵台地西南的边缘。想孝文帝幸方山即至山上寺院,但石窟寺有误。况方山石窟寺仅见《魏书》中一条文献,踏遍方山亦无踪迹可寻,权名为方山佛寺。

11. 报德寺

太和四年(480年)春,孝文帝下诏罢鹰师曹,以其地为太后冯氏立报德寺。看来,鹰曹为寺是文明太后的主意,所以孝文帝以其地为太后建报德寺。鹰师指驯鹰的人,这是一种古老的职业,北方游牧民族历来颇重驯鹰,因而有师、有曹。隋承魏制,隋炀帝曾"征天下鹰师,悉集东京,至者万余人"。[6](卷3,P71)太和四年(480年),14岁的拓跋宏下诏:"'朕以虚寡,幼篡宝历,仰恃慈明,绲宁四海,欲报之德,正觉是凭。诸鸷鸟伤生之类,宜放之山林,其以此地为太皇太后经始灵塔。'于是,罢鹰师曹,以其地为报德佛寺。"[2](卷13,P328)以鹰曹变寺院,也是平城北魏王朝封建化进程中的一件可书之事。另据《洛阳伽蓝记》,"报德寺,高祖孝文皇帝所立也,为冯太后追福,在开阳门外三里"。[7](P121)洛阳的报德寺,完全是一种延续,已与鹰师曹全无关系。

12. 紫宫寺

《水经注》卷一三载:"太和殿之东北接紫宫寺,南对承贤门,门南即皇信堂。"[4](卷13,P251)太和殿为冯太后生前临朝和卒后停枢之所,在平城宫殿区太极殿中部轴线靠东的又一条轴线上,位置略靠南,紫宫寺则在其东北。据《魏书·高祖纪》,"皇兴元年(467年)八月戊申,生于平城紫宫"。[2](卷7上,P135)意此宫后改为宫中寺院,紫宫寺向为比丘尼所居。据《魏故比丘尼统慈庆墓志铭》,其人在平城宫中为景穆帝昭仪斛律氏躬养,太和中出家,居于平城紫禁城中,当在此寺。因与孝文帝文昭皇后有若同生,遂为比丘尼统,正光五年(524年)终时慈庆86岁,494年迁洛时已56岁,算来她的大半生都在平城紫宫中度过。

13. 祇洹舍

《水经注》卷一三云:"东郭外,太和中,阉人宕昌公钳耳庆时立祇洹舍于东皋,椽瓦梁栋,台壁棂陛,尊容圣像,及床坐轩帐,悉青石也。图制可观,所恨惟列壁合石,疎而不密。庭中有《祇洹碑》,碑题大篆,非佳耳。"[4](卷13,P252)皋,同皋,即高地之意,指平城东如浑水东岸的高坡。遗址在今大同城东御河东岸之曹夫楼村西,夯土高台尚在,今名二猴圪瘩。上个世纪 80 年代,其上曾出土泥塑小佛及其他建筑构件。"二猴"当为"耳侯"之讹。王遇曾为宕昌侯。

14. 武州山石窟寺

今称云冈石窟,北魏时称武州山石窟寺或径称石窟寺,亦称灵岩寺,"云冈"之名始于明嘉靖年间。《水经注》曰:"武周川水又东南流,水侧有石祇洹舍并诸窟室,比丘尼所居也。其水又东转,迳灵岩南,凿石开山,因岩结构,真容巨壮,世法所希,山堂水殿,烟寺相望,林渊锦镜,缀目新眺。"[4](卷13,P254) 寺开于文成帝时。《魏书·释老志》谓:"和平初,师贤卒。昙曜代之,更名沙门统。初昙曜以复佛法之明年,自中山被命赴京,值帝出,见于路,御马前衔曜衣,时以为马识善人。帝后奉以师礼。昙曜白帝,于京城西武州塞,凿山石壁,开窟五所,镌建佛像各一。高者七十尺,次六十尺,雕饰奇伟,冠于一世。"[2](卷114,P3037) 云冈石窟虽非唐初释道宣叙述的"谷深三十里,东为僧寺,名曰灵岩,西头尼寺,各凿石为龛,容千人已还者,相次栉比。石崖中七里极高峻,佛龛相连,余处时有断续,佛像数量孰测其计",[5](卷2,P106) 然现存东西 1km 的规模,四五十所洞窟,五万一千余尊造像同样殊为可观。从其东的青磁窑禅堂,其南的鲁班窑石窟,其西的吴官屯石窟和焦山石窟,足见当年武州山石窟寺的宏伟规模。

(二)北魏《平城长庆寺造塔砖铭》所及长庆寺的僧人

《造塔砖铭》短短 63 字,所及当时僧人共 4 位。第一位是负责劝缘兼为铭记作者的永慈;第二位是负责结塔(建造佛塔)的僧人恬净;第三位和第四位则是负责译大藏经 30 部并置于塔中的僧人苴倩和昙云。过去我们已经知道,从洛阳、定州或凉州东来西至的僧人有几十位,每一时期都有其代表人物,如道武帝时的法果、太武帝时的惠始、师贤,文成帝时的昙曜、邪奢遗多、浮陀难提等五人以及道进、僧超、法存等,冯太后、孝文帝时有僧显、道顺、惠觉、僧意、惠纪、僧范、道弁、惠度、智诞、僧显、僧义、僧利等。北魏《砖铭》又有四名高僧,充实了北魏平城的高僧队伍。

这四位僧人各有分工,住持永慈负责劝缘和书刻塔记,可见造塔所用资费大量都由化缘而来,也可见当时僧人所具有的文化素质。永慈能编撰这样言简意赅的记文,既写造塔及藏经本身"香泥木石,其固若山,以镇太平",又不忘称颂"万岁昇平,年丰民乐"的国祚及民乐。如果书丹者也是这位永慈和尚,那么,这位 1500 多年前的魏都高僧,在中国书法史上留下的宝贵财富足以令人骄傲。长庆寺这座七级舍利塔,不同于天安元年(466 年)造于平城的曹天度发愿塔。前者是实体,是造于长庆寺的,而后者是石质模型,只言造于平城。长庆寺的舍利塔高七级,高80 多米,可知恬净是设计师,又是能工巧匠。这说明当时平城的僧人们如同昙曜参与武州山石窟寺开凿一样，于寺塔建造的参与度很高。

（三）《北魏平城长庆寺造塔砖铭》所记北魏平城寺院的译经、藏经信息

《造塔铭》云，平城长庆寺僧人以"神䴥四年辛未二月朔，造舍利塔七级"，藏"亘倩、昙云译大藏真经三十部"，"香泥木石，其固若山"。关于北魏平城时期的译经，《魏书·释老志》云："魏有天下，至于禅让，佛经流通，大集中国，凡有四百一十五部，合一千九百一十九卷。"[2](卷114,P3048)北魏早期译经大师莫过于鸠摩罗什。据《魏书·释老志》，道武帝时"鸠摩罗什为姚兴所敬，于长安草堂寺集义学八百人，重译经本。罗什聪辩有渊思，达东西方言。时沙门道肜、僧略、道恒、道檦、僧肇、昙影等，与罗什共相提挈，发明幽致。诸深大经论十有余部，更定章句，辞义通明，至今沙门共所祖习。道肜等皆识学治通，僧肇尤为其最。罗什之撰译，僧肇常执笔，定诸辞义，注《维摩经》，又著数论，皆有妙旨，学者宗之。"[2](卷114,P3031)这是说十六国前，中国不是没有佛经译本，但由于初译者未能通达东西方语言，错谬处多，号为伪经。于是鸠摩罗什在长安集合了八百人，对"诸深大经论十有余部，更定章句"，使之"辞义通明"，[8](P108)成为国中寺院的范本。其中有僧肇者，在众多"识学治通"的高僧中出类拔萃，罗什所译经典往往是僧肇执笔，"定诸辞义"，还注释了《维摩经》，著述的各种经论也"皆有妙旨，学者宗之"[2](卷114,P3031)。

其次是沮渠北凉僧昙无谶和智嵩。据《魏书·释老志》，"先是，沮渠蒙逊在凉州，亦好佛法。有罽宾沙门昙摩谶，习诸经论。于姑臧，与沙门智嵩等，译《涅槃》诸经十余部"。[2](卷114,P3032)"神䴥中，帝命蒙逊送谶诣京师，惜而不遣。既而，惧魏威责，遂使人杀谶"。"智嵩亦爽悟，笃志经籍。后乃以新出经论，于凉土教授。辩论幽旨，著《涅槃义记》。戒行峻整，门人齐肃。"[2](卷114,P3032)昙无谶和智嵩处于平城时代，但译经地却是凉州，不在平城。

再次是昙曜、吉迦夜和刘孝标等。《续高僧传·昙曜传》云："释昙曜，以元魏和平年住恒安石窟通乐寺，即魏帝之所造也"。"曜慨前凌废，欣今重复，以和平三年(462年)壬寅，故于北台石窟集诸德僧，对天竺沙门，译付法藏传并净土经，流通后贤，意存无绝"。[8](P108)昙曜所译经典，据陈垣先生1928年《云冈石窟寺之译经与刘孝标》一文，记有《大吉义神咒经》二卷，《净度三昧经》一卷，《付法藏传》四卷。存世者惟《大吉义神咒经》，其余二经唐开元中已无完本，近代见于敦煌文书有《净度三昧经》残本，或为昙曜所译。昙曜的《付法藏传》世所未传，但今所流传的另一种版本"亦云冈石窟寺沙门吉迦夜所译。《开元释教录》称吉迦夜为西域人，以北魏孝文帝延兴二年(472年)'为昭玄统昙曜译《大方广十地》等经五部，刘孝标笔受'"。"现存大藏经《付法藏因缘传》六卷，题元魏西域三藏吉迦夜共昙曜译"。[9](P42)此经实为吉迦夜据昙曜原译本改译，而由刘孝标手记润色，故能流播至

今。刘孝标为南北朝著名文学家,其《世说新语注》和 120 卷《类苑》都成书于南朝萧梁之时。刘孝标 8 岁时随母亲以平齐民的身份被掳入平城,其后他在平城度过了 18 年的读书、抄经、译经生涯,这正是他一生中知识积累的黄金时段。

在武州山石窟寺译经的僧人,据《续高僧传》,"又有沙门昙靖者……乃出提谓波利经二卷"。[8](P108) 此昙靖或与此《塔铭》译大藏真经的苴倩和昙云有关。不管怎么说,平城译经僧人和经生除武州山石窟寺的昙曜、吉迦夜和刘孝标之外,又增加了苴倩和昙云。大藏真经三十部,可谓数量可观。这告诉人们,长庆寺是北魏早期的一个译经中心,苴倩和昙云所做的工作与鸠摩罗什和僧肇一样,都是"重译",使伪经变为真经。

北魏是一个儒、释、道并重的朝代,孝文帝深谙儒学经典,但一生讲经、诵经不辍。平城的大臣、贵戚们也是如此,既是博学通才,又耽于译经、讲经、诵经、写经。如《魏书·赵柔传》便载有"陇西王源贺采佛经幽旨,作《祇洹精舍图偈》六卷,(赵)柔为之注解,咸得理衷,为当时俊僧所钦味焉"。[2](卷52,P1162)《魏书·刘献之传》又云,高祖时饶阳人刘献之博观众籍,"撰《三礼大义》四卷,《三传略例》三卷,《注毛诗序义》一卷……《章句疏》三卷。注《涅槃经》未就而卒。"[2](卷84,P1850)《魏书·崔光传》也载,崔光"每为沙门朝贵请讲《维摩》、《十地经》,听者常数百人,即为二经义疏三十余卷。"[2](卷67,P1499)《魏书·卢景裕传》云,"景裕之败也,系晋阳狱,至心诵经,枷锁自脱。"[2](卷84,P1860) 前面我们已经讲过,刘孝标自小在武州山石窟寺,先是写经,后是译经。同样是平齐民,刘芳初到平城,衣食无着,乃"常为诸僧备写经论,笔迹称善"。[2](卷55,P1219) 笔者闻见盖寡,在敦煌写本中所见魏人写经惟太和三年(479 年)冯熙写《杂阿毗昙心经》以及北魏太和八年(484 年)前的《大般涅槃经》、永平三年(510 年)的《大智度经卷》、延昌元年(512 年)的《诚实论》、延昌二年(513 年)的《楼炭经卷》和西凉建初元年(405 年)的《十诵比丘戒本》、建初七年(411 年)的《妙法莲华经》、北凉玄始十六年(427 年)的《优婆塞戒》等。另外,从饶宗颐先生介绍文字中知,早年他在法国巴黎曾读到过昙无谶所译墨书《金光明经》四卷。北魏时大臣、贵戚、名士的风气,是帝王带出来的。《魏书·释老志》载,"显祖即位,敦信尤深,览诸经论,好老庄。"[2](卷114,P3037)《魏书·裴骏附修弟宣传》云:"高祖曾集沙门讲佛经,因命宣论难,甚有理诣,高祖称善"。[2](卷45,P1023)《魏书·废太子恂传》云,"恂在困踬,颇知咎悔,恒读佛经,礼拜归心于善。"[2](卷22,P588)

参考文献:

[1] 王银田. 北魏平城的佛寺——从日本东京书道博物馆藏北魏神麚四年造

塔记谈起[J]. 学习与探索,2010(03):221-226.

[2](北齐)魏收. 魏书[M]. 北京:中华书局,1974.

[3]殷宪. 一方鲜为人知的北魏早期墓志[J]. 北朝研究,1998(01):49-52.

[4](北魏)郦道元著,(清)王先谦等合校. 水经注[M]. 成都:巴蜀书社,1985.

[5](唐)释道宣. 广弘明集[M]. 上海:上海古籍出版社,1991.

[6](唐)魏征等. 隋书[M]. 北京:中华书局,1974.

[7](北魏)杨衒之. 洛阳伽蓝记[M]. 北京:中华书局,1963.

[8](萧梁)释慧皎.高僧传合集[M]. 上海:上海古籍出版社,1991.

[9]陈垣. 陈垣集[M]. 北京:中国社会科学出版社,1995.

北魏《申洪之墓铭》及几个相关问题

殷 宪

（山西大同大学云冈文化研究中心，山西 大同 037009）

摘　要：本文着重就北魏《申洪之墓铭》的出土和拓本的流布情况，墓主申洪之的身世和官职，铭文后记所印证的北魏平城时期离散部落和计口授田的史实和北魏平城时期土地流转情况作了论述。透过铭文书迹"一铭三体"的现象，就其所涵文化信息，诸如北魏平城时期铭刻书体的面目和各种不同书体的运用情况，申洪之铭文书迹及平城百年书法的基本评价等，作了以小见大的分析和阐述。

关键词：北魏；申洪之；墓铭；官职；计口授田；葬地；书法评价

北魏建都平城期间的早期北朝墓志现在已经很难见到。《申洪之墓铭》虽然出土多年，但其真正的价值并未被世人认识，我作为墓志出土地北魏故都大同的一名书法工作者，有责任对它的书法价值及其相关问题，作一些力所能及的介绍和分析。

一、并非发现的发现

上世纪 80 年代中期以后，我对北朝文化研究产生了兴趣。大约在 1985 年，我为亲眼看看现存于大同市博物馆的 1965 年在大同市出土的司马金龙妻《钦文姬辰墓铭》，意外地在博物馆库房发现了一方比《钦文姬辰墓铭》还早两年的《申洪之墓铭》。遍询馆内人员，都说不清此石为何时何地出土，也不知是如何进入库房的。我认定这是一个重要发现，于是再三叮嘱馆内同志为我椎拓一纸，但由于朋友们一时事忙，拓石的事便丢开了。之后五六年，我很不情愿地在 1989 年底出版的《中国书法鉴赏大辞典》上看到了从日本《书道全集》移来的《申洪之墓志》的著录。[1]这使我的发现变得黯然失色，意欲得到拓片的渴求也大大缓解。但博物馆的同志并未忘记此事，其后王银田先生持赠一拓，看得出是为我精心拓制的。对着拓片，我重新研读了《中国书法鉴赏大辞典》中关于此铭的评价文字，心中陡然生出一种无可名状的沉重来，确乎有话要说了。

《申洪之墓铭》，纵 60 厘米，横 48 厘米，与众不同的是志石四周加了一个高出志面1厘米的边框,框宽2.5—3厘米,字体为隶意极重的楷书,志文13行,行20字,凡186字。另有后记3行,行15~18字,共50字,见图1。

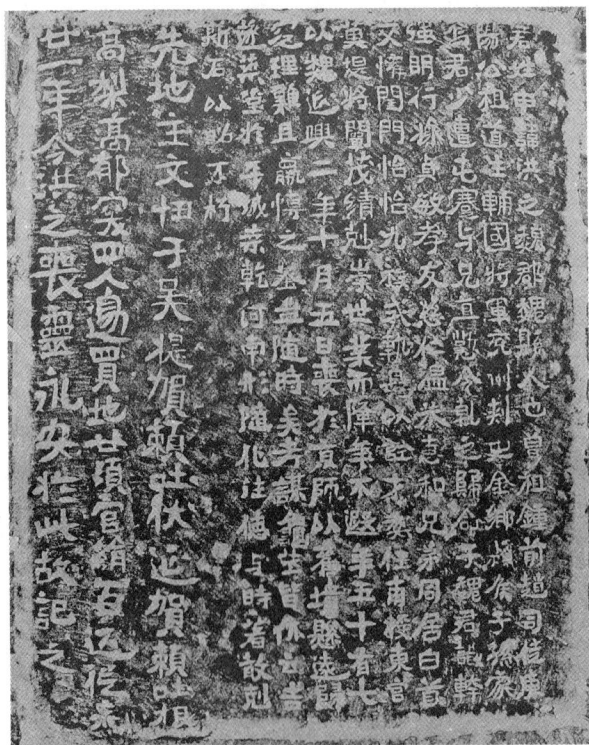

图1 大同市博物馆所藏《申洪之墓铭》拓片

此石刻于北魏延兴二年(472年),这在大同一带所出土的北朝铭石中是较早的。铭文共分两部分,前为墓志正文,后为一段附记。其文云:

> 君姓申,讳洪之,魏郡魏县人也。曾祖锺,前赵司徒、东阳公。祖道生,辅国将军、金乡县侯。子孙家焉。君少遭屯寒,与兄直黠令乾之归命于魏。君识干强明,行操贞敏;孝友慈仁,温恭惠和;兄弟同居,白首交欢;闺门怡怡,九族式轨。是以权才委任,甫授东宫莫堤,将阐茂绩,克崇世业,而障(享)年不遐,年五十有七,以魏延兴二年十月五日丧于京师。以旧坟悬远,归窆理难。且嬴博之葬,盖随时矣。考谋龟筮,皆休云吉。遂筑茔于平城桑干河南。形随化往,德与时著。敢剋斯石,以昭不朽。
>
> 先地主文怛于吴提,贺赖吐伏延,贺赖吐根,高梨高郁突,四人边买地廿顷,官绢百匹,从来廿一年,今洪之丧灵,永安于此。故记之。

第一部分介绍了墓主人申洪之的郡望、家世、行状以及下葬时间和地点,可知其籍贯为魏郡魏县(今安阳附近),其曾祖申锺曾任前司徒。申洪之少年时与其兄乾之一道归魏。后来在太子身边做一种名为东宫莫堤(鲜卑语)的官。[2](P985)其人57岁卒于平城,葬于平城东南的桑干河南岸。

第二部分后记,记下了葬地的地权,说申洪之的葬地是21年前申氏从原地主文(勿)忸于吴提、贺赖吐伏延、贺赖吐根、高梨高郁突四人手中以100匹官绢的价格买来的,共20顷。

二、关于墓铭

其一,出土情况。此铭是何时何地出土的?从现任和前任馆领导皆不知此石来历以及志文未被国内文物和考古刊物所载的事实,可以断定,《申洪之墓铭》绝非是新中国成立以后出土之物。《中国书法鉴赏大辞典》称,此石由"日本《书道全集》著录"。近蒙日本书界朋友谷川雅夫见赠日本平凡社出版的《书道全集》,看到了完整的图版和简单的介绍文字(日文),指其石出山西大同桑干河南岸,砂岩,58厘米×45厘米×8厘米,拓本采自京都大学人文科学研究所云云。这就是说,(1)著录者于此石是亲见的,长、宽量过,而且知石之高度,能断其石质,更知出土地为大同附近之桑干河南。(2)日本《书道全集》昭和33年即1958年初版,昭和49年即1974年初版第14次印刷,可见初版时已有《申洪之墓铭》图版。而在1958年之前,大同市与日方绝无民间往来,说明此石拓本只能是新中国成立前流出的。(3)拓本收藏单位日本京都大学人文科学研究所,1929年成立时名为东方文化学院京都研究所,1938年更名为东方文化研究所,1939年8月复改为京都大学附设人文科学研究所。这处机构正是日本学者水野清一和长广敏雄长期工作的地方。据孟国祥先生《战时中国文物损失》一文载,"1936年起,原京都大学东方文化研究所水野清一、长广敏雄等,开始对中国南北响堂山、龙门石窟进行调查。结果,他们从中国陆续取回有关龙门石窟、云冈石窟资料5600件,石刻资料8000件,数量之巨,实属惊人"。[3]这些都证明此石拓本是抗日战争时期,久在云冈石窟作强行研究的水野清一和长广敏雄等人连同云冈石窟的大批资料一同带走的。无怪乎大同市博物馆前馆长解廷琦先生说,此石是解放初期由云冈石窟移入博物馆的。那么,这方墓铭则出土于抗日战争时期或者更早,幸未被日人裹走。在国内它睡了几十年,无人问津,更无拓片行世,而在日本却在半个世纪前就公诸于世了。关于此石的出土地,志文的记述是可信的。申洪之于延兴二年(472年)"丧于京师"后,"以旧坟悬远,归窆理难","遂筑茔于平城桑干河南"。所谓平城桑干河南,当在今大同附近的桑干河南岸。

我们已知水野和长广曾在大同县桑干河南岸的西册田水库以南调查过北魏

遗址,那么,《申洪之墓铭》的出土地是否在这一带呢? 城东南的桑干河一线在北魏时是京畿地区的富庶区,这些地方应是道武帝离散部落后形成的鲜卑人和诸代北部落的聚居地(从原地主四人的姓氏可知),申洪之兄弟正是从他们手中买地立坟,于是便有了1500年后出土的《申洪之墓铭》。

其二,关于申洪之。"墓铭"云:"君姓申,讳洪之,魏郡魏县人也。曾祖锺,前赵司徒、东阳公。祖道生,辅国将军,兖州刺史,金乡侯。子孙家焉。君少遭屯蹇,与兄直懃令乾之归命于魏。""年五十有七以魏延兴二年十月五日丧于京师。"据此可知,申洪之的曾祖申锺,晋永和八年(352年)由赵入慕容燕。40多年后,其曾孙之一申纂的宗室及申永(与申锺关系不明)于皇始初(396—397年)南奔刘宋。在南朝宋居处34—35年,神䴥四年(431年),申谟,可能还有申洪之兄弟北归魏,其年申洪之是16岁。至延兴二年(472年)申洪之卒,在魏凡42年。申洪之结衔太子的属官中宫莫提。上已述及,"莫堤"应为鲜卑语。据《魏书·官氏志》载,司州刺史为第二品中,上州刺史,第三品,中州刺史,从第三品,下州刺史,第四品。[4](P2995~2996)而《魏书·官氏志》载,太子太师、太傅、太保,是为东宫三师,从第一品上;太子少师、少傅、少保,是为东宫三少,第二品上;太子左右詹事,第二品中;太子左右卫率,第三品上;太子中庶子,第三品中。然后是太子家令、太子率更令、太子仆、太子庶子,从第三品上;太子三校,第四品上;太子中舍人,第四品中;太子洗马,从第四品下;太子门大夫,从第四品下;太子食官令、太子中盾,第五品上;太子舍人、太子仓令,第五品中。[4](P2979~2985)据上引,可比第二品中司州刺史者有太子左右詹事;可比第三品上州刺史者有太子左右卫率、太子中庶子;可比从第三品中州刺史者有太子家令、太子率更令、太子仆、太子庶子;可比第四品下州刺史者有太子三校、太子中舍人。这样范围是大了些。看来中宫莫堤应是与中州刺史大体相当的三品阶太子左右卫率、太子中庶子、太子家令、太子率更令、太子仆、太子庶子。2006年8月,在吉林大学古籍研究所和吉林大学边疆考古研究中心召开的"公元1—6世纪中国北方社会·民族·边疆国际学术研讨会"上,中国社会科学院历史研究所侯旭东先生在其所提交的《北魏申洪之墓志考》一文中,征引北魏正光三年(522年)《郭定兴墓志》所载"父讳沙,库部莫堤,济阴太守"。正光三年,距孝文帝太和末改制已经30多年,但墓志中仍出现鲜卑语,可见旧俗之顽固,即便在郭姓士人墓志中仍有鲜卑语出现。侯旭东认为,库部莫提可能是库部侍郎,东宫莫提亦可能是东宫侍郎,并且以杨播弟《杨颖墓志》记其"祖母高阳许氏,父明月,东宫侍郎"为佐证,[5](P6162)指出东宫莫堤就是东宫侍郎。若从侯说,申洪之的职秩便相当于下州刺史和上郡太守的从三品到正四品了。即便如此,在归魏申氏人物中,申洪之仍属重要成员,其达贵身份是肯定的。

其三,从铭文后记所见道武帝离散部落和计口授田的踪迹。《申洪之墓铭·附记》载:"先地主文忸于吴提、贺赖吐伏延、贺赖吐根、高梨高郁秃四人边买地廿顷,官绢百匹,从来廿一年。今洪之丧灵永安于此,故记之。"关于这个问题,笔者曾有专文论述,兹略述于后。

关于"文忸于""贺赖""高梨"三姓四人的身份。

贺赖氏:《魏书·官氏志》云:"贺赖氏,后改为贺氏。"《元和姓纂·九》岑仲勉校则云:"《官氏志》,贺赖氏,贺兰氏并改姓贺。"《魏书》中贺氏显要人物,有道武帝拓跋珪的生母献明皇后贺氏,再就是献明皇后之兄贺讷,太武帝敬哀皇后贺氏即景穆皇太子拓跋晃生母贺氏。献明皇后贺氏和贺讷是跟随道武帝拓跋珪历尽磨难并扶持道武帝建国称帝的重要人物。因此,贺赖一姓在代北诸姓中地位极高。《官氏志》云:"其穆、陆、贺、刘、楼、于、嵇、尉八姓,皆太祖以降,勋著当世,位尽王公,灼然可知者……一同四姓。"

文忸于氏:《魏书·官氏志》无此姓,而有勿忸于氏。《官氏志》云:"勿忸于氏,后改为于氏。"《魏书·于栗磾传》载,"新安公于栗磾生洛拔,尚书令,生烈、劲、天恩。"可知,《申洪之墓铭》附记之文忸于氏即《魏书·官氏志》之勿忸于氏,"勿"作"文",即古所谓"译音无定字也"。勿忸于氏亦为长期与拓跋鲜卑合作的一个代北部族,在北魏政权中地位显赫,《官氏志》亦将其列为"一同四姓"的八姓之一。

高梨氏:《魏书·官氏志》和《元和姓纂》均不载此姓。高梨高郁秃,其名甚奇。我一直怀疑此人本名高梨郁秃,"高梨"为姓,"郁秃"为名。由于长期居于京畿地区,受汉姓影响,"高梨"遂自行简化为"高",其人遂以"高郁秃"称之。铭文作者不解其中来龙去脉,错在"高郁秃"之前又加上了原姓"高梨",遂致此误。周伟洲先生见我在一篇文章中提及此事,谓余曰"高梨"当是"高丽"的别写,这是有道理的。《魏书·太祖纪》天兴元年条载:"正月辛酉……徙山东六州民吏及徒河、高丽、杂夷三十六万,百工伎巧十万余口,以充京师。"[4](P32) 看来平城周围确实住了许多西迁的高丽人。宣武帝时权倾一时的高肇,虽"自云本渤海蓨人,五世祖顾,晋永嘉中避乱入高丽",[4](P1829) 但历来就有不少学者认为其原本就是高丽人。按当时少数民族的习惯,姓氏原本是部族名称,高丽人姓"高丽"或别写作"高梨"是可能的。

从《申洪之墓铭》附记中原地主四人拥有和出售土地的情况,可与下举史实相印证:《魏书·食货志》:"太祖定中原……方事虽殷,然经略之先,以食为本……初,登国六年破(刘)卫辰,收其珍宝、畜产……定中山,分徙吏民及徒何种人、工伎巧十万余家以充京都各给耕牛,计口授田。"[4](P2849) 《魏书·贺讷传》云:"讷从太祖平中原,拜安远将军。其后离散诸部,分土定居,不听迁徙,其君长大人皆同编户。讷以元舅,甚见尊重,然无统领,以寿终于家。"[4](P1812)《魏书·官氏志》云:"凡此四方诸部,岁时朝贡,登国初,太祖散诸部落,始同为编民。"[4](P3014)道武帝推行的"分土定居,不听迁徙","同为编民",离散原代北诸部族的改革措施,是鲜卑拓跋氏政权在封建化进程中迈出的第一步,也是非常关键的一步。《申洪之墓铭》记录的这种代人对京畿地区土地的所有权,有力地证明了这项改革措施的成功,同时也反映了北魏政权在平燕、平凉以及后来平齐之后渐次入迁的汉族及其他部族新居民新贵族向代北老编民老贵族以官绢购地这一生产资料转移的真实情况。《申洪之墓铭》的附记也从侧面反映了平城地区居民的成分及变化情况。关于这个问题,我在《北魏早期平城墓铭析》一文中,已作了较为详尽的考析,恕不再重复。而官绢百匹卖地二十顷,算出当时桑干河两岸的膏腴之地是每顷官绢五匹,也就是说,一匹官绢可买地二十亩。

其四,铭文后记反映了北魏平城时期土地转让情况。此铭文记下了墓主葬地的地权,也反映了当时京畿地区土地交易情况。一百匹官绢的代价取得了二十顷土地的所有权。这段文字是一个类似"地莂"的附记,所不同的是,通常所见的"地莂"或买地券是虚拟文契,面对的是阴曹地府,而"申铭"的附记是实实在在的墓地产权说明,面对的是现实世界。绢是绸缕和绢布的总称,也称布绢、绫绢、资绢、赀绢。在北魏,绢布是作为一般等价物的货币来流通的。既然要充当一般等价物,绢就要织得符合标准,所以《魏书》有"耕则问田奴,绢则问织婢"的谚语。《魏书·食货志》云:"旧制,民间所织绢、布,皆幅广二尺二寸,长四十尺为一匹,六十尺为一端,令任服用。"[4](P2852)按北魏的尺寸,幅宽二尺二寸,长四十尺,就是标准的一匹。"任服用"是可以用来做成衣服。因此,《魏书·元澄传》载,元澄"禁造布绢不任衣者"。[4](P473)王子云在兖州刺史任上则以坐"取官绢,因染割易,御史纠劾,付廷尉"。[4](P776)这就是说,绢布质量尺寸要符合要求,一旦成为官绢更是如此。不堪制衣的绢禁止织造,更不允许进入国库和流通领域,地方上在染造过程中割裂改易尺寸要追究责任。这样做的道理很简单,因为一般等价物的商品价值是由其使用价值决定的,没有使用价值的绢布同时也就失去了作为货币的价值。

绢布如同粟米一样不可或缺,却较粟米便于持携,所以市场上多用它进行交换。国家向老百姓的赋调也主要是绢布和粮食。《魏书·食货志》载:"其司、冀、雍、华、定、相、泰、洛、豫、怀、兖、陕、徐、青、齐、济、南豫、东兖、东徐十九州,贡绵绢及丝"。[4](P2852)又《魏书·高祖孝文帝纪》载:"延兴三年秋七月,诏河南六州之民,户收绢一匹,绵一斤,租三十石"。[4](P139)《魏书·于忠传》则云,"旧制:天下之民绢布一匹之外,各输绵麻八两"。[4](P743)看来每年交一匹绢已成常例,特殊情况下又加收八两绵或麻。产粮区的老百姓"力田以买绢",茶麻产区则要"积财以取粟"。朝廷赏赐大臣多是用绢,此种例子比比皆是。高允为官清廉,家徒四壁,皇帝"诏朝晡给膳,朔望致牛酒,衣服绵绢,每月送给",死后又"诏给绢一千匹、布二千匹、绵五百斤、锦五十匹、杂彩百匹、谷千斛以周丧用"。[4](P1090)北魏时,犯了法也要用资绢赎罪,如元澄奏请"取诸职人及司州郡县犯十杖已上百鞭已下收赎之物,绢一匹,输砖二百"。[4](P473)

在北魏,官绢最主要的用途是军费开支。《魏书·薛虎子传》有一段话记录了资绢作为军需的情况:"时州镇戍兵,资绢自随,不入公库,任其私用,常苦饥寒"。"资粮之绢,人十二匹,即自随身,用度无准,未及代下,不免饥寒"。[4](P996)从这里我们知道,镇兵每人一年十二匹绢充作军饷,而一年的年饷是随身自带自主支配的,所以才会发生不到服役期满待下一批兵士替换已饥寒无助了。

至于绢的价值,北魏早期未铸钱,多以绢布米粟交易。《食货志》虽云"至天安、皇兴间,岁频大旱,绢匹千钱",但钱却是有价无市。迁洛后太和五铢成为通行货币,继则有永安五铢,并许各州立炉铸五铢钱。《食货志》记此时"内外百官禄皆准绢给钱,绢匹为钱二百"。又云:"官欲贵钱,乃出藏绢,分遣使人于二市卖之,绢匹止钱二百,而私市者犹三百"。[4](P2863~2866)就是说,官员的俸禄由过去的发绢变为比照绢的价值发给太和五铢,这样钱价就被抬高了。在平城献文帝和孝文帝天安、皇兴之时,一匹绢值一千钱,到了洛阳变成了官方二百钱一匹,私下里三百钱一匹,绢价贬了三分之二至五分之四。钱的身价高了,许多官员都以所藏绢到市上卖钱,这对铸钱行无疑是一种刺激。天安、皇兴间(466—467年)是匹绢千钱,迁洛后的北魏后期是匹绢200—300钱。申洪之购地为茔是在延兴二年更前21年的太武帝正平元年(451年)。如果此时是匹绢千钱,百匹官绢值十万钱,桑干河南的每顷良田为5000钱,亩值50钱,假令其时匹绢价500钱,则地价为每亩25钱。

三、《申洪之墓铭》所涵文化信息

《申洪之墓铭》虽为一人书丹,但志文前后书体书风迥异。前6行基本上是楷隶,而中间从第7行到第10行则成了方笔魏书,后面的3行大字后记却是十分洒脱而茂密的隶意楷书。短短一个墓铭,前后书体变化如此之大,既非书丹者有意为之,更非书手水平低劣所致。我想,产生这种情况的原因有三:

其一,铭刻书以隶书为主的要求。北魏建都平城期间,即便是迁洛前20多年的延兴初,魏碑(我们通常所谓魏楷,即所谓北邙体)作为一种书体尚未成形。此时,在许多比较庄重的场合,包括贵族的墓志铭,还多是以隶书上石。这可以太平真君四年(443年)的嘎仙洞祝文刻石和延兴四年(474年)的《钦文姬辰墓铭》皆为楷隶得到证明。申洪之的曾祖申锺是东晋后期五胡之一的武乡羯人石勒、石虎建立的前后赵政权的司徒和太尉，地位非常显要。石赵亡国后，申锺及其一部分子孙先于东晋永和八年(352年)被慕容燕俘虏到蓟州，后又于北魏皇始二年(398年)太祖平中山时或稍后一些被迁到平城。申氏虽为降臣，但毕竟是名门望族，王公苗裔，而且兄弟两人都在宫中做官。从其能早在卒前21年就以高价购得良田20顷作为祖业和坟地，足见其地位之高。从那篇文从字顺的铭文已见撰文者绝非凡夫俗子，书丹者料非等闲之辈，而偏偏是以隶书上石的要求限制了其书法才情的发挥。正是出于这种原因，像申氏家族这样的丧主，很可能会对书丹者提出以隶书上石的要求，即便是家人书丹，也会受这种成规的支配。但是，当时的流行书体已经远离隶书而去，加之平城时期入窆砖石墓铭未成风气，一般书手对这种书体难以得心应手地驾驭，因此此石的书丹者开始拿捏了一阵子，从第7行起就回到了易于掌握的方笔铭刻体。后面的附记，已非墓铭正文，虽然改用圆笔，但因书丹者并不经心作隶，羁绊一旦挣脱，挥洒自如，高古朴茂的书风便出现了。了解了这种情况，我们就可能比较客观地对待这一时期的铭石书法，对《申洪之墓铭》的书法作出比较公允的评价，更不会看到这个时期的某一方或某几方墓志铭是什么书体，便认为这便是当时占主导地位的书体。例如因为看到本志与《钦文姬辰墓铭》是隶书或楷隶，就误以为那个时期的文书手札也是这种面目。

其二，清朝嘉、道之后，论者每说及魏碑书迹，总是说魏碑书体是由隶变楷的中间过程。到底有没有这样一个明显的过程呢？如果不是《申洪之墓铭》摆在面前，我无论如何都不会相信第9和第10行"遂筑茔于平城桑干河南，形随化往，德与时著，敢剋斯石，以昭不朽"，这样与晚三四十年的龙门造像题记方笔楷书面目无异的楷书，也是书写志文前几行那种半生不熟的楷隶或隶楷的书手所书。我想，北魏平城时期的实际情况应当是，当用隶书的场合用隶书，当用流行手写体和经体楷书的场合则用行书和楷书。这几种不同的书体在很长时间内是同时存在的，尽管它们在运用和流布过程中会互相影响，互相渗透，并在取长补短中实现自身的优化。但就书体演变而言，恐怕很难找到一条明显的由隶变楷轨迹。正如活跃于北魏平城时期的这种隶楷面目的铭刻体两晋已经存在，而它在那时的存在并未影响锺王书体书风的独立品格一样，北魏的碑版体与日常书写体在很长时间内都是各行其道的。我以为，对于平城书迹，从形态上讲，做这样的描述是恰当的。但这并不是说，在这样的书法形态下面，不会有新的形态的书迹在孕育着。因为迄于两晋，中国的锺王书体已经形成，以大中华的观念，在公元4—5世纪，不管是南朝还是北朝，这种有别于隶书和汉简的行楷书体并没有在任何一方停止脚步，只不过是不作为碑版体上石罢了。看看太延元年(435年)的《破多罗太夫人漆画题记》吧,那分明是章草书与写经体的结合——文书体而非铭刻体。再看看太和八年(484年)的司马金龙墓木板漆画题记,与王献之《洛神赋》相较,仅仅是多了些方笔的起转和更夸张些的撇捺。平城的书家写手,包括身份很高的官员书家,寺庙中写经的经生,民间或有关方面开药方和抄药方的医生,也包括民间书刻墓志和造像发愿文的工匠,在长期大量的书刻实践过程中,继承和完善着北魏的铭刻体和流行文书体。这样便有了皇家的平城体铭刻书迹和民间的石窟造像发愿文书迹,也有了楷书、行押书公文和手札书迹,同时也有了书法专门家的临习范本(如崔浩的《急就章》)以及画家们的题画文字(如司马金龙木板屏风漆画榜题和说明),更有千帙万卷作为寺院文化象征的另类楷书经卷。而这些平城时期官方与民间、世俗与佛门的流行书体又无一不与后来渐臻成熟的方笔铭石楷书有关。

其三,笔者在大同生活了将近30年,有个问题一直想不通:北魏在洛阳建都三四十年就出土了那么多志石,平城建都将近百年,出土的墓志却寥寥无几。这个问题到今天才算理出了眉目。原来,在北魏迁都洛阳以前,鲜卑拓跋皇族是不随葬墓志的。迄今为止,在大同发现的北魏早期墓志铭,其墓主人都是汉族官吏(钦文姬辰虽为鲜卑秃发氏,但却是汉人司马金龙的妻子),在大同附近还没有出土一方早期鲜卑贵族的墓志。只是在太和十九年(494年)迁都洛阳,拓跋氏改姓元,全面汉化后,皇族才有了随葬墓志的习俗,如1984年大同发现的平城镇将元淑墓志即是。

四、关于《申洪之墓铭》的书法评价

《中国书法鉴赏大辞典》的赏评者,兴许是只看到书中所录局部,便对《申洪之墓铭》书法作出了如下结论:"作为北魏迁都洛阳之前的墓志,其书法也显示出北魏铭石书法早期的特征:隶意浓厚,结字正面取势;作为楷书,点画、形质生偪寒伧,横平而竖直;撇画和捺画的横向开张,又冲淡了楷书的意味。""由此,我联想到与此志年代相近而处于中原地区的《嵩高灵庙碑》(456年),同是楷书体的铭石书,二者都昧于楷书的笔路和结字的规则,可是,比较的结果,《申洪之墓志》的书法意味则过于贫乏——说它质拙,却缺乏天真烂漫的情调;说它厚密,则殊少峻整沉着的体势……结字中擒纵朝揖借让关系尚未建立起来……刻工亦不精。"[1]

说北魏迁都洛阳之前的墓志的书法"显示出北魏铭石书法早期的特征:隶意浓厚,结字正面取势";"横平而竖直;撇画和捺画的横向开张",是不错的,但是说它"作为楷书,点画、形质生偪寒伧","书法意味则过于贫乏",我却不能苟同。诚然,如前所述,此铭的书丹者对早已离他而去的隶书是有点生疏了,而又要有意地书隶,自然循规蹈矩的隶书是难以作出了,因此前面几行写得不甚顺手。但尽管如此,此公的书法能力已从"前赵司徒东"等生动的结字和老到的点画中展示出

来。不要说铭中把"操""授"的提手旁写得那样与众不同,就是"史""侯""居""闺门""遐""业""远"等字,哪一个不是出乎规矩,合乎情理,天趣盎然?

再看中部第 7 行到第 10 行,全然是魏碑雄强峻整的特质,后面 3 行大字的自然天成,沉着茂密,更是同时及后来的魏碑志石不多见的,"体势"也算"峻整沉着"。我更不同意将此志与《嵩高灵庙碑》作简单的对比,就得出同时间中原地区的书法水平高于京城平城的结论。且不说当时的平城是京都,是政治、经济、文化的中心,也不说中原地区的《嵩高灵庙碑》,甚至《吊比干文》便是平城派出书家和大臣所书,即使就《嵩》《申》二石的书法而言,其优劣也不是几句话可以说清的。即使《申铭》真的不及《嵩碑》,也不能因此就得出南优北劣的结论。大同市灵丘县的《皇帝南巡之颂》,是北魏文成帝和平二年(465 年)所刻,洋洋洒洒数千言,从始至终都是那样森严峻特,它与《嵩碑》一样,都是北魏平城时期著名的铭刻书迹。

原来这位赏评者阿涛是著名书论家刘涛先生,正是因为对这方墓铭书迹持有不同看法,我们成了好朋友。时到如今,这些不同观点的争论已不重要了,重要的是我们都钟情于魏碑,都倾心于魏碑的研习,在十多年的合作中互相帮助,于魏碑特别是平城魏碑的研究做了各自应做的事情。

参考文献:

[1]刘正成. 中国书法鉴赏大辞典[M]. 北京:大地出版社,1989.

[2]肖子显. 南齐书[M]. 北京:中华书局,1972.

[3]孟国祥. 大劫难——日本侵华对中国文化的破坏[M]. 北京:中国社会科学出版社,2005.

[4]魏收. 魏书[M]. 北京:中华书局,1974.

[5]赵超. 汉魏南北朝墓志汇编[M]. 天津:天津古籍出版社,1990.

[6]殷宪. 北魏早期平城墓铭析[A].殷宪等.北朝研究(第一辑)[C].北京:燕山出版社,1999.

[7]殷宪. 大同北魏明堂瓦刻文考略[A].编委会.山西省考古学会论文集(三)[C]. 太原:山西古籍出版社,2000.

大同金代张澄石棺铭跋

刘 未

(北京大学考古文博学院,北京 100871)

摘 要:大同发现的金代张澄石棺铭显示其所属的张氏墓地是按照五音姓利原则来规划的。在燕云地区,类似的资料还有辽代两例,并可溯源至唐代。这说明燕云地区的五姓葬法,系唐、辽、金一脉相承而来,与中原北方地区宋元墓葬习见的同类葬俗并为唐代以降之两流。

关键词:大同;金代;石棺铭;五音墓地

在大同下华严寺,发现薄伽教藏殿南侧散置有明代墓志和辽金元时期小石棺若干。其中一件金代石棺盖上刻有铭文,与宋元时期五音墓地问题相关,特录文一份如下:

> 故叔父宣武将军行文绣署承骑都尉清河县开/国男食邑三百户张公。公讳澄,字彦清,出官历任/□建丰碑,今记本官年甲其实。公天会十三年(1135)乙/卯十月廿九日戌时生遂,下世之岁承安三年(1198)戊/午八月初九日戌时卒,享寿六十有四。命终于/燕山文绣署官舍,附/灵柩归于本家。未获便时,权寄之/佛寺。常念白骨帽露于僧舍,今得姓通时,以泰和/元年岁次辛酉三月壬辰辛亥朔十七日丁卯乙/时破土,至当月二十日庚午乙时葬叔父于/先祖旧茔庚穴,与/父次焉。故书于此,以纪其实,庶贻不朽。/泰和元年岁次辛酉三月壬辰辛亥朔廿日庚午乙时扣掩,侄男张师仁书。/

如金大定三十年(1190 年)西京玉虚观道士阎德源墓志所云:"云中故俗,人亡则聚薪而焚之。"[1]大同地区辽金元墓葬多采用火葬方式,小石棺是考古发现中比较常见的葬具。不过,在石棺上镌刻铭文的形式在此前的报道中还很少出现。将张澄职衔比照《金史》记载,可知其身份。宣武将军,武散官,正五品中;文绣署承(丞),职事官,属少府监,从七品;骑都尉,勋官,从五品;清河县开国男,爵,从五

523

品。铭文关于张澄寄厝佛寺择日卜葬的记载隐约显露了辽金时期燕云汉人葬俗的一个方面。

张澄葬事由其侄张师仁操办:"葬叔父于先祖旧茔庚穴,与父次焉。"按《重校正地理新书》卷一《五姓所属》条,张姓属商音。卷一三《步地取吉穴》条:

> 凡葬有八法,步地亦有八焉。……八曰昭穆,亦名贯鱼。入先茔内葬者,即左昭右穆,如贯鱼之形。……惟河南、河北、关中、垄(陇)外并用此法。乔道用添:商姓祖坟壬丙庚三穴葬毕,再向正东偏南乙地作一坟,名昭穆葬,不得过卯地,分位仿此。……商姓祖坟下壬丙庚三穴葬毕,再于正南偏东丙地作坟一座,谓之贯鱼葬,不得过于午地,分位仿此。

可知商姓昭穆贯鱼葬的入葬先后次序为壬丙庚。参照铭文所记,张氏墓地的排列大约是以张师仁祖父为尊,葬壬穴;师仁父为次,丙穴;师仁叔澄为卑,葬庚穴。是属大同地区金代五音墓地之宝贵例证。

巽	巳	丙	午	丁	未	坤
辰		次				申
乙				卑		庚
卯						酉
甲						辛
寅				祖		戌
艮	丑	癸	子	壬	亥	干

图1 商姓昭穆贯鱼葬示意图

巽	巳	丙	午	丁	未	坤
辰		丙				申
乙				庚		庚
卯						酉
甲						辛
寅				壬		戌
艮	丑	癸	子	壬	亥	干

图2 大同张氏墓地葬穴位置示意图

大同十里铺曾发现辽乾统七年(1107年)董承德妻郭氏墓记,略云:

> 今为亡妻郭氏于京西南约五里买到云中县孙权堡刘士言地五亩,长三十八步、阔三十二步。其茔方二十九步,其妻葬在甲穴。[2]

查诸前书,董姓属宫音,昭穆贯鱼葬的入葬先后次序为甲庚壬。又因墓地为董承德新置,可知是以甲穴为尊,其妻所葬亦即董承德身后之所归。

巽	巳	丙	午	丁	未	坤
辰						申
乙				次		庚
卯						酉
甲	祖					辛
寅				卑		戌
艮	丑	癸	子	壬	亥	乾

图3　宫羽姓昭穆贯鱼葬示意图

巽	巳	丙	午	丁	未	坤
辰						申
乙					○	庚
卯						酉
甲	甲					辛
寅				○		戌
艮	丑	癸	子	壬	亥	乾

图4　大同董氏墓地示意图

北京海淀中国工运学院辽墓出土康文成墓志云：

> 惟咸雍七年(1071年)岁次辛亥,当四月丙辰朔八日癸亥逝。往中京大定府镇国寺北街出廓火葬讫,迁神枢来于先祖茔坟,至燕京宛平县砚村名西北乡,至当年六月二十九日壬午辛时葬如京使。于祖坟西北雁翅又起一围,亦用地南北长三十一步、东西阔一十九步,居上壬穴。故兄官御如京使、银青崇禄大夫、检校尚书右仆射、兼殿中侍御史、骁骑尉、东平县开国男、食邑三百户康文成贵年六十有二。……前围高上纯化翁翁讳廷遂、婆婆孟氏,次上宁有贞孝耶耶讳守怜、娘娘李氏、次娘娘杨氏,三弟三哥讳文俊、妻耿氏。

康姓属商音,比照前例,可以推知康氏墓地分为两个区域。东南祖茔以壬穴为尊,葬文成祖父廷遂、祖母孟氏;丙穴为次,葬父守怜、母李氏及杨氏;庚穴为卑,葬三弟文俊、妻耿氏。西北第二茔仍以壬穴为尊,葬文成,其余丙穴、庚穴待葬他人。

巽	巳	丙	午	丁	未	坤
辰		次				申
乙				卑		庚
卯						酉
甲						辛
寅				祖		戌
艮	丑	癸	子	壬	亥	乾

图5　商姓昭穆贯鱼葬示意图

巽	巳	丙	午	丁	未	坤
辰		丙				申
乙				庚		庚
卯						酉
甲	祖					辛
寅				壬		戌
艮	丑	癸	子	壬	亥	乾

图6　康氏东南祖茔葬穴
位置示意图

巽	巳	丙	午	丁	未	坤
辰	○					申
乙				○		庚
卯						酉
甲	祖					辛
寅			壬			戌
艮	丑	癸	子	壬	亥	干

图7　康氏西北第二茔葬穴位置示意图

由辽溯唐,河北宣化大中六年(852 年)杨少愃墓志和乾符六年(879 年)杨钖墓志描述其墓地云:"商角同用,荣加乙庚"。杨为商姓,这其中反映的也是五音择地观念。由是可知,燕云地区五姓葬法系唐、辽、金一脉相承而来,与中原北方地区宋元墓葬习见的同类葬俗并为唐代以降之两流。

(现场承康鹏先生帮助拍摄石棺照片,得以校正录文,特此致谢。)

参考文献:

[1]大同市博物馆. 大同金代阎德源墓发掘简报[J]. 文物,1978(04):04 -09.

[2]山西云岗古物保养所清理组. 山西大同市西南郊唐、辽、金墓清理简报[J]. 考古通讯,1958(06):10 - 13

[3]北京市文物研究所. 海淀中国工运学院辽墓及其墓志[A]. 北京文物与考古第6 辑[C]. 北京:民族出版社,2004.

[4]张家口市宣化区文物保管所. 河北宣化纪年唐墓发掘简报[J]. 文物,2008(07):33 - 35.

辽金西京佛寺"华严金碑"的文化研究

王建舜

（山西大同大学，山西 大同 037009）

摘　要：辽金西京之大华严寺，因其"奉安诸帝石像、铜像"和庋藏有宏幅巨帙的佛教大典《契丹藏》，而具有了皇家祖庙和国家图书馆的性质。其薄伽教藏殿的金代石碑，信息存储丰富而珍贵。记载了大唐咸通年间集成的《经源录》以及至辽时典藏《太保太师入藏录》，目录详备。尤其是金灭辽，华严大寺"俄而灰之"的残状和金重建后，华严大寺的"壮丽严饰"，以及寺僧们"补以新经""圆兹教典"的艰辛过程，皆有详记。

关键词：华严金碑；佛教典藏；文化价值

辽金两朝在行政区划上，皆有"五京"之规制。契丹辽之"五京"为：上京临潢府、东京辽阳府、南京析津府、中京大定府、西京大同府。女真金灭辽，仍承袭契丹辽"五京"之制，但名称和地望多有变动。以金之都城会宁府为上京，改辽上京为金之北京，改辽南京为金之中京，新以开封府为金之南京，大同府仍为西京，称西京路大同府。自辽迄金，"五京"之地所变化者多，唯"西京"起始而终，直至蒙元忽必烈至元二十五年（1288 年），方改西京路为大同路。大同称西京凡 245 年。于此可见辽金"西京"之重要和称名之久。

大同于辽"重熙十三年（1044 年）升为西京"，当政者皆"非亲王不得主之"。金灭辽，"金因之"，大同仍为"西京"，仍为边防之重镇，仍为文化繁荣、人才荟萃之地。西京大华严寺和大普恩寺即为两朝之文化大举之作。

现今此两处大佛寺内，皆有辽金时所塑造之泥像与艺术建构，但两寺所遗留文物唯不见辽碑。可见者，只有金代之碑，即大华严寺之下华严寺薄伽教藏殿内《大金国西京大华严寺重修薄伽藏教记》，简称《金碑》。金时大普恩寺，今名善化寺之三圣殿内，也有一通金代撰文、刻刊之碑，题为《大金西京大普恩寺重修大殿记》，或以撰文人名而俗称为《朱弁碑》。

一、华严寺《金碑》之文化内涵

华严寺金代之石碑现存于下华严寺薄伽教藏殿内南次间，刻立时间为金代大定二年(1162 年)，此碑是华严寺现存石碑中历史年代最早的一通。

该《金碑》高 1.96 米，宽 0.90 米，厚 0.23 米。整个碑身为圆形碑额，碑额无螭首，碑座为矩形座，下沿雕莲瓣。《金碑》全文 2531 个字，由云中段子卿撰写碑文，京东会龙寺沙门法慧书其碑，云中张公徽篆额，雁门解遵仁刻写。

兹录碑文于下：

[额篆]《大华严寺重修薄伽藏教碑记》
[碑文]《大金国西京大华严寺重修薄伽藏教记》

云中段子卿撰，京东会龙寺讲经沙门法慧书，云中张公徽篆，雁门解遵仁刊。

《薄伽藏教》者，乃三世诸佛、十方菩萨、声闻罗汉、一切圣贤言行之总录也。至于六道四生、因果之法，靡所不载。大概设百千万种善巧方便，劝诫众生，迁善远罪而已。此教乘之本意也。及乎离拔苦海，超证菩提者，未有不由于斯也。

教之始出，出于西方佛刹之中。来之东土者，因缘运历所使之然也。虽三皇五帝之初，其道亦已行矣。止以世质人纯，未识因果，故不能大兴尔。迄至汉明帝之有天下，夜梦金人飞空而至，爰从傅毅之占，远出天竺之使，委寻佛法，适遇摩腾，使乃具言帝命，要来中国。帝因见而异之，曰："吾之所梦，正以是夫！"故崇恩礼以接之，置精舍以处之。起居出入，莫不奉焉。腾乃译经四十有二章，缄之于兰台石室。风以动之，教以化之，人稍稍而敬信焉。迨夫夜鸣白马，名改于招提寺；瓶出舍利，塔建于佛陀里。兹厥后，其道日隆。

降及三国之末，联绵五代之终，其间则有高僧前后相续，继踵而至者三十余辈。率皆逾沙越漠，冒险涉危，心乎济渡，苦不为难。或自西而东者，挟教而来；或自东而西者，得法而返。咸依梵本，译而传之。故佛之旨意，至此而彰；僧之轨仪，从兹而著。自天子至于庶人，莫不倾耳而听之，拭目而视之者欤！故能廓含灵之慧眼，通法界之迷津。与夫日月出而昏蒙披，雷雨作而草木解，一何异哉？使知祸福之因，得悟死生之趣，咸云厥道大可依归。渐渍成俗，久而益着。故梵刹精蓝，靡所不有；浮图佛庙，是处争兴。后世虽有诽谤为梗之徒若退之者，致辞以攻，愈攻则愈坚；抗力以扑，益扑而益炽。信所谓如山之苞，如川之至，其何动御哉！此盖不可思议、无边功德之所致也。异哉！佛之教化，若此以大兴；教之简牍，亦从而浸广。故纂成门类，印造颁宣。

派而别之，则有大小、权实、顿渐、偏圆、显密之类分焉。遂使都城、郡埠、山方、兰若，凡有僧尼佛像之所，往往聚而藏。以其广大悉备，故谓之《藏教》。至大唐咸通间，沙门从梵者，集成《经源录》，以纪绪之。其卷（秩）［帙］品目、首末次第，若网在纲，有条而不紊，可使后人易为签阅尔。及有辽重熙间，复加校证，通制为五百七十九帙，则有《太保太师入藏录》具载之云。今此大华严寺，从昔已来，亦有是教典矣。

至保大末年，伏遇本朝大开正统，天兵一鼓，都城四陷，殿阁楼观，俄而灰之。唯斋堂、厨库、宝塔、《经藏》，洎守司徒大师影堂存焉。至天眷三年闰六月间，则有众中之尊者，僧录、通悟大师慈济，广达大师通利，大德、通义大师辩慧，大德、妙行大师洎首座义普，二座德柞等，因游历于遗址之间，更相谓曰："曩者，我守司徒大师秀出群伦，兴弘三宝，霈教雨而润民苗，鼓化风而熏佛种。岂特人天之仰止，亦惟在上者师之。爰出官财，建兹梵宇；壮丽严饰，稀世所有。一旦隳残，以至于此，诚可以痛乎哉！惜乎哉！为人之后者，苟不能继其绝而兴其废，补已弊而完已隳者，能无愧乎？殊不闻，厥父菑，厥子弗肯获；厥父基，厥子弗肯构？则俗人尚为诮尔，况我等之为释子，可不念哉？"已而，玄先出己之净财，仍化同居之清众，暨诸外内信心之流，加之援助。乃仍其旧址，而特建九间、七间之殿，又构成慈氏、观音、降魔之阁，及会经、钟楼、三门、垛殿。不设期日，巍乎有成。其左右洞房、四回廊庑，尚阙如也。其费十千余万，所给甚易尔。奈何天与之始，而不与之终；事见其作，而不见其成？哀哉！不数年，上五人乃化，倾城士庶举多哀恸者，皆以此也。

呜乎！昔人之同力，功尚未终；主时者先归，谁复为葺？果见星霜屡变，佛宇荒凉。顾左右前后之间，唯瓦砾蒿莱而已。虽有殿堂，岂堪游礼者乎？则有故僧录大师门人省学者，一日慨然念先师等之勤，曰："昔者服劳，兴修废业，其事未终而奄然长往。我为之后，宁不痛兹？虽不能嗣续而大成之，盍不务专精而守视尔。"于是聚徒兴役，刘楚剪茨，基之有缺者完其缺，地之不平者治以平，四植花木，中置栏槛，其费五百余万焉。此乃不使前人之功坠，以待将来之缘合。暨得成全，亦今日之力也。而后，因礼于药师佛坛，乃睹其薄伽教藏，金碧严丽，焕乎如新。唯其教本错杂而不完，考其编目，遗失过半。遂潜运于悲心，庶重兴于素教。将弃其遗本，愍家之旧物；拟补以新经，虑字之讹错。绅绎再三，皆不若择其一同者补而全之。俄而，具以其事言于当寺沙门惠志、省涓、德严等三人焉。庶几协力，克成厥功。彼人闻是语已，一意欣而奉之。遂聚其清信家，乃立为薄伽邑。佥曰："凡事为之有作，须头目后行。然而托之大者，易以建效，非其人则劳而无功。"反复谘询，未知其可。众乃同声唱言曰："有兴严寺前临垣传戒慈慧大师可。是师也，素具慈悲，复修性相。旁施惠力，常转于法轮；济拔群生，超登乎觉岸。倘肯为缘，事无难矣。"是时，同跻状而请之，曰："愿住寺设度，而为邑长，加之援助，圆满功德，我等之素愿也。"师乃答其众望，俯而从之。则于正月元日、七月望辰，陞座传演，鸠集邑众；所获施赠，以给其签经之直。然后遍历乎州城、郡邑、乡村、岩谷之间，验其厥目，从而采之．或成帙者，或成卷者；有听赎者，有奉施者。朝寻暮阅，曾不惮其劳；日就月将，益渐盈其数。岁历三周，迄今方就。其卷轴式样，新旧不殊；字号诠题，后先如一。此不亦难哉！又况，难聚易散者，物之常情；恶求喜施者，人之同病。今兹《藏教》废已久矣，苟匪斯人，终为弃物，其何复完之有？且省学之辈，皆异人也。非止乎进修为念，亦颇以学行著名。同心戮力，不惮经营，积日累功，圆兹教典，亦佛家之美事尔。

原其所用心者，颇有显奖之风焉。既而，以事嘱于余，而请铭焉。余亦惜其专精致志，迨续先功，抬其遗而补其阙，真释氏之子耶！恐后之来者，不知今日之勤，而忽于宝护，因书以记之，而勒于石。其辞曰：

梵教始生，生于西域；风化旁流，流及中国。肇自摩腾，弟多传泽；济拔群生，无边功德。功德盖多，依归为则；世历汉唐，传之不息。地久天长，绵绵罔极；精舍伽蓝，宝藏各得。大华严家，素有是籍；兵火流离，缺其简册。省学之徒，视之怆恻；迨与重兴，同心协力。弃其遗篇，心无不尽；补以新经，字多讹忒。爰历诸方，躬勤采掇；能者助之，与给其直。日就月将，纂成嘉绩；新旧一同，宛如合璧。目见耳闻，欣然有色；亿万斯年，家风辉赫。

大定二年岁次壬午五月丁酉朔十四日庚戌巽时，沙门省学等立石。同办圆满功德立石沙门德严，同办圆满功德立石沙门省涓，故同办圆满功德立石沙门惠志。

二、"华严金碑"之文化分析

下华严寺中金代大定二年(1162年)所撰立之《金碑》，正面为碑记正文，所记述的主要内容可缕析为十大方面：一是总括概说薄伽教藏之由来；二是有详有略串写佛教传入中国之经过；三是夹叙夹议叙赞佛教在中国的盛行；四是一笔代写中国兴建佛寺的盛况；五是推测归纳藏教之名实；六是痛言详记保大末年金兵攻城毁寺的情况；七是真切记写大德高僧天眷三年修复寺刹之议；八是仔细说明修复之项目及资费；九是诚恳再写续修之议及项目；十是新补藏经的经过。凡此之众多内容，又可从文化的意义上将其梳理和概括为三大方面：佛教之信息、历史之信息和文化之信息。

（一）佛教之信息

辽金时西京之大华严寺，因其于"清宁八年（1062年）建华严寺，奉安诸帝石像、铜像"，又因其庋藏有当朝宏幅巨帙的佛教大典《契丹藏》，故而从一开始它就具有皇室祖庙的性质。这也就决定了大华严寺之佛教信仰、义理、思想、教化和形式、气象等皆具有国家或皇室的色彩。所以其碑其记其文，也就该首先从佛教落笔和起写，传达和输送出那个时代人们的佛教观念和接受佛教信仰的状况。

既然"重修"为薄伽教藏殿，那么其核心、精神、灵魂和宗教建构与文化创造的主题皆不离薄伽教藏之名属。所以，碑记便首先从解释此梵名开笔。什么是薄伽教藏？它所包含的义理或其外延止于哪里？其教乘之本意又何在？以及其宗教之源流等均于简要叙写中——道来，尽显了碑记总括概说、用笔精炼的特点。

下华严寺正殿牌匾额书写为"薄伽教藏"，落款和殿内碑额却是"薄伽藏教"。词序不同，语义一也。

薄伽教藏或薄伽藏教作为一个词汇是一般大众比较生疏的，这是一个有着浓重外来语色彩和宗教神秘意味的名词。所谓"薄伽"是"薄伽梵"的简略写法与表达，是梵文Bhagavot的意译，在文献中又常被翻译成"婆加婆"。在中国佛经翻译史上，此梵文词有所谓旧译与新译之分别。婆加婆是后秦时代鸠摩罗什的翻译，而薄伽梵是唐朝玄奘的翻译。无论是旧译，还是新译，其词义皆为"世尊"，也就是释迦牟尼佛的十个名号之一。《饰宗记》三本云："本音薄伽梵，此方义释为世尊。或云婆伽婆，音之转也。"在《大智度论》中，关于此词所含之义理解释颇为详细，在卷二的《婆伽婆释论第四》中云：婆伽婆者，婆伽言德，婆言有，是名有德。复次，婆伽名分别，婆言巧，巧分别诸法总相、别相，故名婆伽婆。复次，婆伽名名声，婆名有，是名有名声，无有得名声如佛者。复次，婆伽名破，婆名能，是人能破淫怒痴，故称婆伽婆。转轮圣王、释、梵、护世者，无有及佛，何况诸余凡庶。"从词义解释的形式上看，这种反反复复似有重沓拖拉之感，但就内含的义理看，却如同剥笋层层展开又层层递进，其义自见"。由此解释可知：婆伽婆就是佛教，佛教即可称之为"婆伽婆教"，那正殿匾名之"薄伽教"就是佛教，"薄伽教藏"就是佛教的三藏，薄伽教藏殿，就是收藏佛教经典的殿堂。所以，《金碑》直取殿名予以解释，并对佛教的道法、本意以及其源流和发展作了总括的记叙。而且撰文者认为，佛教所倡导和追求的这种劝善惩恶、离苦拨难的人类本愿，远在泱泱东土的三皇五帝时代就已广为人知、广为人行。只是那个时候的人们，由于其世事朴实、人性纯真没有总结出规律性的抽象理论或言教，所以也就没有大大兴盛起来。至此，碑文从总说到分说，从源于西方到流于东土，愈益深入。接着碑文跨越远古之苍茫，直言东汉明帝，讲说其夜梦金人、白马驮经、迦摄摩腾翻译佛经《四十二章经》并藏于兰台石宝,又初建白马寺后改名为招提寺。这一段记叙了佛教史尤其是中国佛教史上一个重要事件,就是佛教传入中原之始史事,写得很细,也很全面,有点有面、有颂有扬。从此开始,佛教在中国进入了一个蓬勃发展的新时期,僧人西来东往,经典频频译出,塔寺到处林立,佛理深入人心,上至天子下及百姓,人人都能感受到佛教的存在和影响,这就像有日月升起黑暗被驱走,有雨水浇灌而草木得以新鲜和生长一样。老人皆从中得益,精神有了寄托和皈依,慢慢地成为一种风俗传扬开来、传袭下去。这是佛教建筑的背景,也是佛寺古刹争相耸立的文化土壤。

碑文行文于此,继续以史带事,总写三国至五代间 740 多年佛教发展的大貌。这个漫长岁月的主要发展特点,依然是佛教徒为了传教和求谛而进行的跨越区域、跨越寒暑、跨越生死,艰辛地东来西往,点燃信仰明灯和传播佛教文明。这是一条丝绸之路的商贸线,这是一条文化交流的交通线,这是一条求法舍身的文化生命线。从三国之末到五代之终,700 多年间有 30 余辈的佛教僧徒"逾沙越漠、冒险涉危"跋涉在这条人类用生命、用魂魄、用高尚的心灵追求和精神寄托所开辟的文明古道上。700 多年间,他们来来往往,碑文说"或自西而东者,挟教而来;或自东而西者,得法而追"。在这条人类文明的古道上,无论是起之于哪个点、归之于哪个点,他们都是为了一个庄严而崇高的目标——弘传佛法、求取真谛。这种信仰目标或行走于文明古道的主题,不光是"降及三国之末,联绵五代之终"的事,应该说它就是中国佛教史的主旋律。有了文本,有了依据,佛教的意旨和真谛,自然会愈益彰显,接受者、传诵者、学习者也会得其要领、悟其精髓,明辨生存中的是与非、慧与昏、祸与福、死与生。这个东来西往的过程,这个传译、宣讲、习诵的过程,也就是一个昏蒙状态中开怀得悟的过程,是人的由物质向精神迈进的过程。

在这种由传入到传译逐渐走向深入的文化背景中,作为佛教形态的载体,作为佛教文化的另一种样式,"梵刹精舍""浮图佛庙"也就随之而兴起而繁盛,成为中国佛教文化创造的又一种标识。

在这中国历史动荡、冲撞、交融的 740 多年中,佛教以其独特的教化之功和信仰之力而得到了很好的发展,而且门类齐全、事理充焉。对于经律和方法而言,有了偏圆、显密、顿渐的分别;对于佛教的经典的存放和汇聚而言,遍于城市、乡村,遍于僧尼佛寺的任何一个地点。这种有条不紊的汇聚和收藏,作为一种文化储备,就是大华严寺这个殿名所揭示的语义"藏教"者也。碑文语行至此,以史为线,以事以理为据,点明或揭示出这个凡人陌生的梵词语义。

下面碑文进入另一大段落,从中国佛教发展的又一个黄金时代——大唐王朝写起。重点叙述大唐懿宗咸通年间(860—874 年)由佛教沙门编纂集成的《经源录》,以及至辽兴宗重熙年间(1032—1054 年)"复加校正"而成的《入藏录》。从碑文所记,透露出一个重要的佛教信息,那就是在西京大华严寺的薄伽教藏殿庋藏有两部重要的典籍,一部是唐时的《经源录》,另一部是辽时的《入藏录》。

(二)历史之信息

碑志记史,事实直接具体,多为学人凭信,故碑志乃为历史信息贮存、转载的重要载体。辽西京大华严寺薄伽教藏殿内槽当心间左右两侧四椽栿底有一行题字,"维重熙七年岁戊寅玖月甲午朔十五日戊申时建"。这是大华严寺所发现的最早的纪年字款。而《辽史·地理志》中所记"清宁八年(1062年)建华严寺,奉安诸帝石像、铜像",此语比其前记,晚了24年。两条记载,一说是庋放经书的薄伽教藏殿建于辽重熙七年,而"奉安诸帝石像、铜像"的殿宇建于辽清宁八年,这一殿宇就是今上华严寺的大雄宝殿。

碑文所记的历史信息主要有三点:

一是在辽重熙年间,此时以礼佛和储藏经典为宗旨的大殿已告落成,经过反复比较和认真筛选,最后入藏保存的经书总共有579帙,这洋洋进柜入藏的书籍经典,太保太师曾一一登记注册,著记有《入藏录》,皆作了详细记载。从大华严寺之"薄伽教藏殿"建寺的初衷看,其建寺与藏经是"一作双项",建寺是为了藏经,使当时已蔚然繁杂的各种佛教典籍有一个庄严安然的寄存之所;存典就是存源,也就是为佛教的弘传保存一个真理不谬和动力不竭的中心源。既然为存典而建寺,可以想见及至辽代重熙年间,佛教典籍已呈现一个十分繁荣和宏大的面貌,有量的保证和质的要求为其建寺储存,颇有国家佛教图书馆的意味,更不用说有《契丹藏》这样辽代国家级的要籍和宝藏了。薄伽教藏殿有环壁一周的藏经柜设置,就是它被设计、被建造的本愿和初衷的物态表达。藏经作为一种文化活动,也可为寺殿增添丰富深厚的精神内涵,续接源远而来的佛教传统和文化色彩。故而,建寺与藏经是两种行为一种目的,是"一作双项"的文化选择。建寺、藏经、取名,原本就是一致的、原初的。

二是辽代保大末年。这已是辽天祚帝耶律延禧的时代,即公元1122年。女真金人大举攻辽,曾繁华一时的西京大同失守,"华严金碑"为我们提供的历史信息是"天兵一鼓,都城四陷,殿阁楼观,俄而灰之。唯斋堂、厨库、宝塔、经藏、泊守司徒大师影堂存焉"。这里记载金灭辽时西京大同的真实情状,具有珍贵的历史信息价值。碑中还记载有"至天眷三年闰六月间",这已经是改朝换代后的女真金朝了,即公元1140年,大华严寺中的一些大师大德僧众,出资献力,"乃仍其旧址而特建九间七间之殿,又构成慈氏、观音、降魔之阁,及会经钟楼、三门、朵殿",一座"壮丽严饰"的西京华严梵宇又重新矗立于世。这段记载传达出华严大寺金代重建和大规模修葺的历史信息。据建筑学家梁思诚先生考证,金灭辽时,华严大寺所幸存的五处佛寺建筑,即是今已不存而只留基址的海会殿。金所重建的九大集萃性标志性寺内建筑,而今也只有大雄宝殿,其余则毁于多战多乱的历史岁月中。这一段历史信息,包含了两个佛寺时段的状态:一个是金灭辽,华严大寺"俄而灰之"的残状;一个是金重建,华严大寺的"壮丽严饰"。迄辽至金,西京沿袭,繁华依旧,其华严梵宇仍是西京之地的文化形象和国家性质的文化艺术工程。我们可以依其"华严金碑"的历史信息溯源想象和忆作旧貌,这就是历史信息的价值与功能。

三是重建其殿,仍要以教本典藏庋储为核心,与前代所不同的是"薄伽教藏殿"原初所储存的各种佛教经典皆已"错杂而不完,考其编目遗失者逾半"。对于具有国家性质的图书馆藏,遗失有一半的典藏,真是一个极为重大的损失。当时的寺僧别无选择,只有"补以新经""补而全之"。作为他们之中杰出代表的惠志、省涓、德严三个沙门奔走于郡邑和乡村之间,"验其厥目,从而采之","朝寻暮阅……益渐盈其数",终于"同心戮力……圆兹教典",又为薄伽教藏殿归其实符其名。这个"拾其遗而补其阙"的过程是异常艰辛的。

正是以其所记三件功业,故华严大寺"因书以记之,而勒之石",还歌之以辞。可见出"华严金碑"对于历史信息的一种基本态度。

(三)文化之信息

佛教寺院之碑之文,所记定当是该寺院兴衰演变的过程,以及后世屡修屡起之况。佛教寺院石碑撰文显然体现着佛教文化的一种义理、精神和特征。

从西京大华严寺重修薄伽教藏殿的这块"金碑"来看,全碑文有2500多字,可分为三大部分:第一部分是长篇畅笔总写佛教之类、佛教之法和佛教之乘,以此解释"薄伽教藏"之意与其所涵盖,并且脉络清楚地梳理出佛教传入中国后的发展状况。整个这一部分,以史的记事叙实的方法,尽表对佛的敬仰和对佛法、对佛藏的信仰。其所阐释的薄伽教藏、三世十方、六道四生以及因果之法,全是佛教的义理和佛教文化中义理和戒规最本质的东西。一部中印佛教交流史,一段佛教传入中原流布的记载,无疑也就是佛教文化的动态传播过程。有了思想义理的内容,有了这种内容和形式有机统一后所具有的文化流动性,也就必然有了其佛教文化的生机与活力。后来中华大地各个历史时代所兴建的寺塔伽蓝就是这种文化发展的证明。《金碑》这一部分的内容,不仅仅在阐释佛教文化中的义理篇章和思想内容,而且展示佛教文化中的精神和特征。历代僧众不辞千辛万苦对佛教"教藏"的收集和整理,就是广大僧众对佛教信仰持久不竭坚信的信仰精神与个性特征。这种精神表征了对佛教的信仰和对佛法的领悟,体现了慈悲施慧、济拔群生、圆满功德的佛教特征与个性品质,因而这种精神和特征也就是佛教的精神与佛教的特征,显然就是佛教文化的有机组成部分。《金碑》第二部分,虽然是记叙华严寺的兴建、战毁、重建和藏经,因其寺是佛寺、经是佛经,所以也就在以史叙事的过程中,渗透着浓浓的佛教文化的内容与气氛,彰显了佛典收藏的护持之心与护宝之功。这一部分所记所叙的许多佛门沙门、大师僧众,在其集录经藏、建兹梵宇和补以新经为佛教信仰的劳作中,表现出一种佛教文化特有的精神与气质。《金碑》第三部分,是该石碑该记事的勒石以记的颂赞部分。它以四言为句、四十句章,歌赞了"梵教始生……济拔群众……无边功德",也歌颂了"大华严家……省学之徒……同心协力……补以新经……宛如合璧……欣然有色,億万斯年,家风辉赫"的佛教文化盛貌。言为心声,辞颂生情,仰赞佛之伟业和大师僧众之建寺藏经之功更真更切,亦更有一种弥漫飘动的佛教文化之风。《金碑》所载有的佛教文化信息同样是丰富和深厚的。

大同善化寺"朱弁碑"及其相关的几个问题

李振明

（大同市古建筑文物保管所，山西 大同 037004）

摘　要：大同善化寺是我国现存最完整的一座辽金佛教寺院，所保留的唐代建制为国内少见。寺中现存的金代"朱弁碑"翔实地记载了金代圆满大师历时15年的重建史实，对研究该寺的历史以及相关问题有极高的历史和文化价值。

关键词：善化寺；朱弁碑；字数；沿革；历史人物

现存于大同善化寺的"大金西京大普恩寺重修大殿记"碑，亦称"朱弁碑"，镌于金大定十六年(1176年)，由朱弁撰文，孔固书写，丁暐仁篆额，解遵一刊刻，圆满大师提点。碑通高4.45米，宽1.28米，厚0.24米，分为碑额、碑身和碑座三部分，现今仍完好地保存在该寺三圣殿内。碑文颜体书法，文字简洁，辞藻考究，"词气雍容，不蹈其险怪奇涩之弊。"[1](卷373,P11553)它翔实地记载了圆满大师主持修建大普恩寺的全过程，既是研究该寺辽金时期兴衰变迁极为重要的历史资料，又是集史学、文学和书法为一体的丰碑正碣。本文就其相关的几个问题作一初步探讨，以求教于专家学者。

一、关于"朱弁碑"的字数

关于该碑的字数问题，过去不少学者都认为是925字，如《山西大同大学学报》(社科版)2008年第5期刊载的王建舜先生的《辽金西京善化寺"金碑"的文化研究》一文中就说："朱弁碑共19行，每行52字，总计925字"，并抄录了该碑的全文。但笔者在阅读了该文并与原碑实物进行了仔细核对后发现，镌刻在"朱弁碑"上的总字数并非是王先生及其他学者们所说的925字，而仅在该碑的正面即镌刻有1088字。至于碑阴部分，则由于条件所限，目前尚无法进行准确的统计，日后将专文进行论述。为什么会出现这种现象呢？笔者在经过仔细研究后发现，王先生和其他学者们在统计"朱弁碑"的字数时，只统计了碑文正文部分的字数，并未将碑额、碑文标题、碑文的落款以及碑阴部分的字数计算在内。这几项内容的具体字数是：碑额(篆体)12字(见图1)，碑文标题(楷体)13字，落款(楷体)138字，这三部分加起来为 163 字。如果再加上正文部分的 925 字,正好为 1088 字。笔者认为,在研究"朱弁碑"时,不应当将碑额、碑文标题和碑文落款以及碑阴部分的内容排除在外。理由有二:

图 1   大同善华寺"朱弁碑"篆额

其一,"朱弁碑"自金世宗大定十六年(1176 年)镌刻完成之后,至今已有 800 多年的历史了。在这 800 多年当中,碑额、碑身和碑座始终作为一个完整的整体展现在世人面前,期间虽然经过了金元、元明、明清以及清末民初和近代的多次战争,包括自然灾害的侵袭,但它始终未受到破坏,甚至连它的最初安放地点也未做任何改变。因此,我们在研究"朱弁碑"所镌刻文字的时候,理应将该碑所有的内容包括在内,不应当只关注碑文正文部分的内容,而将该碑其他部分所镌刻的文字排除在外。

其二,"朱弁碑"的碑额和落款以及碑阴部分的文字包含大量的历史和文化信息,如篆额者丁暐仁的官职和封爵不仅可以了解丁暐仁本人的情况,弥补《金史·丁暐仁传》的不足,而且可以借此了解金代官制及其他典章制度。再如为善化寺重修呕心沥血的圆满法师以及僧人的情况,也可通过碑文的落款以及碑阴部分的文字反映出来。

正是基于上述两个方面的理由,笔者认为,在研究善化寺"朱弁碑"的时候,不仅要注重碑文正文的内容,而且对于碑额、落款以及碑阴部分的内容也要引起足够的重视,而在对"朱弁碑"的字数进行统计时,也应把碑额、落款以及碑阴等部分所镌刻的文字统计在内。关于这一点,在今后的导游活动以及有关"朱弁碑"的宣传介绍中也应进行相应改变。

二、碑文记录的寺院沿革、规模及修建时间

根据"朱弁碑"所记,善化寺始建于唐开元年间(713—741年)。据范文澜、张遵骝两位先生所著之《唐代佛教》一书中所附之"隋唐五代佛教大事年表",738年(唐玄宗开元二十六年)条下有"敕天下诸州各一郭下定形胜观寺改以开元为额"的记载来看,朱弁在碑文中将善化寺的始建年代定为唐玄宗开元年间是有一定依据的。但他在碑文中紧接着又说:"而寺独易名,不见其所至"。这就是说,在朱弁居住在该寺的时候,它已经不叫开元寺了,而改名叫大普恩寺。对于何时改名,朱弁也不清楚,他只是根据当时仍存在的后唐清泰三年(936年)所铸的铜钟推断,由开元寺改名为大普恩寺"当在石晋之初或唐亡以后,第未究其所易之因耳。"但是,朱弁的这一推断毕竟有些太笼统了,因为从后唐清泰三年(936年)到朱弁离开金西京大同府时的金熙宗皇统三年(1143年),已经过去了200多年。在这200多年中,善化寺所在的大同地区不仅经历了五代十国时期后唐与后晋之间的政权嬗变,而且还经历了后晋皇帝石敬瑭为换取契丹皇帝耶律德光的支持而割让幽云十六州的重大历史变化。因为后唐的清泰三年也就是后晋的天福元年,即公元936年。而就是在这一年,石敬瑭将幽云十六州割让给了契丹。也就是说,从公元936年开始,善化寺所在的大同地区已经处于契丹(辽)政权的统治之下了。契丹统治阶级的佞佛在历史上是公认的,联系善化寺现存的大量辽代建筑,笔者大胆地提出,大同善化寺的前身——唐代始建的开元寺改名为大普恩寺的时间应在辽代。如果说得更准确一点,那就是在契丹统治者将大同军升格为西京大同府的辽兴宗重熙十三年(1044年)前后,而非"朱弁碑"中提到的"石晋之初或唐亡以后"。当然,这一观点还需要专家学者们的进一步研究和证实。

大普恩寺也就是后来的善化寺,在经过辽代数十年的辉煌之后,又在辽末保大二年(1122年)的战火中遭到严重破坏,这也就是"朱弁碑"中提到的"辽末以来,再罹锋烬,楼阁飞为埃坋,殿堂聚为瓦砾,前日栋宇,所仅存者十不三四。骄兵悍卒指为列屯,而喧寂顿殊;掠藏俘获纷然杂处,而垢净俄变,残僧去之而饮泣,遗黎过之而增欷"。及至女真族统治者建立金朝并取代契丹族贵族统治了黄河流域的中国北部地区之后,尽管统治者由契丹族变成了女真族,但崇佛佞佛的做法却有过之而无不及,于是这才有了"寺之上首通玄文慧大师圆满者""与其徒合谋协力"修复寺院的不朽功绩。

金元交替之际,大普恩寺发生过何种变化,现存的文献和碑刻都无记载,但从现存遗迹来看,这次政权的更替并没有像辽金之际那样,给大普恩寺带来严重的破坏,只不过是由于蒙古统治者崇信道教和喇嘛教,也就是藏传佛教,因而使得大普恩寺这个汉族"自古号为大兰若"的寺院不像辽金时期那样受到统治者们的青睇而已。及至明英宗正统年间(1436—1449年),它的名称便由原来的大普恩寺改为善化寺了。此后明清两代曾多次重修,但基本格局没有太大变化。

根据善化寺现存明清时期的碑刻以及有关文献的记载,朱弁为之撰写碑文的这次"重修",应当是自唐代创建开元寺以来,迄今为止规模最大、历时最长的一次重修。碑文云:"经始于天会之戊申,落成于皇统之癸亥。凡为大殿及东西朵殿,罗汉洞,文殊、普贤阁及前殿、大门、左右斜廊,合八十余楹。"将碑中记载与寺院的现状对照,二者大体相符。"凡为大殿,暨东西朵殿"即今大雄宝殿和两旁之朵殿。考察大殿结构形制乃为辽式,当是碑文所记辽末保大二年(1122年)之乱"存者十不三四"的幸存部分,与碑题曰"大金西京大普恩寺重修大殿记",言重修而不言重建,可谓记载之真切。文殊、普贤二阁中的东侧文殊阁于民国初年因附近皮坊失火而殃及焚毁,2008年文殊阁在原址上修葺并恢复原貌。1933年古建专家梁思成先生来同调查古建筑时,把普贤阁定为辽构(见图2),但在1953年落架重修普贤阁时却发现梁架上有"贞元二年一行造"的题记。

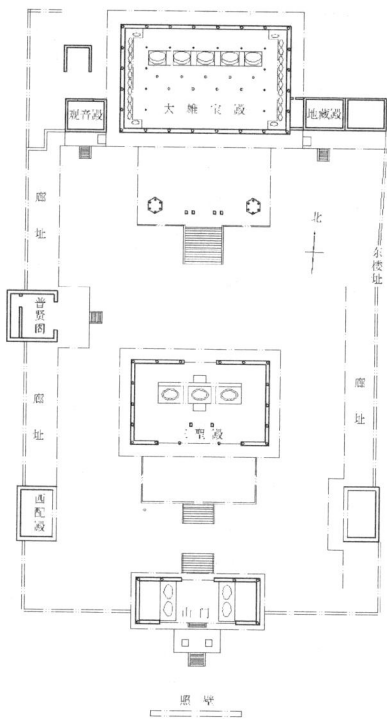

图2　梁思成先生于20世纪30年代所测之善化寺建筑平面图
(选自刘敦桢《中国古建史》)

这一发现又提出了一个新的问题:贞元二年(1154 年)距皇统三年(1143 年)已有 12 年之久,既然"朱弁碑"已说明皇统三年落成项目包括普贤阁,何以时隔 12 年后一行和尚再造普贤阁呢? 有两种可能:一是在这 12 年间或许天灾人祸,使普贤阁又一次被毁,所以一行和尚重建此阁;另一个可能是在朱弁撰写碑文时,普贤阁的修建并未完工,因他即将返宋,所以提前写好碑文,而在他走后修建遇到某种困难,所以拖延到 12 年之后在一行和尚手中方才完成。从此碑写于皇统三年,立于大定十六年,中间相隔 33 年这一史实来看,后一种可能性更大些。不论是哪种可能,结论都是一个,那就是如今的普贤阁乃金贞元二年(1154 年)遗构。尽管如此,它仍是我国现存最古的一座楼阁建筑,重檐九脊顶,三间见方,结构虽为金式,但采用平暗层做法,又有唐代楼阁的遗风,结构奇特罕见,令人叹为观止。碑文所云前殿、大门,即现在的三圣殿和山门。左右斜廊不知何时被毁,但两侧廊基尚在,2009 年在原址上修葺。东西配殿虽有,显然非金代建筑,当是辽代无配殿之一例证,罗汉洞今已无存,遗迹亦难觅。

在重新修建殿宇等建筑物的同时,金代的此次重修还对大殿内四壁进行了彩绘,殿内的佛像也重新加以塑造。正如碑文所云:"为诸佛萨埵而天龙八部合爪掌围绕,皆选于名笔;为五百尊者而侍卫供献各有仪物,皆塑于善工。脺容庄穆,梵相奇古。慈悯利生之意若发于眉间;秘密拔苦之言若出于舌端。有来瞻仰,莫不倾诉;五体投地,一心同声。视此幻身,如在华龙会上,百宝光明中。"由于殿壁墙体在明清时期及其以后的历次重修中已进行了重砌,善化寺现存壁画仅存 120 平方米(在大雄宝殿内),但已非金代作品。据清碑记载,乃康熙四十七年至五十五年(1708—1716 年)之间所画。随着罗汉洞的消失,五百尊者更不知何处去矣。不过,现存大雄宝殿内的如来、菩萨、二十四天王等塑像,仍可窥见金代塑像的气魄。这些彩色泥塑有的虽经后代彩绘,风韵稍减,但仍不失为国之瑰宝。中间五方佛造型端庄肃穆,胁侍菩萨温婉娴雅,似有辽塑余绪。特别是二十四天王像,犹如一组有浓郁生活气息的人物肖像,或男、或女、或老、或少、或美、或丑,人物形象生动,个性突出。尤其是浮雕线条在原雕作品上的成功运用,使所刻画的人物面部的表情和肌肉的弹性以及衣饰的纹理,表现得是那么自然流畅,服装细致入微,可区别出单、棉、夹、皮之细腻的质地。总之,善化寺彩色泥塑尽善尽美,体现了它在文化和艺术上的深厚内涵。

三、碑文中相关的历史人物

1. 朱弁(1085—1144 年),字少章,江西婺源人,号观如居士。他是一位颇富民族气节的江南名士,也是南宋大理学家朱熹之叔祖。南宋建炎元年(1127 年)金灭北宋,掳走徽、钦二帝。朱弁毛遂自荐出使金国和谈,任南宋通问副使,问安两宫来到西京(即今大同)。西京留守宗翰得知朱弁乃满腹经纶的江南名士,便以高官厚禄劝降,朱弁不为所惑。后又以断粮困之,朱弁忍饥待尽,不为所屈。在被扣西京期间,朱弁幽居大普恩寺(今善化寺)14个春秋。

朱弁在大普恩寺期间,与主持和尚圆满结下深厚友谊,他亲眼目睹了圆满大师主持修建寺院的全过程,并应邀为之撰写了"大金西京大普恩寺重修大殿记"。碑文言简意赅,文采飞扬,显示出他学识渊博,在文学和佛学等方面都有高深造诣。朱弁不愧才华横溢的一代才子,西京降而叛,叛而复取的两次陷落史实,他仅以"再罹锋烬"给予高度概括;一个"骄兵悍卒"把金王朝穷兵黩武、金兵嚣张气焰便跃然纸上。同时,我们也从字里行间见证作者不畏强暴,敢于直抒胸怀的大无畏精神。在羁留大普恩寺期间,朱弁于寺内设馆教书,他的高尚品德和渊博学识深受当地父老的爱戴和敬仰,甚至金朝贵族们也纷纷把子弟送其门下读书,因而朱弁为传播中原文化和促进民族融合,作出了不可磨灭的贡献。南宋绍兴十三年(1143年)宋金和议达成,许使人还乡,朱弁与洪皓、张邵三人回归故国。回国后,朱弁因力主抗战,为秦桧所不满,屡遭刁难。高宗赵构昏庸无道,忠奸不辨,朱弁怀才不遇,最终郁闷成疾,次年忧愤而死,终年59岁。碑文中,不仅对朱弁使金的时间与云中际遇及归宋时间提供了可信的资料,而且可补《宋史》记载之不足,这里仅举一例加以说明。《宋史·朱弁传》说,朱弁使金被扣17年,但却并未说明被扣的具体时间和地点。据碑文:"始予筑馆之三年,岁在庚戌冬十月,乃迁于兹寺,因得与寺众往来,首尾凡十四年如一日也。"庚戌为1130年,上溯三年为1128年,即南宋高宗赵构建炎元年,亦即金太宗天会六年。同时,又可知被拘之地均在西京大同,并且其中有14年幽居于大普恩寺。因此,我们可以据此认定,朱弁使金被扣押的17年时间全部都是在大同度过的。

2. 圆满,山西广灵人,金代西京大普恩寺住持和尚,法号通玄文慧大师。大师以花甲之年立志重兴此寺,金天会六年(1128年)寺院动工修建,至皇统三年(1143年),凡15年如一日,经年累月,备历艰辛,在他74岁时终于完成,了却平生之夙愿。此次重修共建大殿及东西朵殿、罗汉洞、文殊阁和普贤阁以及前殿、大门、左右斜廊合八十余楹,殿内塑像庄严,壁画绚丽。因此,我们可以说,是圆满大师奠定了善化寺如今的规模与形制。为此,朱弁称赞他说:"自惟君恩佛恩,等无差别。成此功德,志实有在,非独为前途津梁也。然此功德,为于治安无事之时,则其成也甚易;图于干戈未戢之际,则其成也实难。圆满身更兵火,备历艰勤。视己财货,犹身外影。既捐所蓄,又哀檀信。经营终始,淹灌时序。皆予所目睹也。则其成就,岂的以治安无事时比哉?"

3. 孔固和丁暐仁

孔固,字德远,孔子第47代孙,宁海州人,进士出身。金世宗时曾在宣徽院任职,当"朱弁碑"建立前后,他在大同任西京路都转运副使。孔固书法有"沙锤泥印结字体,雅姿拙趣何缠绵"[2](卷20,P658)之赞誉。

丁暐仁,字藏用,大兴府宛平人,冲淡寡欲,喜好读书,皇统二年(1142年)登进士第,先后在武清、磁州、和川等地任职。大定三年(1163年)以后任定武军节度使并兼各部等职,后历任祁州刺史、同知西京留守事、陕西西路转运史。"大定二十一年(1181年)卒官"。[3](卷90,P2008)也就是说,他最后是死在大同的。

孔固与丁暐仁都是由于在大同任官而得以和善化寺结缘,并为"朱弁碑"的建立作出了贡献。由于他们刚健遒劲的书法和雁门著名雕刻艺人解遵一娴熟精湛的石刻技艺,与朱弁碑文相得益彰,珠联璧合,所以为该寺陡增不少光彩。"朱弁碑"以其特有的科学价值、历史价值与艺术价值,令人欣赏、赞叹,受益匪浅。

参考文献:

[1](元)脱脱等. 宋史[M]. 北京:中华书局,1977.

[2](清)黎中辅等. 大同县志[M]. 太原:山西人民出版社,1992.

[3](元)脱脱等. 金史[M]. 北京:中华书局,1975.

[4]梁思成. 梁思成全集(第二卷)[M]. 北京:中国建筑工业出版社出版,2001.

[5]王建舜. 辽金西京善化寺"金碑"的文化研究[J]. 山西大同大学学报(社科版),2008(05):43-46.

大同御河兴云桥的历史及建筑形制

李树云

（大同市博物馆，山西 大同 037004）

摘　要：御河是大同市内最主要的一条河流，它由北而南从城东门外流过。作为东出必经之路，御河桥上建置桥梁有着悠久的历史。目前，根据考古出土文物及参考文献可以得知，御河上建桥有确切记载始于金代，它是一座五拱石桥，元代重修时命名"兴云桥"。金代御河桥经元明二代历时四百余年，万历八年拓故基重建为十九孔石拱桥，仍名兴云桥，清嘉庆年间倾圮。

关键词：兴云桥；金代；形制；五孔桥

御河，古称如浑水，又名玉河，是大同市最主要的河流之一。它自北而南横亘于大同东城门外，因"朝会转输，东趋京师，必逾是焉"，所以自古以来御河上修筑桥梁就是维系大同东出要道通畅的关键所在。

2003 年、2004 年大同市生态园在城区东门外御河动工兴建，在御河河道施工现场发现了大量桥梁构件，其中包括数量众多的石质拱形构件，十三块雕刻有人物故事、神兽图案的栏板，五件雕刻莲花及缠枝花卉的望柱，三件铁质蹲兽，二件石兽和一座由须弥座、八角形石柱、仰覆莲座、蹲兽组成的高达 6.30 米的华表。这些丰富的石质桥梁附属遗物均出土于现御河大桥南约 50 米处，从而证实此处即是兴云桥故址。出土遗物的特征及其所属年代笔者已有专文论述，本文就御河桥的历史和形制作进一步的探讨。

一、兴云桥的历史

兴云桥之名最早见于元代大学士虞集所撰的《兴云桥碑记》[1]，碑文详细记录了泰定元年（1324 年）大同路城东新修桥梁并题名"兴云之桥"一事，碑文同时又有"如浑之水循其城东而南行，河水盛，遇积雨益横，益阻行者。故自元魏以至唐，河流分合不同，率造桥以达"的记载。至于北魏是否在如浑水上修建桥梁或桥梁建在什么位置，目前尚无定论，但近年来在河东岸发现了大量的北魏墓葬，其中包括太和年间的敦煌公宋绍祖墓、琅琊康王司马金龙墓。考古资料证实马铺山以南、御河之东是北魏贵族、官僚等上层人物的墓葬区,同时在对北魏城址的调查中也发现,距桥址以东不远处有北魏时期的夯土遗迹存在,可以想见北魏时人们往返于河流两岸,如浑水上当有桥梁以达东西。隋唐时期,逐渐强大起来的北方突厥常取道大同南下骚扰中原,大同成为唐朝北方的军事前沿重地,时称大同军城,而辽代大同为陪都西京,政治经济地位十分重要,因此唐辽时期东出必由之路的御河之上也应架桥以利涉,上世纪 50 年代大同市博物馆陆续在御河以东发现了一批辽代壁画墓也证实了这一点。

目前有史可证的修桥记载始于金代,虞集在《兴云桥碑记》中明确记录了金代御河之上修建桥梁的情况:"金天会壬子(天会十年,1132 年)高庆裔建,天会十三年居民高居安修,宇文虚中记","金大定辛丑(大定二十一年,1181 年)因大雨震电毁坏,大定二十二年留守完颜褒重建,边元忠记"。可知金代御河桥始建于金初,由时任西京留守、大同府尹兼本路兵马都总管的高庆裔组织兴建。大定二十一年(1181 年)桥因大雨损坏,次年由时任西京留守的完颜褒重建。大定年间修桥一事边元忠曾有碑记,边元忠为大定中人,《大同县志》收录了他的另一碑记《西京留守李公德政碑记》,而御河桥所立边元忠碑现已不存,明代张钦在正德十年(1515 年)所撰《大同府志·卷一·水》中记载"如浑水,一名玉河……有金大定中所立边元中碑",清代黎中辅在道光十年(1830 年)著录的《大同县志·卷四·疆域》也有"如浑水……其水东经金大定中所立边元中碑,溢而西出者曰柳港"的描述,证实金代边元中碑历金、元、明、清,近 700 年一直立于如浑水上,元代虞集、《大同府志》及《大同县志》关于金代修桥的叙述当源自此碑。元代修桥的二次记录见于元虞集所撰的《兴云桥碑记》,第一次是元至大三年(1310 年),桥因为大水而损坏,官家出资进行了修葺,第二次是泰定元年(1324 年)连率图绵的维修,"乃采石于宏山之下,凡为柱二十四,自上下流望之,屹然壁立。然后栈木甃石,植栏楯,表门阙,饰神祠,官舍之属皆以次成"。连率图绵为新修告竣的石桥题名"兴云之桥",兴云桥之名自此而始。明代的兴云桥有多次修缮记录,《大同府志》[2] 收录明代大学士刘珝所撰的《大同府重修兴云桥记》是为明成化十三年(1477 年)巡抚李敏增修兴云桥所作,此次维修主要是对桥面进行了加宽,既碑文所说的"撤而广之",桥修成之后,"东西直十有一丈,南北阔三丈,为空者五,中高丈二尺,次丈一尺,其又次一丈,阔各如之。而又翼以栏石"。碑文同时提及洪武十三年(1380 年)曾经"因循其旧,为之补葺"。万历八年(1580 年)总兵郭琥将旧桥拆除,"拓故基而更创之",桥下环十九瓮,上可容方轨,高三丈余,东西长百余丈,南北阔十余丈,翼以石栏,仍曰兴云桥。此事见录于《大同县志·卷五·营建》桥梁条,《大同县志·卷六·秩官志》也载有郭琥"修兴云桥以利涉",明万历九年(1581 年)《上华严寺重修碑记》对此事也有提及。《云中郡志·卷十三·艺文志》收录明代霍鹏所作的《重修兴云桥记》则记述了万历三十四年(1606 年)总兵焦承勋、参议杨一葵重修兴云桥。这次维修的具体情况碑文没有提及,只有"青龙背上碾车毂,铁牛耳边压水族"的铭辞(按:铁牛现在尚存,藏于大同善化寺五龙壁前)。清代兴云桥在康熙、乾隆年曾有修葺,据《大同县志·卷五·营建》桥梁条,嘉庆六年、十年(1805 年)兴云桥因大水导致最终倾圮,此后至清末御河桥一直没能修建。

二、兴云桥的形制

御河是一条季节性河流,潮涨潮落岁月变迁,水流分合不同,桥梁的建设也就不尽相同。金代以前兴云桥的建置与规模因史料的不足目前尚无从考证,但元泰定元年(1324 年)重修时虞集所撰《兴云桥碑记》的记述颇为详尽,碑记曰:"明年壬寅,留守完颜褒重作之。事具边元忠记,今桥是也。"虞集所述"今桥是也"告诉我们,大定二十二年留守完颜褒重建的桥梁从1182 年修成至1324 年的140 余年间一直沿用,由金而元,桥梁的形制并没有改变。1153 年海陵王定都中都(今北京)之后,为了在经济上和军事上加强对华北地区的控制,在南北交通方面采取了若干措施,兴云桥的兴建也应该是其中之一。金代的大同仍为西京,不仅地理位置独特,而且在军事上扮演着极其重要的角色,玉河桥是大同东趋京师的必经之路,它的修建是西京大同道路交通建设方面的一项重要工程。御河是一条季节性河流,每逢雨季河水暴涨,对桥梁造成巨大的冲击,这也是御河上桥梁屡建屡毁的关键,大定年间的桥梁140 年不坏,可知当年的营建相当坚固。另外对于桥梁而言,最易损的部位是桥面和栏杆,一般情况下,桥面数 10 年即需更换一次,栏杆则需经常抽换,但金大定间建桥之后最早的维修记录是 130 年后的元至大三年(1310 年),也从另一侧面印证了当时这一工程的坚固与重要。造成兴云桥在元初损坏的一个主要原因是当时大同地区自然灾害不断,史载大德九年(1305 年)"夏四月……乙酉,大同路地震,有声如雷,坏官民庐舍五千余间,压死二千余人"[3],"六月,晋宁、冀宁、宣德、隆兴、同等郡大雨雹,害稼"[4],从至大三年(1310 年)桥因水灾而损坏,官府只是做了一些简单的补葺来看,当时桥梁受损程度并不严重。延祐七年(1320 年)"……是岁,……大同雨雹,大者如鸡卵"[5]。至治元年(1321 年),大同两次大雨,"六月……大同路雨雹。……秋七月……大同等路雨雹"[5],桥再一次因频繁的水患而损坏。虞集描述的状况是:"桥凡二十有七间,其西不坏者二十有二。"可以看出金代所修的桥梁在至治元年时只有东边极少的一部分栏板毁坏,而造成元代仅 10 余年间两次修桥的主要原因是,第一次修桥时"东当水所趋,而柱皆木,乡徒取其易成,而不计其易坏也"及连续的自然灾害。

1321年,连率图绵及其副孙侯修桥时"究其所以坏,而求其所以长久",于是"采石于宏山之下,凡为柱二十四,……然后栈木甃石,植栏楯,表门阙,饰神祠,官舍之属皆以次成",[6]"始八月甲子,毕九月甲子,凡若干日"。从记述中我们可以清楚地得知,此次维修更换了二十四根望柱、安置了栏板及栈木甃石、修补桥面、表门阙、饰神祠,并命名"兴云之桥"。在御河河床施工现场我们发现了完整的华表,从其造型及纹样特征看,应是金元之际的遗物,极有可能是此次维修所言"表门阙"之物。这是一次较大规模的维修,但主体仍是金代所建桥梁。就此而言,元代虽然对大定间所建御河桥有过二次不同规模的修缮,但桥的结构与形制并没有改变。

明洪武十三年(1380年)因循其旧稍加补茸之后,对兴云桥又一次较大规模的维修是156年之后的明成化十三年(1477年)。这次维修并不是因为桥梁损坏,而是由于"兵部侍郎襄城李公公勉奉敕巡抚大同,阅武郊外,见军士之涉兹桥者,挤挵乎弗容"[7],于是决定"撤而广之","始于秋七月庚申,讫于冬十月乙卯"[7]。当时的大学士刘翔撰有碑文,名为《大同府重修兴云桥记》,清代黎中辅对于这次修桥的记述是"巡抚李敏增修"。无论是重修还是增修,都说明这仍然只是一次对桥面进行加宽的修缮,而并非重建。金大定二十二年至明成化十三年的295年中,兴云桥虽多次修茸,但桥的形制并没有改变。那么兴云桥的形制究竟如何呢?刘翔的碑文给予清晰地描述:"桥东西直十有一丈,南北阔三丈,为空者五,中高丈二尺,次丈一尺,其又次一丈,阔各如之。而又翼以石栏。"明代一尺约合今公制31.10厘米,也就是说兴云桥为五孔石拱桥,券拱两端对称,中心拱跨径3.83米,两端拱的跨径依次为3.42米、3.11米。桥东西长34.21米,加宽后南北宽9.33米。

一般而言,在对桥梁的描述中,"间"一是指石柱桥两柱间的距离,一是指石栏杆。距离西安三里的灞桥是一座石轴柱桥,建于明永乐二十年(1422年),"桥共二十七间,每间列石轴柱六根,每两根相并,并以铁箍连系"[8]。华北最长的古代石拱桥卢沟桥为十一孔联拱石桥,建于金大定二十八年(1188年),"石栏杆共有二百七十九间,……共有栏板二百七十九块,望柱二百八十一根"[9]。元泰定元年重修后的兴云桥碑记称金大定间所修桥"凡二十有七间",有研究者认为这是二十七间石柱桥,事实并非如此。明成化间增修后的兴云桥,刘翔这样评价:其规模壮丽,视昔实陋也,而此时的兴云桥长也只有34.21米。金代玉河桥的长度不会超过34.21米,如果是二十七间石柱桥,那么每间柱宽加跨径只有1.2米,在只有30余米长的范围内修筑二十七间石柱桥不太可能。金代的御河桥"凡二十七间"若指栏版,既每侧有27块栏板,29根望柱。我们在御河施工现场采集到望柱7件、栏板 13 件,栏板宽 120—125 厘米,望柱宽 30 厘米,除去插槽宽度 8—12 厘米,27 块栏版加 29 根望柱长近 35 米,与刘翔碑记中称兴云桥长 34.21 米是一致的。也就是说,金代的御河桥在形制上与同建于金大定间的卢沟桥是一样的,都是石质拱桥,上设栏杆,不同的只是桥的规模而已,而且御河桥的建成早于卢沟桥 6 年。

万历八年(1580 年),经历了无数风雨和创伤的兴云桥屹立于如浑水上已经 400 年了,明代的大同为燕京屏障,边关重镇,由于大肆营建,在如浑水上游乱砍滥伐,造成水土严重流失,河水经常泛滥,兴云桥遭受到前所未有的冲击。时任大同总兵的郭琥"拓故基而更创之",《大同县志》对桥梁的形制有确切的描述,"下环十九瓮,上可容方轨,高三丈余,东西长百余丈,南北阔十余丈,翼以石栏,仍曰兴云桥"[10]。这时的兴云桥为十九孔石拱桥,可容两车并行,高 9.3 米,东西长 310 米,南北宽 31 米,可谓规模宏大。从这些数据可以看到桥的长度增加了近 10 倍。之后的万历三十四年(1606 年),总兵焦承勋、参议杨一葵曾经重修,并铸造了巨大的铁牛立于桥畔,以期压水族,保平安。清康熙、乾隆年间均对明万历间的兴云桥有一些修葺,嘉庆十年(1805 年),存在了 200 余年的明代十九孔兴云桥因大水倾圮。

三、结语

御河是大同市极为重要的一条河流,因横亘蜿蜒于大同东城门外,其上修建桥梁成为有城市建置以来历代大同的重要建设工程,而对于兴云桥的地理位置、建筑形制、历史沿革的探讨与研究也就成为大同城市考古的一个重要组成部分。御河河道桥梁遗物的出土确定了金元明三代兴云桥的位置在距现御河大桥南约 50 米处,兴云桥作为东出大同城的必经之路,推测在布局上应与城市的东西干道在一条轴线之上,这也为金元大同府城位置的确定提供了有力的佐证。一直以来,前辈研究者基于文献认为兴云桥始建于元代,当时为 25 孔石柱桥,新的考古资料则为兴云桥揭示了完全不同的面貌。研究表明,目前有史可证且有考古遗物支持的大同御河兴云桥建于金大定二十二年(1182 年),是一座五孔联拱石桥,桥长近 35 米,元泰定间重修时命名为兴云桥,之后屡有修葺,明中期兴云桥绿树成荫景色宜人,玉桥官柳成为云中八景之一,经历了 400 年风雨,至明代万历八年(1580 年)拆除。郭琥重建之后的桥梁仍命名为兴云桥,是一座长 300 余米的十九孔石拱桥,因河水暴涨,清嘉庆年间桥被冲毁。而兴云桥遗址的确定则为大同的桥梁考古及城市布局研究提供了有力的实物资料。

参考文献:

[1](清)黎中辅.大同县志[M].太原:山西人民出版社,1990.

［2］（明）张钦．大同府志［Z］．大同地方志办公室,1986.

［3］元史(卷21),成宗纪四,北京:中华书局,1974.

［4］元史(卷50),五行志一,北京:中华书局,1974.

［5］元史(卷27),英宗纪一,北京:中华书局,1974.

［6］（元）虞集．兴云桥碑记［A］．大同县志［C］．太原:山西人民出版社,1990.

［7］（明）刘珝．大同府重修兴云桥记［A］．大同府志［C］．大同地方志办公室,1986.

［8］唐寰澄．中国古代桥梁［M］．北京:文物出版社,1957.

［9］罗哲文,于杰,吴梦麟,马希桂．略谈卢沟桥的历史与建筑［J］．文物,1975,(10).

［10］（清）黎中辅．大同县志·卷五·营建［M］．太原:山西人民出版社,1990.

明代大同鼓楼与《大同鼓楼记》

——兼论明代前期大同城的建设

赵立人　李　海

（山西大同大学学报编辑部，山西 大同 037009）

摘　要：明李贤《大同鼓楼记》收录于《四库全书》。从现存的大同鼓楼、李贤的生平、《大同鼓楼记》提供的历史文化信息及大同鼓楼的建筑年代等方面对明代大同鼓楼与《大同鼓楼记》作初步研究，认为现存的明代大同鼓楼，并非此前一些学者所说的建于明初洪武年间，而是建于明英宗天顺末年至明宪宗成化初年，即公元1463年至1466年之间。至于明代大同城的修筑，更是经历了明代前期多个朝代，历时近100年才得以最终完成。

关键词：大同鼓楼；大同鼓楼记；四库全书；李贤；杨信；王越；李福

　　明代大同鼓楼是大同城内现存的明代建筑之一，它始建于何时，系何人所建，《山西通志》中没有明确记载，笔者目前所见的明正德年间张钦编纂的《大同府志》、清顺治年间胡文烨编撰的《云中郡志》、清乾隆年间吴宏辅纂辑的《大同府志》以及清道光年间黎中辅编撰的《大同县志》亦均无明确记载。即使提到建筑年代，也仅仅是笼统地说是明代所建，并无更进一步的年代记载。笔者日前在《四库全书》集部的别集类中发现了明代李贤所撰的《大同鼓楼记》一文。以鼓楼为记的文献能收入《四库全书》者可能唯此一篇。为此，笔者对现存的大同鼓楼和李贤所撰之《大同鼓楼记》作了初步研究，并撰成此文，文中观点如有不妥之处，请专家学者批评指正。

一、现存的明代大同鼓楼

　　现存的明代鼓楼位于大同市城区永泰街中段，是明代楼阁式建筑的典型代表（见图1）。乾隆年间吴宏辅纂辑的《大同府志》记载："鼓楼，在府治东南，永泰街，明时建。国朝顺治年修，乾隆二十七年（1762年）重修。"[1]（卷12，P242）清道光《大同县志》亦有类似的记载。清乾隆四十六年（1781年）和咸丰二年（1852年）又先后对鼓楼加以修葺。

图1　现存明代大同鼓楼

　　明朝的大同,楼阁林立,建筑华丽,东有和阳街的太平楼,西有清远街的钟楼,北有武定街的魁星楼,南有永泰街的鼓楼。这些楼阁不仅是大同城内的景观建筑,而且也是明代大同城防体系的重要组成部分。平时,这些楼阁可以凭借自身的高度,居高临下,控制全城的各条街巷;战时,它们可以成为在敌方突破城池之后,守军赖以进行最后抗击,坚守核心阵地的天然屏障。可惜这些楼阁大部分毁于历代的天灾人祸,迄今只有鼓楼幸存下来。大同鼓楼为一座三层出檐十字歇山顶的过街楼阁式建筑,平面近似方形,面阔进深各三间,底层砖石砌成,东西长17.85米,南北宽14.55米,高约20米。一层十字穿心辟门,西北壁上有阶梯可达二层和三层之上。这一木结构楼阁的第三层檐下斗拱为单翘三踩,当心间三攒,次间两攒,左右山面亦同。一、二层廊檐下斗拱为一斗二升交麻叶拱,各开间斗拱攒数之分布与第三层相同。二、三层均四面辟门,为六采格扇,其外四周置栏杆,游人凭栏远眺,整个大同城一览无余。楼的底层外檐廊下存有清代顺治、康熙和咸丰年间的维修碑记9通,但字迹模糊,难以辨认。

　　早年,鼓楼二、三层檐下各悬有一方牌匾:东向上为"歌风",下为"云开春晓";南向上为"鼓楼",下为"声闻四达";西向上为"振德",下为"和声鸣盛";北面上为"时雍",下为"瞻云就月"。康熙御笔楹联一副镌刻在鼓楼北口东西两根柱子上,上联为"世事让三分,天宽地阔",下联为"心田留一点,子耘孙耕"。这些匾牌,未能保存下来,甚为可惜。

　　1966年4月,大同市人民委员会发布公告,公布明代大同鼓楼为市级文物保护单位。1978年,文物部门对明代大同鼓楼全面加固修缮,彩绘一新,并在底层东西南北各装门板两扇,一如古式。明代大同鼓楼现为山西省重点文物保护单位。

　　二、《大同鼓楼记》及其作者

　　《四库全书》收录的明代李贤所撰《大同鼓楼记》,全文如下(文中标点为作者所加）：

大同鼓楼记

鼓楼之建，虽有司为政之一端，而其所关则甚要。且人之于昼，凡有目者皆知时刻之所在，入夜之际非更鼓以示之，则茫然无从而知，然则更鼓所以代人之目者也。夫一郡一邑，官府列焉，百工具焉，众役在焉，人民聚焉，必有更鼓以示之，则有凭有期而不失其节，庶务由之以兴矣。大同为边方大郡，有亲王以居之，有大将以镇之，有宪臣以莅之，军民之夥十数万人而更鼓不以无设也。或曰：更鼓说固然矣，而必栖之楼焉，楼之费也甚大，然则斯举也，毋乃劳民伤财矣乎！曰：古者郡邑之制必为楼于城门以储钟鼓，名之曰谯，用以警众。其势不高，则其声不扬，而人之听闻也不广。夫以一楼之建，为十数万人所听闻，则所费者寡，所益者众，亦何劳民伤财之有？或曰：谯楼之鼓，严昏晓之节而已，今以为知时刻之所在，何也？昏晓之节有目者皆能知之，惟夜有五时，时有八刻，人所不见，故谯楼之鼓加之更焉。夫天之运行，一昼一夜九十余万里，君子虽向晦宴息以安其身，而天则未尝不运行也。苟因更鼓而知运行之时，则凡为臣工者，宁不惕然兴起其自强不息之志，而法其健乎，谓之严昏晓之节末矣！

彰武伯杨公信、都察院右副都御使王公越，故尝建鼓楼于郡中，而属郡守李福至京求为记，予故述其所以然之，故赆之。[2](P536~537)

李贤（1408—1466 年），字原德，明代邓州（今河南邓州市）人。宣德七年（1432 年）举乡试第一，次年中进士。历任吏部验封司主事、考功郎中、文选郎中等职。正统十四年（1449 年）秋，明英宗在大宦官王振的裹胁下亲征大同，结果导致明代历史上著名的"土木之变"，英宗朱祁镇被俘，"将相大臣及从官死者不可胜数。"[3](卷167,P4506)李贤本不在随驾之列，但"吏部侍郎当扈从，以疾告，贤代行。"[4](卷13,P436)在这场浩劫中，李贤虽然有幸保住了性命，但经历了千难万险，"濒死而还"，[4](卷13,P436)最终回到了北京。是时，英宗朱祁镇之弟郕王朱祁钰已即帝位，是为景泰帝，李贤继续在吏部供职。景泰二年（1451 年）二月，上正本十策，"帝善之，命翰林写置左右，备省览。"[3](卷176,P4673)景泰二年冬，李贤被越级提升为兵部右侍郎。此后，他在景泰年间先后担任过户部侍郎、吏部右侍郎等职。英宗复辟后，"命兼翰林学士，入直文渊阁，与徐有贞同预机务。"[3](卷176,P4674)天顺元年（1457 年）三月，晋升为吏部尚书。从此，李贤进入明王朝统治集团核心，成为明英宗朱祁镇十分信任的亲信大臣之一。同年七月，李贤即成为内阁首辅，直到他去世为止，李贤担任内阁首辅共达 10 年之久。期间，李贤不仅向英宗朱祁镇提出过许多有关国计民生和明王朝长治久安的积极建议,而英宗朱祁镇对李贤提出的建议也言听计从,从而使明王朝的皇权和相权之间出现了少有的和谐局面,无怪乎封建王朝的史官们发出了"虽马周之遇太宗不啻过也"[4](卷13,P439)的赞叹。《明史》的作者也认为,"自三杨(三杨指杨荣、杨溥、杨士奇,均为永乐、宣德年间著名内阁首辅。——笔者注)以来,得君无如贤者"[3](卷167,P4677)。

不仅如此,李贤在担任内阁首辅期间,还为大同做了不少有益的工作。除撰写了《大同鼓楼记》一文,使我们在 500 多年后的今天得以了解大同鼓楼修建的来龙去脉之外,最为突出的恐怕要算对大同巡抚年富的被诬案所进行的平反昭雪了。

年富(1359—1464 年),安徽怀远人,景泰二年(1451 年)三月由河南左布政使升任左副都御使、巡抚大同,是大同地区独立设置巡抚一职后的首任大同巡抚。在任期间,年富不畏权势,廉洁奉公,为尽快恢复大同地区在"土木之变"后遭到严重破坏的政治经济秩序做出了重要贡献,但也遭到了一些权贵们的嫉恨。天顺元年(1457 年)正月,原大同右参将石彪倚仗其叔父石亨的权势,诬告年富违法,致使年富被捕下狱。当明英宗朱祁镇就年富案件征询李贤的意见时,"贤称富能祛弊。帝曰:'此必彪为富抑,不得逞其私耳。'贤曰:'诚如圣谕,宜早雪之,'"[3](卷177,P4704~4705)后来朱祁镇又专门派人来大同进行了实地调查,"果无验",于是年富得以无罪释放。

李贤举贤任能,以惜人才开言路为急务,为人耿介忠直,英宗遇事必召李贤,李贤意见多被采纳。天顺八年(1464 年),英宗病重,召李贤委以托孤重任。宪宗即位后,晋贤为少保、吏部尚书兼华盖殿大学士、知经筵事。李贤经常规劝宪宗,要亲贤远奸,勤政爱民。成化二年(1466 年)五月,李贤染病不起,十二月十四日病故于京师赐第,终年 59 岁。李贤所著《鉴古录》《体验录》等均已不存。《天顺日录》《古穰文集》等书收入《四库全书》,尚留传于世。

三、《大同鼓楼记》的历史文化信息

《大同鼓楼记》是一篇为大同鼓楼所撰的专文,它不仅阐明了建造鼓楼的意义,还透露出了许多历史文化信息。通过《大同鼓楼记》一文,我们不仅可以看到500 年前大同居民的生活状况,而且还可以从中领略明代大同的边塞风情。

首先,建造鼓楼是为了维持正常的社会生产和生活秩序。明代,对于老百姓的日常生活秩序控制得相当严厉。史料记载,城镇"以一更三点禁人行,五更三点放人行","除公务、急速、疾病、生产、死葬执有灯亮者不禁外",无论何人均要拘留送问,而夜行之禁更细。集镇乡村则需有人值夜,每晚甲长关锁寨门,"即查本甲十家之内,今夜何人外出,有无容留面生之人"。《大明律》卷十八"夜无故入人

家"条甚至规定,夜间随意活动算犯罪,如果无故进入人家,更要受很重的笞刑。明王朝官方试图通过这种严厉的"夜禁",恢复传统"日入而息"的生活秩序,官方任命的地方官有责任维持这种生活秩序,因此在各个城镇,都有巡夜制度,而有的官员则以鼓楼来控制和指示夜晚的时辰和生活。正如《大同鼓楼记》中所言,鼓楼之鼓的意义,不仅仅是"入夜之际,非更鼓以示之,则茫然无从而知"的这种"代人之耳目者"的作用,而且它也是封建统治秩序的象征。所以兴建和管理鼓楼是"有司为政之一端,而其所关则甚要"。由此可见,明代大同城中一般居民的日常生活,是严格控制在封建官府所允许的范围之内,过着"日出而作,日落而息"的传统农耕生活。至于官僚贵族,虽然可以不受这些规定的限制,但在一般情况下,他们的夜生活也只能在其府邸和住宅内进行,没有经过特别允许,他们在夜间也是不能随便外出和在大街上走动的。有了正常的社会生活秩序,才有利于社会生产的发展。"夫一郡一邑,官府列焉,百工具焉,众役在焉,人民聚焉,必有更鼓以示之,则有凭有期而不失其节,庶务由之以兴矣"。

其次,鼓楼不仅是报时和报警中心,而且鼓声亦可激励人心。鼓楼上设更鼓,每日始于暮鼓,止于晨钟,以时定更,以更报时。《大同鼓楼记》曰:"昏晓之节有目者皆能知之,惟夜有五时,时有八刻,人所不见,故谯楼之鼓加之更焉"。昏晓之节,是指人们对昼夜的判断。这段话的意思是,夜晚用更鼓报时。可见,鼓楼是报时中心。

明代的大同鼓楼不仅具有报时功能,而且也是报警和激励人心的重要工具。大同作为一个边防重地,鼓楼也是军事防御体系中必不可少的重要设施。因为在冷兵器为主要作战武器的明代,鼓声不仅是激励官兵奋勇杀敌,勇往直前的指挥信号,而且也是战时向城中及周边地区官民通报敌情,进行战前动员的重要工具。试想,当敌军前来进犯之时,大同城上空响起隆隆鼓声,难道不就是对居住在城中及周边地区军民最好的动员令吗?这诚如李贤在《大同鼓楼记》中所言:"凡为臣工者,宁不惕然兴起其自强不息之志,而法其健乎!"

再次,反映了明代前期大同的城市发展规模。李贤在《大同鼓楼记》中说:"大同为边方大郡,有亲王以居之,有大将以镇之,有宪臣以莅之,军民之夥十数万人……"

亲王,是指洪武二十五年(1392年)由豫王改封为代王并就藩于大同的朱元璋的第十三子朱桂。在李贤撰写《大同鼓楼记》时,第一代代王朱桂(1403—1446年)和第二代代王朱仕壥(1413—1463年)均已去世,第三代代王朱成錬(1403—1446年)的袭封事宜正在办理之中,而代王府早在永乐年间(1403—1424年)即已在大同城内修建完成,故李贤说"有亲王以居之"。

大将,则指大同总兵官。大同总兵官一职始设于明成祖永乐元年(1403年)。洪熙元年(1425年)二月,明廷给当时各主要边防要地的总兵官颁发将军印时,时任大同总兵官的郑亨被授予"征西前将军"印。这是明代"九边"中最早颁发将军印的四个总兵官之一。从此,在明代担任大同总兵官一职的将领均佩"征西前将军"印,直到明亡没有变化。明代大同总兵官署就设在大同城内,即今大同城内清远街北侧大同警备区所在地。

宪臣,则专指大同巡抚一职。按照明代官制,各地担任总督或巡抚的官员,均要加上都察院左右都御使、左右副都御使或左右佥都御使衔,以表明其负有监督弹劾其下属文武官员的权力,故称之为"宪臣"。明代大同巡抚的设置始于宣德十年(1435年)十一月,"初与宣府共设一巡抚,后或分或并,成化十年复专设,加赞理军务"。大同巡抚一职不管是"专设",还是"兼抚",都在大同城内设有专门办公场所。此外,在大同城内,尚有山西行都指挥使司、户部分司、布政分司、按察分司、大同府、大同县、税课司、大同前卫和大同后卫等机构的衙署,以及镇守太监、监枪太监、总兵、副总兵、游击将军等官员的公廨。在这些衙署外,还居住着大量的普通民众、工匠及明军官兵的家属。笔者根据有关史料记载并经过估算后认为,当时在大同城内及在大同城周边(即附郭之大同县管辖范围内)生活和居住的各类居民总数,最保守地估计也在15万人以上。这个数字,在当时的华北地区,恐怕除了京师北京之外,很少有地方能够和大同相比了。因此,李贤在《大同鼓楼记》中所说的"军民之夥十数万人",并非夸张之语,而是实实在在地反映了当时大同城及其周边近郊地区的实际情况。

四、明代大同鼓楼的建筑年代

李贤在《大同鼓楼记》中说:"彰武伯杨公信、都察院右副都御使王公越,尝建鼓楼于郡中"。

杨信(？—1467年),字文实,六合(今江苏六合县)人,景泰年间著名边将杨洪之侄,自幼从军。天顺初,杨信驻防延绥。天顺三年(1459年),因军功封彰武伯,任延绥总兵。天顺四年(1460年)十一月,调任大同总兵官。杨信这次担任大同总兵官的时间只有五年多一点。那是因为成化初年,明王朝为了彻底解除进入河套地区的蒙古游牧部落对其北部边境地区的威胁,在时任内阁首辅大臣李贤的主持下,不仅制定了详细的"搜套行动"计划,而且还推荐杨信担任"搜套行动"的军事指挥官。成化二年(1466年)五月,明宪宗朱见深下令召时任大同总兵官的杨信回京,面授机宜。成化三年(1467年)四月,"搜套行动"暂告一段落,杨信再次出任大同总兵官,直到成化十三年(1477年)十二月病逝于大同总兵官任上。

王越(1428—1498年),字世昌,浚县(今河南浚县)人。《明史》称他"长身,多力善射,涉书史,有大略"。景泰二年(1451年)中进士,历官御史、山东按察使。天顺七年(1463年)七月,为李贤所荐,擢右副都御史、巡抚大同。王越到任后修缮武器甲胄,训练士兵,修理堡寨,鼓励农业和商业,强化大同防务。成化三年(1467年),宪宗命"抚宁侯朱永军征毛里孩,以越赞理军务"。此时,虽然王越的大同巡抚之职并未解除,但杨信已离开大同。及至杨信再次出任大同总兵官时,虽然王越仍担任大同巡抚之职,但李贤则已于成化二年(1466年)十二月病逝于京师。据此,杨信和王越二人同时在大同任职且李贤在世的时间,只有天顺七年(1463年)七月至成化二年(1466年)五月。因此,《大同鼓楼记》应写于天顺七年至成化二年,即1463—1466年之间。与此相应,现存的明代大同鼓楼的建筑年代,也应为明英宗天顺七年(1463年)至明宪宗成化二年(1466年)之间。

综合以上分析,我们可以得出结论:现存的明代大同鼓楼建于明英宗天顺末至明宪宗成化初,即1463—1466年之间。但有的学者认为,现存的大同明代鼓楼的"建筑年代应在重建大同城的洪武年间,即明初"。其主要依据有二:一是明正德八年由张钦编撰的《大同府志》卷12《古今文章》中所载之郭登撰写的《大同新钟铭》;一是上世纪30年代著名古建史专家梁思成在所撰之《大同古建筑调查报告》中,根据建筑特点所得出的推断:"胥与东南西三城楼吻合,故疑此楼为明初所建"。这种观点初看起来似乎有一定道理,但仔细推敲,却大有商榷的余地。

首先,关于明代大同城的修筑,虽然在张钦《大同府志》中有洪武五年(1372年),大将军徐达"因旧城南之半"修筑的记载,《明太祖实录》卷77洪武五年十二月条亦载:"是月……筑大同城"。但根据《明太祖实录》卷70洪武四年二月丙辰(初二日)条记载,朱元璋在洪武四年(1371年)正月下令设置大同都卫指挥使司(简称大同都卫)之后,首任大同都卫指挥使耿忠上任后,就曾上奏"请以蔚、忻、崞三处民丁与军士协力修浚大同城堑",并得到了朱元璋的批准。也就是说,明代大同城的修建,早在洪武四年(1371年)春天就开始了。关于这一点,在近几年的明代大同东城墙和南城墙修复工程中,发现不少带有"洪武四年X月"铭记的城砖,也从实物方面为我们提供了有力的证据。及至洪武五年(1372年)春夏之际,明军三路大军出塞作战失利之后,作为明军前线的最高指挥官和中路军统帅的大将军徐达,在率领中路军残部退回今山西北部地区后,深感在抵御北方游牧民族南下侵扰活动中大同的重要战略地位,便对已经开始的大同城的修筑工程重新进行了规划,并于当年冬天返回南京后正式将这一规划报告给了朱元璋。朱元璋很快批准了这一规划,于是,就有了《明太祖实录》中洪武五年十二月"筑大同城"的记载。因此,我们应当把《明太祖实录》中关于修筑大同城的记载,视为明朝中央政府批准关于修筑大同城的规划的时间,而非明代实际修筑大同城的起始时间。再者,众所周知,农历十二月正是大同地区的隆冬季节,即使在现代科技条件下,这个季节也无法在室外进行土木工程施工,更不用说在600多年前的明朝初期了。此外,还有一个更为重要的原因,那就是在洪武初年,明王朝尚未完全实现全国的统一。在经过元朝末年的军阀混战以及明朝初年的群雄割据之后,无论明朝的中央政府还是大同的地方行政当局,可用于大规模筑城活动的人力、财力和物力都是十分有限的。因此,明代大同城的修筑不可能在短短的三五年时间内完成,更不用说在修筑大同城的同时,在大同城内修建带有一定景观性质的钟楼和鼓楼了。关于这一点,也可从《明英宗实录》中得到印证。《明英宗实录》卷120正统九年八月甲寅(初八日)条记载:"巡抚大同、宣府佥都御史罗亨信奏:'大同、宣府自正统六年以砖甃城,至今未能毕工,请以河南操备军夫协助。'从之。"[5](P161)这条记载至少可以说明,到明英宗正统九年(1444年),大同城墙的修筑工程尚未完全竣工,此时距明太祖洪武五年(1372年)已经过去了72年。当然,我们并不完全排除在此期间大同城内有若干建筑物修建完成,但就其规模和豪华程度而言,充其量也是十分有限的。这里,不妨举代王府的例子加以说明。《明英宗实录》卷152正统十二年四月癸卯(十二日)条记载了时任大同总兵官的武进伯朱冕(此人在"土木之变"前夕的阳和后口之战中阵亡——笔者注)为已经去世的代王朱桂压缩建造坟茔规模的奏疏。朱冕在奏疏中说:"大同军民疲于役税已极,今复为代王造坟如腹里亲王之制,诚不能堪。臣见代王生前所居宫殿,地不过二顷,饰唯以黑瓦……"这条资料说明,在"土木之变"以前,连大同城内地位最尊崇的代王朱桂的府邸尚且如此简陋,更何况其他建筑了。因此,我们完全有理由认为,具有一定景观性、礼制性和军事价值的大同鼓楼始建于洪武初年的可能性是微乎其微的。

其次,就郭登撰写的《大同新钟铭》而言,虽然此文确为明景泰年间曾任大同总兵官的郭登所作,但文中并未明确提到现存的大同鼓楼为明初所建,只是说大同"城西面旧有丽谯,持悬鸣钟,以严朝夕之禁。钟乃亡金遗物"。丽谯,《辞源》曰:"壮美的高楼"。《庄子·徐无鬼》:"君亦必无盛鹤列于丽谯之间"。[8]郭象注:"丽谯,高楼也"。[8]郭登在文中明确提到,"丽谯"是在明代大同城的西部,而现存的大同明代鼓楼在明代大同城南北向主干道——永泰街的中段,整体位置属于明代大同城的南部,与郭登《大同新钟铭》中所提到城西位置大相径庭。再者,即使郭登所提到的"丽谯"在金元时期和明初不仅设有大钟,而且还设有大鼓,也不能证明现存的大同鼓楼是明代初期建造的遗物。因为城市中设置谯楼"以严朝夕之禁",是历朝历代都有的事情,而且谯楼大多设置在城门的门楼,即李贤在《大同鼓楼记》中所言:"古者郡邑之制必为楼于城门以储钟鼓。"[2](P536)《辞源》在解释"谯楼"一词时也说:"谯楼是城门上的望楼,俗称鼓楼。"[8](P2920)这就是说,郭登在《大同新钟铭》一文中提到的"丽谯",很可能是金元时期大同城西门的城楼,而并非指在上世纪50年代初拆除的位于明代大同城东西向主干道——清远街中段的明代大同钟楼。换言之,已被拆除的明代大同钟楼也很可能不是在金元时期"丽谯"的原址上重新修建的,而是将其由金元时期的西门城楼移到了清远街中段。这种建筑物位置的变化,正是明代城市建设上的一个显著特点。关于这一点,我们可以从现存众多的有据可查的明代古城遗址中得到证明。由此可以得出另一个推断:这种城市建筑布局的特点,绝不可能是在戎马倥偬,全国尚未完全统一的洪武初年形成,只能形成于全国基本统一之后的和平建设时期。也就是说,明代大同城的修筑,经历了一个较长的过程。这个过程,从洪武四年(1371年)大同都卫都指挥使耿忠修浚大同城堑开始,经洪武五年(1372年)春夏之际大将军徐达出塞作战失利,退回今山西北部后的重新规划,到同年十二月朱元璋正式批准这一规划,经过洪武中后期20多年的大规模的建设,使之初具规模。然后经永乐、洪熙、宣德、正统、景泰、天顺数朝,直到成化初年才基本完成,前后经历了大约100年时间。因此,把大同现存的包括鼓楼在内的明代建筑都说成是明初所建,是缺乏科学依据的,也是不可能被众多关注明代大同历史的学者和有关人士接受的。

最后,我们还要提到梁思成和刘敦桢先生合写的《大同古建筑调查报告》。梁、刘两位先生皆是著名的古建筑学家。1933年秋,他们一行五人亲临大同,对大同当时尚存的古代建筑进行了详细地调查,并写了著名的《大同古建筑调查报告》。该报告共分为"纪行""华严寺""善化寺""结论"和"附录"五部分。其中在"附录"中对当时尚存的大同城东、南、西三城楼和钟楼进行了考察和记录,并附有东门和南门城楼平面测绘图、大同鼓楼下层平面测绘图以及七幅历史照片。"附录"关于"钟楼"部分的结尾是这样写的:

> 钟楼之建造年代,县志卷五仅云"明时建,国朝乾隆二十六年重修",未言究建于明之何时。今以结构式样判之,其屋顶出际等,已如前述;此外斗拱比例之雄大,与补间铺作之疏朗,及衬枋头伸出挑檐枋与平坐素枋外侧,胥与东南西三城楼吻合,故疑此楼亦为明初所建。至于腰檐之缠腰铺作,比例甚小;且补间铺作增为二朵,不与上下二层之斗拱调和,当为后世所改。[9](P176)

通过这份报告,我们不仅可以看到70多年前大同古建筑的风貌,还可以看到梁、刘两位先生严谨的治学风范。因为此行时间有限,梁、刘两位先生只重点调查了华严寺和善化寺两处辽金时代的建筑,因而在该报告中对于大同城内为数众多的明清时期的古建筑着墨不多。至于对大同鼓楼的建筑年代,更是只字未提,只是通过对钟楼的构造特点与当时尚存的大同东、南、西三城楼的对比,认为它们建筑风格大体相同,"故疑此楼(指钟楼——笔者注)亦为明初所建"。其主要依据为清道光十年(1830年)由黎中辅等人所撰之《大同县志》及《图书集成》中之《考工典》。也就是说,梁、刘两位先生并没有对明代大同鼓楼和钟楼的建筑年代作出具体的结论。因此,我们认为,以梁、刘两位先生尚且存疑的明代大同钟楼的建筑年代作为明代大同鼓楼的建筑年代的依据,是不科学的。况且目前在史学界,一般是把明英宗正统十四年(1449年)的"土木之变"作为明代前期和中期的分界线,"土木之变"以前的明代历史称之为前期,"土木之变"以后的明代历史称之为中后期。从明英宗正统十四年(1449年)到明宪宗成化元年(1465年),其间只有16年的时间,而这十多年的时间,在古建筑风格的演变历程中,几乎是无法觉察的一瞬间。因此,从这个意义上讲,梁、刘两位先生所说的"明初所建"也并非完全没有道理。但如果把梁、刘两位先生的这个"故疑"的观点作为明代大同鼓楼始建年代的依据之一,那就大错而特错了。因为梁、刘两位先生本来就没有给出明确的结论,而拿没有给出明确的结论的东西作为立论的依据,由此得出的结果那就可想而知了。

五、余论

《大同鼓楼记》的结尾写道:"郡守李福至京求为记,予故述其所以然之,故贻之"。知府李福至京求宰相李贤为大同鼓楼作记,由于二人职位级别相差太远,通常认为这是一件很难办事。全国各地类似的建筑很多,李贤不可能为之一一作记,但李福办到了,李贤不仅写了《大同鼓楼记》,还为大同义学撰写了《新建大同义学记》。查《明史》《献征录》等文献方知,李贤和当时大同的地方官原来有着很深的历史渊源。李贤不仅救过大同首任巡抚年富及推荐杨信、王越到大同任职,而且和当时先后担任大同知府的霍瑄和李福有着特殊的关系。

《明史·霍瑄传》和《献征录》卷51所载陆简撰《工部左侍郎霍公瑄传》记载,霍瑄,陕西凤翔(今陕西凤翔县)人,"由乡举入国学,授大同通判。正统十二年,以武进伯朱冕荐,就擢知府。"[3](卷171,P4569)"土木之变"时,霍瑄正在大同知府任上。当瓦剌首领也先裹胁英宗朱祁镇来到大同城下要挟时,霍瑄是几个从水窦中匍匐出城去见朱祁镇的大同地方官之一。霍瑄见到朱祁镇,"叩马鸣咽,进膳羞靴袍百物,悉出府藏金帛以犒虏众。"[4](卷51,P2132)正是由于这次不寻常的会见,霍瑄给朱祁镇留下了深刻的印象。当英宗复辟之后,霍瑄在天顺元年(1457年)三月便由山西布政司左参政掌大同府事升为工部右侍郎。此前,霍瑄已在景泰七年十二月因"考满"由大同知府(正四品)提升为"山西布政司左参政,仍掌府事,支正三品俸。"[5](P275)升任工部右侍郎之后不久又转左,"赐二品服",[3](卷171,P4569)与刚刚升任吏部尚书的李贤成了同僚。工部是明代负责国家建设工程的最主要的行政部门,霍瑄升任工部左侍郎之后,是否对大同鼓楼的建造提供过资金或物力方面的支持,尚无可靠证据,但有一点是可以肯定的,那就是霍瑄与朱祁镇的特殊关系及其升迁,对继任大同知府李福、大同总兵杨信、大同巡抚王越建造大同鼓楼的活动及李贤撰写《大同鼓楼记》肯定是有一定关联的。

李福,真宁(今陕西正宁县)人,明英宗正统年间,"由监生任大同府同知"。[1](卷17P368)他与霍瑄不仅是陕西同乡,而且还是上下级同僚关系。更为重要的是,当霍瑄等人由水窦中匍匐出城面见朱祁镇时,他也是其中之一。因而霍瑄在天顺元年(145年)三月升任工部右侍郎离开大同后,李福便自然而然地接替了大同知府一职。不仅如此,李福还通过广宁侯刘安("土木之变"时曾短期任大同总兵官,亦为从水窦中匍匐出城面见朱祁镇的官员之一。——笔者注)的关系,在无相应空缺职位的情况下,将其俸禄由正四品提升为从三品。

由此可见,正是由于"土木之变"这一明王朝历史上的重大变故,使得明英宗朱祁镇和李贤、霍瑄、李福等人之间发生了异乎寻常的关系。随着"英宗复辟"这又一次重大变故,使得这种关系得到进一步延伸,大同鼓楼的建造和《大同鼓楼记》的撰写则是这种关系的一个例证。

更重要的是,大同在当时明王朝的北部边防体系中占有特殊地位。正因如此,所以李贤才会为之作记,并将《大同鼓楼记》收入其《古穰文集》之中。到清乾隆年间编纂《四库全书》时,李贤的《古穰文集》又收录其中,使得我们今天不仅有机会一睹500多年前古人的文采,而且也可以为500多年来一直悬而未决的大同鼓楼修建时间问题划上一个较为圆满的句号。

参考文献:

[1](清)吴宏辅.大同府志[M].大同市地方志办公室2007年标点重印本.

[2](明)李贤.大同鼓楼记[A].四库全书(第1244册)[C].上海:上海古籍出版社,1987.

[3](清)张廷玉.明史[M].北京:中华书局,1974.

[4](明)焦竑.献征录[M].上海:上海书店,1987.

[5]李峰.明实录大同史料汇编[M].北京:燕山出版社,1999.

[6]姚斌.大同鼓楼建筑年代考[N].大同日报,2010-09-10(12).

[7](明)张钦.大同府志[M].大同市地方志办公室2007年标点重印本.

[8]商务印书馆编辑部.辞源[Z].北京:商务印书馆,1979.

[9]梁思成.梁思成全集[M].北京:中国建筑工业出版社,2001.

名城古都保护复兴之路的探索与实践

耿彦波

大同作为两汉要塞、北魏京华、辽金陪都、明清重镇，在两千多年的历史长河中演绎出无数灿烂辉煌的活剧。公元前三世纪，即 2300 年前，赵武灵王开疆拓土，在大同地区建立代、云中、雁门三郡。西晋永嘉七年（313 年），拓跋部首领代王猗卢定汉代平旧城为代国南都。天兴元年（398 年），北魏王朝定都平城。凭借历史的契机，边陲平城走到了时代的最前列，在将近一个世纪中成为中国整个北方的政治、经济、文化中心，华夏向往和仰慕的圣地。北魏王朝的崛起，结束了中国北方自东汉以来长期动乱分裂的局面，形成了民族和文化的大融合，确定了中华特色的多民族发展的历史走向，开启了大唐盛世走来的序幕。自辽重熙十三年（1044 年）始，平城作为辽、金陪都，历时 190 年。具有帝都王气文脉的大同，历史上作为京都、陪都的时间长达 410 年。进入明代，平城作为大明帝国神京门户，巍然军事重镇，由徐达大将军督造，在魏、唐、辽、金、元旧城基础上增扩而成今日遗存之明代古城。辉煌的历史为大同积淀了深厚的城市记忆。漫漫岁月，大同遭受过无数次战争的洗礼，一次又一次受到重创，一次又一次重新崛起，一次又一次积累辉煌，打不垮，毁不掉，灭不了，是一座不朽之城。基于这样一个丰厚的历史渊源，1982 年大同被国务院公布为中国首批历史文化名城。

文化遗产是一个城市不可复制的稀缺资源，深入自己血脉的文化是一个城市的灵魂。历史留给我们的文化，看得见的只有文化成果的遗产，而几千年的文明史，失去的东西比保存下来的多得多。文化遗产记录了历史的脚步，有文化遗产才有今天展示古文明的可能。大同古城中一片片历史街区、一条条古老街巷、一座座传统建筑，就像一部部史书，一卷卷档案，记录着城市的沧桑岁月，贮存着城市的文化信息，见证着城市的历史足迹。一个没有文化遗产的城市，虽然它有过辉煌的历史，但是它仍然是浅薄的。文化遗产决定一个城市的文化高度。正如美国芒福德先生所说，"历史性城市，凭它本身的条件，由于它历史悠久，巨大而丰富，比任何别的地方保留着更多更大的文化标本珍品。"但是在相当长的历史时期，我们没有把承载着城市灵魂的文化遗产奉若神明，而是以历史虚无主义的态度,不断地对历史文化遗产进行毁灭性的破坏。特别是近30年,我们以急于改变贫穷的浮躁心态,把珍贵的文化遗产浅薄化,思想平庸、文化稀薄、格调低下的建设性破坏,弥漫在城市的每一个角落,历史文化名城保护已经到了最危险、最紧迫、最关键的时刻。

2008年,大同市委、市政府作出整体保护历史文化名城的决定,大同市人大常委会作出实施历史文化名城保护的决议,大同名城保护和复兴进入了一个新的历史阶段。两年多来,大同一直积极探索和实践名城古都保护与复兴之路,概括起来就是"六个基本走向"。

一、从旧城改造走向古城保护,以更先进的理念去指导名城古都保护的未来

旧城改造是破坏历史文化名城最锐利的武器。旧城改造就是大拆大建,推倒重来,所谓"砸烂一个旧世界,才能建设一个新世界"。旧城区是城市文化积淀最深厚的地方,是文化名城保护的基本范畴,但往往又是房地产开发争夺的黄金地段。在市场经济时代,衰落的文化古城远远不是强势的商业文化的对手,伴随着"隆隆"的推土机声,一片片积淀丰富人文信息的历史街区被夷为平地,一座座具有地域文化特色的传统民居被无情摧毁。值得深思的是,许多建设性破坏是在"名城保护"的理论指导下进行的。2006年,某院校为大同文化名城所作的保护规划,城墙周边作为名城保护建控地带许可建设多层建筑。正是有了这种"理论"的支持,才有地方政府和企业放开手脚的大规模破坏性建设。旧城改造,多少罪恶假汝之名而行。2008年,大同市政府废止了"旧城改造"的提法,代之以古城保护的先进理念。政府发布通告,勒令古城保护范围内的旧城改造项目全部停工,60多个开发改造项目被紧急叫停,古城保护工程全面启动。保护,就是坚持文化遗产的主体地位,一切以保护文化遗产为纲,最大限度地保护文化遗产的历史文化信息,保护遗产的文化基因。首批启动的保护项目有华严寺、善化寺、清真寺、法华寺、文庙、关帝庙、纯阳宫、帝君庙、东城墙等建筑群体,对这些建筑群保护范围内的破坏性建设全部拆除,一点一滴地扩大和保护城市记忆的特征。保护,就是要强化文化遗产代代传承的责任。祖先留给我们的文化遗产并非我们独享的专利,我们还应当完整地将它们移交给后代,一代一代积累传承。我们没有毁坏的权利,只有不遗余力保护的责任,在传承和守望中合理利用。文化遗产是"集体的记忆",要唤起全社会文化遗存保护的责任和情怀,强化文化保护的公众参与,建立普遍的文化价值观和社会共识。保护,就是不断清除建设性破坏的肌瘤,恢复文化遗产的整体性和真实性,"当历史的尘埃落定,一切归于沉寂之时,唯有文化以物质的或非物质的形态留存并传承下来,它是我们民族独立品格的历史见证"。[2]

二、从单体保护走向整体保护,以更全面的认识去深化名城古都保护的内涵

名城是一个有机的整体,仅仅注重保护文化遗产单体是远远不够的,这样割断了文化遗产的整体性、系统性和综合性,一处处文化遗产就沦为"文化孤岛"。文化遗产失去了它赖以生存的文态环境,城市文化空间被肢解,历史文脉被割裂,严重弱化了城市的文化身份和高贵价值,使厚重的城市文化积淀变得孤独、浅薄和单调。只有零碎的文化遗产,单个建筑孤立,"独木不成林",文化名城其实已经名存实亡。城市和人一样,从它诞生之日起就有了生命,越是历史悠久的城市,其文化积淀越是深厚,生命体系越是完整。正如生命体的发展离不开母体遗传信息的传递一样,文化名城也离不开它的历史文化传统、历史环境氛围。建筑是人创造的,人把自己的思想、情感、审美渗透到建筑里去了,它就是一个有灵魂的"人",用自己的生命诉说历史。一座形单影只的古建筑,周围都是新建筑,把它团团围困,那么大的压迫感,它的呼吸很困难,生存也很困难,持续发展更困难。因而文化名城保护的第一层次、第一标准、第一境界、第一规范应当是整体保护,包括文化遗产的文态、生态环境。历史造成的无奈,整体保护无从谈起,退而求其次,才是历史街区的保护。对于历史文化城市的保护,现在国际上通行的做法是,对整个城市加以保护,像埃及的开罗、意大利的罗马、威尼斯、佛罗伦萨、法国的斯特拉斯堡、德国的吕贝克、中国的平遥古城等,为历史文化名城保护提供了成功的案例。

名城保护的核心和灵魂,在于它的完整性与真实性。名城保护永远不能说晚,理想永远不能放弃。"桑榆未晚,来者可追"。一个拥有完整历史风貌古城的城市,才是一个伟大的城市,一个真正意义上的历史文化名城。两年多来,大同致力于保护文化名城整体,保护范围北至操场城街,南至北都街,东至御河西路,西至魏都大道,面积约4.8平方公里。在这个范围内,没有建设控制地带,没有环境协调区,全部划定为保护区域。该区域内对古城风貌造成严重破坏的多层建筑,全部列入拆除范围,目前已拆迁近300万平方米。所有历史文化遗产全部划定为保护对象,尽最大可能保留其历史文化信息,恢复古代城市水平的基本格局。有人提出异议,这样拆迁是否成本太高,会造成社会财富的严重浪费。其实,大同古城保护范围内的多层建筑基本为垃圾建筑,是人居环境极差的危房,无论搞不搞古城保护都在拆迁范围,区别只在于拆除出来的城市空间干什么,是用于古城保护,还是用于商业开发。急功近利的短视行为才是最大的浪费。一个政府最怕的是目光短浅,没有理想,只考虑眼前显性政绩和经济增长指标,缺乏长远历史眼光。短期的行政行为,会毁掉一个城市的价值。

三、从两相对立走向两全其美,以更宽阔的空间去包容名城古都保护的张力

历史文化名城保护长期在保护与发展的矛盾夹缝中徘徊,剪不断,理还乱。为了保护,我们划定了保护范围;为了发展,我们划定了建控地带。殊不知,正是建控地带的规范,历史文化名城的整体风貌被肢解,厚重的历史文化气场被击碎。

我们一直试图找到保护与发展的最佳平衡点,但无情的现实一再告诉我们,这是水中月、镜中花。在一个仅有 3.28 平方公里的古城区,保护与发展是一对永远无法调和的矛盾。早在 20 世纪 50 年代,梁思成和陈占祥先生就提出北京古城保护的"梁陈方案",即保护古城,另辟新区,把保护放在古城,把发展放在新区。可惜历史的误会让"梁陈方案"与古老的北京擦肩而过,给中华民族文化保护留下沉重的历史遗憾。2008 年初,大同提出"一轴双城,分开发展;古今兼顾,新旧两利;传承文脉,创造特色;不求最大,但求最佳"的名城保护基本思路,正是梁思成先生那永远闪烁着时代光辉的城市规划思想的具体实践。立足古城搞保护,跳出古城求发展,把保护与发展分开,在两个不同的空间,寻求两全其美、互利共赢之路。可以这样讲,大同是中国目前唯一真正意义上按照"梁陈方案"保护古城的城市。

有人说城市是一个不断发展的生命体,每个时代都应当在城市发展中留下属于这个时代的记忆,因而在历史文化名城中可以有现代建筑的足迹。这种貌似正确的理论,往往把我们引入歧途。传统建筑是农耕文明的样本,现代建筑是工业文明的结晶,两者在建筑形态、体量、结构上有巨大的差异。农耕文明是一个逐步消失的文明,作为与其伴生几千年的传统建筑已经走向终结。工业革命带来建筑材料的革命,建筑进入现代化、全球化时代。传统建筑与现代建筑在历史的拐点发生断裂。作为一个消逝的时代,历史传统建筑遗存就显得格外珍贵。我们拥有的,别人永远不会有,物以稀为贵,正是城市价值的独特体现。工业文明是一个正在发展的文明,别人拥有的,我们将来也会有。农耕时代古城的人口和城市规模,远远不能和现代城市相比。今天大同的建成区已达 120 平方公里,而古城区仅有 3.28 平方公里。历史的脚步走到今天,古城是一个非常狭小的空间,我们为什么非要和老祖宗较劲,在狭小的古城塞进今天的记忆,去干破坏古城历史风貌的蠢事呢?登高望天远地宽,我们应当以更宽广的文化视野和空间尺度,去处理保护与发展的关系,把传统的记忆放在古城,把现代的记忆放在新区。古城是纯粹的古城,新区是纯粹的新区,一个传统,一个现代,一个古,一个新,两者产生强烈的对比,对比形成强烈的冲突,冲突产生强大的文化张力,张力形成城市的文化魅力,这种魅力震撼你的灵魂,给你带来深刻的思考和绚丽的想象。

四、从文物造假走向修旧如旧,以更传统的方法去延续名城古都保护的生命

时近 60 余年,在文化遗产遭遇巨大建设性和自然力双重破坏的历史条件下,寻找正确的文化名城保护之路是当务之急。应当看到,中国与西方建筑是有明显差异的。从物质结构层面看,西方以石头结构为主,残垣、孤柱可以露天保存,展示残缺之美。中国以砖木结构为主,屋宇残破不堪难以保存,不加修复就会彻底毁灭。从文化审美层面看,西方以单体高大雄伟取胜,中国以群体神韵意境见长。

单体孤存,没有群体连续空间背景,无法体现传统建筑之美。这无论从故宫群体,还是晋商大院、平遥古城,都能找到很好的例证。但大规模修复,又会触动禁止复建的底线,影响文化遗存的原真性,蒙受"文物造假"的责难。其实,文物保护自古以来就有经常保养、局部维修加固、重大修缮和复原重建等方法,这样才使许多重要的建筑得以传承下来。范仲淹一篇千古传颂的《岳阳楼记》,记载的就是庆历四年(1044年)春对岳阳楼重修的盛事,以及由此引发的"先天下之忧而忧,后天下之乐而乐"的政治情怀。现存之岳阳楼又为清代重修,否则一千多年久远的历史信息就会消失。罗哲文先生讲,现存的古建筑百分之九十以上都是经过维修加固,或重大修缮,或重修复建的。可以这样讲,没有历代的修缮、复建,就没有中国传统建筑的传承。问题的关键在于区别"文物造假""修旧如旧",不能把文物"修旧如旧"正宗传统方法,不加辨析,笼而统之斥为"文物造假"。

大同在大规模的古城保护和修复中,遵循修旧如旧的基本原则,坚持四个基本方法:1.考证充分。在大量考古发掘、信息收集、调查研究、专家论证的基础上,寻找历史的依据,传承历史的信息,坚持没有历史依据不设计,没有专家论证不开工。2.遗产本位。文化遗产属于哪个朝代,按哪个朝代的营造法式进行重大修缮、重修复建,不能张冠李戴,"乱点鸳鸯谱"。3."四原"保存。在修缮、重修、复建中,保存原来的建筑形制、原来的建筑结构、原来的建筑材料、原来的工艺技术。"四原"是鉴别文物造假与修旧如旧的试金石。"四原"又以原来的建筑材料为核心。中国有史以来的传统建筑大都为大木构架,砖木结构的传统作法即为修旧如旧,钢筋水泥的现代制造即为文物造假。英国费尔登教授曾说过:"水泥是古建筑维修工作中的大敌"。4.浑然一体。基于中国传统建筑的独特价值和审美要求,梁思成先生提出了与《威尼斯宪章》古迹修复可识别性原则不同的主张,修补部分最好要与原貌相协调,新旧浑然一体。我们在古城修复中遵循梁思成先生这个贯穿了中国几千年传统建筑修复的规则,坚持修旧如旧,原汁原味,保持了中国传统建筑整体性的完美,体现了中国传统建筑独特的美学价值。

五、从文化包袱走向产业创新,以更宏大的手笔去占领名城古都保护的高地

文化名城屡屡遭遇建设性破坏,来自一个很大的认识误区,就是认为低矮破旧、苟延残喘的老院,饱经沧桑、满脸皱褶的老街,功能缺失、狭窄弯曲的老巷等等,都是城市文明进步与发展的包袱,花钱保护,成本昂贵,代价巨大,得不偿失。在利益的比较与权衡中,向文化遗产挥起了"屠刀"。这实质上是把"珍珠"视为"垃圾","老"是资本、资格,"老"是漫长岁月留下的年轮,是风雨雷电留下的残迹,是朝代更替留下的印痕。文化遗产不仅具有历史价值、美学价值、认识价值、科学价值,而且具有巨大的商业价值。世界上不乏以文化遗产发展旅游产业成功的国家和城市。日本的京都、奈良,意大利的威尼斯、佛罗伦萨,除了文化旅游产业以外,几乎没有其它什么产业。文化旅游产业富了一个城市、一个国家。一座历史风貌完整的古城,价值连城,胜过黄金,是昨天的辉煌,今天的财富,明天的希望。大同在名城古都的保护中,孕育着一个文化旅游大产业的发展战略,文化名城、旅游名都、生态名邑、经济强市四位一体。文化资源永远不会枯竭,在保护中发展,可永续利用,持续不断创造价值。文化遗产资源是一个城市最为宝贵、最为独特的优势,它是文化理想的旗帜,历史情怀的表达,民族精神的象征。站在名城古都,就是站在伟大与神圣的脚下,子孙后代可以从它身上不断汲取更多理想的养分、精神的能量和文明的情愫,可以创造更大的社会效益、文化效益和经济效益。名城古都可以名大同、富大同、兴大同。以中国古都为龙头,以文化名城为主体,以世界历史文化遗产云冈石窟和国家风景名胜区北岳恒山为两翼,以此形成的大同文化旅游产业大格局,一定会展翅腾飞,创造喷涌而出的社会财富。

六、从个性泯灭走向特色张扬,以更突出的魅力去彰显名城古都保护的价值

全球化带来城市发展的趋同化,导致"南方北方一个样,大城小城一个样,城里城外一个样"的特色危机。大同力求在大规模的急速的城市化运动中,不被平庸的浪潮所淹没,张扬自己的个性特色,走以"特"领先,以"特"取胜之路。城市的魅力在于特色,而特色的基础又在于文化。文化特色既是城市景观中极具活力的视觉要素,又是构成城市形象的精神和灵魂。大同古城经过上千年的历史积淀,形成了独特的城市文化优势,这是大同最高贵的价值所在。从官衙王府、寺庙宫观、雕塑石刻、壁画造像、民居街巷,到传统技能、风俗习惯、民间工艺、戏剧表演等,众多物质的与非物质的文化遗产,夜以继日地诉说着城市的历史和变迁,承载着城市丰富的文化记忆和信息,赋予城市独特的文化面孔和文化价值,给人以深刻的印象和震撼。正如冯骥才先生所说,城市中的重要物质文化遗产,"它们纵向地记忆着城市的文脉与传承,横向地展示着城市宽广深厚的阅历,并在这纵横之间交织出每个城市独特的个性。我们总说要打造城市'名片',其实最响亮和夺目的'名片'就是不同的城市所具有的不同的历史文化特征"。文化擦亮城市面孔,特色打造城市品牌,思想决定城市战略。"一轴双城"的个性和特色,将成为大同城市的真正魅力和核心竞争力。

一座饱经千年沧桑的完整古城,延续着曾经的辉煌,传递着历史的回响;一座充满创造活力的现代新区,熔铸着时代的精神,塑造着城市的品格。这就是在名城古都保护下用文化打造的大同。大同在历史的迷雾中找到了属于自己的文化坐标。中国古都,天下大同,一个文化和精神的高地,一个充满文化自信,阔步走向未来的理想城市。